南轅庄

田保榮　著

作者感言

我是外語教師，語言和文學總是密不可分的，所以，愛好文學就是教語言教師的自然傾向。所有文學流派中，我最贊成現實主義。所以，我不贊成毛澤東的《在延安文藝座談會上的講話》的精神，但是卻很擁護唯物主義，這是自然的，因為現實主義就是唯物的，尤其贊成中國共產黨一直倡導的歷史唯物主義。我寫的《南轅庄》就是本著歷史唯物主義的精神寫的。讀者可以看得出來，我寫的每件事，都在故事發生地發生過，故事裡那些人物都真實地存在過。

可是，這樣一部歷史唯物主義的作品，在倡導歷史唯物主義的空間內，沒有哪一家出版社敢出版，我多次被「你寫的太真實了，審查很嚴，咱不敢出版」碰回。好在，我們還有臺灣這麼個可以寄託希望的去處，我即決定向臺灣秀威出版社投稿。我的忘年交朋友江雪的同學，谷東燕聞訊後立即慨然解囊，資助出版。這才使《南轅庄》能以呈現在讀者面前。所以，讀者朋友和我都應該向谷東燕表示感謝。

田保榮
2018年9月12日

自序

　　南轅庄這個地名在中國的地圖上是不存在的，不是因為其小而上不了祖國的版圖，而是因為此村名壓根就是作者造出來的。所以南轅庄是虛擬的。不僅如此，許多與南轅庄發生關係的地名在祖國版圖上都不存在。但是發生在村名是虛擬的村子裡的故事卻是真實的，這個村名是虛擬的村子裡的人物，以及和這些人物打交道的其他人也都是曾真實地存在於陝西北部這塊黃土地上的。我肯定地說，《南轅庄》是一部實實在在的現實主義作品，也同時是歷史唯物主義的。同樣，南轅庄裡的人物的名字和姓都是作者給取的，所以頂著虛名的人也都曾實實在在地存在過，《南轅庄》裡講的故事就發生在他們身上。

　　南轅庄及其鄰村，生活著各色人等，都以各自的方式適應著當時的社會環境，並利用那種環境力圖改善自己的生存狀況。《南轅庄》講的是從二十世紀三十年代至八十年代初農村的故事。這裡的農民忠厚樸實，勤勤懇懇勞動，生產，以保證生存；也有勾結土匪，企圖快速致富的；還有人忍氣吞聲讓地方上被收編的土匪頭子光顧自己漂亮的媳婦，希望從中得到好處，以改變自己的社會地位的。常年扛長工的申幼平的特色就是貧窮，他居然從未想去鬧革命，打倒地主分田地，以改變自己的境況。從新中國建立，直至八十年代初，南轅庄則是另一幅情形。

　　所以說，《南轅庄》講的是曾經發生在中國農村的故事，但是不像柳青的《創業史》裡講的農村的故事，也不同于李准的《不能走那條路》和《人往高處走》裡講的農民的故事；與周立波的《暴風驟雨》裡講的農村的故事也沒有相類的地方，更不同於浩然的《豔陽

天》、《金光大道》裡講的農村的故事；當然也有別于趙樹理的《田寡婦看瓜》和《地板》裡講的故事，截然是中國北方農民的本來狀況，沒有政治色彩的農耕社會裡農民的原生態面目。

毛澤東曾斷言，貧雇農最熱心革命，最願意積極參加革命，而且革命最堅決。也許當時湖南的貧雇農們是這樣的，南轅庄裡最貧窮的申幼平自始至終並沒有要打倒地主分田地的念頭，而是堅持辛勤勞動，艱苦創業，以改善自己的生存狀況。申幼平的父親也很貧窮，他也從來沒想到以暴力革命的手段從地主富農那裡奪得土地和財產，而是利用他的優勢，傍著土匪，想致富，想成為人看得起的人。這是申幼平的父親的秘史的概述。當時南轅庄的人看到的和感覺到的確實是這麼回事，但是誰都不將其說破。因為這是人們不齒的作為，事主很忌諱人們提這個茬。這也很正常，誰都不願意別人揭自己不光彩的歷史。幹了光彩的事，沒有不願意讓人說的，甚至讓人反覆歌頌。

南轅庄有另外一個貧農，其貧窮程度不亞于申幼平。此人自小父母雙亡，他一直給人熬長工，到十七、八歲時，染上了賭博，輸的直把老子留下的地產賣得幾乎到家門檻底下了。他當時也不曾想到革命，把自己失去的土地從地主手裡奪回來，只是在解放軍來到面前，向他宣傳了革命，說明革命就是要窮人翻身，打倒地主分田地。這之後，他才對革命有了認識，才開始積極支援革命。

總地看來，農耕社會這一塊天地裡的人們似乎有個概念，即企圖以革命的手段改變自己的命運要付出的代價太高昂，不可取。所以，他們那時認為革命與己無關。他們甚至認為，不管革命者說得多麼動人，老百姓始終是暴力革命的受害者。說這個地區的人全都對革命的態度漠然，那也不是事實，申濟仁和他的拜把大哥馬驤就放下教鞭去共區鬧革命了，申立仁也去投奔了申濟仁，還有跟著申濟仁打游擊受傷的許增財，但是，他們參加革命的初衷卻不是要為貧苦農民打天下。這也是我們這個民族在上世紀三十年代至八十年代初的秘史的一個章節，不可以不瞭解。

田保榮

2017年11月6日，於西外大陋室

目次

第一章　引子

　　上世紀四十年代末一個冬天夜晚，北方祖塋縣的南轅庄總是那麼安靜，冷清和黑暗。到鄉下人認為該睡覺的時候了，申廣仁之妻趙氏把兒子順榮和兩個女兒都安頓的睡下，自己下炕出門，到灰圈去提尿盆。她往灰圈走時，聽見公公申士俊和繼子申順昌在南邊餵牲口的窯裡說話。她似有所警覺，於是向南窯的窗前蹭了蹭。窗戶上糊的紙根本不隔音，她把裡邊說話人說的話聽了個一清二楚。

　　順昌的聲音：「你到底和我姑夫家說好了沒有？」

　　申士俊：「說好了，分他二十隻羊，三年後還他三十隻。你姑夫叫多分幾隻母子，我說好要十七隻母子，一個羊公子，兩隻羊羔。」

　　順昌：「我九大說過，叫家裡不要雇長工，說那叫剝削。」

　　申士俊：「不雇，順榮都九歲了，能放羊了，分回羊來就叫他放羊。」

　　順昌：「你一直主張耕讀傳家，到如今咋就變了呢？」

　　申士俊：「他媽的，耕讀傳家的意思是，一個家庭要有念書的，也要有耕田的，或者是念了書再歸來耕田，那也是個明白的，懂事理的耕田人。」

　　聽到這裡，趙氏已氣得直咬下嘴唇。她輕手輕腳地離開了南窯的窗根，到灰圈提了尿盆，回到自己住的北窯，三個孩子都睡著了，廣仁在燈下正給順榮錐鞋。趙氏放下尿盆，上到炕上，對丈夫說，「聽下咧，」當地人在那個年代夫婦之間說話打招呼並不叫對方的名字，只是用一個「聽下咧」招呼一聲，另一方就知道對方要和他說話，所以廣仁就問，啥事？

趙氏一字一板地說，你明天一定要把他爺上會分羊的事給我擋下，我的兒子順榮不放羊，我要叫他念書，給我爭氣。

　　廣仁還在錐鞋，沒有說話。趙氏見他不說話，有些急了，你一向對你大是言聽計從，這一次你不能聽他的，不能叫我順榮當了放羊娃。你要是依了他爺的，我跟你拼死活。我可給你說明白，你也看見了，我打進你申家的門到如今，這十幾年裡，我什麼症沒受過，什麼委屈我都能忍受，我有兒子，我總相信我會有出頭之日；可是你要讓我的兒子將來也打了牛後半截，我就永遠無出頭之日，你也一樣，人家瞧不起我，也就瞧不起你。誰叫你死了前房不鐵心打光棍又續我呢？你既走了這一步，就要做在這條路上該做的事。

　　廣仁終於開口了，你說我對他爺言聽計從，那也看在什麼事上呢。當初要續你，我就沒有聽他的。

　　趙氏，你沒有聽他的，可他還是看不起我娘家，還把我當下賤人看，總找茬欺負我。

　　廣仁說，我能不聽他的，可是我實在沒有法子叫他不再瞧不起你。其實他瞧起瞧不起又能頂個啥，咱自己活得有骨氣比什麼都強。

　　趙氏，你這話說到我心裡了，我要活得有骨氣，也要叫我的兒女都頂天立地，要他們為我爭氣。

　　廣仁把順榮的一雙鞋錐好了，從炕堖上下來，揭開炕洞門，把鞋靠在炕洞門兩邊，又把炕洞門攔上，然後出了屋門不大功夫又回來了。趙氏仍盯著他，問，我說了那麼多，你到底聽到耳朵裡了沒有？我給你可說清楚了，在我兒子這事上，你要依了他爺，我跟你拼死活，要不，我就帶著我的三個娃另過。我吃屎喝尿都要把我的兒女扶到人路上。

　　廣仁有點不耐煩，你的話序子就是長，啥事說一遍人知道了就行了。睡覺。

　　趙氏沒得到任何答覆，仍然放心不下，都吹熄油燈了，還在叮嚀，一定要廣仁把他爺分羊的事擋了，送順榮念書。廣仁仍是不說什麼，只是叫睡覺。

※※※

第二天吃罷早飯，陽光明媚，但仍然很冷。申士俊抽完最後一鍋旱煙，下了炕，蹬上布鞋，把煙鍋和煙袋往脖子上一架，出了甕窯的門，到餵牲口的南窯門後摸起鞭子返身出來。廣仁站在當院問，你今日上會有啥事？

申士俊以不容置疑的口氣說，說好了今天分他姑夫家二十只羊麼。

廣仁平靜地問，你分回羊來叫誰放呢？

申士俊似乎有點意外，肯定地說：「叫順榮放麼。」

廣仁幾乎是斬釘截鐵地說：「順榮不放羊，我要叫他念書。」

申士俊更覺得意外，因為他的這個長子從來沒有以這麼強硬的態度和他說事，而且他從來沒有想到廣仁居然要讓他壓根就瞧不起的這個孫子念書。於是他狠狠地說了一句：「順榮要是能把書念成，豬也能念成，狗也能念成。」

廣仁聽了這話真有些上氣，大著膽子頂了老爺子一句：「你一輩子都主張讓後人念書，說念書是走人路，到這會兒咋變了另一個人，你難道要後人從順榮開始不走人路了？」

申士俊沒好氣地說：「念了書也保不住就走人路！」說完，把手裡的鞭子扔到南窯的窗臺底下，返回甕窯裡。老父子倆在院子裡頂碰時趙氏和孩子們，還有婆婆王氏都在廚屋屏聲聽著。到申士俊進了甕窯以後，趙氏拉過順榮半真半假地說：「聽見了沒有，你爺說了，你要是能把書念成，豬也能念成，狗也能念成。」

順榮冷不丁地說：「豬和狗都不是人，都不會念書。」

※※※

老父子倆的這一次頂碰對兩個人都留下了很深的印象。首先當說申廣仁，他一直不明白，父親自己就是十里八鄉有名望的知識份子，一貫熱心教育，要順榮之前的所有孫子上學念書，鼓勵村裡所有的人儘量把孩子送到學校裡，為什麼此時放棄了他一貫倡導的耕讀傳家。

確實，申士俊是遠近出了名的有知識，明事理的鄉賢，尤其熱心教育。他親手籌畫並主持為南轅庄修起了新學校，親自擔任校董，每

學期開學，他都帶領學生向孫中山像和老師，及孔夫子神位磕頭，其虔誠使歷任老師感動，也使歷任老師敬重他。小學老師在他眼裡就是聖人，是要被尊重的，更別說冒犯了。誰要對老師有稍許的不恭，他首先饒不過。還在他主持修學校時，就狠狠地揍過他稱之為愚人的申廣財。事情是這樣的：那天下午，村上該出工修學校的人都來上工，申廣財正在提錘子打圍牆，小學老師來看工程進度，見申廣財在半高的牆上提錘子，順便問：「廣財，你媳婦這幾天咋不來婦女識字班上學了？」申廣財一聽問他這話，不知哪裡來了一股邪火，撂下錘子，兩手掐腰道，我媳婦不高興來，你老想把我媳婦勾引到你那裡想做啥？這個申廣財確實有些短弦，所以人們給他送個綽號，叫他二器。這個時候，二器頂了老師這麼一下，弄得老師下不了臺不說，更逗得所有幹活的人哈哈大笑。大家這一笑，老師的臉更沒處放。申士俊立刻惱了，罵道，廣財，我看你個王八式的活膩了，給我把這王八式的打！說時遲，哪是快，人稱申士俊的狗腿子的申立仁和申志仁弟兄倆一下撲上來將申廣財摁倒，申志仁掄起鐵鍁在廣財屁股上拍了兩鍁。挨了兩鐵鍁後，廣財這才明白自己闖禍了，趴在地上不想起來。申士俊這才說：「我看你王八式的吃野了，看你還敢撒野不?!」然後對眾人大聲說，看見了吧，誰還敢對先生無理，挨得比這一次還要重。

申士俊確實是大家佩服的人，修學校沒地皮，他做主用族裡的官地兌村裡人的小片莊基地，一分、兩分地兌的湊成一片能箍三孔面南的大石窯。誰家的小片莊基地在村裡老戲樓前的場子周圍，就兌誰的，涉及到好四五家，沒有一家最終拒絕的，即使剛開始不願意，最終都被他說服了。他說服人的根本理由是，你那點莊基地再寶貴，都沒有後人的前程寶貴，都沒有讓後人學為好人，為先人爭光要緊。修學校的土工、石工全由村裡人出，從打石頭、拉石頭到工地，挖地基、打地基等所有的工都由他派，由申立仁和申志仁監工幹到底，誰也沒打過絆子，連村裡最能說空話、坑、蒙、騙的申明理在修學校的過程中也沒敢要奸滑。因為申士俊抓住了他一心想要後人成為一等人的心理，即被人看得起的當官的人，要其聲望和作為至少能和申士俊持平，甚至超過他，成為穿制服的。所以申士俊總鼓勵他好好

為孫子輩以後的人建座能念書成人的學校，將來良心上也過得去，是積德的事。

　　事到這麼個地步也不是一朝一夕打出來的，更不是鬧出來的，而是申士俊多年來做的事使人佩服他。多年前老牛娃和他哥老馬駒弟兄倆給他媽把影上上，並進了家譜的事使人就認定，申士俊確實知書達理，辦事公道，有人情味。

　　原來老馬駒和老牛娃是小老婆生的，申家的老先人老早立下規矩，小老婆不能上影。這在申家的家譜裡有明文規定。可是馬駒和牛娃的光景過得卻比人強，自己的生身母親終了沒得上先人的影，他們覺得愧對生身母親，而且要給生身娘上影這事是多年前他們的娘去世後臨下葬前的晚上，他兄弟倆答應他們的舅舅的。他們答應的當時和之後，人們都開玩笑說他老弟兄倆答應要給他舅摘個星星。他們也知道這事辦成的難度大到不可能，但是為娘盡孝道，給自己爭面子的需要使他們鐵了心要辦這事。老弟兄倆認定，只有搬申士俊幫助才有可能成功。

　　對馬駒和牛娃老弟兄倆來說，還有一個障礙，那就是一直流傳說，這弟兄倆不是申家的種，而是長工的種。誰也不敢當著人家的面說這話，但是這卻幾乎是人所共知的，人人都說的。這在暗裡起著大作用。事情總是無風不起浪的。申家戶裡的人都知道，馬駒家上兩三輩就是財東家。可是偏偏是財旺人丁稀，馬駒他大媽，即父親申有順的大老婆，進了申家的門二十多年就沒解過懷。申有順急了，他相信，羊不起圈總是因為母羊少。於是花大錢娶了個年輕漂亮的小老婆。可是摟著這個美人睡了兩年，仍是什麼動靜都沒有。他開始懷疑自己可能有毛病，同時在琢磨怎麼辦。麥收以後，地裡的活緊，他叫三個長工都下地，他來放羊。那一天，他照例和村裡人夥著放羊，他明白地看到人家的羊公子爬在他家母羊背上幹事。下午回到村口，兩家的羊聽到號令，各自分開，各回各家，那只肚子裡已經裝上人家公羊種子的母羊跟沒事人一樣，平靜而正常地回到主人家的羊圈裡。有順於是有所領悟。這一年的下半年，他就開始盤算來年雇長工的事。到臘月初八，他已經和各方面說好，來年雇老界莊張更新的兒子生林

給他幹活兒。生林是個壯小伙子，個子大，紅膛膛的方臉，大眼睛，還是雙眼皮，挺漂亮，只因家貧，已二十出頭了，還沒得娶媳婦，還得給人熬長工。有順很豁達，說好給生林多開一石麥子，理由是他比別的長工壯實，要多幹重活。

　　果然，來年長工們都上工以後，有順宣布，生林不要睡在餵牲口院裡的長工房裡，叫他來睡在他和大老婆、小老婆住的院子龍門跟前的東廂房廈子裡，理由是，兵荒馬亂的，他們老漢、女人單住著不塌實，門口睡個小伙子，萬一有事好招呼。生林就住進主人的院子。從此，擔水、劈柴都成了他一個人的活兒。小老婆劉氏做飯到拉不開手時就叫他幫忙拉風箱燒火。生林給有順扛長工一年後，小老婆劉氏就生下了馬駒。有順終於有兒了，特別高興，孩子滿月時著實地大辦了一場，殺了一口大豬，親朋都請到，村裡人都被全家請。人們雖然懷疑孩子不是有順的，但是幾乎是白吃的酒席還是不能拒絕的。再說，如果真不到場湊熱鬧，那不等於把那張紙給捅破了。而且，申有順和上幾代人跟村民的關係，使得當時沒一個人願意捅破這張紙。所以，第一場滿月辦得十分熱鬧。馬駒兩歲的時候，他的弟弟，牛娃就來到這個世界。有順又辦了個熱熱鬧鬧的滿月。

　　牛娃出生後的這一年，申有順出面給生林問了個漂亮媳婦，又花錢給張更新家蓋了三間廈子，把兩孔破土窯給收拾了一通，掛上磚面牆，安上新門窗，叫生林臘月初七就下工回家，臘月十八就給他把媳婦娶到家。申有順作為生林的恩人和再生父親當然要親自主持生林的婚禮的。他對老界莊的人和張更新的親戚一再誇生林誠實、肯幹，給他幹活的這幾年，什麼活都幹得如他的意，他也就把生林當自己的兒子。他特別叮囑生林，從娶過媳婦起，就要像給他扛活時那樣為自己幹。

　　生林走後，小老婆劉氏再也沒生過娃，所有這一切，都使人們相信馬駒和牛娃是生林給有順留下的。

※※※

　　馬駒第一次找申士俊的時候，禮就拿的不輕：西鳳酒兩瓶，洋

煙棒棒一大把。看到如此重的禮，申士俊著實吃了一驚，當聽到馬駒說想求他幫忙說服族裡人叫他媽上影，申士俊簡直愣了。他腦子裡翁地一響，這不是白天說夢話嗎？先人在家譜上有明文規定，妾不許上影。正在申士俊為難之際，牛娃來了，一進門就直說，老四，我弟兄倆這忙你一定要幫，你不能推，我們要對得起生身之母。……本來，按族裡的輩分，申士俊把馬駒和牛娃還叫爺哩，這兩人對申士俊直呼其名才是，可是他們只稱他的排行老四，自己把輩分降下來，為的是哀求時的角度好取。他們向申士俊許諾，如能叫他媽上影，他弟兄倆連著十年給先人祭豬，管十年的祭祀用香紙、酒和鞭炮。老弟兄倆纏著申士俊抽洋煙棒棒，說奉承話，但歸結起來，無外乎是說，族裡就你申士俊有這威望和能力幫這個忙。所以你申士俊要我們怎麼的，我們就怎麼的，我們就是要給我媽上影，老四你一定要幫這個忙。申士俊被他們纏得沒有辦法，就推說，這是天大的事，族裡那麼多的人，到時候有一個人敲一下爛鑼，事情就黃了，所以要搬的人絕對不止他一個。他隨即叫他們把申明理的嘴給抹抹，給申立仁、申志仁把話下下，尤其要把申尚仁給穩住，此人讀了些書，懂不少事，不太聽他申士俊的。

　　馬駒和牛娃老弟兄倆，一到冬閒，就背上洋煙棒棒這家出，那家入，求人家開恩准他媽上影。這話已說開了，馬駒和牛娃就放不下了，不光年前找人下話，過年時殺口大豬，把白蒸饃準備得多多的，大年初一祭拜完先人的影以後，老弟兄倆就把全族的人拽到他家坐席。要說這家弟兄倆準備的這頓宴席，那可不含糊，酒、肉、菜、蒸饃都很充足，大家吃了都說，所有人家的紅白喜事的正席都趕不上這老弟兄倆這一頓。席間，他們請的幫忙的一再勸酒，關照大家吃好，喝好，用他們的話說，這是族裡的大戶，當然要好好吃他們。來的人也個個不含糊，得吃就吃，得喝就喝。老弟兄倆一再敬酒，看大家開懷暢飲，大吃他們，很高興，想著只要你們來吃，就是給面子，就有可能把事辦成。

　　申士俊、申廣仁父子和申志仁、申立仁、申尚仁，還有幾個有頭臉的年輕人被安排在南房子的東間，申明理、申幼平、申金平父子

三個，申曉理、申士文父子倆及申智理一門人和另外兩個人被安排在西間。對這兩桌子人，馬駒和牛娃老弟兄倆格外殷勤，除敬酒外，奉承話總不斷。吃罷飯，申士俊和同席的人都被請到眾人聚餐的老窯裡說事。申士俊有些難以開口，但是還得說話，全族人能聚在一起吃這麼一頓飯也不容易，況且，據記載，咱族裡還沒有大年初一聚在一起吃頓團聚飯的事。今年，老九和老十弟兄倆為咱們全族人準備了這麼好的一頓團圓飯，都是為好的。我看就好得很。咱農家人，一年到頭各忙各的事，難得聚在一起，又這麼熱鬧，有酒、有肉、有豆腐，多好。我剛說了，老弟兄倆這都是為好的，咱們現在就把事往好處說。老弟兄倆想給他們的生身娘上影，我看這也是個好事。

申士俊剛說到這裡，就見申立仁在一個角落裡說，四叔呀，你說的那事怕不能辦，你是咱族裡最懂老規矩的，老先人有讓小老婆上影那號規矩沒有？他的話一完，人們嘩嘩嘩都走了。馬駒和牛娃老弟兄倆欲哭不能，看著申士俊。申士俊哈哈一笑說，咱們都知足吧，全族人今天能吃你這一頓飯，就已經夠抬舉的了，說明大家還領你老哥倆要為娘盡孝這份心意。這也夠好的。村裡人不是一直把這事比作上天摘星星麼？看來這星星能摘下來，只是咱準備的梯子還不夠高。這事今年就這樣了，來年再說吧。

老弟兄倆可是把申士俊的話領會了。當年冬閒時還給人送洋煙棒棒子，追肥豬，大年初一又把本家能動員的人都動員上，拜完先人把全族的男丁都擋的拉到他家的席面上。可是吃罷飯一提給老弟兄倆的娘上影的事，有人拿祖宗的規矩一下就把申士俊堵回去了。就這樣，連著吃了老弟兄倆四個大年初一。二十世紀三十年代那年月，即使過年，吃不上豬肉的人多的是，再加上馬駒和牛娃是幾輩子的老財東家，好多人一直就想打他們的土豪，分他們的田地和財產，只是民俗道德和申士俊一直倡導的學為好人的束縛，而做不得。正好，你殺豬，蒸白蒸饃請，咱就順勢吃吃你，不算分你的，總是弄了你些。老弟兄倆領會申士俊的意思，所以一次一次地被吃大戶，又辦不成事，但一次次都希望大增，很高興。

到了第五年年末，申士俊先把他的左膀右臂，申志仁和申立仁找

來給認真地交代了，又個別找申尚仁談話，給申明道叮囑再叮囑，從理論上說服了這位飄涼的聖人。申尚仁是個半搭子知識份子，看事物有獨特的視角，說出不多的幾句話使人吃驚，人們都說他在飄涼，所以村裡人就送他個綽號叫涼聖人。

　　吃罷老弟兄倆的第五頓大肉、白蒸饃後，申士俊說話了，咱全族人在老九和老十家這大窯和廈子吃了五年的全族團聚飯，為啥老在人家這裡吃這頓飯，大家心裡都明白。我看，這家老弟兄倆的心意都吃在大家心裡了。有人又嚷嚷著說，先人的規矩在那裡擺著的，這事不能議。申士俊笑了笑說，先人的規矩嘛，我比你們清楚得多。所以這事從起根發苗就是犯規矩的。可是我想了很久，於情，於理上想，我覺得老先人這規矩得改一點。又有人鼓動大家散夥，不聽申士俊的。可是申志仁、申立仁弟兄倆喝道，大家不要散，聽我四叔把話說完。一些人還是起鬨要走。申尚仁說話了，大家聽著，走不是了事的辦法。剛才我四叔已經說了，老九爺和老十爺想給他生身娘上影這事從提出就是犯老規矩的，大家都知道要圓他老弟兄倆的夢，就要犯規矩。人家老弟兄倆年年請著款待大家，就是叫大家陪他們犯這個規矩。既然你要堅決維護老先人的規矩，你當初就不登場吃他的，喝他的。既然你已經場場都吃了，喝了，那就是說你願意陪他們犯這個規矩。咋，想借這麼個茬年年吃人家的大戶。那咱們成什麼人了。咱們還是聽我四叔把他的理講完。咱們聽麼，若是從情理上說得大家覺得就是該改改老先人定的那規矩，咱們就改，若是從情和理上說得使大家覺得老先人的規矩就是不能改，那就不改。至於說當初他們那麼想，那是他們的事，不能改，他們也怪罪不到大家頭上。從此再不提這事了。人們聽得無話可說，只好等著聽申士俊的理。

　　申士俊接著申尚仁的話茬說，老九家弟兄倆是咱們族裡好幾輩的財東，這是先人積下德了，大家也都跟著沾光。孔夫子說，不孝有三，無後為大，當年有順爺為了不落這不孝的罵名才納了妾，劉氏也爭氣，給有順爺生了他老弟兄倆。這是行了大孝的。有順爺的家業有人繼承，而且過得更風光。這都是劉氏帶來的福。給先人行了孝，積下德的人終了不得上影，于情，於理都不通。老先人定的規矩是指沒

明媒正娶的那些姘頭。有順爺納劉氏那可是明媒正娶的。這樣明媒正娶過來的，又對先人行了孝，積下大德的人終了不得上影豈不讓人寒心。大年初一，我要說句不中聽的話，請大家開恩。往後，誰家再出了有順爺這情況想納妾就難了，只能絕後，落個大不孝完事。我想誰都沒本事保身後幾代人的事。所以，當初我答應給老九家弟兄倆說話，多是為後人著想的。他說到這裡稍微停了停，見沒有人說話，他立刻接著說，老九、老十弟兄倆豁著家當要給生身娘上影是行大孝。咱老先人沒有不准後人行孝這規矩，咱們也不敢立這規矩。他又停了停，見沒有杠頭出來說話，順勢說，那就把劉氏按續配寫上。尚仁，執筆寫上。申尚仁在大老婆的神位旁寫了麥粒大四個字：「續配劉氏」。馬駒和牛娃激動得跪在地上給所有的人都磕頭。小孩子們把他們準備的鞭炮連箱子抬到院裡放個沒完。

此事過後，人們冷靜下來，才意識到申士俊的本事和學問真是了得。因而更尊重他，信任他，打心裡尊他為賢人。可是申明理倒有些不太服氣。他得機會就對人說，申士俊得了馬駒弟兄倆的好處，才那麼使勁替人家說話，全族的人叫申士俊給唬了。有一天這話說到申立仁當面，申立仁就頂他說，按你爺家的意思，咱再吃他幾回，那才解恨呢。誰都知道，那家老弟兄倆是吃不窮的，就是全村人都去連吃帶拿也弄不窮。申明理被頂，一時有點摸不著頭腦，因為他壓根沒想到有人敢頂他，解嘲說，誰稀罕他那頓飯。申立仁哈哈一笑說，我就稀罕，去了不光吃，還揀大片肉夾在饃裡塞在桌下的包裡拿回來給家裡人吃一頓呢。聽話的人都聽得出來這是說申明理呢，所以聽得哈哈大笑，連說，咱申家真出人才呀，過趟河尻渠子都要夾些水回去。哈哈。確實，村裡還就申立仁敢頂碰申明理。因為，如申明理所希望的，一次天賜的良機使他成了不露頭的強人，後來申立仁竟掌握了申明理些底細。

申明理家似乎從他上幾輩就是窮人，所以在穿村的路邊住一孔沒院牆的磚窯，東邊的一明一暗還是他老二申曉理的，但是申曉理一家並不住在這裡，只把一匹老驢和一頭老母牛在明的一孔窯裡餵著，暗的裡睡人。既沒院牆，當然也沒龍門，耕讀傳家的小區也就沒地方

掛。可是很怪，這麼個破院子偏出漂亮姑娘，申明理的兩個姑娘一個賽一個的漂亮。真是雞窩裡飛出了金鳳凰，所以村裡人就把申明理的院子叫雞窩。有一天，申明理的老婆打發大姑娘金蓮去申士俊家借了一盅油。金蓮端著碟子，碟子上是裝著油的盅子，正往回走時，東山土匪頭子黃蜂帶幾個人剛好從村裡過，黃蜂一眼就看上了，於是就跟著金蓮來到雞窩，一直跟到屋裡，聲稱他們渴了，也餓了，要主人家先燒些水喝，然後再弄頓飯叫他們吃，並且保證，水錢飯錢都不少付。申明理明明看清了這些人拿的傢伙，猜出不是高瘋子的人，就是黃蜂的人，不敢怠慢，滿口答應。可是一下來了七、八個大漢，他那窯裡站都站不下。申明理正要表示歉意，黃蜂已把申曉理的窯門推開，從拐門進到只有窗子的暗窯裡，發現裡面有炕，還有被褥。隨即喊著說他就在那裡歇歇。

申明理的老婆把水燒開，就叫老頭子和女兒招呼人喝水，她腋下夾了個升子出去借面去了。走到當村裡，她不知該往誰家去。因為村裡有東西給她借的幾個人家她都借過不知多少次，而且一直沒還過。想了想，她決定還是到申士俊家去。雞窩這邊，黃蜂的人擠在申明理的廚屋裡，嘻嘻哈哈地喝著水，金蓮拿著個銅提手墩子茶壺和兩個茶杯進來了。那些人手中有人就說，哎，對，用茶壺給頭兒把水提過去。申明理明白是要金蓮把水送到他老二的暗窯裡去，樂呵呵地叫金蓮把水送過去，他自己則在廚屋裡和土匪們扯這，扯那。

金蓮把水一送到暗窯裡，黃蜂即把近身的那個人打發出去，並且叮嚀不許任何人踏進明窯的門，他不叫，誰都別靠近這兩孔窯，然後就扯著金蓮給他倒水，問這，問那，誇金蓮漂亮。不一會兒，他就把金蓮攬在懷裡，摸上，摸下，摸的金蓮渾身都酥了，把頭埋在黃蜂懷裡，黃蜂一下將其摟得緊緊的。金蓮的敏感部位隔著褲子都感覺到黃蜂的傢伙硬梆梆的，她摸著那硬東西顫微微地問，你要幹什麼？黃蜂不由分說來了一句，這還用問，我要試你這個小美人。接著就把金蓮的單褲子給拉下去，抱的放在炕上，三下五除二脫了自己的褲子爬上去。金蓮尖叫了一聲，黃蜂立刻用他的大嘴堵在她嘴上，把舌頭也頂進金蓮的嘴裡。事情過後，金蓮像癱了一樣，躺著不動，嘴裡說，你

真狠。黃蜂在她臉上親了一口說，那是因為愛得狠。金蓮說，直到現在我還不知道你是誰，幹什麼的。黃蜂哈哈一笑說，我是個大好人。以後會常來看你，時間長了，你就知道我是幹什麼的。喝了幾口水以後，他又給金蓮頂進去了。這一回，金蓮再沒尖叫，只是說，你簡直是個驢，這麼一會兒又有勁了。黃蜂動作著，嘴裡說，遇到美人，我的勁就使不完。就這樣，直到老婆把面借回來把飯做好叫吃飯時，黃蜂才不得不放了金蓮。

　　吃完飯要走時，黃蜂掏出五個袁大頭給了申明理，說，這是一點小意思，甭嫌少。以後自有照應。申明理就這樣沾上土匪的勢。

第二章　奇娶

申明理沒費什麼勁就和黃蜂一夥勾上了。而且黃蜂出手大方，僅僅喝了些水，吃了頓便飯，竟一下塞給他五個袁大頭。他看准了，傍著這些人，他也許能改變這窮樣子。所以後頭黃蜂一夥來，他格外地殷勤。黃蜂每次走都問申明理有什麼難處要他幫忙。申明理前頭還裝剛強說沒什麼難處。可是人家走後，他老婆就叨叨，還沒難處呢，幼平都二十大幾的人了，還是光棍，你這當老子的欠兒子個媳婦你知道不知道？你拿啥給咱的大兒子問媳婦呢？年年叫娃給人熬活是辦法嗎？老婆叨叨著，申明理居然什麼話都沒泛上來，只是低著頭抽他裝來人家的旱煙。他老婆數落得對，幼平才十三歲時上山斫柴從崖上滾下去把胯摔溜了，他沒錢給娃請接骨匠，叫娃在炕上睡了幾個月，最後落了個瘸子腿。就這，拉著瘸腿的幼平什麼都幹，給人扛長工一點不比個正常人差。娃一心想掙了錢給自己娶媳婦。可是他拉著那條瘸腿問媳婦多難呀。問不下媳婦，掙的錢又叫他這老子今天三個，明天兩個給猴兒洗了娃了——弄得一個都沒了。這番他想好了，下次黃蜂來，他要說這事。

半個月不到的一天晚上，黃蜂帶著幾個人又來了，一頭鑽進申曉理一明一暗的窯裡，跟前幾次一樣，叫金蓮把水和飯送過來，吃了，喝了，就和金蓮玩起來了，金蓮總說他比驢還厲害，他說沒有，他的毬就沒驢的大。又說，他要有驢那麼大個毬，叫金蓮再領教領教他的厲害。說得金蓮直抓他。

這些人在申明理家窩了大半夜，雞一叫，他們就要走。臨走時黃蜂仍豪爽地說，老哥，你有什麼忙要幫，你就說話。申明理哈哈一笑

說，我這忙你怕幫不了。黃蜂大感意外地說，哪裡有我幫不了的忙，只有我不願意幫的。你說，你的什麼忙我都能幫。申明理這才把主意拿正了，我大兒子都二十大幾了，還問不下個媳婦，這忙你能幫？黃蜂哈哈一笑說，我當你要我幫你上天摘星星呢，原來是這麼個事。你到黑水縣和黃水縣交界那一帶瞅拾去，看上哪家的姑娘了，你只告訴我，我就把那姑娘給你弄來給你大兒子當媳婦。說完就匆匆地走了。

　　黑水縣和黃水縣交界那一帶離南轅庄成百里的路呢，黃蜂叫申明理到那裡物色姑娘的意思，申明理一下子就明白了。於是他又在村裡東挪西借了一番，弄得幾個錢，拉了根棍就出門了。到了兩縣交界那一帶，申明理裝著尋的買大豬，每到一個村，他不光瞅豬，更瞅大姑娘，看上的豬總是因價錢說不到轍而買不成，看見能看上眼的大姑娘，總要盯著姑娘從哪家龍門進去，然後跟了進去，打聽看哪家有豬賣沒有。有的人家倒是有豬，或是人家不賣，或是價錢說不到一起，反正買不成。兩天來看了幾家，都因為不好下手而沒在意。第三天他在另一個村裡盯上個大姑娘，然後跟進院去，問主人家有豬賣沒有，屋裡出來個四十來歲的女人，笑嘻嘻地說，我家家小，就不餵豬。申明理一看，心裡想，怪不得我看那姑娘就中意，她媽就漂亮麼。人常說，捉狗兒子先看狗母子。就是這家的姑娘了。他進一步打聽，你家到底幾口人，連個豬都不餵。那女人說，老漢和我，再就我這麼個女子。申明理聽了暗喜，接著女人的話茬，可不是是啥，三口人一天的刷鍋水不夠一口大豬一頓的。不餵豬也好，落得個清閒。那就不打攪了，我到別處再看看。出了這家門，他在村裡轉了好幾圈，把這家的位置記好，龍門的形狀看准，門前栽的什麼樹看清，什麼坐落看明白就離開了。

※※※

　　幼平在西村高廣財家扛長工已經五年了。到高家幹頭一年，都過了臘月二十三才由掌櫃匹著騾子送回來。就這還是掌櫃催他下工。按常例，一過臘月初八，長工們就可以下工了。可是幼平好像不知道這個規矩。說不知道也不可能，因為和他一起給高家扛活的滿兒臘月初

九就回自己家了。滿兒走了，幼平並沒有異常表現，仍像往日一樣，斫柴，放羊，鍘乾草，墊圈，趕著騾子下溝用馱桶馱水，劈柴，餵牲口，似乎就沒有下工這一說，就像在自己家一樣每天該幹什麼還幹什麼。都臘月二十四了，幼平還沒有要回家的意思，東家掌櫃高廣財說話了，幼平，你這小伙子怎麼這麼實在，你沒看見人家滿兒臘月初九就回家了。幼平回答說，看見了。他走了，我再走了，你這裡這麼多活兒誰來幹呢。掌櫃笑了，真是個實誠小伙子。我明白了。既然這樣，你就再呆兩三天，到二十七我送你回去。

臘月二十七這天大早，掌櫃喊幼平到囤裡灌了二斗麥子，他自己則把準備好的黃黃、軟饃、割的肉、做的豆腐分的裝了半線口袋。吃過早飯，掌櫃叫幼平把騾子備好，把他灌的麥子和掌櫃準備的半線口袋東西都搭到騾子鞍上，掌櫃拉了根棍說，走，我送你下工。三十里路，主僕倆半晌工夫就走完到了幼平家，幼平他媽還沒做晌午飯，其實是下午飯，冬天，那裡農家都吃兩頓飯，早飯在九點半左右，所謂的午飯就到了下午四點左右了。申明理見東家拿著那麼多東西送兒子回來，很高興，豪爽地說，高掌櫃太抬舉了，一個伙計下工還能勞動掌櫃匹著騾子送回來。高掌櫃則說，是幼平抬舉了我，臘八過了他還像沒有下工這個事一樣給我幹活兒，世人都說我這人好。我很高興，所以給他把過年的年食都帶回來了。當下說定，來年幼平還給他扛活兒，工錢還漲了兩個大洋。

第二年正月初五剛過，幼平就去西村了，說是給掌櫃拜年，那是為了鄰家好聽的。他這一去，進了掌櫃的門直問候掌櫃年可過得好，說他給掌櫃來拜年。幼平這麼早就來，讓高掌櫃一家上下都感到意外。而且，幼平來吃罷第一頓飯就撈起傢伙該幹啥就幹啥，跟下工前一樣，好像就沒下工。後來高廣財才從側面瞭解到，幼平主要是看不上他父親申明理的人品和做派，在村裡總能聽到人們說他父親申明理如何借東西不還，如何蒙小孩割人家的苜蓿回去餵他家的瘦牛，他媽腋下總夾個盅子，不是借油，就是借鹽，要麼就借申士俊家的麥芽醋，也是只借不還。在家裡過年的這幾天，幼平覺得在村裡很沒有面子，人的尊嚴也受到傷害，所以很不願意在家裡呆。他覺得，在高家

扛長工都比在自己村裡強。賣力幹活兒，堂堂正正地吃飯，掌櫃把他當人看。所以後頭幾年，他都是臘月二十七，八才回去，一過正月初五就來。

※※※

黃蜂聽了申明理的踩點講述之後只說，明白了，你老人家就等著給兒子娶媳婦吧。之後黃蜂帶著他的人馬就走了。回到他們的巢穴，黃蜂找了幾個精幹的人手，如此這般地布置了一番。第二天他們就向申明理踩好點的方向去，一個，兩個地行動，有的是販山貨的，有的是尋著給人打短工的，有的則是收包穀往山外販賣的。天快擦黑了，兩個糶包穀的一人拉一匹大騾子來到申明理盯准的那姑娘的村裡，這家問問，那家問問，終於摸到那姑娘家，問姑娘家可有包穀糶，姑娘的爸說他莊稼小，沒有包穀糶。來人故意問，看你這家道不錯，原來是個小家。你們這裡地土寬，又是山邊，不缺雨水，種什麼，只要見苗，閉著眼也收一料包穀。姑娘的父親說，話是那麼說，可是我只有三口人，老婆和女兒幫不上手，我一個人還真招呼不了那麼多。來人接著話茬往下說，你說的也對，一個外頭人真也顧不了那麼多。不過我看你的光景過得倒挺嘩的。主人說，不算多麼嘩，就是老婆愛爭氣，把家裡拾掇的比別人家利落些，不知底細的人光看家裡收拾的樣子就以為咱的光景過得比別人殷實。糶包穀的順勢說，就是的，你這家整端的就是利落。另一個接著說，要不咱們今天晚上就在老掌櫃這裡借宿一夜。我知道你這人愛乾淨，老掌櫃這裡肯定中你的意。主人說，那也能，人吃飯睡覺都好對付，只是你那兩匹大騾子，我那小牛圈裡餵不下。愛乾淨的那個說，那好辦，要不先餵你的牛，牛餵好了把槽騰下後頭再餵我們的騾子，全由我們餵。或者先餵我們的騾子，吃兩和草後把騾子拉出來給倒些刎圇料叫嚼去。老掌櫃看這兩個人挺豪爽，就說，那行。我這就招呼老婆給你們做飯。你們就把騾子先餵上。來人說，我們連人帶牲口，吃住用下來給你二斗包穀錢。明天大早我們就走。說罷，把錢數好交給老掌櫃。

吃過飯，騾子也吃過兩和草，掌櫃招呼叫再給騾子餵上一和草後

拉出來。待把騾子拉出來在線上口袋上給倒上囫圇料，把主人家的牛拉進圈，愛乾淨的那個包穀販子就招呼他的同夥和主人家都睡覺，他來餵牛。那個同夥臨睡前還嚷著說，就是該睡了，實在是累了。你給牛把草拌好，叫吃快些，早餵好，你也早睡覺，明天一早還要往三岔裡趕呢。

該睡的都睡了，餵牛的在等著給牛添草料。到人都入睡以後，餵牛的輕腳輕手，給門樞上下都用水澆了，然後抱開頂門的杠子，輕輕拉開上下兩道關子，沒有任何聲響就把龍門打開了。不一會兒，幾個人就從敞開的龍門進來了，接著把騾子備好拉到院外栓在石板椿上。這時已到後半夜了。餵牛的包穀販子來到掌櫃的窗下叫，掌櫃的，我們要走，你起來把龍門關了。掌櫃有點不情願地說，這麼早就要走呀?!不早走不行呀，趕了三岔，還要趕土巔哩。

掌櫃點了燈，穿上衣服，下了炕趿拉著鞋開了門，剛邁出屋門，就被兩個人一下捂著他的嘴掐住，另四個衝進屋，壓低聲音命令母女倆穿衣服，不許出聲，要出聲立刻就沒命了。母女倆顫顫索索穿上衣服。母女倆各被兩個大漢摁住用手巾把嘴塞上，綁了。娘被綁在窯掌的板架柱上，女兒被架出去了。掌櫃早被捆在牛槽邊的和杆柱子上了。女兒被架著放在騾子的鞍橋上捆了，蒙上眼睛。這些人幾乎沒費什麼事就把人家的大姑娘搶走了。

姑娘的父母被各綁一方，動彈不得，呼喊不得。直到第二天早晨都快吃早飯時鄰居家只聽見這家的牛哞哞叫，龍門大開著卻不見人的動靜，過來一看，老兩口不但被綁著，嘴被塞著，各自的褲子都尿濕了。鄰居忙將人解下，把嘴裡塞的東西取下，這才知道姑娘被人搶走了。這一嚷嚷，左鄰右舍的人都來了，都說趕緊打聽去向，找人要緊。可是人們心裡都明白，這事不是黑虎幹的，就是黃蜂幹的，就是打聽著去向也惹他們不起。於是都安慰老兩口好生保重，大家想辦法找人。

黃蜂的人得手後，快騾子加鞭，天亮前趕到黑水縣界的南峁上。這個小村只有五戶人家，僅有一條通大路的進村小道，別的地方的人要是沒事根本不會到這個村裡來。姑娘被塞在張浪子家。姑娘嘴裡的

布子被取下，眼睛上蒙的布條也被解下，但她不知道這是什麼地方，只是哭，尋死覓活。可是怎能由她，兩個人一直看著她。過了一會兒，黃蜂來安慰她，叫她不要怕，搶她來是為了給她安頓個向。那家因為窮，問不起媳婦，他為了幫朋友的忙，才出此下策。但是他叫姑娘放心，給她找的女婿絕對是個誠實人，將來過日子是一把好手。張浪子的女人也來勸解，但一時總不能使姑娘平靜下來。那也只好由她了。

申明理得信後到西村給幼平和他東家高廣財都說好，臘月初九就回來，臘月十八給幼平娶媳婦。高廣財也甚為幼平高興，對申明理說，早該給幼平成家了，可等到這一天了。申明理附和說，只是總也瞅不下個對勁的。說實話，出彩禮我都不含糊，可是出大彩禮問一個連我都看不上眼的女子，我就覺得太虧我幼平了。這回，我給幼平定的這媳婦真是要人才有人才，要針線有針線，要茶飯有茶飯，過光景的一把好手。這樣的向，我出一把心裡樂意。高廣財說，那就太好了，幼平也是場裡地裡樣樣活兒幹得都好，娶這麼個好媳婦，往後日子一定過得好。

那姑娘在張浪子家被關了十幾天，張浪子的女人終於問得姑娘的名和姓。姑娘說她姓朱，叫月蘭。之後，朱月蘭被轉到幼平他舅家。但是朱月蘭始終不知道她在什麼地方。主人家給朱月蘭準備了紅襖、紅棉褲和紅鞋、紅蓋頭，告訴她臘月十八就過門。朱月蘭經過一個多月的抗爭，屈服，再抗爭，再屈服，到現在幾乎已是全認了，只是哭著說，這麼大的事，她身上連爹媽一根線頭都沒有，她心不甘。

申明理在村裡給人說，幼平他舅把他的乾女兒許給幼平了，所以這事還馬虎不得，要辦得有樣有行。他給各重要親戚都下了書，村裡人也都說到了。臘月十八那一天，黃蜂作為朋友也來了。村裡人見了黃蜂和他那幾個人手，脊背上都冒涼氣，也都猜測著。

朱月蘭和大多數女人沒有兩樣，跟一個男人把天地一拜，入了洞房，過了花燭夜，基本就全認了，連幼平的瘸腿都接受了。婚後她體會，幼平還真是個好男人，也就死心塌地跟他過了，每天該做飯時幫婆婆一起做飯，吃完飯洗鍋刷碗不讓婆婆和小姑子沾手，只是到了

晚上總給幼平哭著說她就這麼不明不白地進了這家的門，至今她都不知道你們這南轅庄是哪個縣的，她大、她媽也一直不知道她的下落。幼平才慢慢知道他這媳婦是怎麼娶下的，覺得他父子都愧對朱月蘭，所以從他這方面對朱月蘭更好了，同時安慰她放心跟他過日子，他一定叫她過得體體面面的，也要朱月蘭體諒他大也是出於無奈才出此下策。可是朱月蘭說，就那樣把她搶來嫁給他，她現在幾乎都不恨了，只是老公公和土匪勾搭這事叫她什麼時候想起來都覺得不是回事。幼平何嘗不是這麼認為的，所以他不光在媳婦面前覺得沒有面子，就是在村裡人面前他都自覺沒有面子。可是生米已經煮成熟飯。於是他暗暗決定和他大分開，各走各的路，可能將來還能少背幾個黑鍋。

朱月蘭的父母自女兒被搶走以後，幾乎天天以淚洗面，也多方打聽女兒的去向。兩年之後終於打聽出個眉目。朱月蘭的父親朱福祥根據打聽到的線索摸到南轅庄，瞅准機會見到自己的女兒。這時的女兒已經抱著半歲的外孫子。朱月蘭冷不防見到父親自然很激動，但事已至此，她也無話可說，哭了一陣後還安慰父親說，幼平本人確實是個好人，雖然腿腳不好，但人很要強，也很能幹，跟他過日子心裡也坦然，後頭會有出頭之日的。朱福祥知道他要認的親家走的什麼道，也就沒打算怎麼樣，只想順水推舟把這門親認了，以後能堂堂正正走女兒家。所以當下安慰女兒說，終於找到她比什麼都好，又說他不能在她那裡多待，必須找村裡有頭臉的人從中說話，大家平平和和地相認，這事就算到轍了，他的心也就安了。女兒告訴他，只有找申士俊去。

申士俊聽明白朱福祥的來意後哈哈一笑，接著說，老先生果然是個明白人。不管我那人事情做得怎麼樣，現在生米早煮成熟飯了。你老先生的想法好得很，照你的想法辦，咱這就一俊遮百醜了。這事沒說的，我給你包辦了。你既來到我這裡，那就是我的客人，就先住在我這裡，容我一兩天去說這話。

申士俊找到申明理說明了來意，申明理堅持說幼平的媳婦是幼平他舅的乾女兒，他和幼平他舅當親，從哪裡冒出來個月蘭的大。申士俊平靜地對他說，此事不宜聲張，來找他的這個人是月蘭的大，一

點沒錯，月蘭本人都認，哪能有錯。人家找來沒有別的意思，就想堂堂正正地認你這個親家，順順當當看女兒，認外孫，這是多好的事。咱們什麼都不提，高高興興把親家一認，媳婦還是你家的媳婦，孫子還是你的孫子，這一下就一俊遮百醜了。申士俊要申明理放心，關於月蘭是咋樣娶來的，他會一直為他保密到死。幼平聽媳婦說她大找來了，去找申士俊要他說的認親。幼平立刻找來，對申士俊說，四哥，這事沒說的，咱不能不仁不義到底，我娃還要有舅家哩。我認，我給老漢賠罪。申明理也順水推舟答應了。申士俊又一次向申明理保證為他保密。

認親時也沒叫別人，就申士俊來說合、主持、見證，幼平和媳婦抱著半歲的兒子向朱福祥磕頭，還把孩子遞給朱福祥。朱福祥抱著外孫很高興，連聲說好，叮囑月蘭和幼平好好過日子。要送孩子上學，將來光宗耀祖，他這當外爺的臉上也有光。幼平向老丈人保證說，將來一定供娃念書，改變門庭，並說，四哥申士俊就是他的榜樣。申明理也跟著說，我們這老四家可是輩輩都有讀書人，老四現在是我們這一帶最熱心教育的人，我們士文的書就念得好，他乾爹說了，等士文畢業了就叫他跟他幹事去。朱福祥聽得目瞪口呆，原來他這親家還有個幹大事的親家。朱福祥找來認親這檔事沒有什麼大響動就過去了。

申明理吹噓的申士文是他二弟申曉理的兒子，他的侄兒。申曉理其實是個老實呇嗇的農民，但是卻結交了個在當地幾個縣號稱團長的賈慶玉。申明理也就動不動扯賈團長的大旗為自己壯威風。其實那個賈團長甚至連申明理都沒正眼看過，因為根本挨不上。當初賈慶玉和申曉理結拜的原因，說起來，那就早了，而且根本不是誰仰慕誰，也不是誰攀誰。要說攀，只能是誰也看不上眼的農民申曉理攀扒三縣的地頭蛇賈團長，可是要是沒有別的什麼原因，他申曉理個穿齊尻子褲的能攀上賈團長嗎？

別看申曉理這個老實巴交又呇嗇的農民，他的豔福可不淺，當年他父親給他定下個方圓幾十里內數得上的漂亮媳婦，她漂亮得誰見了都要多看她幾眼，青壯年男人見了她不僅要饞饞地多看她幾眼，還會想入非非。她不光人漂亮，名字也能使人聯想多多。她姓楊，叫昭

豔。娘家的村子楊樹莊也是個小有名氣的大村子，還通大路，是祖塋縣東半片和沙川縣西南大半片的主要通道。賈慶玉被收編後不久，頂著團長的封號從楊樹莊路過時瞧見了踮著三寸金蓮，走路如風擺柳的楊昭豔。賈慶玉立刻命令隊伍停下來，就在楊樹莊吃晌午飯，他則叫護兵去楊昭豔家號了房子，大搖大擺地住了進去。可是他並不進給他號的房子裡歇息，洗臉水也不要勤務兵給他去舀，而是搶過臉盆自己衝進廚屋去舀水。說是舀水，卻並不往水甕邊走，佯裝找馬勺，眼睛直在楊昭豔身上轉。楊昭豔都臉紅了低下頭笑了笑。楊昭豔的爹和娘都看出這賈團長的意思。楊昭豔的爹忙湊上前去說，馬勺在鍋後頭呢，我給你拿。老楊拿了馬勺，拽著團長手裡的臉盆到水甕邊先舀了些涼水，然後從後鍋裡舀了一馬勺熱水兌上，嘴裡說，這下能洗了。說著搶過臉盆，把水端到給團長號下的廂房廈子裡。既然水已舀好並且都端到他要歇息的廈子裡，賈團長也不好繼續賴在廚屋裡，就跟著向外走，到門口又返過來把楊昭豔饞饞地看了一眼。他到廈子洗完臉，拿著香煙又來到廚屋，讓老楊抽煙，問最近當地的治安情況，問人們的生活。可是眼睛總在楊昭豔身上瞟。楊昭豔的娘打發楊昭豔去給她二嬸幫忙縫夾襖。楊昭豔風擺柳似的踮著小腳出去了。賈團長見狀，知道姑娘的娘有意叫姑娘躲他，再扯了兩句閒話，然後返回廈子。直到吃完晌午飯，歇了晌要走時都沒得再看那美人一眼。可是他心還不甘，佯裝檢查他的糧子們把什麼落下了，這家進，那家出，到各房子看看，還是沒得如願見上美人。他心裡從此記下，這家有個讓人忘魂的美人。

賈團長走後的第二天，楊昭豔的爹就直奔南轅庄，催他親家趕緊準備給申曉理娶媳婦。他親家不解他為什麼這麼急，他不由分說給他親家丟出一句話：「你要是磨磨蹭蹭，我可保不住你的人的黑籽紅瓤。」這邊聽出意思了，事不宜遲，遲則生變，立刻張羅著給兒子娶媳婦。

楊樹莊女親家這邊很緊張，老兩口給全家人布置，無論什麼時候看見有糧子向村裡來，一定儘快回來報信。果然，四、五天後賈團長騎著馬，帶十來個人又來了，而且幾乎就是直奔楊昭豔家來的，照樣

問這，問那，就是看不見他想見的美人，只好悻悻而去。沒過幾天又來了，照樣見不到美人。這一回他忍不住了，笑著問老楊，那一回我來看見的你那姑娘回婆家了吧？老楊也賠笑道，看團長說的，我那姑娘還沒離門呢，最近到她舅家去了。賈團長聽了有些高興，半開玩笑說，要是我能問那麼漂亮的媳婦，我非要早早娶過去不可。說笑完就說還有事要去找村上的甲長，走了。

南轅庄的人們忽然得知，曉理第二天娶媳婦。差不多的人家都準備了一份禮金。媳婦娶回來，拜完天地，入了洞房，曉理把新人頭上的蓋頭一揭，自己都愣了，他不敢相信炕沿上坐著的這個見都沒見過的美人就是他的媳婦。他把蓋頭揭開的同時，洞房門外哇的一片驚歡，男人、女人、小伙子、小媳婦和姑娘都同時哇出聲來。有人就喊，曉理的福分真大。又有人喊道，曉理你可看向著，自古以來，只有掙死的牛，沒有犁塌的地。哈哈。

賈團長總放不下他在楊樹莊見到的美人，幾次找回去都不得相見，就繞著圈子和楊昭豔的爹開玩笑說，你姑娘的婆家真像我說的把人搶著娶過去了。老楊順杆上說，就是的，要娶的話說得早了，但是親家是有公幹的人，一時得不了個閒空兒，前一陣正好有個空兒，他回來就快快地給辦了。女子這一打發，我也頭輕了許多。你也知道，人說女大不中留，留下結冤仇。遲早是人家的人，給了人家咱就不操那份心了。賈團長聽說姑娘的公公還有公幹，就好奇地問，你親家是哪兒人，幹多闊的事情，你怎麼攀上這麼闊的親家？老楊慢條斯理地說，你要問我親家是哪兒人，說出來都怕你笑話，樊家塬人，就是那雞叫一聲聽三縣那個樊家塬。賈團長聽了大笑道，土匪窩子呀，你親家該不是土匪吧?!老楊仍慢騰騰地說，那倒不是，我親家倒是個很好的人，家風、光景都好，他本人又是黑水縣的民政科長。不知道他是怎麼七拐八拐地聽說我有那麼個姑娘，還專門跑來看過，之後就托咱縣民政科長保媒，一定要和我當親。我看他的家風、家道和人都不錯，就允了。說實話，倒不是我攀的他。賈團長心裡有數了，自找臺階下，對，對，對，你那麼好個姑娘，別說個民政科長，就是縣長知道了都會攀你的。哈哈。

賈團長離開後就盤算去樊家塬找楊昭豔的婆家。這一回他不親自出馬了，而是找了兩個精明能幹的偵察兵化裝成收蜂渣的去樊家塬打聽。這兩個人在樊家塬本村及周圍幾個村轉悠了三天，根本沒打聽著有什麼人在黑水縣當民政科長這回事，更沒有誰和楊樹莊的什麼人當親。兩個偵察兵回來向團長如實報告。團長叫他們不要對任何人講這事，就當什麼事都沒有過。他明白了，那個老傢伙就怕他勾引他女兒。賈團長清楚，不可能從那老傢伙那裡得知那美人的真實去向。他又把那兩個偵察兵叫來，叫他們化裝成打短工的，就在楊樹莊蹲著給人幹活，一定要打聽著美人的去向。

　　賈團長派出的兩個「短工」在楊樹莊確實給人幹了十來天短工，終於獲得準確情報，那美人被嫁到祖塋縣的南轅庄。賈團長得到報告後叫他們徑直到南轅庄看准，美人到底嫁給了什麼人。這兩個小子仍是以打短工的名義在南轅庄呆了幾天，打聽明白，把人看准後甚至還摸到申曉理家，問他家用不用人，看准楊昭豔確實是這家的媳婦，回去報告了賈團長。賈團長很高興，賞了他們一人三個大洋。這時，楊昭豔嫁到申家已經一年多了。一天，申曉理趕著毛驢馱著甜瓜到柏槐鎮賣瓜的路上遭遇上七八個糧子，不由分說，把他連人帶驢和瓜一併拉了差。一馱籠甜瓜很快被營地裡的眾糧子吃了個一空。申曉理本來就摳門，見一馱籠瓜叫人白吃了，心疼得直嚷嚷。那些糧子還和他取笑，並對他說，吃你幾個爛瓜就把你急的那樣，給你說實話吧，連你這個人和驢現在都是我們的，你要給我們馱的運一月的糧草呢。正在這時，賈團長來了，看他的手下人那樣對待一個農民，問道，幹什麼哩，你們。糧子們回話說，拉他的差給咱們運糧草，吃了他幾個爛瓜，把他急得都要哭了。哈哈。申曉理爭辯說，一馱籠瓜哩，怎麼是幾個。賈團長接過話茬說，那怎麼能是幾個呢！然後他掃了一眼那個小毛驢說，你們混蛋，拉差不揀高騾子大馬拉，拉這麼個小毛驢能馱多少。算啦，放他回去，瓜算我買的請你們。說著掏出來五塊錢給了申曉理說，拿著早早回去吧。申曉理接了錢，千恩萬謝一番拉著毛驢走了。剛走了沒兩步，賈團長又叫住他，哎，賣瓜的，打了一回交兒，還不知道你是哪裡人。申曉理據實告訴人家說，南轅庄人。賈團

長又問道，離這裡有多路？申曉理說，三十多里呢。賈團長說，不遠也不近，快走吧。

申曉理趕著自己的毛驢離開了賈團長的營地往前走了不多遠回過頭還把那營房看了一眼，似乎有些後怕，也好像有點疑惑，隨著與營房的距離漸行漸遠，他倒有點慶幸。他想，這麼一小馱瓜居然換來五塊錢，這還不算，要是人家不拉他的差，他還得再趕十五里才能到柏槐鎮，在那裡還得賣大半天，就是賣完了，回到家都難叫時分了。這可好，來回少走三十里，還不用耗在那裡賣。還不知道這賈團長還真是個好人。

他就這麼想著向前走著，差不多快走出十里地，他身後又有糧子騎著馬跟上來了，他一想，這下壞了，再叫他們拉了差，人和牲口要受罪自不在話下，恐怕賈團長給的五塊錢都保不住。他還沒想好怎麼辦，人家已經到了面前。他一看，來的人裡就有賈團長。他不知道發生了什麼事，團長又追上來了，立刻想到團長可能意識到給他五塊錢太多了，追上來要他退回去些。他這麼想著，手就往衣兜裡伸要把錢取出來退人家些。賈團長在馬上先開了口，你放心，不拉你的差。你走後我想了想，這年頭，路上什麼人都有，我不拉你的差，保不住別的什麼人不拉你的差，終究我們到東南鄉還有事，不如和你同路送你回去，也就沒人敢拉你的差了。申曉理聽得將信將疑，甚至都沒想該說什麼。一個糧子卻提醒他，還不感謝團長。申曉理恍然大悟道，感謝，感謝。另一個糧子搶過去說，不要光空口感謝，送到後叫你媳婦給團長和我們擀的嫽嫽的吃頓面。申曉理不假思索就說，能能能，那盼不得呢。那糧子接著說，就是麼，我們團長給過誰這麼大的面子。還不是因為團長看你是個老實人，願意和你交個朋友。你願意不願意結交我們團長？申曉理笑著說，我能攀得上團長?!那糧子說，你是不想叫你媳婦給我們擀麵條吧。申曉理說，看你說的，只要團長看得起，那太好了。賈團長說，我看你是個老實人，覺得在你們這一片需要結識你這麼個人。

說話間就來到河邊，申曉理嗚了兩嗓子，申志仁的父親申士傑下來把船撐了過來。曉理和穿軍衣的同行叫這位老者很是生疑，想，他

大哥不走人路，盡結交些綠紅子人，這老二又和地頭蛇走在一起，往後可有熱鬧了。想歸想，嘴上說的卻是驚異這位小叔家今天的瓜賣了個快，這麼早就回來了。申曉理此時有些得意地說，人幸運不在打啼起，賈團長把我的瓜一下全包了。所以我連柏槐鎮都沒去。賈團長也說，你這村裡產的瓜味道好，以後年年記著要來你們村吃瓜哩。

過了河上了岸來到曉理家大門外，賈團長把他們的馬拴在鄰家門外的石板椿上和大槐樹上，跟著曉理進了院徑直進到曉理分得的一孔大窰裡。一進門，賈團長的心一下子落了地，可把他朝思暮想的美人找著了。曉理招呼媳婦趕緊做飯。隨著來的糧子補充說，對，趕緊做飯，把面和噠，擀薄切細，好好款待咱賈團長。你這內當家的還不知道，你掌櫃今天在路上叫人給拉了差了，是賈團長搭救下來的。賈團長怕他二番被人拉差，就把他送回來了。楊昭豔好像聽天書，聽完以詢問的眼光看著曉理，曉理告訴她說，就是的。快做飯吧。

吃過飯，隨從來的一個糧子催著要和曉理一塊去鍘草餵餵馬，這裡只留下賈團長、楊昭豔和另一個隨來的糧子。這個糧子見曉理他們走了，立刻說他到外面警戒著。賈團長都沒等到這個糧子把門閉上，立刻撲過去摟著楊昭豔就親嘴。楊昭豔嚇得直推他說，不敢，不敢，大白天的……賈團長親了一陣嘴這才說，打那一回在楊樹莊看見你，我就得下相思病了，就想你。你大給我日鬼劃圈子說把你嫁到樊家塬了，叫我費了多大的勁才把你找著。這也是緣分，偏偏拉差就拉到他頭上，又偏偏叫我碰上，我看他人老實，就叫把他放了，又偏偏我要到東南片辦些事，就把他送回來。這一來就來到你跟前。緣分都到這份上了，還有什麼不敢的。猛親兩口後，他把楊昭豔抱上了炕，三下五除二就把她的緊要部位暴露出來。楊昭豔聽了他說的那些話，又見他如此急切，心也動了，畢竟他是個團長，能對自己有這份情義，那也值了。現在她就等他往裡頂了。這個賈團長倒是年紀大些，經驗豐富，勁頭一點不比曉理差，弄得楊昭豔直呻吟。賈團長一邊晃著，一邊親楊昭豔的嘴，還問美不美。楊昭豔只是在呻吟聲中夾一聲「嗯」以示回答。

曉理那裡被纏著在那一明一暗的窰裡鍘草、找料、擔水、添草、

添料。三匹馬吃了兩和草，賈團長這邊又二返了一回長安。之後，賈團長給楊昭豔留下一句話，我什麼時候都要和你好，你往後生下的娃也有我的份兒。臨走前又給曉理留下一句話，我交你這朋友交定了，以後有了娃，把我給你娃請成乾爹。就這樣，申曉理和賈團長成了乾親家。賈團長的手下人掏出十元錢給了申曉理說那是開他們的飯錢和馬的草料錢。申曉理有些不好意思，賈團長爽朗地說，拿著吧，以後騷擾的日子多著哩，總不能虧你呀。曉理把賈團長送到河邊，賈團長上了船回過頭來對曉理說，親家回去吧，送到水邊我都有些擔待不起。申士傑聽得分明，申曉理和賈團長成了親家。

　　申曉理和賈團長成了親家，申明理是曉理的同胞大哥，自然也是賈團長的親家。

第三章　禍福莫測

　　耕讀傳家的家風在南轅庄遭到牴觸的只有申裕仁家，準確地說應該是，在南轅庄，最不買耕讀傳家的賬的，當數申裕仁的老婆任氏。就她認為耕讀傳家這個口號是對她的詛咒，所以每次申士俊為村裡小學要辦什麼事或籌什麼款，總遭到她的激烈抵制。申裕仁雖不像老婆那樣激烈抵制，但基本是贊成抵制的，因為他早已看明白了，他身後就沒人去讀書。所以耕讀傳家這個奮鬥方向總使他悲涼。他也曾試圖繼承這一中國農家的高尚傳統，但是命運使他的這一良好願望成為不可能，這從他給他的六個女兒取的名字上就能得到證明。

　　任氏進了申家門的第二年就生了個女兒，申裕仁很高興，見女兒身上的胎毛密密實實，他聯想到絨線球，於是就把這個女兒叫絨兒；又過了兩年，任氏給他又生了個女兒，他見這二女兒比大女兒還可愛，就給她取名為絨仙，意思是繼絨兒之後又來了一位仙女。絨仙快兩歲時就得了個妹妹，申裕仁見這女兒同樣可愛，但已覺得有些不妙，老這麼絨下去，他身後就沒有可以送去讀書的了，後頭一定得改生兒子了，所以他給三女兒取名改絨，那意思是說，再不要給我生什麼絨了，改生兒子吧。就在裕仁滿懷希望等兒子時，第四個女上世了。裕仁有點急了，心想他給三女兒取的名字的意思還不夠明確，送子娘娘可能理解成以後再生女兒他不再叫她絨什麼，或什麼絨。這一次他給四女兒乾脆取名為改香，實為改向的諧音。給四女兒取了這麼個名字後，裕仁兩口子都以為他們給送子娘娘把意思表白得再明白不過了。兩口子滿懷信心等改變生育方向的結果，第五個女兒出生了。裕仁一看，光希望改變生育方向是不夠的，必須下硬手改變，於是他

給五女兒取名為捩過，意思是要強扭過原來的生育趨向。給五女兒取了這個名字的同時，裕仁在想，人們一直說五女興堂，生夠五個女兒後就意味著要興旺發達了，該生兒子了。不料，第六個來的還是個女兒。裕仁兩口子煩了，心想要改，要捩都不行，還是因為意思沒表達明確，這一次就明確表示不要女子了，順勢把六女兒叫蘭兒，想表示把生女子這個路子給攔死。果然攔死了，任氏在腰幹前真生了個兒子，兩口子喜出望外，連已出嫁了的三個女兒都替父母高興。大家合計，給這孩子取名叫盼娃。自有了盼娃以後，任氏全然另一個人了，除了對盼娃無微不至外，和村裡人說話的底氣都足多了。這一點申明理和他老婆感覺尤為明顯，他去裕仁那裡借錢，借東西時，任氏總在他拿了東西要走時順便來一句過去從來不說的話，過光景一點底都不攤。這倒是一句實話，完全符合申明理一門人的門風。可是叫當事人聽著就怪不自在。許多事人們可以做得習以為常，但當別人把他習以為常的事概括成一句話說出來時，他就不能接受，更不能容忍。申明理就是這樣的人。是，任氏老早就瞧不起申明理家一門的人，只是懾於他和黃蜂一類人的關係，總給申明理留些面子，也是給自己留點後路。現在她有望耕讀傳家了，她不比任何人低一點，更何況她現在的光洋摞下幾摞子。所以「過光景一點底都不攤」這話隨著感情自然地就出來了。申明理自和黃蜂勾搭上以來的這幾年，自我感覺挺好，覺得村裡人，乃至上到禾豐鎮的集上，人們對他表示的敬意不亞於對申士俊的尊敬。這幾年以來，他在村上無論向誰借什麼，不光不打絆子，人們幾乎都是巴不得他來借呢。他認為，這就證明他當初的想法是正確的。要想受人尊敬就得有錢有勢，如果錢和勢都沒有，誰也不會把你放在眼裡。他這幾年的體會總的是覺得活得挺體面。任氏這個簡短的評語使他覺得有傷面子，但又不好說啥，因為那話雖難聽，卻是實話。

裕仁硬是賣女子賣富了，一個女子的禮金都不低於八十個光洋，據有的媒人說，有的甚至上百個光洋。常言道，家有千斤石，鄰家一桿秤。所以裕仁跟著養女子發達興旺起來是本村，以至在十里八鄉的人們那裡早已是公開的祕密。儘管真正有錢的人生怕人家知道他有

錢，裕仁也不例外，但是他發財的事實明擺著的，連土匪都嗅到了他的光洋的氣味。南轅庄的瓜開園後不幾天的一個晚上，人們都睡靜了的時分，裕仁和老婆任氏，還有來吃瓜的四女子改香被猛烈的撞門聲驚醒，全村的狗吠著。裕仁一翻身起來邊蹬褲子邊說：「土匪來了。」話音落，他就跳下炕趿拉了鞋衝出門搬了梯子搭在界牆上爬了上去，蹬著界牆爬上窯背跑了。幾乎就在他爬上窯背的同時，大門被撞開了，衝進來四個人，上半截臉上勒著黑布帶，只有兩個窟窿露著眼珠子。他們衝進任氏和小兒子及四女子睡覺的廚屋窯，壓低聲音命令不許出聲。一個人控制著女人和孩子，其餘三個在翻箱倒櫃找銀元。可是他們把能翻騰的地方都翻了個底朝天，竟然一個光洋都沒看著。他們就抓住任氏問光洋在哪裡。任氏說她就沒見過她家有光洋。土匪們急了，就聲稱要拷問她。任氏還說就是殺了她也是沒那東西。土匪一下將任氏拖下地，撕破上衣的背片，另有人早把任氏的油罐搬來，把紡線的棉花撚子拿來放在她面前說，你乖乖地把銀元在哪裡說出來，免得我們動火刑烤你。任氏還是那一句，你就是把我吃了，還是沒那東西。還好，直到這時，三歲的兒子還沒被驚醒。改香見他們把他媽的上衣背片都撕了，知道土匪要下毒手了，試圖制止，說，光洋那是隨便的個東西嗎？咱這樣的人家哪能有呢。就是有那麼一個半個的，我們女人家也見不上。土匪中的首領又一次問任氏說不說銀元在哪裡，要是還不說，他就要烤著問了。任氏還說沒有。土匪頭兒立刻從小腿外側的綁腿裡拔出一把刀子，在任氏背上深深地劃出一拃長個口子。任氏大喊。全村的狗在吠。改香要撲上去奪刀子，被人摁住了。另一個土匪立刻把棉花撚子在油罐裡蘸了拉出來放入任氏脊背上剛劃開的口子裡，任氏的尖叫終於把兒子驚醒，改香立刻把小弟弟抱住拍著叫他不要怕，並把孩子的臉偎在自己的懷裡。土匪用火點著油撚子，任氏慘叫，改香不顧一切沖上去把點著的油撚子從她媽背上的傷口裡抓的扔掉。土匪點著油撚子任氏慘叫的同時，土匪還問她銀元在哪裡。任氏的慘叫驚動了左鄰右舍，可是誰都沒法去搭救，因為各家大門外都有人把著，只要聽見門裡有動靜，立刻警告門裡人，一出門就沒命了。就這樣點著一個油撚子，被不顧一切的改香抓的扔掉

一個，任氏慘叫著，土匪問著，孩子哭著，改香呼救著鬧了大半夜，什麼都沒弄出來。就在土匪烤任氏的過程中，任氏利用改香抓掉著火的油撚子扔出去的機會還換了腔調叮囑改香看好弟弟，別把孩子嚇著了。連土匪都從心裡佩服任氏愛子如命。

就在任氏慘叫不絕，土匪又什麼都烤問不出來，不甘心也下不了臺的時候，一陣喊聲從院外傳來，全村人都起來，把這夥土匪給拾掇了。隨著喊聲，申明理扛著一把鐵鍬進了申裕仁家的院子，後頭還跟了幾個人，也都拿著鐵杈、麥勾和鐵鍬。土匪們愣了，申明理手持鐵鍬沖到土匪面前大罵道，這夥狗日的真沒王法了，搶不到錢還敢傷人，上，把這夥狗日的今晚就拾掇了。土匪忽然拔出短槍喊，誰敢近身，我就先斃誰。事實上，來的人誰也沒動。土匪頭兒一聲令下，「走！」四個土匪嘩地都拔腿跑了。左鄰右舍的的人這才湧進來看見任氏被烤的慘狀，女人們都歎息：「嚇不得的。」這裡女人們說的「嚇不得」用官話說是「可憐的」意思，接著就張羅著給任氏治燒傷。就這，任氏只管關照叫把兒子看好，別叫孩子看見她的慘狀。

此事過後，說什麼的都有。有人說是錢財給裕仁招的禍；有人說是裕仁放高利貸招的風；有人議論說還是人家申明理有威風，全村人說都出不了門，人家申明理手持一把鐵鍬就能罵著把土匪喝退，把人救下。就是在這裡，申士俊有些懷疑：為什麼在各家門口把守的人竟沒擋住申明理，而且反映出來的情況是，那些人根本就沒擋他，讓他罵著進了裕仁家的院。許多人都覺得懷疑得有道理。可是申明理在這番壯舉之後似乎更得意了，總在人前說，成天人五人六的人到失火處縮在窯裡不敢出來，我就不信他沒聽見裕仁老婆的叫喊。有人頂他說，那天夜裡，家家門口都有人家的人守著，一聽見門裡有動靜人家就搭聲說，出門就送命。人家沒這麼警告你？他媽的，我那院子又沒院牆，他在哪裡守，裕仁老婆的喊聲太慘了，我離那麼遠都聽得真真切切，我睡不住了，起來隔窗子一看，院裡沒有土匪的人，他們大概以為那裡就沒人住。我拉了鐵鍬就出來了。我拿著傢伙一搭聲，土匪的人害怕了，躲起來了。我估計，那些把門的拿的都是假傢伙，說不定是拿絳州鎖子當槍栓拉著嚇唬人呢。

申裕仁家被土匪鬧過後的幾天裡，南轅庄的人沒有不議論這事的。但是幾天後，好像什麼事都不曾發生過，人們該幹什麼照幹什麼，出嫁了的女子你來我去地回娘家吃瓜。只有裕仁和他老婆任氏還不能擺脫那天晚上恐怖的陰影，裕仁得不時地請外科大夫來為老婆治刀傷和燒傷，任氏除忍受痛苦外，一直關注著寶貝兒子，生怕他被嚇著。幾個嫁出去的女兒都來看望遭了難的娘。

可是申明理一時還放不下他的這次壯舉，得莗就提他拿著鐵鍁嚇走土匪，救下申裕仁的老婆的事，並且還加上一句，要是那天晚上土匪不識相，不買我的賬，我就打算報給我親家，叫他把這幫土匪給收拾了。有人聽了有些詫異，問，你親家有這麼大的威力？我們都知道你親家有錢，可不知道他竟有這麼大的勢力。申明理笑答，你以為是我那兒女親家嗎，他確實沒那麼大的勢力收拾這幫土匪，我說的是買團長。你們不知道吧，買團長和我老二結拜了，答應給我侄兒當乾爹呢。按說，買團長還該把我叫大哥呢。你們說，買團長收拾這些土匪那還用費事嗎。說得大家諾諾稱是。眾人眼裡的申明理現在可是個非同小可的人物了，窮還是窮，還隔三差五地借油、借鹽、借米、借面，但是有勢，連土匪都怕他幾分。所以他現在仍堅持借這、借那，總也不還，在人們看來，這已經是他的生活作風，根本就是借勢強要，或強奪。既是這樣，誰也不想得罪他。申明理顯然感覺到，那次壯舉之後，本村的人和十里八鄉的人對他更加尊敬了，他覺得，他所到之處，草木似乎都有些低頭。

黃蜂及其同夥光顧申明理的雞窩的頻率有所加強，金蓮見識得更多了。就在一個再正常不過的日子裡，申明理的麥毛老婆滿村子裡拉著長聲叫金蓮回家吃飯，並且還不時地向人們打聽看人家可曾見過她金蓮。正打聽著呢，申尚仁的父親申老五背著一捆柴禾進了村，聽她向人詢問可曾看見過她金蓮，申老五連柴禾都沒放下順便告訴麥毛老婆說，吃過早飯他斫柴走時在出了村的路上看見金蓮往通大路方向去了。麥毛老婆急著問，他五哥，你跟她說話了沒有？申老五說，那麼大的姑娘了，我沒事找人家說話做啥呢。我沒問她啥，只見她收拾得挺利落。麥毛老婆還抱怨說，這死女子，到哪裡去也不給人說個話。

可是那個年代的大姑娘是不該，也不敢獨自出門的。於是参毛老婆這一嚷嚷，立刻在人們中引起一片猜測。有的說金蓮可能和黃蜂鼓搗下啥了，覺得沒臉見人，尋短見了。有的猜，可能人家和黃蜂約好在大路上會面後跟著黃蜂跑了。後來幾天的多方尋找無果的事實似乎告訴人們，那後一種猜測更有可能。這樣的消息在鄉下傳得比什麼都快，有人甚至添枝加葉說，就在金蓮往村外走時，有人看見幾個人牽著高騾子大馬在小路通大路的路口歇息，待金蓮一到，他們立刻扶金蓮上了一匹棗紅馬向東去了。還有人說，金蓮上了大路就向東走，不一會兒，她後頭就跟上來四五個騎馬的人，其中一匹棗紅馬最高大，騎在這匹馬身上的人到了金蓮身邊，一側身就把金蓮提起來放在鞍前，摟著金蓮催馬走了。

這些說法正傳的當口申明理的親家劉廣祿來找申明理要娶金蓮。申明理沒敢拒絕，但是說這事重大，得給他些時間好好準備，準備，好把女子體體面面地打發了。劉廣祿倒是痛快，問他得多長時間做準備。申明理招著指頭說得三個月，到第二年正月。劉廣祿哈哈大笑說，親家，我又不是皇上家，你可甭把你的女子當進宮當皇妃那樣準備。咱一般人家，弄得看得過眼就行了。這樣吧，三個月的時間太長，人常說夜長夢多，我也不放心。給你兩個月時間，咱臘月十八前把事辦了。要是手頭不方便，你說話，我絕不會把你的話叫跌在地上。但是不能拖過年。申明理心虛，沒敢再爭競，低著聲答應了，心裡還盤算著兩個月可以把金蓮找回來。

這位劉廣祿可以說是申明理攀上的，因為劉廣祿不光是個土財東，還把兒子供的念完了初中，在祖塋縣三科謀了個事。只是因為金蓮實在是人見人愛，所以經媒人一說，劉廣祿就答應了。用劉廣祿的話說，咱是要他的女子當媳婦哩，又不是要親家哩，他的人品不好跟咱沒關係，媳婦過門以後，少來往就是了。我主要看上那姑娘了，以後兒子還能領到人前裡。和申明理說定嫁娶的日子以後的兩個月裡，劉廣祿還來過幾次，總問還缺什麼不。申明理總說什麼都不缺。不料劉廣祿冷不丁地說，我這幾次來怎麼總也沒看見金蓮呢？申明理說女子拿著料子到她姑那裡趕嫁妝去了，再說，前頭也是怕見公婆，一聽

說公公來了就溜了，所以難見著。劉廣祿聽他說著，但心裡暗自發笑。聽完仍一本正經地說，那好，既然女子到她姑家趕嫁衣，那說明娃也等著大喜的日子哩。不說了，臘月十八准來娶。說完就邁出窯門去解拴在槐樹上的馬。申明理好像還想說什麼，但見對方根本沒有再聽他說什麼的意思，只好改口說，那麼，親家你就走好。劉廣祿牽著馬回頭給了一句，放心吧，我知道該怎麼辦。說完翻身上馬走了。

臘月十八這一天，南轅庄的人們如往年的此時一樣，有的忙著碾米，有的忙著晾黃豆，有的在收拾麥子準備磨面，當然也有人夾著毛口袋在找著借糧食，女人們則抓緊時間做自己的針線活，好讓丈夫和孩子過年時能穿件新衣服，至少有雙新鞋穿。忽然，嗩吶聲從村外響著進了村。人們不約而同地停下手裡的活兒在聽。臘月十八，有嗩吶吹著進村，一定是誰家出嫁姑娘。可是是誰家呢？大家一時猜不來，更主要的是，在鄉下，誰家要出嫁姑娘，老早就找本家的叔伯們計議該怎麼辦，確定誰管哪些事，怎麼給姑娘添箱，然後要通報村裡人，叫大家量力添箱。可是這一回，大家根本什麼都沒聽說。到底是誰家，一看就明白了。其實，前頭說的那些，在當時的人們根本不去想，他們只要聽見嗩吶聲，立刻出門去看熱鬧。因為上世紀的三十年代，鄉下人視村裡的婚喪嫁娶為全村人娛樂和聚會的好日子，所以只要有樂人吹嗩吶，敲鼓，大家一定會湧去湊熱鬧。

大家朝鼓樂和花轎的方向一看，才看出是向「雞窩」去的。申明理真牛到出嫁姑娘給本族的人連個氣都不透。可是眼前的事實說明，人家就是看不上滿族的爺兒們，連他的兩個同胞兄弟申曉理和申智理都什麼信兒也沒得到。但是這時人們根本不相信申曉理和申智理的話，反倒說他們兄弟自攀上高枝後眼裡就沒有族裡的人，故意編出這一套。轎停在敞口院子裡，來的新親們卻沒人招呼。劉廣祿這才騎著馬到了。他下了馬，給了樂人們一個紅包，說，今天辛苦大家給我多吹打一陣子。鼓樂又起，南轅庄的男女老幼圍在「雞窩」邊看熱鬧。大家這才看明白，原來申明理和他那奓毛搖頭老婆早都不知哪裡去了，唯一的廚屋窯門上吊著一把絳州鎖子。劉廣祿似乎不急躁，在申明理的敞口院裡找了個石頭台翹在塄上，把旱煙袋吸上，吩咐吹鼓

手只管吹奏迎親的喜慶樂曲，並且高聲補充說，我親家大概把今天出嫁女子這事給忘了，你們給咱吹得響響的，叫他聽見，他就想起這事了，也就知道回來招呼咱們了。他的話逗得圍觀的人們哄堂大笑。迎親來的新親們，抬轎的、娶親的嫂子和叔伯哥及牽馬的小童，有的站著，有的自己找方便處坐下也在看熱鬧，只有吹鼓手在認真地一曲一曲地吹奏。圍觀的女人和孩子們倒是聽得挺過癮的，一些小伙子還不時起鬧，吹鼓手稍停，他們就喊「再來一段！」全村能動的人都來圍在「雞窩」邊看河塌水漲，煞是熱鬧。

幼平和媳婦朱月蘭非但沒有和別人一樣圍上去看熱鬧，倒是躲在他們的溝掌窯裡著急。朱月蘭催幼平去找人解和這事，並說，這太丟人了，劉家的人在那院裡吹打的時間越長，人丟得越大。幼平有些為難地說，這號事，誰願意管，誰又能管得下？朱月蘭急了道，不願意也要叫他管，你去，把他叫到場，他就解和得了。幼平再沒有說什麼，拖著瘸腿就向外走。剛下了小坡，就看見申士俊離開圍觀的人群往回走。幼平喊，四哥，你先甭走，我有話對你說。申士俊停下來，等幼平一瘸一拐來到面前。一到面前，幼平就急著說，弄下這攤場，你得給咱解和，解和；再叫劉廣祿這麼鬧下去，把人丟死了。咱全申家都沒面子。申士俊不慌不忙地說，你大要是這麼想就好了，也許就不會鬧到這地步。你叫我解和，我裡黑不知道外白，怎麼個解和法呢？幼平更急了，看你老哥說的，你只要向前搭話，自然就有解和的辦法。我大那人不走正路，我也看不上，可是事情叫他弄成這樣，我事前連個氣兒都不知道。現在咱什麼都不說了，你得去給咱把這場面收拾了。

申士俊轉身向圍觀的人群走來，幼平也拖著瘸腿急步跟上。到了人群，幼平搭聲叫人們讓開，請他四哥向前說話。申士俊從人們讓出的夾道走到人圈裡，幼平隨在身後。吹鼓手還在吹打著。申士俊向吹鼓手示意停下，可吹鼓手們哪能聽他的，跟沒有看見他似的繼續吹打著。申士俊明白，得請事主劉廣祿發話，於是他走到劉廣祿面前，恭恭敬敬地對劉廣祿說，事主家，請你發話叫樂人家停下歇歇，咱們說說話；事到如今還是要靠說話下場哩，光吹嗩吶敲鼓解決不了問題。

劉廣祿急忙起來向前迎了兩步道，這麼點小事竟然勞動到你了，不敢當。好，我把你的話捧在手裡。樂人家，停了歇著吧。吹鼓手們聞聲就停了下來。這裡申士俊招呼說，志仁，你是鄰家，該受些累，把人都招呼到你那裡，再把尚仁叫一聲，就在你老窯裡和新親說話。劉廣祿立刻制止道，不用，我不麻煩任何人，有話現在就說，說完，我要是沒理，我向南轅庄的人賠不是，然後面不紅耳不赤滾出你這赫赫有名的南轅庄。申士俊賠笑說，看這把話說到哪兒去了，誰敢說你是無理取鬧。你今天能設這麼大的攤場這麼來，那肯定是你和你親家說的有什麼話，要不然他怎麼能跑了呢。這樣，咱們去志仁的老窯裡，叫我們聽聽到底是怎麼回事，也好想收場的辦法。

劉廣祿堅持說，不用，不用，事情很簡單，兩句話就明白了：我給娃定的親，現在該娶了，我向親家說明要娶，他答應了。可是他要三個月的時間準備，我說不行，三個月就拖過年了。最後說定兩個月，我把日子和到今日，臘月十八，他答應了。我們今天來娶不算越外吧？可是誰知道我這親家給我來個鐵將軍把門，他和女子都不見人，連他老婆都不見人了。我是和人家說好來給兒子娶媳婦的，可是給我定下的大姑娘跑了，我不能把空轎抬來又把空轎抬回去嘛。我給兒子咋交代哩。不說了，你們給我把他的二女子金鳳找來叫我抬走，這事就算了了。圍觀的人聽到這裡都哄堂大笑起來。但是申士俊沒有笑，還是賠著笑臉說，你把要說的話都說了，大家也都聽見了，我聽你說的沒有半句虛話，可是你說的那了事的辦法不是個辦法。那金鳳也是許了人家的。別說這裡沒人敢做主叫你把金鳳抬走，就是有這樣的膽大人敢做主叫你把金鳳抬走，那日後金鳳的婆家把轎抬來要娶金鳳，那可咋辦呀。我們南轅庄叫你鬧這一回就夠丟臉的，再叫金鳳的婆家鬧上一回，我們村的人還活不活人。申尚仁早已來到現場，現在接過話茬，不說了，劉老先生定的是金蓮，你娶金蓮，名正言順，可是金蓮跑了，你要把她妹子金鳳抬走，這就名不正言不順了。當然，你說的是要欺頭的話，要出我們南轅庄的洋相。現在你把欺頭要了，把我們的洋相也出了。咱該好好說說咋樣下場的事。

申志仁、申立仁只管招呼大家向申志仁家院裡去，申志仁的老婆

劉氏請來娶親的女眷到她收拾的窯裡歇息。幾個人連推帶拉把迎親的人都弄進申志仁的老窯裡。申立仁幫著端茶，遞煙招呼。坐定之後，申士俊說，還是我尚仁說得對，現在都把氣壓下，平平靜靜地說吧，事情總得說的解決。我知道，他親家剛才還把話沒說完，現在說吧。

到場的人，尤其南轅庄的人，都面面相覷，似乎有些尷尬，因為他們覺得申明理辦的這事太拿不到人前裡了，這時劉廣祿說多難聽的話都有可能。劉廣祿呢，不急不躁端起茶杯喝了兩口，咂巴了兩下，說，把他的，這十里路走完還真給渴了，不料，興沖沖地來了，該招呼我的人跑了。你還別說，多虧咱南轅庄有士俊先生這麼個人，我還能有茶喝，很給我面子。士俊先生叫我把話往完的說，其實我剛才已經把該說的都說了，現在沒什麼要說的。士俊先生給我面子，我這人就知道見好就收，我領這份情。你們南轅庄，我們禾豐鎮，自古至今，恐怕還沒有過娶媳婦把空轎抬回來這樣的事吧。可是我今天就面臨這樣羞先人的事。你們說這叫我咋樣收場哩。

申立仁說話了，看這說的哪兒的話。你遇到這樣的事不算丟人，因為你根本料不到你親家會給你來這一手。聽了這話劉廣祿來勁了，接著說，你這話說得對，恐怕諸葛亮都料不到你南轅庄這人能這麼幹。打說起要娶的話以來，我前前後後來過四次，都沒看見過金蓮，人家給我說，大姑娘家不願意見公公，聽說我來了就溜了；最後一次說到她姑家趕嫁妝去了。誰能不相信這樣的說辭。

申士俊哈哈一笑道，這不就明白了。你老兄就是沖著看不見金蓮來的。所以這事也好收場。劉廣祿還要爭辯，申尚仁把他的話頭子給攔了，道，我四叔說得對，你就是沖著金蓮跑了才來的。咱這十里八鄉的，哪個村裡發生了怪事，方圓幾十里的人們很快都知道了。金蓮跑了的當時，那些傳言一個比一個邪乎。不管說的多麼邪乎，但根本的東西都在，那就是金蓮跟土匪私奔了。你禾豐鎮離咱南轅庄只有十里路，又十天一會，你什麼人見不到，什麼消息聽不到。你心裡明的跟鏡兒一樣。要不，你怎麼在金蓮私奔了以後才要娶呢。算了，咱們心裡都明白。你設這麼大的攤子就是要臊南轅庄人的皮。現已經臊過了，我們都認了。該想大家都下臺的辦法了。

劉廣祿說，你把話都說完了，我再說什麼都沒用，就是硬說了，你們也不信。還是那句話，我見好就收。你說，我當下這親就這麼灶火出來個貓—燎（了）了？

申士俊哈哈一笑，說，你說的還真有幾成。你確實是個明白人。你當初打發媒人說媒，出彩禮，都是為了娶金蓮過去。現在金蓮沒影了，你娶不到要娶的人，這事恐怕就得從這裡了。說實話，就是現在把金蓮找回來送到你面前，你願意把她放在轎裡抬回去給你兒子當媳婦嗎？你肯定不幹，再給你倒貼些你都不幹。所以娶親這事就這麼了了，就是說你不娶金蓮了。但是，你和我們姓申的那個人當初說下的這事不算完，他人跑了，事跑不了。他總有露面的時候。到那時，咱們和他一起再議了結這事的辦法。人說，事到著忙處，總有下場處。我看就說到這兒，都給些面子，大家都下臺。志仁，收拾，招呼客人吃頓便飯。劉廣祿只管說，我真服你南轅庄出人才，我不服也得服。我希望今日這事不要傷著咱們鄉黨間的和氣。我想也不至於，事有當事人呢，你們都是為好的才出面和我說話。不過，我還有兩句話想說，申明理是什麼人，走什麼路，我心裡和你們一樣清楚。我既敢來膁他，就不怕他。如今這世事嘛，誰都有自己的活法。之後，大家在申志仁家吃了蕎麵飴餎，說了些閒話，劉廣祿的人手就啟程返回了。

第四章　書香禮儀相傳

　　實際申明理和老婆並沒有逃到天涯海角，就在前川魏家河申明理的二妹子家躲著，由於只有二、三里路的一點距離，加上冬天河上一上凍，從冰上截河走，距離能縮短三分之一，兩個村的人出門砍柴在山上或溝裡都能相見，熟的跟一個村的人一樣。所以彼此那裡發生了什麼事，兩村的人幾乎是同時知道。這邊把劉廣祿勸回去的事，申明理隨後就聽到消息了。過了兩天，他即打發妹夫去幼平那裡問究竟，得到的準確答覆是，這門親事就這樣黃了，劉家不堅持要人，但收人家的彩禮得全退，而且要根據當時的糧價折算，要付利息。申明理得到這信後鬆了一口氣。第三天天擦黑時和老婆一顛一搖地進了村。他以為這個時候進村見不到什麼人，不料，偏偏碰上涼聖人申尚仁，這位還是以往的調子，把女子找回來了沒有。要找回來了，先藏著，等把劉廣祿這事了了，咱再說個向，還回去的照樣能從別處找回來。申明理無可奈何地乾笑著說，嘿嘿，你王八日的什麼時候都是涼話。說著就走近了「雞窩」，從褲腰上摸鑰匙。

　　第二年的整個春季，申士俊、申志仁他們都在幫申明理了結和劉廣祿的事。申尚仁並不參與跑腿、下話、弄錢這些事，他是只管在緊要處幫著說話，分析問題，過後仍然保持冷眼旁觀的態度。了結這事得錢過手，可是申明理當初收的禮錢早都不知幹什麼用了，他不像申裕仁那樣，收一個姑娘的彩禮，就要把這錢放個地方，或趄摸著買一塊地，或放債。總之，錢出去了，東西來了，錢的價值總在。如果是申裕仁遇見這事，那好辦，大不了提前收債不要利息，或出讓當初買下的地。可是申明理壓根是另一種人，當初先人留下的不算很多，

但也能過得去。常言說，好家怕三分，他先人留下的那份田產經申明理、申曉理、申智理弟兄三個一分，就分出三個窮湊合，什麼底都不攤，全靠借著向前維持。所以遇到眼前這事，申明理沒錢，也沒東西變錢。形勢很清楚，他就得借。可是他又是只借不還的主兒，加上又是強借，向誰開了口，誰就得借給他，否則就不可預測，說不定哪天晚上土匪就來問候了。所以南轅庄的人都怕申明理向自己開口借錢，連申士俊都怕。因為他領教過申明理這一手。

這一次遇到這事的一開始，申士俊就想好了，水還得從申明理身上出，但要把他向人借錢的路先堵了。在申明理還沒回村之前，申士俊已經和幼平、申志仁說好，申志仁拿錢出來給申明理把劉廣祿這裡的事抹平，幼平給申志仁連幹三年活。申明理溜回村的第二天早晨，由申志仁把這事告知了申明理，之後還由申志仁帶著錢陪著申明理去當面鑼，對面鼓和劉廣祿把事情給了斷了。申志仁也不是富得隨便就能拿出金蓮那麼個美人的彩禮錢的主兒，他也是一弄下幾個錢就惦摸著要買好地，所以光景過得倒是越來越大，手頭的現錢可不多。為了辦申明理這事，他還得的設法湊錢。申士俊的本來意思就是要他出面了結這事，他向別人一時借一些錢能借出來，借出家不怕他不還。就這，從二月開始，直到四月初八禾豐鎮鄉會時才最後把事辦完了。

此後，南轅庄的人們都按已往的節奏勞作著，同時眼看著麥子吐穗揚花，再盼一場好雨，麥子灌好漿，好好收一料麥子。托老天的福，一切都如人們盼望的那樣，大家確實收了一料好麥子。申志仁尤其高興，他前一年十一月買的申黑三的五畝川地的麥子籽粒飽滿，收成比平年能高兩成。用涼聖人申尚仁的話說，你幫人解難，老天都看在眼裡了，總會給你好報。申志仁聽著這話心裡覺得蠻對的。不是麼，黑三不學好，在外賭錢輸得一塌糊塗，三年不敢回家過年，不過他那家也沒什麼可回的，父母早亡，扔下他一個孤兒，他舅拉扯他到八歲就打發他去給人放羊，他到哪裡，家就算把家搬到那裡。到十七，八歲時，黑三染上了賭博，可真是孔夫子搬家一盡是書(輸)。三年沒敢回家，他舅也就三年沒見這個獨苗外甥來給他拜年。真是怕處有鬼，他舅就怕他走邪路，討賭債的果然就找到他舅那裡，放出話要

卸黑三一條胳膊或一條腿才算完事。他舅給人家好話多說，求人家一定不要傷人，他想辦法還賭債。他舅哪來的錢替他還債，只好設法把黑三找回來，他做主賣田產。黑三的本家，人送外號進士，根本沒錢買，於是就賣給申志仁。可是這五畝地的地價還不夠還賭債，他舅求申士俊說話，叫申志仁得了地把地價頂過後再把其餘的賭債替黑三還了，黑三給申志仁連幹三年活，同時求申志仁嚴加管教，絕對不許黑三再上賭場。申志仁答應了。黑三他舅千恩萬謝。

※※※

麥子收完，就該鋤糜子、穀子，打掐棉花，務甜瓜，叫離門的女兒們帶著孩子來吃瓜。南轅庄的一切都按部就班地進行著。農曆六月十二、三的一天，人們吃過早飯正要上地時，半坡上下來一撥人，待到臨進村時，鼓樂大作。那時的農村，只要一有嗩吶聲起，全村人都為之興奮，因為那意味著一次全村人自願聚會歡樂的機會來了。大家聞聲跟去，原來這是縣立高小給申士俊家送報來了。申濟仁高小畢業了。那時的規矩，一個學生高小畢業了，學校不光發給本人畢業證，而且要向其家送一份石印的黃紙喜報，送來就貼在畢業生家大門外右側的牆上，叫全村人、鄉黨鄰居都知道這家出了個高小畢業生。這對學生和學生家長來說，是大事、喜事。學校的校工，那時稱工友，在學校裡給老師們打掃房子，送洗臉水，端喝的開水，打上下課鈴，總之是幹雜務的，這位工友最盼暑假這個時候，他請上吹鼓手，一起吹吹打打給畢業生家依次送喜報，得賞錢。

申士俊當然知道這一天學校要送報來，所以不光準備了出手很體面的賞錢，還準備了足夠豐盛的酒菜。報喜的人們在龍門口吹打著，貼著喜報，申廣仁、申濟仁在招呼前來看熱鬧和賀喜的人們。申士俊拿出鞭炮和炮仗交給來看熱鬧的年輕人，頓時鼓樂聲、鞭炮聲和炮仗的巨響混成一片，甚是熱鬧，來的人更多了。申吉茂幾乎是聞聲趕來最早的人，大家都知道，他是最愛趕熱鬧的人。他這一到，先給他四哥道了喜，然後像主人一樣忙前忙後，招呼來的人，倒水遞煙。這陣放炮，自然少不了他。喜報貼好了，炮也放過了，工友和吹鼓手被請

進老窯裡歇息，村裡來道賀的全都被請進去。申吉茂衝著申士俊半真半假地說，四哥，今天大喜的日子，我想說句你不愛聽的話。申士俊一愣，接著轉為笑臉說，你老弟的話沒有不中聽的，句句都是戲本上的，說吧，我愛聽。申吉茂接過話茬，那我就說了：我看你老哥的心不公，你當初為什麼不讓廣仁也念書呢？你又不是窮的供不起他弟兄兩個。要不然，今天你家裡都兩個秀才了，那才大大喜呢。申明理湊上來插了一句，啊，這高小畢業就算秀才了，這麼說，我士文再過兩年也是秀才了。申士俊接著說，好呀，到時候大家都去為你老弟兄三個賀喜。申尚仁在角落裡冒出一句，我怕到那時候，村裡人是矮子牽駱駝一撐上搭不上。人家的闊親家買團長一到，咱們怕只有看熱鬧的份兒了。說得大家哈哈大笑。申吉茂不依不饒道，你們都別胡打岔，廣仁的人厚道，誠實，勤快，當初要念書，我四哥今天的這一頓咱們前幾年都吃上了。申士俊說，不是我偏心，廣仁是我的長子，他要留在家裡掌門。再說，咱們農家講究的是耕讀傳家，就是說一個家裡首先要有耕田的，耕田和讀書都是正經人該幹的事。所以耕讀傳家就是要這個家裡的人都幹正事，而且要成為傳統。廣仁是過日子的好手，農耕就是他的正事。念書倒屈了他的才。大家正說得熱鬧，只見申曉理提著他提來的酒瓶子，什麼話都沒說出去走了。大家面面相覷。申士俊立刻打圓場說，不說了，工友和樂人走了那麼多路，早都餓了，渴了，趕緊開飯。

　　大家入了席，樂人拿起嗩吶吹了敬酒曲。工友先來向申士俊敬酒表示祝賀，接著村裡有頭臉的人都要敬酒。申士俊說，今天大家同樂，來，不用敬酒，我先敬大家一杯，然後大家同飲，表示同喜同樂，好讓樂人趕緊吃飯。工友說，對，叫我們趕緊吃飯，我們今天還要跑兩個村子。有人給王氏臉上抹上鍋底黑拉到席間要她喝酒。王氏笑著求情說叫把她饒了，她不能喝酒。大家正笑著哩，申吉茂把一把鍋底黑抹到申士俊臉上，把王氏拉過來和他並排站著。滿窯的人齊喊秀才及第大吉。鬧完，就吃飯喝酒。席間，申士俊拿出三個光洋要賞工友和樂人。他把一個光洋交給工友說，感謝你受學校指派大老遠把報送到寒舍，拿著，這是賞你的。工友受寵若驚，老先生，不敢，這

太多了。申士俊說，這有什麼多少呢，我願意給你的就沒有多少之說。我的意思是，要多幾家像我這麼賞你，你就不用當工友了，就可以專心去讀書了。工友鞠了一躬說，謝謝老先生的好意，我一定得工夫就好好念書。申士俊賞了四個樂人兩個光洋，樂人並沒怎麼客氣，收下了，說，耳聽是虛，眼見為實，老先生果然是書香人家。感謝。望你這家庭代代多出貴人。

臨散席前，申吉茂不無遺憾地說，四哥呀，咱濟仁都到秀才這份上了，照我說，這送報來比你給他娶媳婦那事還大，再說這中秀才是咱南轅庄的喜事，你就該寫一台戲，唱他個三天三晚上。申士俊嘿嘿一笑說，我可耍不了那麼大；你愛看戲，一看又跟著戲班子轉悠去了，你媳婦的水不得來，活兒沒人幹，准來尋我要人。我才不幹那號事。申立仁給了一句，愛看戲就等著吧，剛才不是說了嗎，他士文再過兩年也中秀才了，到時候能少得了一臺子戲。申吉茂眼睛一亮說，對呀，到時候，買團長肯定帶著他的戲班子來慶賀。他乾兒子中秀才，他還不給咱們唱個三天四晚上。說罷轉向申明理，給你親家說好，到他乾兒子中秀才時，叫他的戲班子來給咱唱三天四晚上。申明理似乎有點難為情說：那要看我親家的戲班子忙得過來不，我可做不了人家的主。還是申立仁頂上去說，再忙他也願意來給咱們唱戲，你叫你老二把這意思說給買團長，保准他盼不得長四條腿帶著戲班子來給咱唱戲呢。眾人哈哈大笑說，對，他准願意來。大家在說笑中漸漸散去。工友和報喜的樂人也告辭了。

接過喜報的第二天，申士俊帶著申濟仁扛著鋤頭下地鋤穀子，廣仁早趕著騾子去趕集賣瓜，長工坤生照例去翻麥茬地。坤生趕著兩頭大牛往地裡去之前，申士俊曾交代說，坤生，最近天旱，地不好犁，可是你別心疼牛，咱這兩頭牛勁大著哩，哪怕把犁曳劈了，牛都掙不著，所以揭地時揭深些。坤生笑著說，我揭地時人家路過地邊，說我把掌櫃家的牛不當事，揭的那麼深，你還叮囑我不要心疼牛。申士俊聽了挺高興，覺得坤生這小伙到挺實在，因說，這就對了，咱這兩頭牛和他們的牛不一樣。你就那麼揭。

申士俊父子倆扛著鋤頭路過申志仁家門前，申士傑正在門前收拾

牛羊糞呢，看見濟仁扛著鋤頭跟在申士俊後頭就說，哎呀，都秀才了還撂不下把杖。快把鋤頭扔下，文人怎麼可以幹這些粗笨活兒。濟仁不慌不忙地解釋說，耕讀傳家嘛，就是要能耕能讀，放下書就得老老實實耕田。申士傑朗聲笑著說，對，就像你大說的，讀書耕田都是咱農家的正事，辦正事，做好人。

　　到穀子地裡，父子倆就邊幹活兒邊說話。濟仁忽然問道，大，你能不能給我說說紅白喜事的三拜九扣和禮儀是怎麼做的。申士俊很高興，覺得兒子能主動問這些，說明兒子不但念下書了，而且想做一個禮儀上不落人後的人，於是就說，這些光說說不行，記不下，更做不好，做不好更遭人笑話。濟仁就順杆上，說，那你現在就一步一步地教我。濟仁的意思本來是，三拜九扣玩著比鋤穀子好玩。不料老先生認真起來了，說，對，這些就要一步一步地學，將來到人前裡一做，人家一看，你就是書香之家的人，就高看你一眼。說完扔下手裡的鋤頭，叫濟仁跟他學。紅喜事的婆親的，在什麼情況下該怎樣和人打招呼，怎樣上步，作什麼樣的揖，又怎樣挪步對另一些人怎樣作揖，嘴裡怎樣招呼，濟仁跟著一步步地學。父子倆都一絲不苟，反反復復。這一套學完學另一套，父子倆對著立著的鋤把磕頭作揖。張運升趕著騾子往地裡送種蕎麥的糞路過地邊，看到這家父子對著鋤把磕頭作揖不完，口裡還念念有詞，覺得有趣，索性把糞送到地裡倒了返回來仔細看。他返回到地邊見父子倆還那麼認真，跪下，磕頭，起來作揖，嘴裡喊著。再往他們腳下一看，足有兩間房底那麼大一片已踩得淨光。張運升開玩笑說，申四叔倒是莊家行的諸葛亮，穀子還沒鋤哩就把打穀的場踩好了。申士俊聞聲才醒過神來，一看，可不是嗎，確實踩出一塊場來，一笑說，看把他的，咋弄下這事。張運升給圓場說，教禮數踩幾個苗子也值。申士俊這才意識到，都快到吃早飯的時候了，他父子倆並沒鋤出幾苗穀子，反倒把鋤出的一片幾乎全踩成場了。此事立刻在村裡傳開了。當然對此說什麼的都有，但最多的說法還是說申士俊希望他門裡出的人輩輩都是人前裡的人，有的說得更明白，申士俊要他的後人都像他一樣做好人，辦好事，受人尊敬。

　　是的，學為好人在南轅庄幾乎是一種道德追求。所以男孩子要

上學那是不言而喻的。申曉理夫婦不光知道這一不成文的村規，還受他乾親家賈團長的督促和監督，按時把他們的兒子，賈團長的乾兒子楊楊，後來上學時取的官名叫申士文，送進村裡的小學。現在該到他乾爹推薦的沙川縣縣立高級小學去上學了。就為了上這個高小，申士文他乾爹賈團長這個忙罷，也就是收倒麥子到種麥子的這段時間，可是沒少來南轅庄，而且每次離開時，申明理都在馬前伺候著打招呼。可是他儘管親家長，親家短地和人家招呼，賈團長卻難得正眼看他一眼。這一次，賈團長要帶申士文到沙川縣城找裁縫給他乾兒做一身制服。臨走時申曉理照例要送過河，楊昭豔仍然只送到大門口就止步，申明理早伺候在馬前，賈團長的護兵豁的就不讓他近前，但是護兵擋不住他的聲音，他依然招呼親家，賈團長沒理睬，申士文說，乾爹，我伯向你打招呼呢。賈團長向聲音來的方向扭了一下頭，鼻子裡嗯了一聲，立刻跨鐙上馬，然後側身要伸手拉申士文上來騎在馬屁股上，申曉理在下邊一扶，申士文就上去騎到馬屁股上了。他騎上賈團長的馬屁股似乎很得意，兩手抓著他乾爹的軍衣，環視了一下馬屁股後的人們，特別扭頭看了一眼靠著門扇站在大門裡的媽媽。馬下的人跟著他的目光也都向楊昭豔看去。她仍是那麼漂亮。可是當她發現大家在賈團長的馬後看她時，好像觸到了什麼，有些難為情地低下頭去，扭身往回去了，三寸金蓮在地上一點一點地往前走，身子仍似風擺柳。

　　申士文跟著乾爹賈團長先到了團部所在地南高楊。到了這裡，申士文覺得一切都很新鮮，儘管這南高楊也是農村，賈團長的兵也是收羅的小土匪和小痞子，但畢竟掛了國軍的牌子，軍風紀也還是說得過去的，所以這團部所在地的南高楊與南轅庄就大不一樣。使申士文印象最深的是乾爹手下的那些糧子。賈團長的護兵向他們介紹說這位小先生是團長的乾兒子，那些糧子看他的眼神立刻變了樣。而且後頭的幾天裡，糧子們好像都是仰著腦門看他，不像南轅庄的人們那樣對他好像無所謂，不少人甚至乜斜著眼看他。很多糧子都願意跟他套近乎，問他上學上到什麼程度，家裡幾口人，愛不愛上學……當聽說他乾爹要他下半年就去沙川縣立高級小學去上高小時，糧子們都爭著恭維他，有的說他一搭眼就看出申士文是個聰明孩子，書念得肯定不

錯，有的誇申士文有出息，說他小小年紀就要上高小了，將來書念出來一定能當大官，幹大事；有的問他的名字並叫他寫下來唸給他們聽，隨即誇他一筆好寫，說他將來在文案上會幹成大事。申士文聽著聽著，覺得自己立馬大了許多，和南轅庄同齡的夥伴不一樣了，甚至比大他幾歲的夥伴都偉大，尤其比那張運來偉大。

在團部駐地混了幾天後，賈團長要帶他到沙川縣城去給他訂做學生服。這一天，賈團長指示叫給申士文備一匹馬。賈團長、護兵和申士文各騎一匹馬，浩浩蕩蕩往縣裡去了。縣城裡只有兩家裁縫，一家姓李，外號叫和尚，另一家姓胡，叫胡學成，聽說手藝最好，但也有人說未必，只不過胡學成的女兒長得漂亮，又一直在鋪面上幫胡學成做活兒、接活兒，許多人都愛到胡學成的裁縫鋪做衣服。賈團長當然衝著胡學成的手藝好這個說法，帶著乾兒子和護兵來找胡學成給乾兒子申士文訂做制服。賈團長他們一進到裁縫鋪把胡學成和他女兒還真嚇了一跳，胡學成木木地從縫紉機後站起來，嘴裡笨拙地招呼道，長官來有事，請坐。胡學成的女兒停了在案子上正燙的活兒，愣愣地看著來的軍人。胡學成馬上吩咐她到後頭給來客沏茶。賈團長的護兵看胡學成和他女兒緊張的樣子，立刻說，胡師傅不要怕，這是咱賈團長，聽說你的手藝好，特別來給乾兒子訂做一身學生制服。聽得此說，胡學成立刻換了一副表情道，哎呀，賈團長光臨，不勝榮幸，難得賈團長抬舉，實在是榮幸又高興。要給公子做制服，這事就交給我了。請團長發話，要什麼布，什麼顏色的。賈團長說，現在學生都興穿藍衣服，就要藍咔嘰的。胡學成說，團長真捨得給乾兒子花錢，但有一條，咔嘰很結實，學生們長得快，還沒穿舊呢，衣服顯得小了。不如做藍陰丹士林布的，穿上顏色耐曬，等人個子長了，衣服顯小了，不穿就不穿了。其實胡學成想的是給賈團長的乾兒子做衣服肯定是白送，能省些就省些。賈團長聽了說，你說的也對，那就做藍陰丹士林的。這麼個人做一身下來得多少錢？胡學成立刻賠笑說，團長取笑我。我能給團長做活兒是求之不得的，哪能說錢的事呢？賈團長說，胡師傅取笑我呀，我哪能讓你貼工、貼料呢。不給錢不行。胡學成笑著說，要付錢的話，您另找裁縫，反正我是不收你的錢。可是

我再多說一句，咱沙川縣城裡沒人收你的錢。賈團長順勢說：那就在
這兒做吧，工和料的事後頭再說吧。胡學成賠笑說，不說了，來，我
給公子量量尺寸。於是他把申士文從頭到肩，袖長、胸圍、領圍、身
長、腰圍、吊襠、腿長通統量的記下，然後又賠笑說，我把別的活兒
先放下，馬上給公子做……賈團長打斷他說，不要趕，把活兒做好，
我們明天下午來取。胡學成忙賠笑道，那太好了，我一定細心地做，
保叫團長滿意。胡學成的女兒把茶端出來了，胡學成請團長喝茶，可
是賈團長和他的護兵的目光都在端茶出來的姑娘身上。那姑娘似有所
覺察，把茶盤放在桌子上轉身就進了里間。賈團長因說不耽擱了，他
們到縣府還有事，胡學成如釋重負半開玩笑說，縣長那裡必定有好
茶，我也不敢耽擱，希望多照顧。賈團長說，好說，我給縣長留個
話，叫他手下的人都來你這兒做衣服好了。說著帶著乾兒子就出了裁
縫鋪，胡學成直送到街上，目送他們遠去。

※※※

　　賈團長把乾兒子申士文從南轅庄領走以後，村裡人說什麼的都
有。但是議論最多的還是申曉理個穿齊尻子襖襖的何以能和賈團長攀
上乾親。有知情的就揭底說是楊昭豔給他招來的這門乾親，他不認都
不由他。說是乾親，實際濕著呢。每回賈團長來總帶三個人，兩個人
把申曉理拖到他餵牲口那一明一暗的窯裡餵馬，一籠就半天，另一個
在大門外守著，誰都不能靠近，為的就是叫賈團長這乾親不乾的。其
實申曉理什麼都知道，他是裝木壺呢，於是申曉理就得了個綽號木
壺。全村人能直呼其名的都改口叫他木壺，就是把他叫爺的小孩都叫
他木壺爺，叫叔的呼他為木壺叔。申曉理自得了這個綽號後，人似乎
變得真木了，和人該說的話少了許多，好像試圖說明他不是裝木壺，
而是本來就木壺。可是再裝得木，那畢竟是裝的，所以人們要說什麼
還照樣說。申士文被帶走的第二天，申尚仁的父親申老五，人稱五灌
鉛，見了木壺就說，木壺叔哎，聽說你娃他乾爹把娃帶到沙川縣給娃
做制服去了。啊呀，我看你這乾親家把你娃當他娃的。木壺裝不住
了，罵道，哎，你真是個灌鉛。這裡人說誰是灌鉛，是說那人像灌了

鉛的骰子那樣瘋，說話辦事都不按板眼。

　　賈團長給乾兒子申士文訂做的衣服果然於第二天做好了。護兵領著申士文來取衣服，在裁縫鋪當下就試了試，申士文在鏡子前看著穿上陰丹士林制服，戴著陰丹士林學生帽子的自己，頓時覺得自己成了另外一個人，而不是僅有十三歲的申士文。加上這衣服又是乾爹賈團長給他訂做的，他此時甚至覺得他應該不是他生身父親申曉理的兒子。裁縫胡學成和護兵在一旁的恭維，使他的這個印象更強烈了些。試好了後，申士文要脫下來，胡學成和護兵都叫他別脫，就穿著新衣服回去見乾爹，叫他高興。說著，胡學成就把他剛換下的衣服給包起來交給他說，把這拿回去交給你媽，這就不是洋學生穿的。護兵跟著說，對，那衣服是土包子穿的，學生就該穿這號制服。申士文似乎接受了他們的觀點，接過布包。護兵從他手裡搶過包說，叫我拿著，你拿著不像樣子。說完問裁縫該付多少錢，胡學成的右手和頭一齊搖著說，你這是哪裡的話，昨天和賈團長說好了不收錢，算我送團長一份薄禮，希望笑納。護兵還說，你這是叫我回去挨訓，咱團長可是一向軍紀嚴明，不許拿老百姓的東西。胡學成笑著說，這不是東西，是衣服，是團長來訂做的，他拿他的衣服有什麼白不白的。快領著公子回去給團長交差吧。說著推護兵走。那護兵也順勢向外走，嘴裡說，你說得還真對，來前團長就叫我們快去快回，說回去還有緊急公務。還真不敢耽誤，得快回去。說著，腳已邁過門檻，胡學成跟出門，招手賠笑說，走好，代我向團長問個好。

　　就在申士文穿上學生制服的前前後後，南轅庄又發生了一件大事：申士俊要送他的小兒子去上省立中學。上省立中學，在上世紀三十年代初確實是件不小的事，當時的十里八鄉都將此事當頭條新聞傳揚。別說學生在省城的學費和吃穿住的度用，光往返省城的路費就能把一般的小財東嚇得往後退半步。可是按村裡人掌握的情況，申士俊不是大財東，只是比小財東大一點的富裕戶。他這麼個家居然要送兒子去上省立中學。可見他老早就在聚集財力要供兒子上學，希望他將來把門面撐得更高更大。於是有的人根據在省城上三年中學的花費估

計說，看申士俊下的這本，將來濟仁畢業了一定能弄個縣長的位子坐坐。有的說，人家省立中學畢業生，至少得給人家個科長幹幹。可是據較瞭解申士俊的申立仁和申志仁說，申士俊癡心供兒子念書，就是要身體力行弘揚耕讀傳家的家風，要樹學為好人的典範，至於兒子將來能做個什麼官，申士俊倒不大在乎。當然，這話有人信，有人就不信。

申士俊剛舉行完濟仁的高小畢業家宴。第二天，濟仁的姑姑和姑夫各騎一匹馬來了。一進門，姑夫就雙手抱拳，高聲喊，四哥，恭喜，恭喜！姑姑踮著三寸金蓮走在後頭，幾乎是緊跟丈夫說，我侄兒有出息。這高小畢業都該是秀才了。我倆來祝賀。申士俊忙迎出來，招呼妹妹和妹夫進廂房窯，又招呼人去把馬背上捎的行李揭下來，然後進來陪妹夫和妹妹喝茶，敘話。濟仁的姑姑一直問濟仁怎麼不在。申士俊告訴她，濟仁剛去給明道家送點東西，一會兒就回來。

說起這申明道來，話還要長些：他一直很敬重申士俊。南轅庄的人一直都說，明道到申士俊跟前比廣仁還聽話，申士俊叫他向東，他絕不向西，叫他打狗，他絕不轟雞。所以，申士俊事事都會想到申明道。前一天待客後剩的白饃、豆腐，還有點肉，申士俊一早起來就安頓叫給明道家送些去。

濟仁回來了，進門就問姑夫和姑母好。姑夫哈哈大笑道，你姑聽說學校給你大送報，高興得不得了，說你申家有秀才了，是大事，要我和她趕緊來向你大、你媽祝賀。姑母把濟仁拉到跟前，摩著濟仁的頭說，就是的。你還要給申家爭光，再向前念。下一步到哪裡念呢？

濟仁說，我大要我去省立中學念。姑夫和姑母幾乎同時說，好哇，念，我和你大都供你念書。

真的，臨回去前，姑夫留下二十個大洋，還問，這夠不夠路費？

※※※

申濟仁去上省立中學了，申士文也到沙川縣立高小上學了，而且人家的乾爹還給他做了一身陰丹士林制服。可是申士文看不起的張運來這一學期說什麼都不上學了。因為他和申濟仁同歲，人家都去上

省立中學了，連他平時當面人捏的申士文都上高小了，他還是《百家姓》念不完。也難怪申士文瞧不起他，論念書，他真是一竅不通，常常因為背不過書讓老師打得像賊一樣。說也怪，老師叫他背《百家姓》，他竟能背成「趙錢孫李，鍋裡下米，周吳鄭王，揭開就嘗。」氣得老師在後頭一腳將其踢得坐在地上。老師氣得發瘋似的，問他是誰教給他的「鍋裡下米」和「揭開就嘗」，他低著頭不敢說話。其實這都是他自己編的。別看張運來背不下書，寫不上字，編圈子搗鬼，說怪話，逃學，他可是精得很，老師稍微點疏忽都能被他抓住神不知鬼不覺地從學校裡消失了。當老師發現張運來又逃學了，總派幾個學生到他家去找，可是他大、他媽和家裡人總說沒見回來。派去抓逃學生的人只好回來報告老師說沒找見人。老師改變策略，叫學生們只留意看他在哪裡，看好後再去抓。有一次，有學生報告說他吃完早飯返校時看見張運來進了他家的龍門。老師立刻派了四個學生去抓。到他家一問，家裡人說剛還在院子裡，這一會兒就不見人了。於是大家就到處搜，各個地方都搜過了，就是沒有張運來的人影兒。大家都要走了，忽然聽到存糧食的荊條扁囤裡有響動，大家立刻撲過去圍著扁囤喝令他出來，裡面半天沒動靜，有人扳著囤架上去往囤裡看，張運來確實在裡面。被發現了，沒辦法，只好出來。下來到地上倒挺乖，來抓人的四個人都以為他從此就範了，不料他挪到門口，一把推開了門口的小學生，拔腿就要跑，不料跑到龍門口和正進門的大哥張運升撞了個滿懷，這位大哥沒好氣，知道他又逃學了，接著搧了個大耳光，他一愣，被追上來的四個學生抱住，他順勢往地上一倒，裝死，就是不去學校，四個學生硬是把他抬到學校。老師迎接他的又是一頓飽打，然後罰他站著念書。他哪能念下去呀，那書頁上滿是攔路虎。老師只好指派申士文給他當小先生，陪他念書，有不認識的字就問申士文。申士文這陣感覺挺好，因為平時只要老師不在學校，張運來准在學校，什麼花樣都玩，盡欺負比他小的同學，還總說賈團長和申士文他媽的什麼事。申士文雖然恨他，又沒有辦法，只有看到他因為背不過書被老師打，逃學被抓回來讓老師打覺得解氣。今天更好，你張運來到底在我面前低下了頭，問我這個字咋念，那個字念啥。申士文給

他說念啥後總捎一句，「連這麼個字都不認識。」念著念著，張運來在踏腳，踏了一會兒，他對老師說他要尿尿。老師放他去尿。不料他借機又逃了。就這樣在村裡的小學混了五，六年，終於混得下決心不混了。

　　張運來的停學對其家庭的打擊還真不小，首先是年近六十的張南峰，老早人們送他外號叫張三瘋，氣得好像幾天都低著頭走路，見人都裝著沒看見。也難怪張三瘋氣成這樣，因為他的四個兒子的前三個連書都沒摸過，他自己更是目不識丁。在南轅庄這樣的村裡，光富裕有錢而家裡沒有念書人，尤其沒有把書念成的人，那是受人瞧不起的。他在申士俊動員把娃娃送去上學時總聽說「三輩不讀書出愚人。」由於這裡的人把愚、驢都念成「魚」的音，張三瘋就理解為幾輩都沒有讀書的人，後人中就會有像驢那樣的人。想到這裡，他自己都覺得可怕，倒不是後人可能的愚昧使他害怕，而是驢的缺點使他不寒而慄：那犟、奸，最主要是亂倫這一點尤其使他恐慌。所以他一心要讓小兒子張運來上學念書，並且要念成，改變門風。在張運來念書的六年間，因為他的逃學和念不下書，張三瘋可是沒少揍他。

　　說來也怪，老子和兄長越是想叫他念書，他越是不想念，反倒更恨老子和老師，越生邪心眼詛咒老師，而且是借機就詛咒。他把念的書「人之初，性本善」改為「人之初，初人子，觸了先生的尻門子」和「人之初，性本善，一個牛牛兩個蛋，你不信，脫了褲子看」，「人之初，性本善，狗不咬，招一磚」等版本。他自以為得意，故把自己編的這些弄得爛熟，竟完全不記得書上正經的文字。不料，一天早晨老師厲聲喝張運來背「人之初」，他一見老師叫他背書就慌神，腿都打顫，這一次又見老師那麼嚴厲地命令，更加慌了，手哆嗦著把書放在老師的桌子上，轉過身去，咽了口唾沫，提醒自己千萬不敢借機罵老師。老師見他雖轉過身去卻不立刻開口背書，就來了點氣，大聲催了一下「背呀！」張運來立刻開口道：「人之初，性本善，一個牛牛兩個蛋……」還沒等到他說信不信的事，老師從後面就是一個耳光子。這一打不要緊，他倒在地上扭過頭來向老師告饒說，啊呀，禿驢，我再不敢了。禿驢是他給老師取的外號，全校學生都知道，而且

在背著老師說老師時，他一定稱禿驢如何長短。老師對他送的這個外號早有耳聞，只裝沒有此事。今天張運來居然當面喊出，又逗得滿教室的學生哄堂大笑。這個臉上下不去使老師二話不說，提起板子在張運來的屁股上左右狠抽。這張運來好皮實，被那麼抽著，並沒像別的孩子那樣在地上亂滾，而是翻起來飛也似地跑掉了。

所以對他的停學，老師一點都不惋惜，反倒有如釋重負的感覺，只是一次在村裡碰見張三瘋時說，運來不念書了也好，什麼事都強求不得，我看，他種莊稼過日子興許是一塊好料。咱講耕讀傳家嘛，這耕田種地是正路，也是先於讀的。你就好好教他耕田過日子吧，那也是好人。張南峰唉了一聲說，好人也有幾等幾樣的好人呢……再沒往下說，扭頭走了。

第五章　治安的憂慮

　　申裕仁的老婆被土匪用油撚子燒過以後，燒傷和刀傷就治療了兩三個月，南轅庄的人一直驚魂未定，任氏的慘叫聲仍清晰在耳際。與此同時，隔三差五總能聽到什麼地方的有錢人家被搶，甚至人財兩空的壞消息。人們處在擔驚受怕的狀態中。老善人來找申士俊，催他趕緊想辦法重修村裡的關帝廟。老善人的看法是，村裡的關帝廟年久失修，漏雨透風，雖然廟前的柏樹高大挺拔，但廟宇裡不能遮風擋雨，關老爺早都離開那裡到別處躲起來了，村裡沒了保護神，土匪當然有恃無恐了。所以，要重修關帝廟，為關帝重塑金身，請關帝回來坐鎮。老善人只要求申士俊張羅找匠人，木匠、泥水匠和畫匠，選料，盤算地盤，因為按老善人的意思，這一次關帝廟應該是擴建，原來那點地皮是不夠的。至於費用，由他出去化緣。

　　老善人可是當地有名的善人，曾在省城南院門講經獲得一頂講師帽。所以，老善人在沙川縣和祖塋縣地界內很有名氣，從他得了講師帽起，人們就不再叫他的本名，而代之以老善人，多年下來，連南轅庄的人都忘了他的本名，加之，隨著時間的推移，能對他直呼其名的人都下世了，還在世的人樂得呼他善人爺，善人叔，老善人。他本人似乎對人們給他總冠以善人這樣的稱呼也很滿意，所以，即使晚輩們在老善人後不帶「爺」或「叔」，他也樂呵呵地應聲，並且樂呵呵地越發做善事，講人要行善的道理。和申士俊議完要重修關帝廟的事以後，老善人就拉著他的龍頭拐杖直奔祖塋縣的聖地長壽山。老善人去長壽山是因為那裡的信息比較集中，方圓幾個縣的人們不管遇到什麼樣的災難或疑惑，都願意到長壽山的神靈那裡問神、求籤。所以，從

那裡能得到去哪裡化緣的準確判斷。

老善人拉著龍頭拐杖，背著他的講師帽，披著白長髮按他的判斷直奔目的地，為人們講經，教人孝敬父母，教導人們要送子弟上學，要他們讀書向善，學為好人。由於他的名氣，特別是那頂講師帽，演講時必定戴在頭上，確有號召力，更有說服力，以至，他講的那些道理，從他講出後在當地幾乎就是聖經。老善人特別願意給富裕人家講行善積德，惜老憐貧，教子弟學好向善，以保證代代榮華富貴。當然這些富裕人家不但樂意接待他，還能按他的意思佈施。

三個月後，老善人回到南轅庄，弄回來足額的款子，叫申士俊立刻請匠人先重修關帝廟，再建娘娘廟。原來的關帝廟只有一間房個硬撐，這一次，擴為三間，而且要用筒瓦壓瓦楞，牆要磚腳，磚頂，磚拐角，中間的土坯部分留作用石灰粉了好畫壁畫，題詞。除了匠工，即木匠、泥水匠、雕塑匠、畫匠、石匠、油漆匠外，小工全由村民來幹。村民們對修廟的事都熱情支持，大家都希望關老爺從此能在安全的廟宇裡安心住下來，確保大家的生命財產安全。申立仁和申志仁弟兄倆積極幫申士俊忙這，忙那。申明道更是指到哪裡幹到那裡。由於幼平的要求，申志仁就派他去修廟工地幹活，說開了，他一人幹兩家的份額，即申志仁家那一份和幼平自家那一份兒。幼平的活幹得特別用心；叫他挖地基，他一定按劃的線嚴格挖到要求的深度，並且兩壁斬得直直的，拌石灰打地基，他把土裡哪怕是核桃大的土塊都要敲碎，把石灰按比例一鍬一鍬端來擦土搖著攤開，接著用耙子拉過來，推過去將灰和土拌勻，再用刨耙抹平，踩實，然後用錘子連三地砸，尤其第三下，一定要打出清脆的響聲，如果有一個沒打響，他一定很遺憾地自言自語地「哎」一聲，接著用勁砸第四下，而且一定砸得脆響。他是誠心誠意的，他好像希望關老爺能理解他的虔誠，往後多多保佑他人財兩旺。

這次重修的關帝廟氣派多了，廟堂高出地面三尺有餘，且牆基全是過礬的石條，高出地面半尺以後才是磚頭，門前的臺階還是青石條的。廟宇高大，豁亮，關老爺的像塑得高大、威嚴且慈祥，周倉和關平是站著的，一般的人的個頭只能到周倉塑像的胸前。關平的個頭也

那麼大,但比周倉苗條些。廟內東西兩面牆上畫的是桃園結義、三顧茅廬、出五關斬六將、三戰呂布虎牢關。石匠給做的石香爐要四個人可量力抬。關老爺腳邊的兩個磬的響聲洪亮,悅耳。

娘娘廟就建在村外東南角一個臨河的沙嘴上,四間大瓦房的廟堂,像臺上供奉了許多娘娘,光屁股男孩、女孩的塑像都有個裹肚。送子娘娘最辛苦,背上、左右肩上各爬一個孩子,懷裡兩個,兩隻手各抱一個,大腿上爬的是孩子,小腿還有孩子抱著,腳前爬的也是孩子。幼平照樣參加修娘娘廟的建設,而且幾乎是全過程。他從重修關帝廟到建娘娘廟的全部表現被老善人看在眼裡。老善人很高興,對幼平說,幼平這小伙子人好,心誠,關老爺和娘娘都看見了,我再向他們禱告,祈求保你一生平安,多子多福。這話說到幼平的心上了,但他還想確認一下,於是問道,善人叔,你說,我們敬神,神能知道我們的誠心嗎?老善人哈哈大笑後說,看這瓜娃說的,你敬神的誠心神怎麼能不知道呢?你看這些神,他們坐在像臺上就在看塵世上發生的事情,誰惡,誰善,神全看在眼裡,找機會懲罰惡人,保護行善的人。你看,我都七十五歲的人了,還能長出一口新牙。這都是神賜的。神見我一輩子行善,講經,勸人向善,才賜我一口新牙,叫我享些口福。人老了還能長一口新牙這事你沒見過吧,甭說見過,你連聽都沒聽說過。可是我就長了,你能不信神保佑好人,給好人好處的事實嗎?

幼平聽得明明白白,真真切切,堅信誠心侍奉神明一定能得到神明的保佑和給予的好處。他也注意到,每到過年,初一和十五,廟裡的頭爐香都是老善人燒的。他現在才明白,敬神要敬在別人前頭,神對第一個給他燒香的人會印象深刻的,所以給予的保佑和好處肯定要比別人的多。此後,每到臘月二十八,幼平就擔著篩淨的灰,帶著笤帚、鍁和抹布,一瘸一拐地搶在指派會長前把各廟都打掃乾淨,把神像身上的灰塵給揮淨,給香爐裡換上新灰。到年三十這天,指派的會長該做的事全叫幼平提前做了,會長只需拿著打掃用具,象徵性地帶些灰去各廟裡表示一番。說實在的,幼平搶先自覺打掃得比歷屆會長打掃的淨得多了,全村人去燒過香的都有這樣的印象。

老善人的榜樣是很有說服力的，幼平把老善人的所作所為和受到的尊敬都看在眼裡，刻在心裡。自聽了老善人對他說的一番話以後，他明白了，要想過上好日子，受人尊敬，光老老實實幹活、種地還不行，必須有神的幫助和保佑。神是萬能的，任何人辦不到的事，神都能幫人辦到，老善人到老那一口新牙就是神幫人辦成人辦不到的事的有力證據。所以，除了義務打掃各廟宇，為所有神像精心撣塵，給香爐裡換新灰，幼平還要爭取給各神靈燒頭爐香。民間的習慣是，雞叫頭一聲的時刻是新的一天的開始，所以各廟裡的頭爐香應在雞一叫就燒上。重修關帝廟和建娘娘廟之前，年年正月初一、十五各廟裡的頭爐香都是老善人燒的，可是自後，老善人每趕到廟裡，發現已經有人搶在他前燒了頭爐香。年年如此，出了名的老善人只能算是第二爐。老善人分析後認為，年年搶在他之前燒頭爐香的一定是幼平。一問，幼平一點也不隱晦，理直氣壯地說就是他。可是老善人聽了他的招認總覺得臉上無光，還有另外一種情緒；在行善敬神這方面，有人走在他前頭那是大逆不道的，是對他老善人的一種嘲諷。可是幼平不這麼看，他認為，他對神的虔誠，不光神應該知道，人更應該知道。於是他得機會就對人說，老善人問我年年廟裡的頭爐香是不是我燒的，我告訴他說就是我燒的。老善人不明白，我怎麼能搶在他前頭燒頭爐香。我咋不能，他老人家是聽見雞叫才起來穿衣服下炕穿鞋，收拾起東西往廟裡趕，我年三十和正月十四晚上就不脫衣服睡覺，把一切都準備好放在盤子裡等著頭一聲雞叫。雞一叫，我就往廟裡奔，關帝廟離我家最近，之後直奔離老善人最近的娘娘廟，然後奔四聖廟，藥王洞。他老人家穿衣下炕這工夫，我早把兩個廟的香給燒上了。還沒等他出龍門，我給藥王爺都把香燒好了。老善人趕一整，從頭到尾連我的面都見不上。人們知道了，幼平是村上敬神的第一人，也都希望神確實能給他應有的好處。因為幼平確實和他父親申明理不一樣，是個很實在肯幹的人。申志仁就是幼平的人品見證人。

自申志仁代申明理還過劉廣祿聘金蓮的彩禮後，幼平就於第二年的正月初六來申志仁家幹活抵債。申志仁可以說是申士俊和老善人的學生，對人很好。這些都是申士俊常給他講的，他的大名志仁中的

「仁」，就是說對人要仁義，為富就要仁愛。他年年都要雇長工，但是不管長工的出身如何，進了他的龍門，他都將其視為自己的兄弟或子侄。受申士俊和黑三他舅的委託，他收留了黑三後就把他當自己的侄兒管教，尤其不讓其重返賭場。他給幼平交代，要盯住黑三，千萬不能叫他去賭博。頭一年還好，黑三在申志仁家放羊，砍柴，吃飯，睡覺。到了這年年底，黑三的舅舅來把黑三一年的工錢全收走了，說黑三沒了父母，他又管不住自己，怕他拿了錢又去賭博。實際上，黑三舅是要替黑三攢著問媳婦的。他收了這一年黑三的工錢很高興，很感激申志仁這一年對黑三的管教。臨走時還千叮嚀萬囑咐要申志仁用心管教黑三，不但不能去賭博，還要教他好好耕作，勤儉過日子。

第二年，申志仁給黑三換了活路，不再放羊、砍柴了，而是跟著幼平幹農活，犁地、耙地、耱地、提耬、下籽、鋤草、收割、碾打、揚場、晾曬、鍘草、餵牲口。其實，申志仁大半的時間都和他們一起幹這些活，只是趕集上會，吆騾子趕腳時才缺席。這時，幼平就不光要帶著黑三，還要教他農活。所以什麼活怎麼幹，申志仁根本不用操心，更不用叮嚀，倒是他不跟著一起幹活時，他總叮嚀他們上地時把水罐提上，再帶上三，四個饃。他總說，咱家的家大人口多，茶飯粗，飯時可能吃不美，到不了下一頓可能就餓了，所以帶上饃中間填填，不誤活兒。他叮嚀的另一件事就是犁地時把犁按深，不要怕牛拉不動，他的牛餵得好，有的是勁。

幼平給申志仁扛長工的一大好處是不離家。農忙時，吃過晚飯，鍘完青草，申志仁就催他回去早點睡覺，第二天早點來收拾傢伙準備上地。到了冬天，給牲口餵兩和草後他就打發幼平回去。不僅如此，連幼平那幾畝薄田的莊稼都能捎帶著及時耕種收割。

第六章　捍衛尊嚴

　　幼平仍給申志仁扛長工。隨著申志仁的家業的擴大和他的人品的被人瞭解，村裡人傾向於不叫他的真名，而按他的排行，喊他大掌櫃。這種稱呼好像含有一些對他的尊敬。大掌櫃從這一變化中似乎也體味到了這一點，所以在為人處世上更為豁達。他觀察，幼平和他父親的人品截然不一樣。也許是因為從幼年開始就一直在大戶人家當長工，耳濡目染有尊嚴的人如何處世，如何為人，而深受影響。也許是因為幼年斫柴時從崖上摔下跌溜了胯，他父親不積極找接骨匠為他扶好，致使他最終成了拖著左腿走路的瘸子，而暗暗記恨他父親，從而走上了與其父完全不同的做人道路。

　　幼平打給大掌櫃扛長工的第一天起，就嚴肅認真，無論什麼活路，他都幹得叫主人沒有什麼可挑剔的。用農民的一句話說，就是幹活不惜力氣。不光他不惜力氣，還勸黑三也和他一樣地不惜力氣，給掌櫃把活幹好。為此，兩人曾多次發生爭執，竟至於兩人在地裡動起拳腳。

　　有一次，幼平和黑三一道摟穀子，黑三嫌熱，總想躲在泡桐樹下睡覺。睡過以後為了趕活，就摟一鋤蓋兩鋤。摟穀子這活兒可是個細活，不但要把雜草鋤掉，還要給起了身的穀苗根下把土培好，幫助穀子把根紮好。黑三這種幹法，兩頭都顧不上，別說培土，連明顯的雜草都鋤不掉。幼平看不過眼，說黑三，兄弟，咱不能這麼幹。掌櫃對咱不外，相信咱，咱幹活要對得住人家。不料黑三是另一套，啥對得住對不住的，掌櫃又不來地裡看。幼平認真了，立刻接過話茬，掌櫃是相信咱不會給他搗鬼才不來看。再說，咱幹活老要掌櫃盯著，那咱

還是人不？你幹的這活是要丟人的。到收穀子時，這草長得比穀子還高，滿地都是，那時掌櫃問一句，咱這臉往哪裡放呢？黑三的說辭更多，又道，到那時，誰知道那是誰攪的。幼平急了，說，那你到下邊那三畝地裡去攪，咱倆分開。黑三不去，說，咱弟兄倆一人一塊那算怎麼回事，連個說話的人都沒有，那樣我更想睡覺了。咱倆就在一起吧。幼平說，你不去，我下去，反正我不和你一起攪。說完，他拿起鋤頭要到下邊的三畝地裡去。他這一走，黑三也拿起鋤頭要和他一道下去。幼平推了一把說，你甭跟我在一起。黑三還嬉皮笑臉地跟著，我離不開你老哥麼。幼平無奈，只好說，不分開也行，不過你要幹人活。我不願意到收穀子時聽掌櫃說這就不像人幹的活。

黑三又是一套，你把你當人，還有誰把你當人？熬長工的就不是人。……黑三還要往下說，突然迎面一記老拳擊來，把他的話給堵回去了。接著就是幼平的問話，我怎麼就不是人？

黑三這一拳挨得可不輕，頓時眼前金花亂飛，倒在地上，鼻子流著血。他也顧不得許多，氣急敗壞，爬了起來向幼平撲過去照幼平胸部就是一拳。幼平順勢抓住黑三伸過來的胳膊向後一扭，一下將其按倒在地，膝蓋上來抵在黑三的背上，另一隻手掄起來在黑三的屁股上猛揍，道，你不是人，我要做人。黑三領教了，趕緊告饒，跋狼哥，饒了我。我失口說了心裡話，我把你當我一樣看。我不是人，你是人。幼平鬆了手說，躺著甭起來，我弄點嫩刺薊捏點水給你止止鼻血。

黑三的鼻血被刺薊水止住了，但是他躺在地上並不想立刻起來。對黑三這樣的人，這是再自然不過的事：既然你把我的鼻子打破了，又將我按倒在地，我當然可以趁勢多躺一會兒。躺一會兒是一會兒，嘴裡還說，哎呀，跋狼哥，你的拳頭太硬了，打得我直到現在腦子裡還嗡嗡響。

幼平接著說，那你就多躺一會兒，我正好要給你說幾句話。你聽著，咱給人扛長工這是沒法的法兒。咱自己窮，家裡又沒有多少活要幹，不給人扛長工掙幾個錢養家糊口幹什麼去。別人可以看不起窮人，可是咱們自己不能也看不起咱自己。咱要把事做得叫人看著咱還

是人。大掌櫃年年都給咱加工錢，這還不是因為咱們幹的活讓人家信得過，人家覺得咱夠人。要是咱就像你今兒的幹法糊弄掌櫃，恐怕咱們早都在大掌櫃這裡幹不成了，更別想年年加工錢了。你說我說的在理不？

黑三躺在地上說，在理，在理。

幼平接著說，你要是真的說我說的在理，就好好幹活。咱們不能一輩子都給人扛長工，咱們還有自己的日子要過。在給人扛長工期間就要學著過日子。咱莊稼漢，就先要學的把地種好。要種好地，就得練出個好起手，幹什麼是什麼，樣樣從一開始就學著幹好。幹什麼，從一開始練不出個好起手，一輩子都是馬馬虎虎的。以後給自己幹也馬馬虎虎的，吃虧的是自己。

黑三躺在地上聽著，應著，什麼話都不說，誰也不知道他是真聽進去了，還是在敷衍幼平。

確實，大掌櫃從一開始就沒下眼看過幼平和黑三，這不是因為這兩個人和他是同宗，而是他做人的態度使然。在幼平和黑三之前，大掌櫃雇的幾個長工都是外村他姓的，甚至有逃荒來的河南人。大掌櫃、三掌櫃都和長工圍一個盤子，坐一個炕頭吃飯，而且總招呼說，幹活的都吃好，咱這家大，茶飯粗，你們可不敢嫌粗不好好吃。幹活咧麼，不吃飽肚子可不行。

有一年年初，他雇了個小伙子。小伙子來的頭一頓午飯時，大掌櫃家的女人照例給長工用放心盛了一碗撈麵條。「放心」就是大老碗的別名，意思是說這碗大，盛得多，得著這一碗後就不用擔心鍋裡還有沒有，咱有了這一碗，足夠吃了，故得名放心。一放心撈麵條端在手上，小伙子有點驚訝，但沒說啥，就調鹽、辣子、醋，夾菜。吃了一半，小伙子有點為難，把麵條在碗裡戳過來翻過去，一點一點往口裡塞，似乎咽得都挺費勁。好不容易吃完了，剛把碗放下，大掌櫃立刻招呼，給李相盛飯！小伙子趕緊說，不要了，不要了。我強把那一碗飯吃完。大掌櫃笑了笑，若無其事地說，你這娃，才那麼點飯量。

飯後歇了一會兒該上地幹活了，大掌櫃對小伙說，李相，你回去吧。你那點飯量說明你幹不了我這裡的活兒。

小伙子似乎有點不理解。大掌櫃於是接著說，人常說，能吃就能幹。我看這話有幾成。農家這活兒，輕活重活都有。遇著重活兒，那就要力氣。吃不下飯哪兒來的力氣。再說，飯量小就經不起餓，一大晌的活還沒幹完，人先餓得受不了，還怎麼幹活呢。所以，我這裡的活兒你幹不了。回去吧。

　　小伙子只好把拿來的一點簡單東西原封拿起，向大掌櫃似鞠躬非鞠躬地欠了欠身子，好像行了個注目禮，向後退了一步扭頭走了。這事經涼聖人申尚仁的加工，給了個名字，叫大掌櫃的殿試。這位李相算是經老碗殿試後被刷掉的。

　　說大掌櫃沒下眼看幼平和黑三並不是因為是同宗，那倒確實是。但是再注意觀察，倒還真有些與對外村他姓的長工有些不同之處。要是去幹活的那塊地離村遠些，臨上地前大掌櫃總吩咐叫幼平和黑三帶上饃。要是夏天，一定要他們用沙罐提上綠豆湯。其說辭是，「大熱天，不喝綠豆湯我就受不了。」幼平打心裡敬服大掌櫃，同時感受到受人尊重的味道。所以他事事認真，把什麼活都幹得像給自己幹一樣中看、中查、中驗。用他的話說就是把活幹得像人幹的。

　　大掌櫃自雇了本村這兩個長工以後，不光是他家的大掌櫃，還兼著兩個長工家的掌櫃。對於黑三，他甚至扮著父親的角色，要盯著他不許去賭博，還要教他如何勤儉持家，怎樣把窮日子過起來，又要在所到之處都留神給黑三瞅個媳婦。他在操心自己的莊稼的種、管、收、藏的同時，兼顧著兩個長工家各自那點地裡的農活，安排的給他們不誤農時地種、管、收、藏。麥收時，大掌櫃總安排的及時把兩個長工的麥子搶收下來，捎帶著用騾子馱回來堆在他的場邊，順便給他們捎帶著碾出來，曬乾，揚淨，叫他們扛回去。收完麥子該翻麥地時，大掌櫃就吩咐他們在哪一天捎帶著把他們誰的哪塊地翻了，還關照說，把犁按深些，趕快些，咱的兩頭牛大，有勁，曳一犋犁跟空走差不多。地翻深了莊稼長得好。甭怕把牛掙著了。

　　幼平套上大掌櫃的兩頭大犍牛給自己翻麥地，確實按大掌櫃吩咐的，把犁調得挺深，翻起來的土塊真有牛頭大，他心裡於是有了一些希望。他邊犁邊想：勒勒褲帶，再攢兩三年的工錢，買頭牛和一匹

毛驢，自己給自己過日子去。他那點地裡的農活用不了幾天就弄清楚了，剩下的大部分時間給人打短工。憑他的肯幹和嚴肅，村裡誰需要短工都願意雇他。農事稍閒就趕著毛驢販運些什麼，也可以掙些錢，弄得好了還可以買幾畝地。有了地就更有發展了，就有錢供兒子念書了。對，兒子一定要念書。家裡沒有讀書人誰看得起你，想著想著，他越發覺得大掌櫃這人夠意思。他要好好給人家幹活，借人家的勢把自己的日子過起來。

第七章　新作物

南轅庄的人們和往常一樣，黎明即起，下地勞作，吃兩頓飯，幹三晌活兒，天黑就睡覺，只有長工和家裡的男當家的還要餵牲口。就在人們不知不覺間，申士俊騎著馬，捎著捎馬子回到村裡。咋看，那捎馬子跟已往搭在馬背上的捎馬子沒什麼不一樣，甚至可以認為，現在馬背上的這捎馬子比他走親戚時的捎馬子還瘸一點。申士俊也跟往常一樣，見人就打招呼，而且村裡人總是主動先問候他。

晚上，申士俊把他的幾個心腹和村裡幾個重要的人召集到他家。他告訴大家，他從五里鎮弄回些煙籽，想分給大家種種。有人問是什麼煙，種了利大不大。申士俊告訴大家說是大煙籽，種大煙的利可大了。

申士俊告訴召集來的人說，種大煙的利大，風險也大。為了避免風險，就得有嚴格的規矩約束：咱們種大煙就是為賣的，為了致富，一定不能自己種，自己抽。所以在種之前，咱得把規矩先立下，誰將來染上大煙，一定重罰，要他戒掉。在這事上絕沒有什麼情分可講，而且大家要互相監督。話現在說開，願意種這東西的就要保證自己絕對不染，因為抽上大煙了就是走上敗家的路，人也就成了廢人。說來，這種大煙也是個傷天害理的事。

大家聽了就開始議論，申裕仁首先問，種大煙的技術複雜不複雜，一般莊稼人初次種能不能保證有收成。張運升則問將來大煙賣給誰。因為據你說人就不敢染這東西，那不就是沒人敢買。另有人問種大煙犯不犯禁。針對所提出的問題，申士俊逐條作了答覆：種大煙的技術並不複雜，也不難，能種麥子的地方就能種大煙，最好揀冬天比

較暖點的地。種的時間就是種麥子的時間，但不敢種的和麥子一樣深，因為大煙籽也就像旱煙籽那麼大，種的深了怕它頂不破土就爛在土裡了，但是到來年長起來，植株還挺大，所以行距要寬些，隔犁溝種。收煙的時節就是麥子上場的時節。割煙的技術有些講究，不過到割煙時節有煙匠來，跟著看看就學會了。熬煙的技術也不複雜，就是個火候，看看也就能學下。至於說煙賣給誰，當然是賣給煙館和有錢人。說不敢染，那倒確實不敢染。但是有錢人不怕沒錢買大煙，更不怕把家抽敗。所以說這大煙是讓窮人快點富起來的好幫手。種大煙犯不犯禁，我看這兩年種的地方多得很，沒聽說把誰怎麼樣。我正是看准這個機會，掏大價弄了點種子，分給願意種的人，叫大家賺一把兩把。

過了白露該種小麥了，同時也該種大煙了。人們把地耕好，耱細，耱平，用細土拌上煙籽隔犁溜到新犁的犁溝裡，然後跟著用掃的半禿的掃帚在犁溝上拉著抹過，算是用土把種子蓋上了。四，五天之後，大煙苗出來了。到了冬天，人們把秋場活剩下的細秸稈渣撒在地上把大煙苗蓋上。來年春天，小麥醒來了，大煙也醒來了。主人細心地將苗介開。清明之後，大煙開花了。這大煙花可不像旱煙花，也不像油菜花，紅的、黃的、紫的、白的，真是五顏六色，漂亮極了，女人們得空就到地裡賞花。賞著，賞著，就見花蒂後結出個小毛桃似的果實，這就是人們說的大煙葫蘆，將來的大煙就從煙葫蘆上來。大家都等待著。

果然，小麥快開鐮時就有割煙的煙匠來村裡轉悠，打聽誰家要割煙。是呀，地裡的煙葫蘆都像大青皮核桃那麼大。據煙匠說，再有三四天就可以割頭刀了。人們聽了都覺得新鮮。既然有頭刀之說，那就是說還有二刀、三刀，甚至四刀、五刀。大家想著一個葫蘆能收好多大煙呢。會過日子的大掌櫃把煙匠請到他家先住下，準備及時割煙。

所謂的割煙，並不是把罌粟的植株砍倒，也不是將葫蘆割下，而是用薄而鋒利的刀子在煙葫蘆上斜劃口子，讓葫蘆的白乳汁流出。這叫放煙。這活兒要在早晨露水未乾之前幹。露水一乾，煙匠就停手了，整個上午都在休息。下午太陽快落時，流出來的白汁變成黑中帶

點金黃色的膏子結在劃破的口子邊。煙匠們肚子前吊個小盒，手拿刀子輕輕將黑膏子刮下抹進盒子裡，這叫收煙。

割煙確實是個技術活兒，也特別緊張，一個葫蘆可以放幾次，收幾次。所以割的刀口走向，深淺都很有講究。弄不好，一刀子就把葫蘆割死了。申志仁第一個開始割煙。煙匠下地時，全家能幹活的都跟著去學割煙技術。村裡的人們也都來申志仁的地邊看。由於不能近看煙匠如何操作，許多人就仔細觀察煙匠放過的葫蘆上的刀口走向和深淺，然後再注意煙匠如何捉葫蘆，如何下刀子。煙匠們無論是放煙，還是收煙，都很緊張，根本沒心思和人說話，更不願意把技術手把手地教給人。好在，這技術的難度也不是很高，看看就可以領會個八成。

隨著煙匠的增多，村裡來了一個新行當的人，裝煙的。這些人是為割煙匠服務的，就是給割煙匠裝水煙。因為煙匠很緊張，連歇歇喘口氣的工夫都沒有，就是連抽口煙的時間都捨不得。於是，機靈人在這裡看到了商機：給割煙匠們裝水煙。裝煙的把水煙鍋子的嘴子做得或接得很長，隔著行子就能讓割煙匠銜住水煙鍋子的嘴子。一鍋水煙最多抽三口就盡了。接著又是一鍋。裝煙的給割煙的裝水煙可是按鍋算，定價當然不低，因為割煙的是掙大錢的。割煙或收煙期間煙匠們抽了煙都先記帳，記完後要唱一聲：x師傅幾鍋。上午或晚上停了手就付水煙錢。

種大煙的人更忙，要招呼煙匠，要抓緊時間學技術，跟著煙匠緊張地放煙，收煙。上午到太陽偏西前這一段還要抓緊時間收麥子。

這一年，南轅庄家家都種了大煙，幼平的大煙就是他自己割的，而且割的水平完全能趕上煙匠們的。把大煙熬成後，他估算了一下，賣了大煙的錢可以買三畝好川地。

得了幼平這一信息，申士俊很高興：他當初為大家謀的這條財路還真能來財，而且還不用冒什麼險。

第八章　提升

　　幼平在大掌櫃家連著幹了四年長工，每年都是臘月二十三以後才下工。說幼平下工了，就是說他不在大掌櫃家吃飯了，可以給自己多幹一點。其實他自己也沒有多少要幹的。臘月二十四好像是人們約定的掃房日，他那個短短的窯裡並沒有多少東西，幾下就搬出去了，不用幾下，旮旮旯旯就全掃乾淨了，然後又把東西搬回來由他媳婦一樣一樣歸置。他的女兒改紅和兒子祿順都能幫著搬些小東西，所以這點活兒有半晌的時間就幹完了。

　　提起幼平的兒子和女兒的名字，南轅庄的涼聖人倒是有一番分析和評論。他分析說，幼平見媳婦給他生了個兒子，就想著要兒子將來念書坐大官，領取俸祿。那「祿」就是俸祿的「祿」。幼平的意思還是，不但要兒子當官領俸祿，還要順順當當地領到，就是希望兒子仕途順暢，一路高升。這「順」字還有一層意思，就是希望媳婦順著生兒子這條路生下去。他媳婦好像沒理解他這一層意思，第二胎給他生了個女兒，他不願意，急命媳婦改生兒子，所以把女兒就叫改紅。經涼聖人這麼一講解，人們頓時覺得，幼平的水平不一般。涼聖人補充說，人家多年來一直在大戶人家過日子，在村裡又緊跟的是咱村最有文化的人，不但能聽些學問，還能學到要受人尊敬的道理。那就是家裡要有當官的，不能窮得提不起來。

　　說幼平臘月二十三以後才下工也只是說他不像下工前那樣一早起來就去大掌櫃家幹活。臘月二十三之後，他早晨起來至吃早飯這一段時間幹幹自己家的一點活，比如給媳婦劈些柴，拿著鐮刀到山上斫一梱燒炕的柴禾，把門前整修整修。吃罷早飯，他即趕緊來大掌櫃家幫

忙趕辦年食：粉米麵呀，做豆腐呀，殺豬呀。要麼就從大掌櫃手裡接過鞭子去放羊，捎帶著給自己斫一梱柴禾。至於他家過年要磨的一點麥子，要粉的一點軟糜子面和硬糜子面，拿來大掌櫃這兒捎帶著就弄好了。所以幼平雖宣布下工了，還天天來大掌櫃家幫忙，也有瞭解大掌櫃家辦年食的進度和安排的意思，以便把他要捎帶著辦的準備好，順便捎帶著就做了。就這樣一直幹到臘月盡的前一天，大掌櫃把自家蒸的白蒸饃、攤的黃黃、蒸的軟饃、炸的油糕各包一份，把做的豆腐切出一塊，再割上一絡肉，全都放進一個荊條籠裡交給幼平，叮囑說，提回去等著過年。今年我這裡沒啥活了。明年還來不來？幼平總是爽快地說，來麼。不來幹啥去呢?!

今年大掌櫃問「明年還來不來」時，幼平告訴他說不想幹了，想回去給自己過日子。大掌櫃聽到這話，一點沒感到意外，更沒有失望，反倒哈哈一笑說，對，我估摸著你該回去給自己過日子了，你也有力量給自己過日子了。你兒子都該上學了。過了年找個時間來把總帳一結。幼平說了聲「對」，提起荊條籠向大掌櫃預祝新年快樂，恭喜發財，然後轉身要走。大掌櫃將其送出大門，祝幼平一家安康，恭喜發財。

正月初六，大掌櫃叫幼平來結總帳。因為幼平在大掌櫃這兒連著幹了四年，年年的工錢都沒領完，留的部分全由大掌櫃代管。大掌櫃一開始就告訴他，存在他那兒的工錢算他借幼平的，包括黑三舅要他絕對給黑三存的工錢，都算他借黑三的，到時本利一起清。

幼平來一算，結果本利一共六十多現大洋。幼平拿著大洋要走，大掌櫃像年前一樣，將其送出大門，臨了說，要不是為你的日子，我真願意再加工錢叫你再給我幹。難得你這麼實誠的人。算了，不說了。回去好好籌畫著過你的日子去。往後有什麼要我幫忙的，你就來給我說一聲。幼平笑笑說，我這號人起步過日子，難處不得少，有你這話，我這膽就正多了。

回到家裡，幼平和媳婦商量這些錢的用途。幼平首先提出要給媳婦和孩子買些布做衣服，他對媳婦說，自打你嫁給我到現在，才穿了幾件我給你添的衣服。這窮日子叫你穿不上幾件像樣的衣服，到不了

人前裡，我都覺得抬不起頭，更對不起你。朱月蘭很感動，兩眼含著淚花說，這沒啥。你對我好我心裡知道。衣服嘛，舊就舊點，洗淨補平照樣穿。咱置不起新的，咱就不想，也不和別人比。你這人爭氣，我就不覺得我不如誰。再看咱的兩個娃，模兒是模兒，樣兒是樣兒，咱啥不比人強。咱兒子將來把書念成了，再給咱爭些光，全都補上了。依我說，咱有了這麼多錢，咱先不買牛，咱那麼點地，不劃買個牛常年養著。咱先買個驢，既能推碾子，又能馱東西。你用驢馱腳也比給人打短工強。幼平聽了更受感動，一下子把媳婦摟在懷裡，左右親著媳婦的臉，末了說，老天有眼，就能給我安排這麼好個媳婦。我真有福。我知足。你說得對，咱就先買頭驢。稍微頓了一下，他放開媳婦又說，我還是想辦幾樣布給你和娃做衣服。我和四哥說了，後半年開學就送咱祿娃去上學。娃到學校去總得穿的像個樣麼。朱月蘭低著頭說，那你就辦上兩三截。到跟會前，我再給你說都辦啥顏色的。

後半年開學時，幼平果然把兒子祿順送來上學。校董申士俊帶著十來個孩子向孔聖人敬香、叩頭，向孫中山像叩頭致敬，給老師叩頭，嘴裡說，煩請老師對孩子多加教誨，指導孩子們成人。送孩子來上學的家長都跟在學生後頭叩頭。特別到最後，他們都不約而同地跟著申士俊重複說，煩請老師對孩子多加教誨，指導孩子們成人。年輕的老師十分激動，趕緊扶起校董，嘴裡直說，一定，一定。感謝大家。

拜過孔聖人、孫總理及老師，來參加開學儀式的家長要退席了。申士俊走近幼平招呼道，老大，和我一起走。

幼平聽申士俊喊他「老大」，而不像已往那樣直呼其名「幼平」，很覺震動。隨即答應說「對」。說完「對」以後，幼平挺了挺腰，把那條跛腿向另一條腿挪了挪。這樣，他感覺自己比剛才高了些。

申士俊將香案略加收拾後就跟幼平一起往出走。臨出校門前，申士俊開口了，老大呀，你今天把你娃收拾的光光堂堂來上學，我很高興。你給老哥面子。村裡上學的娃娃越多，我辦學的興致就越大。你一心供娃念書的勁頭我知道。有件事不知道你想了沒有。幼平立刻

問，啥事？申士俊不慌不忙地說，有娃娃念書，就要給先生管飯……

還沒等申士俊再往下說，幼平立刻把話頭搶過去，四哥，我知道。我和別人一樣給先生管飯。別人管幾天，我也管幾天。管完飯定叫先生不小看咱。申士俊聽了很高興，說，你是個肯爭氣的人，一定錯不了。到時我會有安排的。說完，兩人就分手了。

幼平往家走的路上，腦子裡一直玩味著申士俊喊他的「老大」。

開學一個半月後，輪到幼平給先生管飯了。其實，七八天以前，申士俊就問幼平要不要從他那裡裝些麥子。幼平表示不用，但又說他還是缺菜。申士俊爽朗地告訴他，要什麼菜就到我的菜園子去弄就是了，不要管我人在不在園子。幼平很高興，說，這就好了。四哥，你就等著看吧。申士俊也很高興，說，我想一定不會錯的。你媳婦的茶飯、針線都好，人和你一樣，很要強。只要有東西肯定錯不了。

事實上，人家幼平想的比申士俊預料的還多。臨到先生到他家吃飯的前一天，幼平去他大那裡把他大請了一下，告訴他大說第二天他開始給先生管十天飯，要他大從一開始就頓頓都陪著先生在他家吃飯。申明理有點受寵若驚，很痛快地答應了。晚上，申士俊提來一圪墶油和一瓶醋交給幼平說，這是一斤來杏仁油，用這油炒的菜，炸的辣子都香。瓶子裡是麥芽醋，你大、你媽就愛吃我家的麥芽醋。幼平笑著說，村裡誰不愛吃你家的麥芽醋、杏仁油。四哥，你太抬舉我了。申士俊笑著說，看你兄弟說的，我這不算抬舉你，而是要你把先生侍候好，叫他好好給咱們的娃娃教書。

第二天早飯時間，祿順領著老師回來吃飯。申明理滿臉堆笑在院子裡候著，看見老師走近，他向前迎了兩步說，歡迎先生來寒舍。隨即招呼先生進了廚屋窯南邊他老三申智理的窯裡。然後招呼給先生端水洗臉，先生說他從學校臨來前洗過臉了。幼平於是趕緊招呼叫先生上炕坐在首位上。申明理自己上到炕上坐在先生左手旁的位置上，接著就和先生聊村裡學校和學生的情況。先生特別告訴申明理和幼平，祿順很願意念書，寫字很用心，記東西也記得快，記得牢。申明理聽了特別高興，有些認真地說，我這門裡淨出讀書人，我祿順他三大就念得好，現在在沙川縣高小上學，聽他乾爹賈團長說，我士文就

念得好。幼平把飯端上來，盤子裡有四個碟子：一碟青辣子，一碟拌茄子，一碟炒豆角，一碟韭菜炒雞蛋。饃盤裡的饃是農村殷實人家吃的一呼子麵饃。這裡人把用不粗不細的羅子羅的麵叫一呼子麵，蒸饃下邊是幾個糜子饃。碗裡端上來的是豇豆米湯。幼平用筷子夾著把蒸饃起到先生面前的盤子沿上。申明理拿起一個蒸饃招呼說，吃吧，老師。咱家的茶飯不一定對老師的口味，老師就將就著吃吧。先生笑著說，乖乖，這麼好的飯菜還敢說將就著吃。說著拿起蒸饃掰了一塊填進嘴裡，接著夾了一筷子拌茄子放到嘴裡，嚼了兩下說，這茄子拌得很好，尤其裡頭這點醋太好了。幼平賠笑說，對老師的胃口就好。那就好好吃，吃好。說著又把一個蒸饃起到老師面前。老師吃完第一個蒸饃喝了幾口豇豆米湯，然後伸手從饃盤裡拿了個糜子饃。幼平父子緊招呼說「就吃那麼。」老師笑著說，都嘗嘗唄。說著把一塊糜子饃填在嘴裡品味著，然後就誇獎說，嗯，這糜子饃發的好，挺甜。這祿順媽的手藝很不錯。難怪祿順念書那麼心靈。說得大家都哈哈笑。

吃完飯，老師領著祿順去了學校。申明理拿起他的旱煙鍋在他那大皮煙包裡裝了半天才裝出一鍋旱煙，嘴裡嘟囔著說，把他的，沒煙了，得去老四家尋一包煙。然後抽著煙一本正經地給幼平說，聽見了吧?!咱祿順念書念得好。咱家門頭要放光了。幼平一向對他大的愛吹噓和張揚有反感，只是不說出來，但在心裡憋著勁一定用自己的作為改變人們對他這門人的看法，或者乾脆把他不和他大一樣看待，他要有自己的尊嚴。可是今天聽了他大這話，覺得很受鼓舞。因為自兒子上學以來，他總時不時看兒子寫的大仿。他看那些字都寫得工工整整，他還半開玩笑問兒子在學校挨沒挨板子。兒子總是很認真地告訴他，我為什麼要挨板子？老師叫背的書我能背下來，叫寫的字我能寫上。我也不逃學，不和人打架，老師為什麼要打我？老師打那些背不下書的，寫不上字的。尤其打那些逃學的打得最狠。於是幼平確信老師說他兒子念書念得好是實話。既然孩子能好好念書，就完全有可能光宗耀祖。所以他認為他大今天說的這話是實話，也符合他的判斷。

現在幼平給自己過日子的勁頭十足。秋收過後，他又買了一頭毛驢，準備利用冬閒販運些東西掙些錢。真的，世界上的許多事情並不

像懦夫想像的那麼複雜。你要幹什麼就徑直去幹，西方人說上帝就給你機會，也幫助你；中國人說老天爺就給你機會，也幫助你。幼平把第二匹毛驢買到後，就得了個從沙川縣往祖塋縣運洋麵的差事。一袋洋麵運到能掙一塊錢。幼平劃算好了：一個毛驢馱兩袋，他自己再扛一袋，兩天就能掙五塊錢，人和毛驢吃的踏絫過，絕對能落三塊錢。可是他那腿胯一天從距離五十多裡的沙川縣打個來回好像是不可思議的。不可思議是別人想的，實際在幼平並不算怎麼回事。他有他的走法，更有省鞋的辦法。他走路時左腿跛，左腳拖地，很費鞋。他就想辦法找鞋的替代物，或者乾脆光腳丫走路。已往，他走路都是挺著肚子向前拱，左腳拖得很重。接了運洋麵這活兒，他試著改變走路的姿勢。他把上身稍微前傾了些，要邁左腿時身子稍微向右擰一點，左腳好像輕了些，劃個弧線就能邁出一大步，走起來不比個正常人慢多少，跟上那兩頭小毛驢絕對不成問題。

隆冬時節，天陰沉沉的，幼平照例雞叫兩遍後就趕著毛驢向沙川縣去。從冰面上過了河以後，就一直是慢上坡，他抓了一頭毛驢騎上。走了不到十里，他騎不住了，乾脆下來走，身上還能熱乎些。幼平當然騎不住，因為在這滴水成冰的冬天，他仍穿一條白布單褲，腳上更沒有襪子，連鞋都不完整，有前頭沒後頭，尤其左腳上那「鞋」根本就不是鞋，而是他撿的厚皮子鑽上眼用麻繩綁上，類似草鞋，又沒有草鞋的樣子。他的上身穿的棉襖的前襟少了下半截，但是上半截裡的暗兜卻完好，一條用布絡辮的「腰帶」攔腰一捆，連扣子都省了。其實也談不上「省」，他這棉襖上早都沒有幾個扣子了。他媳婦倒是要給他補充掉了的扣子，幼平不要，因為下前襟少了材料，無處可補，上邊吧，也用不著，有「腰帶」呢。勒腰帶前總得把一個襟子裹在另一個外面，有扣子還弄得支著裹不緊。而他幹的這掙錢的事，上衣一定得緊貼身子，讓人隨時感覺到錢還在呢。

往沙川縣城的五十里還沒走過一半，一陣西北風刮起來，不一會兒，風夾雪下起來了。鵝毛大雪密密實實地由西北風卷著粘在身上，兩頭小毛驢頓時成了羊駝，身子粗了許多。人常說寧走雪前，不走雨後。人和牲畜如期趕到沙川縣，馱了洋麵往回返。這時的雪已經

下得有一搾厚了，一切都有些模糊了，連要走的路都一時半會兒辨別不來。翻楊北溝時，驢蹄子下就不時地打滑。所以幼平不光要注意自己肩上扛的一袋洋麵不因自己滑倒而跌在雪裡，還要給毛驢們緊搭聲叫它們防滑。驢馱的兩袋在毛口袋裡裝著，雪落到口袋上還不至於一下把洋麵袋滲濕，不時地把落在口袋上的雪撣掉就可以保證麵口袋不濕。可是他扛的那一袋就直接暴露在雪花飛揚的空間。幼平只好把給人拿乾糧和給毛驢帶囫圇料的線口袋拿來把麵袋裝進去扛著。為了防滑，他乾脆赤腳踩雪。由於剛下到地上的雪層鬆軟，他的赤腳踩上去並不覺得墊，反倒有些軟乎。為了省鞋，他索性赤腳走完這幾十里雪路。他離家還有十多里，雪停了。第二天有人看到一路的腳印和左腳在雪上劃出的弧，一下就判斷出那是幼平的作品。

運洋麵的過程中，幼平窺測到沙川縣的柿子的行情不錯，在村裡一毛錢發的柿子，到沙川縣可以賣到三毛，甚至更多些。如果不零賣整馱子批發給人，也可以賺成倍的錢。隆冬季節，柿子都凍得像冰凌，很少損耗。運洋麵的事完了以後他就販柿子。柿子在沙川縣是冬季的稀罕物，因為從南轅庄過了河向北三十里以外，柿子就生長不成。可是柿子這貨源在南轅庄卻充足得很，許多人家，例如申士俊家，常常因為柿子在開春之前推銷不完而犯愁。所以幼平向沙川縣販柿子的信息一傳出去，柿子供應者都爭著叫幼平發他的。幼平見勢，把發價壓了壓。儘管他壓了發價，柿子供貨方也接受。為了儘早將叫人犯愁的柿子推銷出去，有人更進一步給幼平優惠條件，可以回頭付發價，或者先記帳，最後付發價。幼平接受了回頭付款。這樣，他兩天向沙川縣送兩馱柿子，風雪無阻，天氣越冷，他越不擔心柿子會解凍受損。直到臘月二十四，幼平還給沙川縣販去兩馱柿子。

過年了，人們見幼平的女兒和兒子都穿上了新衣服，戴著新帽子，幼平媳婦也添了件藍底小白花的罩衫。幼平的棉襖前襟補齊了，腿上的褲子仍是單的，但是是黑色的了。光腳丫子穿一雙新鞋，腳背上是被凍得結了厚厚的一層黑痂。有人見他穿著單褲，沒穿襪子，就關切地問他不穿襪子不怕把腳凍壞了。幼平哈哈一笑回答說，哼，看這把他死婊子驢毬體面不死。意思是說，他的腳有鞋穿已經夠體面的了。

第九章　集團

南轅庄的人近幾年的經營範圍寬了，不光開始種花生，紅薯，還種大煙，村裡的人普遍都比以前富了，十里八鄉的人們都說，南轅庄的人光種大煙，沒人敢抽大煙，收的黑煙膏子全變成了白花花的光洋。確實，南轅庄的人們何嘗不是這麼認為的，所以人人感覺良好，尤其申明理這樣的人，自打有了這種良好感覺後，和外村人說話的調子都變了，跟集上會，看人都是眼向下瞅，一般的東西都變得有些不屑一顧。於是人家背過申明理就調侃說，真是的侄兒有錢不叫叔，王八有錢出氣粗。

申士俊看著申明理們的表現，聽著人們的議論，心裡生出一些恐懼：樹大招風。可是這樹已經大了，不管這樹實際大不大，外邊的人認為咱這樹大了，那就一定能把風招來。尤其這些年來匪禍連連，村裡又有人和土匪穿連襠褲。所以申士俊的顧慮還真不是多餘。

正因為匪禍不斷，地方當局無力保護本方百姓的財產安全，就按上級指示，發動民間以村為單位組織民團，叫民間集團，以自衛。這正合申士俊的意思。他這位甲長從保公所回來的路上就盤算著集民團，買武器的事。進村後他並沒有先回家，而是挨戶叫了申志仁兄弟、申裕仁、申尚仁、申明理、張運升和幾家富裕戶的當家的到他家商量集團自衛的事。被叫到的人都到齊後，申士俊開門見山告訴大家說，今天保公所把各村的甲長叫去開了個會，就說了一件事，要各村集團訓練，自己保衛自己。近些年，大家聽到了，也看到了，匪禍連連不斷，咱村也有人被搶，被烤。近兩年來土匪更多了，保長給我們說，政府實在沒有力量對付那麼多的土匪。再加上，咱們這塊地方處

於雞叫一聲聽三縣的三不管地區附近，離東山不遠，遭匪禍的可能性比別的地方大得多。更重要的是，你們肯定都聽見風聲了，外邊一片聲說咱南轅庄富了。這可不得了，有人掂不來這風聲給咱們招來的風險，還在人家面前故意賣弄。人常說樹大招風，這一賣弄不是更招風嗎。保長說了，上級指示要各村自己集結民團，自己保衛自己。政府給咱們出教官，賣槍和子彈，剩下的就是咱們的人自己操練的問題了。眼下的事是這團一定得集，就是政府不要求，咱們也得設法自己保衛自己。要集團就一定得有武器。說到這裡，申士俊停下了，看著大家，似乎在徵求意見或者主意。

涼聖人申尚仁說話了，對，咱們一定要有能力保護自己。我想咱村的人都願意集這個團，也願意練。保長說沒說像咱們這麼大的村子能買幾杆槍。

申士俊回答說，這個人家倒是沒有說，我的意思是咱們盡力量買。咱們能弄多少錢，就盡錢數買。

申尚仁問：「錢咋湊呢？」

申士俊說：「戶裡的官地租子有些積累，沒多少，頂多能買一支槍。按大家的意思，要多買幾杆槍，那其餘部分就要大家湊了。」

申志仁開口了：「說得明白，是因為土匪多常禍害人，才叫大家自衛自保的。沒有武器就保不成。武器少了也保不住。我的意思是儘量多買幾杆槍，錢的事不大。咱們儘量湊就是了。」

申立仁發問道：「怎麼個湊法？按什麼湊？」

大家被這一問問得面面相覷。張運升笑著說，當然按窮富攤份子。自衛自保是衛誰呢，保誰呢？還不是保有錢的。像黑三那樣，土匪連他看都不看。他那兩孔小石窯裡連個老鼠都沒有，土匪也拿不走，掙幾個工錢還在大掌櫃那裡存著的，有什麼可保衛的。

申士俊似乎得到了點啟發，接過話茬說，運升這話說的有道理。按運升剛說的那意思，咱們就把黑三作為一份，比如說一份出兩個大洋，咱們各自比照著黑三那家業，自己報各自願意任幾分。今天沒來的人，咱們比照著評議他們該任幾份。

當下，大掌櫃申志仁就自報說他任十五份，申裕人呢，說他任

十二份，申士俊自己則說他也任十五份。至此，稍有點冷場。申尚仁說他任八份。申立仁看看大家，接著說他任九份比較合適。申明理說他任兩份，並說他任的兩份是為大家買武器的，因為他自己實在不比黑三強多少。申尚仁趁機給了申明理一句，你爺家有點心意就行，出點錢和我們站在一起更好，別擺那麼多的虧欠，我們都知道，咱村裡團裡沒你不行，不聽人說嘛，死貓能嚇住活老鼠呢。申立仁再補了一句，人常說，人到的爭光哩，你爺家今天不光人到了，還要拿錢出來，這就好得再不能了。大家似乎有點會心地笑了。

申士俊趕緊打住說，剛才大家都報的差不多。完了找幾個人再評評，最後大家按評議的應交份額交。願意多交的，算大家借他的，往後村里弄下錢了一定還人家。

很快，連湊再借，弄到的錢足夠買四枝搶和一箱子子彈。村裡定了民約，要全村的青壯年都參加訓練、保衛。上面派來的教官教給大家如何放哨，如何利用地形地物掩護自己，如何隱藏，如何迂迴包圍，如何抓捕，如何打鬥和防禦。最後是教大家瞄準、射擊。申立仁對練瞄準和射擊特別有興趣，纏著申士俊准他保管一枝槍。

民團訓練了一個月，大家的興趣都很濃，有人刀舞得好，有的長矛使得像樣，有的人瞄準瞄得好。最後安排在小北塌實彈射擊。有的人瞄了半天，就是不敢扣扳機，教官再三鼓勵，再三講解說，所謂的扣扳機，實際不是扣，而是把槍端穩，屏住呼吸，右手的食指和大拇指向一起捏，這樣槍稍就不會因扣扳機而擺動。教官叫大家要有信心，只要你確實三點連成一條線，再按扣扳機的要領做，就一定能擊中。經反覆鼓勵，終於打響了第一槍，而且打中了。這第一槍放了，並且打中了，這對本人和大家都是莫大的鼓舞。該申立仁打了。他毫不猶豫，爬在地上就瞄，果斷地按要領扣扳機。打中了，而且中在靶心。連著三槍都中在靶心周圍。教官誇申立仁好槍法。教官誇完似乎還未盡興，又叫申立仁站著再打三槍。申立仁不慌不忙，站起來把子彈推上膛，瞄了瞄就開槍，又中了，站著連放了三槍也都中了。教官又是一番誇讚，最後說，這下好了，哪幫土匪要不長眼撞到你們村，肯定有來無回。

幼平來興致了，說，我要好好練放槍，我這腿瘸跑不快，子彈可快。我也叫土匪有來無回。幼平是真心實意地要保衛自己既有的財產，團練的事一說起，湊份子時他主動報說他任三份，出了六個大洋。

實彈打靶之後，申立仁對槍的興趣更濃了，現在到了人不離槍，槍不離人的地步。團練完也罷，幹完農活回到家也罷，除了吃飯時手裡換成筷子和碗，剩下的時間，他一直在擺弄槍，連睡覺時都要把槍放在身邊。他媳婦對此很不習慣，有一天晚上，她下意識地摸著丈夫身邊涼冰冰的槍，嚇得一聲尖叫，驚醒了已經入睡的申立仁。申立仁往起翻時順手就把槍拿起來，大聲喊，誰?!媳婦聽見他拉槍栓，嚇得趕緊回話，我，我再不敢了。申立仁見沒事又把槍擺在身邊躺下了，這時媳婦才說，我說，你能不能不摟著槍睡覺？我遲早要叫你這槍給嚇死。申立仁反倒說，你不懂，這擺在身邊能給人壯膽，睡得才好呢。你就想著咱有槍，我的槍法又好，誰都不敢來逗咱。你這樣想著就不怕了，反倒安心了。

隨著「新作物」大煙的引進，沒幾年，一些人迅速地富起來了，又有一些人很快地變窮了，土匪搶劫的目標更明確了。所以集民團自衛是人們的普遍要求，尤其富裕人家這個要求更強烈，政府一鼓勵再支持，各村的民團都一應聲集起來，練開了。各村的青壯年都在練，目標卻是共同的，那就是對付土匪，保衛財產。人們圍繞著這個目標練著練著，竟然悟出了個道理：能打敗土匪還不如能嚇住土匪，因為真和土匪遭遇上，誰也沒有把握不傷一個手指頭就能把土匪打敗。大家似乎都在某一個晚上明白了這一點。所以申立仁的槍法好就被宣傳得方圓幾十里的人都知道。申立仁的槍法好到底傳的有多遠，申立仁自己和南轅庄的人不可能有個準確的把握。但是從在禾豐鎮趕集時外村人的詢問中還是能感覺到這事傳得到底有多神。南轅庄的人在禾豐鎮的集上不時被外村人問及，聽說你村的立仁靶子妙得很，提槍就有，真的嗎？南轅庄的人聽了這樣的詢問自然很得意，於是就順杆爬，可不是麼，比老黃忠的百步穿楊還神，立仁騎著馬都能把跑著的兔子打住。許多趕集的人聽了都嘖嘖咂舌。這些反響當然直接，間接

也到了申立仁的耳朵，感覺自然得意。這越發使他對槍著迷，竟至於他跟申士俊父子一道趕禾豐鎮和北倉鎮集時都要背著槍。

所謂的騎馬打跑著的兔子還真有其事：他跟申士俊父子一起去禾豐鎮趕集，申士俊騎他的棗紅馬，申廣仁則騎一匹大黑騾子，申立仁背著槍騎一匹黑馬。出了村上了原，眼界寬多了，說著話就匯入大路上去趕集的外村人的小方陣，走著走著，路邊的枯草叢裡竄出一隻兔子。有人喊了一聲「兔子」，申立仁即把槍從背後拉前來，一邊向起端槍，一邊說，今天試一下這活靶。說時遲，哪是快，幾乎話音剛落槍就響了，大家看見兔子應聲翻了個跟頭。不料，馬被槍響驚著了。馬猛地向前一竄，申立仁被閃了個仰面朝天，摔在地上。申士俊的馬和申廣仁的騾子也應聲同時跑起來，好在他們都緊抓著嚼子，踩著鐙，並沒掉下來。同行趕集的笑著呼喊說，兔子挨槍了，你倒跌個兔子蹬天。申立仁跌個兔子蹬天的事和他提槍就打，兔子應聲翻跟頭的事不脛而走，在十里八鄉越傳越邪乎。申立仁據此得到啟發：應該訓練他的黑馬，叫它習慣放槍，即聽到槍聲不驚。

馬確實通人性，申立仁的黑馬經歷幾次炮仗炸響的訓練，果然明白那響聲對它沒有任何威脅。所以再聽見主人騎在背上放槍就好像沒有那事一樣，還按主人當初的指令該幹什麼還幹什麼。

民間團練的熱情高漲，各村的神槍手的傳聞滿天飛，而且都神乎其神。鎮政府得到如此多的關於神槍手的喜訊，當然很高興。於是，為了擴大北倉鎮團練的威力的影響，鎮政府就決定在該鎮最有影響的七月七鄉會時舉辦一次跑馬比賽和打靶比賽。通知發下去後各村團練的積極性更高。人們雖然嘴上不說，但心裡都明白這次比賽的意義重大—威名要揚出去，自然就安全了。

跑馬就安排在北倉鎮以北敞坪的大路上，起點設在上坪的南村口，終點是北倉鎮的北口，全程五華里。這個跑馬道取的很合理，起點那一段約二里路，路面寬而且平，向南三里之後進入一個二里長的寬胡同，胡同兩邊的沿上就是天然的看臺，臨到終點的每一匹馬都要從觀眾的眼皮底下跑過，結果不等官方宣布，觀眾早都看得明明白白。參加跑馬比賽的人數沒有限制，只要是北倉鎮轄區內的村民都可

以騎自己的馬參賽，到比賽時臨時分組，十匹馬為一組，騎手們願意在哪一組就在那一組，真正賽跑時也不計時，只看誰是該組的第一名就是了。

農民們臨時搞的賽馬和國際上的賽馬絕然是兩回事，而且參賽者的想法也各不相同，有的人著力把馬打扮了一番，給馬的龍頭上拴上紅毛纓子，兩邊綁上紅耳布，甚至給馬脖子上戴上串鈴，馬鞍上的墊子換成新的，有的還是繡花的。有的則突出人和財富：戴著禮帽，戴上硬腿子水晶石眼鏡，沙柳皮眼鏡盒子吊在跨前，穿著長竹布衫，腳蹬雲子鞋。廣仁就戴著硬腿子水晶石眼鏡，穿著白洋布衫子。參加跑的結果，得了他那一組的第一，申裕仁的馬太肥，跑不快。申志仁也沒爭上他那一組的第一，大家替他總結說是因為他塊頭大，壓得馬跑不動。但是南轅庄那天有五六匹馬參賽就給村子長了威風。

射擊比賽的場地選在北倉鎮西溝的一條拐溝。這個溝並不長，但溝灘很寬，溝掌是齊齊的土崖，像一大堵牆。射擊的方向是從溝口往溝掌射，觀眾都在射擊者身後的正溝溝坡上。南轅庄只限兩人參賽，申立仁當然參加，另一個人的指定出乎所料，是申幼平。比賽項目是臥射、站射和打飛鷹。申立仁的射擊讓所有人吃驚，無論是臥姿射還是站姿射，他都槍槍不脫靶。申幼平拖著跛腿上場時惹得一溝坡的人都笑。鎮長和保長們都笑著交頭接耳，這個南轅庄再沒人了，指派了這麼個人。這話讓幼平聽見了，他也笑著回了一句，我人跛，打出去的子彈可不跛。他這話一出，申立仁就給他叫好，說得好。不要慌，平時咋樣練，今天就那樣打。幼平真地不慌不忙爬下去，冷靜地瞄準，開槍，中靶。看的人和官員們一齊「哇」了一聲。有人就說，真地，人不可貌相，海水不可斗量。這傢伙真是胡蘿蔔蘸辣子一吃出看不出。接著的兩槍也都中了，只是到站姿射，幼平有一槍沒中。就這，已經夠爭光的。所謂的射飛鷹並不是真的打老鷹，而是射從溝沿上拋下來的黑色馬糞紙板鉸的鷹模型。參加這個項目的人很少，申立仁對自己的技術很自信，當然參加射飛鷹。第一隻「鷹」飛出來到了半空就被他一槍擊中，在空裡拐了一下。溝坡上看的人一片叫好。第二隻「鷹」飛出來時迎著風，在空中搖搖擺擺的，申立仁開了槍，但

「鷹」在空中搖擺的姿勢一點沒變。觀眾們一片歎息。第三只「鷹」飛出時風停了，「鷹」快落地了挨了一槍，人們又是一片叫好。鎮長和保長們看得目瞪口呆。最後授予申立仁個神槍手的稱號。

北倉鎮七月七這個鄉會一直以來都吸引著幾個縣的人。所以申立仁這個稱號一經宣布，幾個縣的人都知道了，也都開始口口相傳，添鹽，加醋。

第十章　戲

　　村裡民團團員在北倉鎮七月七鄉會上為本村民團爭了光，露了臉，壯了威風，使全村人為之振奮，感覺安全了許多，申士俊更是由衷地高興，他認為，大家花了錢買武器，流汗訓練，能給大家換來這點安全感已經值了。同時他判斷，既然自己人都有這份安全感，而且有人就當他的面說，「看土匪還敢不敢來糟害咱們」，土匪那邊肯定也有幾分懼怕。特別是這一年夏、秋兩料都是好收成。兩件大好事的來臨，使人們不約而同地想到秋後了，應該照例寫一台戲唱他三天四晚上。申士俊當然也想到了，所以一邊收秋他就一邊打聽州三縣的戲班子的情況，打算秋後寫一臺子戲來好好樂呵樂呵。打聽來打聽去，還是決定寫劉社長的戲。

　　所謂的寫戲，類似合同，就是村上的管事人和戲班子協商一份合同，內容包括請戲方請戲的原因，戲班子哪一天來掛燈，頭一場的本戲是什麼，折子戲是什麼，第二天的午場和晚場的本戲和折子戲各是什麼，一直寫到第四天的午場和晚場的本戲和折子戲，付費多少，演員的膳、宿等事宜。申士俊和劉社長協商好後，提前七八天就用黃紙將合同抄好張榜出去。意思是本村今年喜獲豐收，團練成績輝煌，故請劉社長的戲班來和大家共慶，約定九月十五晚上掛燈，本戲《玉堂春》，折子戲為《小姑賢》，依次是後三天三晚上的本戲和折子戲，望村民及早邀請親朋好友前來同樂。

　　看到黃紙戲報，村民們都很興奮，立刻給自己的親戚和朋友捎書帶信，請他們於九月十五日之前來村裡看戲。親戚朋友們得此消息當然樂不得，紛紛都聚到南轅庄各自的親戚家等著看《小姑賢》和《玉

堂春》。

九月十五下午太陽壓山時戲箱馱來了，戲臺前已經有不少人坐在自己扛來的板凳上等著看戲，當看見戲箱時，人們一陣歡騰。尤其小孩子們更是按捺不住的興奮，連聲喊，「箱來了，箱來了，」一邊喊著一邊往家裡跑，要把「箱來了」這確切的消息告訴大人們。

天黑了，燈掛起來了。那是兩個套著鐵圈盛滿菜籽油用鐵鍊子掛在戲臺前沿上的鑄鐵臉盆。鑄鐵臉盆邊上伸出幾根指頭粗的棉花撚子，撚子後面壓著厚厚的鐵板，把燈焰和油隔開。兩盞粗撚子油燈一齊點著，類似兩堆懸在前臺的篝火，映得戲臺上通亮。

開始炒台了。炒台即是武場面上開始敲打起來，招呼還沒有到場的觀眾趕緊來，要開戲了。確實，那鼓板敲出來的響聲聽得很遠。不誇張地說，那鼓板敲起來三里之外的人都能聽到，於是三里以外的人都知道南轅庄確實有戲，而且馬上就要開演了。台下等著開戲的人甚至有點焦急。炒台的鑼鼓聲停下了，文場面的拉板胡的和吹笛子的開始給板胡、二胡定音。人們聽到河東岸邬上有人鳴船。聽嘈雜的勢頭，來人不少。臺上和台下的人們都認為是西楊村的看戲的成群來了。武場面上的打板的拿起一雙筷子在鼓板上響響地敲了兩下，這是預備的信號，意思是又要炒一會兒台。頓時，鑼鼓聲又起，煞是熱鬧。台下等著看戲的觀眾的情緒被帶到又一個高峰。

好像是剛才鳴船的人已經過了河，進了村，一片嘈雜聲湧進了戲樓院。忽然一塊磚頭飛向戲臺東邊的油燈。燈被打中了，油和撚子四濺。和磚頭打中油燈的響聲的同時有一聲大喊，「給我停了。」台下的人一陣慌亂，臺上立刻偃旗息鼓了。藉著燈光，人們看得清楚，來的人是一撥糧子，不但穿軍衣，還背著槍。這些糧子的來勢和做派嚇得臺上台下鴉雀無聲，大家面面相覷。戲班的班頭趕緊迎上前來，老總，老總，別動火，什麼話盡管吩咐。

一個小頭目氣勢洶洶地問：「誰寫的你們的戲？」

班頭忙答道：「那不是寫戲的戲報嘛！」他指了指牆上的戲報，「寫戲的人名字就在上頭。」

這時申士俊走上前來搭話道，這位老總別動火，有話慢慢說。我

就是做主寫戲的人，名叫申士俊，本村的甲長。

糧子頭目立刻問：「為什麼寫他們的戲不寫賈團長的戲？」

申士俊一聽全明白了，原來這是賈團長的人。這賈團長可是得罪不起的，於是立刻賠笑道，原來是賈團長的人找上門來了，盼不得的事。真是大水沖了龍王廟—自家人不認識自家人。賈團長是我們士文的乾爹。事情是這樣的，寫戲前我也聽說賈團長的戲班添了女演員，置了新箱，戲演得好極了，在東半縣演得很紅火，寫戲的爭不上。我當時怕爭不上，還怕賈團長看不上我這村子，又不想把演出的時間推得太後，正好劉社長能給我把掛燈的時間定在九月十五，我就寫了劉社長的戲。你這一來太好了，這是賈團長抬舉我，找著要給我村演戲，我真是盼不得。好說，一切都好說。這樣，今晚的戲就不演了，明天我就打發劉社長的戲班走。我馬上招呼弟兄們休息，吃飯，咱們另找個地方商量賈團長的班子來演戲的事。

糧子頭目的氣勢緩和多了，說：「好吧，你安排吧。」

申士俊大聲對台下等著看戲的人說，大家都看見了，賈團長的戲班子要來給咱們演戲了。所以今天晚上的戲就不唱了。大家都先回去歇息，明天聽賈團長的戲來咱村演出的消息。人們都扛起板凳，嘟嘟嚷嚷離開了。

申士俊吩咐申志仁和申立仁兄弟招呼糧子們休息，喝茶，叫屋裡人準備飯。然後叫應了申明道到跟前耳語了一番，只聽申明道應了一聲「明白」，就去了。之後，申士俊賠著笑臉對糧子頭說：「走，到我那裡坐著說話。」

幾個人來到申士俊慣常接待客人的廂房窯裡，招呼糧子頭和他的隨從坐下，又賠著笑臉問，敢問老總貴姓和銜頭？那個隨從立刻說，我們連長姓高，高連長。

申士俊哈哈一笑說，好，好，高連長，年紀輕輕就幹到連長了，有出息。賈團長真是好眼力，提拔的人就有帥才。高連長得這話心裡美滋滋的，客氣道，老先生過獎了。申士俊立刻接過話茬，沒有，沒有，要沒有帥才，賈團長能派你帶人來辦這麼難辦的事。說實在的，我早就想寫賈團長的戲，只怕弄個矮子牽駱駝一撐上搭不上。此話一

出，惹得高連長和隨從及窯裡其他人都笑了。說話間，廣仁把茶壺和茶碗一盤子端上來放在炕中間，提起茶壺給各個茶碗裡斟上茶。申士俊招呼道，高連長，請用茶。我剛說的確實不是虛話，那是我之前的真實想法。賈團長心裡還有我們這個村，特別派高連長來給我送戲，這叫我受寵若驚了，我憑什麼對高連長說虛話。現在說正題：明天我打發劉社長的戲班子走，給人家付一天兩晚上的錢。我盼不得賈團長的戲能早點來演出。叫我們村的人和鄰近各村的人都見識，見識女演員演的旦角，欣賞，欣賞賈團長置的新箱。

正說話間，申明道陪著申曉理來了。申士俊立刻賠笑道，高連長，打擾了，我介紹一下，這是申曉理先生，你們賈團長的結拜親家。當初你們賈團長為了護送這人騎馬陪了三十里路直送到他家，你看這是多大的情分。所以，今天高連長帶人找上門來，一切都好商量。高連長立刻向申曉理打招呼叫他坐下議事。申曉理有點手足無措，還是在板凳上坐了。

經過一番商議和爭取，當下議定，九月十八晚上掛燈，仍是三天四晚上，要價居然和劉社長的要價相當。高連長和隨從吃過飯就去歇息，申士俊連夜寫戲報，爭取第二天一早就貼出去。

果然，第二天一早，申明道和申吉茂就把戲報貼在原來貼戲報的地方。人們看到新戲報都很高興，奔相走告。但是這份新戲報前頭那一段話和先前寫劉社長的戲的戲報上的那段話有所不同，大概意思是，為了慶祝今年的好年景，本村人曾議定請戲班來演出助興，但是因為沒敢高攀，就把請賈團長的戲的想法放棄了，而寫了劉社長的戲，求之生怕不得的是，賈團長看得起，要咱們寫他的戲。於是劉社長的戲我們就無力支持在咱們村上演，在對賈團長表示感謝的同時也只好惋惜地對劉社長和各位鄉親表示抱歉，請多加諒解。好在賈團長的代表高連長已和我們議妥，於九月十八晚掛燈，仍演三天四晚上。賈團長的戲班破例由女子扮旦角，其演技高超，加上賈團長新置的箱，定能使大家盡興，飽眼福。之後就是九月十八晚至九月二十一晚每天午、晚場的本戲和折子戲的劇碼的戲報。

九月十六日早飯後，申士俊送別高連長時一再表示，由於倉促，

對高連長和弟兄們招待不周，請多包涵。臨上船時，申士俊從懷裡摸出一封信交給高連長，請他一定面呈賈團長。高連長接過信滿口答應：「一定，一定。」船夫的篙子在船沿的楞木下一撬，船離開碼頭了，船夫再用篙子向河岸一撐，船就向河心去了。高連長向岸上送他的人們揮手告別。人們也向高連長及其弟兄們致意。回到村裡，申士俊趕緊安排送劉社長的班子去下一家要演出的村子，並對劉社長一再表示抱歉，請諒解。劉社長倒開朗，表示很諒解，並特別說，能不諒解嗎？都沒看見遇上誰了。大家哈哈大笑，申士俊笑著說，這就好，這就好。但願也不要傷了咱們之間的情分。放心吧，給下一家打招呼的人大清早就快馬加鞭去了。想必早已說到了，打招呼的人可能正往回返呢。劉社長緊接著說，好啊，我這就去招呼我的人收拾，準備走。之後，彼此分手，各忙各的去了。

九月十八一大早，馱戲箱的人就去了。等著看戲的人這一天等得有點焦急，尤其戲迷申吉茂最急切。這一天，他一吃過早飯就來到戲樓院收拾茶爐子，給茶爐子弄劈柴。完了，又把戲樓的前前後後打掃乾淨，連明柱都又擦了一遍。這些都幹完之後，他就從戲樓院出來眺望著河東山岇上的路口。正好，申尚仁從此經過，見狀就打趣說，咋，盯倒臺，你想看姑娘娃就把你急成這樣了？還早著呢，現在連晌午飯都沒吃，戲箱來要到半後晌以後哩。申吉茂一本正經地反擊道，我愛看戲不是衝著姑娘去的。這之前那個班子有女人唱戲。可是哪個班子不是叫我盯著看他兩三個月。你這人一天盡想些邪事。申尚仁哈哈一笑，對，不是心邪，是戲癮犯了。那好，回去吃了晌午飯好好睡一覺，到晚上有精神好好過你的戲癮。申吉茂說，你說得對，該吃晌午飯了。吃完飯還真要睡一會兒。

申尚仁喊申吉茂的外號「盯倒臺」是有來歷的。申吉茂從年輕時就愛看戲，只要附近演戲，吉茂一定場場不落，千方百計擠到臺子的前沿，站著從頭看到落幕。精神可嘉。人們那時就送他個綽號「盯倒臺」。不幸的是，他四十歲時僅有的個兒子因耍水被溺夭亡。悲痛欲絕之後，他似乎把一切都看開了，得吃就吃，得樂就樂，戲癮變得更重了：每年秋收以後，只要得信附近一二十里內外哪個村唱戲，吉茂

立刻將幾件衣服，包括棉襖和棉褲往褡褳裡一裝，弄的幾個錢往腰包裡一塞，棉袍往肩上一搭，給老婆留句話，你看的把那點秋場活一了結，我去看戲了。說完就走，直奔戲樓。這一去，就把這個戲班子沾上了，戲班到哪裡他就跟到那裡，一直到臘月二十三，這才算把一年的戲癮過夠了，肩上背著褡褳和棉袍回來了。所以老早有人曾想給他換個綽號，叫「看散班」。吉茂跟著一個戲班轉悠三個月確實是個傳奇，而且幾乎年年如此，更使人好奇。首先是他看完戲的食宿問題，人們無法想像他帶的那點錢能夠他三個月的食宿費。於是有人就問吉茂，他跟著戲班子轉的這三個月裡是咋樣混日子哩。吉茂回答得很輕鬆，他說他從家走時帶兩三天的饃饃，褡褳裡再塞一隻碗，去了看完頭一場戲他就去戲班子的茶爐子討碗開水，並要求茶爐子允許他借爐火的火子烤烤饃，順便告訴茶爐子他愛看戲，要跟著戲班子看一冬天的戲，沒那麼多錢付飯費，只能自帶乾糧湊合。這期間要是有演員來打開水或沏茶，他立刻話鋒一轉誇這戲班的戲唱得多好，多好。特別當他認出來沏茶的演員就是剛演完的那出戲裡的某角色的扮演者，他就衝著他直呼劇中人的名字，對方沖他一微笑，他立刻就誇他唱得好，演得好，武功好。演員走了以後他立刻對茶爐子說，師傅，這陣你去歇會兒，我替你看火。我不動你的大茶壺。這陣都是他們自己來舀水，不會有人給他們的茶裡放耳屎的。要是真有人想靠近茶爐子破哪個演員的嗓子，我就不答應，我要看好戲哩。茶爐子知道這確實是個鐵杆戲迷，也相信他不會給演員使壞，樂不得他替他看會兒火，自己去展展腰。到吃飯時，茶爐子給他打招呼叫好好看著火，他去人家吃飯。吉茂樂得滿口答應，放心去吃你的飯吧。這樣他就和戲班子的茶爐子粘上了，接下來的日子裡，開戲之前，他總幫茶爐子幹些粗笨的輔助活，如劈柴，打掃，出爐灰，搬柴禾或搗炭。不到第三天，茶爐子就會給管飯的人家招呼他們是兩個人換著來吃飯。吃飯問題就這樣解決了。至於睡覺，吉茂說那好辦，凡是能飄起一斑戲的村子裡都有大戶人家，大戶人家的場房，草棚都是睡覺的好地方，有時乾脆跟茶爐子睡一個房子。他這一套對哪個班子都管用。況且，州三縣也就那麼三，四個戲班子，沒用多長時間，各班子的茶爐子

和不少演員都認識他，所以跟著哪個班子轉都好混。吉茂的戲癮也隨之變得越來越重。

這一次的突然變故使吉茂開闊了思路：嗯，賈團長還有一班子戲，還有女人唱旦角，又添了新箱，應該趁在本村唱戲這機會和賈團長的戲班子的茶爐子混熟。所以打新戲報出來，吉茂就更加經心收拾茶爐子。和申尚仁說完話後，吉茂就回家吃飯。

午飯後，吉茂確實好好睡了一覺。一睡醒來，他就取出自家招待客人的被子和褥子，用繩子將其一捆夾著奔戲樓院去了。來到戲樓院，吉茂先把被子和褥子晾在柴禾堆上，然後把供茶爐子住的窯洞又收拾打掃了一遍。之後他就去水泉擔沏茶的水，下河擔洗臉用的水。吉茂剛把兩個水甕都倒滿，把爐子點著，演員們就到了。演員怎麼住，全由申士俊吩咐，吉茂只招呼茶爐子。茶爐子一看，給他的住處和爐子都收拾得挺妥當，很高興。吉茂立刻自我介紹說，我是個老戲迷，村裡人都叫我盯倒臺，方圓幾個戲班子我都熟，茶爐子上的事我更熟。請問師傅貴姓？

茶爐子痛快地回答說他姓張。

吉茂高興地說，好，好。張師，戲完之後，茶爐上有什麼事你儘管吩咐。

張師也很高興地答應了。吉茂告訴張師說前邊一個甕裡是泉水，供沏茶的。又說他們村這泉水沏的茶最好。後邊一個甕裡是洗的水。

九月十八下午太陽壓山時戲箱馱來了，人們歡呼雀躍，奔相走告。吉茂更是高興，早都把茶爐子上的兩個鍋裡的水燒好了，沏茶洗臉都方便。

天黑下來了，真地該掛燈了。賈團長的班子倒是不一般，點的是汽燈。燈光師從箱子裡款款取出汽燈掛在早架好的橫杆上時，人們一片驚歎，尤其孩子們更為好奇。有人索性就問燈光師那是什麼燈。燈光師神氣活現地大聲宣布，這是汽燈，點著了亮得很，照得跟白天差不多。現在只有賈團長的戲班子能點起汽燈。人們又是「哇」的一聲。於是有人就說，劉社長的戲沒唱成還對了，要不然咱們還不知道有汽燈這麼個東西。

臺上武場面的人到位了，鼓板兩聲脆響，開始炒台了。人們紛紛向台前彙集。台沿前早被吉茂和申裕仁各占了一個位置。

戲班子來南轅庄演出，賈團長當然要和班子一起來，以享受戲班子給他爭來的聲譽和榮耀。賈團長仍然騎著他的棗紅馬，幾乎是領著馱戲箱的騾子方陣進南轅庄的。申明理似乎早料到他這親家會來，所以從後半晌起就在從渡口上來的路口轉悠。當他看到東岸梁上的人馬時，就認定是親家來了，順著去渡口的路向渡口蹭了幾步。待賈團長和他的人手上了岸，騎上馬向村裡走時，申明理則向前迎了幾步，滿臉堆笑向賈團長打招呼，親家來了?!賈團長這一次好像真看見申明理了，也聽見申明理稱他為親家，騎在馬背上居高臨下回應道，啊，來了。你好。招呼打完，賈團長的坐騎已從申明理面前擦身而過。申明理有些受寵若驚的意思，扭頭目送他親家直奔他自己的親家去。

賈團長當初要和申曉理結為親家，就是為了隨時都理直氣壯地直奔申曉理家去的。不是嗎。有申曉理這麼個親家在南轅庄，他來南轅庄進別的什麼人家的大門都與理上說不過去。他進申曉理的門，而且就紮在他家裡，那算是與他平等，看得起他，外人還要給賈團長個「平易近人」的評價。

申曉理似乎也料到他的團長親家要來，九月十八這一天他一直就沒遠離自己的院子，在家裡幫媳婦收拾了收拾。楊昭豔已是四十歲的女人了。人常說女人四十一朵花，有人還說四十歲是女人的第二青春。這些說法你可以認可，也可以認為是對女人的安慰，或者是哄騙。但具體到楊昭豔，這些說法還真像是對現實的如實描寫，她略加洗漱收拾，與賈團長首次接觸時的風韻似乎還在。

賈團長在大門外下了馬，帶著護兵徑直進申曉理的大門。他進門的同時就高聲喊親家。申曉理應聲從屋裡出來，臉上堆笑迎上兩步，開口招呼，哎，親家來啦。快進屋。賈團長應著「來啦，來啦」，大步流星衝進屋，哈哈大笑之後對老相好楊昭豔招呼道，親家母好。喲，還那麼漂亮。楊昭豔扭捏著說，親家說的哪兒的話，娃都多大了，我還漂亮啥呢。賈團長又是哈哈一笑，說，咋？娃大了，你就不該漂亮？親家，你真有福氣，一輩子都有美人陪著你。申曉理憨

著招呼賈團長坐下休息，從地上拿起臉盆到灶臺上舀溫水。楊昭豔把茶沏上。

賈團長一進申曉理家的院子，大門口立刻就有兩個糧子把著，任何人不得進入。另一個糧子從馬鞍上揭下馬褡子扛進屋。賈團長立刻起來招呼說他給親家和親家母都有禮物。他從馬褡子裡掏出一件軍大衣交給申曉理說，這是給你的一件大衣，天冷了，用得著，今天晚上看戲就可以穿上。說完，又掏出一個包袱，說，親家母，這是給你的兩截衣料子。楊昭豔手足無措地說，看他乾爹說的，你能記著咱這門乾親比什麼都好，不拿什麼東西，人來就好。賈團長又是哈哈大笑說，人來又有禮物不是好上加好了。收下，好叫你也隨時記得咱這門乾親。申曉理還端著剛接過來的軍大衣呆呆地看著，聽著。

交接之後就是賈團長洗臉、抽煙、喝茶，楊昭豔備飯。不提。

吃過飯，就聽見戲臺那邊傳來了炒台的鑼鼓聲。賈團長招呼大家準備和他一起去看戲。不一會兒，申曉理扛著板凳和楊昭豔一前一後，一個護兵扛一條板凳和賈團長及另一個護兵跟在申曉理夫婦後面來到戲樓院。申士俊和申志仁等已在戲臺前等候。見賈團長到，他們即拱手迎了上去。申士俊走在前頭說，本村甲長申士俊及村民歡迎賈團長大駕光臨。賈團長能賜這麼好的戲給本村，真是榮幸。

賈團長一聽，一看這位甲長，立刻意識到此人相當有文化，回應道，不客氣。大家同樂。我和你們南轅庄有緣分，大家同樂吧。啊，你的信我看到了，很好，以後再說吧。賈團長的話音剛落，戲臺上的鼓樂又起，煞是熱鬧。待鼓樂一停，申士俊立刻提議要賈團長借此機會給鄉親們說兩句話。賈團長笑著說，好，我不敢駁你這位大甲長的面子，說兩句。咱們可說好了，就兩句。申士俊忙應道，好，好。賈團長隨便。我這就給鄉親們招呼去。

申士俊上到戲臺上，又是一陣短暫的擊打樂。鼓樂停了，台下一片嘈雜。申士俊走到戲臺前沿，台下頓時鴉雀無聲了。申士俊大聲說，南轅庄的父老鄉親們，鄉鄰們，今年的年景很好，團練也搞得好，出了些名，大家很高興，希望大家共慶豐收，平安如意。沙川縣的賈團長得此信後特派他的戲班子從大老遠趕來和大家同慶。不僅如

此，賈團長還親自趕來和咱們同樂，這是多大的榮幸。現在請賈團長講話。台下一片鼓掌聲。

賈團長緩緩走到台前，示意停止鼓掌。台下立刻靜了下來。賈團長開腔了，甲長剛說了，我是沙川縣的賈團長。對，我是沙川縣南高楊人。據我所知，我們南高楊自古和你們這南轅庄就沾親帶故。所以我一直就把南轅庄歸在我的地盤裡。大家別怕，我還不敢跨縣界來你們這裡征糧收草料。我說我把南轅庄看做我的地盤，是說我覺得我有責任保南轅庄人的平安，願意和南轅庄的人同甘苦。說到這裡，他的頭向右轉了轉說，好好給鄉親們唱戲。我的話完了。台下一片掌聲，臺上鼓樂頓時響起來。

開演了，折子戲是《櫃中緣》，演徐翠蓮的女演員一出臺，台下就是一片叫好聲。賈團長坐在楊昭豔身邊甚是得意。折子戲完了以後賈團長帶著護兵就離開了。申曉理陪著楊昭豔繼續看戲。待本戲快演完時，賈團長的兩個糧子來找申曉理，要他找村裡管事的人要餵馬的料。戲完之後，一個糧子幾乎是押著申曉理去找人要喂馬的料，另一個糧子喚著乾媽替楊昭豔扛板凳回家。人們看著這一切，都在交頭接耳。

替楊昭豔扛板凳回家的糧子把人一領進屋放下板凳說，請團長早點歇息。說完就出去了。賈團長立刻撲過來抱住楊昭豔親嘴。楊昭豔這陣好像渾身都軟了，摟著賈團長任其擺佈。後頭的事是順理成章的，不必贅述。只見大門口的護兵在一絲不苟地警戒著，給人的印象是，院子裡有軍機要事，任何人不得靠近。

賈團長的戲班子就是好，不光點的是汽燈，又是新箱，文武場面上樂器齊備，主要是那女演員演得好。她在《櫃中緣》中演的徐翠蓮一下子就深入人心，人們對她的喜歡都難以言表。

第二天的午場演了《三氣周瑜》，本戲《金沙灘》。晚場的折子戲是《三回頭》，本戲演的是《玉堂春》。這三場戲演下來，賈團長的戲班子的三個旦角就深入人心了。九月二十的午場，折子戲演的《小姑賢》，本戲演的《遊龜山》。頭一天晚上演《櫃中緣》裡徐翠蓮的姑娘這一次演《小姑賢》裡的盈盈娃，加上丑角老旦的陪襯，人

們看得笑得前仰後合。人們更加喜歡這個「盈盈娃」了，索性就把這姑娘叫盈盈娃。

　　晌午，盈盈娃和唱鬚生的演員被派到旺財家吃飯。旺財打一請到盈盈娃就心裡暗自慶幸。待把盈盈娃和鬚生角兒領回家，旺財媳婦和他大，他媽及來看戲的他姐、他姐夫，一見都打心裡慶幸有運氣請到盈盈娃來吃飯。鄉下人實在，表達自己喜悅心情的方法更實在，旺財媳婦不光把麵和得好，也擀得勻，切得細，還特地潑了油辣子，做了雞蛋豆腐臊子，炒了兩個菜，切了醃的韭菜，又調了一碟白菜心。吃飯時，她給兩個演員各盛了一大碗麵條澆上臊子由旺財端上去。盈盈娃吃完頭一碗，旺財趕緊接過碗拿回廚房屋叫媳婦又結結實實盛了一碗。旺財把飯端給盈盈娃時，盈盈娃似乎有點吃驚，但還是接過去了。她調了油潑辣子，又調了醋，夾了點醃韭菜，攪了攪就吃。吃了兩口，她又攪，攪了半天又吃了一口，接著又攪。攪著攪著，她把碗放下了，夾了一筷子菜塞到嘴裡，嚼著，面有難色地看著旺財。旺財會意，立刻痛快地說，噢，女娃子，飯量小；盛得多了，吃不了；吃不了放下，甭為難。盈盈娃喃喃地說，真不好意思。說完就放下筷子。那位鬚生角兒也已吃畢。旺財要給他再盛一碗，鬚生角兒連連說「吃好了，吃好了。」旺財嘴裡說著「你們的飯量都不行」，手裡把他們剛吃飯的碗往大木盤裡拾掇。

　　旺財把盤子端回廚房屋往鍋臺上一放就端起盈盈娃的剩飯說，這是盈盈娃沒吃完剩的，叫我把它吃了。媳婦一聽馬上來制止說，你不能吃她的剩飯。旺財愣了一下問，我為啥不能吃？媳婦說，我也要吃。旺財不給，兩人就開始奪那個碗，旺財他大緊喊，不敢奪，小心把飯灑了。旺財他姐夫也勸說，不敢奪，小心把碗掰破了，那多不吉利呀。小倆口誰也不聽勸，互不相讓，吵起來了，勸的人見勸不下，聲音也大起來了。兩個演員見狀也手足無措，尤其盈盈娃更覺得不好意思。高興的日子有人吵架，當然吸引左鄰右舍的人來看個究竟。申裕仁是他們的北鄰居，聞聽隔壁鄰居吵架即過來打算勸架。一問為什麼而爭吵，旺財媳婦搶先回答說，盈盈娃剩的飯他想獨自一個人吃了，我要一點他不給。申裕仁一聽，想了想說，為點剩飯吵成這樣

子，不應該。乾脆把那點剩飯倒到井裡去，叫全村人都嚐嚐。剛才勸架的人齊聲說「這是個好主意。」

九月二十一上午，演完折子戲《張良賣布》，本戲《穆桂英掛帥》剛開演不一會兒，村上人送外號叫秀才的申廣財家院裡傳來哭喊打鬧聲。這家的響動立刻吸引了觀眾的注意力，不少人甚至扔下戲不看跑去看熱鬧。一會兒的工夫，台下的觀眾跑了一大半，連臺上正演戲的演員都愣了。可是戲不敢停，還得繼續演，怎奈觀眾還是往吵鬧打架的地方跑。班主一看這陣勢，就命暫停演出，只叫文武場面演奏秦腔曲牌。

原來是申廣財看戲途中覺得肚子有點餓回家取饃時撞見嫖客了。他一進門見嫖客正爬在他媳婦肚子上動作著，二話不說從門後操起鐵鍁照嫖客的光尻子猛拍下去。一聲脆響的同時伴著驚叫聲，罵聲。嫖客驚叫著一軲轆爬起來，申廣財接著又是一鐵鍁。嫖客挨到第二鐵鍁的同時應聲面對秀才跪下求饒，秀才爺，你饒了我，我賣菜得的錢全給你。秀才怒不可遏，瞪著嫖客，這才看清了，這嫖客不是別人，正是前川魏家河種菜的魏書合。由於這魏書合愛偷著採路邊的野花，人們就送他個外號叫「老鼠」。這老鼠跪下求饒的同時，剛才還直挺挺的性器官像含羞草被人觸過一樣緩緩耷拉下去了。秀才被氣得更傻了，竟然愣住了。這時他媳婦張妞已穿好褲子撲上來抓住秀才拄著的鐵鍁，招呼老鼠快跑。老鼠趕緊蹬褲子，秀才扔掉鐵鍁箭步衝到門口堵住去路。張妞把奪下的鐵鍁一扔，撲上來死死抱住秀才的兩條腿，只管叫老鼠快跑。

這老鼠是久偷油的，有經驗也有膽量，繫好褲帶，提上鞋後跟就要往出衝。他一到門口就被秀才抓住。老鼠也趁勢抓住秀才的雙手。秀才的腿被媳婦死死抱著，現在雙手又被老鼠抓著，什麼動作都不能做了，只有大罵了。罵就罵唄，老鼠抓著秀才的雙手將其拖倒。去路打開了，老鼠奪門而逃。往外衝的同時和跑來看熱鬧的人群撞了個滿懷，他一閃身從敞口院的牆豁口跑掉了。其實來看熱鬧的人根本就不知道這裡發生了什麼事，因而更沒有想要堵什麼人。所以，雖然有好多人往院裡湧，老鼠還是在人群裡豁出一條去路逃走了。

秀才雖被拖倒，嘴上並沒停止大罵，他媳婦也並沒有放鬆他的雙腿。秀才費勁爬了起來，見老鼠早跑得沒了蹤影，轉而打媳婦，邊打邊罵，我打死你個不要臉的，你狗日的欺負我。他怎麼打，張妞都不鬆手死死抱著他的雙腿，大聲哭喊，虧死我了；你打死我吧。秀才好像不曾聽見媳婦的哭訴，只是打著，罵著。來看熱鬧的人，尤其本村的人見此情景，已經明白了大半，所以無從勸起。不知誰冒了一句「秀才，不敢，真打死了你就不得了。」別的人都看著，秀才真的停了手，只是罵。張妞見秀才不打了，鬆開秀才的雙腿，一軲轆爬起來，捂著臉哭喊著「我不活了」往院外跑。看熱鬧的人似乎象徵性地攔了攔，肯定沒攔住。張妞衝出院外後再也沒有捂臉，只是邊跑邊喊「我不活了，我不活了」往河邊衝。人們看著她往河邊衝，意識到不妙，有人要去追。追的人剛跑了兩步，見張妞變了方向，直奔河岸高處的娘娘廟去了。要追的人於是放慢了腳步，由跑變成了猶猶豫豫的走。大概他認為張妞不想馬上死，所以形勢並不那麼危急。

人們的判斷基本正確。張妞跑進娘娘廟後一下撲倒在送子娘娘的腳下，哭著告訴送子娘娘說她不想活了，但是她離不得她的兒子，求送子娘娘在她死後把她的兒子給她送來。她不斷地反覆哭訴，央求，送子娘娘總是微笑著什麼也不說。送子娘娘不說話倒給了張妞更多的機會和藉口。她一個勁地求送子娘娘答應在她死後把她的兒子給她送來。送子娘娘還是什麼都不說。張妞轉而抱怨送子娘娘當初就不必給她送個兒子來，弄得她現在有牽有掛不得說死就死。有的看熱鬧的人跟到娘娘廟門口倚門看著張妞和送子娘娘這場糾紛。戲臺上武場面又炒台了。這是叫觀眾回來的信號。

老善人聽得廣財媳婦的事，拄著他的龍頭拐杖趕到娘娘廟。老善人直走到送子娘娘的神像跟前，聽了一會兒才聽明白張妞嘴裡重複著的話。老善人開口勸道，這娃再不敢胡說了，神不叫你死。張妞見老善人來勸她，似乎更得勢了，哇的一聲後說，我不活了，我要死，我要娘娘把我兒子隨後送給我。老善人接著說，這娃，你聽我說：神不叫你死，要不然你往河邊跑的路上怎麼能拐到廟裡來。那是神把你擋過來的。神為啥把你擋住不讓你死。那是因為你該給神做的善事還沒

有做完，神要你繼續做善事，神後頭給你有好報。聽我的話。我剛說的都是神的意思，人怎麼可以違背神的意志呢?!

聽了這話，張妞覺得有臺階下了。於是她仰起頭問，善人叔，神真地不准我死?老善人哈哈一笑說，看這娃說的，我還敢假傳聖旨?!你要不信，違背了神的旨意，得罪了神，那可不得了。神要怎樣罰你，我現在還不知道，因為你還沒違背神的意志。走，我送你回去。張妞又哭道，善人叔，虧死我了。我嫁的人拿不到人面上，我虧呀！老善人又是哈哈一笑說，再別說瓜話了，廣財不少鼻子不缺眼，咋拿不到人面上。廣財是多實誠的個娃呀。你嫁了這麼個人，一輩子不用擔心他騙你。你這才叫身在福中不知福。起來，我送你回去享你的福去。

神的威力果然不小，張妞爬起來由老善人陪著回了家。追著看熱鬧的最後幾個人都回到了戲樓院，繼續看戲。

九月二十二早晨吃過飯，申吉茂就搭著褡褳和棉袍跟著賈團長的戲班子走了。申士俊和他的幾個心腹申志仁、申立仁和申明道一起來送別賈團長。申士俊特別提示說，團長這一走可別忘了你說的話。賈團長有點吃驚地問，我說的什麼話？申士俊告訴他，你在臺上講，你一直把南轅庄歸在你的地盤裡。你這話叫我聽了心裡塌實了許多。賈團長一聽，哈哈一笑說，我怎麼能把這話忘了呢？這是我的心裡話。說完就上馬走了。

第十一章　善始，善事，善終

　　戲是演完了，但是戲的餘味猶在，那個盈盈娃確實叫人難以忘懷。還有，張妞明明是要去跳河尋死卻中途衝進娘娘廟，再加上老善人一番勸解的話，使這件事更具神味，成了人們的談資。很多人相信老善人在娘娘廟裡勸張妞的那些話就是受神的委託向張妞解釋神的旨意的。老善人當初就是這麼說的，當然最贊成這樣的理解。不僅如此，老善人更借題發揮說，九月二十一那天神把張妞擋進娘娘廟不讓她跳河尋死，倒不是因為張妞本人多麼敬神而感動了神靈，而是因為南轅庄的人多年來在他的教化下敬神、護神，使神靈感到咱們善良，覺得他有責任保護咱們村的每一個人，讓每個人都幸福。老善人特別強調，任何人都不能沒有神靈的保佑。沒有神靈的關照，什麼榮華富貴、幸福都得不到。總歸一句話，人一定要虔誠地敬神，才能得到自己想要得到的。

　　從老善人的話裡，人們能聽出來他對張妞其人和她的丈夫申廣財都有所保留。提起申廣財和他媳婦，南轅庄稍有表達能力的人都能講幾則他們的故事。

　　首先說這申廣財，人們給他的綽號叫秀才。這倒不是因為他識文斷字而得此綽號，正好相反，所以這個綽號取的絕對是其字面的反義。再向上追溯，人們給他父親送的綽號叫貢生。當然也是反義。但是其人的形象和前清遺老有點像：他仍留著清朝人的辮子，可是頭髮稀了，辮子細細的，加上不常洗頭，辮子和紮辮子的頭繩總是髒乎乎的，油膩膩的，吊在後腦勺像個豬尾巴。他還堅持穿長衫，給人的印象是老書生。實際貢生老早的外號叫「灌鉛」。灌鉛這個詞來自賭具色子，又叫骰子。據說，灌了鉛的色子出的點子押不住，根本猜不

透，摸不准。於是人們就把思維方法怪異，腦子缺弦，說話不靠譜的人比作灌了鉛的色子。貢生就是缺弦，說話不踏板，說出的話給人的印象好像是天真，可是又不像孩子說的話使人覺得無邪可愛，又像是噱頭，但是又很低級。再加上他那認真相，使人覺得多是無奈，其次才是好笑。到後來，人們根據他那辮子、長衫，又幾代人都沒念過書的歷史事實，結合三輩不讀書出愚人的說法，取反的意思給他送綽號貢生。

得到的這個新綽號似乎使貢生很滿意。估計他是從正面理解的：「貢生」是說他有學問，上知天文，下懂地理。所以，自得了貢生這個外號後，貢生顯得更愛說話了，對什麼事的看法和感想都即時說出來。當初給廣財剛娶了媳婦不幾天，他注意到村裡的光棍小伙子們愛來和張妞玩笑。有一次，幾個光棍和張妞正玩笑得高興，貢生氣急敗壞地用拳頭砸著炕塄喊，就說我是給我兒子娶的媳婦麼，還是給村裡一夥光棍娶的媳婦。光棍，光棍，光棍！他說這幾個「光棍」時的語氣是詛咒的語氣，身子向前傾得頭都快挨著炕塄了，拳頭同時更急切地砸著炕塄。

也難怪光棍們愛來和張妞玩，甚至乘機摸摸揣揣幾下，那張妞就是有那麼股誘人的魅力。就是說女人該有的美她幾乎都占上了。可是這麼一朵花插在廣財家這敞口子院裡，誰都料想得到張妞心裡的虧，判斷她肯定願意接待比秀才精明利落的小伙子。所以，儘管貢生恨得咬牙切齒，光棍們並沒望而卻步。

光棍們的經常光顧成了貢生的一塊心病，他臨終前給廣財叮嚀的一句話就是「把你媳婦看緊」。儘管廣財的外號秀才是沿襲三輩不讀書出愚人的思路從反義得來的，貢生臨終前叮嚀的這句話他卻懂。那就是時刻提防著，不讓任何男人沾著他媳婦。秀才是那樣的警覺，以至於任何男人只要一提他媳婦，他立刻就反感。秀才懷疑所有和他媳婦說笑過的小伙子，更懷疑常在他面前提及他媳婦的男人。可能是因為秀才的木訥，甚至短弦，那張妞打心裡看不上，除了不得不做他的性夥伴外，幾乎不想理他，就是不得不對他說什麼，也是惡狠狠地吆五喝六的。可是對其他男人，那張妞總是愛說愛笑。加上秀才的院子

沒院牆，張妞愛搭理的男人們可以從三面和她打招呼。這使得秀才很有危機感，所以每次張妞打發秀才上地幹活去，秀才總是磨磨蹭蹭不想去，要麼說他該給灶火剁些柴，要麼就收拾家具，磨鐮……反正不會應聲就走。就是最後被張妞罵著轟出門，秀才也不會徑直往要去幹活的地裡走。他總要在村裡轉悠半天，把愛和他媳婦玩笑的小伙子們都看一看，看他們都要去哪裡幹活。秀才要遠遠注視著他們都紛紛去了他們要幹活的地方，然後才心事重重地去自己地裡幹一會兒活，早早就收工回來。

為了「看緊」媳婦，秀才在沒能確認所有相關男人都下地了的情況下，會突然折回家來，藉口他應該帶些水，或拿塊饃，但是忘了，不得不回來取。秀才通常都是，真正上地比別人晚，到地裡也沒心踏實幹活，稀裡糊塗幹兩下，早早扛著傢伙就回來了。進門的時候，秀才看著媳婦的眼神，嘴裡表白說，怎麼早早就餓了，撐不住了，乾脆早點回來吃個饃。說著就向放饃的竹籠走去。有時變個藉口說渴的實在不行，只好早點回來，說著就走向存水的瓷甕。由於把大部分時間都用在「看緊」媳婦上了，幹活時就只有偷工減料，曾經種的二畝穀，秀才竟然只把地的四邊鋤了鋤，至收穀子時，媳婦才發現地中間的穀子苗根本沒見過鋤，更沒結穀穗。張妞在地裡大罵秀才不是人，給自己幹活還搗鬼。秀才解釋說，他沒搗鬼，只是忘了鋤中間的。此事在村裡傳開後，知情的人都說秀才顧不上好好鋤地。申明道譏笑道，羞先人呢。你把你媳婦栓在褲帶上。

※※※

戲是唱完了，很多人還在回味演員給人留下的美好記憶，談論賈團長的戲班的汽燈的優越性，戲箱多鮮豔。老善人似乎在琢磨張妞要去跳河的中途衝進娘娘廟的事。老善人越發覺得神恩浩蕩。不是嗎？原來他和申士俊組織建這幾座廟時多半是按傳統，例如把關帝廟建在村中間，把娘娘廟建在村外較僻靜的地方，便於女人們求子、得子；把馬王廟建在村口水草較充足的地方；把藥王爺就安頓在村外的窯洞裡。所有這些廟宇都有接待叫花子、難民和在家裡鬧了糾紛一氣之下

離家索居者的功能。這些廟宇還有個人們只可意會不得言傳的功能，那就是死在村外的村民的屍體可以停放在其內。老善人不曾想到建在河岸高處的娘娘廟可以是要自盡者的緩衝地，甚至是神和人展開討論的場所。老善人打心裡慶幸自己一輩子行善積德、修廟、補路，到處講善。現在老善人年事已高，不可能到處講善，他只給孫子申尚仁和侄兒申士俊叮嚀，一定要把廟宇維護好，並一再告誡他們，人要生存，要幸福，不能沒有神，不能沒有廟。老善人生怕他們把他的話不當回事，總舉張妞衝進娘娘廟的事為例說，神在人最危難時總會伸出援手，把人想要的給人。

事實上，九月二十一那一天，老善人把張妞送到家就把廣財著實地說了幾句。老善人說廣財可能前世是個好人，行善積德，尊敬神靈，神靈就賜給他張妞這麼好個媳婦，叫他知足好好過日子。要不然，哪個有錢人家不能把張妞娶給他兒子。神靈就不讓有錢人家起這個心，就把張妞安排給廣財。既然廣財前世是善良人得了好報，今世就更應該做善良人。你廣財今天要是把媳婦打死，或者逼死，你就成了大惡人。可是神靈不願意叫你成為惡人，因為你要是成了惡人，對誰都不好。所以神靈給你把媳婦擋進娘娘廟，給你留個繼續做好人的機會。你要理解神的意思，按神的旨意做好人。

經老善人前後對張妞和廣財這麼一說，人們覺得似乎確實是神安排的。儘管廣財有些愚鈍，甚至不識二十個數，但是老善人那話他還聽得明白，真的，要不是神在安排，他廣財憑什麼能娶張妞這麼個媳婦。張妞絕對承認那天就是神把她擋進娘娘廟的。她說她那一天真的不想活了，衝出門後她只想著一下跳進河裡死了算了。她跑著跑著，腳下好像被什麼絆了一下。這一絆使她轉了方向，但她不知道，也沒往遠處看，只顧跑著想盡快結束自己的生命，結果懵懵懂懂跑進了娘娘廟。她是怎樣進的廟門，她都不知道，好像有人把她從廟門外扔到廟裡送子娘娘的腳下。跪在送子娘娘面前時她才忽然想起她的兒子，這才要求娘娘隨後把她兒子送來。

※※※

戲唱完半月有餘，人們似乎還餘興未盡，有的學著鬚生的唱腔，年輕人最愛聊的還是他們喚作盈盈娃的旦角。老善人渲染的那一團神的氣氛也還籠罩著人們，寂靜偏僻的南轅庄呈現給人們的是寧靜祥和。剛入冬，人們就聽說老善人睡倒了，直說他覺得累，渾身沒勁，不想吃，也不想喝。叫中醫來看，醫生號了脈說，脈弱得很，但是沒大病。儘管如此，醫生還是開了處方。老善人躺在炕上微笑著對醫生說，我看算了，不要抓藥，我身上哪兒都不難受，就是乏的沒有勁。你想辦法叫我好好睡兩天，說不定兩天就歇好了，也說不定就那麼睡走了。他說到這裡，還沒等醫生開口，他兒子申老五立刻截他的話頭，你說的什麼話呀?!好好的，你怎麼想到那裡去了。老善人接著說，差不多了。古人說，人活七十古來稀，我都八十了，還能活著嗎？這事你該想的時候就要想，不然就沒時間想了，反倒弄個亂七八糟。說歸說，處方還是開了，申尚仁去禾豐鎮益壽堂抓了藥。

老善人睡倒了的消息一下子就傳開了。人們大概判斷，眼下這些日子可能是老善人的最後時光了，所以都紛紛來探望。鄰村的人聽說老善人睡倒了也都紛紛來看，申老五在院子裡盤了個爐子專門燒水沏茶。人們帶來的慰問品大都是雞蛋，專門蒸的油包包。還有送菜來的，送些大紅棗來的。兩天後，申老五家收的白麵油包包據申老五說夠過一場事用。人們念及老善人一輩子勸善、講道，使大家和睦相處，少有互相傷害。

張妞特地蒸了白麵油包包來看老善人，她一到老善人的炕塄邊抓起老善人的一隻手就哭著說，善人叔，你好好歇歇，歇過來了就好了。你放心，這是神要你歇幾天。歇好了還給我講神要我做什麼。老善人躺著，臉上泛出淡淡的一點笑意說，你已經知道神要你做什麼，回去指點著廣財好好過日子。張妞還抓著老善人的手不放，說，我明白了。善人叔，你好好歇著，村裡不會有人作惡的。老善人聽了，微微閉上眼睛說，那就好，叫我歇歇。張妞抹著眼淚從老善人養病的窯裡出來，到廚房屋把油包包留下，申老五的老婆也給她回了禮，張妞一步三回頭走了。

雖然服藥，老善人的狀況並沒有什麼改觀。老善人依然乏得不

能起身，幾乎不吃什麼飯，只喝點白開水。申士俊、申志仁他們天天都在瞭解老善人的狀況。至此，他們已意識到老善人可能把他該做的都完成了，該離開這個世界了。於是他們和申尚仁商量如何背著老善人安排老善人的後事。不料，申尚仁回到他爺的炕前時，老善人就對他說，「銀娃，」申尚仁的小名叫廣銀，「你坐下，我要給你說幾句話。」尚仁提了個凳子坐在炕沿邊說，爺，你說。老善人開口了，我知道，我的劫數到了。自古以來人都把七十歲的人叫古稀之人。我都八十歲了，是稀之又稀的人了，劫數到了。孔夫子說，老而不死為賊，就是說人老了無用了就該死了，要是不死，就是後人的禍害。我很高興神叫我就這麼睡著陰乾了。我有話留給你，因為你大那人總是急急慌慌的，忘性又大。申尚仁立刻說，爺，要是這的話，你先歇會兒，我得把我大叫來聽著。老善人慢聲細氣地說「也好」。隨即閉上眼睛。

申老五由兒子申尚仁陪著來到老善人的炕前，老善人慢慢睜開眼睛說，來啦，都坐下，聽我說。申老五撐身吊腿坐在炕沿上，申尚仁仍坐在凳子上。老善人說，我剛才對銀娃說了，我的劫數恐怕到了。人活百歲終有一死，誰都躲不過。我很願意就這麼睡過去，所以有幾句話得說給你們。要行善積德的話我給你們說了一輩子，你們記著。我一輩子沒欠過別人一文錢，也沒人欠我的，乾乾淨淨。我的後事辦得越簡單越好，因為我不願意欠後人的。不要請陰陽先生給我看墳地；我早都給自己找好了，就把我埋在川裡那四畝地你爺的陵角邊。我說後事辦簡單是叫你們不要鋪張。據這幾天看，我死了會有不少人來弔唁，一定以禮對待所有來的人，得過我的善意的，窮人居多。一定以禮相待來的窮人。我看你們現在就找人打墓吧，免得措手不及。我死後不要停屍太久，快快埋了。人常說，入土為安。我一入土，陰陽兩邊就都安寧了。哎喲，沒勁了，不說了，叫我歇歇。說完，老善人就閉上眼睛睡了。事實上，剛才那一席話老善人說得就挺費勁，一句話總是拉成幾截才能說完，前一截和後一截之間他都是喘氣，緩勁。

聽完之後，申老五即命廣銀去找申士俊，要他安頓人打墓。申

士俊得話以後立刻表示應該給老善人箍墓。於是馱石頭的，擔水和泥的，負責挖土的，找匠人的，很快都分派好了，各執己事。三天時間，一座石頭墓箍好了。當天晚上謝過打墓、箍墓的一夥人不久，老善人就不行了，到後半夜，老善人雙目圓睜，雙腿一蹬，平靜地離開了。

第二天早晨大清早，老善人去世的消息就傳開了。人們得到這個消息的第一反應當然是惋惜。那是說，老善人是多好的人，應該繼續活著向人們勸善，讓人們從他那裡得到更多的好處。但是人們知道這已是不可能的了，於是轉而想老善人夠高壽的了，這應該是喜喪。又說，人家老善人一輩子行善積德，終得好報，臨終前就沒受什麼罪，就那麼睡了幾天，不痛不癢地完了。自己沒受罪，後人更沒受罪。所以，臨終前不受罪，這都是積下德的人應得的結果。

儘管老善人叮囑後人，要他們從簡辦他的喪事，但是長壽山寺廟的住持得到報喪後立刻表示他要派和尚去為老善人誦經，超度他的亡靈。住持打發來做法事的六個和尚幾乎和去報喪的人腳前腳後來到老善人家。孝子招呼不及，只知道向來人磕頭表示感謝。附近的鄉親們聽到消息後就紛紛前來弔唁。申士俊是請來的執事的，他根據這情況。立刻叫申老五和申尚仁商量。他開門見山對事主家子父說，看這像況，恐怕不能完全按老善人的話辦，至少咱得招待遠路聞訊趕來弔唁的人吧。可是來的不是三個、五個，而是成十個、幾十個。還有來做法事的和尚，咱更不能馬虎，要是招呼不周，老善人的名聲要受影響。申老五按規矩低著頭說，老四，你看該咋辦就咋辦。我大雖然有話，他可沒料到事竟這麼大。再說，他的後事該由活著的人辦。申尚仁是孫子輩，形狀就沒申老五那麼沮喪，平靜地說，對，我大說得對，事是咱們辦呢。再說，我爺這麼大的名氣，他的後事辦的太簡單了，眾人會失笑的。咱給人說我爺留話叫辦簡單，誰能信呢。所以真辦的太簡單，最後死了的人和活著的後人都落罵名。你看著辦，咱不落人的罵名。

事實上，村裡人都明白，老善人的死一定是一場大事。村裡人一聽說老善人去世了，有人就用一句歇後語說，吹鼓手他大死了一大

事。這裡的「大事」不是說多大的禍事，或多大的麻煩，而是說前來弔唁的人很多，喪事的場面和規模會很大。因為吹鼓手的祖上是被朝廷貶的人，為最下等的賤民，罰他祖祖輩輩為人們的婚喪大事吹奏，平常走路都不許走在路中間。所以歷來被人蔑視，誰都不願意和吹鼓手家族結親。但是誰都不能不用吹鼓手，所以人們表面上和吹鼓手都很和氣，常常把吹鼓手喚「親家」。吹鼓手聽人家喚他為人家的「親家」，自然很高興，覺得人家抬舉他，讓他與人家平等，都結為兒女親家了。如果吹鼓手他大死了，方圓十幾里，幾十里的鄉親都會前來向「親家」表示弔唁。這麼多的鄉親給他面子，當然很高興，於是把喪事的場面和氣勢能辦多大就辦多大。人們來弔唁老善人和去弔唁吹鼓手他大完全是兩回事，懷的心情也截然兩樣。但是來的人多卻是相同的。

正因為如此，老善人的屍體還沒停放好，村裡的男男女女就趕來要幫忙。事主根本顧不得吩咐他們幹什麼，只知道說感謝的話，然後說，眼下你看該幹啥就幹啥，等執事的來了，由他安頓吧。聽得這話，張妞捋起袖子來到廚房屋，洗菜、和麵、拉風箱燒鍋。申志仁招呼人說，搬土坯、和泥、盤一個長爐子，老善人的喪事小不了。果然，來弔唁的人絡繹不絕，而且弔唁之後還要問什麼時候做法事，什麼時候下葬，他們一定來參加這些向老善人表示敬意的盛事。

經申士俊安排，村裡的每個人家至少要騰出一處地方安客，像申裕仁、申志仁和他自己都得打掃出兩處地方來，鋪的、蓋的，樣樣不能少。人們沒有不願意的，有的人家寧肯自己湊合湊合，也把被褥拿出來供客人用。

老善人生前有話，他死後不要停屍太久，快快埋了，讓他早點入土為安。可是事情的進展卻有它自身的規律，老善人留下的意願也不能左右。儘管老善人說不要請陰陽先生給他看風水找墳地，但是其餘的許多事還得請陰陽先生來定。例如，根據他咽氣的時分推算停屍的時間，做法事的時間，下葬的時間，何時出殯，出殯時什麼屬相的人該回避，等等，都得由陰陽先生定奪。

南轅庄的老善人，州三縣的人沒有不知道的，從鄰村請來的陰

陽先生當然也知道。估計，陰陽先生聽到是老善人的喪事，心裡就有了主意：這事小不了，天氣又冷，得把時間給長些。所以陰陽先生到了後，問了問時辰，在手上掐算了掐算，告訴事主申老五說需停屍七天，第七天卯時下葬。按陰陽先生的意見，長壽山寺廟來的和尚就把正式法事安排在出殯的前一天下午。

由於這些安排都是在老善人下世後的第二天上午宣布的，所以方鄰十來里的鄉親們通過來弔唁的人都知道了。和尚們做法事的那天下午來了很多人，比看戲的人還多。事主和執事的大概早料到這一點，所以就把做法事的場地安排在申尚仁家門前幾家合用的打麥場上。申士俊特別叮嚀叫把香案設在遠離麥秸積的場北端，並且叫人沿麥秸積栽了椿子，拉上繩子，阻攔看熱鬧的人靠近麥秸積，以免有人吸煙失火。

和尚開始做法事念經了。那木魚一敲，頓時就把人們帶入另一個境界。人們的好奇心也突然猛增。和尚們念經的聲音並不高，好像在喃喃自語，誰也聽不懂他們在說什麼。越是聽不懂越好奇，越想看個明白，和尚到底怎樣送老善人光榮地去西天。有的人乾脆上去站在場邊的矮牆上看，有的人上到大皂角樹上，坐在樹杈上看。只見和尚個個低頭，雙手合十，嘴裡念念有詞，一會兒叩頭，一會兒上香。半個下午的法事做完了，站在離和尚最近的地方的幾個大點的孩子根據他們聽到的調子編出一句他們聲稱聽懂了的經文：我說哼哼哎唁，世上一圪墶洋城。人們聽了都不以為然，可是孩子們堅持說他們聽得明白，和尚們多次說老善人是世上一圪墶洋城。

初冬的卯時前天還未全亮，南轅庄的人們都起來了，申老五家大門外和院內早都燈籠火把亮成一片，吹鼓手吹吹打打，和尚們敲著木魚念著經，禮賓先生喝了一聲「入殮」，人們就把老善人的屍體抬起來放進柏木棺材，蓋上棺材蓋。接著就把棺材抬到大門外放進用蘆葦紮好框架彩紙糊的轎裡。待有人用粗繩將棺材和轎體捆緊後，禮賓先生又喝一聲「起靈」。青年和中年都爭相抬轎。孝子的哭聲、人們的喊聲、吹鼓手的嗩吶聲、和尚的木魚聲和他們嘴裡發出的聽不清字眼的嚷嚷聲混成一團，讓人覺得既嚴肅又熱鬧。轎一出村口，轎上的紙

花、紙人就被人們一搶而空。據說搶到的這種紙花拿回去掛在牆上能辟邪、能得福，反正人們總有理由搶。又據說，誰家出殯的轎沒人搶上頭的紙花，事主家還不高興，因為這說明他的人緣不好，人們對其敬而遠之。如果起靈時沒人要抬轎，甚至沒人來看熱鬧，進而到地裡卷墓，那說明死者或者其家人沒積下德，說白了，就是沒給人們做下什麼好事。

※※※

老善人的轎被抬到地裡的同時，附近幾個村的好多人扛著鐵鍬也到了。本村的人、來參加葬禮的親戚朋友、附近村裡來的人匯成一片，簡直跟廟會差不多。等棺材下到墓窯後封上墓口石，卷墓的人還得分撥前去卷土，否則，來的人一齊上，後邊的人會把土扔在前邊的人的背上或脖子上，或者乾脆無土可卷。

吹鼓手一直在吹奏，孝子們跪著只管給來的所有人磕頭致謝。墳堆不斷地增高增大，等到墳頭完全成型，申士俊宣布，好了。讓老善人安息吧。孝子謝過父老鄉親們。又是一段嗩吶演奏，孝子們向來的所有人三叩首，表示感謝。申老五叩完頭站起來拉著沙啞的嗓子說，家裡備有薄席，請大家不要鄙棄，求大家賞臉享用。

大家都離開了埋老善人的那塊地到了路上，有人又回頭看了一眼那塊地，笑著說，明年老五不用壓場了，把麥子就收到這裡碾，這地被踩得比場還光。

第十二章　家事，公事，煩心事

　　老善人下世後的第二年春季學期末，申濟仁從省立中學畢業榮歸故里，這在當時的鄉下可是件挺轟動的事。有人說初中畢業都相當於前清的貢生了，又有人說中學畢業生學到的東西比前清貢生知道的多，能幹很多事情。不管怎麼說，至少南轅庄的父老鄉親和申士俊的父兄對這位從新學校畢業的青年抱有很大的希望。

　　濟仁到家的第二天，姑夫和姑母各騎一匹馬就來了。申士俊感到有點莫名其妙。妹夫告訴他，濟仁回來的路上捎帶著先來把他姑看了一下，順便把他在省城裡給他姑買的一件毛線坎肩褂送給他姑。這把他姑就高興壞了，誇她侄兒多有出息，多能善解人意，肯定她侄兒從此就能給家裡掙回多少多少財富，更能光宗耀祖。姑母在一旁聽得挺得意，補充說，就是的，一個十七，八歲的娃娃在省城裡歷練了三年，學的什麼都懂，能想到回來的路上先專程來看我和他姑夫。我明白，他是想表示對他姑夫的感謝。知恩圖報的娃肯定錯不了。

　　妹妹和妹夫洗過臉就坐下來喝茶，話題就轉到濟仁該幹什麼上了。妹夫表示，希望內侄能到政界幹事。他的觀點是，人要有財，還要有勢，有了這兩樣，才能站得起來，才能站得住，誰也不敢欺負。他並且舉了好些例子說，家裡有當官的，發達得都很快。他更引經據典說，不是有那麼句話麼，「三年清知府，十萬雪花銀」麼。你看，這清知府三年就能掙十萬兩白花花的銀子，那要再貪一點，還不知能弄多少呢。好，咱不貪，就做清官，那十萬雪花銀可了不得。可是你有勢力，這十萬雪花銀就是你的。如果你沒勢，有再多的錢，只能招來更強大的土匪，那雪花銀就保不住不是你的了。

申士俊說，你說得對，現在這世事確實像你說的。所以濟仁該幹什麼，還真得好好思量思量。我這人你應該瞭解，熱心教育，是希望後人都能學為好人。至於升官發財，那是很多人供娃念書的動機，我可從來沒想那些，我只希望後人知書達理，按孔聖人的意思修身，齊家，治國，平天下。據我看，有錢又有勢，就難免仗勢欺人。濟仁昨天才到家，今天早晨就跑去會同學去了，我還真沒來得及和他商量他該幹什麼事。你看，那已十七，八了，是個大人了，又在省城的新式學校念了三年書，經的，見的和學的都比咱們多。所以他該幹什麼，還真得聽他的。還有，我親家打去年後半年就一直催我快給濟仁把媳婦娶過來。我明白，親家怕咱的娃把書念成了遠走高飛了，把他女子給剩到他家了。我看濟仁還沒這心思，所以打算趕緊給他先把媳婦娶過來。往後他要幹什麼，至少他媳婦知道，我親家也該心裡有底。

妹夫贊成他內兄的意見，因而概括道，對，馬上給他娶媳婦。至於他幹什麼，或者想幹什麼，你和你親家，濟仁三對面商量。

申士俊笑著說，我就是這個意思。

申濟仁於傍晚時分從同學家回來，一到家就問侯姑夫和姑母，並表示歉意說，我知道你們今天會來，可是前天回來路過禾豐鎮見到好幾個同學，他們非要我今天去禾豐鎮和更多的同學聚首。我想也有必要，畢竟我在外三年了，地方上的情況都不太瞭解，和他們聚聚，會瞭解很多事兒，更會得到他們的指點。所以，一早就去了禾豐鎮，聚會一完，我就趕回來了。

姑夫急著問，他們給了你些什麼指點？他們希望你幹什麼？

濟仁笑著說，他們的點子多得很，有人叫我到縣政府裡找個事；有人建議去北倉鎮政府幹，說那裡的鎮長是我們的一位學長；還有人建議我去教書，說現在的縣長很熱心教育；有的人說我適合幹司法。

姑夫笑著說，好傢伙，你就適合幹這麼多的事。你自己到底想幹那個行當？

濟仁說，真還沒有想好。這事總還得和我大，我哥他們商量。

姑夫說，好。先瞭解瞭解情況，後頭再商量，不光和你大，你哥商量，恐怕還得聽聽你老丈人的。

濟仁笑著說，輪不到吧？

姑夫說，咋輪不到你丈人？上午，你大說了，你丈人打去年就催著叫你娶他女子呢，而且你大說了，就打算給你馬上娶媳婦呢。人家把女子嫁給你，能不管你的事嗎？

這時申士俊才搭話，你剛才說了那麼多可能幹的事，那都是提供給咱們挑選的，最後該選哪一項，確實要大家坐在一起商量。你姑夫說得對，一定要你丈人來一起商量。你已是當婚之年，把媳婦娶過來，一切都名正言順了，話就好說得多。

※※※

至於給濟仁娶媳婦的事，那是水到渠成的了，所以申士俊給親家一招呼，親家就積極回應，兩頭立刻就操辦起來。準備了兩個月後，申士俊請陰陽先生擇了個吉日，八月十六。據陰陽先生說，根據濟仁和女方的生辰八字推算下來，八月十六是他們成婚的大好日子。其好處在於，從此就夫貴，妻榮，多子多福，全家也享不盡的榮華富貴。申士俊聽了並沒表示多大的興奮，但心裡希望如此，因而淡淡地說，借先生的吉言。

濟仁的婚事辦得很紅火，除了自家的嫡親以外，來了濟仁的好多同學和朋友。這些同學中有好幾個都是濟仁的學長。而這些學長如今都有公幹，他們都穿著四個兜的中山裝混在眾多穿齊尻子襗的農民親戚中格外顯眼。在眾人眼中，濟仁的那幾個已有公幹的學長可不得了，將來一定會幫濟仁也發達起來。包括那些還沒有公幹的同學，將來也一定會有公幹，會是濟仁的左膀右臂，弄好了，這些人會在本縣形成一股不可小覷的勢力。人們這樣想的結論是，這個申濟仁將來的前途無量，申士俊及其家人就只有享榮華富貴了。人常說，一人得道，雞犬升天。說不定整個南轅庄的人都能沾光不少。

事辦得很紅火，大家很高興，但事主申士俊還是有些遺憾，那就是沒能派廣仁和他媳婦去娶新媳婦。按規矩，新媳婦最好由大伯子和大嫂娶回來。當然，要是沒有大伯子，那就由事主在族內或親戚內挑人去娶。廣仁和他媳婦沒能為弟弟去娶新娘，是因為廣仁的媳婦犯遺

傳心臟病。這媳婦娘家生的姑娘都帶有心臟病的基因，二十來歲就發病，一般活不過三十歲。這位白氏在生完第四個孩子後就發病了。而且病得基本什麼都幹不成，勉強可以自理。申士俊很有意思借濟仁的婚事為大兒媳婦衝衝喜。

為大兒媳婦衝衝喜的心思符合人之常情，但是這大喜的事能否沖走白氏的病可不是人的意志可以改變的。濟仁娶過媳婦後的七，八天內，全家人嘴上什麼都不說，都默默地觀察白氏的病情。觀察了七，八天后，家裡懂事的人心裡有個共同的看法，即白氏的病情沒有絲毫的好轉。那也只能順其自然，跟一年以來一樣，繼續請醫生看，繼續一砂鍋一砂鍋給她熬中藥。與此同時，繼續打聽著找更好的中醫。

※※※

婚後半個月，濟仁收到縣三科，即文教科的信，要他去祖塋縣師範學校附屬小學教書。申士俊得此消息後很高興，因為當教師這事很對他的心意：不甚和官吏打交道，不太可能勾結權勢做壞事，還要天天為人師表，教人如何做好人。其實濟仁就願意教書。從他幼年開始上學起，父親就一再教導他要尊敬老師，所以在他心裡，老師是最受人尊敬的，他學下知識後就要當教師。加上他又是省立中學畢業的，他相信，用不了多久，他就會在全體小學教師中出類拔萃。

祖塋縣師範學校附屬小學的規模不算很大，連校長算在內，總共十二個教師。但是這所附屬小學是縣三科著力扶持的學校，很有示範的作用，加上學校地處縣城邊，很大程度上也是縣政府當局的一個小門面。申濟仁持三科給他的信到三科報到。三科科長劉德鴻很客氣地接待申濟仁，招呼他坐下後馬上沏茶，說，不容易呀，從你們村到縣城那四十里路真長，加上兩頭都是坡，你走來累了吧？來，先喝茶，歇一會兒，我陪你去祖師附小。申濟仁起立接住科長遞過來的茶盅，臉上掛著輕鬆的笑意說，這四十里路我走的回數多了，倒不覺得有多長。科長笑著說，倒是小伙子。說完稍微停頓了一下，見申濟仁正在喝茶，接著說，我看過你的材料，很好。省立中學畢業，學得又好，一筆好寫，很好，是咱祖師附小需要的好教師。好好幹，前途無量。

申濟仁放下茶盅，恭敬地對科長說，科長過獎了，濟仁一定努力，不讓科長失望。之後，科長告訴申濟仁，現任縣長很熱心教育，提出的目標是，要使祖塋縣的教育無愧於這個「祖」字。尤其祖師和祖師附小的教育不光要無愧於這個「祖」字，還要為這個「祖」字增光。

濟仁喝著茶，聽著，心裡很高興，覺得真是遇見伯樂了。喝完茶盅裡最後一口茶，他放下茶盅，以徵詢的目光看著科長。科長似乎會意，問，喝好啦？申濟仁客氣地說，喝好了。科長的茶真不錯。科長立刻接著說，不客氣。喝好了，也歇了歇，咱們現在就去祖師附小，如何？申濟仁滿口應諾。

科長陪申濟仁到祖師附小，向校長王國棟一介紹，王校長立刻客氣地說，知道，知道。看過你轉過來的材料後就一直等著申濟仁先生來報到呢。快都先坐下。劉科長往下坐的同時又關照說，你這位大校長可是要好好用人，叫在你手下教書的教師們個個發揮自己的才幹，教出優秀學生，為咱們這個「祖」字增光。王國棟嘴上一直應諾，那當然，一定，一定。申濟仁聽了打心裡高興，想著這下可有了用武之地了。劉科長告辭時說他還有事，不能深聊。王校長也不甚挽留，於是就送劉科長出門，申濟仁也跟著出門送別劉科長，走了幾步，劉科長回過身來拱手道，請留步。王校長應了一聲，恕不能遠送。於是停了步，就此分了手，招呼申濟仁回他的辦公室。

※※※

對於廣仁媳婦白氏的病，申士俊和廣仁都已傷透了腦筋，尤其申士俊覺得特別傷腦筋，把能請到和打聽到的好中醫都請來過，而且有些從遠處請來的大夫一定要留人家在家裡多住幾天以觀察用藥後的效果，再進一步治療。這些曾被留著做進一步治療的大夫好像是約好了的一樣，最後都無可奈何地對申士俊父子說，請另請高明吧，本人實在無能為力了。說完這話，大夫提起藥箱就走。可是申士俊不服，因為從經歷和心情上說，他不願意接受白氏的病無醫可治的事實。白氏是他老早按殷實人家的規矩和標準給廣仁訂的媳婦。白氏本人比廣仁大兩歲，摸樣俊俏，又是大戶人家的閨秀。申士俊一直遵循傳統社

會裡人們給兒子定親的基本概念：甯娶大家奴，不納小家妾。基本意思是說大戶人家的姑娘有教養，通情達理。白氏果然如申士俊希望的那樣，過門後的第二年就生了個兒子，往後，每兩年半生一個兒子，先後生了四個兒子，只是第二個不到一歲就夭折了。四十四，五歲就當了爺爺，申士俊樂壞了。現在面臨白氏的病無醫可治的現實，申士俊不服是自然的。幾個大夫都表示無能為力之後，他隱約覺得白氏的病不是該醫生治的。他想到了巫師，鄉下人稱法師。據說，法師的法眼能看出人們的住宅哪裡有邪氣，哪裡有鬼；也能辨出這些邪氣和鬼能使什麼人得什麼樣的病。既然法師能看出來邪氣和鬼，人家當然就有本事祛邪、抓鬼，使人們的住宅從此安寧，人壽年豐。人說有病亂投醫，很多人有了病不光亂投醫，還亂投神，亂投師，即氣功師、巫師，亂打卦。眼看著三個孫子，尤其最小的一個還不到一歲，要失去媽媽，想到白氏的貢獻和他跟親家當初的一片情意，申士俊的焦慮是別人描述不了的。到這份兒上，他真信法師的法力。

　　廣仁奉命把方圓五十里內有名的法師請了來。這法師帶著他的徒弟來到大門口並沒有和廣仁一同進門，而是猛然一停，上身向後仰了一下，嘴裡同時「喇」了一聲。廣仁回頭問，怎麼的了？法師不慌不忙地說，看你這院子裡這股邪氣，差點把我都沖倒了。申士俊當然立刻就知道了邪氣沖法師的事。這使他確信他的住宅的毛病大，更確信請法師來安頓住宅為白氏祛病是正確選擇，從而又燃起一絲難以名狀的希望。

　　吃過飯，喝畢茶，法師說，為了把宅子裡的邪氣驅除淨，他必須到處查看一番，尤其病人住的地方要旮旮旯旯仔細查找，看到底是什麼鬼怪使白氏患這種病。查看完了才能制定捉鬼驅邪的方案，然後根據方案紮法台，最快得到第三天晚上才能施法力捉鬼、祛邪。於是整個下午，申士俊都陪著法師和法師的徒弟在住宅的四周，尤其大門外和正窯的窯背上察看。察看過程中，法師和徒弟不時討論著在住宅周圍設警戒點的取點問題。法師邊察看邊對申士俊說，既然白氏的病如此嚴重，又如此頑固，那就一定有很詭譎的妖怪在作祟，而這類妖孽一定躲藏在人和雞狗都去不了的地方，所以要仔細察看。法師是這麼

說的，也是這麼做的。他在門前老槐樹下仰著頭把樹頂上的喜鵲窩看了好幾圈，連另一棵有點空了心的老槐樹的空洞都仔細看過。到太陽還有一杆高時，看到院內了。法師和徒弟在院內各旮旯察看著，法師看著，不時對徒弟耳語。意思是說，他發現了妖怪的行跡，但天機不可洩露，只能耳語提醒徒弟注意。太陽壓山時該察看室內了。這時申士俊命廣仁陪著法師們先到白氏住的廂房窯裡看看。白氏病得一點氣力都沒有了，法師們進到她的窯裡，她連眼都沒睜一下。法師甚至把她的櫃子後面和底下都看了看，還把櫃子下面的舊鞋撥出來往深處看了看。臨出門前法師給徒弟指示把撥出來的鞋踢回去。各個窯洞和廈子都看完以後，法師只說了三個字，「明白了」。

第二天，法師就紮法台，畫各種各樣的符。每畫好一個符，法師都要將其裝入預先糊好的紅紙袋裡。所謂的法台，也就是四，五張大方桌和板凳疊起來連在一起成臺階狀，再在其上設置神位，放上香爐和燭臺。

白氏病了好長時間，請了好多位好大夫都沒看好，影響已經很大，現在又請了大法師來療治，其影響更大，人們更好奇，都想看看妖怪和鬼到底是什麼樣，法師會怎樣懲治害人的妖孽。所以作法的那天晚上來了很多人，全村的男男女女，老老少少幾乎都來看熱鬧。法師從來的人中找了六個精壯男子，給每個人一個裝著畫好符的紅紙袋，叮囑他們到他指定的位置後再聽他的號令，得號令後立刻將符取出來亮在胸前。法師指定兩個人把在大門口，另兩個站在窯背的前沿兩端，其餘兩個各守在一邊院牆根。

天完全黑下來了，法師開始做法了。他先給神位前點上燭，上好香，然後打坐法台，手裡搖著大銅鈴，嘴裡念念有詞。據說這一段是請神，同時也請鬼，就是把在這家作祟的鬼魂都招來要收拾他們。一段時間之後，法師大聲喊「亮符」，布置好的人都把紅紙袋裡的符取出來亮在胸前。這時他的徒弟把在灶火裡燒紅的一把長切麵刀遞給他。法師接過燒紅的切面刀對台下做了個手勢，響響地拍了一下胸膛，把火紅的切麵刀舉到嘴前，伸出舌頭在刀上舔了三下，然後又一個手勢，舉著切面刀惡狠狠地對法台下的眾鬼怪念念有詞一陣。看熱

鬧的人叫他這三舔早都驚呆了，現在當然認為請來的鬼怪也都被他鎮住了，該乖乖就範了，都暗暗稱讚法師的神通廣大，法力威嚴。忽然，法師提著還滾燙的切麵刀從法臺上跳下來，嘴裡喊「你敢跑」。然後做追撲狀。四處撲捉，最後在距白氏住的窯門外的長條石凳下做了個抓住了的動作。這個動作之後，法師左手做提拎狀，右手的切麵刀上來在左臂前拉了一下。然後將凡人看不見的殺死物提到徒弟已倒進水的鍋前，掀開石鍋蓋，將已殺死的妖怪扔進鍋裡趕緊蓋上鍋蓋，命徒弟拉風箱加大火力燒。徒弟馬上加柴，拉風箱。這時法師又回過頭來，拿起銅鈴繼續做法。他念著法的同時對法台下做了個命令起立的手勢，緩步向大門口走去，直走到村口，面向東南方向念了一陣，命燒香、放炮。這算把聽話的妖鬼送走了，並不許他們再來。現在該回過頭來看那個企圖逃跑的妖怪的下場了。人們回到院裡就聞著一股惡臭。把鍋蓋掀開，鍋裡冒出的水汽更臭。法師告訴主人說，所有作祟的妖怪都已得到安撫，最壞的那個已化為烏有，一切都好了。

做過法的第二天清早，法師從申廣仁手裡接了酬金帶著徒弟就走了。送走法師，申廣仁滿懷希望來到媳婦身邊看她是否如法師所說「第二天就見效」。他看到的情況令他失望，白氏顯得比前一天更無力。她很費勁地說，把小兒子抱來，叫我再看看他。廣仁聽了這話心如刀攪，去孩子奶奶王氏的炕上把坐都不會坐的小兒子抱來。白氏吃力地伸出手抓著孩子的一隻手，眼裡向外滾著淚水，有氣無力地說，我可憐的兒呀，媽沒有奶給你吃，你還能活得成個人不？說完就慢慢閉上眼睛，讓淚水默默地流著，手還握著孩子的小手。孩子什麼都不懂，在媽媽面前躺了一會兒，他竟然哭起來了。聽到孩子哭，白氏把手縮了回來。廣仁把孩子抱走放回奶奶處。

廣仁再次回到白氏枕前，問她想不想吃些什麼，喝不喝水。白氏表示什麼都不想要。然後伸出手抓著丈夫的手說，我怕是不行了。那麼多的大夫看的一點都不見好，病還越來越重。我知道我不行了。我娘家輩輩出的姑娘都活不過三十歲，我的兩個姑姑都沒活過二十六歲。我都二十九了，到頭了。我死後，你就看的給你續弦，你還本年輕呢。人麼，只要你看上就好。你心裡要有數，要她對咱娃好。廣仁

流著淚說，你甭說這話，咱再找好大夫給你看。白氏臉上泛起一絲無奈的笑意，有氣無力地說，能找到的好大夫叫你都找遍了，哪裡還有好大夫。我娘家出的女子命短，神仙都留不住。你再別胡跑，就守在我跟前是正主意。白氏說的，廣仁全信。

　　說完那些話的第三天，白氏果然離開了人世。娘家的哥哥和弟弟都被請來了，大外甥順達跪著向舅舅呈上他母親用過藥的所有藥方說，我媽命薄，醫治無效……兩個舅舅粗粗看了看那一沓處方說，我娃你起來，你媽犯病的時間長了，你大，你爺費盡心機給你媽請大夫看病我們都知道。你媽命薄，不怨你們什麼事。臨葬前的晚上，娘舅們象徵性的為死者爭競了一件衣服，要廣仁保證把小兒子養大成人，供三個孩子上學。白氏的喪事就算平穩地辦完了。

※※※

　　申濟仁到祖師附小後，校長王國棟授意教育主任把高小一年級的算術課和小學四年級的國語課分給他。兩星期的課上下來，聽課的學生和授課的老師都很滿意。高小一年級原來算術學得很吃力的幾個學生尤其高興，他們覺得聽申老師的課後，好像開竅了。期中考試的結果證明，這些學生大有長進。校長和教育主任都很高興，校長甚至在全體教師會上表揚了申老師，順口說人家省立中學教出來的學生就是高一籌，大家要承認這個事實，虛心向申老師學習。

　　校長一番看似平常的幾句冠冕話在聽話的教師們那裡卻有不同的反應。尤其馬長緒老師聽著這話裡有對他這祖墊師範背景的人的蔑視。這也難怪，馬長緒老師曾因教課效果不好被校長數落過。而且勉勵他多學習，尤其要多聽教得好的老師的課，學人家的長處，改進自己的教學方法。當時校長說這些話時馬老師聽著還算順耳，估計校長是看在他是三科科長的小舅子的份上，勉勵他進步，好繼續在祖師附小教下去。如今聽了校長對申濟仁的表揚，他似乎嗅到校長要排擠他這等地方學校學歷的人出祖師附小的味道。

　　校長表揚過申老師不幾天後祖師附小裡有人傳言說期中考試前申老師給幾個算術學得吃力的學生露過考題。傳這話的人言之鑿鑿，

申濟仁則認為這是有人對他的污蔑，幾個與申濟仁較接近的老師，如馮灝，蘇長林等都為申濟仁鳴不平，紛紛要求校長查清此事，懲治捏造事實的小人。校長當時答應一定嚴查。可是卻沒有了下文，而改口對申濟仁、馮灝、蘇長林他們說此事他心裡有數，不用追查了，大家以後都要注意維護教師隊伍的團結。其實不查，他們都知道是誰造的謠言。在這種情況下，校長不批評壞人就是對壞人的祖護和縱容。於是申濟仁和幾個支持同情他的人走得更近了。走得越近，越覺得彼此很投緣，沒用多久，縣城內外一些投緣的人經互相介紹就走到一起，進而結為拜把兄弟。申濟仁自己的學問底子厚實，又有把兄弟互相幫襯，在祖師附小幹得順風順水，日子也過得相當快樂。

由於祖師附小在縣城外的山根下，幾乎是個世外桃源，教師們的閒暇時間就找感情投機的朋友聚談，或相約進城聚餐，海闊天空，談今論古，議論時政。朋友們相聚，當然也不排除一些娛樂活動，如下象棋，打麻將，抹牌，等等。

第十三章　時有漣漪的湍河

　　流經南轅庄的湍河日夜流淌著，偶爾初到南轅庄的人耳朵裡盡是河水流過亂石段的衝擊聲，而這麼急湍的流水聲在南轅庄的人們的意識中是不存在的，因為他們聽得久了，況且時刻都聽著，最後就到了充耳不聞的境界。南轅庄的人的生活有點像門前湍河的流水，流著的河水真是古人說的，不廢江河萬古流，似乎流得平淡無奇，但是當你走到岸邊觀察流水時，發現水面上還是有小浪花和漩渦的，加上流水的衝擊聲，人們於是可以確信，貌似平緩的河水並不平淡無奇。

　　前幾年老善人的去世，近一兩年白氏的去世，賈團長的人砸了劉社長戲班子的油燈，似乎都屬於生活中的浪花和小漩渦。但是浪花之後還是平緩的流水。

　　時光流逝著，事情進展著。申士文從沙川縣高級小學畢業後即升入沙川縣中學，經過三年的學習，現在也中學畢業了。申士文初中畢業後沒像申濟仁那樣要考慮幹什麼，他乾爹賈團長當初送他上沙川縣高級小學時就說得明白，叫他念完書就到他的團部給他當副官。所以他中學畢業後幾乎還沒進南轅庄的家門就進了賈團長的團部，立刻就被稱為「副官」。得到副官的官銜後，申士文帶著頭一個月的薪俸回到家裡，他把十個大洋交給父母說那是他頭一個月的薪金。申曉理有點發愣，就問，你給人家幹啥哩，一月就能掙這麼多。楊昭豔也有同樣的疑問，你剛出校門個年輕娃，一月就能掙著麼多?!申士文很平淡地告訴父母，他就給他乾爹當副官。他父母一時不明白這個「副官」是多大的個官銜。但是憑一個月能掙十個大洋這個事實，他們判斷這個官兒不會小。

申士文當了賈團長的副官的消息經他伯父申明理之口，很快傳得
南轅庄家喻戶曉，但是人們跟申曉理夫婦差不多，一時也都搞不清這
副官到底是多大的官兒。申明理給人們解釋說，那副官就是在賈團長
左右的人，是賈團長的副手，是管文案上的事兒的。這可不得了啦，
賈團長的副手，那就比賈團長低半級。於是人們立刻改口把申明理、
申曉理連申智理都叫老太爺，把申士文的媳婦稱官太太。也有人同時
有另一種議論：有個好大不如認個好乾大。你看濟仁，他大是個能行
人吧，咱南轅庄誰不服他，供濟仁在省城念書。可是濟仁畢業後還得
從教書幹起。

※※※

　　這位賈團長是當地，包括大半個沙川縣和與沙川縣毗鄰的祖塋縣
的東半片，黃水縣的西北大半片的地頭蛇。此人當初就是土匪，也就
在黃水縣與沙川縣接壤的山區弄事，後來事弄大了，勢力也大了，官
方的力量幾乎對付不了他，省政府調集了些部隊增援沙川縣保安隊，
給當時的土匪賈慶玉以強大的軍事壓力，然後才開始和賈慶玉談收編
的事。談判之前，賈慶玉手下大概有三五百個人，可是到談判時，他
堅持說他有一個團的人，非要官方給他個團長的頭銜，按一個團的建
制發餉。官方答應了。從此，前一天的土匪立地成了地方軍隊，有了
番號，有了正規的軍銜。賈慶玉現在是賈團長，但前頭當土匪的歷史
已經是事實，幾個縣地皮上的大土匪的事實比石頭上刻下的還現實。
他原來的勢力再加上政府補給他的武器和裝備，他這個賈團長現在在
這幾個縣那可是跺一下腳，山山嶺嶺都要顫一顫，當初沒有入他的夥
的土匪們當然都繞著走。

　　自賈團長被收編以來人們看到的事實是，當初沒入賈慶玉夥的
各路土匪現在對這位國軍團長還不止繞著走，好像也不止井水不犯河
水，似乎暗中還有勾結。這種看法還不是憑空來的，而是從眾多現象
中抽象出來的，最主要的是，自賈慶玉團夥被收編以來，當地的匪患
並未減少，似乎還有增加的態勢。有識之士也能分析出此中的貓膩：
各路當初沒入賈慶玉團夥的土匪們要生存，當然要得到政府保安和駐

地國軍的默許和認可，尤其像賈團長這樣的土匪出身的人，他深諳土匪這個行當的生存之道，他絕對不能容忍仍為土匪的任何人違反土匪們的這一潛規則。實際上，各路土匪比有識之士更明白該如何在賈團長的地盤上生存。自古以來兵匪一家的說法似乎應該是放之四海而皆準的結論。多次事實提醒人們要相信這個結論。近些年發生的搶劫案幾乎都是在地方保安和駐軍「毫不知情」的情況下發生的，或者是在他們正忙於西邊的什麼事，東邊就發生匪案了，而且規模很大。有的匪案就發生在賈團長駐地的範圍以內。據此，有識之士認為，類似的土匪搶劫案可能就是賈團長的人和土匪合夥幹的，或者簡直就是賈團長的人自己幹的。所以，只有那些沒有生活經驗的人才相信那些發誓說不再偷東西的老鼠會毫不留情地把還在偷東西的老鼠抓住繩之以法，也相信這些發過誓不再偷東西的老鼠不但不會再偷東西而且還會為自己看家。

有識之士的認識是一回事，發過誓不再當土匪從而成為保護人民生命財產的前土匪的宣傳和標榜是另一回事。賈團長當然要在所到之處放言他與土匪勢不兩立，標榜他要保護老百姓，因為這是宣示其存在的合法性的合理說詞。同時，這也是欺騙和蒙蔽老百姓、嚇唬不懂土匪規矩的土匪的手段。這基本是申士俊的看法。所以，當賈團長九月十八晚上在戲臺上說他有責任保南轅庄的平安時，申士俊打心裡笑了笑，並在心裡說，你小子甭提著罐罐河邊轉—尋著給鱉上湯呢。你窩邊的村子都遭土匪搶劫，你咋沒保住呢。如今這世道，就得自己保護自己。這才是最靠得住的。當時他只想到這裡，戲就開演了，他就一門心思看戲了。但是由於賈團長支使高連長來砸他寫好戲的劉社長的燈，強行要寫賈團長的戲這事太不一般，申士俊由不得一有閒暇就去想和賈團長如何打交道的事。到戲唱完時，他終於想明白了。所以在送賈團長時他特別說，「團長這一走可別忘了你說的話」，接著提醒團長說，你在臺上講，你一直就把南轅庄歸在你的地盤裡。賈團長聽了爽朗地表示他無論如何都忘不了自己說過的話。

說實在的，申士俊一時也不明白年輕輕的申士文現在在賈團長手下謀得的這個副官到底是多大的個官兒。聽他伯父申明理說是賈團長

的副手，是管文案上的事兒的，申士俊從這個「副」字和「管文案上的事兒」判斷，申明理說的這些有些靠譜，因為賈團長是個粗人，土匪出身，確實得有個文人副手。申士俊進一步判斷，既是這樣，那申士文確實如他伯父說的那樣，天天在賈團長的左右。於是，申士俊修書一封，托申士文一定面呈賈團長，並把他信上給賈團長說的意思詳細告訴申士文，要他給賈團長讀信時解釋給賈團長，進而根據賈團長的反應給賈團長出什麼樣的主意。

申士文把信帶走一個月後，申士俊收到一封信，拆開一看，是賈團長寫來的，意思是說，他一定信守承諾，保護南轅庄不遭匪禍，其措施就是派人來訓練南轅庄的人自衛抗擊土匪。接此信後，申士俊把申志仁、申尚仁、申立仁、申裕仁、申明理、申明道、張運升等都召集來，把信展給大家看了，然後說，近幾年土匪越來越多，人們被搶劫的消息不斷。好多人家不光財物被洗劫一空，還遭滅門之災。早些年，咱們村被搶的也不是一家兩家。這幾年土匪多了，咱們村反倒沒人被搶。是不是因為咱們窮了，土匪覺得沒油水。我看不是，別說我不認為咱們窮了，鄰村百社的人沒有一個人認為咱村的人不飄土匪搶。好多鄉黨看到咱村的人跟集上會去一個個騎著高騾子大馬，鄉黨就對我說，他們看咱村的人給土匪把銀元攢的差不多了。可是土匪一直沒來拿人們認為的咱給他們攢下的錢。我想了好長時間才想明白，是土匪怯咱們幾分。咱們集了團，有了武器，又練得那麼好，咱立仁和幼平在北倉鎮鄉會上打靶給咱打出了威風。相鄰幾個縣的人都趕北倉鎮這個古鄉會，都看到了咱們的威風。我想土匪也看到了，聽到了。咱們的高騾子大馬，土匪也看到了，可是他狗日的就是不敢來吆騾子牽馬，他狗日的怕來了回不去。現在賈團長來信說要保證咱們不遭匪禍，要幫咱們練習自衛。這很好。但是咱們可不敢靠小姨子生娃。道理很簡單，賈團長的老窩南高楊周圍的人都遭搶麼，我想賈團長應該保護這些人，但是居然沒保住。咱們村離南高楊三十多里近四十里，又在另一個縣境內，還隔了一條湍河，他就是真想保護咱們也夠不著呀。他賈團長沒說要保護咱的這幾年，咱不是也沒遭匪禍麼。我前頭說了，這是咱們的威風把土匪鎮住了。話又說回來了，賈團長

的這封信還不是沒有意義，有意義，第一，至少賈團長的人不會來弄咱，第二，有這話在，別的土匪也不敢來和咱碰。所以，咱們要好好訓練，最後叫賈團長的人都知道咱們的屬害。

說到這裡，申立仁已經按捺不住了，說，對，就是要拿槍打出威風來。再橫的土匪都怕掉腦袋。咱們能練得叫土匪有來無回，咱們還能弄土匪些槍。申明道聽了這話也來勁了，興奮地說，這真是攤本少賺的多的生意，大家都要練成立仁那槍法，那就保賺呢。村裡只要有幾條好狗，人就能安安穩穩睡覺了。申士俊聽著聽著，似乎受到了某種啟發。他再三告訴大家要想活得好，一定得靠自己，要認真對待訓練，要好好利用這個機會。大概是匪禍的頻繁和慘烈教訓了大家，所以到場的幾個人都表示一定要訓練出威風來，要申士俊和賈團長進一步商量，儘早開始訓練。

秋收後不久，賈團長派了兩個教官來，特別告訴申士俊說，這兩個教官都是上級給他派來的教官，上過軍校，很有訓練經驗。申士俊接待兩個教官的同時，把他的想法告訴兩位教官。大概意思是，對付土匪，那是要有真本事的，所以軍隊裡那些套子，如立正、稍息、向左轉、向右轉、走步、跑步、立定等就不必練了，就練提槍就准。他最後甚至開玩笑說，對付土匪，基本就是瞎子打架的原則：跑了不攔，抓住不饒。逗得兩個教官大笑，都贊成說這原則太對了。教官們笑過之後，申士俊進一步解釋說，真的有土匪來，咱把他趕走就行了，咱不追不攔，更不圖抓一個兩個活口。攔走的最好辦法就是開槍就能撂倒一個。所以，就練瞄準、射擊。教官們覺得申士俊的想法很實際，同意就練瞄準射擊。

近幾年頻頻發生的大大小小的匪患使人們認識到防禦土匪確實必要，所以人們對訓練的積極性，那是沒得說，只要一招呼，該參加訓練的人一下子就到齊了，不比部隊上緊急集合差多少，男丁們都盡可能地參加，家裡的許多事能交給女人辦的都盡可能地交給女人辦。可是練習瞄準又是很枯燥的事。加上北方秋後的低氣溫，又增加了瞄準訓練的艱巨性。人們吃過上午飯，也就是城裡人的九點半的樣子，就開始訓練，爬在地上一遍一遍的學瞄準。教官怕人們在地上爬的時

間長了涼著肚子，就把參加訓練的人分成兩組，一組拿槍練瞄準，另一組就練臂力和腰勁。跟剛集起團政府派來的教官教的要領一樣，要求缺口、準星和被瞄準物一定要在一條線上，而且準星的上部一定要和缺口兩邊的上沿在一個平面上，被瞄準物的要害部位，如靶心，一定要和缺口、準星在一條水平線上。教官還給人們講了段歷史故事說，當年清政府的官軍初次使用洋槍打外國人，怎麼放槍，人家外國兵就是不倒。而與此同時，人家外國兵幾乎每開一槍就能撂倒咱們一個人。清兵甚至懷疑自己手裡的槍被人做了手腳。其實，清兵只開槍不傷人的現象都叫外國人莫名其妙。交火過後，外國人就著手研究這個現象。結果發現，清兵的子彈全打在城牆的上半截了。外國人於是得出結論說，那時的清兵還不懂瞄準，至少是不知道被瞄準物、準星和缺口一定要在一條水平線上。拿著槍，白費子彈卻打不死敵人，那麼著，槍都不如個燒火棍。教官還告訴大家說，瞄得叫三點在一條水平線上其實不是很難，但是許多情況是，瞄準的人喊著說他確實瞄準了，三點就在一條水平線上，咋日鬼著的，就是沒打住。這是因為扣扳機時槍稍擺動了。槍稍這裡有一頭髮絲的擺動，子彈到被瞄準物那裡就能偏出好幾尺。教官告訴參加訓練的人們說，保證槍稍不擺動的要領有二，一是臨扣扳機時一定要閉氣；二是所謂的扣扳機的說法是不對的，不應該是扣。而應該是捏。就是大拇指和食指，就是人們叫做指人指頭的那個指頭，而且捏的同時要把槍攥緊往一起緩緩捏。否則，你再閉氣，一扣，槍稍肯定要擺。所以從準備扣扳機前就要閉氣，閉了氣還要確認瞄準了，一直到捏響了槍，都要閉著氣。除了這些要領外，站姿射和跪姿射，都要求有足夠的臂力。胳膊沒勁，槍就端不穩，怎麼都瞄不准。另外，腰勁不夠就掂不住槍，也沒法瞄準。

這兩個教官倒是軍校科班出身，訓練有方。他們叫人們在棍子的一頭綁上重物，手握著另一頭直著胳膊將重物掂起，要掂平，不許搖擺。反覆掂，重物隨著訓練的深入而增加，比試看誰將重物掂平堅持的時間長。只有臂力好和腰勁足的才能堅持得時間長，站姿射和跪姿射才會有準頭。至於練腰勁，辦法簡單易行，地上鋪上麥秸，仰臥起坐，或者爬著，叫別人壓著小腿，上身儘量向起翹，反覆做。因為將

來的實戰是生死攸關的，所以人們練得都很刻苦認真。尤其申立仁，他不光這些基本功練得一絲不苟，甚至向教官請教手槍和盒子槍的瞄準和射擊要領。教官告訴他，關鍵是臂力，要直著胳膊將槍舉起，瞄準、扣扳機和閉氣跟步槍射擊一樣。能做到扣完扳機槍還瞄著靶心，那就保證打中了。申立仁得了要領，從此，除練步槍瞄準，還用磚頭代替盒子槍加練短槍，興頭一直高昂。

訓練歸訓練，而且一定要訓練出成績，這是申士俊老早就想好了的。他同時還想到威懾。因為根據之前的經驗，咱自己的武功好，十里八鄉的人都知道，土匪們也就知道了，就不敢打咱的主意了。這兩三年的經驗證明是這麼回事。所以，他和幾個心腹商定在禾豐鎮逢集的日子搞一次活靶射擊表演。他和鎮長說好，借鎮邊的簸箕掌狀的寬胡同耕地搞活靶射擊表演。所謂的活靶就是五隻山羊。集日的前三天就把告示貼出去。告示最後叮囑人們應注意的安全事項，如不要站在簸箕掌和與簸箕掌相接的兩邊地塄上。

表演的那天，天氣特別好。參加活靶射擊的八個人由兩位教官帶著候在簸箕口處。準備當活靶的五隻羯子山羊於頭一天就吆到禾豐鎮借地方圈著。五隻羊，五個人，一人限打兩槍，若兩槍都不中靶則為失敗，換一個人補打，仍是兩槍為限。深秋的下午兩點鐘，光線最好，射活靶表演就安排在這個時候。看熱鬧的人把簸箕胡同敞口的三面擠嚴實了。這次活靶射擊比賽的獎勵辦法也特別：第一槍就打中的，不管打死與否，那隻全羊就獎給射手；第二槍才打中的得半隻羊；兩槍都沒打中的什麼都不得。第一個登場的居然是申幼平。他一瘸一拐進入人圈，引得人們直笑。幼平根本不理那個茬，平靜地爬在地上。圍觀的人的哄笑並沒有停下來。申士俊站在一旁對幼平說，別管他們，就想著把你練下的本事拿出來。你準備好了招呼我，我這兒就放炮轟羊出來。幼平把兩粒子彈壓進槍膛，把槍調整好，招呼說，「放炮」。真的，大約十幾秒鐘後一聲炮響，一隻被驚嚇了的山羊向著簸箕胡同地的簸箕掌方向跑去。這時看熱鬧的人們不再哄笑了，轉而都看著向前跑著的山羊。山羊正跑著，一聲槍響，跑著的山羊應聲翻倒，蹬著腿。人們一片驚呼，好槍法！幼平不慌不忙站了起來，拍

了拍身上的土。這時有人說，瘸腿的人打出去的子彈可不瘸呀！幼平把膛裡的子彈退出來，應聲說，說得對，這個不瘸。說著晃著手裡的子彈。申立仁要站姿射擊。他一出場，看熱鬧的人群裡就嘈雜說，這傢伙槍法好得很，跑著的兔子叫他一槍就撂倒了。他把槍端好後招呼說「放」。隨即炮響，山羊跑。山羊跑了沒多遠，隨著槍響，跑著的山羊在地上翻了個跟頭，不動了。人們又是一陣驚呼。五隻羊放完了都被打住了，只有申吉茂是第二槍打住的，能得半隻羊的獎勵。他自己還大聲打趣說，把他的，就我是個半吊子。從此，他就得了「半吊子」這麼個諢號。

趕禾豐鎮集的人來自幾個縣，所以這樣的射活靶活動的影響深廣。尤其地處三縣交界的土匪窩子樊家塬離禾豐鎮只有二十里的路，這一活動肯定會影響到黃水縣深山裡的土匪們。

※※※

冬天，湍河面上的冰結得很厚，河東和河西被連成一片，而且幾乎到處都好像走平路那樣隨便過。所以誰都是不聲不響，想來就來，想去就去，全都是神不知鬼不覺的，連南轅庄的狗都習慣這種狀況，只要你不進它主人的院子，狗就認為你是過路的，不理你。有民諺說，大村的人厲害，小村的狗厲害。因為很少有人去小村，那裡的狗見生人就吠。大村人多勢大，對外就無所畏懼。黃水縣深山老林裡的土匪們當然要利用河面結冰的機會到祖塋縣境內做活。這天晚上，風高夜黑，黃蜂的幾個人無聲無息地鑽進了人們稱之為雞窩的申明理的窯裡，先是要吃飯，要喝水，然後就向申明理詢問有沒有活可做。申明理一聽問這話，立刻擺手說千萬別打南轅庄有錢人的主意，村裡的頭面人物申士俊把民團訓練得個個都是神槍手，而且這些神槍手個個手裡都有槍，要是輕舉妄動惹起事來，恐怕一個都走不掉。他特別向黃蜂的這幾個人介紹了申立仁的槍法，說他舉槍就把跑著的兔子打死了，在北倉鎮古會時的射擊比賽，他打硬紙板做的飛鷹，槍槍中，前不久在禾豐鎮演習打活靶，舉槍就把跑著的山羊打倒了。土匪們表示說他們聽說過這個人，大家都覺得把這麼個人放在對面很危險。之

後，土匪們表示想結識申立仁。申明理以為他們想把申立仁給拾掇了，急忙制止說，我的爺呀，千萬不敢，那會捅下大亂子。土匪們知道他理解成要幹掉申立仁，笑著說，不是那意思。我們頭頭有意想拉這人入夥。申明理告訴他們說有點懸，因為申立仁絕對聽申士俊的。土匪則表示說，沒有拉不動的，他們給申立仁的好處比申士俊給得多，他申立仁能不動心？土匪們叫申明理去把申立仁叫來。申明理要他們保證不傷人，他才答應去叫申立仁來。

申立仁聽申明理說他那裡來的幾個朋友想認識他，心裡一驚。他知道申明理說的幾個朋友是什麼人，但又不好說明，也不好拒絕，於是就問幾個人。申明理說四個人。申立仁說，四個人都想認識我？我倒是個啥嘛，值當人家四個人和我見面。人常說好漢對付不了四隻手，這一像伙就是八隻手，你不是叫我送死去呀！申明理忙說，看你想到哪裡去了。人家老早都聽說你槍法好，想跟你交朋友。申立仁說，那就叫他們的頭兒一個人來我這裡，別的三個先叫在你那裡歇歇。申明理把申立仁的意思說給土匪，不料人家願意去一個人和申立仁談。

去見申立仁的土匪後半夜才從申立仁那裡回來。申明理問，說的咋樣。那土匪說，你說得對，這像伙確確實實是申士俊的走狗。說完，領著另外三個人走了。

和土匪的人見過面的第二天上午，申立仁就來見申士俊。一進門，申立仁就開口了，四叔呀，我來給你說個事。申士俊有點摸不著頭腦，問什麼事，一吃過飯就來了。申立仁有點神祕地說，大事，你都料不到的事。夜來晚上，黃蜂的人來找我了。申士俊一聽大為吃驚：他們怎麼找你呢？怎麼來的？找你什麼事？申立仁笑了：看你急的。是我那明理爺家領來的。人家來了四個人，我一聽也有點摸不准，害怕，我就只見了他們能拿住事的一個，而且是在我家裡見的。見了面一說才知道，黃蜂聽說我的槍法好，想拉我入他們的夥。我一聽是這意思，嚇了一跳。申士俊忙問，怎麼？你動手了？申立仁平靜地說，沒有。我告訴他說，我的槍法確實不錯，而且我也特別愛玩槍。但是我練的槍法是要防土匪的，如果我入了土匪的夥，那我成了

什麼人了。我沒答應。說了一會兒話，那人就走了。申士俊問，你問沒問來找你的那人叫什麼名字？申立仁說問啦，人家告訴我說他們的人都叫他蠍子。申士俊聽了似自言自語地說，叫蠍子，是夠毒的，而且還是尾巴弄事哩。哎，立仁，你還是要小心哩。我估計，這蠍子不會就此罷手，可能還要找你。一定不能弄僵，也不能翻臉。倒是借他來找你的機會，給他耳朵裡多吹些風，叫他們知道咱的厲害，跟咱保持井水不犯河水就行了。

申立仁有點得意地說，夜來黑了我就給蠍子說，我無論如何不敢入他們的夥，因為我們這村裡人很抱團，也見不得人幹壞事。我要走了那條路，叫村裡人知道了，立刻就會被除卻了。我告訴蠍子說，這村裡的人個個槍法好，前不久打活靶，只有吉茂是第二槍打住的，別的四個人都是一槍准。我說，我要是入了他們的夥，被村裡人知道了，一旦回到村裡，哪個院子都可能有黑槍射到我頭上。所以，我無論如何不敢走那條路。申士俊讚許道，對，千萬不能走落草為寇那條路。你看，朝朝代代，當土匪的都是混的沒法混的流氓、無賴。從來沒有一個堂堂正正的人當了土匪的。你做得對，不能入那個道。但是，我剛說了，他們不會善罷甘休的。記著，一定不要和他們翻臉。申立仁表示一定不會，然後就告辭走了。

申立仁說的事引起申士俊的警覺：看來，土匪們一直在打南轅庄的主意，想挖咱的牆腳說明土匪還是想進來。看來這防禦不能光停留在練武上。申立仁遇到的事告訴他，練下武的人也可能被人挖走。想著想著，申立仁前頭跟他說過的一句話，「哪個院子都可能有黑槍射到我頭上」使他有了新主意。到晚上，申士俊把申志仁、申裕仁、申尚仁、張運升及申明道找來，商討進一步的防匪患計畫。他先告訴大家，村裡為防匪患的練武很有影響，土匪們聞聽了都有些膽怯，這就是這幾年咱村沒遭匪患的原因。咱們現在的武練得更好了，土匪更怯了，所以就打起咱的人的主意了。夜來晚上，黃蜂打發人來挖咱立仁去入他們的夥。立仁沒答應。今天早晨立仁就把這事告訴我了。這事使我很吃驚：原來這練下武的人也可能被人挖走。多虧立仁主意正，沒答應土匪。這事還告訴我，土匪們一直盯著咱們呢。這一次沒把立

仁拉走，他們還可能打別的人的主意，或許還會再來拉立仁。所以，咱現在就要想辦法叫誰都不敢去入土匪的夥。申裕仁把話頭搶過去說，人心隔肚皮，他要是偷著入了土匪的夥，咱有啥法子？申尚仁有點試探性地說，人心是隔肚皮，可是你老哥把四叔的話沒聽全，四叔說要叫誰都不敢去當土匪，咱們現在就要弄得叫誰都不敢走那條路。申明道有點按捺不住了，說，對，咱就要定一條，誰要走了邪道，就除卻誰。申裕仁微微搖了搖頭說，他要是入了那道，你要抓住他就不容易，你一時半會兒能把他除卻了嗎？申士俊說，找大家來就是商量著找出個辦法，要叫走了邪道的人還不知道咱要除卻他時就把他給除卻了。隨後，他說了在村裡設置最佳觀察點和最佳射擊點的想法。經過商議，幾家住土窯的人家，如申志仁家、張運升家和申幼平家都是應該設置觀察點和射擊點的地方。

其實，像申志仁、申裕仁、申士俊及張運升這樣一些被土匪惦記的人家早都盤算著修築抵禦土匪的設施。申士俊自己早都在他的廚屋窯後掌挖了一個暗窯。暗窯門口放著他老婆那掉了四分之一裝板的老櫃子。申志仁兄弟三個也早都動手從他們作廚屋的老土窯後的套窯側往上掏了個高窯。他們的高窯很隱蔽。高窯的底部與老窯的頂部之間有六，七米的距離，離地面的距離至少有十二，三米。而且，挖的時候並沒有把窯面部分的老崖挖透，所以從前面根本看不出老窯上面的高窯。張運升則利用北邊空院子西北角上一孔脫頂土窯形成的天井修了便於從天井脫逃的路的同時，也從天井壁上打過一個洞，和洞連著的是一個面向大門的高窯。用張運升自己的話說，土匪來了，咱先爬梯子上去，把梯子拉上去後就過去到高窯裡和土匪幹，十分幹不過了，咱就從脫頂窯上去跑了，不幾步就進了構渠溝的窨子了。實際村裡人更早時期挖好的這個窨子的入口就在張運升家場窯的炕牆後，平時用麥秸掩著。申裕仁沒有勞力，雇的長工又不便用來搞這樣的防禦工程，所以他就叫木匠給他打了一張高高的梯子，平時就搭在正窯面牆的西北角，到用時向正的一擰，爬梯子上去越過窯背，幾步就進入三面隱蔽的下坡胡同。只有申幼平什麼都沒有弄，因為他和媳婦再三商量防土匪的事，商量的結果總是：土匪眼裡沒有咱，就這沒門牆的

院子就能把土匪勸回去，萬一土匪行兇，咱從趸窯的窯背坡上去就跑了。但是幼平夫婦沒注意，從他們這個趸窯的窯背坡上去，連著土窯窯面牆處的槐樹簇下，就是觀察村中心開闊地帶和通渡口的路的有利地形，既隱蔽，視野又開闊。所以，申士俊組織人力來給幼平趸窯幫牆上砌了一人高個石頭攔牆，便於人很隱蔽地進入有利地點。之後，在村子出口處的人家都做出控制出入的射擊孔。這一切給人的印象是，南轅庄惹不得，去了就是有去無回。

　　與此同時，申立仁對槍的興趣更濃了，不光一有機會就練臂力，而且幾乎到了人不離槍，槍不離人的地步，每逢禾豐鎮或北倉鎮的集市日他總要背著槍和申士俊、申廣仁一起去趕集，以至於有人說他是申士俊的護兵，有人說的更難聽，說他是申士俊的狗腿子。這些話申士俊不可能聽不到，但他並不認為申立仁這是張揚，而是認為申立仁代表南轅庄的人向外人，尤其向土匪炫耀武力，或許還有益處。

第十四章　家業與敗家子

　　南轅庄的訓練、演習、防衛設施的建設在有條不紊地於臘八前都做好了。就是說，該做的事都做了，希望造出去的影響可能都如願造出去了，暗示人們該領會的可能不少人都領會了，例如申立仁老早就領會到，要是隨了土匪，就會在你不知不覺中被村裡的不知是哪個人幹掉。所以，南轅庄的人自己就有了安全感。臘八一過，人們就開始準備過年的東西，碾糜子米，準備攤黃黃、蒸軟饃、炸軟糜子油糕、拉黑豆黃子或黃豆黃子，即糝子，準備磨豆腐；簸麥子，準備磨白麵，蒸饅頭。熬長工的照例一過臘八就下工回家了。

　　正月初二過後，申姓家族的祖先都已祭祀完畢。初三早晨一吃過早飯，申裕仁就一個個上門請人到他那裡抹牌，並向被邀請者許諾，炕燒熱了，氈也鋪好了。抹牌是申裕仁的愛好之一。他這愛抹牌還不像一般人的那種愛，而是特別的愛。他把牌友們請去抹著牌，管煙、管茶，晌午還管飯。贏了不待說，輸了就很痛快地拿錢。原來準備的輸完了，就命老婆從櫃子裡往出拿袁大頭。老婆很不情願，但是無奈，誰叫她的人輸了呢，所以不願意歸不願意，還得一摞一摞地向出拿。老婆最不願意的是給牌友們管午飯和晚飯。因為申裕仁要求給牌友們吃的飯是待客的標準：火鍋、炒菜、白麵饃、黃黃、軟饃、油糕都要上。另外，還要有臊子面。老婆任氏不勝其煩，對老頭發脾氣說，抹牌就抹牌，玩一玩就是了，哪兒還有給牌友管飯這一說的。申裕仁聽老婆發完牢騷後，平靜地說，我要不留住他們吃飯，他們各回各家吃了飯不再來了，我找誰抹牌呢。這給抹牌的管飯跟農忙時人在地裡幹活你送飯一樣，人吃了飯就能接著幹活。就這樣，申裕仁家的牌一直要抹過正月初五。家裡來了客人，招呼完就告訴客人們，要願

意抹牌，就在北廈子炕上開一攤。所謂的客人，就是申裕仁的幾個女婿，至多再加上他的外甥和任氏的侄兒，反正，夠開一攤或兩攤。人常說，愛抹牌，三家來。再開一攤，兩攤，甚至三攤，申裕仁都準備得停停當當。這一年的正月，從初三開始，申裕仁家天天都少不了兩攤抹牌的。每天都玩到後半夜才散攤，而且一個攤子上要亮亮地點兩盞燈，任氏覺得太費油，不高興，抱怨說，玩哩麼，點一盞燈還不夠?!申裕仁卻反駁說，抹牌要看牌哩，燈不亮，把牌看錯了，輸一把的錢能買幾燈油。所以，有申裕仁開賭局，大家來玩一定都玩得很高興。

正月初五這一天，早飯以後，申志仁、申士俊、張運升都如約準時來抹牌。涼聖人申尚仁把這一攤抹牌的叫君子玩家。確實，南轅庄的老少爺兒們中愛抹牌的人很多，例如黑三，鄉下當時的賭博行當沒有他不愛的，更沒有他不玩的，可是申裕仁從來不叫黑三來他這兒抹牌，哪怕缺一個玩不成，申裕仁都想不到要叫黑三來。黑三自己也知道，這些紳士玩家和他不在一個檔次，所以壓根就不向人家這裡湊合。人到齊了以後立刻開始抹起來。半個上午過去了，申志仁面前的豆豆多起來了。那說明他贏著哩，因為那一個豆豆代表一定數量的錢，到散攤時按擁有的豆豆數算帳，誰輸了多少豆豆，按輸的豆豆數付錢，贏家當然按豆豆數取回自己該得的。當初涼聖人把這一攤人叫君子玩家的根據是，這幾個人在一起玩，個個都輸得起，沒有欠賭債那一說，從來都是輸了就樂呵呵地掏袁大頭出來。大家正抹得起勁時，黑三他舅鄭武來了。他一進門和大家都打了個招呼，然後就站在炕塄邊看抹牌的咋出牌。等這一把玩結束了，數過豆豆，申志仁開口了，老舅是來找我的吧？鄭武肯定，就是找他。鄭武這一肯定，申志仁已明白發生了什麼事，忙問，咋，黑三沒在你那裡？鄭武有點沒好氣地說，去年這個時候在我那裡呢。到今日，我整整一年沒見過黑三的矜面。

申志仁一聽，知道事情不妙，立刻客氣地說，你老人家先等等，咱回我那裡再說這事。鄭武嗯了一聲。申志仁把面前的豆豆往前一推說，就這些，你們數一下，後頭我找裕仁哥就是了。我要去辦黑三的

事。申裕仁說，你稍等一會兒，這馬上就算清了。果然，連半鍋煙的
工夫不到，該贏家得的一摞袁大頭就被推到申志仁面前。張運升笑著
說，拿上錢買好酒招呼客人去。來，咱們重抹桌子另炒菜，從頭來。

申志仁領著鄭武往家裡走的路上就扯黑三的事。申志仁先問，
看樣子，黑三沒在你家過年？鄭武沒好氣地說，他要在家裡過年，我
還用尋他嗎？說著說著就到申志仁家了。申志仁招呼鄭武上炕，沏了
茶，拿來過年準備的炸果子、炒花生。坐定以後，接著就說黑三的
事。申志仁表白說，黑三在我這裡熬了三年活兒了，娃一直都沒下過
工。但是前兩年一過臘八，我就不太要他幹什麼，由他，他願意幹什
麼就幹點，能看到什麼活就幹點什麼活，只是不能離開我這兒，吃飯
時一定得在家裡跟大家一起吃飯。不過還好，雖然我是這麼說的，臘
八以後，黑三自己照常放羊直到年三十。從正月初一到十五，我就不
要他放羊，叫我大放放，我再放放。正月嘛，大家都要玩玩，尤其年
輕人，更想玩玩。到去年臘月初八以後，這剛過年，就得說去年，我
想黑三已是二十歲的大人了，不必再看得那麼緊了，我就試著問黑三
願不願意像別的長工那樣，過了臘八就下工。黑三說他想到你那裡
過年。我想到你那裡過年比啥都好。我就讓他走了。

鄭武聽到這裡已經按捺不住了，把煙鍋在炕塄上一磕說，好我
的大掌櫃哩，你這人咋能好成這樣呢。我那外甥是咋樣送到你這裡熬
活的你該不會忘吧。那是當不得人的個人麼，你咋能把那號人當人的
看。我當初把黑三交給你，就是要你像他大一樣盯著教他學好，學會
過日子。倒好，前兩年，正月初三就來給我拜年，還拿些年食。我知
道那些都是從你這裡拿的。我想，好，他拿來就算他的，還算有個規
矩，知道給他舅來拜年，而且來了還能在我那裡呆兩三天，跟村裡幾
個娃娃玩。我心裡說，還不錯，大掌櫃給我把這人管的差不多，說不
定再調教兩三年就成人了。誰知道這狗改不了吃屎。年前，我以為他
還在你這裡；年後，初三我等了一天沒見拜年的人，初四又沒見人。
我猜你可能把人放手了。今天我來就是要看個究竟。我先來到你家，
你老三說你在裕仁家抹牌哩，我就尋到那裡。這黑三二十幾天不沾
家，不見好人，能給我鼓搗下多大的亂子。

第十四章　家業與敗家子
135

申志仁說，你老人家甭著急。你說得對著哩，錯就錯在我把不該當人的人當人了。你千萬不要太著急。這當不得人的人這麼些天沒閃面，肯定沒幹下什麼好事。就是弄下亂子了，那也得悠著勁想辦法把亂子給人家扯清了，人常說，車倒總有個臥牛處。咱先找人。把人找著了就能知道他到底弄了些啥事。鄭武忙問，你能知道到哪裡去找嗎？大掌櫃笑著說，黑三那號人這個時月不會在別處，一定和那一夥賭博轆轤在飲馬溝那些廟里弄賭博哩。你甭著急，咱吃了晌午飯就去找。

　　申志仁一口就說出黑三和其他賭博轆轤在飲馬溝那些廟裡是有根據的。飲馬溝是祖塋縣的，遠離縣府，還隔著湍河，地方很背，所謂的村子，只有三戶人家。但由於溝裡常年有一條小河流淌著，不知什麼時候被神仙看上了，巫師們就在這裡的山坡上建了各種名堂的廟。別以為那是什麼道觀或古剎式的廟宇，那就是在山坡上挖出個土窯或鑿出個小石窯，牆上畫上壁畫，檯子上塑上神像，有香爐，有磬，有燭臺。多少朝代以來，周圍幾十里以內的巫師和巫婆們最愛雲集在這裡敬神。可是與他們的敬神活動的同時，人們都說他們在那裡尋歡作樂呢。這種說法也許是猜的，也許是真的，反正誰也沒就近觀察過。由於政府禁賭，賭博轆轤們就躲到這裡放心大膽地賭。即便有人來抓賭博，賭徒們聞訊就鑽進溝溝岔岔，抓賭博的人連影子都看不到。長期以來，在飲馬溝弄賭博就成了不言而喻的事了。直到史無前例的文化大革命的1968年，飲馬溝就聚集了相鄰三，四個縣的賭徒。

　　鄭武就在申志仁家吃了午飯。飯後各抽了一鍋旱煙就動身去找黑三。正月初五，河上的冰還結實得能過汽車。從冰上過河去飲馬溝倒挺方便，也不遠，約三，四里路，說話間就到了。申志仁和鄭武說好，分頭到各個攤子上找人，找著了，不要罵，更不要打，把人叫回來就是了。一切都到回來再說。他們走近賭博攤子一看，真是名不虛傳，各個攤子都擠得裡三層外三層的，找個人還真不容易。賭徒們一個個都賭紅了眼，一個靠著一個，生怕看不清骰子的點點子，哪容得什麼人從人縫裡往裡擠。這是找人的第一難度。接下來，就算擠進去了，可是要找的人要不在左右，望過去，看見的就是頭頂和肩膀，根

本辦不出哪個是要找的人。擠了幾個攤子後，兩個人都沒收穫。鄭武和申志仁碰了一下頭兒，商定，先在攤子邊聽，基本判斷哪個攤子裡有黑三的聲音，然後再鑽進去瞅。果然，聽了兩個攤子後在第三個攤子外聽到黑三的聲音了。鄭武擠進去拽了拽黑三的後襟子。黑三回過頭來一看是他舅，一時不知道該說什麼。鄭武平平和和地說，走，回去好好吃上一頓飯再說。黑三沒敢犟，扭過頭去把面前的賭資收起來給賭徒們招呼說，我不弄咧，家裡有事。可是別的賭徒不讓走，有的說，你把賭債還清了再走。有的說，你贏了就要走，沒門。

眼前的黑三，臉色灰黑，紅著眼，眼皮還有些脹，好多天都沒洗過臉，大眼角上吊著綠豆大的眼屎，臉瘦下去一圈。人們都說，賭徒有三得，即凍得、餓得、受得。現在黑三這樣子說明，他可是飽受了凍、餓、累這三種罪。是呀，冬天，零下十五、六度，二十四小時連軸轉蹲在賭博攤子上聚精會神，沒有相當的忍耐勁是蹲不住的。黑三顯得很難為情：繼續賭肯定是不行了。但是賭債主們又逼著要他還了賭債再走。他手裡這一點連一個人的都還不清，況且不能當著面給這個還而不還另一個的。要賭債的逼著要。黑三看著申志仁不說話，但意思很明白：掌櫃，你看該怎麼辦。申志仁當然理解他的意思，轉過臉想徵詢黑三他舅的意見。不料，他一轉過臉，鄭武就說；問清楚，欠人家多少。問清以後，你都應下，咱回去再說。

申志仁問著，向黑三落實著。待問完以後，申志仁對幾個賭債主說，你們和我這個人都算是常打交道的朋友，他欠你們的黃不了，有我來替他還。但是，我當下沒有，得緩個十數八天。我這人給我做活哩，我是掌櫃，當然應該管這事。至於我申志仁這個人，我相信你們中有人知道我，或者認識我。我能管得了這事，請你們都放心。就是緩個十數八天，今天你們就給我兩個老漢個面子，讓我們把人領回去。正月十五以後來南輾庄找申志仁討黑三欠你們的賭債。我把話說在前頭，各位開恩不？幾個賭徒齊聲說，行，有你大掌櫃搭話，那還有啥說的。你們回去吧。

黑三跟著他舅和申志仁往回走。鄭武氣得直問黑三從哪里弄的錢拿去賭博，黑三低著頭只是跟著往前走，就是不回答他舅的問題。

可是他舅偏不依不饒要問。他問得急了，黑三冷冷地說「借的」。鄭武一聽這話更火了，立刻說，借的？借誰的？我就不信有人願意借錢給你。申志仁從旁說，甭問了。一切都等到家後再說。鄭武還氣呼呼地說，我就不信，我不搭話，有人敢把錢借給黑三。申志仁說，我也不信。你或者我，咱倆誰都不搭話，黑三能從人家手裡把錢借出來。但是他就是拿著錢去賭博了。不是借的，那就另有來路。咱現在不問了，回去吃了飯，歇下了再問。還是那話，車倒總要有個臥牛處嘛。

到了家，申志仁招呼叫黑三先洗洗臉。黑三洗完臉，像受審的罪犯一樣坐在炕下的板凳上，似乎等待問話。不料，申志仁又招呼說，去，給你沏上一壺茶喝喝，這麼多天了，沒吃好，也沒喝好。先喝些茶把人潤活一下。鄭武又來氣了，說，沒吃好，沒喝好，那算啥。這號人，弄起賭博來，三天三夜不吃不喝不睡，照樣精神得很。他就不知道饑，不知道渴，更不瞌睡。你不聽人說嘛，賭博輨轆弄起賭博來連死去那條路都忘了。黑三根本不聽他舅說什麼，只管去沏茶。沏了茶端到炕上又去洗了幾個茶碗來，給大家都把茶斟上，然後端起來只是一碗一碗地喝茶。他好像這時才真的感覺渴了。

※※※

黑三幾年前被他舅找回來算是交給申志仁，要他當黑三的掌櫃，做他的主，拿他的事，教他做個好人，教他如何過日子。申志仁確實沒敢違背黑三他舅的重托。但是說實話，申志仁也不可能不按鄭武的委託辦。首先，黑三打進了申志仁的門，就表現得規規矩矩，把掌櫃的家就當自己的家，視掌櫃為他的嚴父，給申志仁的感覺是，黑三一進他的門就立地成佛了。所以，他就把黑三按他的子侄對待。農家那些活，任何在農家出生成長起來的人只要人勤快，又有主動精神，就能看到該幹什麼。再說，黑三前頭還有個幼平做他的領班。來了不幾天後，大掌櫃這兒的活路他都心中有數了，每天該幹什麼，怎麼幹，根本不用掌櫃吩咐，更不用監督。大掌櫃看在眼裡，心裡以為，黑三倒是長大了，知道學好了。可是，當初幼平打著教訓黑三的許多場面他並沒看見，幼平也絕不會告訴他那些事。而幼平的所謂教訓也都是

即席的，就是說，當黑三的壞意識，或壞毛病和幼平的意識和作風發生衝突時，幼平當即告訴黑三，要做一個讓人看著是個人的人不應該那麼做事，待人。他並沒有意識要教黑三什麼。而領教過教訓的黑三從此和幼平在一起時一切都按著幼平的方式做，把自己的一套全包起來不讓人看見和知道。他發現，把自己的意識包起來，好像活得好一些，至少幼平待他就好多了，連對他說話打招呼都不喊他的名字，而叫他「三子」。所以即使幼平不再給大掌櫃熬活了，黑三仍然把自己包著。大掌櫃據他看到的就以為，倒是近朱者赤，近墨者黑，黑三給他熬活這幾年跟他學好了。就是這一認識，才導致大掌櫃年前臘八之後讓黑三下了工。

其實，臘八之後，即使大掌櫃不問黑三願意不願意像別的長工那樣一過臘八就下工，黑三也會提出下工的要求的。黑三的賭癮犯了好長時間了，打一入冬，他就偷偷著手準備賭資。他不敢向他舅要他存在他舅手裡的工錢。於是又打起他先人留給他的那幾塊地的主意。他看了一大圈，地不能賣給南轅庄的任何人，而且南轅庄的人沒有誰敢買他的地。當初為叫他學好守住家業，他舅和申志仁、申士俊說定了的，一定不許黑三再賣地。南轅庄的人都知道這一約定。所以，誰要敢買黑三的地，那就相當於觸犯了民約。於是黑三就想到了當河東邊韓家河門前與韓老七連畔的那三畝麥地給韓老七。由於是當，不需要給本家人打招呼。

早在十一月河面剛結上冰的一個晚上，黑三過去對韓老七說他想把與韓老七連畔的那三畝麥地當出去，問韓老七願不願意當。韓老七一聽這話十分高興，立刻表示他願意當。黑三要韓老七尋說和人和代書人，叮嚀說此事一定不能讓南轅庄的任何人知道。韓老七急不可耐地問他想要什麼價。黑三說他急著用錢哩，而且還得不少。他要了三十個袁大頭。韓老七連還都沒還就答應了。韓老七一直就想把黑三這三畝川地並過來，怎奈不得機會，如今黑三找上門來要把地當給他，而且要的這當價幾乎就是賣這三畝地的價，明擺著，黑三當出去就不打算贖了。這事太好了。韓老七答應找說和人和代書人，一定不讓南轅庄的人知道。他們約定第三天晚上在韓老七家成約、畫

押、付當價。

　　第三天晚上，黑三如約來到韓老七家，聽代書人把當約念了一遍，立刻就在兩份約上他的名字下按了指印，韓老七、說和人、代書人都在自己名字下按了指印。韓老七和黑三各拿一份約。接著韓老七把三十個袁大頭擺上來，叫說和人過了數，交給黑三。下來就喝和事酒、吃和事飯。酒足飯飽之後，黑三揣著袁大頭回來了。從此，他就盼著過臘八。

　　鄭武知道這一切後氣得一死兩活的，只知道罵黑三「敗家子」。大掌櫃申志仁聽了這一切也很生氣，但他同時覺得自己似乎有些失職，錯誤地以為經他這幾年的言傳身教黑三學好了，至少隨著年齡的增長，他應該知道學好了。因而他說，你老人家先消消氣。叫我說，這事有點怪我。我以為黑三知道學好了。現在瞎事已經幹下了，你光罵他，那瞎事也變不成好事。還好，他是把麥地當給韓老七了。這還有的說，到麥子收了，咱把地贖回來就是了。鄭武還是著急，道，拿啥贖呢？這倒財子要的三十個袁大頭就是賣地的價。這麼多的錢還沒夠他在賭博場上輸。前幾年掙的錢倒在我那裡呢，全拿出來還了人家的賭債，也沒幾個了。再說，二十大幾的人了，問媳婦的錢從哪裡來呢。

　　大掌櫃倒是平靜地說，還是那句老話，車倒總得有個臥牛的地方，先一步步來。咱先把正月十五後的賭債安頓個地方。黑三去年的工錢還在我這裡，但是不夠還賭債，你再拿些，把這個關口先對付過去。至於贖地，那是半年後的事，咱還有時間想辦法。

　　鄭武有點著急，說，那辦法還用想嗎，我早都想好了。到時候你給黑三借錢，叫他把地贖回來押到你這裡，就算當給你，他再給你熬活掙錢從你手裡贖地。到時候把當約寫明白，該是啥樣就啥樣。大掌櫃說，黑三那三畝地在河東邊，我種就不方便。說心裡話，我不太稱意。說實話吧，將來黑三不願意贖，或是沒錢贖，那還不把我給籠住了。鄭武覺得大掌櫃說的也在理，但是形勢明擺著，沒人搭手給黑三借錢贖地，那三畝地就姓韓了，黑三種糧食的地也就不夠了。於是鄭武幾乎是央求大掌櫃幫忙一定在麥收倒以後把地贖回來，並保證到

時候一定贖地，若黑三真拿不出當價，他搭手都要把地贖回來。鄭武最後交底說，說實話吧，當初我就是想求你搭手把地贖回來。我想韓老七一定想把這三畝地弄到手，所以那地一定要早點贖回來。那地姓申，我多少還能放點心。你剛說你不太稱意這三畝地，這我就更放心了，到時候好贖得多。當即說定，黑三繼續給大掌櫃熬活，工錢是二十一個現大洋。大掌櫃又給黑三加了一個大洋的工錢。

當面鑼，對面鼓說好大掌櫃幫黑三贖地，黑三繼續給大掌櫃扛活，以工錢頂贖地的借款的本和利息。在說的過程中，大掌櫃提出：贖地的時候他借錢給黑三，地贖回來後他算租種黑三的地，三畝地，一年租金六個大洋，在黑三借款的利息中沖掉。這樣，比黑三把地又當給他合適，黑三要還的錢就能少許多。鄭武和黑三聽了都很感激，鄭武甚至喝喊黑三給大掌櫃磕頭。大掌櫃立刻制止道，千萬不能，在族裡，我比他免一輩。鄭武堅持說，今日這事不是族裡的事，理也不是族裡的理。你是掌櫃，他是長工，你給他的這份恩情，除非他老子，誰也給不了，你比他高，他應該磕頭謝恩。說到這裡，鄭武把黑三從大掌櫃手裡奪過來按下去，叫他磕頭謝恩。黑三連磕了三個頭，鄭武還按著他的頭不讓起來，要黑三表示從此學好，再也不賭了。黑三從命，簡單地說，我再不了。至此，鄭武這一趟的使命算是圓滿完成了。他向大掌櫃告別時還一再叮嚀叫對黑三嚴加管教。

正月十五一過，賭債債主相繼從大掌櫃處討得賭債。但不論哪一個，在討得錢以後都有這麼一句：黑三有你這樣的掌櫃，人就敢和他打交兒。大掌櫃聽了這話，心裡感覺怎麼就怪怪的說不清。

收完麥子以後，黑三先去向韓老七打招呼說他要贖地。韓老七聽了有些吃驚，遲疑了一下就嘿嘿一笑說，贖地好哇，當出去的就是要贖的。你把當價和利息都準備好，哪一天來贖都行。黑三告訴韓老七說，四，五天後我就來贖地。韓老七心有所不甘地說，能麼。五天後，黑三領著大掌櫃來到韓老七家辦贖地手續。韓老七見大掌櫃和黑三一起來了，哈哈一笑說，看咋個向，我掐的比算的還准，果然背後就是大掌櫃。大掌櫃也有點不願示弱的意思說，我這人背後就是我。你還沒完全說對，他身後的人還不止我一個。反正那三畝地不能隨隨

便便就姓了韓。韓老七順勢說，我當初就沒敢想叫那三畝地姓韓的事。誰敢從申家戶下把產業弄走，除非他吃了豹子膽。

打完「哈哈」，一手交錢，一手取當約，地就算贖回來了。到家後，大掌櫃馬不停蹄請來了申士俊和申尚仁，要他們一個作代書人，一個作中見人替黑三寫個借據，再替他和黑三寫一式兩份的租地的租約。大掌櫃把他和黑三他舅商議好的意思告訴請來的二位，要他們把那意思寫進借據和租約裡。聽完大掌櫃的陳述後，申士俊很高興，連說了幾個「好」。最後還補充說，這就應該是咱們村的村風，咱們的老先人就是個惜老憐貧的賢人。申士俊要申尚仁執筆代書，他作中見人，申尚仁立刻提筆先寫借據：

借據

因無力付當價及利息贖當給韓老七的三畝川地，借申志仁大洋肆拾伍個，利息以年息貳分計，雙方約定以本人所掙工錢逐年還清。

借入人　　申黑三

中見人　　申士俊

代書人　　申尚仁

中華民國二十四年六月初五

三個人都摁上指印後，申尚仁開始擬租約，擬好後念了一遍，大家都認為該表述的意思都寫進去了。申尚仁又謄寫了一份：

租約

　　立約人申黑三因無需耕種河東與韓老七的地連畔的三畝川地，願意租予申志仁耕種，約定租金為每畝每年壹個半大洋，三畝地每年合計租金肆個半大洋，用以抵償借款的部分利息。恐後無憑，立此約為證。

立約人　　申黑三

租借人　　申志仁

中見人　　申士俊

代書人　　申尚仁

中華民國二十四年六月初五

　　四個人各自在名下摁了指印，申志仁和申黑三各存了一份，借據當然由申志仁保存。此事到此就算辦妥帖了。申志仁留中見人和代書人吃了一頓有酒，有炒雞蛋的便飯。

※※※

　　民國二十四年臘月初八剛過，鄭武就來找大掌櫃。大掌櫃以為他要親手把黑三領走，所以表示歡迎並招呼坐定後就說，對，到下工的時候你來，親手把人領走，後頭就沒有我的麻煩事了。過了年，如果黑三還願意幹，你再親自把他送來交給我，咱們兩頭都清了。鄭武停止了抽旱煙，說，看你說的生分的。我來不是要領黑三去我那裡。我是想和你商量件大事。大掌櫃聽了嘿嘿一笑說，還是黑三的事。你說吧。

　　鄭武把煙鍋裡的煙灰磕掉，收起煙鍋說，這幾年，為了我那敗家子外甥，一直麻煩你，沾你的光，實在都不好意思再沾你的光了。可是這社火已經打到這場子了，再難，也得粘著你沾你的光。說到這裡他停下了，瞅著大掌櫃，似乎在徵求他的意見，看大掌櫃願意不願意容他說下去。大掌櫃很快理解了他的意思，說，有啥事儘管說，你能沾我多大的光嘛。不就是黑三的什麼事嘛。鄭武這才直了直腰說，

原來說黑三贖回來的那三畝地算你租種，一年你還付四個半大洋的租金，拿這租金沖借你的錢的利息。這確實是個大好事。我敢說，除了你們申家，沒有人這麼做。韓老七就是眼前的例子。黑三把地當給他，他連種都沒種就收了一料麥子，到贖地的時候，咱還付了當價五個大洋的利息。這些，我心裡明白得很，這都是你對咱的好處。按理，咱不能得好處沒個夠。可是，我剛說了，這社火打到這場子上了，不這麼打下去還再沒法子。大掌櫃笑了笑，說，到底啥事，看把你難場的。咱們打交兒這麼多年，啥話不說，用得著拐那麼大的彎子嗎。鄭武放心地說，你看，我是這麼想的：黑三一年一年長大了，現在都該娶媳婦了。他大，他媽都下世了，我再不管，指望黑三自己，那就只有白條了。我得替他張羅著問媳婦。可是，誰家願意把姑娘給黑三這麼個窮光蛋敗家子呢。我看，咱手裡不攢一大把票子，有姑娘的人家連咱看都不看一眼。所以我和你要商量的是，這兩三年只還你的利息，本金先欠著，把工錢攢下給黑三問媳婦。到他娶過媳婦再還你的本金。大掌櫃爽利地說，能麼。給年輕人問媳婦是大事，我能幫點忙是盼不得的事。其實這事我早想了，黑三大了誰看不見。只是因為我不能找你說這事，車不能跑到牛前頭麼。你今日來說這事太好了。我跟在你後頭辦這事，這理就順了。沒說的，就這麼辦。你看，黑三今年的工錢你拿走，還是存在我這裡。鄭武很高興，說，存在你這裡更好，更保險。

　　大掌櫃聽了不以為然，說，放在你那裡同樣保險，你不會把你外甥的錢使喚了，一定會一個子兒不動給他存著等著問媳婦用。鄭武說，你說對了一半。我確實不會動用我黑三的錢，一定會存著給他問媳婦用。我說的放在你這裡比放在我那裡保險的意思你還沒明白。我是說，土匪不敢搶你們南轅庄，所以錢放在你這裡能放住。你不知道，前頭幾年，黑三的工錢放在我那裡，我總也提心吊膽，怕土匪聞著風來搶。我一直給人說，黑三那點工錢在大掌櫃那裡存著等著給他問媳婦哩。今年正月把那錢還了賭債後，我黑了睡得都踏實了許多。大掌櫃聽罷笑了，說，原來是這麼個緣故。那就放在我這裡。鄭武還不依不饒說，我說了，要沾你的光呢，那就是能沾上的我都要沾。這

點錢放在你這裡，你還得想著這錢的用場。就是說，給黑三瞅媳婦，你要搭手呢。當初那些賭博軲轆子說，有你這掌櫃搭手，人就敢和黑三打交兒。這話不假。有你搭手給黑三問媳婦，人家就願意把姑娘嫁給黑三，你說是不是這麼個理。大掌櫃爽朗地說，你有這話，我比什麼都高興。行，咱們都把眼睛擦亮瞅著。

※※※

　　鄭武和大掌櫃確實都四處瞅對勁的姑娘，不光自己瞅，還托對勁的人幫著瞅。一年之內確實也提說了幾個，可是一往深處說，就是說女方父母一弄清是給黑三說媳婦，正經人家都不願意再往下說。黑三愛賭博這惡習確實讓人聞之卻步。一年之後，鄭武和大掌櫃都明白了一個道理：正經人家無論如何不會把姑娘許給黑三，必須把標準調低一兩個檔次。就是說要在家境不怎麼好，或是人品不怎麼高的人家給黑三找媳婦。事情的發展應了軍事家那句話，知己知彼，百戰不殆。調整標準後的第二年三月，經媒人一撮合，連營村的吳新樂願意把他妹妹吳彩蘭許給黑三為妻。

　　這個吳新樂兄妹也是早早就沒了父母，無人照看，自然成長，更沒有人為他們張羅親事，所以吳新樂自己都二十五，六了，還是光棍一條。吳彩蘭放在這樣個家境裡，基本無人問津。好在吳新樂老早就盤算好用嫁妹妹的禮金給自己問媳婦，這兩三年以來一直托人給妹妹看的安頓個人家。黑三這邊的標準一調整，剛好對茬。這吳新樂見找上門的是小有名氣的賭博軲轆子申黑三，暗自高興，他給媒人開的價是七十個大洋，少一個就算沒這事。媒人把價碼告訴鄭武。不料鄭武連絆子都沒打就答應了。

　　鄭武答應完媒人，立刻來找大掌櫃商量籌畫彩禮的事。他告訴大掌櫃說，他把開過賭債還剩的十個大洋拿出來，叫大掌櫃連存在他這裡的工錢，湊夠七十個大洋，把這門親先定下來，大掌櫃添進去的還用黑三後頭的工錢頂。無論如何，趕年底給黑三把媳婦娶過來。大掌櫃半開玩笑半認真地表示，不足部分應該由鄭武添。鄭武則表示，首先是他沒錢，再就是他可以做黑三的主叫他給大掌櫃扛長工頂債，

而大掌櫃卻不能做主叫黑三給他幹活頂債，關鍵還在於他就不需要雇長工。大掌櫃笑著說，那不就等於我給黑三做主問媳婦了。你這當舅的倒摘了個利核甜桃一吃了個靈幹。鄭武接著說，黑三是你申家戶裡一丁人，你就當你是他老子。你給他的恩情叫他報答一輩子。大掌櫃說，我不指望他報答我。只是因為他從小沒了父母，又是我們申家一門人，我不能眼看著叫這門人白條了。我不敢把我當成黑三的老子，但是敢當他的掌櫃。這事我給他辦到底。

有了錢，什麼事都好辦，到四月十七禾豐鎮的逢集日，黑三和吳彩蘭的親事就定下來了，說好臘月完婚。

※※※

剛收完秋，大掌櫃打發他老三和黑三，再找了幼平和明道，去給黑三把門牆打起來，又找木匠給合了門安上，照規矩油漆成黑門紅邊子；又找了泥水匠把黑三他大留下的兩孔小石窯給裏泥了，把炕重新打了。臘月十八，花轎就把吳彩蘭抬來和黑三拜了天地。在拜天地之前，鄭武非要大掌櫃和他老婆來和他和他老婆坐在一起，頂替已不在世的高堂。大掌櫃一再推辭，鄭武堅持說，這不是敢不敢的問題。你把事做到這份兒上，應該受他一拜。別說黑三，我都應該給你磕頭。

第十五章　遭遇革命黨人

　　中秋節剛過後沒幾天，申濟仁的拜把兄弟的大哥馬騁突然來到乾爹申士俊家。申士俊見乾兒此時來訪，不免心生疑問，於是索性就問道，這娃，這時你怎麼能放下學校的課不上跑到我這裡來？馬騁告訴申士俊說他是來向乾爹辭行的。申士俊一聽「辭行」二字，更覺得莫名其妙，隨即問，你要到哪裡去？馬騁告訴乾爹說他要上北邊去。當地人那時說的「北邊」，「北岸」是指劉志丹和之後到陝北的紅軍所佔據的陝北延安。申士俊一聽大驚失色，忙問，你這娃，放著好好的書不教，怎麼要到那地方去？那是一條什麼路你弄清楚了沒有？馬騁回答說他弄清楚了，那是革命的道路，是為窮人某翻身不受剝削的路。申士俊聽了大不以為然，說，你家又不窮，更不受人剝削，你犯得著去鬧革命嗎？年輕人，你們把走那條路叫革命，可是廣大人民認為那是落草為寇了。你堂堂正正的個教書先生怎麼可以落草呢？我再問你，你大，你媽，還有你媳婦知道你要去那裡嗎？馬騁照直回答說他們誰都不知道。申士俊立刻又問，你為什麼不讓他們知道。馬騁仍照直回答說，要是他們知道了，我就走不成了。申士俊緊接著說，著呀，既然這樣，我一定不能讓你走。你聽我的話，返回學校繼續好好教你的書。你都沒看看，鬧革命的有幾個是正路子人。馬騁講了一番打到官僚，推翻人剝削人的舊社會，讓窮人不再受剝削，過上好日子的革命道理。他特別對乾爹說，當時最要命的問題是，窮人受著剝削卻不認為自己受剝削，需要先覺悟了的人教育受剝削、受壓迫的窮人的同時，喚醒他們起來和已經覺悟了的人們一起鬧革命。中國需要大量的先覺悟者先起來革命。馬騁的意思很明白，他是已經覺悟了的先

進分子，他責無旁貸地應該積極投入革命。

　　可是申士俊沒理會他後邊說的意思，而抓住前邊他說的受著剝削的人不認為他受剝削這一點，繼續勸馬騁不要走落草這條路。申士俊說，既然受剝削的人不認為他們受剝削，那就說明你說的剝削不是剝削。你試從一個人身上脫掉他一件衣服，如果這被脫掉衣服的人並不認為你脫了他的衣服，我就信你說的被剝削的人對自己受剝削不覺悟這話。所以，我認為那些聲言鬧革命的人說的為貧苦民眾爭自由，爭平等都是自己給自己造的說辭。你也別信那些，更別到那邊去。我一定不能讓你走。你聽我的話，「革命」的意思我懂，那就是要別人的命。要人家命的事可不是小娃過家家那樣簡單，好玩。你要人家的命，人家就能痛痛快快地給你嗎？不會的，人家還想要你的命。所以你說的革命是要拿人命過手的事，代價高得沒法估量。再說，那革命是像你說的那麼輕鬆嗎。那是殺人放火，給老百姓製造災難的。說白了，年輕人，風險大得沒法估量。揭明說吧，要是把你的命叫人家「革」了，我咋給你大，你媽，你媳婦交代呢？你說什麼都不能走那條路。馬騁沒辦法，只好搪塞說叫他再想想。申士俊以為他的勸說有效果了，高興地說，對麼，好好想想。今天就算了，歇一宿，明天就回學校給人家上課去。回去想個理由給校長解釋，解釋。馬騁嗯了一聲，沒有說什麼。就這樣，彼此再沒有觸及這個話題，馬騁住下來，一夜無話。

　　第二天早晨起來，申士俊主動叮嚀馬騁不要走，吃罷早飯再說。馬騁對申士俊說，他無論如何不能留在本地，他一定要到北邊去，申士俊堅持不讓他北去，還說他要是這樣放走馬騁，他無法給親家交代。馬騁急了，說，乾爹，我給你說甘心話吧，你放我去，也許你還能有你這個乾兒，你若非把我留下不可，你斷然就沒有你這個乾兒了。申士俊聽了大驚。他已全明白了。於是接著馬騁的話茬說，我明白了。既然這樣，我不敢留你。但是你不能馬上走，你得給我一天時間叫我安排安排。今天白天，你一定不能出我這院子。馬騁見乾爹不再苦留，有點放心了，答應乾爹一天不出門。

　　到了下午太陽壓山時，申士俊把廣仁叫到當面，先把二十個大洋

交給馬騁說，你要走，我不敢留你，這是我給你上路的盤纏。出遠門哩，多帶些盤纏所到之處都方便些。這樣，天黑就喝湯，到人睡下時叫你哥送你走小路入沙川縣境。申士俊說的「你哥」指廣仁，因為廣仁比馬騁年長兩三歲。馬騁表示不想麻煩廣仁哥送，把路給他說說，他自己就去了。申士俊說，不行，山溝裡的小路，又是黑天，你人生地不熟，肯定會把路走丟了。你哥就算送你一段，過了兩縣廟就到沙川縣境內了，路也大了，你一個人再走就好走多了，我也放心些。

喝過湯以後，估計人都睡了，申明道不聲不響來叫廣仁和馬騁動身，他搬船送他們過河。大家什麼都不說，立刻動身向河邊走去。大家輕手輕腳上了船，申明道把船解開，輕輕拿起篙子把船撬動，三五篙子就把船撐到東岸。廣仁和馬騁跳下船就走。申明道壓低聲音對廣仁說，叫他返回時鳴船，那時什麼都不怕了，他聽見鳴船就來搬船接他。

廣仁領著馬騁先順河邊往南走，直繞到飲馬溝小河入淄河的河口，然後順飲馬溝小河向北。這樣就繞開了韓家河村。因為韓家河是個小村子，小村子的狗見生人從村邊的路上過就吠，晚上尤其吠得凶。從下了船，廣仁就叫馬騁走在他後頭，保持一點距離，萬一碰到什麼人，他就可以躲一躲。這樣他們神不知鬼不覺就上了走馬梁。沿走馬梁上到鄭卓村邊，繞村子再向北就到了離兩縣廟只有五，六里的大路上。還好，直到過兩縣廟，他們沒驚動任何人，更沒碰見任何人。到了兩縣廟前，廣仁告訴馬騁說沙川縣和祖塋縣就以這座廟分界，廟北是沙川縣地面，廟南是祖塋縣地面。馬騁請廣仁止步，說他進了沙川縣境就安全多了，他自己就去了。廣仁還叮囑馬騁在路上要多加小心，放活泛些。兄弟倆就此分手，各奔南北。

※※※

乾兒馬騁北去了，申士俊卻一直為此事犯唧咕：一個殷實人家的子弟書教得好好的，怎麼突然革起命來了，而且據他自己說，處境險惡，不向北去，斷然沒命了。莫不是他早就被本縣在北京大學的那位劉翰雄拉進地下組織並且有了危害當局的行為，所以當局要動手追捕

他。是呀，這所謂的革命說起來輕飄飄的，聽起來平平常常，可是實際上，這是互相要對方命的事。前不久，當局發覺劉翰雄又回本縣活動，就盯著他，將其擊斃在他岳父家。這說明，任何人對想要自己命的人是絕不容忍的。申士俊越想越覺得不可思議。

星期六下午，申濟仁從學校回來，申士俊從地裡幹活回來見了就問：你們把兄弟的大哥馬驍闖下啥禍了？申濟仁被問得莫名其妙，反問道，馬驍怎麼了？申士俊聽出來了，申濟仁自己都不知道他大哥的作為和去向，就告訴他，馬驍上北岸紅區去了。前兩天才從咱家走的。我安排叫你哥晚上走小路把他送過了兩縣廟。這時申濟仁才告訴他父親說，馬驍從上學期就不在祖師附小教書了，挪到離他家近的隆盛鎮完全小學教書去了。隆盛鎮離縣城有五十里，很難準確知道馬驍都幹了些什麼。申士俊聽了後更加疑惑，遂說，這就怪了，隆盛鎮離他家那麼近，他走時都沒給家裡人打個招呼。再說，隆盛鎮向北不遠就能進入紅區，他為什麼繞到咱這兒呢？申濟仁聽著他大的疑問，自己跟著也疑問起來，告訴他大說，這樣吧，叫我到縣裡打聽打聽再說。申士俊叮囑說，你不要刻意打聽，繞著打聽。記著，不要對任何人說起馬驍的去向。即使馬驍他大問到你，你也說不知道。我囑咐過馬驍，叫他落腳穩了以後一定給家裡去封信說說情況，報個平安。

申濟仁回到祖師附小後隨時留心聽隆盛鎮完全小學的消息，倒沒費太大的勁就從縣三科科長劉德鴻的小舅子馬長緒那兒聽到有關馬驍的具體消息。馬長緒知道申濟仁和馬驍是拜把兄弟，所以講有關馬驍的事時故意講到申濟仁當面。馬長緒說，隆盛鎮完小校長給三科科長來信報告說，馬驍因為賭博而欠了大量賭債還不起，賭債債主逼得又緊，揚言，馬驍要不給錢就要他的命。馬驍害怕，就失蹤了。隆盛鎮完小校長要三科長設法給他補調一位教師。馬長緒還特別補充說，那些賭博軲轆子幾乎天天到隆盛鎮完小找馬驍。別的朋友告訴申濟仁的和馬長緒說的基本一致，馬驍突然去參加革命的原因明確了。

馬長緒傳出有關馬驍的消息後不久，縣三科即就此事通報各個學校，要求校長對教師多加管束，注意教師們的課後活動，特別提醒那些行為有些輕浮和可能有賭博傾向的教師，要他們不要在生活上出

問題，要配為人師表，不要像馬騁那樣，弄得自己聲名狼藉，使學校很尷尬。通報特別提到近年來共產黨頭子劉翰雄在本縣活動一事，指出，雖然劉翰雄已被擊斃，但是他建立的組織正在策劃新的，更大的陰謀活動，與此同時，共產黨的這些組織仍在積極發展壯大。所以特別提醒教師們謹慎發展自己的社會關係，避免和共產黨扯上。祖師附小校長王國棟在全體教師會上傳達完縣三科的通報後特別強調，祖師附小地處離縣城較遠的山根下，山上又是茂密的樹林，一出圍牆就能鑽進樹林，是最有利於共產黨活動的地方。所以，老師們不僅要注意不接觸來路不明的人，還要警惕有來路不明者潛入校園，發現可疑的人要及時報告。

校長說得輕鬆，用當時聽傳達的老師的話說，祖師附小基本上處於曠野，校園的八面都能進人，所謂的校園內的樹木和矮牆外的喬木林，灌木叢連成一氣，別說人，就是一頭大牛在其中穿梭，人未必能看見。還好，在劉翰雄被擊斃前和之後，祖師附小並沒有發生什麼事。只是由於日本佔領東北三省的事總在教師和高年級學生中時常被議論著。

馬騁這一走，不但弄得他曾教書的隆盛鎮完全小學的教學秩序受到影響，縣三科跟著也緊張起來，而且所有在完全小學教書的老師們和祖塋師範的教師、學生似乎都被當局盯上了。因為在議論馬騁的去向時，似乎有人說馬騁和劉志丹的人有過接觸。賭徒們到隆盛完小抓不著馬騁，校長還沒好話，於是他們就直奔馬騁家向馬騁的父親討賭債。馬騁的父親在他們來之前對馬騁的事已有所耳聞，料定賭徒們會找上門來。賭徒們也知道馬騁的父親，馬複隆是當地很有面子的富裕人家，所以對馬複隆說話也夠客氣。他們向馬複隆講明，馬騁和他們一起玩，輸了很多，賭債未還，人卻不見了蹤影，希望馬老先生能替兒子把賭債還了。馬複隆見狀，也客客氣氣地回復說，欠債還錢，天經地義。人說老子欠債，兒子還，不言而喻，反過來，兒子欠債，老子還，也順理成章。沒有說的。只是這事他一點也不知底，討債的手裡沒有任何執據，只是口頭說馬騁欠多少，多少；馬騁連他的面都沒見人就不見了，更別說有什麼交代。馬騁欠各位的，他信，他也願

意替兒子還債，但是他得等馬騁的話，將來馬騁確認的和討債的人各自說的數目一致，他就如數還錢。馬複隆請賭徒們多擔待，他這邊一定積極尋找馬騁的下落，向他討個底細。同時也請各位打聽馬騁的下落，如有什麼線索請一定告訴他，他一定循線索找到馬騁，一是叫他回來，第二，這是主要的，要他開個單子列明各欠誰多少。馬複隆特別叮囑賭徒們一定不要得了線索自己去找馬騁，他怕年輕人之間言語相犯弄出事來。賭徒們聽人家老掌櫃說的都在理，再加上賭場上的潛規則一哪裡欠的就在那裡討。所以能得到馬複隆這一席答覆已經夠體面的。賭徒們面面相覷之後就互相招呼著退去了。

※※※

馬騁的突然去北岸對申士俊震動相當大。於是他總是有意無意地提醒申濟仁要安分教書，多讀先聖的書。同時他留心觀察申濟仁的舉動。申濟仁自他拜把大哥馬騁走後，並無什麼異常的表現，仍像以前一樣，星期六下午就回來，星期天下午又返回學校。一段時間之後，申士俊有些放心了。而且這時，申濟仁的媳婦懷孕大概都有五，六個月了。兒媳婦一天天大起來的肚子給了申士俊不少安慰。他相信，妻子和兒女要申濟仁承擔的責任就足以使他安分教書。

第二年的農曆三月初，申濟仁的兒子墜地了。全家人都很高興，申士俊立刻給他這個孫子取名叫順隆。申濟仁對他父親給他兒子取的這個名字不但沒有表示任何異議，還直誇這是個好名字，並說，和前頭三個叔伯哥的名字連起來就是達昌興隆，很好。申濟仁得了兒子的消息在祖師附小先傳開，同事朋友紛紛表示祝賀。接下來，申濟仁的更多朋友和把兄弟都知道申濟仁喜添貴子，向申濟仁表示要在孩子滿月時好好祝賀一番。其實，不用申濟仁的同事和朋友們要求，申士俊打孫子一落地就想著孩子滿月時要好好慶祝一下。首先，因為這是申濟仁的第一個孩子，又是孫子。第二，申士俊想借此要申濟仁明白他自己從此應負的責任。

孩子滿月的日子往前提了一天，是個星期日，申士俊的幾家主要親戚都來了，孩子他舅家就來了好幾個人，村裡各家都有一個代表來

祝賀。濟仁的把兄弟和朋友來的不少，有十二，三個，其中有四，五個是熟面孔，濟仁結婚時他們就來過。那些生面孔中有個穿軍裝騎匹棗紅馬的年輕軍官最惹人注意。濟仁給人們介紹說，年輕軍官叫孫德彪，是縣北駐軍趙團長的副官，熱愛文學，所以喜歡結交文化人，是他新結識的好朋友。聽完濟仁的介紹，申明理立刻上前要與孫德彪相認，嘴裡嚷著說，呀，太好了，能有機會認識孫副官真是太好了。我侄兒申士文也是副官，是沙川縣賈團長的副官。孫德彪拱著手和申明理敷衍著，嘴上說，榮幸，榮幸。他們相互敷衍間，在座的人們就竊竊私語議論著：兩個團長之間可差著天和地的，人家趙團長是正牌的國軍團長，駐在縣北是準備打共產黨的。賈團長是啥，是收編的雜牌子軍隊的團長，和人家正牌軍的團長就拉不到一起，兩個副官之間差多少，那就沒法說。申士俊見這位孫副官一身英氣，且有書生氣質，相信其確實愛好文學，喜歡結識文化人，更相信兒子申濟仁的文化配這位英武的青年軍官結交。

　　嬰兒由其母蘇彩萍抱到待客的布帳篷下和來人見面。說是新生兒和來賓「見面」就那麼一說，實則是給來賓一個呈現賀禮和說恭維話的機會，新生兒在繈褓裡仍睡得不睜眼。誰都知道，即使嬰兒睜開眼，他也是視而不見，什麼都不懂。所以，對孩子及其父母，乃至全家人的恭維話，祝賀的話都對著孩子說，把賀禮向桌子上放。來賓們和新生兒相見之後就開宴。申濟仁和夫人給客人敬酒的同時對客人的光臨表示感謝。鄉下人用一個很直白且樸素的詞給這個宴席命名一打發。事主家稱之為「正席」，意思是說這一頓飯雞、鴨、魚、肉都上來了。但是不管事主家怎麼叫，客人們心中有數，「正席」之後就該走人了。有很多人甚至調侃把這「正席」稱之為「滾蛋」。照例，「正席」之後，客人們都紛紛散去。申濟仁也準備行裝要到學校去。

※※※

　　儘管自劉翰雄被擊斃以後，祖塋縣加強了對學校的管理，尤其對祖塋師範和祖塋師範附屬小學的管理。主要原因是，這兩個學校地處縣城，信息來源渠道多。祖塋師範是該縣的最高學府，在這裡任教的

教師都不是普通人的見識水平，確實有先知，先覺的特點。而祖塋師範附屬小學又深受祖塋師範風氣的影響，無論在哪個方面，都要跟祖塋師範保持一致的步調。否則，就不配為祖塋師範的附屬小學了。這一點，縣長和兩所學校的校長都一樣清楚。祖塋縣當局清楚地知道，祖塋師範和祖塋師範附屬小學師生受劉翰雄的影響最大，所以叮囑兩校校長，不要以為劉翰雄被除而萬事大吉了，一定管好學校，特別要注意那些思想活躍的教師和學生。縣當局特別告訴兩位校長，劉翰雄祕密發展的人一定會繼續活動。馬騁的投奔，更讓縣長和兩位校長精神緊張。

真是怕處有鬼，癢癢處有虱。祖塋師範和祖塋師範附屬小學的學潮隔三差五就鬧一鬧，教師和學生打出的標語是「停止內戰，一致抗日」。事實上，自「九，一八」事變以來，舉國上下的抗日呼聲始終有，但是，官方的報紙卻總在突出位置報導其「剿匪」的戰績。「停止內戰，一致抗日」的口號與官方的一貫意志相悖。祖塋縣當局當然意識到事態的變化，加強了對學潮的監控，對教師和學生中的活動分子的監視更加嚴密。申濟仁這個有省立中學背景的教師在學潮連綿的背景下很難置身度外。這一點在學潮初起時校長王國棟都預料到了。但是，令校長不解的是，他在學潮的前前後後在申濟仁那裡並未發現什麼。申濟仁不過跟別的教師一樣，跟著鬧鬧，有時甚至表現得不是很積極，很激昂。

自馬騁北去以後，申士俊就明確要求申濟仁好好教書，儘量不參與學潮，尤其不要接觸與劉翰雄有過緊密接觸的人。申士俊甚至預料到申濟仁的拜把大哥馬騁會拉申濟仁去入夥。所以一再用劉翰雄被擊斃的事實告誡說，「革命」的成本太高，會弄得家破人亡，許多人都會跟著遭殃。特別強調，申濟仁已是有妻有兒子的人了，要對妻兒負責，一定規矩本分著。申濟仁聽著父親的告誡，覺得老爸說得有理，應允著。但是一離開家，走到社會上，到了他教書的祖師附小，和朋友們議論起天下大事，說著說著，中國知識份子勇於擔當的責任感就被喚起，於是怎麼看，怎麼想，都覺得社會應該改變，至少，政府應該組織民眾積極抗擊日本侵略者，而不是隔三差五地高喊「剿匪」如

何，如何，又取得了多麼，多麼大的戰果。後來才知道，當時在祖塋師範和祖塋師範附屬小學的教師和學生中，劉翰雄分子早已大有人在，申濟仁的那些「認識」其實都是劉翰雄發展的革命分子在「無意中」給提高的。畢竟，父親的告誡還在耳際響著，所以申濟仁的表現並不惹眼。

同樣一件事，不同的人有各自不同的看法和想法。申濟仁在馬騁北去後的表現在校長看來是基本忠於黨國的，屬隨大流的那些人。在已具有「革命理想」的人看來，申濟仁沉穩，很善於偽裝，不易暴露。這樣的人正是革命所需要的。

※※※

十二月的一個晚上，天上沒有星斗，刮著西北風，氣溫在零下十幾度，誰都不願意出門。祖塋師範附屬小學的校園裡一片寂靜，學生們已熄燈就寢，一些教師也都鑽進了被窩，只有幾個教師的房子裡的木炭火盆裡的火仍然很旺，教師本人則點著油燈在備課或批改學生的作業。申濟仁就是還沒入睡的教師之一。他正在批改學生的作文，他房子的門被人推開。申濟仁被嚇了一跳。進來的人向他示意不要出聲。申濟仁這才看明白，進來的人正是把兄弟的大哥馬騁。兄弟相見，都十分高興。兩人低聲談話。馬騁向申濟仁講他在北邊受到的接待，講革命形勢，特別講了毛澤東當時為中國共產黨制定的「三分抗戰，七分發展」的方針。馬騁深入淺出地告訴申濟仁說，他理解，黨要儘快發展壯大，尤其要千方百計發展壯大黨的武裝力量。目前的策略就是促使國民政府去抗擊日本侵略者。馬騁動員申濟仁參加革命，利用他廣交朋友的優勢為革命做工作。申濟仁表示，他認為家父的教導有道理，革命的代價太高，高到他付不起的地步，他現在有妻子，有兒子，而且，不久，妻還要給他生個孩子，他不忍心讓妻兒受牽連。申濟仁把話說到這份兒上了，馬騁給他攤牌了。馬騁告訴申濟仁說，申濟仁本身已被他馬騁拖入革命了：他們的關係，全縣知識界的人都知道，而且從結拜開始，他們彼此都聲稱是志同道合的生死弟兄。所以，誰都相信他馬騁的北去是和把兄弟有約定的，至少，把兄

弟們知道他去了什麼地方。把兄弟們知情不報，一定受當局的懷疑。與其被懷疑，不如早作打算，為黨做些工作，早早取得黨的信任，將來會有更大的作為。

兩人談到深夜，申濟仁總也沒有表示願意參加「革命」。馬騁見申濟仁一時拿不出主意，即答應容他想想，他後頭還會來找申濟仁談。說到這裡，馬騁表示要走，說他還有重要的人要見，有更為重要的事要辦。申濟仁不敢挽留，只好叮囑大哥多保重，注意保護自己。馬騁應允著，急急呼呼拉開門，一溜煙消失在黑暗中。送走馬騁，申濟仁即洗腳，上床睡覺。躺在床上，他還在捉摸馬騁和他說的那些話。對，「停止內戰，一致抗日」就是馬騁理解的策略。既然是「三分抗戰，七分發展」，就不存在什麼「一致抗日」。申濟仁越想越覺得有意思：所謂的停止內戰，就是要蔣委員長不要「剿匪」了，然後把力量都用在抗擊日本上，給共產黨留出發展的機會。申濟仁想著，想著，自然得出個結論：共產黨這一手高，蔣委員長不得不給他這個發展的機會。再往後，所有想到的這些就遠去了，他入睡了。

第二天早晨，申濟仁照常按課表去給高小一年級學生上國語課。從出了自己房子的門往教室走的全過程，他沒有發現任何異常，同事們也如往常一樣和他打招呼。課堂上，學生們依然很活躍，積極。一天的教學下來，申濟仁感到滿足。似乎覺得確實沒有必要去「革命」。但是，他還是有點不塌實，顧慮前一天晚上馬騁來他房子的事有什麼人會有所覺察。他出了房子門，沒事幹的樣子在院子裡轉悠，仔細觀察房子的地理形勢：房子在一排教室的盡頭，房子的山牆和校園的矮圍牆之間只有三小步寬個過道，矮圍牆外就是祖塋山腳下的灌木叢。順窄過道向東北方向走，再過一排教室就是向西開的供學生和教師上廁所的便門。而所謂的廁所，也就是一圈矮牆在曠野裡圍著一行茅坑。圍茅坑的矮牆朝便門方向開著三個窄豁口，豁口左上方分別掛著「女生廁所」、「男生廁所」、「教師廁所」。申濟仁分析，前一天晚上，馬騁一定是從便門溜進來，又從便門走的，不會有誰看見。他有些放心的同時又有了新的擔心：馬騁還會借這方便之門再來找他。

馬騁找過申濟仁的第五天，申濟仁就聽到一個使他震驚的消息，說是馬騁帶著遊擊隊聯合盤龍山一幫土匪把盤龍鎮的鎮公所給打劫了，弄走了十來桿槍和兩箱子子彈，土匪們也跟著馬騁去了北岸。傳消息的人說，土匪們自己就有長短槍十幾枝，說馬騁這一趟戰績輝煌。當然，馬騁的這一輝煌戰績也讓縣當局很是吃驚，縣黨部和縣長都意識到形勢的嚴峻。而且，縣當局得到的報告肯定這是馬騁帶的遊擊隊勾結盤龍山的土匪幹的。馬騁的朋友和把兄弟們為此感到精神上的壓力。有人甚至從別的途徑聽說縣當局下令，注意馬騁的朋友和結拜兄弟的情況，發現這些人的任何異常動向，要儘快報告。申濟仁意識到，大哥馬騁那天晚上給他說的完全符合實際情況：他確實被大哥已經牽扯進去了。

　　上課，批改學生的作業之餘，申濟仁不由得想他和「革命」的事。現在的情況明擺著的：叫馬騁就此罷手，完全沒有可能；叫共產黨不要再發展勢力，更不可能。申濟仁也曾試圖以無意的形式和朋友們探討如何和「革命」劃清界線的問題。其意義有二：一是想間接告訴當局，他不想革命。其二是，真想聽聽朋友們對他和「革命」的關係的看法和分析。說實在的，申濟仁的朋友、把兄弟，都程度不同地和馬騁關係緊密。所以，在這樣的詢問面前，誰也拿不出劃清界線的良方。有人甚至直言不諱地說，大家現在跳進黃河都洗不清。你說你壓根不贊成「革命」，誰信呢。你表現得規規矩矩，人家說你善於偽裝。反正一個「物以類聚，人以群分」把人就框死了。馬騁落了草，你是馬騁的把兄弟、朋友，你不為寇也是寇。申濟仁聽朋友說的這些和馬騁那天晚上說的基本一致，他料定馬騁分別都動員過這些人，只是大家彼此不說就是了。想到這裡，申濟仁換了個思路：舉報馬騁，幫當局抓獲馬騁。他立刻否定了這個想法。把自己的拜把大哥交出去，那還能算人麼。況且，老父親當年在馬騁要去落草時不但沒死留，還給了盤纏，命哥哥趁黑天送過縣界。老父親是嚴守為人之道的。不能賣友。再說，也不可能。就算咱按政治鬥爭的原則辦事，六親不認，只要自己的利益，也不可能把馬騁交出去：馬騁是有武裝的，他一旦到你面前，你是無法脫身的。完全可以料想到，來的

絕不止他一個人，在他和你一對一面對面時，附近一定還有他的人在望風。不能，也不能執行這一政治鬥爭的原則。因為其結果是同歸於盡。

※※※

臨放寒假前，申濟仁的另一個把兄弟馮源大張旗鼓地給把兄弟們發請柬，說家裡的兩個哥哥於臘月二十日要給他父親過六十大壽，請朋友們賞光參加他父親的祝壽活動。這個馮源和馬騁都屬縣北的隆盛鎮轄區，馮家也是當地一個大戶，馮老先生也可算是當地的賢達之一。馮源在把兄弟裡排行還在申濟仁前頭，申濟仁應該稱他為三哥。馮源甚至試探性地問校長王國棟願不願意賞光參加他父親的祝壽活動。校長推說臘月二十那天他正好不能脫身，因為小舅子那天娶媳婦，他必須去應付這個要緊的門戶。大概是為了不駁馮源的面子，校長為老壽星寫了一副中堂。馮源很高興，千恩萬謝了一番，把中堂收下。

為了這場祝壽活動，馮源的兩個哥哥在半年前就開始做功夫。他們經駐軍趙團長的副官孫德彪聯繫，給趙團長的軍隊捐贈了一百八十個大洋的軍餉，趙團長自然很高興，曾騎馬來馮家向老爺子表示謝意。馮老爺子則表示，捐幾個錢做軍餉只是為了表示他對國軍的支持。有了前頭的鋪墊，到後頭請趙團長來參加壽禮就是自然的事。

臘月二十那天，趙團長帶著兩個護兵和孫德彪各騎一匹馬來為馮源的父親祝壽。馮老先生率兒孫及已到的嘉賓，當然包括馮源的把兄弟們，隆重地歡迎趙團長一行的光臨。為了不失禮，馮家早早就在村外趙團長來的方向安排了望風的，一旦看見趙團長他們的人馬，趕緊點起路邊預備的柴草，類似古代的烽火，窯背上的人看見煙火，立刻招呼吹鼓手和該去村口迎接的人到村口恭候。趙團長很客氣，一看見馮老先生，在一片鼓樂聲中就下了馬，護兵和副官也都紛紛下馬，護兵接過趙團長的馬韁繩和馬鞭，趙團長拱手向馮老先生表示祝賀，馮老先生及來迎接的各色人等向趙團長表示歡迎。歡迎的人群裡，馮源的七，八個把兄弟引起趙團長的注意。孫德彪不失時機地向趙團長介

紹說這些知識份子都是他新結交的文化教育界的朋友，都是很有為的青年。趙團長聽了很高興，哈哈一笑說，好哇，祖塋縣是個人傑地靈的地方，應該人才輩出。這些有為青年正是國家需要的，我也很願意結識。馮源的把兄弟們幾乎是異口同聲說，感謝趙團長的謬愛。我們願意為趙團長效勞。

趙團長進門後即命孫副官呈上禮單，請馮老先生照單收禮：西鳳酒二十四瓶，步槍兩支，子彈一箱。馮老先生和三個兒子一再表示，太貴重了，有點承受不起。趙團長則說，東西不算貴重，但是卻是有用的。馮老先生這麼大的家業，護家的武器是萬不能沒有的。收完禮，主賓就在客廳飲茶、交談。幾個書生也被邀和趙團長聚談。談了不多一會兒馮老先生吩咐叫把趙團長一行領到下榻處歇息。

供趙團長下榻的是一個大四合院，面南四孔青磚掛面磚窯，東西兩邊各四間廈房，南面是六間納門大房，一間是龍門的過道，其餘五間構成一個大廳。所有廈子和大房都是青磚牆。該住人的窯洞裡都生著木炭火盆，一切用具齊全。趙團長進了這個院子四下一看，連聲說好。

馮家寫了十八紅的戲為祝壽活動助興。戲要唱兩天三晚上，臘月十九晚上掛燈，二十，二十一都有戲可看，趙團長一行在下榻處過了一夜。第二天，臘月二十一，看了午場的戲，午宴後，趙團長向馮老先生告辭，馮家苦留，趙團長聲稱公務在身，不敢在外久留。但是，他突然話鋒一轉，說他有一個久留此處的想法。馮老先生一聽很高興，就請趙團長把他的想法說明白。趙團長說，他看供他休息的那個院子很適合作他的團部用，他想把團部搬過來，不知馮家願不願意借給他用。馮老先生一口答應，說只要團長肯賞光，他盼不得。馮老先生問趙團長，他看還缺什麼，請明示，他儘快添置，希望趙團長早點搬過來。趙團長表示過年後就搬，他看似乎什麼都不缺。總之，搬過來後再看。說完後就要走，馮老先生招呼趙團長稍等，他得回趙團長的禮。馮源和兩個哥哥從內屋出來，老大端個木盤子，盤子裡放一個紅包裹，弟兄三人來到趙團長面前，馮老先生指著盤子裡的包裹說，不成敬意，請趙團長笑納。趙團長並不動手，作驚奇狀問，呀，這是

什麼呀？馮老先生叫他打開過目。趙團長直喊他承受不起。馮老先生
命馮源替趙團長打開包裹。馮源聽命。包裹裡包的是一個寧夏二毛羊
皮大衣筒子。趙團長只管說這太客氣了，馮老先生則一直以「不成敬
意」應對。互相客氣一番，趙團長哈哈一笑說，恭敬不如從命，我收
下了。下不為例。馮老先生則笑著說，好說，好說。之後，馮家人把
趙團長送到馬前，請趙團長上馬。趙團長上了馬，鼓樂齊奏。馮老先
生招呼趙團長儘快搬過來。

※※※

　　過了年，正月初八，孫副官就帶著四個糧子來安頓團部的駐地。
團長和參謀長各住一孔大窯，中間的一孔作小會議室，孫副官自己則
住在東邊的一孔窯裡。院西邊的四間廈子給炊事班，兩間做伙房，中
間一間作團長和參謀長用餐的小餐廳。大房西頭放兩張八仙桌和八條
板凳供其餘的人用餐。兩個炊事員則住在西面廈子北頭的一間廈子
裡。東邊靠北的兩間廈子作客房。南頭的兩間供警衛員住。整個大房
闢為大會廳。孫德彪特別檢查了龍門的堅固情況。不錯，三寸厚的椿
木大門，兩道粗門關。門兩邊的石獅子門墩高過大腿。門廳上是木板
摟，也可住人。

　　孫德彪把一切安排好後吩咐四個糧子在村裡借桌凳，找泥水匠
盤爐子。特別叮嚀，借老百姓的無論什麼都要給人家打借條，自己記
帳。這一切安頓好後，孫德彪過來給馮老先生和他的兩個兒子，馮
財、馮運說，請他們勞神管四個辦事的糧子的吃住，並幫忙借家具。
馮財哈哈一笑說，這些根本不用孫副官安頓，至於說家具，不用借別
人的，都得些什麼，開出單子，咱馬上請木匠做，不用木匠做的就
買，反正到軍隊走時你走人就是了。孫德彪很高興，謝過馮家人，回
去覆命。

　　事實上，趙團長原來的駐地離馮塬家這個村子只有五里路，和
北邊前沿的距離差不多，只是現在要搬來的這個古驛村稍向東南了一
些。但是古驛村的路大一些，易進易退。過了正月十五，趙團長和參
謀長就搬到古驛村馮老先生的四合院。馮老先生還設席款待了一頓。

這一次席面不大，就趙團長、團參謀長、孫副官和村裡兩三個頭面人物及馮財、馮運和馮源。席間大家說了許多客氣話，什麼趙團長的團部紮在古驛村，大家都覺得臉上有光，什麼從此不用怕土匪和共軍打劫了。趙團長接過話茬說，對，不用怕了，打大仗要上級下命令才能打，對付幾個共軍遊擊隊和土匪這樣的小打小鬧，咱不用請示，更無需待命，遭遇上了就打，事後報告一下即可。

　　趙團長搬來後的第三天，即正月十九，馮源該開學了。吃過早飯，馮源過來向趙團長和團參謀長告別，並許諾星期六回來一定來拜訪。兩位首長都表示歡迎常來聊天。孫德彪把馮源送出村。在往村外走的過程中，孫德彪告訴馮源說，趙團長是個很豪爽的人，而參謀長則城府較深，但是也喜歡知識分子朋友。

第十六章　革命理論的運用

　　春季開學後的頭幾天有些忙亂，懶散，大家還都在過年的喜慶氣氛中，不能一下子收心回來教學，老師和學生都一樣。尤其學生，課餘，晚自習以後，熄燈鈴聲之前，還要抓緊時間鬧一會兒「秧歌」，甚至熄燈鈴打過之後還不能安靜下來，有人還在唱《走西口》、《五哥牧羊》、《對花》。查宿舍的老師需再三干涉和威嚇才能慢慢靜下來。等一星期之後，似乎一切才逐漸走上正軌，學生的作業也能如數交齊，上課的秩序也好了，晚上下自習之後，學生也能在二十分鐘後就寢，而且熄燈鈴後基本能安靜入睡，值日老師用不著來回制止學生說話。

　　一星期以後，也就到了正月二十五，六了，晚上打過熄燈鈴以後，整個祖師附小裡就幾個教師的房子的窗戶紙還透出微弱的油燈燈光，校園內可以說是一片漆黑。而且，教師們都分頭在燈下備課、批改作業。再加上這兩年來追查共產黨的活動情況，各個人都很戒備，教師們之間互相串門的情況少多了，只有校長例外，他在熄燈鈴打過之後總出來在院子裡轉轉，大概是在觀察與共產黨分子有聯繫嫌疑的人的動靜，以及別的人和他們的聯繫情況。由於大家都知道保護自己，校長居然一無所獲。但是，校長不能不盡自己的責任，即使毫無收穫，觀察，觀察，他自己就覺得心裡塌實，晚上能睡得著。殊不知，在校長觀察教師們的同時，有人在矮圍牆外最有利的地方也在觀察他呢。所以，早晨起來後校長發現門檻下塞進來了小冊子，毛澤東的《矛盾論》，感到很意外。校長明白，老師們都收到這個小冊子了，但是他不能將其說破，只好裝得若無其事。各個教師也都好像什

麼事都不曾發生過。

實際上，塞在門檻底下的東西不盡完全一樣，例如給馮源和給申濟仁的就夾的有信，要他們好好研究《矛盾論》，認識共產黨要鬧的革命一定成功的道理，並且告訴他們，過一個時候，他要來給他們輔導。

真的，校長和老師們都在分頭讀毛澤東的《矛盾論》。可是說真的，當時沒有什麼人能真正讀懂，就是說真正懂得《矛盾論》講的道理，連校長先生也是一頭霧水。就是《矛盾論》的開頭一句，「事物的矛盾法則，即對立統一的法則，是唯物辯證法的最根本的法則」就讓人摸不著頭腦。怎麼個「對立」，又是怎麼個「統一」，實在沒法理解。當時收到《矛盾論》的讀者們都背靠背在想，例如教學，矛盾在哪裡，即使有，又是誰和誰對立，又是誰和誰統一；怎麼對立，又是怎麼統一的。不得要領。由於對《矛盾論》的作者毛澤東的好奇，收到小冊子的讀者們還是要往下讀。讀是讀，還是不懂。例如讀到「他們認為一種事物只能反復地產生同樣的事物，而不能變化為另一種不同的事物」。他們也知道毛澤東在批判這種觀點，可是他們還是批判不起來，他們認為這個觀點是對的，要是人能生出狗來，中國就沒有「龍生龍，鳳生鳳」這個說法。再說，人要真能生出狗來，狗又能生出人來，那世界不就亂套了。至於毛澤東說的矛盾，這些從未接觸過辯證唯物論的讀者一時也搞不清指的是什麼，譬如一個人，他的內部矛盾是什麼？是疾病，是自己的五臟六腑？想想看，好像不是這些，因為，即使一個人得了病，哪怕是五臟六腑的某一臟器出了毛病，也不會使其人生出不同於人的任何東西。倒是相反，人生了病，經過醫治，痊癒了，還是得病前的那個人。總之，讀不懂。不懂歸不懂，但無論哪一類讀者都沒敢下斷語說毛澤東在胡說八道。因為當時毛澤東的名氣太大了。

收到《矛盾論》的馬騁的把兄弟們都心照不宣，但都認為那是馬騁送來的，或者是馬騁支使什麼人送來的。衝著老哥對自己的信任，馮源和申濟仁們都讀得很認真，很想讀出些什麼。但是最後還是沒有超出其他對革命毫無興趣的那些讀者，所以也無從認識共產黨一定勝

利的理論。

　　大約過了一星期，申濟仁和馮源都得到通知，要他們於三月十五號的晚上去縣民政科參加學習《矛盾論》的輔導。接到這樣的通知，申濟仁也罷，馮源也罷，都沒感到意外。不僅如此，他們憑這個通知判斷，《矛盾論》肯定是馬騁送的，而且也是馬騁為他們輔導。因為馬騁和民政科長是表兄弟，關係很好。其實，接到通知的也就申濟仁和馮源兩個人，再加上民政科長，聽輔導講習的就三個人，輔導的人果然是馬騁。見面以後，大家先都是一陣關切的問候。馬騁告訴兩個兄弟說他很好，革命形勢空前地好，共產黨領導的武裝力量發展很快，連他本人領導的遊擊隊都擴大得很快，遊擊區擴大得更快，祖塋縣已成了紅軍和白軍的拉鋸區。接著，馬騁就問兩個兄弟學習《矛盾論》的情況。申濟仁和馮源都表示讀不懂。他們索性將閱讀過程中的疑惑原封講出來。馬騁聽了笑了笑說，他們的理解還是毛主席批評的機械唯物論。馬騁說，他在去延安集中學習《矛盾論》之前跟兩個兄弟的理解差不多。結果，去延安學習了一段，才知道《矛盾論》確實是引導革命走向勝利的理論。

　　馬騁告訴兩個兄弟和表兄說，《矛盾論》說的事物不完全是一個具體的人或東西，就是說具體的東西或人，說其內部的矛盾也不是說人鬧病了，把病治好了人還是人。就說人活著吧，身體健康和生病就是一組矛盾。身體健康時有生病的可能，但健康是矛盾的主要方面，健康這個矛盾的主要方面決定了此人活得很好的性質。但是由於健康，人就不注意保護身體，慢慢地身體遭到損害，疾病纏身了。這時疾病就成了矛盾的主要方面。如果不及時把病治好，疾病這個矛盾的主要方面就決定了人要走向死亡的這一特性。這一例子同時解釋了矛盾雙方面互相向其相反方向轉化的道理。馬騁進一步解釋說，應該學會用《矛盾論》的理論認識並分析社會現象和敵我力量，特別要認識到敵人內部的各種矛盾變化對革命有利的一面。敵人的有些力量目前是堅決和共產黨為敵的，但是由於其內部的矛盾，比如敵人內部有主張抗日的，有主張圍剿共產黨的，這就是一組矛盾。可以說，就目前的情況，敵人內部主張抗日的是矛盾的主要方面，只要共產黨抓住時

機利用矛盾，好好做工作，這個矛盾的主要方面會使敵人的力量發生質的變化，完全倒向共產黨。我們已經在一些局部取得了經驗。馬騁唯恐他的聽眾抓不住要領，特別舉出「矛盾的普遍性或絕對性這個問題有兩方面的意義。其一是說，矛盾存在於一切事物的發展過程中；其二是說，每一事物的發展過程中存在著自始至終的矛盾運動。」這一段著重說，把這一段話用一句大白話說就是，到處都有可乘之機，就看你看得到與否，會不會利用矛盾壯大自己。馬騁的表哥，民政科長不緊不慢地插話說，我明白了，所謂的矛盾論，就是要找窟窿下蛆，而且這窟窿哪兒都有，一定能找得到。所以蛆總是有地方下的，發展是肯定的。不料馬騁對表哥的這一見解大加肯定，說他們在延安集中學習時，人家說樸素的理解就是如此。

申濟仁和馮源聽完後都表示說好像得著了理解《矛盾論》的要領了。馬騁很高興，鼓勵他們得要領後就要往深的鑽，研究事物的矛盾的普遍性和特殊性，主要矛盾和次要矛盾，矛盾的主要方面。他好像在舉例提醒馮源研究，研究駐紮在他家院子的趙團長，說趙團長那裡肯定也有矛盾。說完，就宣布輔導結束，叫二位兄弟回去時多加小心。馮源和申濟仁出了民政科就拐入小巷子。此時的大街和小巷都是一片漆黑，僅憑一點星光辨別路況。還好，縣城並不大，大街小巷都熟悉，這個時候也無人走動。但是為了自我掩護，一走到街上，他們就佯裝剛從館子出來，誇館子的那個雞做得好，但是那個回鍋肉太差勁……。

※※※

打過了年，申士俊就勸第二個孫子，廣仁的次子順昌去上學，可是這個順昌的上學路偏不順暢，前一年秋季開學，申士俊就力勸順昌上學。可是他把順昌送到學校交給老師沒半天，順昌就從學校溜了。吃過中午飯，順昌放下飯碗就開溜了。他受不了學校的約束。他媽去世時他才四歲，爺爺和奶奶總念及孩子沒了娘，怪可憐的，所以對留下的三個孫子都特別呵護，一切由著他們。好在大孫子順達比順昌大七歲，他媽離世時他已是十二歲的小學生了。所以順達上小學之前並

沒有太被寵過，基本順利到達了學校，也還能接受管束。這個順昌從失去媽媽時起就得到爺爺和奶奶的寵慣，從未被管束過，所以學校裡的上課要坐好，不許說話的要求對他就是莫大的約束，他絕對不能忍受。另外，順昌還看到，背不下書還要被打板子，他斷定他一定也背不過書，會天天被打。學校太恐怖了，一刻都不能待。前一學期，申士俊曾多次勸順昌去上學都是徒勞。於是申士俊就給順昌許了一大堆願，諸如過年時給他新棉襖、新棉褲、新鞋、新帽子，給他比別人多的年錢，給他一個人買一梱炮仗，得了這些許諾後，順昌就去上學。爺爺許了這麼多的願都沒有前提，所謂順昌就去上學只是爺爺的一廂情願。更荒唐的是，爺爺把自己的一廂情願當成了孫子對他的許諾，難怪到開學時申士俊要順昌上學，順昌還是不去。無奈，爺爺又許願說他把大紅馬匹上讓孫子騎著，他送孫子威威風風地去上學。說幹就幹，爺爺把大紅馬身上掃淨，匹上騎鞍，戴上紅纓子龍頭和串鈴，大紅馬被打扮的像要去接新媳婦那樣美，爺爺扶孫子騎上。然後，爺爺拉著馬，孫子騎著往學校去。

馬脖子上的串鈴一響，人們都以為是迎親的路過，趕緊跑出來看熱鬧。當人們看到是申士俊為孫子牽馬時都有些不解。申士俊似自我解嘲地對人們說，我順昌這一次是正式上學了，所以要隆重些。有人就回應說，對，正式上學就該隆重些，順昌這一次一上學就不鬆氣一直要把書念成，像他九大那樣在縣城裡教書，或者做個大官，不辜負他爺熱心辦學的一片好意。又有人鼓勵說，順昌這一次去了一定好好念書。就是麼，誰上學這麼威風過。

順昌騎在馬上被送進學校院子裡，老師見狀都有些吃驚。申士俊立刻向老師示意不要大驚小怪。老師立刻說，呀，順昌來上學了，好哇。申士俊扶孫子下了馬，對老師說，我們順昌過了一年又長了一歲，懂事多了，知道念書好，要念書了。所以我把娃隆重地送入學校。然後對順昌說，在學校要聽老師的話，好好念書、寫字。接著對老師說，這下我就把人交給你了。老師答應著說，好，你老先生就放心吧，我一定好好教他。申士俊和老師告辭，牽馬往回走。

申士俊把馬拴在龍門外的拴馬椿上進到院子裡，他吃驚地看到

順昌早在院子裡站著。他問順昌怎麼能先於他到家，順昌告訴他說，爺爺牽馬一走，老師轉身招呼學生進教室，他就趁機逃了，沿近道到窯背上，抓著窯面牆和界牆間的柏樹根先到了院子裡。申士俊無奈地說，算了，今天就不去了。明天你自己去學校。

第二天早晨，申士俊天一亮就起來，然後就貓貓狗狗哄著叫順昌起來去上學。順昌依然不願意去，可是爺爺一步都不退讓，一定要他上學去。順昌扭不過，磨磨蹭蹭起來了。爺爺很高興，把書本遞到順昌手裡，推他出門去上學。順昌似乎不那麼對抗了，夾著書本，拖著腳步從院子往外走。申士俊跟著，一隻手搭在孫子的後腦勺上鼓勵說，哎，這就對了，我昌昌倒是乖娃，知道要念書了。對，這番到學校後，我家昌昌會念得很好，比他哥念得還好。就這樣半推半就，祖孫倆出了龍門，申士俊停下來，叫順昌自己往學校去。順昌仍是很不情願的樣子，拖著好像沉重的腳步往學校方向一步一回頭走著。爺爺站在龍門口目送著。等順昌轉過彎去，申士俊好像放心了，返回院內找農具下田幹活。

申士俊和廣仁，還有長工繼坤早晨在麥田裡掄了一早晨的糞，回來吃早飯時卻沒見到放學回來的順昌。申士俊自言自語地說，王八式的可能沒背下書叫老師扣下了。於是仍按部就班地洗臉，吃飯。他想著順昌背過了後就回來了。可是，一家人都吃畢飯了，還不見順昌回來。申士俊有個不祥的預感，又自言自語地說，這王八式的是不是就沒去學校？說罷，磕掉煙鍋裡的煙灰，邊向外走邊說，叫我到學校去看看。

還沒等到學校，申士俊在半路上就碰到剛在學生家吃過飯往學校走的老師。老師見申士俊此時往學校走，以為校董有什麼急事吩咐，問道，校董老人家有什麼事嗎？申士俊聽老師這麼問他，心裡全明白了，於是順勢回答說，我家順昌早晨就沒去學校吧？老師對答道，一早晨就沒見順昌的面。申士俊自我解嘲地說，我這校董的孫子上個學就這麼費勁，真丟人。老師趕緊幫校董解嘲道，娃娃在家裡自由慣了，一時受不了學校的管束，不肯上學。幾乎所有的孩子都這樣，這不奇怪。要是你這位校董大人像這樣不願意上學，那才叫怪哩，那確

實丟人。可是你老先生做的都是很有光彩的事。咱們這村裡有誰對子弟上學的事像你這麼上心的？申士俊難為情地說，我上心不頂用，後人沒心念書，光給你耍把戲，你看這丟人不丟人。說著，又急忙調轉話頭，這小子可能跑了，我得趕緊把人找回來。說完就往回返。

　　往回走的路上，申士俊就判斷順昌這王八式的可能逃到他舅家去了。回到家，他給廣仁他們招呼了一聲，叫他們留意看順昌是不是在村裡，他要去塬上白家塬畔去找。招呼完，從門後拉了根枸子木棍就走了。白家塬畔和南轅庄之間的距離並不長，就塬塄到坡底一面坡，總共約三里路。申士俊沒用多少時間就來到順昌的外婆家。他開門見山就問親家母順昌是否在她這裡。親家母告訴他說順昌早晨來過，吃過早飯說他要回去。舅家人問他大清早咋敢一個人從坡裡上來，他說他不怕，他跟長工放羊跑慣了。再說，前後都有羊群，狼不會在坡裡找吃的。問他來有什麼事，他只說他想見外婆。外婆說著不免流露出幾絲得意。但是隨即又問親家到底發生了什麼事。申士俊很無奈地告訴親家母說順昌在逃學。親家母聽了，話音立刻就變了，說那可得好好管教，兩家都是書香門第，出下的後人不愛念書人笑話呢。申士俊苦笑著說他這不正在管哩麼，他不能多耽擱，得趕緊找人去。說完就告別了親家母走了。

　　從親家母家出來，申士俊判斷順昌一定去了禾豐鎮。他就徑直趕往禾豐鎮。這一天禾豐鎮並不逢集，街上也沒什麼人，只有益壽堂中藥房門前的臺階上有幾個人在曬太陽，另有一攤人在圍著看人丟花仿。申士俊一眼就看出順昌在這攤人裡。他沒有出聲，走到人堆旁伸手先抓住順昌的右手，同時招呼說，走，跟爺回去。順昌一看是他爺抓住了他，立刻就倔起來說，不，我不回去。申士俊勸道，你一個娃娃家，跑出來在外頭，沒飯吃，沒處睡，那咋行呢。聽話，跟爺回去。不料這順昌聽了他這話好像更來氣了，竟說，我找著給人放羊，人家就管我吃、管我住，我不回去。聽了祖孫倆的對話，曬太陽和丟花仿的人都笑了，有人就打趣說，這娃真有志氣，給你爺說好，給我去放羊。我有一百隻羊，你去給咱放著這些羊，一個都不能丟，連狼吃了的都算你丟了的，你就要賠。丟一隻羊賠一個大洋。晚上還要一

個人睡在羊圈旁的房子裡看著羊，不要叫狼鑽進羊圈把羊吃了。你看咋個向，要是行，今天就跟我回去，明天就開始放羊，一年給你開五個大洋的工錢，我管你吃喝睡覺。申士俊藉著這話的勢勸道，聽見了麼，給人放羊多危險呀！成天跟狼打交道哩，狼吃了的都算你丟的要你賠。咱們家才放六十隻羊，哪一年不叫狼吃三，四隻。這位掌櫃家就一百隻羊，一年還不得叫狼吃五，六隻，你賠得起嗎？你沒聽，晚上還要你守著羊，你有那大的膽子一個人守在羊圈旁？你娃娃家睡得實，敢見有狼鑽到羊圈裡，狼把羊吃完你都不知道。要是狼把一圈羊都禍害了，你賠得起嗎？好，就算你不睡得不那麼沉，你聽見狼進羊圈了，你敢去把狼打走嗎？你看明白，怎麼說在外都不如在自己家好。咱不給別人放羊。要放羊，咱放咱自己的羊。狼吃了羊，爺不要你賠，狼吃了就白吃了。走，咱回。順昌聽爺說叫他給他家放羊，改變主意了，說，爺，說好了，回去我就給咱放羊。申士俊無可奈何地答應說，對，你就給咱放羊。走，現在跟爺回。順昌卻說他肚子餓了，想吃飯。這小鎮不逢集就沒有賣飯的。申士俊到僅有的小雜貨店買了芝麻滾子糖和麻花，陪著順昌吃了，向小店老闆要了兩碗水喝了，領著順昌要回家。申士俊走在後頭跟剛才說要順昌給他放羊的那個人交換著眼色，說，你老先生另找人給你放羊吧，我們這人不幹。我們回去給自己放羊去。那人高興地說，好哇，給自己放羊就多放幾個。我另找一個大人給我放羊更放心。

在往回家走的路上，申士俊還在規勸順昌不敢稍不順心就離家出走。他告訴孫子，出門在外是很不容易的，有很多危險，首先，就像當天，你在外邊身無分文，肚子餓了就沒啥吃。申士俊進一步告訴孫子，如果他沒找到禾豐鎮，順昌當天就會遇到大麻煩。幸虧他找來了，而且也找見順昌了，能在順昌肚子餓了時給他買點可吃的東西把肚子填飽。可是，如果他沒找來，順昌當天就會因沒啥吃而闖下大禍，就會因為急於得到吃的而聽人擺佈，就會去幹壞事，最後身不由己，一件件地幹壞事，最終叫人抓住按壞人押到監獄裡。說了半天，歸到一句話，那就是要聽話，待在爺爺身邊，爺爺保護順昌平安無事。不料順昌冒出一句話，我聽你的話給咱放羊，不去念書。申士俊

苦笑道，行，行。你現在不去念書，長大了懂事了可不要後悔。順昌表示他永遠都不後悔。

　　祖孫倆說著話就走上進村的小路。迎面來了申立仁，申士俊和申立仁打招呼：立仁哪，這要到哪裡去？申立仁說娃他外爺那裡有事叫他去呢。說完，申立仁就問這家祖孫二人從哪裡回來。申士俊說他們祖孫二人是去西崞想看的買幾隻羊，結果沒看上，也就沒弄成，空手回來了。說完，申士俊似有所思，說近一個時期怎麼很少見申立仁呢。申立仁唉了一聲說，娃他外爺那裡的事麻煩得很，老叫他去。這不是嘛，他回到家還沒幾天，又捎話來叫他去呢。申士俊噢了一下，兩人就錯過身相背而行了。申士俊走了幾步，返過身來盯著申立仁的背影……。

　　順昌有點不解地問，爺，你看啥呢？申士俊若無其事地回答說不看啥。順昌更不解，又說，你不看啥，為啥看他。申士俊笑了笑說，他媽的，非得有啥看才能看一個人麼？我要看的東西你們娃娃看不出。

　　申士俊和孫子順昌來到自家龍門口，順昌搶在爺爺前面衝進院子。奶奶王氏正在餵豬，順昌跑到奶奶身邊叫了一聲「嬋」。王氏一聽，急忙扔下攪豬食的叉子，把順昌摟在懷裡。這時申士俊已經到了院當中。王氏摟著孫子關切地問，我娃你跑到哪裡去了？她並不等順昌回答什麼接著又說，你跑了，我都心慌死了。接下來王氏似在抱怨，好好的個娃非要念書幹啥，弄得娃有家不能待。申士俊聽了這話就老大地不以為然，說，唉，我說你呀，怎麼清清白白地犯糊塗。娃娃不念書咋能有出息。這順昌不願意念書，都是你慣的。王氏還不依不饒地說，就是我慣的怎麼啦。當初你叫濟仁念書，十來歲就離開家。現在書念完了，還是在家門口不得在家。順達正在外上學呢，倒有出息，他伯不是給你說順達上臺唱戲呢。這是啥出息，丟人呢。你再把順昌打發到學校，要真出息了還不知會弄出什麼新鮮事。申士俊見老婆為了護順昌而要從根本上否定他熱心教育，供子弟上學，立刻改口制止道，回來前已經和順昌說好了，他不念書，給咱自家放羊，你就能晝夜守著你的孫子。申士俊說完再也不聽老婆還要說什麼就進

了小窯。

※※※

農曆二月初的南轅庄已經開始備耕了，申幼平老早就和申士俊、申志仁說好以他的人工換人家的畜力往地裡送一天糞。人家這兩家的騾子駄的那駄籠比平常人家的駄籠大得多，用申幼平的話說，那一駄籠能頂兩駄籠。所以，用這兩家的騾子送一天糞，就把他半年來積的肥全都送到地裡了。只要這些肥能按時送到地裡，計畫中的一季穀子就大有希望。大清早他先去申志仁家拉騾子。申志仁叮囑他給駄籠裝糞時把駄籠裝飽，拍瓷，甭怕騾子駄不起。他那騾子勁大得很，駄一駄糞再騎個人都沒事。他去拉申士俊的騾子時，申士俊給他叮嚀的幾乎和申志仁叮嚀的一樣，比申志仁叮嚀的多的部分是，申士俊叫幼平往地裡送糞時拽著騾子尾巴趕快些，到地裡把糞一倒就騎著快點返回，爭取多送幾趟。

既然順昌要放羊，申士俊就成全他，叫回來的第二天就叫順昌跟著長工繼坤去學著放羊。順昌很高興，拿了鞭子，叫上大黃狗，開了羊圈門，吆著羊就往前梁上去。二月的早晨仍然挺冷，尤其在峁頭上，風也怪硬的。可是順昌不怕，吆著羊一邊走著，一邊還叫繼坤和他一起唱秧歌曲兒。到了梁上，繼坤找了個背風的小渠，靠崖籠了一堆火。兩個人圍在火邊烤著，順昌看著升起來的太陽和太陽周圍的彩雲，覺得美極了，扯開嗓子唱「初一到十五，十五月兒圓呀，春風擺動楊呀麼楊柳梢，……」他唱著，看著遠方，看著村裡各家煙囪冒起來的炊煙，感覺自己簡直跟在天上一樣，唱得更起勁了。長工繼坤有點不理解，問，順昌，你說放羊比在學校圍著木炭火盆念書還好？順昌說，好得多呢。你看，咱在山上看這天有多大。在學校裡隨便說句話老師都不讓。真能把人彆扭死。繼坤卻說，我看還是念書好，在學校裡風吹不著，雨淋不著，太陽曬不著；念下書了能當官，能掙好多錢，吃得好，穿的好。放羊是窮人家的娃幹的事。我要是有你那麼個爺，我一定去念書。順昌不以為然地說，我放羊，把羊放得多多的，羊糞上地多打糧，羊多了賣羊毛就能賣好多錢，再賣羊，我照樣能把

日子過好。比念書受罪強得多了。

※※※

　　日子像南轅庄人門前湍河的流水緩緩從眼前流過，轉眼該到學校放暑假的日子，教師和學生的家人都等著學校的人回來，申濟仁的妻子蘇彩萍盼丈夫回來的心情尤其急切，她知道她快生第二個孩子了。她的肚子大得低頭都看不見她的三寸金蓮。她的無論哪隻手，只要搭到肚子上，她的心裡都有微微一悸一呀，快生了。隨即她就想到丈夫申濟仁。蘇彩萍想著想著就不免為自己有點抱屈：扛著大肚子在家裡什麼都得幹，沒人看見她不方便，每頓做飯到院裡抱柴禾就是個不小的難題，沒人替他把柴禾抱回來；踮著小腳要坐在灶火前的小凳子上往爐灶裡填柴，看火勢，拉風箱，都很吃力，起來更吃力，她不能指望任何人替她填柴，拉風箱：家裡的人各有各的事，該她做飯時，嫂子一定負責磨面，碾米，婆婆在地裡務瓜，一定趕吃飯時才回來。想到這些的同時她想到那句民諺—寧嫁一個遊鄉賣菜的，都不嫁個常年在外的。

　　蘇彩萍在等待中已熬過了學校放假的日期。丈夫申濟仁沒有在放假的第二天回來，蘇彩萍感到一些意外，但是還是找到一些理由寬慰自己，諸如學校要教師們放假後集中學習，開會，總結。……可是都放假七天了，還不見丈夫回來，連個信兒都沒有。聯想到剛過去的一學期裡，申濟仁以她懷孕為藉口較少回家，蘇彩萍現在有點緊張。吃過午飯後，她趁老公公要抽煙歇會兒的機會來到剛吃飯的廂窯門口先叫了一聲「大」。申士俊聽見小兒媳婦叫他，立刻翻起身坐在炕上，問小兒媳婦有什麼事。蘇彩萍挪進門靠著一個門扇說，我想知道這人放了假這麼多天了還沒回來，人家給你說啥了沒有。申士俊說沒有，他這兩天也在捉摸這事呢。他正打算第二天去祖師附小看個究竟。蘇彩萍聽了就說了個「那就是了」。然後一搖一擺退回廚屋。

　　第二天早晨，王氏早早做好了飯，申士俊吃了飯，騎著馬向縣城趕去。從南轅庄到縣城的四十里路上，申士俊設想了好多情況和到祖師附小打聽申濟仁的情況的問話方式。他最不願意面對的就是兒子被

劉翰雄發展下的人或是他把兄弟馬騁這些人煽著去鬧什麼革命。可是碰到熟人，申士俊總是像沒事人一樣和人家打著招呼，主動告訴人家他到縣裡辦點事。

到了祖師附小，申士俊看到的景象使他很納悶：學校裡顯得很荒涼，好像有好多天都沒人在校園裡走動過，院子裡的草和花兒似乎都瘋長了好長時間。申士俊牽著馬在校園裡轉悠了半天才在東南角看到一個人，他湊過去喊老師，那人回過頭來問申士俊是不是喊他。申士俊說就是的，想問個話。那人笑著說他不是老師，是學校的校工，放假了，他留在學校看門，再找人維修維修校舍。申士俊一聽說這人是校工，就說，那你肯定認識申老師。校工說他當然認識申老師，還說申老師人可好了。說到這裡，校工突然轉口說，您是申老師的父親吧。申士俊嗯了一下表示肯定，接著說，你們放假好多天了吧？校工爽利地回答說放假有七，八天了，有的老師一放假就回去了，申老師和馮老師他們幾個關係好的結伴到隆盛原上玩去了。申士俊聽了有點放心了，啊了一聲說，怪不得沒見人回來。說完向校工告辭，打道回府。

申士俊回到家就把他探聽到的結果向全家，主要是向小兒媳婦蘇彩萍宣布：濟仁和他的把兄弟馮源去隆盛原玩去了，估計是去馮源家了，再過幾天就該回來了。說完這些，他好像自言自語地說，這些年輕人，你有家有室哩，幹什麼總該給家裡說一聲。他這麼宣布以後任何人都沒有什麼反響，家裡的各個成員都做著自己該做的事情，似乎什麼事都不曾發生。探聽到的消息宣布後的當天如此，之後的五，六天的情況依然如此，一切都按部就班地做著。

※※※

大概是申士俊打探消息後的第八天，申濟仁的一個把兄弟郭清濟於晚間溜進了申士俊的家。這幾天等申濟仁等不回來，這位把兄弟黑天半夜的突然來到使全家人甚感意外，尤其蘇彩萍甚至有些恐慌。但是誰都沒有說破。郭清濟可能早有預料，所以進了門跟乾爹打完招呼就自我解釋說在縣上辦完事走的晚了，今天趕不到家了，只好來投

宿。大家的緊張心情有所緩解的同時給郭清濟也把飯做好了。吃罷飯該歇息了。申士俊就安排叫客人和他睡在廂窯裡。一家人也就同時就寢了。

其實申士俊和郭清濟並未立刻睡下去，而是圍著油燈說閒話。說了一會兒閒話後，申士俊推說出去解個小手，他從上院走到下院，看各處都已熄燈，然後折回廂窯壓低聲音對郭清濟說，清濟，我感覺你不是路過投宿來了。郭清濟嘿嘿一笑說，乾爹料事如神。我確實不是趕不到家來投宿的，而是受濟仁兄弟之托有重要事情相告。

事情是這樣的，郭清濟向申士俊解釋說，他們的大哥馬騁去了北邊以後的這幾年裡不斷給他們宣傳馬克思理論和中國共產黨的革命主張，他們就都程度不同地認為馬克思列寧主義 是進步的，中國共產黨主張的革命是為廣大勞苦大眾謀福利的，所以都程度不同地傾向革命，或者積極參加了革命。濟仁和馮源就屬積極參加的。既然積極參加了革命，就要在革命組織的領導下積極為革命做工作。他們按照共產黨的指示在積極發展共產黨的武裝力量。馬騁指導傾向革命的弟兄們學習了毛澤東的《矛盾論》。申士俊聽到這兒有些聽不懂，就問毛澤東的這文章為什麼取了這麼個題目。郭清濟解釋說，《矛盾論》其實不是討論什麼叫矛盾，而是說任何事物都存在著矛盾，而且矛盾可以轉化，譬如說，現在政府當局內有激烈反對共產黨的，這和共產黨是對立的；但是，在一定條件下，再加上做工作，反對共產黨的力量可能轉向同情共產黨，甚至支持共產黨。毛澤東在《矛盾論》裡指示全黨要善於分析事物，找出矛盾的主要方面和次要方面，正確地利用矛盾，促進矛盾轉化。申士俊有點急了，叫郭清濟不要再講什麼矛盾轉化和利用了，直接告訴他申濟仁現在幹什麼。郭清濟笑了笑說，馬騁幫助他們分析了駐在縣北準備打共產黨的趙團長的部隊，認為趙團長和國民黨軍方內部有矛盾，可以利用這個矛盾做工作促使趙團長倒向共產黨。濟仁和馮源就利用和趙團長的副官孫德彪的關係和團部駐紮在馮源家新院子的條件去做工作。初次接觸的情況證實，馬騁的分析有根據也有道理，他們認為，利用國民黨軍方內部的矛盾積極做工作，趙團長完全可能倒向共產黨。他們就實打實地積極做促進趙團

長轉化的工作。不料，他們的行跡引起當局的注意，於是就暗裡盯著他們，很快就抓到他們策反的證據。當局抓住證據這事被一個朋友得知，這位朋友火速告訴他們即刻從縣北盤龍口子逃往北邊。郭清濟進一步說，濟仁和馮源逃之前他都沒見上，還是給他們透風的這個朋友要他一定想辦法親自把情況告訴乾爹。郭清濟進一步說，乾爹，我受朋友之托，把這些情況只說給你一個人，連濟仁的媳婦都不要知道。這事現在就你和我，還有那位朋友，咱們三個人知道，往後一直都只有咱們三個人知道。申士俊說，那自然。

之後，他們的話題就轉到往後如何和政府當局周旋。申士俊表示，申濟仁在外頭幹了什麼，去了哪裡都跟他無關。他甚至還有些冤枉，他還想找祖師附小要人。郭清濟安慰申士俊說，好在他們把兄弟們留在當地的人還多，而且各方面都有他們的人，都會有些照應，要乾爹一切聽其自然。尤其重要的一點是，自己家裡不要吵吵。申士俊還是那句「那自然」。可是他接下來就說，人常說子大不由父，這是真真的實情。打馬騁從我這裡去了北邊，我就一直提醒濟仁不要聽信那些革命宣傳，那命咱革不起。況且，中國這樣子，打打殺殺鬧一整，最後就是勝了的未必能弄好，而且，就是勝了的也未必是好人。你們這些沒露頭的留下來好，想辦法把你們管的事弄好，這比什麼都強。郭清濟表示贊成乾爹的意見，但是他不反對濟仁他們鬧革命，更不會出賣朋友，往後有什麼情況，他一定會及時通風。說著說著，申士俊宣布熄燈睡覺。

申士俊宣布了熄燈睡覺後真就熄了燈，郭清濟在他熄燈後不一會兒就入睡了，申士俊聽著郭清濟匀匀的呼吸，腦子裡想著已經發生了的和將來可能發生的事。很晚以後才昏昏入睡。

第十七章　自強

　　第二天早晨，郭清濟在申士俊家匆匆吃了頓快速早飯，熱蒸饃、涼拌菜，茶，就要登程回鎮公所。廣仁撐船將郭清濟送過河回來如往常一樣和長工繼坤一起下地幹活，仍像往常一樣，在出村的路上和村裡的父老兄弟打著招呼，說說墒情，說說秋苗的長勢。實際上廣仁領著郭清濟一出龍門，申士俊即招呼順昌吆羊，他自己則提了荊條菜籠，拿了瓜鏟到甜瓜地裡務他的甜瓜。在去甜瓜地的路上總有不期而遇的伴兒，而且這些伴兒也差不多都是申士俊的同齡人。之所以總能遇上結伴而行者，是因為南轅庄人的瓜地都在村北的川地裡，人們的瓜地甚至連畔，兩家的務瓜者在各自的瓜地裡邊幹活邊諞閒傳。這一年申士俊的瓜地兩邊沒有連畔的瓜地，只在兩頭和另兩家的瓜地連著畔，申士俊獨自在地裡轉悠著，吼著秦腔《遊龜山》：有為父提籃兒賣魚上岸，行走在龜山地起了禍端……。

　　申士俊的《遊龜山》響徹半條川，連在河灘放羊，放牛的人都能聽見。大家據此判斷申士俊家這一季的甜瓜能賣不少錢。申士俊似乎完全陶醉在他正唱的《遊龜山》中，忽聽有人喊他「老四」，抬頭一看，原來是申明理提著一把割草鐮來了。申士俊呆呆地應了一聲，還沒等他說話，申明理就接著剛才的招呼往下說，看樣子，你今年算是抓住了。看你這瓜長得多好。行咧，歇一會兒吧。申士俊站起來說，歇就歇一會兒。申明理說著話就向申士俊跟前湊，待申士俊站起來從脖子上拿下旱煙袋時，申明理剛好到他面前，很體面地對申士俊說，拿來，叫我裝你一鍋子煙。申士俊沒說話把煙袋遞過來。申明理從腰間抽出他那大鐵鍋煙鍋，伸進申士俊的煙袋，左手在煙袋外只管向他

那鐵煙鍋裡捏的裝煙。他裝好了，把煙鍋從申士俊的煙袋裡抽出來，然後一手端著裝滿煙的大鐵煙鍋，一手把煙袋還給申士俊，說，你給你裝。申士俊給他把煙裝上，然後用火鐮打火，申明理端著煙鍋等著，待申士俊打著火把煙點著抽了兩口，申明理又很體面地說，來，叫我對個火。申士俊把煙鍋偏過來和申明理的煙鍋子對上，申士俊咬著煙鍋嘴子吹著，申明理這邊咂著。申明理咂了兩口就使兩個煙鍋脫離。申明理酣暢地抽了兩口，鼻子和嘴都冒著煙說，哎，老四呀，咱村裡人的煙我都抽過，比來比去就你這煙的味道最好。申士俊嘿嘿一笑說，沒煙抽了，裝人家的煙抽，那煙沒有不好的。申明理堅持說，不對，我一直抽的都是別人的煙，再那些人的煙就是沒你這煙抽著香。你這人幹啥都細密，啥都弄得好，所以我給我幼平和金平說叫他們跟你學著過日子。幼平在你的提攜下，這幾年的日子過的得有些樣兒了。申士俊則說，那是因為幼平肯吃苦，肯學，肯幹的結果。申明理很贊成申士俊這個說法，並進一步補充說，他看那幼平幹起活來就不要命，弄到一個錢捏在手裡能把錢攥出汗來。說著話，抽著煙，申士俊煙鍋裡的煙已全成了灰，他把煙灰磕掉，噙著煙鍋嘴子吹了一下準備搭上脖子。申明理又爽朗地說，老四，先甭忙，叫我把你煙袋裡的煙給我煙袋裡灌一些。申士俊什麼話都沒說就把煙袋給了申明理。申明理拿起他那大皮煙袋把申士俊的煙袋口向他的煙袋口裡一筒，讓其底朝天晃了晃，然後把兩個煙袋分開，把申士俊的煙袋還給申士俊。申士俊接過自己的煙袋捏了捏，什麼話都沒說搭上脖子。申明理立刻說，不早了，他還得趕緊尋著給牛割點草。申士俊拿著瓜鏟背著手目送申明理遠去。

※※※

南轅庄的人提起申幼平這幾年過日子，沒有不佩服的。從大掌櫃申志仁家熬畢長工回到家，申幼平就一直謀劃著用掙下的工錢置幾畝地。可是本家成員都無地可賣，本家以外的人賣地根本就挨不到他這裡，村裡的有錢人家一個個見有人賣地急得眼都紅了，況且賣地的人壓根就想不到他申幼平這樣的買家。這一點申幼平看得很清楚，也想

得很明白：要賣地的人想不到咱，是因為咱的錢小。所以必須把置家業的底子打厚實再說話。

這些年來，南轅庄的人觀察到一個現象：從小麥黃開始，申幼平上身就很少穿衣服，下身也就一條挽到大腿根的爛褲子，在地裡幹活也不穿鞋，身子被曬得紫紅，他自己稱他是棗木身子。申幼平的赤身日子大約在白露後才慢慢結束。就是冬天，幼平的腿上也就一條單褲，腳上並不穿襪子，上身穿一件沒紐扣的棉襖。涼聖人申尚仁總結說，人家幼平這才叫會過日子，精打細算，一年省下的衣服和鞋錢就能買兩隻羊。這羊再下羊羔，羊羔大了再下羊羔，用不了幾年，咱跛狼就和大掌櫃平起平坐了。涼聖人說得真對，申幼平就是這麼划算的。只不過，申幼平沒買羊，而是用掙下的錢和省下的錢買了一匹母馬和兩頭母牛。

申幼平飼養馬和牛的方法幾乎全是原生態的，早晨起來先把牛和馬牽到渡口上來路邊的大沙荒地上，每頭牲口給拴一條三，四丈長的韁繩，然後在荒草地上釘上泥橛，把一頭牲畜拴在泥橛上，牲畜就以泥橛為圓心，韁繩為半徑啃著吃圓圈裡的草。當地人把這種放牧形式叫泥牲畜，意思是牲畜被拴在泥橛上跑不了，只能在那個圓圈內來回啃食。申幼平的兩頭牛和一匹馬各占一個大圓，這塊荒草地就被瓜分完了，甚至連申士俊的大沙地也要被占些。今天把牛和馬泥在這裡，第二天換到河灘，第三天換到村南邊的小溝裡，有時，申士俊家的大沙地也是牧場。

牛和馬泥在那裡並不是一「泥」了事，半晌以後，幼平的媳婦得去看一眼，看哪個牲畜叫長韁繩絆住了，幫它擇開，再挪個地方。幼平自己則一邊幹活一邊尋的割些青草回來，夫妻倆把草鍘下，把馬和牛拉到河邊飲了再拉回來餵上。似乎是幼平的時來運轉，也好像是幼平對神的虔誠感動了各路神仙，有神暗地裡幫他，幼平的馬和牛第二年都給幼平下崽了，馬下了個騾駒子，兩頭母牛一個生了個母牛犢，另一個則生了個公牛犢。這時的幼平可算是騾馬成對，牛成群了。一年後，騾駒和公牛犢都賣掉，又買進一匹母馬，總共養著三頭母牛，兩匹母馬，而且都已受孕。三頭牛和兩匹馬的肚子一天天鼓起來，村

裡的人誰看見幼平的這五頭孕畜都說幼平要發達了。幼平自己更是這麼想的，而且希望這要發達的勢頭一直持續著，所以對神更加敬畏了，尤其對四聖廟裡的牛王爺和馬王爺格外在意，除了正月初一和十五的頭爐香外，幼平對牛王爺和馬王爺增加了穀雨節的朝拜。

神靈確實不虧待敬畏神靈的人，接下來的一年，幼平的五頭孕畜都先後產仔，幼平的牲畜數這一年呈幾何增長，十頭了，一大群。村裡的人都有點替幼平高興。幼平看著自己的牛馬群，身上就來勁，磨了鐮刀，拿著捆草的繩子就去尋的割草，一大梱，一大梱從山上或溝裡往回背青草。有人見他背的草梱那麼大，關切地叫他背輕些，不敢把人掙壞了。幼平背著草，弓著腰，頭也不能抬豪邁地大聲說，不行呀，那一夥死婊子驢毬吃得多得很，不這麼可量力給弄草不行呀！人們聽得出來，幼平心裡很高興。

幼平罵的「那一夥死婊子驢毬」蘊含著得意和愛。無論誰飼養牲畜都希望牲畜吃得好。牲畜胃口好就說明它沒病，能吃就能幹，更能生出健壯的崽子。只要牲畜能吃，就一定要保證草料豐足。所以，幼平出去割草常常磨兩把鐮刀都拿著，一晌割的總得背兩回。幼平大量需要青草，使得周圍山溝裡的草源都顯得緊張，必須設法開闢草源。人們翻過的麥地裡生出來的莠子，鋤二遍秋莊稼時起下的苗子，谷地裡的穀莠子，糜了地裡的禾糜都成了幼平的牛和馬的好飼料。轉眼到了該拔瓜蔓騰地準備種麥子的時候，瓜地裡帶的玉米和豆角蔓子都得和瓜蔓同時被砍掉。申明理當然知道幼平大量地需要這些餵牲畜。所以拔瓜蔓時叫幼平去地裡先砍豆角蔓和玉米秸。幼平到地裡不光砍了他大的豆角蔓和玉米秸，與他大的瓜地相鄰的兩家人也叫砍他們地裡的豆角蔓和玉米秸。玉米秸上的棒子人家早搬了，豆角蔓上的豆角結得很繁，根本吃不退，這時主人家只能揀能做菜的摘摘，過老的和太嫩的就叫牲畜吃去。幼平見豆角蔓上有不少老豆角很高興，想著牛吃了這些老豆角就能省一天的料，嫩玉米秸鍘了餵馬那是呱呱叫。幼平砍著盤算著：人們拔瓜蔓這幾天，他能替人家砍好多嫩玉米秸和豆角蔓。

得了豆角蔓和嫩玉米秸的當天下午，幼平叫媳婦擩草他壓鍘把，

鍘好的豆角蔓餵牛，玉米秸餵馬。牛一聞見豆葉味就急著想吃，同樣，馬一見青玉米秸也是搶著吃。看到牛和馬都愛吃面前的東西，主人的興奮是不言而喻的。臨到睡覺時幼平給牛和馬都添了很多它們愛吃的東西。

　　第二天清早，幼平一起來就想著給牛添鍘好的豆角蔓，給馬添鍘好的嫩玉米秸。他跛著腳走到牛圈一下子驚呆了：兩頭牛已經死了，另一頭也打蔫了，牛犢子拱著已經死了的牛要吃奶。幼平不知道這是怎麼的了。他想哭，但是無淚，索性不哭了。而且他進一步想，一個頂天立地的男子漢遇這麼個事就大哭小叫，太折分子。他不但不能哭，還要好好安慰媳婦。幼平對打蔫的那頭牛抱了一線希望，給它弄來了水想飲飲它。這頭牛倒是喝了兩口，不多一會兒就倒下去了，眼睛瞪得老大，也死了。當時的幼平不知道好好的牛怎麼一夜間就死了。村裡的所有人都不明白幼平的三頭牛為什麼在一夜間都死了。幼平和村裡人於是得出個結論：幼平的命苦，不該發達。幼平雖然也這麼說，但心裡並不服。他想，憑他的剛強肯幹和對神靈的敬畏，神不會不幫他。七十多年後的科研成果證明幼平的不服應該有根據，並不是他命苦不該發達，而是因為生豆子有毒，牛是被豆角蔓上的老豆角毒死的。

　　幼平的三頭牛在一夜間都死了，這事對南轅庄全體村民震動頗大，申士俊聽到消息就放下家具去幼平家瞭解進一步的情況並安慰幼平。申志仁幾乎和申士俊是腳前腳後到了幼平家。他們先看到的是幼平媳婦站在窯後掌無言地一把一把抹眼淚。孩子們好像無助地看著來人，那目光明明是在問這是怎麼的了。幼平在申士俊和申志仁到來之前就寬慰媳婦，為了不中斷他的話，他在這二人到來時只和他們說了聲「來了，坐」，繼續說，就死了三頭牛麼，又不是多大的事，不要難過，三頭老牛給咱還留下三個牛娃子，咱好好把這三頭牛娃子養大，一切就都補上了。申志仁不失時機地接著幼平的話茬說，對，說得對。死了的已經沒任何希望了，那三個牛娃子倒大有希望，喂的養活了，那三個牛娃子把死了的補過來綽而有餘。那麼小的牛娃子只能熬小米米湯灌。經些心，能喂活。你家沒有穀子就到我那裡裝。申士

俊則對幼平說，對著哩，遇事了，男子漢就要把腰杆子挺硬，要頂得住。過光景嘛，不會一帆風順的，誰都要經歷跌倒爬起來的事。過光景就是要跌倒爬起來，只有爬起來才有希望。跌倒了不爬起來，那就完了，更大的災難跟著就來了。老大是個有骨氣的人，一定會很快爬起來。正說著哩，黑三來了。黑三倒乾脆，直衝衝地把幼平叫大哥，勸大哥不要難過，說他來就是要幫大哥處理死牛。申志仁立刻叫黑三再叫幾個人把死牛抬出去到村外把牛皮給剝了。

幼平媳婦朱月蘭將僅有的小米全倒進鍋裡準備給牛娃熬米湯。申士俊見狀就叫幼平跟他去先裝些小米把給牛娃熬下一頓米湯的米準備下，再說裝穀子碾米的事。申志仁則建議幼平趕緊把兩匹馬帶騾駒賣了。他的觀點是，死牛可能是個不祥之兆。快快把兩匹馬帶騾駒出了手，就等於落住了。幼平表示他也是這麼想的。此事不宜遲，第三天的禾豐鎮逢集日，幼平牽著馬帶著騾駒上了牲畜市。他一到牲畜市就給經紀下了話，說他得了個好機會，可以買五畝地，等著用錢，不得已只好把馬帶騾駒都先賣了，希望經紀幫他把馬帶騾駒一定出了手。經紀心裡有了底，就放手給幼平拉買家。其實騾馬市上的形勢對幼平是有利的，兩匹馬都能生，其帶的騾駒就是證明。兩個騾駒明顯是要增值的。所以，就這一個集日，幼平的兩匹馬和騾駒全出手了，總算保住了大部分的本。

現在就是全力保住三頭小牛犢。可是正吃奶的牛犢突然沒有奶而改用小米米湯餵養真是件不容易的事，牛犢不知道米湯是媽媽的奶的代用品，不肯主動飲用，不得不給它們強灌。結果，第一次就把最小的一個叫米湯給嗆死了。剩下的兩個牛犢有米湯餵養，當時倒沒餓死，但也活不旺，湊合著養了三個月，半死不得活的牛犢開始吃草料了，這當然是個好事，幼平的心也有點松下來，就讓兩個牛犢在村邊自由找草吃吃，而且這時已是深秋，用農民的話說，這時各種草的面兒都飽了，牲畜吃了頂糧食哩。但是牛最愛吃的苜蓿是個例外，深秋的苜蓿早已割過三茬了，再長上來的嫩芽很低，手都難以抓住用鐮刀割，所以這些第四茬的苜蓿芽沒出土就被放棄了，人去撅，牲畜去啃，主人家是不管的。可是，這些第四茬苜蓿一經霜打性質就

變了，牛吃了就脹肚子。南轅庄的殷實人家差不多都在湍河大轉彎處各擁有面積不等的苜蓿地，深秋了，到第四茬苜蓿芽上來時，所有人家的小塊苜蓿地就連成一片任由村裡的牛羊啃食。一旦下過霜，人們就不讓牛羊來這一片苜蓿地了。可是幼平的兩個牛犢還沒紮鼻圈，沒栓韁繩，仍由它們在村邊自由找著啃草。人常說吃慣了的嘴，跑順了的腿。儘管前一天晚上下過霜了，這兩個沒韁繩的牛犢照例來大片的苜蓿地裡啃它們愛吃的嫩苜蓿。兩個牛犢獨享著一大片嫩苜蓿，啃了大半天後到河邊喝了水自己回到院子裡。牛犢的步履沉重，肚子鼓得跟脊樑都平了。幼平見勢，知道又把禍闖下了，急忙去找申士俊求方子。申士俊根據他說的情況立刻判斷牛犢吃了太多的霜打過的苜蓿芽，告訴幼平說解的辦法有二，一是給灌老鼠屎，叫牛犢把吃下去的吐出來或快點瀉出去；二是叫牛嚼嫩椿樹枝，消脹。幼平得了方子就往家返。可是等他到了家，牛犢子已經倒地，肚子鼓得要爆炸了，牛犢的呼吸都困難了。這種狀況，哪一個方子都用不上了。幼平眼睜睜地看著牛犢停止了呼吸。

幼平不忍心把死了的牛犢拖著送出門，他把死牛犢背出來從門前北側的溝沿上扔下去。他把第二個死牛犢背出來往下扔時似乎有什麼情緒要發洩，向下扔的同時狠狠地說，哼，這下把你死婊子驢毬全打徹了！

※※※

申幼平的兩個脹死的牛犢被先後扔到門前北側的水沖溝後，申幼平自己好像辦完了一件事，回到屋裡做他下邊該做的事。媳婦和孩子們都不知所措，看著幼平的眼色找自己該站的地方。幼平自己也覺得家裡的氣氛過於沉重，於是對媳婦和孩子們說，甭害怕，天塌不下來。咱沒折啥。只要人好，就什麼都會有的，我從我媽肚子出來時身上連個線頭都沒有，我現在不是還有了你們，而且你們個個也都有穿有戴的。雖然咱的穿戴沒人家的好，但總還是有。更重要的是，我祿順還念下不少書。這些都不是生上世帶來的，都是咱掙來的。所以，你們不要怕，有人就能有一切。不早了，睡覺吧。

兩個死牛犢子扔在溝底，不多一會兒就有狗得到了信息，快速趕來撕著吃嫩牛肉。村裡的狗似乎是同時得到了有肉吃的情報，幾乎不約而同地同時趕來要分享嫩牛肉。這一來，麻煩了，在狗的社會裡，從來都是厲害的優先。有些不自量力者來了就直奔目標，立刻被咬得頭破血流，站在一邊汪汪叫著，流著口水看強者在大口大口地撕著吃牛肉。狼也聞到血腥味了，循氣味趕來也只能遠遠地看著，聞著腥味流口水。狼很明白，兩三個狼不是那一群狗的對手。厲害狗吃飽了，也就不獨霸了。那些當初被咬得敗下陣在一邊看的狗事實上並沒有一直老老實實在一邊看著，它們時不時蹭上去撕一點，立刻被咬退，一次次地試著撕，一次次地被咬、被嚇唬，直到這些強者覺得自己不需要了，也就不嚇唬這些弱者了，甚至乾脆退下來看那些可憐蟲貪婪地撕扯著吃它們的殘羹剩飯。

　　第二天清早，地面上，草葉上的霜很厚，圍著死牛犢的狗身上都有一層霜，現在大部分的狗都在一旁爬著看那兩三條瘦狗在啃骨頭。幼平蹲在溝沿上看著狗的世界。看樣子，聞著腥味的狼是完全沒有沾上牛肉的邊兒。那幾個強狗為了先吃到牛犢肉而咬那些弱者的響動幼平睡在炕上都聽到了，他理解那其中的原因，但是強狗們吃飽了看著弱狗們吃剩飯，直到最弱者啃骨頭這個情節他沒想到。

※※※

　　時間既是深秋，人們的秋莊稼不但收完了，而且都碾打完畢。又是一年兩料的好收成，大家的心情都不錯。尤其申吉茂，每到秋收接近尾聲，他的戲癮就犯得難以抑制。早在申幼平的兩個牛犢脹死之前，申吉茂就幾次提醒申士俊該給村裡寫臺子戲唱唱。申士俊自然仍像往年那樣答應著，只是說寫戲只能寫賈團長的戲，已經問過了，賈團長的戲這一陣轉到黃水縣了，之後接著是沙川縣的東半片，一時來不了。就在這時，幼平的兩個牛犢子被霜打過的苜蓿脹死了，村裡人都有些替幼平惋惜，就把寫戲的事暫時放了放，各自做各自該做和想做的事情。

　　申士俊從禾豐鎮買回一副磨豆腐的手扳礶和釘餄餎床子的床子

底準備請木匠打一台餄餎床子，村裡人都很高興，都說從此逢年過節做豆腐又多了一副豆腐磓，村裡又有了壓餄餎的床子。其實，原來申士俊家就有這兩樣用具供大家借用。那餄餎床子和豆腐磓甚至串借到鄰村的人家。真正到申士俊家要磨豆腐或壓餄餎時，還要先向人們打聽他的豆腐磓或餄餎床子在誰家。就這樣串著借了幾年，到申士俊再打聽豆腐磓和餄餎床子的去向時，誰也不知道這兩樣東西落在哪裡了。祖塋縣這裡的人的說法是，申士俊家那兩樣東西叫人蓄了，就是借了的人將其據為己有，不再拿出來。小人這麼一蓄，給大家帶來很大的不便，尤其臨到年關該做豆腐時人們急得打轉轉，遇個事需要壓餄餎管湯時沒餄餎床子，事主更是急得沒辦法，只得到外村借餄餎床子。申士俊又要重設這兩樣用具，大家的高興也是情理之中的事。可是申士俊的老伴王氏對此持反對態度。她的理由是，咱什麼農具都有，村裡人你也借，他也借，她記不住都什麼人借了什麼。有的人借了不還，就蓄下了。聽了老婆這一番道理，申士俊嘿嘿一笑說，我的農具別人借去用，他得了方便該不至於說我這人不好麼。至於說有人借了不還，或者就像豆腐磓和餄餎床子叫人蓄了，那總是因為他沒有，看咱那東西好，他喜歡，就不還了。他蓄了我的東西總不至於罵咱麼，不可能說咱壞麼。多年來，村裡人都說咱好，這幾年沒豆腐磓和餄餎床子給人借，我怕說咱好的人少了，一想到這裡，我這心裡還蠻不是個味兒。做人要懂得與人好，與己更好的道理。王氏還有些不服氣地說，說你好的人越多，向你借東西的人就更多，有借無還的人也多了，你管得起？申士俊笑著說，那更好哇，那說明很多人心裡有咱麼。他來借我的東西，說明他認為我比他強，他同時認為我會借給他。我把農具借給他用就是幫了他的忙，他不光認為咱這人好，還會覺得他過日子不能沒有咱。王氏對老頭子講的這些似懂非懂，好像也不願意聽，扭頭進廂窯紡線去了。

※※※

秋後這臺子戲確實不能不唱，不光是申吉茂這樣的戲迷放不下，申士俊、申志仁這些頭面人物也覺得幹了一年了，秋後不寫一臺子戲

唱唱有失南轅庄的體面。一時寫不下大戲，就叫了一班皮影戲先解渴。寫了三個晚上的戲。戲報向出一貼，村裡的人立刻忙活起來，有的捎話叫親戚來看戲，有的乾脆吆著騾子去搬離門的女兒來看戲。申士俊新買的手扳豆腐碾立刻就忙著串門了，這家做點豆腐，那家做點豆腐，準備好好招待來看戲的親戚和朋友。有人在借豆腐碾的同時還催申士俊快點把餄餎床子釘好，讓大家在遇到唱戲這號事時能給來看戲的親戚壓點餄餎。申士俊對提這個要求的人都答應說一定儘快釘，趕臘月人們娶媳婦，出嫁女子時一定有餄餎床子用。

正說話間，申明理的夆毛老婆腋下夾著個碗來了，申士俊的老婆一見這位來，臉色就有些不好看了。可是來者似乎沒看出來，還照直對王氏說話，他四嫂，你看，村裡要唱戲，我家來了幾個客人，我想給客人好好做頓蕎面吃吃，看你家的麥芽醋還有沒，要有的話給我借上一碗，叫我好好待待客。王氏幾乎沒聽完夆毛老婆的陳述就說，我家的醋完了。申士俊立刻上前搭話，你不知道甭胡說。咱家的麥芽醋多的是。吃完了的是柿子醋。隨後，申士俊叫廣仁媳婦給舀了滿滿一碗麥芽醋遞給夆毛老婆。夆毛老婆把醋碗接住以後先聞了聞，接著用指頭蘸了點在嘴裡一抹，吧嗒了兩下嘴唇說，嗯，你家這麥芽醋就是香，聞著香，吃著更香。用你家這醋拌著吃頓蕎面，人都把生日忘了。說著就出門走了。王氏有點憤憤然，衝著借醋人去的方向努了一下嘴說，就長了這麼一張嘴，說好聽的騙吃騙喝。老是借，什麼時候還過。申士俊接過話茬，那說借不是好聽麼。你這下看清了吧，她得了你的東西就給你說好聽的。那些好聽的儘管是空話，那也比罵你好麼。反正我現在是明白了，像明理這號人，我盼不得他時不時來「借」我些什麼東西。

申士俊這話可能是他這幾年的深切體會。本來，申士俊、申志仁這些人打心眼裡看不起申明理這樣的人。而看不起的原因還不是因為申明理窮，倒是因為他賴。用申士俊的一句話說，就是過日子不攤底，什麼都是借別人的，連吃的大粒鹽都是常年借著吃，這一次借這家的，再一次借另一家的。而且說是借，可是在申明理這裡是只借不還，借和要成了同義詞。所以多年前有人就此編了個順口溜：申明理

面子寬，一尻子逕了一條川。祖塋、沙川一帶人說欠下人好多債，不說欠債，而說逕下賬了，意思是不止一宗，而是好多宗。申尚仁曾說，申明理就是不敢張口借別人的老婆睡覺，再什麼都借。更讓人噁心的是申明理向人借錢和生活消耗品時那腔調，那聲音好像久病的人沒有底氣，可憐兮兮的：這一向的日子真沒法兒過，辦法都想盡了，就是弄不下一點買鹽的錢。我們都甜吃了好幾天了，到現在實在撐不住了。是這向，把你那鹽先借給我一小碗，叫我再搞幾天。或者說，我們都黑摸了好幾個晚上了，可是不行了，明天家裡要來客人，咱不能叫客人跟咱一塊兒摸黑。是這向，把你的油借給我一碗，叫我搞上兩晚上。但是借別人的用具時又是另一種腔調，很體面的樣子，那腔調給人的感覺是，你必須借給他，他用完就還你；你就這麼個東西，別吝嗇的不借給人。要人的旱煙抽又是一番氣派，語氣更體面。不容商量：來，把你這煙叫我裝一些。說話間已經把人家的煙包抓住了，話音落時，別人的煙包口已經筒到他那大皮煙包裡底朝天晃蕩著。要是找到你家裡，他就直沖你放煙的地方去硬下手抓著往大煙包裡裝。

　　大約是十年前，申明理拉著哭腔要向申士俊借錢。申士俊聽著他那哭腔就特別反感，隨口就說他沒錢可借。申明理聽申士俊這麼回答他，不急不躁，還自我找臺階下說，沒有就算了。借錢麼，你借得了有，借不了無嘛。說完就悻悻地走了。這事過去沒半個月，申士俊就遭土匪搶劫。土匪在人還沒睡前就潛入申士俊的院子。等人都睡下了，土匪立刻將所有人都控制了，搜東西的土匪翻箱倒櫃地找，銀元之外，能值幾個錢的東西全部拿走，申士俊給大女兒準備的嫁妝都全被洗劫。在土匪洗劫的當時，申士俊被控制著動彈不得，但是他的腦子在動著，他知道這些土匪是怎麼來的。但是毫無辦法，只好認了。他算是領教了申明理的厲害。可是，第二天上午，申明理扛著鋤頭氣呼呼地來到申士俊家，一見申士俊就說，咋！老四，我聽說強人把你給搶了。他媽的，沒了王法了。走，咱追這一夥狗日的去。申士俊嘿嘿一笑說，我看你叔家是叫氣糊塗了。那些土匪來無形，去無蹤，你往哪裡追去？算了，認了吧。申明理好像怒氣猶在說，這一夥狗日的這膽子也太大了，敢搶到你這裡來。

可以說，申士俊之後的集團，練武，打靶的積極性全是這次遭劫逼出來的。對申明理，他只能精心餵著。只要申明理張口借他什麼，那是有求必應。

※※※

村裡要唱皮影戲的消息居然傳到三十里以外的暗寨子村，申濟仁的姐姐申姣豔就嫁到這裡，其姐夫劉定邦聽到這個消息，一定要去南轅庄看影子戲。暗寨子村這個村名附近十里路以內不知道的人多的是，就是因為其處地太偏僻，太暗。說這是個村子，是因為那裡聚居著五、六戶人家，可是論規模，那就很難稱其為村子，因為生人連去這裡的路都尋不著，即使摸索到暗寨子村人的土窯背上了，人都看不出那是個小村子，以為那就是個溝掌灣。劉定邦他爹就是個土財東，土匪都嗅到了他的元寶了，就摸索著要去搶，結果前頭去踩過點的土匪晚上帶人來怎麼都找不著暗寨子村。實際上土匪已到了人們的土窯背上了，由於村裡人都熄燈睡覺了，土匪們無論如何不敢相信那就是個村子了。與此同時，當時還沒睡著的人們都聽到土匪們的響動了。暗寨子村的閉塞是不言而喻的，文娛活動根本沒有，所以得著親戚那裡唱戲，哪怕是皮影子戲，也一定要去從頭看到尾。

劉定邦和申姣豔來看戲，申士俊一家誰都沒感到意外，村裡人都不感到意外。因為村裡人從每次申姣豔回完娘家哭的不願意回去的現象體會到暗寨子村的閉塞和無趣。所以村裡人就把申姣豔的回娘家叫透風來了。可是，這一次申姣豔夫婦來還真不是單純地為看影子戲。劉定邦帶來了申濟仁的最新消息。劉定邦告訴老丈人申士俊說，前幾天，申濟仁帶著兩個遊擊隊員黑天半夜摸到他家，在他那裡住了三天、三晚上，然後說要跟什麼人會合就走了。濟仁求他來給他父親申士俊傳話說他現在一切都很好，正在按黨的指示打遊擊，積極擴大武裝力量。叫他父親及全家人不但不要生他的氣，還要想辦法配合他遊擊的需要，他會不時地回來的，叫他父親想辦法安排個藏身處。

事到如今，申士俊別無選擇，只能千方百計地設法保護兒子。

第十八章　商機

　　得知兒子申濟仁要回來並想以故居為據點發展武裝力量，申士俊的心情很複雜。但有一點他很明白，那就是勸申濟仁回頭是岸絕對不可取。他現在要做的就是保護兒子不被政府當局抓獲，不使全家人受這位革命黨人兒子的牽連，不遭禍害。而且，他分析了自己在村裡的基本情況後認為，這兩點他都能做到。申士俊認定，他自己的家不能藏革命黨人，因為他的院子後上方有人家，大半個院子可以被一覽無餘，如果有人從窯背上路過稍微向外偏一點，全院就被看得一清二楚。分析來，分析去，申士俊認為張運升家北邊的空院子最北邊那孔小土窯很有利用價值。首先，張運升家在村西北角，土窯背上就是耕地和荒坡，荒坡上荊棘灌木和雜草叢生，裡面只有牛羊踩出的小道。更為有利的是，北邊的空院子很少有人去，就是張運升家的人也僅限於去空院南端的大土窯裡磨磨麵。作磨坊的這孔窯以北還有兩孔土窯的空間，中間一孔已脫頂，形成一個天井，但是誰都不會輕易邁過磨坊窯門前那條小徑。所以小徑以外的臭蒿長得比人還高，加上院中間那棵大核桃樹的遮蔽，就是來到這個空院，也看不見最北邊安有門窗的小土窯。脫頂土窯形成的這個天然天井現在幾乎就是張運升家的後門，人從小土窯裡出來從這天然形成的天井神不知鬼不覺就能逃往不遠的構渠溝。另外，北邊小土窯的牆外就是看場的場窯，場窯的炕後頭就是通往構渠溝的窨子入口。

　　申士俊找張運升說了他的想法，張運升一口答應，並保證濟仁回來藏在他那空院子裡絕對安全。憑兩家人世代的交情，他全家人都會嚴守祕密的。同時他會安排的不讓家裡更多的人和不懂事的孩子知

道。咱不指望從濟仁鬧的革命那裡得到什麼好處，但也不能叫政府把咱的人傷著。說好之後，申士俊來把空院子北邊的小土窯打掃乾淨，給炕上鋪上蘆席，把窗子糊上，再搬了兩個凳子放在窯裡。

農曆十二月二十九的夜間，申濟仁單獨一個人摸回了村，他沒敢叫門，就抓著窯背角連界牆處的柏樹根溜進院子。家裡的大黃狗吠了兩聲，他壓低嗓門叫了狗的名字，狗聽出來是自己人，不但不吠了，還跑過來聞聞他表示歡迎。申士俊聽出來了，在窯裡叫了聲「濟仁」？申濟仁應道，大，是我。申士俊趕緊擦火柴點燈，同時招呼申濟仁進他睡覺的窯裡。裡面的門關子一拉，門就開了個縫，申濟仁隨即就進來了。母親王氏正在穿衣服，炕上睡著的順昌和順興睡得什麼都不知道。王氏穿好衣服邊下炕邊說她去弄些飯去。申濟仁表示他還真地很餓，並叫他媽把他哥叫一聲。

廣仁聞訊立刻就來了。申濟仁見他哥到了，馬上開口說，今天我擠出一點時間回來一下，一是向家裡報個平安：我在北邊的一切都好，有馬騁哥介紹，我們很快就得到組織的信任，派我們出來打遊擊，擴大武裝力量。打遊擊其實很安全，我們在暗處，國民黨在明處，只有我們打他們的份兒，他們卻找不到我們。第二是給家裡提供個經濟情報：共產黨那邊發展很快，物資供應緊張，尤其棉布和藥物缺乏。但是共區近幾年種了大量的鴉片，用鴉片換這些東西。我哥和幾個相好的若能向北販布和藥，拿回大煙可是保賺。申士俊聽了質疑道，不是幾年前都嚴格禁止種大煙了，怎麼共區還種？申濟仁賠著笑說，那不是沒有辦法的辦法嘛。沒有經費，那麼多人要吃、要穿、要看病。為了活下去，就顧不了那麼多了。反正就這麼個情況，我專程回來告訴你們，若能做，還是對革命的一份貢獻呢。我在家還不能多呆，明天晚上要趕到楊莊河和支隊會和。說著，王氏和趙氏把飯做好了，濟仁狼吞虎嚥吃了飯就去他媳婦的窯裡睡覺去了。

申濟仁帶回的商業信息使申志仁等有實力的人很是興奮。於是大家就著手辦良民證和去陝北販鹽的通行證。還好，保公所和鎮公所都有濟仁的把兄弟在管事，有廣仁帶著大家去，事情就好辦得多，再加上一點賄賂，通行證就算順利拿到手了。接下來，就是八仙過海——

各顯神通了，收布，找藥。可是這準備藥不像弄布那麼簡單，必須請教懂醫道的人，而且要特別懂西醫的人，廣仁想到了濟仁的一個朋友。此人姓劉，既懂中醫，又懂西醫，很注意自己的穿著和儀表，故人們送他個綽號叫劉飄兒。劉飄兒告訴廣仁說，販中藥材不合算，那些柴柴草草，占地方大，又重，用起來還見效慢，又賺不了幾個錢。他估計，共區缺的是西藥，尤其缺消炎止疼的藥。劉飄兒建議廣仁儘量弄消炎的，片劑，針劑都弄。第二大類就是治消化道疾病的藥，如藿香正氣水，正氣丸。第三類就是治感冒止咳嗽的藥。劉飄兒開了個單子交給廣仁說，什麼藥要多少由廣仁自己定。他預計，如果能馱一騾子他開的那些藥，一回就能賺個對半。回來再販上鹽，捎著大煙，總共下來，跑一趟下來能把本錢翻三，四番。廣仁拜託劉飄兒說，劉先生通這一行，知道從哪裡能弄到這些藥，就請劉先生幫他找貨源，找好了後，他和夥伴來付款提貨。廣仁每樣藥給了個所需數字。劉飄兒一聽直搖頭說，無論如何弄不下那麼多，再說，向北去，藥拿的多了卡子那裡過不去。廣仁只好囑咐他儘量多弄，而且要把下一趟的貨及早訂下。為了收布，廣仁他們甚至跑到山外，祖塋，沙川人說的山外是指黑水縣，鄧城縣，合川縣等關中北沿幾縣。

申廣仁、申志仁、申立仁、張運升、申繼仁一行五人趕著騾子，馱著布和藥走盤龍鎮北的卡子進共區。申濟仁叮囑他們要把貴重點的藥隱蔽好。所以在啟程前他們想了些辦法，把布卷成空筒，裡面塞滿藥，兩頭用折了幾層的窄布捲堵上並且在外皮以內縫上。每個人都備一個裝乾糧和衣服的褡褳，裡面混裝一些藥。他們知道，那卡子上一定要用袁大頭打才能通。到了卡子，把關的國軍一本正經地先查驗他們的良民證，看通行證。趁這機會，他們幾個人一齊擁上來圍著兩個驗關的國軍士兵，吵吵著說他們就販點布到北邊換點鹽回來想賺幾個錢。說著，吵著就把袁大頭塞到國軍士兵的手裡。錢一到手，查驗程序就到尾聲。國軍士兵還煞有介事地把騾子的馱子一個個看了，摸了，嘴裡大喊，就是布，再沒有別的，哦。幾個趕腳的一起應聲說就是些布，咱農家，除了布再能有啥。把卡子的國軍士兵接著話音說，對麼，本本分分地馱一馱布換一馱鹽，那沒說的。走吧。五匹騾子馱

著貨物魚貫從卡子向北去了。五個人趕著騾子走出約一里路，張運升回過頭來向身後的卡子望了一眼，笑了笑說，原來還以為這卡子多難過呢，看來有響元開路，就沒有過不去的鬼門關。申立仁也笑著說，你不聽人說有錢能買鬼推磨。看來，鬼得了錢不光願意給你推磨，人幹不了的啥事鬼都能給你幹好。幾個人輕快地謅著，最後得出一條結論，世界上之所以有鬼，就是因為人需要鬼幫忙辦人辦不到的事。

四天之後，南轅庄的第一批腳戶到了延安的七里鋪，這裡是邊區的交易場。邊區政府在這裡收貨的人對這些販布和藥品的腳戶很熱情，也很客氣，給他們安排的有住處，有飯吃，而且要價不高。剛到的，駄子一抬下來，就有人招呼喝水，指導栓牲畜。做這生意的人真多，駄腳的騾子、馬和驢拴了一大片。邊區收貨方怕人們拉錯牲畜，或偷牲畜，安頓了專門的人管拴在那裡的牲畜，一頭牲畜兩個寫著號碼的牌子，牲畜龍頭上拴一個，主人拿一個，憑對號領牲畜。收貨的人很慷慨，基本上不和腳戶們討價還價，差不多都是按腳戶的要價結帳。賬算清後就給裝鹽，從帳面上扣除鹽款就是腳戶該得的現款。可是付的並不是數張張的現鈔，而是用戥子稱的大煙。就是把腳戶該得的現款折合成大煙土，先把包大煙土的油紙稱了，再把該付的大煙土挖的放在油紙上用戥子稱夠該付的份量交給腳戶。申志仁他們看到付給自己的那一塊子大煙上時打心裡感到吃驚：乖乖，這大煙的成色真好，黑中帶黃，一點假都沒摻；扣過鹽款居然能拿到一小碗。他們暗暗一算，回去把大煙和鹽一賣，賺的絕對是本錢的四，五倍。

腳戶們把大煙土用油紙包好，再加封後將其裝在鹽口袋裡，大搖大擺向回返。來到卡子照例要遭查問和檢查。他們已經摸著鬼的習性了，有經驗了，在交驗通行證的同時就把準備好的一小塊大煙塞到國軍把關的士兵手裡。證驗得很順利。待各個人都重新拿到自己的證件後，把關的國軍士兵又把五匹騾子駄的鹽駄子拍了拍說，就是鹽，沒問題，過吧。

申廣仁他們這一幫販布的回到村裡的第二天，他們發了大財的消息就傳得家喻戶曉，許多人聞訊後都躍躍欲試，而第一次得手了的幾個人也都盤算著再添一匹騾子以擴大經營規模。要添一匹騾子容易，

但是把藥物的貨源加番就不那麼好辦。申志仁和申廣仁他們商定分頭找各自交往較好的藥房組織貨源。這樣，禾豐鎮的益壽堂，北倉鎮的怡康藥房，五里鎮的韋家，祖塋縣城的關家藥房都被動員起來為他們組織西藥。至於布的事，反倒比先前簡單了。自從人們得知有人販布到北邊去，紛紛都紡線織布。至申廣仁他們第一趟生意做完回來，附近各鎮的集市上都有不少人夾著布卷找人收布。沒用幾天，他們就把要販上去的布收齊了。

販布和藥品的生意連做了幾趟，大家確實賺了不少錢，自然都很高興。可是申士俊好像從此得了什麼病了，不大想吃飯，夜裡也睡不好覺，人當然也沒什精神。廣仁見狀有些著急，請了大夫來給老爸看病。大夫號了半天脈後卻不打算開藥方。廣仁不解，用疑惑的目光看著大夫。大夫知道他在疑惑，朗聲說，老先生的病不需要用藥，把老先生心裡的疙瘩解開了，病就沒有了。申士俊還有點裝硬漢的意思，犟著說他心裡啥事都沒有，拿上他那樣的人還能有什麼事想不開，大概是他的劫數到了，就像蠶一樣，到老的時候就不吃桑葉了。大夫則說他不和老先生抬槓，但是他肯定老先生不想吃飯的情況和老蠶不吃桑葉的現象不是一回事。說完，大夫說還有人等他去瞧病，他要走。廣仁也不挽留，順勢說，既然如此，那就不敢挽留。說罷要付大夫的診費，大夫說什麼都不收，說他是路過捎帶著把老先生看一下，只是碰巧和廣仁要找他對上了。就是廣仁不叫，他那一天也是要來的。廣仁則笑答，好吧，恭敬不如從命。我送你。說著提起大夫的藥箱，送大夫出門。到了大門外，廣仁卻不把藥箱交給大夫，說，大夫，你現在給我說實話，到底要緊不要緊。大夫大笑道，我說了，老先生是點心病，心事取了，什麼事都沒有了。咱們這麼深的交情，我能誆你們父子?!廣仁說那就是了，然後把藥箱交給大夫，說那就不敢再耽擱了。

廣仁返回來又到父親的炕邊說，大夫說了，你這完全是心裡有啥事想不開弄的，確確實實不是什麼大病。你剛才也說了，沒有你想不開的事。這一次這是怎麼的了，能把你憋到這步田地。聽到這裡，申士俊歎了口氣說，其實不是眼前的什麼事，而是他心裡覺得自己愧對

同族人和鄉親。廣仁聽了有點不解，反倒朗聲說，你要是愧對鄉鄰，那麼勾結土匪為害人的人就該上吊自盡了。申士俊聽了解釋說，其實他前頭幹的事跟勾結土匪為害鄉里的事差不多是一回事，他估計他要遭到很多人的指罵。當初他引進大煙種子時，他有臉明令禁止村裡任何人抽大煙，而且他禁住了，直至政府禁止種大煙，村裡沒一個人染上大煙癮。現在可好，咱自己不種大煙了，咱自己的人入的這個夥卻大量種大煙，還向禁了煙的地方大量販賣大煙。他看到那些染上大煙癮的人把家當搗騰的那情形，心裡很難過。我怎麼就沒防住我的兒子可能投奔這夥革命黨這事。現在做什麼都不可能了，叫濟仁回來不可能，想要共區不大量種大煙、賣大煙更不可能。這樣發展下去，那些抽上大煙的人就只有家破人亡了。作孽呀！

廣仁聽著老爸這些話，都能理解，他老爸這樣在人前能說起放下的人和這樣的尷尬事染得很深，心裡不好受是很自然的。但是又不能叫老爸一直這麼想下去。於是他勸老爸說，他說的做什麼都不可能了確實是事實，退一步說，就算濟仁能聽勸不再革命，也改變不了共區種大煙、賣大煙的現狀和未來。國民政府都管不了共區，你著急，難過又有什麼用。說到底，想已經發生了的和正在發生的事都沒用。就說販布換大煙吧，即使咱不幹了，幹的人多的是。總括一句話，你現在只能做你該做的和能做的。不要那麼想了，誰不懂子大不由父的道理，同時大家都理解，共產黨要革命的事更跟你無關。相反，在這個當口，大家都等你管事呢。

※※※

申士俊聽長子廣仁一席話後，想了想，覺得廣仁說的確有道理，從此放下包袱，恢復了往日的規律，該幹活時下地幹活，該管事時出面管事。他注意到，村裡人和鄰方的人對他仍一如既往地尊重，他說的話照樣有威力。他打心底裡感激人們對他的理解和支持。他對自己的信心回來了。周圍的一切似乎從未有所改變。但是這是他的感覺，就是說已經發生了的事只是他沒看到，更無從感覺到。有一天吃過晌午飯，申士俊斜躺在炕上抽旱煙，並且打算抽完煙就午睡一會兒，當

地人叫歇晌。他的一袋煙還沒抽完哩，申明道的媳婦任氏爬在窯背堎上叫他。申明道家就住在申士俊家窯背後上方一層的土窯裡，申明道的媳婦有事就操近道來爬在窯背堎上說說，一方面是因為三寸金蓮繞大半個圈費勁，另一方面是怕申士俊家的看家狗。申士俊聽得是申明道的媳婦叫他，翻身下炕趿拉著鞋到院子裡問什麼事。任氏立刻聲淚俱下說，四哥呀，我一家沒活頭啦。

申士俊一聽就意識到問題嚴重，趕緊說，啥事，你下來說。申明道和申士俊的關係那是盡人皆知的，任氏當然更清楚，她知道，村裡只有申士俊能管下她家的申明道。任氏來到申士俊歇息的廂窯，開口還是那句話，她一家沒法活了。她擦了一把淚水，幾乎泣不成聲地說，她掌櫃打前一年就抽上了大煙，到現在把她的三個女子都以小說大賣給人，得的錢全抽了大煙了。三個女子賣的錢哪能夠他抽大煙。他就偷著賣地，到她知道，他把地賣的只剩下土口渠和門前跟申士俊家棗園連畔的那三分地。他不讓她把賣地、賣女子的事說給申士俊。他威脅任氏說，她要是敢把他抽大煙的事說給申士俊，他就要媳婦的命過手。所以，申明道抽大煙、賣女子、賣地的事全村人都知道，就申士俊一個人不知道。申明道又找人說合的想賣土口渠的地，任氏擋不住。她看反正就是一死，不是被掌櫃打死，就是餓死。她趁掌櫃不在家的機會，把這事說給四哥。任氏說到這裡，撲通跪下說，四哥，我求你給我管管我那人。你要是管不下那人，我一家子就沒法活了，我就先從你這窯背上跳下來。申士俊見狀，忙叫王氏把任氏拉起來說，你不敢這樣。我管，我管，我一定給你把這人管下，你們都好好活著。說完，他把趿拉的鞋勾上，手一擺說他就去找申明道，要治他的毛病。

申士俊沒費什麼周折就把申明道找著了。申明道見申士俊來，心裡早明白了大半，乖乖地先向申士俊打招呼，四哥，這大忙天，你咋來了？申士俊當著幾個人的面說，大忙天還來尋你，那就是有事，走，到你屋裡給你說事。申明道聽了二話沒說就往回走，申士俊緊隨其後。兩人進了申明道那暗暗的小土窯後，申明道招呼申士俊坐到炕上，又招呼任氏燒水給四哥沏茶。申士俊斬釘截鐵地說都免了吧，立

刻言歸正傳說，要不是你媳婦剛才給我說，我還被你蒙著哩。現在什麼都不說了，咱幫你把大煙戒了。你為抽大煙賣了幾畝地，你就尋的開幾畝地的荒地，能多開更好。我不問你戒得了戒不了的話，我非叫你戒了不可。你今日哪裡都不要去，我過一會兒就返回來找你開始戒煙。申明道聽著，眼淚不住地向地上滴著。

申士俊出來找了申志仁，說了原委，要申志仁把他的大土窯讓出來借用一陣，把申明道關在裡面戒大煙。申志仁表示堅決支持，說他的大土窯裡沒什麼，就屯點糧食，隨時可以關人。這邊安頓完後，申士俊去找申立仁。他要求申立仁執行對申明道戒煙的監管任務，從頭到尾和申明道泡在一起，只給他飯吃和水喝，要是不從，就給上些厲害的。申立仁滿口答應說，他一定要把申明道的毛病給治了。他一定下得了手。於是申士俊和申立仁一同來領申明道到大土窯裡開始治毛病。

申明道來到大土窯後，申士俊和申立仁就堵在門口。申志仁聞聲也來了。申士俊宣布說，明道，你我的關係你我都清楚，全村人心裡都有數。你抽上大煙這事我不能不管。你自己知道打抽上大煙到如今你都幹了些什麼，也就應該知道我該不該下硬手戒你這大煙癮。我也真糊塗，前些年咱種大煙時我都能管的沒一個人抽大煙，怎麼都沒料到自己不種大煙了竟然有人抽起了大煙。申士俊說到這裡，申明道似乎有點不服氣地插話說，咱種大煙是為了賣錢的；咱不種了，共產黨那邊種了來換咱的錢哩麼。申立仁立刻頂了一句，咋？你抽上大煙還有理了？他要換你的錢，你不敢不和他換？申明道還辯解說，那咋能呢？我一聽價錢，比咱當初種大煙時賣的價還低，就試著抽了，誰知道這東西那麼容易上癮。申志仁笑著說，你就是在這兒上的當，只有便宜些，更多的人才抽得起。人家是多中取利。但是，一次便宜點，你一直抽著，多次便宜點的買下來就得你一大塊。申士俊聽著這些看似平常的話覺得喉嚨有點梗，咽了口唾沫說，什麼都不說了，反正你得給我把大煙戒了。有立仁和志仁幫你戒。我們對你下狠手，你自己更要狠心戒。你看你把家敗成啥樣子了。你要不把大煙戒了，你的一家人就沒法活了。立仁，這事就交給你辦了。剛說了，要下硬手幫人

戒大煙癮。不管怎樣，就是沒大煙給他抽。說完，申士俊和申志仁、申立仁都出了大土窯的門，申立仁轉身把門拉的閉上，接著用絳州大鐵鎖子把門鎖上，隔著門對裡面喊話，睡還是坐全由你。說完，三個人各奔東西辦各自該辦的事情去了。

　　實際，申立仁並沒有走遠，而是出了院子到大門外面對著大門坐在長石條上等著聽動靜。三個人剛走，申明道似乎無所謂，上到炕上，躺在山羊毛沙氈上想睡覺。申立仁在大門外坐了一會兒，聽不到什麼動靜，以為沒什麼事，打算回家練練打短槍的手勁，於是就起來往回走。到家後拿出他新近弄到的手槍練了練瞄準，扣扳機，閉氣。練著，練著，他覺得似乎不對勁，就把槍別在腰間，提了裝擦槍油和擦槍布子的包返回到大土窯的院子。剛進大門，就聽見申明道在窯裡喊他要尿尿。申志仁在兩個院的過洞口站著笑，說申明道喊了半天了，他說他沒拿鑰匙，要尿也得等拿鑰匙的人來。申立仁說尿毬哩，可能是癮犯了。說著來到大土窯的門口給裡面搭聲說，甭喊了，給你開門。裡面果然不喊了。待申立仁開了鎖進了門，申明道一下抱住他的腿直喊，立仁，多少給我弄點土，實在扛不住了。哎呀，這傢伙要人死呢。申立仁不以為然地說，原來你並不是要尿尿。叫我多少給你弄點土，我到哪裡給你弄去，拿啥弄呢？你忘了我是弄啥的，我就是盯著你戒大煙癮的，我要是敢幫你弄點煙，那就是我不想活了。你到底有尿沒尿？有尿了就出去尿，沒尿了，我就鎖門。申明道摟著他的腿不放，幾乎是哭著哀求給他多少弄點土。申立仁低頭一看，那申明道又是鼻涕又是眼淚，臉都好像變形了。他問申明道到底尿不尿。申明道說他也不知道他尿不尿，反正身上哪裡都不對勁，但是總摟著申立仁的腿不放要點大煙。申立仁說他看那人那天沒點大煙真不行，就把語氣變溫和了說他那麼叫人摟著腿動彈不得，咋能弄點大煙來。申明道聽了以為人家要去給他弄大煙，鬆開了手說，好爺哩，我放開你，你趕緊給咱弄點來，這他媽的不抽真要死人的。申立仁見雙腿被放開，挪了挪身子一步竄出門，把門又鎖上，隔門對申明道說，我給你弄點尿。你就扛著些，放心，不抽大煙死不了。說完徑直到申志仁家灰圈，即茅房提了個大尿盆來，開了門把尿盆放進去，立刻又把門

鎖上，又隔門對裡面說，有尿就尿到盆裡，要想喝水，我一會兒給你從窗子遞一小罐水來，吃飯時你老婆就送來了。

申明道剛才鬆開申立仁讓他跑了，立刻陷入極度的失望中，爬在地上，好像不省人事了，打著呵欠，流著眼淚，渾身不自在，連申立仁送尿盆進來，他幾乎都沒有反應，待申立仁再次把門鎖上喊完話，他才知道什麼希望和可能都沒有了，躺在地上長歎了一聲，又好像不省人事了。他躺著沒多大工夫，他媳婦任氏給他送飯來了。這是鄉下人的晌午飯，一般地，這頓飯是麵條。任氏做的就是麵條，而且是申明道愛吃的乾撈麵條，另提了一小罐麵湯。申立仁開了門，見裡面的人還長長地躺在地上一動不動，喊道，別裝了，起來吃飯。你老婆給你拌的乾撈麵。申明道有反應了。他一下子衝過來抱住申立仁的腿又哀求他多少弄點大煙來，他實在受不了啦。申立仁卻冷冷地告訴他那沒門兒，又重複說不抽大煙死不了人，著重說不吃飯可是要死人的。申明道又蔫了，鬆開他剛抱著的腿說他不想吃飯。申立仁馬上接口說，不想吃就叫把飯拿回去。申明道叫先甭忙。任氏意識到她的人還是想吃，就湊過來拉申明道起來，而且說人不敢老躺在地上，身子受了潮可不得了，要躺就躺在炕上，炕上鋪著沙氈，那東西隔潮。再說這大土窯裡就陰森，不敢受涼了。說完，給拉起來的人把身上的土拍了拍，扶人坐在炕沿上，把飯端過來遞給她掌櫃的。申明道接過盛乾拌麵的老碗和筷子，想吃不想吃地吃了兩口，突然把老碗和筷子摔在地上，嘴裡還說那飯沒味兒。任氏一看碗碎了，乾拌撈麵也不能吃了，急了，抱怨道，你這是作孽哩，糟蹋糧食就是造孽哩。人家想著你戒煙不容易，特地給你做的油潑麵。說著彎下腰去收拾碎了的老碗碎片和沾了泥土的麵條、筷子，繼續似自言自語地說，造孽哩，真是作孽哩。你還當你的糧食多的能糟蹋得起，要不是四哥給盤幾斗麥，你連一口拌湯都端不上。申立仁見任氏收拾完了，就說，算了，拿回去餵雞去。不吃算了，下頓再說。咱們是幫他戒煙學好呢，又不是欠他什麼。這時申明道已經拉長躺在鋪著沙氈的炕上一動不動。

任氏把盛麵湯的瓦罐挪到炕對面的桌子上以後，端著碗的碎片和從地上攬起來的帶泥麵條走了。申立仁也返身出來把門鎖上，然後又

對裡面喊話說他去吃晌午飯，一切等他回來再說。申明道躺在炕上，一動不動，就比死人多一口氣。

申立仁吃罷晌午飯後回到大土窯的院子，來到窯門口先聽了聽裡面的動靜。裡面倒沒什麼響動，他這才開了門準備進去在炕上睡一會兒。他來到炕邊一看，申明道簡直都失了人形了，躺在炕上又是鼻涕又是眼淚，嘴角上還掛著長長的哈喇子，哈欠連連。儘管這樣，那一口氣還在哩。申立仁並沒理會，脫了鞋上到炕上準備睡覺。他正要躺下時申明道一把抓住他的手求他多少給弄點大煙來。申立仁很不高興地叫他別想，要申明道咬緊牙關熬著，讓他睡一會兒。說著他把申明道的手甩開了。申明道絕望地流著淚說，誰他媽的缺了德發明下這大煙，弄得叫人受這號罪！申立仁沒好氣地頂道，你不受罪，你老婆娃就要受罪；再說，要沒有抽大煙的，種大煙的人就不得好過。抽大煙的抽得越凶，種大煙的就越好過。你咬著牙戒了，種大煙的就苦了，以後可能還有更好的日子哩。甭想沒影兒的事，叫人睡一會兒。申明道什麼都不說了，像曬蔫了的莠子貼在炕上不動了。申立仁頭挨枕頭沒多大一會兒就睡著了。這時申明道反倒起來到桌子邊端起媳婦留下的瓦罐喝了幾口麵湯。

下午歇晌過後，申廣仁拿著一封茶葉來看申明道。申明道對申廣仁的到來幾乎沒有什麼反應。申廣仁把茶葉放在桌子上說，夥計，給你弄來些茶葉，實在不行了釅釅喝兩杯茶能解點心慌。再不要想大煙了，那東西就不是要賣給你這號人的，那是要禾豐鎮趙家的後人抽的。你把你沒尺量尺量，你的全部地產都沒趙家的菜園子大，那洋煙就能是你抽的？說著，廣仁捏了些茶葉到申志仁家廚屋給沏了一壺茶端過來放在桌子上，過了一會兒倒了兩杯說，來，喝兩口。申明道咂了一口茶在嘴裡品了品，覺得挺好。兩杯釅茶下肚後，申明道似乎得到點安慰，一直把那壺茶喝得什麼味都沒有了才放下杯子。

※※※

申明道被迫戒大煙的這些日子天有些旱，當然酷熱，地裡幾乎沒有多少農活可幹。申明道被關在大土窯裡倒不覺得有多麼熱，但是還

是渾身不舒服。一天一天地熬著，他澈底斷了抽大煙的嚮往，而且有一口茶喝，還確實能止點心慌，加上管教人申立仁時而訓斥，時而鼓勵，有時甚至拳打腳踢，他堅定了戒煙的決心，戒大煙就成了他的主動行為，後頭的日子好過多了，申立仁好像也不那麼可惡了。於是一天早晨太陽半竿高時申明道提議和申立仁先下河洗個澡，之後在河東岸的石崖下看幾個老頭抹牌。申立仁表示洗澡可以，但看人家抹牌不行，理由是，抹牌賭錢也不是正道，敗起家來比抽大煙敗得還快，他不能讓申明道把一個壞毛病沒戒掉又染上第二個壞毛病。說完，兩人就下河洗澡。到了河邊向彼岸一看，抹牌的攤子早擺開了，連東岸韓家河的幾個人，開了兩攤子。申明道在水裡洗著，眼神總向對岸石崖下的牌攤上瞟，申立仁看得清清楚楚，就催著叫快洗，完了就回大土窯裡去涼快，小心在河裡耽擱久了猛不防被大水沖去。

其實伏天逢天旱南轅庄和韓家河的「閒人」聚在淵河東岸的石崖下抹牌、抹花花、抹黑虎是兩個村的「閒人」的保留項目。五個人抹著，幾個人看著，一把完了後一起評論著，順河彎的風吹著，確實愜意。贏了的當然高興，輸了的也不那麼沮喪，寄希望於第二天的時來運轉。這一年的天旱得有點邪乎，從收麥前至中伏，幾乎沒見雨，晴空萬里成了常態，來石崖下玩的人就多起來了。這一天剛開始就擺了兩攤子，而且玩的人和看的人都很投入。至快晌午時有人聽見異常的水聲，他提醒說河裡發水了，正抹牌的人不以為然，說這麼旱的天哪裡來的水可發。正說話間，水聲大了，所有人都聽到了，大家不約而同往上游處一看，天哪，那水頭足有三尺高，沖得兩岸乾燥的沙土都揚起了丈把高的塵土。抹牌的「閒人」和看客們都欲逃生，怎奈，在陡壁懸崖下只能順勢往下游跑。可是那水頭推進的速度根本不容許他們跑到緊跟前的出路口，一下子就把十來個人壓在水頭下卷走了，只有水性特別好的老搗鬼硬是遊到了東岸，得以逃生。人們看到那麼大的水，知道禍事已闖停當了，兩個村的驚呼聲和哭聲混成一片，但是毫無辦法。被大水沖走的人的家裡人只好紮個草人當死者埋掉。一個不大的村子，一下埋掉七、八個草人，這事確實震撼人心，上了年紀的人都不解地說，打他們記事和聽老人們說，這淵河從來沒發過這麼

大的水，難道這是老天不讓人活了不成。

　　河水塌下去了，河邊漫下各種柴草，人們就在泥裡撿拾硬實點的柴禾，當地人稱為拾河柴。當然拾河柴不限於只拾柴禾，凡是水沒沖走漫在岸邊的東西都可撿拾，除了柴禾以外，撿拾者可以撿拾任何自己感興趣的東西和自己覺得有用的東西。有人就在柴草裡撿到罌粟葫蘆，而且為數不少。向北邊販過布的人首先明白了，這河大水發自用大煙換他們的布和藥的地方。他們證實說，那裡的山頭、峁頭、溝溝岔岔都被開的種了莊稼，敢見下暴雨，不發大水才怪哩。被水沖走的「閒人」的家裡人聽著這些，照規矩還給埋掉的草人過頭七，過五七，送紙錢。大水沖了半條川的莊稼，又給被沖掉莊稼的地裡攤了一尺多厚的大沙石，人們望著滿地的大沙石嚎叫，抱怨老天殺人不眨眼。

※※※

　　大水過後的好一段時間內，申明道想起那天他想當抹牌攤子上的看客而不能的事還是有些後怕，他打心裡感激逼他戒大煙的所有人。一場透雨之後，他扛著鑾钁到前梁上的一個叫褲襠的小溝掌開荒。他媳婦任氏很高興，特意找來向申士俊表示感謝。申士俊則關照她把她的人關照好，人下重苦呢，一定要叫他吃好，每個晌午的乾撈麵一定不能少了，別怕沒糧吃，明道開的荒一定能趕上種一料好麥子。

第十九章　滾雪球

　　販布夾藥品的生意一直有人做，而且做的人還越來越多。林子大了，什麼鳥兒就都有。像申廣仁那樣的腳戶就一根筋─拿他販上來的東西賣了，賺他該賺的錢。可是後頭再加入進來的人的腦子就活泛得多，他們賺著當下能賺的錢的同時還在打聽能賺更多的錢的門路。不打聽還則罷了，一打聽，還真有能賺大錢的事。七里鋪那裡收貨的邊區幹部告訴他們說，邊區不光需要布、棉花和藥品，更需要槍支和彈藥。人家進一步告訴他們說，收槍支彈藥的地方在南泥灣，說那裡給的價錢很好，販槍支彈藥的賺頭比販布，倒鹽賺的多多了。人家同時告訴他們說，販槍支的風險也大，絕對不敢走大道，只能走牛羊走的小道，還基本上都得夜間走，一旦被國民黨當局抓住，命能保住保不住不敢說，貨一定被沒收。這種利大風險更大的生意，像申廣仁這樣的本分人無論如何都不做。可是那些賭博輸爛了的賭博轆轤子，那些不甘心給人當長工的和那些借了高利貸後無力償還的人就願意幹這事。他們的主意是另一個樣子：僥倖弄上去幾支槍一下就賺一大把，萬一倒楣讓抓住了，也就一了百了，再也不用躲躲藏藏受那些窩囊氣了。

　　張運升那個弟弟張運來得此信息後很是積極，一定要幹販槍的生意，誰都擋不住。擋不住張運來的同時，人們打心裡理解張運來。這位張運來在小學的書都念不下去，常常因為背不過書被老師打板子、罰站，直混到十五，六歲了，那本「人之初，性本善」的書還沒念完，他也就乾脆不念了，原來的逃學到這年齡已發展成離家出走。這一離家出走後的張運來可就沒譜了，幾乎什麼都敢幹，順理成章地沾

上了賭博，賭得誰都管不下，他媳婦為了阻止其賭博，又是要上吊，又是要跳河，用張運來他父親張三瘋的話說，他跟上張運來那麼個兒子，把不該丟的人都丟了。張運來弄到販槍掙大錢這個信息時，欠的賭債和高利貸的數目叫人聽了都害怕。

張運來回來找哥哥張運升借錢作本錢決心去販槍支，他向老爸、兄長及他媳婦保證，掙了錢還完賭債再也不賭博了，並發毒誓說從此往後，他再要賭博，他自己就剁掉一隻手。事已至此，只好讓他去撞撞，但願他能從此學好了。但是張運升強調，能掙下錢還了債戒了賭博當然很好，大家都盼著這樣個結果。退一步說，掙不到錢，也要把賭博戒掉。如果戒不掉賭博也別剁手，就和家裡脫離關係。張運來答應了，拿了哥哥給的本錢去販槍支。

那時向北邊販槍這生意是不愁沒買家的有理營生，只要你能把槍弄到南泥灣，買家是來多少買多少，多多益善，而且給的價錢確實令冒險販槍的人滿意，如果願意將價錢折合成大煙，買家還能多給一些。要去南泥灣必須走東路，也就是沙川縣的東部山區向北的小路。那一路可能少有政府的卡子，但是土匪不少，槍支也是土匪求之不得的東西。所以販槍支真是玩命的事。可是張運來居然把三支漢陽造從西安背到了南泥灣，三支槍淨賺十五個大洋。

張運來販槍發了大財的消息不脛而走，首先是和他有類似命運的幾個賭博轱轆子得到了這個令人興奮的消息。接著就是這些人的躍躍欲試。有的人甚至追到張運來家問情況。張運來對來訪者實情相告：只要把槍能背到南泥灣，保證賺錢，但是這活兒苦得很，基本上都是摸黑走小路。可是來訪者聽了並不以為然，反而很自信地表示，咱們這路子人什麼苦吃不了，什麼罪受不了。只要能弄到錢，那吃苦算不了什麼，咱幹咧。四鄉八鄰的走投無路的許多人都幹起了往北販槍的營生。

從事販槍的人一幹上這一行就體會到張運來說的確實是實情，只要把槍能背到南泥灣，掙大錢那是板上釘釘的事。但是與此同時，土匪們好像嗅到了這條道上的腥味，販槍者在接近南泥灣的小路上被搶的事也不時發生。有的是快到南泥灣時被土匪把槍搶了，有的是離開

南泥灣不久被土匪把賣得的大洋或大煙土搶了。被搶的人中有的甚至是連人帶財被劫。這些被劫的人也基本是半推半就加入到土匪的行列中再去搶後來者。有些匪幫幹著幹著就連窩起投奔了八路軍遊擊隊。

※※※

青黃不接時節的一個晚上，申士俊被窗前吊著的小鐵盒的響動驚醒，他知道這是兒子濟仁叫他開大門。這是他和濟仁約好的。這也是當年從事地下革命活動採用的祕密聯絡辦法中的特例。申士俊雖不贊成兒子從事的革命活動，但是他卻沒能阻止，現在兒子落草已成事實，政府方面天天在查訪申濟仁的行蹤，要拿他正法，他不能因為當初不贊成兒子所從事的事而不要兒子。濟仁媳婦帶著孫子和小孫女隔三差五暗暗抹眼淚的情景總在提醒申士俊一定要保護好兒子申濟仁。他用細鐵絲將一個鐵罐頭桶吊在窗前掛著的艾蒿火繩軲轆後，上端一直伸上窯背沿用一片石頭壓著，申濟仁夜裡回來不用大聲叫門，來到窯背上摸著鐵絲拉一拉，下面的罐頭桶就發出響聲，申士俊就知道是濟仁回來了。申士俊來到龍門口開了門，先被嚇了一跳，門外黑乎乎的有七，八，十來號人，申濟仁並沒注意到老爸吃驚的情節，只是示意同來的人進門。這一進門，申士俊才看到一個人被人背著。大家都進了門，申士俊重新把龍門關上，隨後來到窯裡。原來被人背著的那小伙兒受傷了。申濟仁告訴老爸說那小伙兒是在打一個保公所時被保公隊打傷了，需要留在老家這裡養傷。申濟仁還說，受傷的小伙就是距離南輾庄三十里外的東湖人。

申士俊立刻將廣仁叫起來，又招呼幾個屋裡人，即女人們趕緊做飯。他叫廣仁去把申明道叫來。還沒等來的人們吃飯，申明道已來到窯腳地。申士俊吩咐先給傷員洗洗，之後叫廣仁和申明道去構渠溝把窨子裡的踅窯打掃淨鋪上麥秸，好把傷員藏在那裡。申士俊吩咐完，屋裡人已經把水燒好，廣仁和申明道開始給傷員擦洗。解開衣服一看，傷的還真不輕，子彈是從左肋間打進的，流了很多血，他們只敢把傷口周圍洗洗、擦擦，把傷員的衣服給換換，然後就讓來的人和傷員吃飯，他倆提了燈籠，拿了火柴，笤帚及糞籠等去打掃窨子的踅

窯。他們臨出門時申士俊又叮嚀他們儘量多打掃兩個蜇窯，好安頓來的這些人。他強調說，既然交過火，又有人掛了花，國軍方面可能不會滿足於趕跑了事，一定會跟蹤找來，所以當天晚上就讓所有人都藏起來最好。

吃罷飯，申士俊叫遊擊隊員們抬著傷員，帶上他預備的鋪蓋跟他去窯子裡休息。申濟仁和他的遊擊隊員們一起去了窯子。一共掃好三個蜇窯，預備讓傷員和看傷員的占一個，其餘的人就睡在另外兩孔蜇窯裡。那傷員的傷口很疼，但是他咬緊牙關不哼一聲躺在地鋪上。其餘的人進了窯子來到地鋪前往上一趟就睡著了。看到遊擊隊員們累的樣子，申士俊對申濟仁說，你肯定和他們一樣累。為了安全，你回去就悄悄到張運升家北院那孔小窯裡休息。其餘的事我來招呼著叫辦好就是了。接著，他對申明道安頓要他看護傷員。申明道什麼絆兒都沒有就答應了。申士俊要他跟回去提一罐開水來供大家喝。

第二天一早，申廣仁趕往禾豐鎮的益壽堂買了些治傷的藥，說是鍘草時把擩草的人的指頭給鍘了。睡在窯子裡的遊擊隊員們放心地一直睡到第二天中午以後才陸陸續續醒來，傷員的傷口上敷上了藥。醒來的人有的喝水，有的溜到窯子口撒尿。他們這才看清，這窯子口在溝的東邊沿塄下向西開著。而西溝沿的塄上就幾層梯田，連個人影都看不到。大家差不多都醒了，申明道把飯送來了。飯當然是申士俊家給準備的，一大桶豇豆米湯，一大竹籠蒸饃，一盆炒菜和一碗辣子。遊擊隊員們放開量吃了一頓。申明道特別給傷員洗了臉和手，伺候傷員吃了飯。吃過飯後，遊擊隊員們都想到窯子外面透透氣，又怕暴露目標。申明道先來到外邊看了看情況，然後對遊擊隊員們說可以出去透透風，不過不要幾個人擠在一起，而要散開，不要到地塄上去，要靠崖根和樹下，就是看見個人也不要慌張，很自然地藏起來。再說這時分，村裡人都在家裡，沒人到地裡來，基本可以不怕碰見人。還有，你們的頭兒申濟仁他老爸的為人好，村裡沒人給老先生壘事。遊擊隊員們放心地出來躲在地塄下呼吸著新鮮空氣。

大家分散開正舒服的時候，申濟仁來了，他鑽進窯子，只見傷員一個人在裡面，傷員告訴他說人們吃過飯都到外面透氣去了。申濟仁

也不急著把透氣的人叫進來，而是趁這機會安慰傷員，說他已安頓好了，就由從前一天晚上開始照顧他的這位申明道照顧他。他要傷員放心養傷，說這位申明道最聽他父親的話，他父親要申明道辦的事，申明道一定會盡心辦好的。有他父親著手，一切都不用發愁，就是住的地方不好，但是沒有辦法，一個傷員就可能把革命的所有東西都暴露出去，整個遊擊隊就會被追蹤，革命力量就無法發展。申濟仁勉勵傷員好好養傷，養好了以後重新歸隊，他給歸隊的傷員報功。傷員表示他很想家。申濟仁立刻告訴他千萬不敢回他家，因為太容易暴露，還會給家裡人招來禍事，自己也完全有可能真地死在敵人手裡。革命就是這樣，不是敵人死在咱手裡，就是咱們死在敵人手裡。那咱們就沒有別的選擇，只有把傷養好重新歸隊把敵人消滅。傷員咬著牙，忍著痛說他懂這道理，他一定安心養傷。

安慰畢傷員，申濟仁從窨子出來到一棵大樹下背對著村子的方向壓低聲音叫遊擊隊員們回窨子裡去。遊擊隊員都回到窨子後，申濟仁告訴大家，晚上要趕到沙川縣的永樂村去，那裡的大財東劉福祿可以管吃管住，還不會暴露，在那裡可以好好休息兩天。他解釋說，南轅庄誰家都不能藏這麼多遊擊隊員，因為敵人幾乎天天都在尋找他的行蹤。而永樂村則不一樣，敵人根本不以為像劉福祿那樣的大財東會窩藏咱們。申濟仁進一步解釋說，這是利用毛主席的《矛盾論》的理論分析矛盾後創造出來的生存辦法，很有效。現在大家再回窨子裡休息，晚上人睡淨了就起身往永樂村趕。

※※※

申濟仁領著他的遊擊隊員走後，申士俊即安頓照顧傷員的事。他馬上給申明道盤了五斗麥子，提過去三斤油，供炒菜和點燈用。申士俊告訴申明道說，盤過來的麥子有他的辛苦費，所以叫他全家都吃，過幾天再盤些，一定要傷員和伺候傷員的人都吃好。它還叮嚀說一定要注意，不要讓人發現他的行蹤，要做的跟沒有這個傷員一樣。申明道要申士俊放心，他知道該怎麼做。他說他家處的那位置太容易避開人的耳目了。

確實，申明道那個家確實很隱蔽，人進到他的院子都看不見他的家。因為那院子裡共有兩戶半人家，申寶堂家一家住院子的南邊和東邊，窯和大房連成一片，申寶嘉在院子東北片有三間大房作羊圈用，申明道的一孔土窯就在這三間羊圈房後，出了他的窯門，只有不到兩米寬個過道供出入。走完這個過道就進了大門的納門房的門洞，所以他家的人出入連申寶堂家的人都看不見。出了大門就到了一個簸箕樣的場子，前沿的塄占了東南兩邊，雨水順地勢流向西南的小溝匯入上邊下來的大水掉頭向東流入湍河。所以，要想不被人看見，出了大門就沿申寶堂家大房的沿台下往南就進了小溝。沿溝向西走幾步，溝北沿就有一條上山的窄夾道。順窄夾道上去就是槐樹叢和耕地，這裡就有一條通往窯子的近道。

　　申士俊雖「窩藏」了共產黨遊擊隊的傷員，但他並不忙亂，完全是若無其事的樣子，每天該上地時上地，該歇的時候就歇，從容地應付著政府和催糧收草料的辦事人員，接待著鎮公所和保公所的抽丁的和一些來由不明的來訪者。誰都知道，這些和申士俊「主動」接觸的公務人員除了他要辦的事，主要地是想「意外」地發現申濟仁的蹤跡。因為，據當時的政府當局說，窩在北岸的共產黨及其遊擊隊是國家的禍根，時時在為害國家和人民，如果不能及早除之，將來為害更深。可想而知，一旦發現遊擊支隊長申濟仁的行跡，那是多麼大的功勞呀。正如前頭申士俊父子預料的那樣，被襲擊的保公所第三天早晨就跟著蹤跡找到南轅庄。可是在村裡看到的情形是什麼事都不曾發生。該上地的上地，該放羊的吆著羊上山，有的人在收拾打麥場，像申尚仁那樣的知識分子農民甚至把羊毛口袋鋪在皂角樹下躺著讀《三俠五義》呢。找來的人不相信他們的判斷有誤，找小孩問見沒見過有人把個受傷的人抬進村裡的什麼人家，小孩們都說沒見過，有的還進一步強調說村裡就沒人受傷。

　　被襲擊的保公所循蹤跡追來這個事實證明，把傷員和遊擊隊員當天晚上就藏在躲土匪的窯子裡確實是英明的決斷，同時也證明申濟仁第二天晚上趕往永樂村劉福祿家更是高明之舉。申濟仁帶著他的遊擊隊員們摸到劉福祿的院子時只有劉福祿的看家狗有反應，但是遊擊隊

員立刻給狗扔過去個饅頭，狗的反應就停止了。他們叫起劉福祿，說明要借他這深宅大院休息兩天，要吃好，住好。申濟仁要劉福祿把世事看開，如果讓政府知道他家藏著共產黨的遊擊隊，他自己跳進黃河都洗不清，從此就沒有好日子過。但是，如果他給遊擊隊方便，支持革命，將來革命勝利了有他的好處。

　　劉福祿是多精明的人，他一看來的這些人什麼樣的都有，他也分不清遊擊隊跟土匪有什麼區別，但就其偷偷摸摸進院子和對他說的那些話，劉福祿寧願把他們看成土匪。既是土匪，就無理可講，順從是上策。他對來人說，好漢們願意到我這裡歇歇腳，吃幾頓飯，這是抬舉我哩。你們別以為我這是假話，這是我心裡的話。好漢們能來我這裡，說明你們還知道有我這麼個人，而且憑你們對我這人的人品的瞭解，你們相信我無論如何不會把你們給賣了。你們是什麼人，我不問。能看得起我，向我張口要在我這裡休息，吃飯，這是給我多大的面子。好說，吃住都沒問題，放心吃，放心住，我保你們平安離開。至於說革命呀，勝利呀，給我好處呀，這些我都不懂，也不去想。我們老百姓不指望任何人給好處，只要讓我們平平安安活著，就天官賜福了，給誰繳糧繳草都是個繳。我何必興一家，敗一家呢。大家放心在我這兒住。至於我這兒的長工，伙計，沒一個人願意給我疊事。大家都把心放到實處。遊擊隊員們聽了這席話，差不多都有些放心了。劉福祿立刻吩咐伙房燒水，做飯，叫長工起來打掃地方。

　　遊擊隊在劉福祿那裡著實休息了兩天兩晚上，第三天晚上走了。臨走前，申濟仁向劉福祿表示感謝，特別誇劉福祿的開明。劉福祿哈哈大笑說「開明」談不上，他只是知道當時形勢下做人的一點道理。他最後特別說遊擊隊剛來時他說的那些話都是實話，大家看得起，後頭路順了就來，多一個朋友多一條路麼。

※※※

　　申濟仁留下的傷員在申明道的精心照料下維持著生命。申士俊想了許久，總不敢請大夫來給傷員治傷，只能憑一些土辦法和能從遠處藥房買到的刀劍藥給敷敷洗洗。起初好像還有效果，傷員的傷口也

第十九章　滾雪球

不那麼劇痛了，也能安靜地進食。慢慢地，看護人和傷員就有了交流，傷員告訴申明道說他是東湖人，是東湖許家，他叫增財，遊擊支隊裡大家就叫他許增財。他參加遊擊隊之前在石鋪楊家熬長工。許增財說在楊財東家熬活的幾年間，他和楊財東的三姨太的女兒楊紅豔好上了。可是楊財東嫌他家窮，堅決不許女兒和他好，硬把楊紅豔許給郭村財東張守成的兒子張永發。許增財說他當時氣得沒辦法，就在楊紅豔出嫁後第二天，張永發回門來的當天晚上用斧頭把新女婿砍死在他丈人家。把人砍死了，他把斧頭一扔就跑了，這一跑就參加了遊擊隊。他本來準備帶遊擊隊把楊財東搶一傢伙，把楊財東殺了，然後再找機會把張守成搶一傢伙，把張守成的頭也給提了。

聽到這裡，申明道有些不理解，就問許增財革命的遊擊隊還能搶，能亂殺人？許增財苦笑了一聲說，他們的頭頭給他們講了，革命當下的頭等任務就是擴大武裝力量，買槍，買炮，買彈藥的錢就要財東家給拿。他們的頭頭還說，抗日前線以外的遊擊隊的任務就是擴大武裝力量，連抗日前線的遊擊隊都主要是發展自己。許增財說他就是在搶一個保公所的槍時受的傷。他很惋惜自己受了傷，要不然不久他就帶路去石鋪搶楊財東，去郭村搶張守成並提他的腦袋。申明道安慰他好好養傷。一切都得等人好了才能幹。不過，申明道說到這裡稍有猶豫，但還是說下去，你們幹的這事總是不受傷就送命。你想，那些財東家誰家沒有幾杆槍。許增財爭辯說革命就是這樣，不是敵人死，就是鬧革命的人死。他們的頭頭給他們解釋說革命就是要人的命，不死人就不算革命，所以我們要為革命不怕死。有句話說，革命不怕死，怕死不革命。申明道笑了，說是這麼個理，死了就不知道怕了，而且鬧革命的人死的都很快，還沒想到怕的時候一個槍子兒就叫人不知道怕了，挺痛快。

許增財在窖子裡養著，申明道一天三趟給他送飯，送水，打掃住處，洗傷口，換藥，村裡人沒一個人知道此事。可是畢竟是槍傷，子彈頭又沒取出來，住在窖子裡又陰又潮，只能在下午太陽快落時爬到窖子口見一會兒太陽。之後不久，由於傷口一直感染，得不到有效醫治，許增財的傷勢越來越惡化，兩個月後，帶著遺憾為革命獻出了他

的生命。申明道立刻把情況向申士俊報告。申士俊搖搖頭說，沒有別的辦法，只好就地在窨子的那個趄窯裡把他厝起來，等形勢好了通知他家的人把屍搬走。

※※※

當初被襲擊的保公所循跡找到南轅庄，但是沒找到他們要找的人。要找的人沒找到，但是風卻放出去了：申濟仁的遊擊隊襲擊了保公所，槍了幾支槍。很快，在當地打遊擊的有申濟仁帶領的遊擊隊這個消息傳到了祖塋縣當局和駐軍的指揮部。一切跡象表明，申濟仁和他家裡人有聯繫。當時的國民黨中央軍對邊區周邊的遊擊隊甚是惱火，用駐軍總指揮的話說就是，好個共產黨，你自己提的停止內戰，一致抗日，你戳弄的叫張學良、楊虎城搞兵諫，組織抗日民族統一戰線；我們去抗日了，你共產黨卻在後方打我的遊擊，搶我的槍炮和彈藥。這不是比小日本還可惡嗎?!這話盡可以說說解氣，真正說到共產黨當面，共產黨壓根就不承認你說的那事是他的遊擊隊幹的，而是說那是土匪們幹的，嫁禍於共產黨。這使得國民黨當局更生氣，一定要消滅這些遊擊隊，至少要抓幾個正在打劫的遊擊隊員拉到共產黨當局面前叫他無話可說。可是毛澤東發明的這遊擊戰的特點就是，不是正規軍編制，更沒有統一軍服，他始終在暗處，被其遊擊者老在明處，很難抓住，即使打死一兩個，也不能證明死者就是共產黨的遊擊隊員，就是抓住活的，被抓者死都不承認他是共產黨的人，偶爾有個把被抓者承認他是共產黨的遊擊隊，可人家共產黨就不承認他派遊擊隊在後方遊擊國民黨的武裝力量。沒有別的選擇，國民黨軍事當局只能下決心消滅遊擊隊。

現在總算有了申濟仁已奔赴延安參加革命的確切信息和行蹤，還有申濟仁帶他的遊擊隊襲擊保公所，搶走幾支槍的事實，國民黨軍方就相信一定可以抓住申濟仁或澈底消滅他的遊擊隊，用事實揭露共產黨的「一致抗日」的謊言。但是這只是國民黨軍方的一廂情願。申濟仁方面也有自己的優勢，他在地方上，甚至軍界都有把兄弟在管事，有的保長、鎮長就是他的把兄弟，縣民政科長是馬騁的表哥，是馬騁

發展的地下工作者，更是所有本縣明著去了延安的革命者的保護傘。這位地下工作者不露聲色把「剿匪」情報送給被剿者及其家屬。國軍幾次在南轅庄撲空，使南轅庄人意識到，國軍一定要向申濟仁的家人下手。申士俊幾十年的為人使村民這時形成一個共識：要盡可能地保護申士俊一家。後來涼聖人申尚仁總結說，你能不能抓住申濟仁，那就看你自己的本事了，我們可不能沒有申士俊一家。

國軍在這個共識形成之前的幾次撲空完全是因為申士俊父子的謹慎和防備的結果。村民們有了這個共識後，就自覺向申士俊通風報信，不管誰在地裡幹活時看見有國軍朝南轅庄方向來，立刻扔下手頭的活兒盡可能抄近道跑到申士俊家的窯背沿上對院裡壓低聲音喊，四叔，不對了。有的喊，四爺，不對了。申士俊一家老幼聞訊而逃。「不對了」是當年南轅庄人用來特指找事的國軍來了的簡短說法，就是說有異常情況了。國軍幾次撲空，但是一時不知道原因，直到有一次，國軍從原上來正要下坡，被正在原畔斫柴的申幼平看見了，幼平不能像別人那樣抄近道跑去給他四哥報信，他一急就對著村子的方向大喊「不對了」，村裡第一個聽見幼平喊「不對了」的人立刻跑到申士俊家窯背沿上壓低聲音警告說，四叔，不對了。來的國軍如前多次一樣，沒看見申士俊家的人影兒。這一次撲空以後，國軍在找原因。他們下坡時那一聲「不對了」給他們的印象很深。據此，國民黨政府和軍方有了一個共識：南轅庄的人全被赤化了，連頭髮稍都是紅的。

人說無巧不成書，還真是湊巧，就在國民黨政府和軍方有了這個共識以後的不久，政府派到南轅庄兩個催草料的因在村裡打罵一時交不上草料的農民被申志仁的四弟，在縣裡當警察的申德仁打了。這兩個人的被打越發證明南轅庄的人的頭髮稍都是紅的。於是申德仁被國民黨政府注意上了。可是年輕氣盛的申德仁根本沒意識到自己被注意上了，和往常一樣聽指令就出警，沒有指令就按部就班幹警察的日常工作、巡邏、維護治安。他當然不會想到，他的所有舉動都被人家看在眼裡。

無巧不成書這話反過來說就是，書裡寫的盡都是些巧事。讀者或聽眾之所以覺得那些事是「巧」安排的，是因為讀者或聽眾畢竟不在

事件發生的背景中，所以書中說的事似乎都在他們想像或意料之外，這才覺得「巧」。其實書裡寫的一件接一件的「巧事」都是在特定背景下必然要發生的事。例如當時在「一致抗日」的背景下，頻繁徵兵拉壯丁就是一定要發生的事。人丁旺的人家被抽丁更是不言而喻的，只是這些人家希望不要抽到自己頭上罷了。這兩者中間就有點湊巧的意思。就在申德仁打那兩個催草料的前不久，他二哥申立仁得到消息說他的大兒子金寶要被抽丁，申立仁捨不得，申志仁更捨不得，因為申志仁自己無子，哪一個侄兒他都稀罕，都愛得跟自己的兒子一樣。弟兄倆一合計，決定向保長和鎮長行賄。他們拿了二十三個大洋先找到保長周尚賢。不料，老弟兄倆把二十三個大洋奉上後，被周尚賢一把擲在地上，斥責道，你這是打發叫花子哩，我和鎮長誰都沒膽量免你申立仁的壯丁。國難當頭，哪個敢拿自己的命換二十三個大洋。申立仁掉著眼淚撿起地上的大洋。申志仁安慰兄弟說，男子漢大丈夫輕易不掉眼淚。這條路不通，咱尋別的路。

申志仁說「尋別的路」時，他也不知道該往哪裡尋。還沒等他們把「別的路」找著，金寶已被拉了壯丁，而且開得很遠。申立仁恨北倉鎮的鎮長申俊夫，因為他和申立仁是同宗，每年正月初一還在同一個先人桌前磕頭呢，按輩分，他和申士俊平輩，申立仁該喊他三叔，申金寶該管他叫三爺。這麼親密的關係，用人們通常的說法是，一個「申」字沒掰破，這個鎮長叔竟然絲毫不為所動地把申金寶綁走了。申立仁從此起了殺死鎮長申俊夫以解心頭之恨的想法。他把此想法說給申志仁，不料一拍即合。他們就把下手的地方選在申俊夫從鎮公所回家要走的近道的膠泥胡同處。果然，八月十五這一天上午，申俊夫就從北倉鎮來到南轅庄。他到南轅庄必定要拜訪申士俊，因為，申俊夫和申濟仁交誼很深，即使申濟仁投奔了革命，申俊夫對申士俊這位同宗的老哥的敬重並沒有變，每逢路過都一定來看看，坐坐，喝幾杯茶，吃頓飯。後來傳出來的說法是，申俊夫遇害前，申濟仁正在對其策反。申立仁知道這一情況。就在申俊夫在申士俊家吃完午飯正喝茶時，申立仁來對申俊夫說申濟仁約他回家時走近道，說申濟仁就在膠泥胡同口等他有話說。申俊夫聽了信以為真，就要申立仁傳話過去說

他得到半後晌才能從南轅庄走，叫申濟仁不要到得太早。申立仁表示立刻傳過去。直到這時，申士俊才知道申濟仁和申立仁的聯繫緊密，確信共產黨的遊擊隊確實和東山的土匪有勾結。

實際，經申明理介紹，黃蜂的人蠍子當時就把申立仁拉進了土匪團夥，只是為了掩人耳目，蠍子回來對申明理說沒門，那人心眼死得很；申立仁當下就放出風說他不敢入那些人的夥，實際上他答應做業餘土匪，就是不泡在土匪窩裡，平時就待在家裡務莊稼，有活做時有人來一叫提槍就走，做完活，分了贓就回來。這個，村裡人老早就看出來了，只是申立仁對外有威懾作用，誰也不願意將其說破。至於申立仁怎麼和革命的申濟仁聯繫上的，有人說是申立仁去做活時在做活現場遇到的，也有人說是申濟仁找的申立仁。反正都不是空穴來風，事實是這弟兄倆從老早起關係就非同一般。

得了申俊夫半後晌抄近道回家的准信以後，申立仁立刻回來和大哥申志仁合計。申志仁決定把三弟申同仁也叫上，三個人對付一個人更有把握些。他和三弟同仁埋伏在膠泥胡同，由申立仁在高砭路的半途中接申俊夫去約好的地方見申濟仁。半後晌時，申俊夫和南轅庄該見的人告別後抄常走的近道回家。他來到蒜渠溝口，申立仁從陰涼處站起來迎上去說，你才來，濟仁可能早到了。申俊夫說，我怕早了有人看見我和他。申立仁說，看你小心的，約著在膠泥胡同見，就是看中這是小道，走的人少，不會有人看見的。申立仁陪著申俊夫上了坡，走了一段坪，翻過分水嶺來到岇南面，走到下坡進膠泥胡同時，申立仁走在申俊夫的後頭，待到得約定下手的地方時他猛撲上去一下抱死申俊夫的兩隻胳膊將其按倒，申志仁和申同仁幾乎同時從兩邊沖上來將申俊夫嘴朝地按在地上，申立仁騰出一隻手把鎮長大人的手槍下了。申志仁照鎮長的頭上就是一鐮刀，申立仁把槍頂在申俊夫的後腦勺上就是一槍。槍頂著人打，發出的響聲悶悶的，但是南轅庄不少人那天後半晌還是聽到那一聲悶響了。到天黑，南轅庄人都在傳「俊夫遺了」的消息。

人們說「俊夫遺了」，當時就是指申俊夫被人害了，而且連屍首都找不見。申立仁弟兄三個把申俊夫打死後立刻扛著屍首順水溝出

去，趁天黑給屍首上捆了一大塊石頭沉入湍河。這是好多天以後找到屍首後的判斷。殺了鎮長申俊夫，還得了一把手槍，申立仁當天晚上就跑得無影無蹤了。他這一溜，自然把懷疑的視線都吸引到他身上了，當時誰也沒想到殺人須得親弟兄。

申立仁帶著兩把手槍投奔了革命，受到了他沒有想到的熱烈歡迎，據當時歡迎他的領導說，僅他帶去的兩把手槍對革命就是莫大的貢獻，再加上他那一手好槍法，他越發被革命重視。革命黨鼓勵申立仁為革命多做貢獻。申立仁一時想不來怎樣才能為革命多做貢獻，他就去找申濟仁請教。申濟仁告訴他，現時革命最需要的就是擴大武裝，就是多來人，多弄槍支彈藥。咱們或拉東山的土匪來入夥，或能弄到槍支彈藥，都是對革命的貢獻。申立仁得這話後立刻說可以拉黃蜂那些土匪來入夥。他說他這幾年和這些土匪鑽得有些熟。申濟仁立刻問黃蜂手下到底有多少人。申立仁說他估計有六，七十個人呢。黃蜂的人分好幾撥呢，他知道，光蠍子這一撥就有十八，九個近二十個。申濟仁問黃蜂好見不好見。申立仁告訴他，黃蜂好見不好見他說不準，但是蠍子好見，他領著人直接去找就能見上。而且蠍子那人還挺豪爽，經他引見，見黃蜂應該不會太難。申濟仁把進一步的情況再問了問，確信見蠍子不會有閃失。他告訴申立仁說他給組織彙報一下情況，得到指示後就去見蠍子。

幾天以後，申濟仁對申立仁說，上級指示他們去拉蠍子或黃蜂入夥，並說，上級認為這是個很大的舉動，希望成功。申立仁聽了顯得很興奮。他覺得他為革命作出重大貢獻的機會來了，而且做出重大貢獻的可能性也很大。他急著問什麼時候去找蠍子。申濟仁告訴他說等他把支隊的事安排一下，就是把要帶的人挑好了就動身。他要申立仁先去和蠍子接接頭，然後在柏槐鎮茂源客棧等他。

共產黨的遊擊隊拉土匪入夥並不是什麼新鮮事，在遊擊隊和土匪兩方面這是常常談論的話題，所以當申立仁摸回蠍子的巢穴探口風時蠍子並沒大驚小怪，只是說可以見見這個遊擊隊支隊長，看他給什麼條件。他要申立仁放心，他絕對保證遊擊隊的安全，叫他領遊擊隊支隊長來見就是了。申立仁得此答覆後就往柏槐鎮茂源客棧去等申濟仁

來見。他在茂源客棧住了兩天，申濟仁領著七，八個人來了。弟兄倆相見後把情況一交換即說定第二天就去見蠍子。

蠍子很客氣地接待申立仁的這位遊擊支隊長兄弟。蠍子首先告訴申濟仁說他很敬重申立仁，連他的頭頭黃蜂都很欣賞申立仁，說這老哥的槍法實在是好，活兒也做得乾淨利落。蠍子要申濟仁有話就直說，沒有什麼好忌諱的，反正遊擊隊和他們這些土匪都是政府要消滅的主兒。所以，咱一路的人之間就沒有什麼不好說的。

申濟仁立刻接過話茬說，你說得對，咱們都是人家國民黨政府要剿滅的對象，國民黨稱你們為土匪，稱我們為「共匪」。所以咱們在人家看來都是匪，咱們就有很多共同之處。首先就是咱們都以國民黨政府為敵，咱們之間沒有什麼不好說的。但是咱們之間又有些不同之處，你們都是一小股，一小股的力量，而我們共產黨卻已經是個大的政治集團，經過幾年的發展，現在我們有力量和要消滅我們的國民黨公開對抗，所以國民黨在要對我們下手之前必須考慮考慮。這幾年你們之所以能存在，那是因為國民黨不得不集中力量抗日，顧不上剿匪，並不是土匪強大到人家不敢下手。打完日本以後，國民黨就該動手剿匪了，土匪和「共匪」他都要剿。這是必然的。哪個政府都不能容忍土匪為害百姓。就是共產黨將來掌了權，也是要剷除土匪的。一小股，一小股的土匪被政府軍消滅只是遲早的事。可是政府軍要消滅共產黨，那只是他們的願望。共產黨還想推翻國民黨政權呢。現在擺在土匪面前有兩條路，一條是放下武器向國民黨政府投降，換得一條活路。可是這條路真能走通嗎？恐怕有問題。就算為匪的人真想放下屠刀，立地成佛，政府方面能信不能信還難說。但有一點是肯定的，那就是人家記帳著的，而且過去受過害的人一定不依不饒。總之一句話，投降了的土匪不可能是良民。另一條路是投奔共產黨。你們知道，直至現在，共產黨沒和土匪們為過敵，相反，和土匪們有著同樣的命運。在對付國民黨政府方面，土匪和共產黨的目標是一致的，投了共產黨，你們就成了共產黨的革命同志，是打天下的英雄和功臣。

蠍子打斷他說，你講的道理很對，我也這麼想過。事到如今，我也願意投奔共產黨。你告訴我，如果我把這些人和武器全帶給共產

黨，共產黨給我和弟兄們什麼頭銜。申濟仁見狀很高興，申立仁也看到了做出大貢獻的希望，忙說，給你的頭銜不會比我這兄弟的小。申濟仁則進一步說，如果你能做出更大的貢獻，將論功行賞。比如你能帶更多的人和武器過去，這就是更大的貢獻。蠍子來精神了，問，如果我領你去說服別的人也投奔共產黨，那算不算我的貢獻？申濟仁斬釘截鐵地說，當然是你的貢獻。蠍子當即表示他願意把申濟仁引薦給黃蜂，希望說服黃蜂帶大家去投奔共產黨。

見到黃蜂，申濟仁把前頭給蠍子講的道理又說了一遍。黃蜂身邊的幾個人催著黃蜂走投奔共產黨這條路，用他們的話說，咱打下江山，坐上江山，看誰還敢提咱們的過去。咱理直氣壯地做人。果然，黃峰表示願意投奔共產黨，只是要求他的人手還歸他帶。申濟仁痛快地答應了。一切都說好後申濟仁回大本營彙報情況。組織很高興，立刻安排接收事宜。申立仁兄弟立刻去安排黃蜂和蠍子拔營起寨。

黃蜂和蠍子過來受到熱烈歡迎，立刻被以同志相稱，很高興，享受到堂堂正正做人的喜悅。申濟仁和申立仁的功勞簿上各重重地記了一筆。

過了沒幾天，申濟仁告訴申立仁說，他正謀劃著端祖塋縣公安局新到的那一批槍。申立仁一聽就來精神了，表示他四弟德仁可以幫忙。申濟仁告訴他說申德仁那裡早都說好了，他正在想辦法叫咱能得手。申立仁認為幹這事的辦法不用想，只要把放東西的地方瞅準，趁人不防備的時機快快把東西拿了就走。他說他可以叫一幫幹這事的熟手土匪來幫忙。就這樣，這兄弟倆決定加緊和申德仁，還有要請的熟手土匪聯繫。

申德仁把放槍的地方看好，畫了圖祕密交給聯絡人。申濟仁決定在那月月底前去拿貨。但是他萬沒想到申德仁早被盯上了。公安局按申德仁的行動就猜到月底會有行動。特別布置了暗哨，把東西也挪了地方，給原來放槍的地方照原樣放著裝槍的箱子，箱子裡裝滿了鵝卵石。結果遊擊隊員和熟手土匪摸到箱子跟前卻不能一抬就走。就在他們用力抬時，公安隊的槍響了，當下就撂倒一個，別的人拔腿就跑，搶槍行動失敗了，申德仁叫人家抓了個正著。

申德仁很快被以勾結共匪罪處以死刑。申志仁做了最後的努力，買通了行刑的槍手，叫他不要向要害處打，行刑以後他們快快搬屍。當然也給申德仁說好，叫他挨槍以後先忍一會兒。行刑的槍手倒是沒有食言，可申德仁自己沒掌握住，就在驗殺場的官員到場的時候他動了一下，驗殺場的二話沒說照頭補了一槍。申志仁的大洋白送了。申德仁被斃一事更加堅定了官方對南轅庄的看法——這個村的人個個都是共匪。

第二十章　在劫難逃

　　國民政府和軍方捉拿共匪及其家人的行動一次緊似一次，申士俊一家隔三差五就得經歷一次「不對了」，常常是半夜三更，大人們還好說，但是幾個小腳女人和小孩子就有些經受不起，尤其小孩子們，夜裡睡得正甜被硬生生叫醒在被穿衣服的同時又被告知「不對了」，不敢哭，得趕緊逃。小孩子們不能完全醒過來，又聽說「不對了」，被嚇得牙根直磕，委屈地流著眼淚，被拉著高一腳，低一腳逃，家裡的駄畜不夠小腳女人們騎，而小腳女人又跑不動。申士俊和長子申廣仁經歷了幾次「不對了」以後都覺得此事不能一而再，再而三地來，咱能躲過初一，恐怕就躲不過十五。得知國軍一次次想抓家裡人作人質，申濟仁也有了同樣的認識。他首先向老爸講了不要把所有的雞蛋放在一個籃子裡的道理。申士俊一聽就明白，立刻提出叫他把他那份雞蛋——媳婦和兩個孩子先分出去放在人拿不著的「籃子」裡。申濟仁答應想最穩妥的辦法接妻兒去邊區。

　　半個月後，申濟仁安排好了，派了個能幹的遊擊隊員來帶路轉送蘇彩萍母子去邊區。申廣仁遵照父親的命令于帶路人到的第二天雞啼時吆著大黑騾子和帶路的遊擊隊員送蘇彩萍母子三人。他們走小路，一天就到了隆盛鎮北自家的吊莊。這裡接待他們的都是同族本家人，沒任何閃失。第三天從吊莊起身再往西北盤龍山方向到了月亮灣一個申家本族人家。然後就叫蘇彩萍母子暫住在這裡等申濟仁自己來接。事後得知，蘇彩萍母子在月亮灣只住了三，四天，申濟仁就把他們接進邊區了。得此消息後，申士俊算是放下一條心。剩下的事就是帶領全家，甚至全村的人和國民黨政府及軍方周旋了。

出乎申士俊意料的是，把兒媳和孫子送走一年半後，抗戰勝利了。這一勝利，國民中央政府就可以集中力量消滅共產黨了。於是緊接著就是胡宗南大舉進攻延安。這樣，國民政府和軍方就顧不上抓申濟仁及其家人了。申士俊一家得到差不多一年的安寧。就在胡宗南飛機大炮進攻延安的同時，延安的遊擊隊在胡宗南的後方弄得胡宗南很難一心一意打延安。胡宗南不得不想辦法對付這些遊擊隊的策反活動。帶領遊擊隊在邊區以南幾個縣活動的人早都被弄清楚了，就等機會將他們聚而殲之。終於，各路情報都說共軍的幾個遊擊隊首領將於農曆八月二十要在霸王廟西溝聚會。

　　這霸王廟西溝實際就是通往湍河的一條小支流，和南轅庄相距不到五里路，但是那裡的聚會地點很隱蔽。胡宗南的部下也利用地形埋伏好了隊伍準備將正在活動的遊擊隊一網打盡。可是來聚會的遊擊隊首領更有經驗，他們在會場週邊也安排的有暗哨。當參加會議的幾路遊擊隊首領陸續到齊後，埋伏著的國軍準備動手，結果他們的動作被遊擊隊的暗哨發現，暗哨立刻發出警報，來聚會的遊擊隊首領聞聲逃跑，埋伏的國軍趕緊追擊。但是溝壑地形就沒有供快速追擊的路，只能在溝沿或溝坡上一邊尋可走的牛羊道，一邊看著遊擊隊首領在溝底往溝口逃。溝沿上的國軍只好遠遠地跟著邊追邊放槍。槍聲引起了南轅庄在原上幹活的人的警覺，他們再往槍響的方向一看，大批的國軍朝南轅庄方向撲來。人們趕緊向村子方向邊跑邊喊，「快跑，開槍了！」

　　種麥天的早晨，留在村裡的盡是老人，婦女和孩子們。這些人聽到喊聲就知道開槍的隊伍從西邊坡上下來了，大家不約而同向河流的方向逃，以為逃到東岸以後有水隔著會安全些。那一天搬船的人可以算是南轅庄最能幹的，一會兒工夫，他竟把三船人送過了河。可是過了河的逃跑者正好出現在居高臨下的國軍的正對面。不由分說，機關槍往地上一放就是掃射。頓時，有五，六個人被打死了。打傷了七，八個。

　　人被打死的當時，大家都只顧逃跑，機關槍連珠炮似的響著，耳朵邊盡是子彈頭的嗖嗖聲，中彈的人倒下了，別人也不以為他（她）

是中彈了，而是以為他（她）是絆倒了，繞開倒下的人繼續向前跑。槍響之前在地裡幹活的男人們就地藏起來，或者借有利地形逃向遠方的安全地帶。一陣機關槍射擊之後，河東岸死的死了，逃的逃了，整個南轅庄及河灘已是一片寂靜。槍殺無辜平民的國軍在高處俯瞰他們的輝煌戰績，感到很滿意的同時似乎又有些不甚完美的遺憾，背著步槍下到村裡，到河邊察看。他們來到住戶的院內各個窯洞和房子裡看，要麼整個住宅空無一人，有的宅院倒有人，多半是上了年紀的小腳老太太，他們問老太太們話，也是基本上什麼都問不出來，老太太們被嚇得下牙根磕著上牙根告訴他們，沒見過八路軍的遊擊隊；村裡能跑動的都跑了，可能都叫打死了；多年都沒見過申濟仁了，可能早都死了。在河邊察看的人從這個那個小水渠里拉出躲在那裡的婦女和兒童，這些人也是被嚇得都有些神經錯亂，問什麼幾乎都是所答非所問，聽到最多的就一句，我不是八路軍，你甭殺我。國軍們也看得出來，這些人確實不可能是八路軍的遊擊隊，聽她們求饒，也懶得再理她們，悻悻而去了。

國軍的「戰鬥」結束了，「戰場」也察看過了，接下來就該班師回朝了。執行「戰鬥」任務的國軍走了很長時間了，躲藏著的人們才探頭探腦地露頭察看，待確定國軍已撤，藏在各溝各岔裡，各峁各梁後的人們才紛紛回村。不論是哪一個，回村後第一件要知道的是打死了幾個人，都誰被打死了。申幼平得知他媳婦被打死在河東岸後，嚎啕大哭著向河邊跑去。申幼平的瘸腿很難和「跑」這個動詞搭配，但是八月二十下午，申幼平哭喊著向河邊奔去的動作和速度用「跑」敘述還不夠確切，那簡直是蹦，是打趔子、翻跟頭。他趕到河邊，船就要離岸，他不顧一切地撲上船。船到東岸還未完全靠岸，他就沖下去直向倒在河邊的朱月蘭撲過去。申幼平一下抱住被打死的媳婦搖著，哭喊著。他這一搖，竟發現才半歲的小兒子毛毛還在媽媽懷裡找奶吃。見此情景，他哭喊得更凶了。有人提醒他別把孩子嚇著了。申幼平應聲把毛毛抱在懷裡哭著說：不怕，不怕，大在呢。說完，他逐漸揚開嗓門哭訴說，老天爺，你殺人咋不看一看，你為什麼殺到我的頭上？!我是一個老實本分的莊稼漢，從來沒想革命，更沒支援革命，也

第二十章 在劫難逃

219

沒想從革命那裡得到什麼好處，老天爺為什麼要我的命呀?!………

申寶嘉的大孫女和二兒子的媳婦幾乎倒在一塊兒，申啟仁的媳婦得知女兒被打死，哭天搶地，在地上滾著，雙手來回拍著地。那姑娘名叫芹兒，才十一歲，臨從家裡跑時還從鍋頭上拿了一個豆包，中彈倒下時嘴裡還銜著沒咽下的豆包。二兒子的媳婦沒有當下被打死，直到家人來到她身邊她還活著，人看上去依然很漂亮。婆婆哭著喊她的名字，鳳兒，鳳兒，我咋能闖下這麼大的禍呀?!鳳兒有氣無力地說，不是你闖的禍，這是天殺的。我到申家還沒來得及生個一男半女這就要走了。我不要別的，埋我前給我洗淨，把頭梳好，就穿我出嫁時的衣服。婆婆聽了更是哭得要死要活的，抱著奄奄一息的鳳兒的頭說，我娃不說這些，好好活著。幾乎就在婆婆的話落音時鳳兒的眼睛睜大了。婆婆見狀，不知道這是人死了的樣子，反倒哭著說，鳳兒，你別嚇我。這時申寶嘉來了，流著淚說，甭嚷了，她走了。婆婆聽了大驚，嚎叫著，鳳兒，我娃你還沒好好活人呢!

老顢頇是在上坡時被打死的，共中兩彈，都是從後面打的，一槍打在屁股上，另一槍打在後腦勺上。他的兩個兒子叫了本家兩個人來用門板把屍首搬的放在村南的四聖廟裡。老顢頇的兒子，孫子哭成一團。他們邊哭邊問，這是怎麼了，為啥把這麼本分的人都搭進去了?!老顢頇確實是個本分得不能再本分的人，做莊稼認真、肯幹，捨得出力，本來他名叫蠻子，人們根據他老實肯幹的特點老早就給他取綽號叫顢頇，隨著他年事的增長，人們就給綽號前加了個「老」字。老顢頇的兒子、孫子最不願意接受的是，這麼老實巴交的人死了都不能將屍首停在自己家裡。可是這是規矩，也是民俗：死在村外的任何人的屍首都不得進村。據說是怕沖了村子會死更多的人。

這個規矩誰都得無條件遵守，到太陽壓山時，河岸高處的娘娘廟裡停放了四個女人的屍體，除了朱月蘭，鳳兒和芹兒，還有申同仁的媳婦。這女人對申志仁家貢獻最大，在家裡地位最高。申志仁無生育能力，申立仁老早過繼給一個叔叔，申德仁的媳婦過門多年，一直不解懷。這老三的媳婦生了一女三男，使申志仁看到了希望。她在申志仁家的地位高到人們都不知道她姓什麼，叫什麼名字。在家裡，連大

嫂都不直呼她的名字，總是以「他三媽」稱她，小叔子和弟妹自然喊她「三嫂」，孩子們當然叫她「媽」。大伯子申志仁一般不和弟妹直接搭話，即使實在避不過要搭話也是稱「他三媽」。至於村裡人，當然知道她在大掌櫃家的地位，而且特別尊重之，長她一輩的拿「他三嫂」稱她。這裡的「他」是指比說話者免一輩，和「他三嫂」同輩的人。平輩的人，年長些的大伯子一般回避和弟妹說話，如遇確實繞不開要和她說話，也稱她「他三嬸」；平輩裡的小叔子們對她也都必恭必敬地叫三嫂；免輩的都是不喊「三嬸子」不說話。時間一長，人們竟都忽略了她的名和姓。她的經歷充分體現了母因子貴的規律，準確地說她是因有子而貴。不僅如此，申同仁也因她而貴了，村裡人凡是可以對他直呼其名的都無一例外地喊他「三掌櫃」，別的人不稱他三哥則稱三叔。她的死當然震動很大。申志仁一家的哭聲真可謂驚天動地。申志仁抹著眼淚對申同仁說，要厚葬他三媽。

第六個被打死的是一個半歲的男孩。他媽抱著他逃跑，一粒子彈打斷他媽右手的食指從他的耳根下穿過去。這孩子當時並沒死，抱回來在家裡停了一夜，第二天早晨才死了。傷的最重的是個七歲的姑娘，叫引群，她的一隻腳被從腳踝打斷了，那時誰也沒本事，更沒錢給她治傷，就那麼敷點藥，三，四個月後，她的槍傷居然癒合了。她父親用桐木給她削出個兩股叉的假腳，墊上棉花或套子，用布帶捆在斷腿下，她就這麼帶著桐木軲轆長到十六歲，她父親才明白，應該找在西安幹大事的申濟仁幫忙給女兒換個像樣的假腳。據說申濟仁二話沒說，讓父女倆住在他那裡，他聯絡人很快給引群換上了像樣的假腳。這都是後話。不過引群換上像樣的假腳以後不久就找下了婆家。

傍晚，上午從幹活的地裡趕著牲畜逃到魏家河的申士俊和兒子申廣仁及孫子順昌、順興蔫頭耷腦地進了村。村子裡一片哭聲。申士俊什麼話都不說趕著牲畜直向自己家裡鑽。到家以後見留在家裡的人都健在，回來的人舒了一口長氣。廣仁的大女兒玉婷對廣仁說，她媽以為河邊打死的娃是順榮，嚇得哭哩，她和玉珍也哭了。過了一會兒，順榮背著褡褳回來了。順榮說芹兒被打死了。申士俊命令式地叫不要說這些，趕緊吃飯。

吃完後晌飯，申士俊叫全家人趕緊拾掇些必須的衣物趁天黑逃到鄰村他三女兒家去，說他估計，國民黨軍隊沒抓住他家的人是不會罷手的。王氏表示她不走，她要看門。申士俊說他的家不需要看了，東西、糧食，都無所謂，硬催老伴走，老伴就是不走。她有她的道理，國民黨一下打死那麼多，打傷那麼多，還不夠他的？不會再來糟害人了。再說，就是國民黨軍再來，他要抓的是人，她見糧子來就躲起來，他們走了她就回來看著家。總之，說什麼她都不走。申士俊沒辦法，只好叫她當晚就躲到鄰居申裕仁家。廣仁和順昌把女眷和孩子及兩個女兒送到蘇家莊妹妹家。他們剛到不久，申士俊也來了。他說他原本想幫傷了人的人家做些什麼，結果申志仁他們一定要他躲起來，說是他可能會給大家招來更大的禍事。他覺得他們說的有道理，於是就來了。

　　八月二十的晚上，「剿匪」的國民黨軍隊並沒有來，王氏在申裕仁家睡了一夜，但是沒睡好，總想著有人會去她家偷東西，總想著一旦有人進院子，唯一留下的大黃狗會吠的。可是大黃狗一夜什麼動靜都沒有。第二天天一亮，王氏就起來穿好衣服回自己家了。她到各個窯洞及廈子看了一遍，一切都原封未動。她放心了。

　　申士俊一家先逃到三女兒家，第二天就安排叫把大孫子順達的媳婦送到她娘家，把趙氏母子四人送到趙家莊她的娘家躲著。對此，廣仁當下就提出點異議，說他父親當初如何看不起趙家，甚至連趙氏生的孩子都被他下眼看，現在突然把四口人打發給那麼個孤兒寡母的窮家合不合適。申士俊被嗆得半天不好說話。但是他又不得不回答這個問題，他說，你不看咱們現在是啥樣子，咱們現在是有家不能回，用一句文雅話說，咱們是喪家之犬，是落難之人，也是該受人瞧不起的人。當初你要順榮媽續弦我是嫌趙家窮，那是八，九年前的事了，那時誰敢下眼看咱。現在這事情弄的叫咱成了罪人了，誰唾到我臉上我都得悄悄擦了。你去，以前我做的再不對，如今但凡是個好人都會看在我落難的份兒上原諒我，何況三個娃都是她的親外孫。老人們說的有道理，不走的路都得走三遍。廣仁聽到這裡說了句「不說了」，扭頭去收拾該帶走的東西。

※※※

八月二十一的南轅庄一片悲痛，一片哭聲。各路奔喪的都紛紛到了，鳳兒的父母及兄弟一過河就直奔娘娘廟。鳳兒的母親抓著鳳兒的一隻手搖著哭訴著，我的好閨女，你還沒得好好活一天人呢！我當初咋就沒想到這村子是這樣呢！我只圖你公公人本分，女婿誠實，想著你能平平穩穩地過一輩子，誰能想到不本分的人還能害到你身上……那邊朱月蘭的靈前跪著剛從祖塋師範趕回來的祿順，他哭著說，媽媽呀，你還沒得過一天好日子就離開了人世。我只說明年畢業了好好孝敬你呢，誰能料到能發生這樣的事。這世事太不公平了。……申幼平抱著毛毛流著淚哄著孩子。孩子餓得哭鬧不停。打前一天媽媽乳頭上嘬不出奶水以來這孩子就斷頓了。因為他媽死了，他有重孝在身，不能被送到有奶的女人那裡要奶吃，申幼平只好叫她媽爹毛上人家去請人家有奶的女人來給孩子讓點奶。這樣讓的奶當然不充足，孩子吃個半頓再也嘬不出奶水，餵奶的女人歉意地說沒奶了，吃不下了。幼平趕緊千恩萬謝，孩子在臨時奶媽的懷裡就哭鬧。幼平給孩子再餵點飯或米湯汁，接著就抱在懷裡拍著，哄著，希望他能平靜下來。

申志仁這邊已經給有功之臣他三媽把棺材買好了，該清的客人都已差人去請了，稱之為報喪，近一點的都已到了。申志仁和申同仁弟兄倆特別向他三媽的娘家人賠不是，解釋說這是天殺的，表示失去他三媽他們全家人的痛心之情。他三媽的娘家人也通情達理，向申志仁老兄弟倆表示，他們相信這是他們的人福薄命淺，不能多享受這一家人及全村人給她的禮遇和敬意。不過，這一切他們心裡知道。他三媽留下的四個孩子中女兒最大，當時約十二，三歲，長子八歲，後頭最小的兒子才四歲。幾個孩子披麻戴孝守在靈前，凡來人弔唁，他們都得痛哭一場。申志仁有點於心不忍，怕四個孩子這麼都陪著哭下去受不了，建議他們輪著守靈，大一點的都不接受，非要全守在媽媽靈前。

申啟仁這邊一下要埋兩個人，女兒芹兒，因為還是個未成年的幼女，你再怎麼愛她，心疼她，也不能厚葬，只好請木匠草草釘了個匣

子埋在最偏僻的旮旯。鳳兒因為自己還沒有解懷，申啟仁就叫他的次子鴻義披麻戴孝給她守靈，兩天后也平安下葬了。老顴頂也在出事後的第三天入土了。耳根下中彈後死了的孩子死了以後立刻被用席片包住草草掩在村裡人習慣扔死娃的地方了事。死了的人被埋了，但沉重的悲痛氣氛並沒有隨著死了的人被埋掉。村裡不時有悲聲。

國民黨「剿匪」的部隊在打死人後的三天裡居然沒有「宜將剩勇追窮寇」，不知是出於一點人道主義，還是為了避免尷尬。但是這三天的「平安無事」給人們這樣一個印象：國民黨軍方已把那口惡氣出了，不會再有什麼行動了。尤其堅持要留下看家的王氏，申濟仁的母親，慶幸自己留下看家的主意正。她在家裡忙著給晚上偷著回來搶收秋莊稼的人準備吃的。還好，申士俊父子，祖孫三人抓住一個晚上的機會把成熟的六畝糜子搶收回來了。三代人在場裡吃了飯就跑出村躲起來。到了第四天的上午，有人跑到窯背上壓低聲音警告說，四嬸，不對了。王氏立刻過去躲在申裕仁家。果然，這一次的國軍徑直奔申士俊家而來。到龍門口一看，鐵將軍把門。帶隊的指揮員立刻領著人馬向蘇家莊申士俊的三女兒家去。可是他們在這裡竟沒找到一個申士俊家的人。他們二返長安又來到申士俊家龍門口，掄著大斧頭把門上的鎖子砸掉，進到屋裡翻箱倒櫃，把稍微值錢的東西都抄走，最後把廚屋裡的碗、碟、盛麵的瓦甕搬到當村通統砸碎，把王氏的一雙三寸金蓮的絜花繡鞋放在村中央的場牆頭上。之後就得勝回朝了。這一切，王氏同時聽到了，更看到了。家裡的東西被抄，被砸使她心疼，把她的一雙繡鞋展示在當村的矮場牆上更使她氣憤。她認為這是對她的極大侮辱，更是對申士俊及其兒子的侮辱。她難以容忍。於是一個勇敢的決定在她腦子裡形成了：她要用老命捍衛申士俊家的尊嚴。

果然，國軍再來抄家時王氏不躲了，而是靠門框朝外站著。國軍一看家裡有人，很高興，上前問王氏是不是這家的人，王氏一字一板告訴他們說她就是這家的主人，不許他們再動這個家裡的一根蒿棒。國軍的頭兒立刻叫人把王氏綁了，並說能抓到王氏這麼個大活人比什麼都強。說完，三下五除二將王氏拉到院外，命令手下人打漿糊，把各個門都用封條封了，最後把龍門用一張更大的封條封上，對王氏

說，這一下，再沒人敢來動她家的任何東西了。

國軍的頭兒來到申裕仁家要申裕仁把他的大白馬貢獻出來，再出一個人，把王氏送到縣裡。申裕仁打發慶元去送。臨走時，國軍頭兒叫給王氏鬆了綁，說是雙手被綁著騎不成馬，她個小腳女人跑不了。再說，這去縣城的路不是上坡，就是下坡，人犯需抓馬鞍自我保護，把雙手綁住，她不能自我保護會從馬背上掉下來。她要是摔出個三長兩短，自己反倒不好交代。來到縣城後，王氏當下就被送到監獄。不知道王氏自己知道不知道這就是人們常說的黑庭子，反正她好像沒害怕過，反倒鎮靜自若地叫慶元告訴他四爺不要管她。

慶元回來可能把王氏的話轉告他四爺申士俊了，但是申士俊和申廣仁父子怎能不聞不問呢。申士俊立刻尋找能在縣衙門內疏通關係的人。申廣仁則把槽上的騾子、馬和兩頭大犍牛托人說合的賣掉，變成硬邦邦的袁大頭準備給要害人物塞。可是，王氏是「共匪」的母親，她被抓來關在監獄裡誰敢來活動叫交保金放人。申士俊父子幾乎天天都在摸黑找人想辦法，總也無辦法可想。事實上，王氏被押起來一事不光使申士俊父子著急，申士俊的親戚們同時都著急起來，尤其三個女兒和女婿也是急得到處瘋抓。大女兒申姣豔的暗寨村離縣城只有十里路，申姣豔幾乎天天打發丈夫劉定邦去給她媽送衣物，探望，她自己隔幾天也要去看老娘。

這個劉定邦是個實實在在的土財東，家裡有多少銀子，他真不知道，他就知道他的銀子花不完，所以從青年時起，縣城裡一月九個集日，他每集必趕。他趕集不是因為要買或者要賣，而是以趕集為幌子去縣城的館子好好吃一頓。時間一久，縣城裡的幾個人就和他拉扯上了。每逢集日，這些人就等著劉定邦來一塊兒下館子。下完館子，買單的總是劉定邦。多少年過去了，劉定邦總和這些人高高興興在一起有吃有喝，無話不談。而且他常常把在飯桌上聽來的新鮮事說給村裡的鄉下人，顯得他見多識廣，村裡人都很佩服他。這使得他很願意請這些城裡人朋友吃飯，喝酒。現在遇上老丈母娘被關監獄這事，他看完老丈母照例和這些朋友下館子。吃喝間，他就把想營救老丈母又老虎吃天一沒處下爪的窘況說給朋友們。不料一個朋友脫口就說關掌櫃

和縣長的關係很好，能說上話。這個關掌櫃是縣城裡的第一大商人，人們都尊稱他為關家，本縣一些出名的富裕人家在關家的字號里裡都有股份，劉定邦的父親老早就是關家的股東之一。但是劉定邦並不知道關家和縣長這一層關係。現在知道了，劉定邦決定吃完飯就去找關家。

劉定邦見了關家把情況一說，關家很吃驚地說，鬧了半天，原來這申濟仁是你的小舅子，他可是把劉定邦胡蘿蔔蘸辣子一吃出沒看出。確實，多年來關家總把劉定邦高看一眼，就知道劉定邦是他的重要股東之一。關家告訴劉定邦說他說的這事很大，容他想想辦法。劉定邦一聽關家答應想辦法，立刻表示說他老丈人現在為營救人，什麼都捨得，早把騾馬牛驢變成袁大頭準備辦事。他第二天就去叫老丈人家把實貨拿來交給關家放手去辦。

※※※

得知關家願意從中疏通，申士俊很高興，立刻命廣仁拿著東西去見關家，當面致謝。此不待說。話分兩頭，就在外面急著營救的同時，官方對王氏的訊問一次緊似一次。可是不管咋樣訊問，動刑也罷，誘騙也罷，王氏始終就一個回答，「不知道」。訊問的人見硬的一手不湊效，就對王氏說，她兒子申濟仁要能回頭是岸，政府還會重用他，一家人都會得到說不盡的好處。王氏聽完這一大套後總是冷冷地說，我見不到我兒子，這些話沒法傳到他耳朵。你們找著給他說去。我等著得你說的那些好處呢。

訊問了多少回，全都一無所獲，抓人的軍方和關人的警方這時感到壓力很大，覺得這老太太簡直成了燙手的山芋。就在這山芋很燙手的時候，關家請縣長吃飯。縣長沒推辭，如約赴宴。當然作陪的都是縣城裡有頭有臉的幾個人，和關家一樣，這些人對官方的處境瞭若指掌。關家對縣長一點都不拐彎抹角，說他聽說從申濟仁他媽那裡什麼也得不到，他看形勢很明白，申濟仁投奔共產黨和他家裡人確實沒有關係，他父親申士俊甚至很反對兒子所幹的事，可是又鞭長莫及。至於現在抓到手的老太太，他看那老太太是有準備的，她想好了，反

正她什麼都不知道，她一個人來把風一擋，全家人就免於被追撲，要殺要剮由你，想拿她當人質換申濟仁來投羅網，恐怕是一廂情願。那老太太要沒做好死的準備，能一個人守在家裡等你去抓她？可是人是抓來了，而且已關了兩個月，沒少訊問，動刑，還是什麼都得不到，官方甚至拿不出任何證據證明那老太太有罪，只是說她兒子是共產黨的遊擊隊，老太太的所有回答全都在告訴世人，申濟仁幹什麼與她無關。縣長聽著苦笑說，關家說的全是實情，官方真有點騎虎之勢。

縣參議員董萬理笑著說，我看政府和軍方早都騎虎了。八月二十那一次，軍方在南轅庄一下打死了六個人，四個是女人，一個不到半歲的孩子，一個七十多歲的老漢。我就不相信被打死的這些人都是頭髮稍都紅了的共產黨。不光我不信，稍微能懂王話的人都不信。縣長老爺你可知道老百姓是咋樣議論這事的？縣長無可奈何地說，知道，咋能不知道。董萬理哈哈一笑說，知道了就好說。這共產黨是可惡，整個抗日期間共產黨對政府的遊擊戰就沒停過。但是說老百姓支持共產黨的遊擊戰，信的人卻很少。共產黨利用各種關係和矛盾在鄉間活動，許多人實際是被綁架了的，並非支持共產黨。我看這申濟仁的母親就有被兒子綁架的意思，整個南轅庄村民也有被綁架的意思，所以政府和軍方落了個無能和濫殺無辜的罵名。老百姓說得好，你有本事把共產黨消滅了，濫殺老百姓算啥能耐。在座的人都附和說董萬理說的都是實情。關家趁機對縣長說，既然看出騎虎了，就找個理由下來，老騎著總不是個事兒。

縣長最後說叫他找相關的人議一議，尋機會了結此事。董萬理跟著聲說，那機會不要找，就堂堂正正以法律的名義宣布說，經審查，申濟仁的一切活動與其家人無關，放人了事。一夥人都附和說這是下臺的最好說辭，誰要不服，叫他拿證據來證明申濟仁他媽支持他的活動了。就這樣吃著，喝著，聊著，給政府當局把下臺的梯子搭好了。吃完飯的第二天，關家按縣長的意思把該敬的神仙都一一敬到。

果然，有銀子開道，哪兒的話都好說，關家和縣參議員董萬理的意見被普遍接受，各方都暗示關家等消息。關家當即把這個信息告訴天天前來問情況的劉定邦。申士俊很快也得到了等消息的信息。他

心裡因此有了些底。同時也有了點信心：國民政府恨共產黨，恨遊擊隊，但還是講理的。只要還能有說理的機會，事情還不至於能壞到哪兒去。這時已經是農曆的十一月了，申士俊才有可能顧及分散在各親戚家的人。申廣仁找了堂兄申崇仁的騾子馱著糧食去趙家莊看他的妻子兒女去。大女兒玉婷見父親來了最高興，爭著給父親報告他們在外婆家的情況。她首先說天冷了，他們沒棉衣穿，天天坐在外婆家的熱炕上。又說外婆家沒糧吃，把順榮送到老舅家，順榮天天晚上哭，他想媽媽，沒呆幾天，三舅又把他領回來。申廣仁也最喜歡他這個大女兒，抓著她的小手聽著，看著，看到自己的妻子兒女當時穿的衣服都不是自己的，尤其順榮，穿一件女人的大襟棉襖，腰裡勒一條細帶，像個袍子。趙氏告訴他說，天天為這件大襟棉襖她母子鬧仗，順榮嫌那是女人的棉襖鬧著不穿。申廣仁聽著就笑了，對兒子順榮說，鬧啥呢，那女人棉襖把你穿不成女子。往後別鬧了，我把給你們娘兒四個換棉衣的錢拿來了，叫你舅趕緊置辦，把棉衣換上後我就來接你們回家。順榮說他怕回去村裡再打仗。申廣仁幾乎是對所有人宣布說看樣子沒事了，一家人可以在自己家過年。

接近農曆十一月底，申士俊得到確切消息說他家門上的封皮可以啟封了。申士俊很高興，立刻啟了門上的封皮，把散出去的家人往回收。臘月初四，劉定邦來通知說初六縣裡放人，叫準時去接老太太回來過臘八。

※※※

一九四六年的冬天特別冷，臘月二十七又下了一場雪，足有一尺厚，人們開玩笑說，出門得頂個熱沙鍋在雪裡拱洞。厚厚的雪把南轅庄及其周圍的原野變成白茫茫一片，整個村莊的氣氛顯得異常寂靜和悲愴，這樣的年末，人們很自然憶及村子遭血洗，那麼多人被打死打傷的往事。在追憶不幸的同時，人們期望未來的幸運。申幼平遭遇了大不幸，可是他對未來的希望值最高。他仍像已往那樣，於臘月二十九就把給各個廟裡香爐裡換的灰篩好裝在兩個荊條籠裡，年三十的上午，他擔著灰，拿著笤帚和抹布，義務去把各個廟打掃乾淨，把各個

神像身上的灰塵給撢掉抹淨，給香爐裡換上新灰。他給每個神像撢塵
土抹身子時嘴裡總說，爺爺老人家，我一直最尊敬你，年年來給你老
人家除灰撢塵，初一、十五的頭爐香都是我燒的；今年我遭了不幸，
可是我還希望神靈能照看我，保佑我，保佑我全家平平安安。要說的
是，一九四六年年底這一場大雪大大增加了幼平打掃廟宇的勞動強
度，兩個廟打掃完了之後他的沒頭鞋就全濕了，單褲子的褲腿口上都
是冰凌。申幼平不覺得苦，更能忍受冰冷，他一直滿懷熱切的希望把
五個廟打掃完，把各個神像抹得煥然一新，最後回來恭恭敬敬地把自
家的灶君安置好，同時對灶君說著他在廟裡給神像們說的話。

　　初一凌晨，雄雞剛叫了一聲，申幼平提著燈籠，端著香盤已到了
關帝廟門口。關帝廟在村中間，離幼平家很近，站在關帝廟門口就能
看見幼平那沒院牆的大半個院子，幼平在冥冥中覺得關老爺應該最關
心他。在給關老爺燒香調表叩頭時祈禱說，關老爺，你坐在像臺上就
能看見我全家，求你在我遭難後多多照看我，保佑我的毛毛沒病沒災
長大成人。……之後，幼平匆匆拖著瘸腿，踩著厚厚的積雪，藉著燈
籠的微光奔向藥王洞，娘娘廟，四聖廟燒頭爐香。

　　給各路神仙的頭爐香燒過後，幼平提著燈籠回到妻子的神牌前，
掉著眼淚給妻子的神位前點上香，燒紙錢，對妻子的靈魂說，月蘭，
你把我給你的錢拿好。你跟著我沒過上一天的好日子，你對我的好我
說不完。大概是老天爺看你跟著我太受苦，就把你叫走了。我知道，
你走的不甘心，你明知道你懷裡還有毛毛要吃奶。我給毛毛找下奶媽
了，你就時刻守在他奶媽那裡保佑咱的毛毛吧。

　　正月初二，幼平早早吃完飯帶著禮品去給毛毛的奶媽拜年。他
知道，他個男人做的年食不能當吃食送孩子的奶媽，早在年前，他給
毛毛的奶媽扯了七尺藍陰丹士林。進了孩子奶媽的門放下禮品，幼平
招呼一聲，他奶媽，我給你拜年！話音落時，幼平已經跪在地上納頭
就拜。孩子奶媽夫婦急忙說，他大，這使不得。他們怎麼也阻止不了
幼平磕頭的舉動。幼平不光執拗著要磕頭，嘴裡還說，我應當給你磕
頭，你是我的大恩人，你給我毛毛吃奶，這對我是多大的恩情。我替
我毛毛感謝你兩口子。磕完頭，幼平仔細看用被子圍著坐在炕上的毛

毛。奶媽告訴他，孩子已經能吃點飯了。幼平聽了很高興，對奶媽說，加上飯就好多了。咱好好把毛毛養大，我要叫毛毛一輩子都記著你這奶媽。

正月初八上午，毛毛的奶爸急急匆匆來找幼平說，毛毛病了，打前一天下午就發燒，不吃奶，更不吃飯，他和他媳婦守了一夜，孩子的燒一直退不下去，要幼平趕緊去幫忙找醫生給孩子看病。幼平二話沒說，立刻和孩子他奶爸向他奶媽家趕。幼平到了後就請奶媽陪毛毛返回南轅庄叫毛毛他三爺給毛毛看病。奶媽沒有推辭，立刻抱著孩子騎上毛驢跟幼平一起往南轅庄趕。到了以後，幼平接過毛毛往家裡抱，還沒有進門就招呼大兒子祿順去請他三爺來給毛毛看病。祿順快去快回，告訴他大說他三爺一大早被人請走看病去了。

幼平聽了大為吃驚，不相信似地反問了一句，哪裡的人把你三爺請去了？祿順說是十里以外的洞子崖村的人請去了。申幼平焦急地看一眼他懷裡的毛毛，孩子已經停止呼吸了。申幼平立刻叫奶媽看孩子那是怎麼的了。奶媽一看，嚇了一跳，伸手到孩子鼻子前試了試，又摸了摸孩子的小手，對申幼平說孩子可能不行了。說完，奶媽就要走。申幼平把孩子的額頭貼在自己的額頭上試了試，大概是感覺告訴他奶媽說的是對的，他的直接反應是連聲叫毛毛。就在他連聲叫毛毛的當時，奶媽夫婦已經到了院外，奶媽騎上毛驢一溜煙走了。申幼平喊毛毛的急切樣嚇得祿順和弟弟、妹妹都哭了。一家人哭成一團。申幼平哭喊的同時確信毛毛死了，把孩子放在炕塄上仰面朝天大聲發問：爺爺，你為什麼不照看我？繼而轉為發洩，他瘋了似地從地上抓起斧頭到灶君神位處掄起斧頭朝神位猛砸，嘴裡罵著，爺爺，驢日你媽，你年年得我的頭爐香，為啥不保佑我？爺爺，驢日你媽，你狗日的都是騙子，人說誰敬你，你就保佑誰，你騙我敬你多年，你日你媽的反倒害我！幼平用斧頭直把安灶君的地方砸出糞籠大個坑，還沒發洩完，還不停地邊罵邊砸，最後狠狠地砸著罵道，我不信你個狗日的了。你是個毬，我把你砸了，看你能把我怎樣。幼平停手了，但是嘴裡一直沒停，繼續罵，一夥爺爺都是騙子，把你的尊敬騙到了，卻給你什麼都不做。狗日的全是騙子。

發洩完了後他再來看一眼炕塄上的毛毛，大聲嚎著，毛毛呀，短命的兒呀！之後他安頓人把毛毛送走。

第二十一章　傳說與現實

　　過了正月十五，農民們就準備春耕的事了。其實北方農村的此時，農田裡並沒有多少活可幹，因為大地還未解凍，只是有些殷實人家的牲畜應手，這時趁別的活幹不成之機，把春耕時要施的糞土往田裡送，大部分的勤快人只限於上山斫些柴禾準備忙農活時燒炕、做飯。人們吃過早飯磨好鐮刀，後襟上別著捆柴禾的繩子成幫說笑著上到山上或鑽進溝裡去斫柴禾。但是因為才過完年，況且正月還未盡，又剛過十五，人們的玩興都未盡，斫柴的人們出了村在能曬太陽的陽坡邊停下來再掄掄天花，或者丟丟七杆仿、狼吃娃，有時甚至是挑唆著叫幾對對手捽捽跤，圖個熱鬧。

　　玩夠了，太陽也高了些，似乎比剛吃過早飯磨鐮刀那陣暖和多了，該上山斫柴了。當地人說住在河川的人一上了山就由不得要往遠處看，看那廣闊的天空，才知道天很大。這個說法是譏笑川裡人，溝裡人成天只見頭頂上的天就那麼一縷，以為天就那麼大，言其是井蛙觀天。也難怪原上人這麼說川裡人，川裡人都不自覺地有上到山頂或原上往遠處看的習慣，也許是心理上的需要，也許是長期被圈之後的一種宣洩。斫柴的川裡人上到山上也不例外，總要向遠方四下張望一番。人們發現，遠處的山野不清晰了，罩著土霧。細心的人注意到，這些年來，土霧，就是學名說的浮塵越來越濃了。更有細心人說，土霧從申濟仁落了草那時起就變得越來越濃，來得也越來越早了。於是就有人根據土霧燒山的民諺推論說這燒著燒著就變天了，而且這些人還有根有據地拿申濟仁對相好的人說的話說，他們就是要改朝換代，造一個沒有剝削，沒有壓迫，民主自由的新社會。想想看，這造出個

新社會不就是變天是什麼。

　　對申濟仁說的他們要造就的新社會，有人嚮往，有人懷疑，有人不以為然。申黑三尤其嚮往，特別對打土豪分田地最感興趣。多好的事情。若真地能分老財東家的地，他就要他因為還賭債賣給人的地。這就相當於他拿財東家的錢賭了幾年。這事確實很不錯。還是共產黨心裡有咱這些弄窮了的窮光蛋。申黑三拿定主意要支持共產黨創造新社會。但是他又不能扔下媳婦一個人在家，自己像申濟仁和申立仁那樣去參加遊擊隊。再說，真背著槍去打仗，那危險可大了，一個花生豆，當地人把子彈頭戲稱為花生豆，立刻就把他媳婦變成了寡婦。那可不成，媳婦還沒給他生下兒子，所以他不能直衝衝地背著槍去給共產黨賣命去，現在就等著共產黨變天。

　　可是關於共產黨要變天的事，南轅庄的涼聖人申尚仁另有高論。人說秀才不出門，能知天下事。一點不假，涼聖人在南轅庄之所以能有涼聖人這麼個綽號，就是因為他像申士俊一樣，識文斷字，更重要的是他見多識廣，對一些事情常有人們料想不到的見解，說出來讓人瞠目，有冷不防的感覺，悟不透的人說他在飄涼話。涼聖人根據他聽到的和書上看下的，得出個看法說，這幾年越來越早，也越來越濃的土霧可能是凶兆。土霧之所以越來越早，越來越濃，霧的時間更長，是因為共產黨在北邊把各山峁都挖禿了，所到之處挖地三尺，寸草不留。想想，這樣的黨坐了天下，老百姓哪能有好果子吃。不少人對涼聖人的這番高論將信將疑。這些人認為，即便共產黨坐了天下，咱老百姓不指望它對老百姓有多好，但是料想它也不至於比現在的國民黨更壞，因為不管誰坐天下，他總要靠咱老百姓養活。坐天下的要是把老百姓害得都活不成，他自己也難活。所以，誰坐天下對老百姓來說都一樣，反正咱老百姓是要養活人家的。又有人對這些人的說法提出批評說，共產黨說了，它是為窮人打天下的，將來變了天，咱窮人就當家做主人了。咱窮人坐天下還能虧待咱窮哥兒們？涼聖人不熱不涼地飄了一句：它不說為窮人打天下，要窮人當家作主人，就沒有理由叫瓷屄給它去賣命打仗。

　　申幼平經歷了艱苦奮鬥，敬神，求神保佑，死牲畜，媳婦被槍

殺，小兒子毛毛的死，瘋狂砸灶君之後，對所謂的敬神就能得到神的恩賜全然不信了，更不信有什麼人會豁著命為窮人謀利益。用他的話說就是，神要真願意給你好處，根本不用費什麼事；他就用好聽的騙的叫你給他做事。他要是真想為你做什麼，就不用騙你先為他幹。所以有人說他們豁著命為窮人打江山就是沒影兒的事，自己的恓惶還要自己哭呢。

※※※

二月初二過了，偏遠的鄉村人好像覺得年才澈底過完了，地也解凍得差不多了，春耕該真正開始了。就在南轅庄的人忙春耕的時候，頭頂上的飛機多起來了，還不是大家已往看到的那種飛得老高的客機，那時鄉下人把這種飛機叫三頭機，而是紅頭機，人們將其稱為轟炸機，或戰鬥機。這樣的飛機向北飛去，而且不是一架兩架，一天能有五，六架，甚至更多些。憑直覺，人們知道戰事起來了。據從縣城趕集回來的人說，公路上盡是往北開的國軍，騾子拉著大炮，一門接一門往北去，說是胡宗南奉命進攻延安，要澈底消滅共產黨。申士俊和所有人的判斷是一樣的，仗確實已經打起來了。按經驗，申士俊進一步判斷，這一次，蔣介石不把共產黨澈底消滅是不會罷手的。他有些擔心兒子申濟仁和兒媳婦及帶去的孫子和孫女。可是他無能為力，這一仗是一定要打的，不是這個吃掉那個，就是那個吃掉這個，所謂一山不容二虎麼。

那年月的飛機還是很稀罕的，每聽到飛機轟鳴，人們都會從屋裡跑出來看飛機，而且一邊仰頭看著，一邊高聲議論現在的人就是能，造的這鐵傢伙飛得比老鷹飛的還高，還說，別看在天上那東西看上去跟個老鷹差不多，據說飛機落下來後咱一個碾麥場放不下一架。有時人們聽見轟轟聲跑出屋外看飛機，仰著頭在空中找半天連飛機的影子都沒有，原來那轟轟聲是二十里以外公路上的汽車上坡掙出來的喘氣的響聲。這些天不同了，天天有飛機看，而且一天好多架，飛得還不高。孩子們和村裡小學的學生們可高興了，每飛過一架戰鬥機或轟炸機，他們都歡欣雀躍，學校的老師甚至管不住，也就索性似管非管地

招呼幾聲不要盡看飛機，要專心學習。

　　胡宗南進攻延安的軍隊往北去並不經過南轅庄，到底有多大的軍力，南轅庄的人沒有個準確的概念，只聽說胡宗南投進的兵力簡直可以把延安深翻三遍。確實天天頭頂上南北往返的戰鬥機或轟炸機顯示，進攻的火力夠猛的。時間一久，那些轟轟而去，轟轟而歸的戰鬥機或轟炸機也就不那麼新鮮了，飛機從頭頂上轟轟著過再也不能使人們停下手裡的活兒仰頭在天空中尋找。連剛開始聽見飛機的轟鳴聲就興奮的孩子們現在也沒有那份激情了，飛機從頭頂過跟見的不愛見的鴉雀無異。好像那仗打的結果怎樣完全無關他們的痛癢。

　　人們如往年一樣該做什麼還做什麼，生活像支流小溪的水沿著彎彎曲曲的故道平靜地，有時有點急湍，之後又平靜地向前流著，絲毫不受主流江河水勢漲落的影響。頭頂上北去南來的轟炸機或戰鬥機的轟鳴聲如今如陰天掉下來的幾滴雨點，掉入小溪也就成了溪流裡的一滴流向主流至大海。可是，一天晚上，申立仁溜進了申士俊的院子。申士俊看見他大為吃驚。申立仁和申濟仁一起鬧革命已是眾所周知的。在這樣的當口，參加了革命隊伍並且一直跟申濟仁並肩作戰的申立仁突然出現在申士俊的面前使申士俊感到意外之餘又有點不祥的感覺。申士俊驚奇地問，這個時候你怎麼回來了？申立仁立刻回答說，四叔，你甭著急，我就是來給你說這事的。

　　據申立仁說，這一次胡宗南可是下了狠心，貼上老本要消滅共產黨，就他經過的幾仗，每一仗胡宗南的火力都很猛，打得他們簡直抬不起頭。申立仁的這番開場白說得申士俊本來懸著的心又高懸了一些，不由得問申立仁是不是吃了敗仗逃回來的。申立仁告訴他說，是不是共產黨全敗了，他說不清，他只知道他們這一股是叫打得七零五散的。他們被打散潰逃時，他幫濟仁媳婦背著剛三歲的小兒子逃的。這個兒子是蘇彩萍到邊區後生的，申士俊並未見過。但是那畢竟是他的孫子，剛三歲個孩子就要在戰火裡逃命，這叫申士俊更覺得不是味兒。他接著申立仁的話茬就問，娃該沒事吧？

　　申立仁告訴他說，沒事倒是沒事，可是那麼點人受了多大的罪。申立仁說，他們被打得頂不住了要撤退時，他就跑去向濟仁媳婦說把

這小兒子給他，他幫她背著小的，叫濟仁媳婦自己招呼著兩個大的快快逃。可是那媳婦那「解放腳」跟沒「解放」的小腳差不多，根本走不快，而且走上一段腳就疼得直喊叫。這個時候的申濟仁根本管不了他們母子，他得指揮隊伍快快撤退。申立仁說他背著孩子走了一段，他看濟仁媳婦連她自己都顧不住，他給濟仁媳婦從樹上折了一根樹枝當棍，叫她拄著走快點，他自己則背著小的，手裡領著兩個大的走。可是濟仁媳婦那「解放腳」總是走不得長路，特別不能走山路。逃跑的頭一天的天氣還特別熱，大半天時間都是在沒有人煙的山溝裡鑽，弄不到吃的，也弄不到喝的。直到後晌太陽都有點西斜了，誰都水米沒打牙，那小兒子爬在他脊背上都人事不省了，把娃渴壞了，濟仁媳婦看著軟不拉幾的孩子急得直哭，兩個大的見弟弟叫都叫不應，又見媽媽哭，嚇得直抹眼淚。申立仁說，他見那娘兒三個哭，他意識到背上的孩子很危險，但是有什麼辦法呢，他明知道孩子是渴的了，因為半早晨時孩子就叫著二叔要水喝。沒有水呀，他就哄著孩子說他背著他在山溝裡就是要找水給他喝。他鼓勵孩子再堅持一下，到了另一條溝裡就會有水喝。可是尤其濟仁媳婦走不動，大半天過去了，他們還在那條沒有溪流的溝裡轉悠。一直到太陽老勢偏西了，他背著小的，拉著兩個大的來到這條溝的一個岔溝。一到這條岔溝，他一眼看見溝底有水勁草，他把兩個大的一撒，背著小的就往溝底沖去。果然有水。他把孩子從背後拉到懷裡，叫娃面朝天。他蹲下去用一隻手捧點水上來滴到孩子的嘴裡。說也奇怪，那孩子大半天了什麼都管不得，連叫都叫不應，這會兒水滴到嘴唇上他卻知道動嘴唇，當他嘗到是水，嘴張開了。申立仁說，自從孩子知道張開嘴等水，他就那麼一小捧一小捧給孩子捧的往嘴裡灌。那孩子，水一到嘴裡就往下嚥。他看孩子喝得差不多了，就把孩子放在地上自己捧著喝了幾口。等他喝夠了返過身來，躺在地上的小孩的眼睛睜開了。他大喜過望，心想，今天這孩子算是保住了。就在這時，兩個大的循著他沖向溪邊的小路也來到溪邊，爬下去就喝。兩個大孩子喝夠了站起來，看見他們的媽媽坐在溝坡上向他們招手。那順隆才從腰間取下背著的洋瓷缸子舀了一缸子水給他媽端過去。喝了水，都想吃東西了，可是帶的那點吃的已

經沒多少了，他就叫他們娘兒四個先吃。你說怪不怪，濟仁媳婦見小兒子睜開眼說話了，一下子就哭了，不吃東西跪下去叫著二哥就磕頭，說是二哥救了他們的命。

太陽快壓山了，還不知道該到哪裡去投宿，申立仁繼續說，他有些著急。打仗了，老百姓都不知道躲到哪裡去了，他們逃了一天，也是因為在沒人煙的荒溝裡，連一個人都沒見上。他把那母子四個先安頓到個小山峁上，叫他們在那裡歇著，等著，他快快去看看有沒有人家可以投宿。他順著有水的岔溝往裡走了沒多遠就看見一個拐彎處好像有幾戶人家那麼個小村子。他很高興，立刻就返回來，把那家母子四人叫上，那小兒子還由他背著，向那個小村子趕去。山溝裡那段距離，你看上去倒是不遠，可是要走到那裡還真不容易，曲曲拐拐不說，再加上咱路不熟，走著走著就尋不著去路了。還有，那家母子三個都走不動了，尤其濟仁的媳婦，腳疼得不敢踩地，有時乾脆跪著向前爬。為了不叫他們走冤枉路，他背著那小的先在前邊把路看好，再招呼他們慢慢過來。到天擦黑時，他們摸進了村。還好，這村裡還真有幾個人沒跑，不過都是老頭老太太。山裡人就是厚道，他去和一家老頭說他們是躲戰火跑出來的，到這裡大人孩子都走不動了，想在他家歇一夜。那老頭挺爽快，說他們村能跑動的都不知躲到哪裡去了，現在還有人要在他們那裡躲。行，不怕打仗，不怕糧子搶和拉差，你們就在這裡歇著，吃住都好說。這不是，跑了的人騰下那麼多的住處。不過要把話說在前頭，他不出賣任何人，也誰都保護不了，炮彈落不到這裡，糧子也不來這裡，那就是大家走運，聽，遠處的槍聲和大炮聲都聽得清清楚楚，要是有炮彈落在這裡，大家就得認倒楣，誰甭怨誰。

申士俊聽著，申立仁繼續說他看老頭說的都是實話，忙說真要倒了楣，他們誰都不埋怨，說實在的，倒楣之後還有可能埋怨什麼人，那就是沒倒楣。老人家願意留他們借宿就已經很好了，出什麼事，他們都不會埋怨任何人。這家老太太給他們做了晚飯，他聽老太太舀水時嘟嚷說甕裡沒水了，他趕緊摸起水擔，擔上桶到小溪去挑水。老頭告訴他不用去小溪挑水，村邊有一口水泉，他都吃泉子的水。那眼泉

倒是不遠，他一連給老太太挑了三擔水。老頭只管招呼叫他歇著，說他跑了一天了，肯定累了。

吃完飯，他招呼他們母子幾個都睡了，才和老頭商量把母子四個暫時安頓在他那裡躲幾天，因為母子幾個實在跑不動了，再說跑到哪兒是個盡頭，他看老頭這裡可以避。老頭還是那話，吃住都沒問題，但是他不保他們母子的黑紅。申立仁直給老頭交代，只借他的寶地躲幾天，出了事不關他的事，等戰事稍有緩和，孩子他爸就來接人。到那時，一定有重謝。老頭表示說不用謝，只要人平安就是他積德了。又說，兩家打仗，百姓遭殃。說的好聽，為老百姓謀幸福才打仗。到底能謀多大個幸福還難說，眼下這殃你是非遭不可。大家都在難中，不用謝。

第二天早晨，申立仁對濟仁媳婦說，他看他們母子四個不能再逃了，他已經和老人家說好了，他們母子四個就留在這兒躲幾天，等戰事稍有緩和就來接他們。濟仁媳婦很高興，說她也是這麼想的，她實在是不能跑了。申立仁問老頭他這村子叫什麼名字，老頭告訴他說是沙川縣三岔鎮卜家溝。申立仁叫順隆給他爸寫個信說他們母子四人平安，現住沙川縣三岔鎮卜家溝。順隆寫好後交給他二叔。申立仁拿著順隆寫好的信晃了晃說，拿著這就能給他爸有個交代。吃完飯，申立仁關照母子四人安安穩穩先住著，不要太向外跑，注意周圍的動靜。說完，他就說他要去找隊伍，找申濟仁去。

申立仁說，他一個單人到底好辦，沒用兩天，他就找到了申濟仁。他把順隆寫的信交給申濟仁說他把那母子四人安頓下了，叫申濟仁得機會照地址去把人接回就是。交代完以後，申立仁找了個藉口就開小差了。他給申士俊一再解釋說，他看胡宗南那架勢確實不得了，非滅了共產黨不可。再則，他在共區呆了這兩三年，他看共產黨不像什麼正路貨，也是搶、訛，什麼都幹，所以他就跑回來了。申士俊苦笑了一聲說，事到如今，很難說跟共產黨繼續幹是對的，還是像申立仁這樣脫離共產黨是對的。不說這些了。申立仁能把他的孫子和兒媳婦安頓在個平安地方比啥都好。

申立仁回來沒見村裡任何人先來申士俊那裡說了那一通，算是給

南轅庄
238

申士俊個交代：他申立仁始終記著他和申士俊家父子的交情，什麼事都要辦得有頭有尾，有個交代。

　　把該向申士俊交代的交代過後，申立仁就著手盤算他後頭的事了。反正眼下他是不能待在家裡，更不能出現在眾人面前。他知道，謀殺了北倉鎮鎮長的事遠沒有完，被害鎮長的家人和政府當局恐怕一直都在尋找他的蹤跡呢。再入土匪的夥吧，倒是能進去，恐怕不是長久之計，國共兩派現在打得你死我活，估計很快就會決出勝敗來。將來不管誰坐天下，都不會容忍土匪，這是肯定的。共產黨那邊是不能回了，因為他這個小差開的就把回去的路堵得死死的，而且據他看，至少北邊這一撥子共產黨可能沒幾天的活頭。國民黨這邊更不能去，那是自投羅網。想來想去，申立仁得出個肯定的結論：家裡萬萬呆不得。

　　第二天凌晨天還沒亮，申立仁已溜出了村，天明時他已經到了土匪出沒的十二盤坡。他這次來這裡不是想「做活兒」，而是想在這裡邂逅個相識，打聽打聽蔣管區這邊的些基本情況，以便決定自己的去向。事實證明申立仁的判斷是正確的，沒用半天時間，他在十二盤坡的老地方就等著了曾和他一起做過幾次活兒的哥兒們。他立刻提出請來的三個哥兒們去欣關鎮的萬香居下館子。吃飯喝酒間，那三個哥兒們告訴申立仁說，時局不穩，東山裡的土匪們都有些想散夥各奔前程的意思。這些人說，自從北邊遊擊隊把黃蜂一干人拉走後，各團夥都有人三個五個結夥去投奔共產黨。聽說將來共產黨打下天下後，過去當過土匪的人就是革命的有功之臣，當土匪的事兒就一風吹了，說不定還能撈個官位坐坐。申立仁表示，這些他都知道，而且他自己就跟著共產黨的遊擊隊幹了兩年多，眼下這仗打得這麼凶，他怕共產黨撐不住，所以回來了。回來又不敢待在家裡。申立仁說到這裡，那三個中有一個說他看申立仁說的有道理，看形勢，共產黨恐怕撐不住。既然這樣，還不如去疑軍山投那股專反共產黨的北反軍去，將來有這個靠山，和國民黨的話還好說些。申立仁聽得疑軍山有專門反共的力量很高興。人常說牆倒眾人掀，有道理，牆快倒時咱上去掀一把，不一定對要倒的牆有多大影響，但是眾人可看見咱掀了，到牆倒了以後，

對推倒牆咱有一份功勞那是沒說的。對，是這個主意。

　　申立仁對三個哥兒們說了他的想法，不料這三個人都有同樣的想法，並且補充說，小股的三三兩兩的去投國軍不是個事兒，因為有當土匪的歷史，國民黨那裡記的有賬，咱這零鏰兒去，他會隨時把你捏掉。北反軍是才弄起來的，咱自己帶的有傢伙，去了准受歡迎，還和他們能平起平坐。到時候說話，咱也有本錢。四個人幾乎是一拍即合，約定過兩天就來南轅庄叫申立仁一同去疑軍山找北反軍去。

　　他們四個人跑了九十多里路，幾經周折才找到北反軍的營地。這裡確實稱得上疑軍，山路就在核桃樹林間，抬頭幾乎望不見天日，腳下也是一不小心就把道兒走丟了。還沒有到營地之前老遠，就有人攔住去路盤問再三。他們說明來意後，人家將信將疑地答應領他們去見北反軍的首領。但是從腳下開始往前走之前，他們四個人必須把身上帶的傢伙，槍交出來，說是見過首領之後，首領會把槍還給他們。他們四個人二話沒說就把槍交出來，然後就跟著人家往前摸去。

　　到了北反軍首領的窯洞裡，領他們來的人把他們的槍往桌子上一放說這四個人說他們來投奔北反軍。那首領顯得很高興，連聲說好呀，好呀。然後他要來的四個人說說他們為什麼要來投奔他這北反軍。申立仁率先回答北反軍首領的問題，他說他前頭去過北邊，在那裡幹了兩年，那邊的許多事他也知道了，他看那共產黨也不是什麼正路貨，明明自己嚷著要停止內戰，一致抗日，他自己卻不好好抗日，成天支使著遊擊隊打人家國民黨的遊擊，又搶，又訛，又拉土匪，還不停地向白區販大煙。還好，抗日戰爭勝利了，國民黨總算能騰出手來打共產黨了，而且打得挺凶，他就是從戰場上逃了回來的，他看共產黨恐怕撐不住。回來後聽說疑軍山的北反軍專反共產黨，他就來投奔，希望快快消滅共產黨，為民除害。那三個哥兒們也異口同聲說他們和申立仁一樣，也是希望能為消滅共產黨出一把力。北反軍首領聽了很高興，說很好，大家都有儘快消滅共產黨這個願望就好。眼下胡宗南打延安打得正兇，咱們不能把消滅共產黨的功勞全叫胡宗南拿去。然後問了四個投奔者各自的姓名，叫手下人一一登記在冊子上，把他們的槍一一發還，叫手下人招呼他們住下。這位首領最後還關照

他們好好休息，準備好好幹一場。他特別誇申立仁對共產黨有經驗。

　　這支北反軍其實就是些和申立仁有類似想法的人的糾合體，差不多都有當土匪的前科，有的甚至有命案。他們裡的高人看到抗日戰爭業已勝利，料想當局會騰出手來整肅土匪，因為他們自己都覺得抗戰這幾年，各地的土匪鬧得有些太不像話。如今國民政府下這麼大的勁打共產黨就是將來整肅土匪的先兆。更重要的是胡宗南這次打得這火力之猛叫人咋舌。前幾天，祖壋縣城和沙川縣城都敲鑼打鼓，掛著橫幅祝願胡宗南的精銳部隊，即劉戡部隊和嚴明部隊北上剿匪成功。看樣子，胡宗南的勝利指日可待。咱這以反共為目標的北反軍要抓住可能抓到的機會在這次大反共高潮中表現，表現。

　　申立仁他們在北反軍營地剛休息了一天，北反軍派出去的探子回來報告說，有一支共產黨的遊擊隊在沙川縣東南三交界處活動頻繁。得此消息，北反軍的首領很興奮，他要探子們進一步偵察這支遊擊隊的行動。探子告訴首領說他們留了人在跟蹤偵察。北反軍首領聽了越發高興，誇探子們有出息。又過了兩天，探子回來報告說那股遊擊隊縶在那裡幾天沒動，只見遊擊隊的頭頭往返於遊擊隊的駐地和一個國軍的營地間，估計那股遊擊隊在搞策反。北反軍首領立刻來了主意：立功的機會到了。遊擊隊駐地只是些散兵，群龍無首，很容易收拾。拿下這支遊擊隊既有現實的戰果，又成功地阻止了國軍的反叛。要是能拿到遊擊隊策反的證據，那功勞就大得不能說了。

　　北反軍首領立刻下令全體開拔，直奔這股遊擊隊。所謂的全體也就五，六十個人，跟北反軍這個「軍」的名頭相去甚遠。但是還得叫個軍，組織者相信，插起招軍旗，就有吃糧人，希望他的力量借這個「軍」字迅速擴大。經過一天的行軍到了與遊擊隊距離很近的一個山溝小村縶下來等待有利時機。等了一天多些的時間，探子來報告說遊擊隊的頭兒又出去了。北反軍的首領認為時機到了，立刻帶著他的人馬準備一舉拿下這股遊擊隊。結果就在他們靠近遊擊隊駐地時被遊擊隊打了個伏擊。差不多一半人被俘，其中就有申立仁。

　　原來，遊擊隊早發現了北反軍的行蹤和意圖，盯著他們的行動，幾乎就在他們從山溝小村起步時，遊擊隊已布好了伏兵。俘虜們被押

回來以後，遊擊隊的頭頭一看，俘虜裡竟然有他的熟人申立仁。這頭頭一見申立仁在俘虜中，氣得咬牙切齒，說，好哇申立仁，你狗日的這一輩子別想翻身。這位遊擊隊頭頭念及申立仁曾為遊擊隊弄到三十支步槍，還算有功，將功折罪，最後罵了申立仁一頓放走了。果然，新政權建立後，申立仁就被定為壞分子，管制著，初一，十五到政府去彙報，實際是去給鄉政府和後來的人民公社政府掏廁所，一直到死。這都是後話。

※※※

在頭頂上空紅頭飛機的轟鳴聲中，申幼平的兒子申祿順從祖塋師範畢業了。申祿順穿得很精神，一身白制服，戴一頂白色的學生帽，帽檐是黑的，錚亮，帽檐的根部有一條錚亮的條子，條子的兩端用黃銅紐扣壓著，離紐扣約兩公分處各有一個錚亮的黑環。他爺爺申明理逢人就說他孫子總算把書念成了。說那小子這書一念成，整個人都變了個樣兒，他無論怎麼看，那小子都像個當官的。申祿順從祖塋師範一畢業就去縣三科報到，以便及時分配工作。申士俊為此特別向申幼平表示祝賀，誇申幼平有見識，愛供娃娃念書，這不是嘛，門庭一下子就換了。申幼平不無遺憾地表示可惜祿順他媽沒看到今天。申士俊歉疚地說這都是他作的孽。

※※※

胡宗南進攻邊區打得正酣，突然傳來消息說胡宗南的精銳部隊，劉戡和嚴明部在沙川縣東磚瓦街和紅石梁吃了大敗仗，劉戡和嚴明無顏見江東父老，雙雙墜金而亡。聽到這個消息，人們無不感到不可思議：那麼精銳的隊伍怎麼能被共軍打得一敗塗地。有人甚至添鹽加醋說，劉戡和嚴明的部隊向北開時他親眼看見了，那武器都是美國造，各種各樣的炮都叫不上名字，輕重機槍咱可認識，那些糧子抬的盡是重機槍，輕機槍就不計其數。越說越覺得無法理解。南轅庄的不少人對胡宗南吃的這一敗仗不無遺憾和失望。但是誰都不明說他為此感到遺憾和失望，人們只是表示自己對這次失敗的疑惑和不解。議論之

餘，人們似乎意識到共產黨那邊確實有高人，有一巧破千斤的功夫。

就在人們莫衷一是的時候，進一步的消息來了，說是劉戡和嚴明並非共產黨的軍隊打敗的，而是被蔣委員長打敗的。乍聽到這個說法，人們無不詫異，都以為這是挖苦蔣委員長的玩笑話，只是聽聽，笑笑，並不當真。可是後來又傳來更進一步的消息說，從磚瓦街和紅石梁潰散的劉戡和嚴明的餘部的散兵們說，他們就是被蔣委員長打敗的。

原來，從胡宗南到劉戡和嚴明，都把共產黨的軍隊的力量就沒太當回事，所以每次進攻都是大舉進攻，甚至就是長驅直入。磚瓦街和紅石梁一戰幾乎也是這樣。按照南京方面的指示，要在磚瓦街和紅石梁打一場決定性的戰役。劉戡和嚴明率部隊大舉開赴第一線。當他們貿然進入磚瓦街和紅石梁，立刻發現自己鑽進共產黨軍隊的口袋，劉戡即命令向南京總指揮部發電報報告戰況，請求大力支援。與此同時，他指揮部隊反擊突圍，撕破共軍的口袋。確實，劉戡和嚴明倒沒費多大的力氣很快就把共軍的口袋撕成碎片，把共軍原來的陣地幾乎全部奪下並佔領。就在這時，南京命令增援的空軍駕著紅頭飛機像鴉雀一樣成群飛來，排成一字長蛇陣向共軍已失守的陣地排著低空像耙地一樣掃射。看空軍那架勢，南京方面是下了死命令的：把共軍的陣地給我打成篩子底，共軍陣地上不准殘留一個活的。那些紅頭飛機一排接著一排輪番在上空俯衝，掃射，打得守在共軍原來的陣地上的劉戡和嚴明的部隊簡直抬不起頭來，死傷慘重。劉戡急忙向總指揮部發報說他已奪下所有共軍原來的陣地，請求把空軍撤回。但是總指揮部好像不曾收到他的報告和請求，頭頂上的紅頭飛機依然不依不饒輪番掃射，轟炸。陣地前沿的指戰員打出白旗向空中的弟兄示意，請求住手；有的臨時製作出大幅的青天白日旗向空軍兄弟示意：你們打的陣地上現在守的是自己人。空中飛的哪管這些，反倒以為這些都是共軍的詐術，不但不停手，反倒打得更凶。在空中執行任務的增援空軍接到住手的命令時，整個劉戡和嚴明的軍隊已被打得差不多了。共軍趁機反撲過來，劉戡和嚴明的殘部已無力抵抗。劉戡和嚴明見大勢已去，無力挽回敗局，遂雙雙墜金而亡。至此，就算全軍覆沒。

胡宗南大傷元氣，打共產黨的勢頭弱了許多，隨後就偃旗息鼓了。原來胡宗南進攻延安使各類人產生的各種聯想到此也畫上了休止符。可是共軍那裡並沒有休止，而是一舉將參戰的國軍餘部又打了個落花流水。聽說沙川縣的賈團長部就被打得逃到老遠處，副官申士文的去向不明。他母親楊昭豔已是年過五十的人了，一時沒有了兒子的消息，又加上老情人賈團長也去向不明，焦慮至極，得了大病，無醫可治，很快就離開了人世。

　　冬天到了，南轅庄所在地區的山山峁峁，溝溝壑壑依然籠罩著土霧，即浮塵，或者叫灰霾。

第二十二章　天亮了

人們在嚴寒中度過了新年，天氣轉暖了，都快過清明了，許多樹，尤其是柿子樹，根本沒有要長新枝葉的跡象。經仔細觀察和驗證，柿子樹被凍死了。前一年冬天出奇地冷，凍死樹在情理之中。有人根據凍死柿子樹的事還附會出個故事：說前一年臨入冬時，閻王爺要小鬼們這年冬天多拿四十多歲的人來見他，小鬼們不忍心把家家的頂樑柱拉去見閻王，裝著把閻王爺說的「四十幾」聽成「柿子樹」（當地人把柿子念si zi）。故這年冬天柿子樹成了四十幾歲人的替罪羊。既然如此，人們都樂於接受柿子樹被凍死這個事實，申士俊即命二孫子順昌把斧頭磨快，把所有的柿子樹的樹枝從主幹分叉處砍掉。順昌已是十七，八歲的小伙子，沒上學就在家學做莊稼，現在已是什麼活都能幹了。申士俊家的柿子樹真多，順昌用了五天的時間才基本砍完，往回拉樹枝就是八，九歲的順榮的事。兩天下來，半個院子堆的全是柿子樹枝。院裡堆得不能再堆了就往龍門外堆。兩天後，龍門外的樹枝堆得跟門牆一樣高。申士俊自己看到院內院外堆滿了乾樹枝都有些害怕，提醒一家老少一定要謹慎用火，尤其小孩，不許玩火。

南轅庄的人們正準備過清明之際，淵河東岸的梁上開下來一股隊伍，那隊伍長得沒有尾，一直一個跟一個往河邊聚，等待木船一船一船往過擺渡。不一會兒，河東岸聚得滿滿當當，前頭擺渡過來的已經進了村。人們這才看清，這些糧子不是已往看到的那些糧子。首先他們的軍裝是灰色的，帽子上也沒有帽徽。再仔細看，那軍裝也相當破舊，有見識的人立刻得出判斷，這是八路軍。當時的祖塋，沙川一帶的人的概念裡，共產黨和八路軍是一回事，常用八路軍指共產黨。前

頭過了河的繼續向前開，後頭的源源不斷開來。幾個背行軍鍋的過了河來到村裡不走了，在村邊的地塄上用洋鑯挖出灶膛埋鍋準備做飯。大概是該部的司務長一聲招呼，就有一撥士兵把他們肩上搭的像灌飽了的豬大腸的乾糧袋子交出來。但是就交來的那點顯然不夠聚在村裡的士兵們吃。司務長立刻到住家戶去買糧，買柴禾。申士俊家院內外的乾樹枝立刻被看在眼裡，司務長向申士俊說明要買他的柴禾做飯，申士俊爽朗地表示叫隨便拿著去燒，他不要錢。可是司務長一再堅持說八路軍有紀律，不拿群眾一針一線，一定要付錢。雙方僵持不下。但是申士俊又不能看著因為自己不要錢而部隊做不成飯，讓步了。當司務長拿出邊區的農幣票子時，申士俊犯難了。他怎麼看那票子都不是正經錢，那紙質幾乎比人們給鬼燒的陰票的紙質不好多少，再說，他壓根就沒聽過農幣這個名詞，和其他賣麵，賣米的人一樣，他拒絕收這樣的票子，司務長無奈，只好先寫了欠條，說等後頭貿易公司來賣下錢再付。

聽說有貿易公司來賣東西，小孩們很興奮，都想開開眼界看看貿易公司都賣些什麼洋貨。女人們聽說後頭有貿易公司來，也充滿了期待，準備叫自己的男人為她們置些貨郎沒有的東西。

湍河東岸的梁上下來兩匹騾子，司務長看著往河邊走的騾子說，呀，貿易公司來了。聽到這話，在場的大人和孩子都有些吃驚，大家不解，兩匹騾子怎麼就能馱個貿易公司。人們的好奇情緒隨之大增，很想儘快看到騾子馱的貿易公司都賣些什麼貴重貨。不一會兒，兩匹騾子馱著貿易公司來到村中央。人們看到，貨物是裝在類似農民裝糧食的線口袋那樣的帆布口袋裡，勒在架子上，一邊一個。貿易公司的人招呼司務長他們把貨物從騾子鞍子上抬下來，看樣子不是很重。有人猜那口袋裡可能是袁大頭，也有人猜可能是金條。小孩們沒經驗，也不瞎猜，就跟著抬下來的四個口袋想看個究竟。口袋被抬進窰裡，司務長向貿易公司來的人報買米、買面、買柴禾、買菜、買油的錢，並埋怨這裡的人不認農幣票子，要貿易公司的人付他剛報的那些東西的錢。貿易公司的人要司務長寫領條，他這裡準備付帳。貿易公司的人拿了一把刀子，打開口袋，從裡面掏出一塊用油紙包著的東西。小

孩子們目不轉睛看著這個油紙包，貿易公司的人打開油紙包後說，最好用這付帳，咱暫時沒現錢。你給人家說咱可以多付點。跟進來的大人這才看清楚了，有些吃驚地說了一個字，「土」。

八路軍的貿易公司賣土的消息很快傳開，有大煙癮的人紛紛來買，貿易公司的人用了不多一會兒就賣的捏了一大把關金法幣。司務長拿著領到的土來付買了申士俊的柴禾錢和麵錢，申士俊看著司務長手裡端著的土直皺眉頭說，弄這可是犯法的。司務長朗聲說，老先生放心，天變了，咱共產黨管的地方弄這不犯法。申士俊似乎未加思索脫口問，那共產黨算幹什麼的？司務長仍朗聲說：咱共產黨八路軍是為人民打天下的，弄這都是為人民打天下的。申士俊疑疑惑惑地說，既然不犯法，那就留下。不過長官，我看你給的有點多。司務長依然樂呵呵地說，不多，不多，我們有規定，凡是願意給我們方便的，我們就要在價錢上給人家點好處。

申士俊接了像棗兒那麼大一塊大煙土，看成色還真是乾貨，可是他竟然高興不起來，甚至有些不祥的預感。就在這時，隨軍的宣傳隊到了。說是宣傳隊，其實外表和那些扛槍，背乾糧的士兵沒什麼兩樣，也是一身舊灰軍裝，只是有兩三個女兵罷了。這宣傳隊一到，南轅庄的氣氛立刻活躍起來。男的宣傳隊員打著竹板向人民宣傳共產黨的好處，那快板詞是，共產黨好，共產黨好，不要糧，不要草……。又一段快板詞說，天亮了，地亮了，窮人起來和地主算帳了……。女宣傳隊員隨後主動走進村裡的小學校向老師說明她要給小學生教唱歌。現在的小學老師是申祿順，他只有表示歡迎的份兒。於是小學生就被集合起來。宣傳隊員給小學生就教唱《解放區的天》，「解放區的天是明朗的天，解放區的人民好喜歡。民主政府愛人民呀，共產黨的恩情說不完哪，呀呼嗨嘿依呼呀嘿，呀呼嘿，嗨嗨，呀呼嗨嘿依呼呀嘿！」教了半天，小學生們似乎學會了，只是唱到「呀呼嘿」那裡突然降調他們掌握不好，仍按前頭的調子繼續往高唱，到後頭竟高不上去了。宣傳隊員只好自己唱一遍做示範。然後她要小學生們自己體會體會。這時桂蘭提了個問題。這桂蘭是小學老師申祿順的妹妹，她仗著哥哥是老師的勢，幾乎什麼都不怕，她問解放區是哪裡。宣傳隊

員解釋說解放區就是共產黨八路軍到了的地方，說南轅庄現在就是解放區。桂蘭又問，南轅庄還有沒有晚上，也就是黑天。宣傳隊員笑著說，當然有晚上。聽到這話，教室裡發出一片孩子們的歡息聲，唉，還有狼有鬼呢！

由於偏僻，鄉下人對外來人總是好奇，愛看熱鬧，當宣傳隊員的竹板打響時，周圍就聚了不少人等著看熱鬧，聽新鮮，申志仁、申尚仁都在聽宣傳隊員的快板。宣傳隊員說的「天亮了，地亮了」，申志仁並沒太在意，但是那「窮人起來和地主算帳了」卻引起了他的注意。他雖不太明白「地主」的意思，但那句話的意思告訴他，地主不是窮人。他怕自己的理解有誤，就向涼聖人申尚仁求證。他問申尚仁什麼人是地主。申尚仁眼睛一瞪說，你可能就是地主。申志仁聽了嗯了一聲說，這就是了。接著宣傳隊員就宣傳說共產黨是無神論者，主張破除迷信，說那些神呀鬼呀都是騙人的，都是愚弄老百姓的。

申士俊聽了司務長的一番話，特別那「咱共產黨管的地方弄這不犯法」使他想到一件事。他急忙把剛收下的大煙土放在牢靠處轉身就出了門。他急步趕到申明道家，還好，申明道本人就在家。申明道見老哥這麼急來找他，就問有什麼事要辦。申士俊告訴他說沒什麼要辦的事，只是有要緊的話要說給申明道。申士俊沒等申明道細問，接著就往下說。他告訴申明道說，剛才八路軍的司務長說了，在共產黨管的地方吸大煙不犯法，而且八路軍的貿易公司就用騾子馱著大煙土賣，用大煙換東西。他特別提醒申明道，絕對不許他再沾大煙。說到這裡，申士俊對申明道的媳婦任氏叮嚀，要她一旦發現申明道又沾上大煙及時告訴他，不要怕申明道威脅。聽到這裡，申明道急忙說，四哥，我一直記著你那一次的教訓。我再沾大煙那還能算人麼。四哥你放心，吸大煙不犯法我也絕對不吸了。申士俊聽了很滿意，誇申明道有男子漢的骨氣。說完就告辭走了。

申士俊出了申明道家住的那個院子，就看到關帝廟門前聚了好多人，有的呼喊，有的嘆惜，他不由得走近前去看個究竟。到廟門口一看，關平和周倉的泥像已被搬倒，且周倉的頭就滾落在門檻跟前，看得出，有人在周倉的額部還踹了一洋鑔。幾個八路軍士兵正往關帝像

上套繩索準備把關帝像拉倒，還有八路軍士兵忙著用洋鏟鏟牆上的壁畫。申士俊禁不住問，你們這是……？還沒等他問完，一個八路軍士兵理直氣壯地告訴他，這是破除迷信，神鬼通統都是騙人的，只有共產黨，毛主席才能給人幸福。申士俊不敢再說什麼，退後兩步轉身走了。在那裡圍觀的人竊竊私語。

　　申士俊往回走著，有關關帝廟的許多畫面浮現在他的腦際。當年重修關帝廟時老善人一再關照，關帝廟在村中間，修大些，有用。果然，關帝廟修好後兩年，申有財和老伴跟兒媳婦拌了嘴，老兩口一氣之下從家裡出來就住在關老爺的廟裡，找了個砂鍋在廟簷臺上用半截磚支著做飯吃，兒子到廟裡跪著向父母賠不是請父母回去，申有財就是不肯，後來還是經他申士俊搭手才把那場糾紛給解決了。前些年抗戰時期，河南逃來的難民來到南轅庄就住進關帝廟。有幾次，連娘娘廟裡都住著河南來的難民。總之，自從關帝廟重修以後，隔三差五就有難民或叫花子晚上去廟裡陪關老爺。剛才聽八路軍的人說，他們不光要把神像搬倒、砸碎，後頭還要拆廟呢。這是怎麼說的呢，可憐人連這麼點好處都保不住。一路上，申士俊總也沒想明白。八路軍來說這下換了天地了，窮人要翻身了，可是現在弄的最窮的人連個避難的地方都沒有了……他正走著，冷不丁聽見申尚仁對他說，看見了吧，不祥之兆呀！

　　下午，女宣傳隊員又到小學校給小學生教唱《東方紅》。「東方紅，太陽升，中國出了個毛澤東，他為人民謀幸福呼兒嗨喲，他是人民的大救星。共產黨，像太陽，照到哪裡那裡亮，哪裡有了共產黨呼兒嗨喲，那裡人民得解放。」女宣傳隊員教得很認真，小學生們學得也挺起勁，不多時間，小學生們竟能全唱下來。女宣傳隊員著實誇了小學生們一番，然後要求小學生們唱著《東方紅》回家，到家後唱給家裡人聽。

　　傍晚放學時，小學老師申祿順把學生集合起來，站好隊，然後對小學生們講，大家今天做得很好，不但把該背的書都背下來了，把該學會的字都學會了，還跟著宣傳隊員學會了兩首歌，而且唱得很好。說完這些，他叫月梅出列來給大家起歌。月梅是申尚仁的三姑娘，聰

明伶俐，長得漂亮。小學生們在月梅的帶領下把當天學的兩首歌都唱了一遍。之後，老師命令學生們向右轉，齊步走。學生們都走起來後，老師又叫月梅起唱《東方紅》。傍晚的村巷裡都是《東方紅》的歌聲。由於孩子們出了校門就分開向著各自的家走去，歌聲也就向四處傳去，也不那麼整齊，在高處的人們聽到的是無章法的混聲唱，剛聽見「東方紅」，緊跟著傳到耳朵的是「中國出了個」，或者耳朵剛接收到「他為人民」，馬上進入耳朵的又是「像太陽」。孩子們在回家的路上幾遍反復唱下來，節拍更不齊了。「東方紅」和「謀幸福」倒錯位錯得連在一起進入人的耳朵。

第二天早晨，在南轅庄宿營的八路軍開拔了。又有八路軍部隊從湍河東岸的梁上下來要過河。梁上的部隊像螞蟻一樣排著長串往下走，撐船的一船一船往西岸擺渡。正在這時，傳來了飛機的轟鳴，梁上正走的和在河邊等著上船的都把隨身帶的插著蒿草的草圈戴在頭上蹲在原地。這時飛機已經到了頭頂。果然是兩架紅頭飛機。這兩架飛機好像看到南轅庄一帶地面上的什麼情況了，就是不飛走，而是在上空盤旋。正行軍的八路軍蹲在地上一動不動。在地裡幹活的農民也看出形勢不妙，趕緊躲在地塄底下，樹底下。那兩架飛機飛得很低，轟鳴聲更大。盤旋了兩圈，飛機開始俯衝掃射。這一掃射把人們嚇壞了，尤其正在門前大沙地往回拉二哥砍下的樹股子的順榮被嚇壞了。聽見掃射聲又看到飛機俯衝，這個剛過八歲的孩子明明看著飛機是向他這個方向俯衝，扔下拉著的樹股子就近抱住眼前的梨樹，眼睛盯著空中的飛機抱著梨樹樹幹轉圈圈。飛機每俯衝一次就掃射一陣子，每次掃射，順榮就被嚇得心都好像不跳了。那兩架紅頭飛機好像把子彈打完了，再無事可幹了，才悻悻離去。順榮鬆開梨樹蹲下去就拉了一大堆。這孩子從此只要聽見飛機的轟鳴准拉肚子。這還事小。那兩架飛機飛走後的當天下午就傳來消息說，飛機掃射打死原上兩個農民，兩頭耕牛，還打死在路上趕路的腳夫和他的騾子。這是附近能看到的傷亡情況，至於更遠處，那就不得而知了。

※※※

八路軍破除迷信，砸廟裡的神像，鏟牆上的壁畫的舉動在人們中引起不小的反響。申老五就嘟囔說，這些糧子，欺負的神鬼都不得安寧。有人示意他不敢這麼說話，小心惹禍。他不理這茬，照說。以前的糧子是欺負人，那還有個則，但從不欺負神。人被欺負怕了還能求神保護，這可好，欺負到神的頭上了，這人以後還能有什麼指靠。他好像自言自語，完全不顧及別人在為他捏把汗。也難怪申老五這麼說，他是實在看不下去了，他從小接受的影響使他對神有比別人濃厚得多的感情。申老五就是馳名的老善人的後人，申尚仁的父親。幾十年來，人們對老善人的敬重那是毋庸置疑的。申老五一直就生活在老善人的陰影下，直到說這話的當時，他還在已故多年的老善人的蔭庇下。民諺說，前三十年因父敬子，後三十年因子敬父。這是說子有出息的情況。申老五的情況是，他的德行遠沒能超過其父老善人的功德，但是人們一直敬重他，凡事都讓他幾分，所以他一直誰都不怕，什麼都不怕，該說什麼就說什麼，故老早就得外號五灌鉛。

　　大家正聽五灌鉛說瘋話，從娘娘廟方向傳來女人的哭聲。有經驗的人一聽聲音就知道是申黑三的媳婦吳彩蘭在哭。近兩三年來，吳彩蘭能把娘娘廟的門檻踢斷，每年四月初八，娘娘廟裡的頭爐香和貢品肯定是吳彩蘭的。人們注意到，送子娘娘肩上和懷裡的泥娃娃身上衣服的顏色都被吳彩蘭摸的掉完了。更有人說，那些泥娃娃的小雞雞都被吳彩蘭偷著掐的吃了。有好奇者就趕到娘娘廟去看熱鬧。到了廟門口，看熱鬧的看到在廟裡哭訴的確實是吳彩蘭，她半跪半坐在被掀倒的送子娘娘的泥像旁，懷裡抱著被砸得殘缺不全的泥娃娃的軀體，手裡捧著一個被砸掉的泥娃娃的頭，試圖給懷裡抱著的殘缺軀體長上讓他復活。吳彩蘭繼續哭訴著，廟門外來了看她的西洋景的，她一點都沒覺察。她拉著長聲哭著，訴說著：娘娘呀，人欺負的你都不得安寧，我還怎麼活呀?!老天爺，你咋不睜眼呢？人世間咋能沒有娘娘呢？娘娘呀，你甭走，去住到我的家裡，我天天給你上香，磕頭。她在廟裡哭訴著，外面看熱鬧的人就竊竊私語議論起來了，有的說，吳彩蘭做姑娘時可能把娃架叫人戳塌了，所以懷不上娃。還有人說可能是黑三的傢伙不行，那小子小的時候給人放羊，到了山上或溝裡，沒

事就手淫。又有人提出不同的看法說，不在那個，年輕娃不玩牛牛的幾乎沒有，大了娶下媳婦照樣有娃。聽老人說，媳婦不生娃多半是先人沒積下德的過。最後有高人說，吳彩蘭不生娃的原因可能是四月初八那天她在娘娘廟周圍沒遇上能幹的男人。結果說吳彩蘭的娃架被戳塌的人提出強有力的反駁意見說，吳彩蘭根本不用到娘娘廟周圍遇能幹的男人，幾乎天天光顧吳彩蘭的幾個河南人哪個不能幹。娃架塌了，你再能幹的男人也做不下娃。幾個人正議論著呢，申黑三氣呼呼地沖進娘娘廟門，拽起媳婦就往外拉，嘴裡罵著說媳婦丟人現眼。吳彩蘭有些不依，說，日你媽，你嫌我丟人現眼，你就不怕斷子絕孫?!廟外看熱鬧的人轟的一下全散了。

※※※

當時男宣傳隊員說快板時申黑三也是聽眾之一，別的他聽了個耳邊風，可以說是一知半解，只有「窮人起來和地主算帳了」他聽了個真真切切。至於誰是地主，申黑三一時還說不準，但他申黑三是窮人那是肯定的。所以這快板給申黑三的完整信息是，他申黑三要揚眉吐氣了。申黑三進一步想，就是現在過的八路軍共產黨要他揚眉吐氣，他應該積極支持八路軍共產黨。他再往下想，咱窮人揚眉吐氣了，那還不要什麼就是什麼，要誰跪下，他不敢蹲著。想到這裡，他真高興，於是扔下手裡正幹的活兒跑去找那宣傳隊員。找到說快板的那個宣傳隊員，申黑三說他剛聽宣傳隊員的宣傳了，他就是這南轅庄最窮的人，直到現在還給大掌櫃扛長工呢。他來問問他能幫給窮人辦事的軍隊做些什麼事。宣傳隊員聽了很高興，立刻把申黑三領給首長介紹說這位是村裡最窮的人，願意幫部隊做些事。首長聽了很高興，表示，共產黨就是依靠窮人的，和窮人心連心。共產黨領導窮人打天下，鬧翻身，窮人支持共產黨是天經地義的。首長對申黑三主動向黨靠攏表示歡迎，並鼓勵申黑三聯絡村裡的窮人為軍隊做事，準備後頭建立農民協會。首長說，眼下需要申黑三做的，就是幫司務長買糧，動員有糧食的人把該磨麵的磨成麵，該碾米的碾成米，因為後頭還有大部隊要過。首長同時要求申黑三特別向有糧食的人講明

白，把糧食賣給部隊絕對不吃虧，部隊對於願意支持部隊的人一定在價錢上給好處。

申黑三得了令，又得到首長的肯定和表揚，覺得渾身都爽快，配合司務長先到申士俊家，要求申士俊家多磨麵，多碾米，準備賣給後頭來的部隊。司務長補充說，八路軍有紀律，公買公賣，絕對不讓老百姓吃虧。接下來就到申裕仁、申崇仁、申志仁、張運升等幾個富裕戶家打了招呼。申黑三特別給申志仁聲明，八路軍要他做的事很多，最近一個時期他不能給申志仁當長工使。申志仁聽得出來，也看得明白，申黑三得勢了，爽朗地叫申黑三放手幹他的公事，他這裡的活可幹可不幹。但是到後頭，申裕仁和申崇仁就很不願意把糧食賣給八路軍，因為他們堅持不要大煙土，用申裕仁的話說，大煙土是害人的東西，沾那東西遲早都是犯法的事。司務長最後讓步，給這兩個人用袁大頭付糧價。但是司務長留的有話，要大煙土折下來比要袁大頭合算得多。

申黑三的工作得到部隊首長的肯定後同時得到首長的一紙推薦，要後頭來的部隊首長和即將成立的地方政府要相信申黑三，依靠申黑三做好各項工作。果然，成立的鄉政府就委任申黑三為南轅庄的農民協會主任又兼治安主任，要申黑三組建民兵，並發給一杆長槍。申黑三得了這些頭銜和長槍後，趾高氣揚，背著長槍來向申士俊宣布了他被委任的頭銜，告訴申士俊叫他從此不要管村裡的事，特別說明從此村裡的大小事都由他管。申士俊笑著說他早都不想管了，只是因為大家總也找不下個合適的人來接手，他總也擇不利。現在有申黑三出來接手，他求之不得。申士俊最後叮囑說，南轅庄的規矩是，管這村裡的事的人一定要為全村人謀利益，要保護全村人的利益。申黑三表示，那錯不了，共產黨就是為人民謀利益的，他聽黨的話，一定為人民辦好事。

新組建的鄉政府和農村的農民協會的緊急任務就是歡呼解放，招呼一批批往南開的八路軍。小學生們幾乎天天都要學一陣子扭秧歌，學唱歌頌共產黨，歌頌領袖毛澤東的革命歌曲。鬧著鬧著，鄉政府的幹部還要年輕媳婦和並不上學的大姑娘也學扭秧歌。許多人不願意

了，尤其申崇仁意見最大，他看到順達的媳婦都去扭秧歌了，就過來向他四大申士俊表示不滿。他認為申士俊根本就不應該讓順達的媳婦去參加扭秧歌。申士俊無可奈何地給申崇仁解釋說這是潮流，人家不是天天喊婦女要翻身，婦女要解放，咱敢不叫人家解放。申崇仁很不服氣地說，你都沒看叫婦女解放的那些人哪一個是正經錘錘子。

申士俊苦笑了一聲說，我咋能沒看見那些人不是正路子人。我剛說了，這是潮流，共產黨現在就明嚷著說他依靠窮人鬧革命，革誰的命呢？人家那快板詞裡都說了，窮人起來和地主算帳了。地主是什麼人？就是不窮的人。你和我都躲不過人家的革命。你還沒看見那勢頭，已經把各廟裡的神像都砸了個稀巴爛，那富人就更不在話下。所以，你也記著，裝的乖乖的，看能不能好好活著。申崇仁有點不太服氣地說，我不窮是我一點一點幹下的，黑三窮就窮在他那賭博上了，他和我有什麼賬可算的。這世事都由黑三這樣的人把著鬧，那還能有世事不。這是什麼理嘛。申士俊不得不又苦笑著給這個不開竅的侄兒解釋說，這就是共產黨的理。如今天變了，共產黨要坐江山，就興共產黨這理。他又一次勸申崇仁一定裝的乖乖的，千萬不要看不慣，咱一個等著被革命的人不但不能改變什麼，反倒會被革了命。不要擔心黑三們弄不好，放心，車倒總有臥牛處。千萬記著，順著潮流走。

※※※

這一年的春天和初夏一直都有八路軍往南開，南轅庄被號下的房子也一直沒閒著，隔一兩天就有新到的八路軍來住。人說兵馬未動，糧草先行，就是說有兵馬就得給供吃的，更別說八路軍當時的兵馬一直動著，更得大量給弄吃的。在申黑三的積極配合下南轅庄幾家富裕戶的糧食差不多被買完了，富裕戶眼看再賣自己都沒糧吃了，於是不約而同地將僅剩的糧食藏起來，給自己磨點麵還得偷偷地晚上磨。磨下的一點面也得藏起來。就是那幾家窮漢家的糧都被動員的賣得不夠吃了，所以人們在歡慶天亮了的同時，覺得這一年的春荒似乎長了許多。

好不容易盼到了收麥，該往南開的八路軍似乎都已開過，人們

趕緊收麥、打場、顆粒入倉。日子重新歸於平靜。一天下午，人們發現湍河東岸的梁上下來四匹戰馬，馬背上各有一個穿軍裝的人，大家以為這又是要開來的八路軍的打前站的來號房子，弄吃的來了，一陣緊張。待軍馬再往下走了一段，人們聽見軍人鳴船，就是拉長聲鳴，南轅庄的人把這樣的鳴稱為鳴船。聽見鳴船聲，村裡人立刻判斷這是個熟人，因為往南開的八路軍不知道這種叫人搬船的叫法。申尚仁聽得鳴聲，即下河搬船過去。當船一靠東岸的碼頭，申尚仁聽見等船的軍人喊他四哥。他一看，大驚，脫口喊出濟仁這個名字。上了船，申濟仁問申尚仁還認不認識和他同來的那一位，申尚仁說見過這個人，可是一下想不起名字。但他還在努力搜索記憶。那一位看著申尚仁在笑。終於，在船離岸時，申尚仁喊出馬騁的名字。馬騁很高興，誇四哥的好記性，並主動說他和濟仁一同來看看乾爹。

　　船離開東岸碼頭緩緩向西岸飄移，申尚仁在船尾撐著船，看著兩位長官和兩個護兵的四匹戰馬，讚歎說，我兄弟這一下總算把革命給鬧成了。咱南轅庄的人從此可以揚眉吐氣了。申濟仁有些感慨地說，是呀，咱村人為革命做出了貢獻和犧牲，連你老哥在內，都為革命做了很多工作。我始終記著這些。你說得對，從此一切都會好起來。說著，船靠上西岸的碼頭，申尚仁撐著船讓他們人馬下船。下了船以後，申濟仁招呼要四哥一起去家裡坐坐，申尚仁推辭說這陣要擺渡的人多，他就不離開船了，叫申濟仁領著馬騁先自去，晚上他得了空兒就會來的。

　　申尚仁確實為革命做了很多工作，而且也就是用這條木船做的。前些年，申濟仁帶著他的遊擊隊多次從這裡過河，都是申尚仁給撐船擺渡。不過申尚仁有條原則，對申濟仁的遊擊隊和黃蜂等那樣的土匪團夥都一樣，只管將其擺渡到彼岸就是，最多打個招呼，既不問從哪裡來，更不問要到哪裡去。所有擺渡過的人，一下船就「忘」了，後頭再來的什麼人打聽前頭都有什麼人從這兒過，去了哪裡，他一概「說不清」，甚至連有沒有對方問的人從這兒過，他都「說不清」。

　　申濟仁和馬騁及各自的護兵上了岸後就牽著馬進村。到了村口，第一個看見的人是申老五，申濟仁叫了聲「五叔」，申老五有點愣，

一時沒認出來眼前這四個穿軍裝牽著馬的長官，他向周圍看了一眼，確定面前除了這四位長官外再沒有別人，他進一步確定剛才喊「五叔」的是這四個中的一個，他仔細看了看後脫口喊出「濟仁」的名字。申老五很高興，一再說看到申濟仁騎著高騾子大馬回來他很高興。申濟仁向申老五介紹了馬騁，並問候了申老五。申老五一再說他很好，申濟仁能和把兄一起來太好了。招呼完，申老五叮囑申濟仁趕緊回家看父母。

申濟仁和把兄馬騁及兩個護兵來到自家門前將馬拴在拴馬樁和石樁上，然後就要進大門，大黃狗擋著去路狂吠，家裡人聽到狗吠，知道來人了，忙出來捉狗招呼來人。跑來捉狗的是不滿九歲的順榮。這孩子從生下到現在根本沒見過他的這位革命的叔叔，他以為來的這四位也像整個前半年往南開的八路軍的打前站的人那樣找村裡的管事的號房子，賣糧。順榮把狗按住後見軍人們還往裡走，就招呼說他爺已經不管村裡的事了，現在村裡的事由他黑三爺管，大小事他都管。申濟仁聽了後笑了。正在這時，王氏從廚屋出來，但是由於近黃昏，光線不好，她一時還沒認出來的軍人是誰，就聽得有人喊她「媽」，緊接著有人喊她「乾媽」。王氏似乎是從聲音聽出是兒子濟仁，問了聲是濟仁回來了。申濟仁又叫了一聲「媽」。王氏踮著三寸金蓮前來抓著兒子的手說，我可見到你了。馬騁前來捧起王氏的手又叫了一聲「乾媽」，說勝利了，他們抽時間回來看看乾爹和乾媽。在一邊按著大黃狗的順榮全明白了，這就是他經常聽說的九爸，那一位就是常聽說的乾爹馬騁。他立刻引著狗從大門跑出去到瓜園給爺爺和爸爸報信。

聽說兒子和乾兒子回來看他，申士俊很高興，立刻摘了兩個大西瓜和廣仁趕回來。申濟仁和馬騁及護兵們已經洗過臉圍坐在院中間的石桌邊喝茶。申士俊一進龍門，首先迎上去的是馬騁，他一把抓住乾爹的手叫了聲「乾爹」，然後深有感慨地說，怎麼樣，你這乾兒子還在哩，回來看你來了。申士俊哈哈笑著說好，好，一直盼著能有這一天。廣仁把擔回來的西瓜剛一放下，馬騁就抓著廣仁的手叫大哥，說他和濟仁回來看乾爹一家人來了，並誇廣仁總是那麼肯幹。濟仁和父

親、兄長一一見過禮之後就招呼大家重新圍坐在石桌周圍。廣仁把大西瓜切開招待客人。馬騂和護兵直誇西瓜的味道很好。申濟仁告訴他們，南轅庄生產的西瓜是淐河川最好的，再加上他父親精到的務瓜技藝，出的瓜就更好。馬騂緊跟著誇乾爹幹什麼都幹得毫無說的。申士俊不以為然地說他都是按規矩辦的，並沒想刻意怎麼樣。

石桌上點了盞油燈。村裡的黑三和另外幾個人都來見濟仁和他把兄，黑三特別告訴說他很歡迎，叫有什麼事要辦就告訴他。來人見要吃飯，都告辭了。大家仍圍著石桌吃晚飯。吃飯間，申濟仁和馬騂的護兵堅持站在一旁吃飯，堅持要去廚房屋給首長盛飯，端飯。申士俊及家裡的所有人都不理解，申濟仁解釋說這是規定，他們要為各自負責的首長負責。申士俊聽了嗯了一聲，表示理解了。但同時，全家人頓時發現，革命的申濟仁和他們之間有了不小的距離。原來革命的人視自己之外的所有人都是敵人，都可能在飯裡投毒謀害他。廣仁聽了濟仁的解釋，端起飯碗離開了石桌，到一邊去喝米湯。

晚飯後，大家仍圍著石桌喝茶，談論，天南地北，革命的大好形勢，往後如何領導窮人鬧翻身，總之工作很多，很忙，馬騂特別強調說這次他們利用在沙川縣開會的間隙來看看乾爹、乾媽和大哥。申士俊提議，馬騂應該回隆盛鎮看看他父母，他知道，馬老先生一家也吃了不少苦，受了很多罪。馬騂推說實在沒時間回家探望，他第二天一早就要返回沙川縣城。既然如此，申士俊就招呼大家早點歇息。

第二天大早，趙氏就把飯做好，馬騂起來洗了臉就吃飯，仍是護兵親自到廚房屋盛飯，端菜。飯後，馬騂帶著護兵就啟程了。送走了馬騂回來，申士俊和兩個兒子就聚在廂窯裡談家事。由於變天了，申士俊最想知道共產黨的治國方略。申濟仁說，目前離全國解放還很遠，當然要先打倒蔣介石，這是當前的頭等大事，打倒蔣介石以後就該建立人民政權，之後就應該是整頓社會秩序，搞土地改革。說到土地改革，申濟仁說得很具體，他說土地改革之前先要進行土地登記，劃分階級成分，地主和富農的多餘土地是要分給貧雇農的；地主和富農是革命的敵人。他進一步說他父親先前聽他的話，這幾年再沒有雇長工，這很好，剝削量就小多了。因為劃成分主要看兩項：土地的多

少和剝削量。他建議他父親把隆盛原吊莊的地都給佃戶，叫他們登記在他們名下，咱就沒有那一頃地了。申士俊表示，那吊莊是他父親置下的，到他手裡就放棄，他做不出來。申濟仁一再說留下吊莊的地將來危害太大。可是申士俊就是不理解農民守著自己的土地會有什麼危害，仍堅持不給佃戶。申濟仁無法作進一步的解釋，有些急了，拔出手槍在父親面前一晃，說，你要不把那些地給佃戶，我今天就把你收拾掉。廣仁上來把濟仁拿槍的手按下，叫濟仁不要急，把話說明白。濟仁說，要把吊莊的一頃地登記在咱名下，咱家就很可能被劃為地主，一旦被定位地主，地被分是小事，更重要的是人受不了那些罪，與其那時受不盡的罪，還不如現在一槍解決，一了百了。聽到這裡，申士俊答應放棄吊莊的土地。申濟仁滿意了，他這才表示，他這次抽空回來就是為解決吊莊的土地問題的。

後頭的事實證明，申士俊並沒捨得把吊莊的土地全部讓給佃戶，而是只放棄了五十畝，他自己還留了五十畝多些的好地。就因為放棄了五十畝地，申士俊提起此事就掉淚說他對不起先人，把地沒守住，他到陰間無法向他父親交代。

申濟仁將土地的事說妥後的第二天清早帶著護兵策馬向沙川縣奔去。

第二十三章　土阱

　　共產黨八路軍的到來，確實為這片土地上的人們帶來了新的生機，尤其隨軍的貿易公司使很多年來被禁得藏藏躲躲的大煙鬼們很興奮。原來抽大煙並不犯法。現在好了，明亮的解放區裡公開賣大煙土，而且共產黨八路軍自己的貿易公司就賣大煙，就用大煙換東西。於是很多人得出的印象是共產黨八路軍准抽大煙土。原來一直沒戒掉大煙癮的老煙鬼，如南轅庄鄰村韓家河的韓老七就很高興，他這時就對槐樹底下乘涼的人明確地說，就是麼，抽一口大煙麼，是多大的事，他花他的錢，抽他的煙，世事還活泛了。你禁的抽的人不敢買，賣大煙土的沒處賣，弄的誰都辦不了事。你看人家共產黨多開明，大家想辦的事都能辦了。解放區的天確實明亮。

　　申崇仁見共產黨八路軍的貿易公司賣土，用土換糧食，起初不願意要土，聽司務長說用糧食換土，折合下來很合算，暗自高興。申崇仁初步判斷，手中有了大煙土，和韓老七之間的交易會更直接有效。自從韓老七染上大煙，申崇仁就意識到吃掉韓老七和他連畔的那六畝川地的機會來了。

　　農耕文明的國家，大凡會過日子的人都特別看重土地，尤其願意買好地。所謂的地是刮金板，人勤地不懶就是農民願意買地的思想基礎。就是說土地是農民勞動力增值的保證。申崇仁的祖父當年就置下三、四處吊莊，後來父輩分家，申崇仁的父親要了最值錢的一處吊莊，其餘兩三處通統給了申士俊。近些年，申崇仁一處吊莊收的租子比申士俊這邊收的多得多。當然，這一實踐直接告訴申崇仁一個道理：農民要致富，必須擁有足夠多的能多產糧食的好地。實際上，這

是所有農民的共識，只不過申崇仁的切身感受更深，信念也更堅定。誰都知道他的這一信念。

　　韓老七甚至從申崇仁的這一概念中發現了可以利用的因素。韓老七早就瞅準了，拿穩了可以利用的東西，即開始從申崇仁這裡借錢買大煙土。事情果然如韓老七想像的那樣，他向申崇仁一張口借錢，申崇仁就很痛快地答應了，立刻叫他寫借據，將所要借的錢當面點清交給他，並且聲明希望他能按借據上寫的期限還錢，他不希望逾期不還，本加利一塊又成了本再計利。第一次韓老七確實答應如期還債。但申崇仁心裡有數：你韓老七不可能如期還債。你抽著大煙，天天都在大把地消耗，從哪裡來財讓你如期還債。你要能如期還債，我還不一定借給你。申崇仁盤算著最後把韓老七和他連畔的那六畝川地並過來。其實這就是韓老七看准的可以利用的因素。韓老七判斷，申崇仁一定希望吃掉他這六畝好川地，所以願意多多地給他借錢。第一次借過以後，申崇仁對韓老七完全是有求必應，只是把一筆筆的賬記清就是了。後頭的事情發展也如申崇仁所料，韓老七果然只有借沒有還。時間一長，隨著欠款的增多，申崇仁要韓老七拿抵押物來。韓老七答應用連畔的六畝川地抵押。就這樣，本生利，利變本再生利，幾年下來，申崇仁估計韓老七的欠債總數該達到和他連畔的那六畝川地的地價了。胡宗南進攻延安的那年春，申崇仁要韓老七還債，韓老七告饒說他確實無力還債。申崇仁這時就月亮地裡殺禿子——明砍（侃），要並韓老七作抵押的和他連畔的那六畝川地。韓老七一聽這話，做出個如釋重負的表示，痛快地說，六哥你願意要那六畝川地，這是給我指了條活路，我首先不愁賣地沒人要。但是，六哥，我不能不把話說明。我那六畝地是啥等級的地，你和我心裡都明白。那六畝地值的數可不是我現在欠你的這個數。不瞞你說，當初從你這裡借錢之前我就打算拿這六畝地抵債，我那時就料想你是願意的。你如果絕對不能緩期，我現在只能破給你三畝，咱們從此就兩清了。

　　申崇仁聽了，心裡竊喜，嘴上說，既是這話，債當然可以緩。申崇仁盤算著陳債緩下來還生利，再加上新債，也就一兩年時間，那六畝地就順順當當並過來了。現在惟一的顧忌就是韓老七不繼續從他這

裡借錢買大煙土。1948年春，共產黨，八路軍的貿易公司直接用大煙換糧食、蔬菜，價格上還很優惠，這給了申崇仁莫大的啟發。韓老七借錢去買大煙土，哪有直接從他這裡拿大煙土方便。

自從共產黨八路軍的貿易公司賣過大煙土之後，新解放區的抽大煙的人一下子多起來了，很多人臨出門上路前，先要抽兩口。最簡單的抽法就是用票子捲個筒，用麥秸在炕洞口點著燒一根鐵絲，待鐵絲燒紅後拿出來在麻錢上的大煙上烙著讓其生煙，嘴唇間的票子筒在上面吸著。有的乾脆掐一小塊用開水沖著喝下去，據說效果奇佳，以至很多人有點不適時，就沖著喝麥粒大一塊，療效簡直是神仙一把抓。大煙土的消費隨著大家進入解放區而與日俱增。消費者大張旗鼓地吸食著，供貨者鳴鑼旗鼓地賣著，一片生機盎然之象。這麼好的經濟形勢下，誰都能看出經營大煙土是發財的捷徑。與此同時，很少有人預料到經營大煙土的風險。其實這也難怪，因為公家都公開賣大煙土呢，那不明白告訴人們經營大煙土是合法的，沒有任何風險。

為此，申崇仁還專意請教過叔父申士俊。申士俊表示，他總覺得這事怪怪的，公家不應該賣大煙土，當然也不應該允許老百姓鳴鑼旗鼓地抽大煙。可是現實明擺著的，公家就賣大煙土，就讓人抽。路過的八路軍不是一直強調，國民黨反動派被打倒了，現在是共產黨建立的新政權，就是說改朝換代了。一個朝代有一個朝代的弄法，目前這大概就是共產黨的新弄法。申崇仁聽罷叔父這一番話後的印象是，經營大煙土未嘗不可。確實，申士俊當初想的是，共產黨你既已奪下政權，要管理全國人民，起碼，從一開始就應該給人民樹個好形象，讓人民感覺到共產黨確實是為人民好。與他想像的相反，共產黨和新解放區的人民見面時是個販賣大煙土的形象。這個身分傳出的信息就是，咱解放區以後就憑大煙土過日子了。所以申士俊只能把他看不懂的現象歸納為共產黨的新弄法。

申崇仁請教過叔父申士俊之後就重新盤算要吃掉韓老七那六畝川地的事。他清楚地知道，僅憑過隊伍時用糧食換下的那些大煙土，連一畝川地都換不下。他決計要增加貨源。對他來說，要做到這點也不難，把壓在櫃底的大洋換成大煙土就是了。然後就是一戳子，一戳子

地稱給韓老七。接下來就是並韓老七的那六畝川地。

　　至於說大洋，申崇仁有的是，他家人口少，連長工算上才四口人，年年收的租子和地裡的農副產品賣的錢，全都是只進不出。他本人又極為節儉，跟集，上會，絕對不買飯吃，冬天也就是光身子穿棉褲棉襖，腰裡纏一條布帶子了事。用他侄兒順達的話說就是，他伯晚上在燈下一點錢，發現只有九十九塊，他伯這一夜都睡不好覺，一直在盤算著再弄一塊錢拼夠一百元。第二天果然弄來一塊錢，他伯把這壹佰元一捆，放在櫃底，這下雷都把這錢擊不出來了。申崇仁攢著錢就等著買好地哩。

　　人常說，插起招軍旗，就有吃糧人。申崇仁收大煙土的信息一傳出去，就有人把自己從八路軍貿易公司換來的大煙土往他這裡集中。而且這些來交貨的幾乎都是急於把大煙土出手等錢用的。按照市場的規律，這樣的形勢是買家壓價的機會，申崇仁這個莊稼漢也懂這個道理。他開始挑剔了，貨太濕，摻了面底了，……總之以各種名堂壓價。儘管如此，生意還是一宗宗成交。申崇仁現在手中握有夠十個韓老七抽三年的大煙土，他成了南轅庄一帶小有名氣的大煙土供應商，包括韓老七在內的煙鬼們，斷了頓就來他這裡買土。而韓老七根本不用買，來了一招呼，把大煙土一上戥子，賬一記，拿上東西就回去過癮。這種情況讓申崇仁心裡這個樂呀。申崇仁的心裡每樂一次，就覺得韓老七那六畝川地和他的地之間的犁溝窄了一點。

　　嶄新的1948年即將謝幕，人們快樂地準備過年了。申崇仁趕著騾子把吊莊的租子一回回收回來。看著收回來的麥子和秋糧，申崇仁很滿足。他感到共產黨就是好，不收糧，不要草，這地裡收多少都是自己的。與此同時，他對堂弟申濟仁早年落草的看法也在悄悄起變化。他現在覺得堂弟當年給他解釋的並不是放空炮，共產黨幹的確實是為農民好。年三十晚上給叔父申士俊拜完年一起守歲時他就表示，先前確實不理解濟仁投奔延安這個舉動，一直認為他說的共產黨為窮人打江山那話靠不住。現在看來，他說的還真不虛，共產黨不光為窮人好，對所有農民都不錯，什麼都准幹，地裡收多少自己就落多少。申士俊聽著，聽著，冒出一句話：新的一年就要到了，再看吧。守歲時

的話題從此就換了。

※※※

　　果然，過年後不久，大概就是農曆二月底三月初，申黑三傳達政府的政令，南轅庄必須派出三個民工去隨軍抬擔架，為期六個月。申黑三早於前一年的年中就入了中國共產黨，而且是一步登天的正式黨員，當然是黨在南轅庄最信任的人，黨的任何意志都要由申黑三去貫徹，去執行。正因為如此，申黑三就理所當然代表黨，在南轅庄現在真格是說一不二。在宣布完南轅庄要出三個抬擔架的民工後不久，申黑三就通知申廣仁說他家必須出個抬擔架的，申金緒和申禮仁也都得到同樣的通知。申金緒和申禮仁都是因為他們同輩弟兄多要拔一個民工去支援解放軍打倒國民黨反動派。而申廣仁這裡則是因為他的兒子多，且兩個都已成人，儘管大兒子順達前一年已經跟他叔父申濟仁參了軍，但是連廣仁算上，他家確實還該出個民工去抬六個月的擔架。申士俊和兒子申廣仁權衡許久最終決定叫順昌去抬擔架。

　　人民政府要抽人去前線抬擔架這事使申崇仁這樣的人有些意外，因為他們總記著「共產黨好，共產黨好，不收糧，不要草」這話。申尚仁調侃著給他們解釋說，人家說不收糧，不要草，可沒說不要人抬擔架。而人民政府的解釋則是，為了讓全中國的勞苦大眾都得解放，過上像解放區老百姓過的好日子，人民解放軍不怕犧牲要儘快打倒國民黨反動派，老百姓理應支持解放軍，不能讓打仗受傷的人民子弟兵還留在前線上得不到及時醫治。解放軍戰士都是我們勞苦大眾的子弟。勞苦大眾不能眼睜睜讓自己的受傷子弟得不到治療而死去。所以，人民的軍隊在前方打仗，老百姓幫著抬擔架，做些軍鞋，送些糧食支援前線都是天經地義的。

　　順昌現在已是個大小伙子，早早失去了母親，他成了爺爺和奶奶的呵護重點，一切都由著他。這樣扶出來的孩子自然不願意在學校受管束，當年為了順昌的上學，申士俊可是沒少費心事，但終於因為怕委屈他，同意他不上學，在家學著務農。同時申士俊也有心叫順昌接他父親的掌櫃，掌門立戶。現在他要去前線抬擔架，全家人都替他操

心，申士俊尤其擔心。但是不去抬擔架是絕對不可能的，這是政府派下來的差事，一定違抗不得。現在能做的僅就是要他知道在子彈亂飛的戰場如何保護自己。申士俊對順昌再三叮嚀，隨軍隊到前線一定要聽指揮，不可自己行事。他分析說，正打仗時不會叫民工去火線上抬傷員，這時民工一定會被安頓在相對安全的地帶。他一再叮嚀，人家安頓你在哪裡，你就在那裡貓著，千萬不要輕舉妄動。申士俊特別強調，咱就是去給人家抬擔架，別的什麼都不要顧及。戰場上，什麼都可能有，千萬不要貪財，去死人堆裡撿貴重東西。他要順昌一定記著人為財死，鳥為食亡的道理，要順昌明白，人在就會有財。最後他總結說，你能平安地回來，就是最大的好事，咱什麼都會有，而且現在咱什麼都不缺。

順昌走的那天，申士俊交給他一個白布小包。包皮上寫著給家裡寫信的詳細地址和收信人姓名，包裡裝了三塊大洋。申士俊向順昌叮囑說叫他要給家裡寫信報平安。可是由於順昌沒念過書，不會寫字，申士俊要求他找人替他寫信，布包外就是給家裡寫信的詳細地址和收信人的姓名，叫代寫信的人照著抄在信封上就是。他還要求順昌在人家代寫好的信的落款處按上右手食指和拇指的指印，食指印在上，拇指印在下，兩個指印疊起來像個「昌」字。他還在紙上給順昌做了個示範，並說，那就像順昌名字裡那個「昌」字，他看到疊起來的指印，就能確信那是順昌來的信。他要求順昌一定要捨得花錢寄信。

※※※

申黑三把三個抬擔架的民工送到鄉政府的同時又接了一項新任務，鄉長嚴肅地告訴他，要在南轅庄徵兵。徵兵對象當然是年輕男丁多，且還無人當兵的家庭。申黑三當下表示有些為難，他對鄉長說，拉人家的壯丁是傷天害理的事，他個小村長辦不了。鄉長告訴他說政府會做好徵兵的宣傳工作的，要講明當解放軍是無上光榮的，跟解放前被國民黨拉壯丁絕對是兩碼事。申黑三聽完後就要求鄉長一定來村裡宣講徵兵的事。鄉長告訴他徵兵是當下的頭等大事，他和鄉支書一定到要徵兵的村裡宣傳，到該被徵兵的人家做工作，一定要被徵兵的

人家高高興興送子弟光榮參軍，要妻子送郎上戰場。

　　申黑三雖然領了要徵兵的命回來，卻沒有立刻傳達。他回來先把這事給媳婦吳彩蘭說了，吳彩蘭立刻告訴他說這事還是應該叫人家公家的人來對大家說。吳彩蘭強調說，北倉鎮鎮長申俊夫不是就因為徵了申立仁兒子的壯丁被申立仁弄死了。吳彩蘭要申黑三記住，在徵兵這事上，你個當村長的什麼都不說，一切都叫公家來的人決定，叫他自己去做。申黑三表白說他就是這麼想的，在鄉政府，他甚至還說拉人的壯丁是傷天害理的事，他一定要鄉長來村裡向大家講這事。

　　申黑三領回徵兵命令的第二天，鄉長就來到南轅庄。鄉長很急，在村長家吃完晌午飯就叫敲鑼集合全體村民來開會，他要盡快做徵兵動員宣傳，盡快落實應徵對象。申黑三立刻提了鑼就去挨門敲著喊，全體村民到祠堂開會囉！

　　不一會兒，全體村民幾乎全到了。人到齊了就該開會。既是全體村民大會，村長就是會議的主持者。申黑三的話很簡單，大家都到齊了，現在開會，請鄉長講話。鄉長也沒什麼客套話，站起來就開宗明義，今天趕來你們村開這個會，就一件事。上級指示下來了，要徵兵。他一說到這裡，來開會的男男女女，老老少少就開始議論了。鄉長揮揮手大聲說，大家不要嚷嚷。要特別說明的是，如今的人民政府徵兵完全不同於以前國民黨的拉壯丁。國民黨政府拉壯丁是要壯丁去當炮灰，去給他打仗。咱共產黨現在徵兵是因為解放戰爭形勢好得出乎人預料，軍隊進展神速，一下子占了很多地盤，人手顯得不夠了。不是有一首歌是那麼唱的，軍隊向前進，生產長一寸。就是說軍隊每向前進展一步，吃的，喝的都要跟著增加，同樣，看地盤的人也得增加，而且要快快地增加。就是說，解放軍打下那麼多地盤，現在管不過來，說俗點兒，就是連看攤子的都不夠。咱總不能像猴子掰包穀那樣，占一處，撂一處麼。咱現在急需要人跟著軍隊去管新占的地盤。至於說扛槍打仗，那怎麼能輪到新兵頭上呢。大家想想，新兵沒經過訓練就叫上戰場那還不是白送麼。打仗還要靠老兵。可是抽的新兵稍微教教就能看攤子，所以現在徵去的新兵主要是搞接管。管理工作也是革命工作，現在正是打江山用人的時候，將來江山打下了，現在去

的新兵都是有功之臣。革命工作，參加得越早，立的功就越多。像你們村的申濟仁，現在就是一個縣的縣委書記，咱們縣現在的縣長李德榮就是咱們縣橋兒溝人，和申濟仁幾乎同時參加的革命。不知大家聽沒聽明白我的意思。我是說現在參加革命仍是好時候，將來前途無量。所以，丁稠的人家就想好了，讓適齡青年趕緊去當兵，一定會大有可為，尤其那些有些文化的年輕人，在這個當口參加了革命工作，更會大有可為。鄉長說到這裡宣布說他要說的基本都說了，下來就是大家評議了。

與會的人們開始交頭接耳。張運升的二兒子張繼鴻站起來大聲說，鄉長，我尋思過了，我家應該出個壯丁，我還有些文化，年齡又剛合適，我願意去當兵。鄉長聽了喜出望外，他沒料到老百姓的覺悟這麼高。鄉長立刻表示歡迎，並且特別強調他要做好應徵者家屬的工作。最後鄉長半開玩笑地問張繼鴻他的新媳婦捨不捨得叫他去當兵。他這一問，人們都把目光投向張繼鴻的媳婦葛蘭身上了。同時幾個人重複著鄉長剛才的話，葛蘭你捨得捨不得？

這位新媳婦葛蘭過門差不多剛一年，但是和村裡的男女老幼都很熟了，她漂亮，人也大方，這時她爽朗地說捨得，叫繼鴻出去闖蕩去，或許能闖出些名堂。鄉長不失時機地誇葛蘭有見識，有遠見。實際，徵兵這事老早就有定規，男丁多的出丁當兵幾乎是天經地義的，被徵兵的家屬怎麼也得想通，接受子弟被征入伍的事實。張運升一家老少當然不能例外，自然地接受張繼鴻被征入伍的事實。

張繼鴻的「文化」在他本人和他媳婦的心目中還是很有些分量的。實際上，張繼鴻只念了個小學四年級，但是他寫的一手漂亮的毛筆字幾乎誰看了都誇他，人常說念書人的字是出馬的一杆槍，有這一杆槍在手，就可以打到哪裡勝到那裡，至少可以旗開得勝。十四，五歲的張繼鴻當時對這個說法深信不疑，而且人們對他的一筆好寫的誇獎使他認為，字寫得好就代表它很有學問了，停止了學業的同時，他也把許多事不放在眼裡，認為那些事對他都只是小菜一碟。於是吹牛的毛病隨之養成。他媳婦葛蘭聽著人家誇她丈夫一筆好寫的同時也認為張繼鴻是很有本事的，深信他握著出馬的那杆槍

一定會有很大的發展。

應徵入伍的前一天，張繼鴻的母親袁氏很激動，她極不願意自己的兒子去當兵。她把問題看得很嚴重，但她絕對不願意把自己的顧慮說出口，只是說，兒媳婦都懷孕三個月了，這一走，孩子上世時肯定見不到他父親。相反，身懷有孕的葛蘭倒顯得很平靜，似乎還有點受了鼓舞的意思。

葛蘭因為能愉快地送郎參軍，受到鄉政府的大力表揚，隨後被封為南轅庄的婦女主任，還加入了中國共產黨，負責組織婦女做軍鞋等支前工作，參加鄉政府的重要會議和鄉政府組織的各項支前宣傳活動。

※※※

送走應徵的新兵，麥子開始柳黃。說實在的，伴隨著前線的捷報頻傳，這一年的麥子長勢也很不錯。人們早把打麥場收拾好了，用農民自己的話說，家家的打麥場壓得瓷光瓷光的，就等著收麥子哩。由於這年春上的雨水豐沛而及時，川地裡的麥子長得尤其好。申崇仁一直覷覦的韓老七的那六畝川地裡的麥子長得比犁溝這邊他的麥子還好。申崇仁看著韓老七的麥子，只恨韓老七的大煙抽得還不夠凶。可是與此同時，申崇仁從禾豐鎮集上獲悉最近大煙土的價格有些上揚。這個消息給了他不小的寬慰。當然，大煙土的價格上漲，韓老七在他這裡的欠債數就跟著增加得快，這意味著韓老七那六畝川地改姓申的期限短了。

一年一度的大忙天過後，人們的糧食囤裡都程度不同地裝滿麥子，農民們享受著豐收後的喜悅。有的人把最後一口袋麥子倒進囤裡後把口袋往囤沿上一搭，倒在炕上納頭就睡。他這一覺就連軸轉了，女人把飯做好搖著他的頭叫他起來吃飯，他迷迷糊糊起來先去撒尿。撒完尿回來，女人喊著叫他洗把臉，他把兩手向洗臉盆裡蘸一下，然後在臉上抹個來回就用手巾擦乾，端起碗，三下五除二，一碗撈麵條下肚了，第二碗的處理速度依舊那麼快，扔下飯碗和筷子，接著端起早就涼好的麵湯，仰起脖子灌進肚裡，放下面湯碗的同時身子就往炕

上倒要接著睡覺。這樣的人可不是懶人，正好相反，這些人都是有火氣的人，一見麥子長勢好，有收成，這些人就渾身是勁，從一搭鐮收麥子的那一刻起，他一直不鬆勁，一天睡不到四個小時，一直幹到顆粒歸倉，這才鬆下來。

　　就在人們還未完全緩過勁的時候，申黑三敲著鑼挨家喊話叫各家的當家的來祠堂開會。還沒睡夠的人夾著折成八折的毛口袋來開會，他們進了祠堂就往拐角躲。到了拐角占下一席之地就把夾來的毛口袋攤開，躺上去準備接著睡覺。

　　三十一個掌櫃差不多都到了，村長兼治安主任申黑三宣布開會。他一宣布開會，接著就宣布說那天開會的宗旨就是政府要徵公糧，也就是農業稅，請鄉政府黨支部書記向大家宣講徵公糧的事。聽說要徵公糧，與會的掌櫃們多少有些意外，準備躺在毛口袋上繼續睡覺的人都不約而同坐了起來，有人甚至不相信自己的耳朵，要村長把他剛才的話重說一遍。申黑三深知要他重說一遍的原因，但是，他並沒有直接對那原因說話，而是平靜地說，政府要徵公糧了，這沒有什麼不明白的。接著他請鄉支書向掌櫃們宣講徵公糧的意義和徵糧的辦法。鄉支書開講前會場先是一片嗡嗡聲，掌櫃們交頭接耳在低聲疑問，不是說共產黨好，不收糧，不要草麼?!儘管是嗡嗡，鄉支書也聽得明白。

　　鄉支書站起來客氣地向掌櫃們問了聲好，說大家抓緊時間搞夏收，不失時機把豐產的麥子全都顆粒歸倉，這很好，大家也辛苦了，他看有人還沒休息好，打算在會場繼續睡覺，可見夏收把人累壞了。這很好，把產下的麥子快快顆粒入倉是利國利民的大好事，國家確實需要糧食。解放軍行軍打仗比咱們搞夏收辛苦得多，有時連命都搭上去了。解放軍是給咱勞動人民打江山呢，打仗過程中萬一被敵人的槍子打中了犧牲了，那講不起，也死得光榮。但是如果我們的解放軍因為沒糧吃而餓死，或者因為吃不上飯而無力行軍，更無力打仗讓敵人打死，那不是太冤枉了，我們這些種糧食的人能忍心把打下的糧食壓著讓我們的人民解放軍餓死，或白白送死嗎？當然不能，人民解放軍戰士都是咱勞動群眾的子弟，和咱們心連心。勞動群眾支援自己的軍隊，自己的子弟，那是天經地義的事，也是義不容辭的事。以前說共

產黨不要交糧，不要交草，那是不打仗的時候。不打仗，軍隊就自己生產糧食自己吃。現在打仗了，軍隊不可能騰出手來搞生產。但是不能生產糧食了並不能不吃糧。人常說，兵馬未動，糧草先行。意思是說就是不行軍打仗，軍隊還是要吃飯的，更別說現在正在行軍打仗，而且打了那麼多的勝仗，大半個中國已被解放。所以現在咱們交的是愛國公糧，和過去給國民黨政府納糧完全是兩回事，那叫苛捐雜稅，吃糧的人都是為地主資本家服務的，還欺壓咱勞苦大眾。咱們現在交的公糧是給自己的子弟兵吃的，他們吃飽了飯為咱們勞苦大眾打江山。現在全國的戰爭形勢很好，我相信，不久全國就會被解放，咱勞苦大眾的政權就要建立了。鄉支書還要往下說，從祠堂的一個拐角傳出響亮而粗壯的鼾聲，醒著的掌櫃們都笑了，鄉支書的臉上顯然有些掛不住，大聲喝問，誰在睡覺哩？大概剛發出鼾聲的那主兒被人推醒了，他回應說，沒睡，聽著哩。不就是要征公糧麼。老百姓交皇糧國稅，天經地義，沒什麼好說的。明大理的人根本就不相信「不收糧，不要草」的好事。大家聽出來了，回話的是申滿倉。聽罷申滿倉的回話又有人笑了，笑罷還跟了一句，對著哩，哪朝哪代有不交皇糧國稅這個理呢。皇糧國稅，那是莊稼漢骨子裡的差事。

這個申滿倉是南轅庄出了名的順民百姓，多年來，他都是南轅庄最先交公糧的。而且他並不興師動眾，大張旗鼓，只用褡褳裝三、四升麥子，自己背著去收公糧的倉庫一交，全年的皇糧國稅就交清了。所以南轅庄的人們根據這一現象就總結出個歇後語，說，滿倉交公糧呢——不是什麼大事。難怪關於徵公糧的事他壓根就不想聽得多明白。

鄉支書沒想到這村的老百姓竟如此通情達理，於是接著「莊稼漢骨子裡的差事」這話茬說，他會和村長及過去管事的人把各家應交的糧數算出來告訴各個人。希望大家踴躍交愛國公糧。

※※※

交公糧的季節客觀上也是各村，乃至縣境內農民們相聚相逢的機會，更是農民們獲取外部信息的時機。南轅庄最早交公糧的人第一

天就帶回去抬擔架的申順昌的家信，第二天又帶回光榮入伍的張繼鴻的家書。申順昌在信裡說整個北倉鎮的抬擔架民工被編在一起，大家彼此都熟，好照應，他特別說，只要聽部隊指揮，還是挺安全的。最後說他們要隨部隊向西去打蘭州，他一定記著爺爺的話，請全家人放心。張繼鴻的信是寫給他媳婦的，張繼鴻在信裡說他們的部隊要南下。張繼鴻的媳婦葛蘭根據這個信息，聯繫徵兵時鄉長說的話，立刻猜出來她丈夫可能在南方某地會當個縣長，區長，至少也得拿個鄉長幹幹。可是葛蘭的婆婆完全不這麼看，她認為兒子一定被送上最前線去打仗，所以越發焦急。葛蘭堅持認為，她丈夫的字寫得好，是文案上的人，應該搞管理，就是應該大小給個官當當。這個想法給了葛蘭不小的希望。有希望就有奔頭，她的工作更積極了，更聽黨的話了。

　　申崇仁在南轅庄算得上是交公糧的大戶之一，因為他的地多，而且好，交公糧的比例比申幼平，申滿倉這些人的比例高得多，他得趕著騾子至少往縣裡送兩回，甚至送三回。這意味著他和外界接觸的機會就多些，得的信息也多些。第二次送糧回來，申崇仁顯得有些緊張，一吃過飯就過來向叔父申士俊報告他在縣倉庫那裡的見聞。他說，有幾個人的麥子不太乾，驗糧的要他們把送來的麥子曬曬，揚淨，下午再交。這幾個人就在倉庫院裡一人占了一塊地方把麥子攤開曬。他們攤完麥子後躲在倉庫院的一個角落點了一小堆火，拿出隨身帶的大煙土打算過把癮。他們把釺子燒紅剛吸了一口，就被公家的人抓了，帶來的大煙土全被沒收，人也被五花大綁弄走了。公家的人說了，政府禁大煙了。申崇仁不理解，直至前半年，公家還賣大煙土，怎麼現在就禁了。現在吸大煙的人吸的大煙不都是公家賣的。申崇仁問申士俊，政府是不是真要禁大煙。如果真禁，他屯下那麼多的大煙土該怎麼辦。申士俊長歎一聲，略停了一會兒，然後才說，他看現在政府禁大煙是真的，去年過隊伍時那貿易公司拿騾子馱著大煙賣，他就覺得不對勁。當時他想，好你個共產黨，你說你為全國人民好，你怎麼能大張旗鼓地賣禍國殃民的大煙土呢。這明明是倒財子的相麼。憑這倒財子相，誰能服他。所以應該相信，至少近一個時期這大煙土是要真禁的。至於說申崇仁的那些大煙土屯貨，怕是一時三刻推不利

手，而且現在不敢鳴鑼旗鼓強推，只能壓著認倒楣。一定不敢把人搭進去。申士俊知道，申崇仁是捨命不捨財的主兒，所以一再叮嚀他千萬不能把人搭進去。他一再告訴侄兒一定要相信人在就會有財的道理。申士俊特別提醒申崇仁，他的家才有了希望，一刻都不能沒有他。

申士俊給侄兒說的全是實情，申崇仁能有今天，實在不容易。當年，連他父親都沒料到他老年喪子後還能得崇仁這麼個兒子。申崇仁的父親是申士俊的同父異母哥哥，村裡人送他個綽號叫掙頭。這掙頭當初得子就很晚，所以得了一子就愛得不得了，對這個晚到的兒子真是愛不釋手，幹活回來一放下家具就把兒子抱上，在家幹零活都是一隻手抱著兒子一隻手幹活，常常是貓著腰背著兒子幹零活。兒子長到三歲了，他更愛了，總是叫兒子爬在脊背上摟著他的脖子背著，邊幹活邊和兒子說話，爺兒倆簡直寸步不離。這年種賣時節的一天早晨，掙頭早早起來要去牛心塌犁地，就在他要出門時兒子醒來了，非要跟他去地裡。掙頭不加任何考慮答應了。他給兒子穿好衣服和鞋子就叫兒子爬在脊背上摟著他的脖子背著，肩膀上扛著犁上地了。白露前後，山區的早晨多霧，而且很濃，這一天也不例外，是個濃霧的早晨，其能見度不足二十米。到了地裡掙頭把兒子安頓下，叫他坐在地塄下，他套起犁就開始犁地，他一個來回到頭，發現兒子不見了，大聲喊叫，也不見應聲，再仔細一看，兒子被狼吃了。掙頭悲痛欲絕，認為這是天殺他呢，他今世無子了。從此也不打算過日子了，一切都是打爛仗的弄法，什麼都不放在眼裡，更不放在心上。用他的話說，他和老婆一蹬腿，一切都是他兄弟的。不料，三年後老婆居然給他生下個兒子，就是現在的申崇仁。掙頭頓時覺得他的前程一片光明，立刻收心過日子，和兄弟重新分家。這一次分家，掙頭有原則了，地產，房產，他可以少要，但是他要好的。申士俊就照老哥的原則辦。三個吊莊，掙頭要了離本村近，又能打糧食的一個。

申崇仁在其父的百般呵護下長大了，同時也學會勤勞節儉過日子。還是這邊他大侄兒順達形容他伯父的話最形象。順達說錢到他伯手裡後能被捏的出了汗，絕對不花出去。就在前一兩年，申崇仁和申

廣仁，還有二侄兒順昌一起趕附城六月十五的古會去賣瓜。一到會上，廣仁和兒子就開張了。賣了十來斤以後，廣仁領著兒子去飯攤買了肉、菜，大吃了一頓。崇仁就很看不慣，回來就向叔父申士俊告廣仁的狀，把廣仁拿著賣了瓜的錢領著兒子去飯攤如何大吃二喝說了一遍，指責廣仁那種做派就不是過日子的手兒，要叔父對堂弟和侄兒多加教育。申士俊聽了報告嘿嘿一笑，反倒說廣仁做得對。他說，大伏天，跑了那麼多路去賣瓜很辛苦，應該好好吃一頓。人掙了錢就是為了過得好一些，掙了錢花出去叫人過得好些是對的。申士俊還強調說，他歷來不主張拿著錢還吃不好喝不好。

申士俊說了半天，申崇仁仍大不以為然，他堅持說掙下錢要攢著辦大事用，例如賣地，買莊基，花錢買東西吃就等於把錢撂了。他的這番話使申士俊更加肯定他對侄兒的看法：捨命不捨財的主兒。申士俊相信，申崇仁會更加看財奴。因為申崇仁兩年前終於盼來個兒子，他會為兒子攢更多的家業和錢財。

對於申崇仁遲遲不得子，有人說那是遺傳，有人說那是住宅的風水的問題，反正他的命運很像他父親掙頭的際遇，當年媳婦過門後三下五除二給他生了兩個姑娘，然後好像把生孩子的事給忘了，多年只開花不結果，以至於讓申崇仁對她生兒子都不抱什麼希望，幾次提出要順昌過繼給他，但是申士俊不同意，他又提出要把順興過繼給他，並且還給順興買過筆記本和鉛筆，可是順興就是拒絕過他家去。申崇仁並不喪失信心，他認為，順興還小，不懂事，等他再大些，懂得家業的重要性了，沖著他的殷實光景和錢財，順興就願意過繼給他。與此同時，他並沒有放棄求醫，問神。可能是蒼天不負有心人這話應了驗，都有了腰幹徵兆的媳婦懷孕了，生完第二個姑娘二十年後終於給申崇仁生下個兒子。和當年掙頭有了崇仁一樣，申崇仁忽然覺得眼前一片光明，過日子的勁頭倍增：他一定要給兒子把家業置得厚厚的，叫他把日子過得好好的。申士俊早就看出這個勢頭，所以才一再強調申崇仁的家一刻都不能沒他，叫他不要為了置家業把人搭進去。

可是申崇仁根本聽不進叔父的這些話。他對叔父採取陽奉陰違

的策略，只是把賣大煙的事轉為地下了。但是轉為地下並不是洗手不幹，他賣大煙的事還是敗露了，政府當局抓他坐監獄，他一再申辯說他賣的大煙土都是前一年拿糧食從八路軍手裡換的，他並不犯法。到如今，沒有人聽他的這些辯解。抽大煙的韓老七的辯解更沒有用，也被綁起來投入了監獄。據說，在放風時，韓老七和申崇仁相見了。韓老七問申崇仁記的賬還在不在，申崇仁告訴他說還在。韓老七要申崇仁放心，他欠人的一定如數還，那六畝地就是他的最後保證，就是他死了，那六畝地都還在。

※※※

秋高氣爽的時節，太陽格外地亮，但氣溫並不高。前晌，人們都忙著收穀子，挖花生，小孩子們在村邊草地上捉蜻蜓，當地人叫蜇驢蜂。順榮聽見有人叫他，隨即反應過來，這是二哥順昌的聲音。他回頭的同時就喊著叫二哥。順榮向著二哥聲音來的方向跑了幾步突然停住了，他似乎想了些什麼，接著向二哥走了過去，嘴裡高興地說，二哥，你可回來了，咱一家人都等你回來呢。順榮稍微頓了一下問，二哥，怎麼就回來你們兩個？順昌輕輕拍了下順榮的後腦勺說，甭問了，聚財沒有和我們在一起。順榮叫二哥回家，他到花生地裡給爺爺和他大報信去。

申士俊和申廣仁父子聽說順昌抬擔架回來了，都很高興，立刻撂下手裡的活兒趕回來。他們幾乎和申聚財的父親申禮仁同時進龍門。申禮仁聽說申順昌回來了，但沒見自己的兒子申聚財回來，心裡有些焦急，來想向申順昌問個究竟。申士俊父子見申禮仁火急火燎的樣子，心裡已經明白了大半，有意放慢了腳步，讓申禮仁走得更靠前些。申禮仁一見申順昌就開了口，順昌，你回來了？申順昌趕緊應答說他回來了，請六叔坐下喝茶。申禮仁哪裡顧得上坐與不坐，接著就問聚財咋沒回來呢，申士俊在申禮仁身後向順昌示意不敢說實情。可是申順昌連他看都沒看，只盯著申禮仁說聚財哥沒和他們在一起，從縣上走了以後，他們一直就沒見過面。可能再過幾天，聚財哥才能回來。

順昌這麼一回答，申士俊和申廣仁父子一下鬆了一口氣。申禮仁聽了這樣的回答後只說了個「這就是了」。然後他就告辭退了出來，回去給家裡人作交代。這時申士俊才和孫子正式相見，順昌也問候了他大一聲。申士俊一直重複說，人平平安安回來比啥都好。之後他問順昌聚財到底怎麼了。順昌說他們回來的時候，部隊首長再三叮嚀不讓把抬擔架犧牲了的人的事告訴犧牲者的家裡人。他要求爺爺和聽他說話的所有人不要把他說的傳到六叔他們家的人耳朵裡。順昌說，聚財被地雷炸死了。說來有點怪聚財自己太貪財。他說，那戰場上盡是死人和財寶，貪財的人由不得想發財。他們被領著到前邊去抬傷員，正走著哩，聚財見倒在旁邊的一個軍官手上戴個金戒指，他就跑過去抹死人手上的金戒指。他抹下金戒指追趕隊伍的路上踩著了地雷。一聲巨響，炸的連屍首都找不著了。順昌最後強調說，聚財要是不貪那個金戒指老老實實跟隊伍走，什麼事都沒有。申士俊唉了一聲說，要不打仗，更是什麼事都沒有。

第二十四章　毒咒

　　土地登記和土地改革工作組進村以後，理所當然地依靠貧雇農。南轅庄沒有名副其實的雇農，況且這時的農民成分還未定，人們後來知道的誰是中農，誰是貧農，是土地登記和土地改革過程中定的。土地登記和土地改革工作組進村時，農民們還都沒有名正言順的成分，工作組要依靠的都是初解放以來摸底摸出來的幾個窮人，黑三當然是其中之一，而且是解放以來擁護革命最堅決，最積極的一員，早在1948年下半年他就成了中國共產黨的黨員，拿到了南轅庄行政主任、民兵連長等要職。剛解放那一刻，黑三自己看著這些穿著破破爛爛的灰軍裝的糧子們又搬神，又毀廟，不光不知道他們到底是哪路的軍隊，甚至心裡還有點怕，有點躲躲閃閃。但當宣傳隊給老百姓宣傳說，他們就是當初的紅軍，後來叫八路軍，現在叫解放軍，是共產黨的軍隊，是窮人的軍隊，為窮人打天下，要窮人從此當家做主坐天下，把失去的土地從富人手裡奪回來。所以，天下的窮人都應該支持，擁護共產黨和解放軍，跟著共產黨和解放軍為自己打天下。

　　剛聽到了這些，黑三還有些將信將疑；紅軍和八路軍倒是聽說過，也聽說過共產黨，但人們都說共產黨不是好東西，它要實行共產、共妻。既然共產，怎麼還能有自己的。共妻就更不待說了，連媳婦都是大家的，自己還有什麼呢，說不定自己都不是自己的。可是，那些宣傳隊員似乎都知道他是南轅庄最窮的人，所以特別找著給他宣傳。人家告訴他說，所謂的共產黨共產、共妻，那純粹是國民黨反動派的宣傳，他們害怕被共產黨推翻，就造謠說共產黨要實行共產、共妻。哪有這回事，共產黨內誰的媳婦就是誰的媳婦，別人連人家摸都

不敢摸，而且，誰要是和別人的媳婦怎麼樣了，是要受懲罰的。國民黨反動派那麼宣傳的目的就是不讓窮人擁護共產黨，那就是不要支持共產黨打倒他們，好讓他們繼續欺壓窮人，剝削窮人。

說到剝削，黑三簡直不懂那是怎麼回事。黨的宣傳隊員問他剝過羊或剝過牛什麼的。黑三說他最喜歡幫人剝死了的牲畜皮，要整筒子的，就先從嘴的上下唇剝起，然後翻著向後扒，大牲畜就從肚子中間豁開，從兩邊向脊樑上扒。他剝皮太有經驗了。宣傳隊員都有點不耐煩他講剝皮的方法，打斷他問，皮剝下來後誰拿去了。黑三回答說當然是死了牲畜的主人拿去賣了。宣傳隊員又問黑三懂不懂「削」的意思。黑三說，削梨皮，削麵都是「削」，他太懂「削」了。宣傳隊員高興地說，黑三說的削梨皮太好了，就是剝削的意思。一層層，一次次從梨上往下削片子。宣傳隊員比喻說，熬長工的就像梨，東家天天從長工身上剝削。黑三不大明白地說，掌櫃除了管吃管住，還給他工錢。他沒覺得掌櫃從他身上剝削什麼。宣傳隊員啟發他說，他給掌櫃幹的收下的糧食的價值比掌櫃付給他的工錢多得多，他拿的工錢是他勞動收穫的一小部分，大部分叫剩餘價值，都叫掌櫃拿去了，這就是富人對窮人的剝削。共產黨反對剝削，不許剝削，要叫財東家把剝削下的還給窮人。所以，窮人應該擁護共產黨，堅決跟著共產黨鬧革命，消滅地主、富農和土豪劣紳。

黑三聽宣傳隊員說，共產黨要叫財東家把剝削下的還給窮人，很是興奮，情不自禁地問，掌櫃弄走了我的地能還回來嗎？宣傳隊員告訴他，「一定能」，並且還告訴黑三說，共產黨領導窮人打土豪，分田地，不光要把地主、富農弄走窮人的田地奪回來，還要分他們多餘的土地。因為地主、富農的所有財產都是剝削得來的。黑三聽完這番宣傳後就琢磨什麼時候才打土豪分田地的事，甚至還想著從財東家那裡給他媳婦分得幾件好衣服或者一些衣料。

現在土地登記土地改革工作組來了，黑三知道他的好運該到了。所以他把工作組長就安排在他的一孔窯裡。那時正式說土地登記土地改革，人們簡化為「土登土改」，再稍往後就乾脆叫土改運動。同樣，工作組也就叫土改工作組。

既然是土地登記，那就是說每一塊耕地、宅基地都得經過丈量，憑契約確認，登記造冊發土地房產證。工作組組織了幾個積極分子和估計應該定為貧農成分的人先摸底，然後扛著丈量的雙腳尺子逐塊丈量。所謂的摸底也並不複雜，只是瞭解一下哪一片都有誰的地，到丈量，登記那一片的耕地時把那一片的地主人都叫上，當面鑼，對面鼓把每一塊地當著其主人的面丈量清楚，把幾畝幾分算清楚，把四至寫明白。有的地塊並不是買的，而是祖上傳下來的，當時就登記為「祖遺」，要當著那一片耕地的主人們確認。一個個村的耕地和宅基地全部登記在冊了，就該結合剝削量定成分了。申志仁理所當然地被定為地主。據工作組的人說，他每年雇兩個長工，農忙時還雇短工，又收地租，剝削所得占他一年收入的一半以上，所以定為地主。黑三和幼平，還有戲迷申吉茂都是貧農。大家都心平氣和地接受了。只有一個例外，奴子他媽，人家給她把成分定為貧農，她一得知就不幹，找到工作組表示反對把她定為貧農，嫌那個「貧」字難聽。她說她孤兒寡母多年，窮的都窮怕了；共產黨應名說領導她翻身哩，翻了一整還叫她當貧農，她不幹，理由很簡單：如果還把她定為貧農，就說明她沒翻身，老貧著叫人聽著都害怕，誰還敢把姑娘給她奴子當媳婦。工作組的人給他解釋說，把她定為貧農不是要她繼續受窮，只是說她解放前受壓迫，受剝削，是窮人，是黨在農村的依靠力量，黨要給她分地主的田地，叫她過好日子。一聽這些，奴子媽更不幹了，說解放前誰也沒壓迫過她，也沒剝削過她。只怪她的男人死得早，她沒本事做莊稼才窮下去了。解放前，不但沒人欺壓她，剝削她，村裡的富裕戶還常常幫她，周濟她。人家幫她，周濟她是對她好，可是他心裡不好受，總覺得是因為她可憐，人家才幫她，周濟她。所以，多年下來，她聽見那個「窮」字和那個「貧」字都心裡打顫。她堅決不要那個貧農成分，要求給他個富農成分。那多好聽呀，有個「富」字，人一聽就來精神。至於說貧農可以分到地主的田地，奴子媽表示說她不要，因為那是不義之財。她還說，叫地主富著，萬一她要有個過不去的坎兒，還有人幫她，周濟她。工作組一再解釋說定富農是有杠杠的，她的收入水平絕對不能是富農。可是奴子媽就嫌那個「貧」字難聽，

堅決要個富農成分。最後雙方妥協，奴子媽爭取到個中農成分。她還算高興，用她的話說就是，中農雖然沒有富農好聽，但那至少不「窮」了。

與此相反的是黑三，他要句句都聽黨的，要堅決鬥地主，多分些田地回來。但是工作組要求他在對地主申志仁的鬥爭過程中要堅決，毫不留情面，他總顧慮他做不到，他對工作組長說，他一看見申志仁那個人，就聯想到人家對他的許多好處，狠不下心照工作組的人教給他的那樣說。工作組長批評黑三的覺悟還沒提高，說他的現有覺悟程度遠不是一個共產黨員應有的高度，工作組長見黑三不能迅速提高覺悟的狀況，著實有些急了，他不得不語重心長地對黑三說，黑三同志，你好好想想，對地主鬥爭就是對敵人鬥爭，不狠，能鬥倒地主嗎？鬥不倒地主，你憑什麼分他的田地呢？你想想你為什麼要加入中國共產黨。不就是為了革命嗎?鬥地主，分田地就是革命。要革命，就不能有人情。你還沒認識到地主當初對你好的後面隱藏著的要進一步殘酷剝削你的黑心腸。你想想，人家表面裝的對你好，你是不是就好好給人家幹活兒了。你幹得好，地主就收入的多，這不就是對你更大的剝削嗎？所以，你一定不要被人家對你的那點好所蒙蔽，只想著他殘酷地剝削過你，要狠起來。記住，記著人情就不能鬧共產黨領導的革命。我們說的對敵人展開無情的鬥爭的意思就是說，把誰當敵人鬥爭時就把他當成最壞的人，是曾經想要你的命的人，所以他對你只有惡，沒有善。你看到地主的善後頭其實就是大惡。工作組教給你的那些，都是黨在長期的對敵鬥爭中總結積累的。只有按那個路子講，才能取得對地主鬥爭一個個的勝利。

工作組動員申幼平揭發鬥爭地主申志仁。申幼平一聽就不幹。幼平嚷著說，人不能幹昧良心的事，說昧良心的話。人要是幹了昧良心的事，天理都不容。申志仁對他不薄：他給申志仁熬長工時的工錢比給別人熬長工的工錢都高，而且年年都漲一些；他雖然給人家熬長工，可是天天晚上給牲畜把草鍘下餵一和草後，掌櫃就叫他回家了。他給申志仁熬活的當時，他自己的地都是人家申志仁給代耕，代種，代收，代打的。用人家那大犍牛犁的地種的莊稼就能多打糧食。後頭

我不給人家扛活兒了，還常用人工換申志仁，申士俊家的牛工種地。申幼平問工作組見沒見過掌櫃給長工送過年的吃食。他說他給申志仁熬活的那幾年，年年都是把年食從掌櫃家往回一拿就過年。工作組的人不死心，不失時機地教育申幼平說，地主就用那點小恩小惠蒙蔽貧苦農民，要貧苦農民對他感恩，更賣力地給他幹活兒，讓他剝削得更多。聽了這些，申幼平更不願意了，反駁說，人不能昧良心把人家的好說成壞，他是人，他不能這麼說，也不能這麼做。黨領導的打土豪分田地運動不關他的事，他不鬥地主，更不分人家的地。工作組的人看到，這申幼平的覺悟很難在短期內提高，於是對他能揭發地主的剝削罪行全然沒了信心，但是又怕幼平在鬥爭會上替地主說好話，就叮囑幼平說，他不揭發，不鬥爭可以，可不能阻擋別人揭發，鬥爭，就是不能在鬥爭會上說他剛才說的那些話。那些話是反動的。幼平表示，他什麼也不說，咱頭頂上有青天，老天爺有眼，誰說昧心話，做昧心事，老天爺不容他。工作組的人離開幼平家時情緒好像受到了影響，走到當村時他不自覺地停下腳步，仰起頭看了老半天青天，然後才悻悻回到工作組駐地。

禾豐鄉的鬥地主大會安排在禾豐鎮的古會三月二十二那一天，各村的工作組都動員該村農民去參加鬥爭會，各村小學的學生由老師帶去參加鬥爭會。會場就設在禾豐鎮完全小學的操場上。當然，完全小學的學生和老師，還有各村初級小學的學生和他們的老師都被安排在一起席地坐在大會主席臺的右前側。來參加鬥爭會的男男女女、老老少少的人真多，一個操場站不下，操場的矮圍牆上坐的都是人。民兵糾察隊員們個個背著長槍喝喊著維持秩序。會還沒開之前，完全小學和各初級小學互相啦啦要對方唱歌，有的學校的學生就唱《東方紅》，但是唱得最多的還是《解放區的天》：解放區的天是明亮的天，解放區的人民好喜歡……

大概是縣上派來的大員主持今天的鬥爭會，他走到主席臺中央的桌子後大聲喊：請大家安靜。所謂的主席臺就是在操場的一端用幾張課桌擺了半個方括弧形，括弧的兩臂朝外，後面栽了幾根椿子，椿子前是一塊幕布，幕布正中央掛著毛主席和朱總司令的畫像，前沿兩

邊各栽一個高杆，高杆間掛著橫幅，上寫「祖塋縣禾豐鄉鬥爭地主大會」。所謂的主席臺跟曠野差不多，音響效果為零，因為那個時候連麥克風和大喇叭都沒聽說過。主持人雖然喊得聲嘶力竭，只有桌子前不遠處的人能聽見，然後大家互相傳著「不要吵了，要開會了」。待這話傳遍全場，人們才真地安靜下來了。

　　這時主持會的大員大聲宣布：同志們，鄉親們，祖塋縣禾豐鄉鬥爭地主大會現在開幕；首先請主席團就座。主席團成員有穿幹部服的，也有穿齊尻子褲的，一一坐在桌子後的板凳上。主持人這才高聲喊，第一項，鼓掌開會！主持人帶頭和全場的到會者一起鼓掌。之後，主持人繼續宣布第二項，把禾豐鄉的地主分子押上來！人們立刻把視線轉向操場的入口處，果然十來個年輕的基幹民兵兩人推一個被背綁著的地主分子進了操場，從邊上讓出的過道向主席臺前走。從地主分子們被押到操場入口處起，完全小學的一位老師就帶領學生呼口號：打倒地主分子！打到國民黨反動派！把土地改革搞澈底！耕者有其田！中國共產黨萬歲！毛主席萬歲！清算地主的剝削罪行！……地主分子們已被押到主席臺前面向群眾低著頭。場內議論紛紛，人們議論的同時還指指畫畫，互相介紹哪位地主是什麼村人氏，有幾個老婆，為人如何，光景過得多風光，等等。主持人用手勢招呼人們安靜下來後宣布第三項，請祖塋縣縣長李德榮同志講話，報告開會意義。臺上，台下一起鼓掌歡迎縣長講話。在刨土種地的農民眼裡，那縣長可是個了不起的大官兒，所以當大家聽說要講話的是縣長，有的甚至驚呼，好傢伙，縣長都來了！更多的人倒是扯長了脖子爭睹縣長大人的風采。

　　縣長的講話內容大致就是，中國共產黨和毛主席一貫為窮人謀利益，經過三年的國內戰爭，犧牲了數十萬英雄兒女，終於打垮了國民黨反動派，建立了工農大眾自己的政權，中華人民共和國。就是說，今天這個鬥地主分田地的機會來之不易，那是共產黨，毛主席領導中國人民前仆後繼，用鮮血和生命鬥爭得來的。因此，大家要珍惜這個機會，把鬥爭大會開好。鄉親們要把自己受地主剝削之苦傾訴出來，向地主分子討還血債。總之，大家有苦就訴苦，有冤就伸冤，黨給貧

雇農撐腰，不要怕地主富農會報復，他們已經沒有了國民黨反動派的勢力，而我們共產黨不光現在領導貧雇農對地主鬥爭，還要從此把地主富農永遠踩在腳下，最終消滅他們。所以，地主富農從此永無出頭之日了，大家要消除一切顧慮，大膽地對地主富農展開鬥爭，理直氣壯地鬧翻身。

縣長講完話以後，會場上又是呼口號，又是鼓掌，經久不能平息。主持會的示意叫大家安靜，然後宣布揭發鬥爭地主開始。他先宣布叫禾豐鎮的賴狗牛揭發地主古老萬的剝削罪行。人群前頭站起一個人，個頭不大，頂多一米七十公分，頭髮既髒又長，在頭上有點打絡，眼睛倒挺大，且深陷在眼窩裡，好像是因為禾豐鎮缺水，他幾天都不曾洗臉，上身的棉襖沒繫扣子，而是用一條布絡子辮的辮子繫著，腿上穿的好像是單褲子。賴狗牛一走到被鬥爭的地主們前頭就煽了古老萬一個耳光，並且同時罵道，古老萬，你狗日的還有今天！民兵糾察隊員趕緊上前勸阻叫他不要打人，有冤伸冤。賴狗牛仇恨的怒火一時難消，還做掙扎狀要再煽古老萬幾個耳光好像才能解恨。但是基幹民兵糾察隊員們把他和古老萬隔開了。賴狗牛狠狠地罵了一句，古老萬，你狗日的不是人，你是狼！然後賴狗牛就告訴大家為什麼說古老萬是狼的事實。賴狗牛的話除了前頭罵古老萬的還清楚明白，後頭的揭發部分就東拉西扯，語文水平差的人甚至聽不出個張道李鬍子。他扯來扯去歸納出來就是：古老萬比狼還毒，他吃人都不吐骨頭。賴狗牛說的經整理應該是：他家兩代人都受著古老萬的剝削，他家土地少，他大不得不租著種人家古老萬家的地。可是古老萬不把好地租給人，只出租那些不太打糧食的坡地。那些地一畝才打一斗五六升糧食，一年替古老萬交過公糧以後，他一畝地要收八升租子。他家租人家十二畝地，一年下來自己吃不到五斗。家裡五六口人，這麼點糧食連一月都搞不下來，真是人們說的，借的吃，打的還，跟著磕磕碰碰過個年。沒糧吃，就得借古老萬的，借一斗，一月的利息是一升，第二月的本裡就有了第一月的利，就是一斗一升，就這樣，借人家一斗，一年後連本帶利要還人家二斗半。他常年給古老萬熬活的工錢不夠抵人家借給他家糧食生的利，連他大常年給古老萬幹短工的工錢算

上都抵不過人家的利息，更別說還本了。本還不了，利息清不掉，本和利又都成了本繼續生利。就這樣，本滾利，利變本再滾利，他們家完全叫壓垮了。兩個妹妹老早許給人家得的禮錢在他家連個夜都沒過就還給了古老萬。就這還遠沒還清欠人家的。他賴狗牛都快三十的人了，還問不起個媳婦。他們緊掙著還人家的，總也還不清，越欠越多。更可惡的是，古老萬見他們還不起陳債，再也不願意借糧借錢給他們家。古老萬不願意借給他們，別的人家都看著古老萬的樣兒也不借給他們。這些人在我們向人家要借時都推說，連古老萬都沒糧借給人，他們就更沒有。家裡實在揭不開鍋，就去拾野菜充饑，可是那野菜不能常當飯吃，人還得吃糧食。沒辦法，只得向古老萬提出以更高的利息還他。古老萬勉強同意再借給他們。就這樣借貸的利率越來越高，他們家欠古老萬的債真是堆積如山。要不是共產黨毛主席領導窮人鬧翻身，把他們全家人拿來練成人油賣下的錢連他們欠古老萬的一半都還不清。古老萬，你可沒想到有今天。古老萬，你睜開眼看看，解放了，共產黨毛主席不准你剝削人了，窮人們要翻身了，再不受你的壓迫和剝削了。說到這裡，賴狗牛很激動，高呼，毛主席萬歲！共產黨萬歲！打倒地主古老萬！

　　完全小學的老師立刻領著全鄉的小學生呼口號，與會農民的大多數也跟著和小學生們一起呼口號，與此同時，與會的不少人在議論，有的說古老萬是個好人，對佃戶可好了，一年三月二十二古會時，古老萬家就開著流水席，從外村來的佃戶全家被叫到古老萬家吃飯。有的則說古老萬從來沒像賴狗牛說的那樣剝削人。更有人罵賴狗牛不要臉，聽了工作組的話就說昧良心話。在一片口號聲中，台前看守地主們的基幹民兵糾察隊也不甘落後，上前抓住捆地主的細火繩把他們的手往上抻，地主們一個個被抻得胳膊疼的彎著腰。基幹民兵們趁勢按他們的頭，嘴裡嚷著要他們低頭認罪。

　　就在這時，從人群裡站起來一個四十來歲的女人，大家頓時安靜下來，倒要看看她會怎麼樣。原來這是古老萬的老婆，她趁大家片刻的安靜大聲喊：賴狗牛你不要臉，你沒良心，按你說的，你們收的，掙的都不夠還債，難道這麼多年你們是吃風屄屁活下來的？古老萬站

在對面仰起頭對她喊，女人家，少說話。長短甭說了，跟潮流走哇！古老萬還要喊，基幹民兵把他的頭摁下去了，嘴裡還喝喊要他低頭認罪。同時有人喊，打滅地主婆的囂張氣焰！從人群裡繞過去的基幹民兵已經把古老萬的老婆的兩條胳膊擰的背在身後。她也不得不被擰得低下頭去。但是，古老萬的老婆的被制服並不能象徵著把人們的議論同時也制止了。確實，隨著古老萬的老婆的那句話的說出口，會場內隨即就轟轟起來，很多人就重複著古老萬老婆問賴狗牛的那句話。有的人就罵賴狗牛父子不要臉。又有人說，人們從此不會有好日子過了，因為按當時的說法，以後坐天下的就是賴狗牛一類的不要臉流氓，死皮賴臉。主持會的人眼看著鬥爭大會要炸鍋，命令基幹民兵糾察隊員們立刻分散進入人群，用威嚇的手段把人們的議論壓下去。威嚇的辦法其實很簡單，只需說，別嚷嚷了！誰再嚷嚷就把誰拉上去和地主富農站在一起讓人們鬥爭！還好，會場的秩序很快就好了。主持人趕緊宣布：下一個，請申黑三同志揭發地主分子申志仁對他的剝削罪行！

申黑三從前邊的人群裡站起來向台前走去，申志仁用力抬起頭盯著申黑三。申黑三不敢正視申志仁，但是他好像感覺到了申志仁的目光落在他身上。申黑三的視線茫然，也許什麼都看見了，也許什麼都沒看見，尤其沒敢看見申志仁的目光。他走到台前地主富農們的頭頂前，很快轉過身子，背著地主富農們，清了清嗓子，好像還不舒服，又扭了扭身子，好像要緩解脊背上的癢癢。主持會的人有點著急，示意完全小學的那位老師趕緊呼口號。真地，全鄉的小學生跟著那位老師呼喊起革命的口號。而呼喊得最多的要數那一句，地主富農必須低頭認罪！

口號聲停下來了，申黑三的膽似乎也正了許多，他開口說話了。他說，申志仁裝得很仁義，實際上申志仁的心比誰的都黑，他的幾畝好川地都被申志仁算計著霸佔去了。他說，他從小沒了父母，無依無靠，就去給人放羊，幹活沒工錢，吃飯也不掏飯錢。申志仁就開始打他挨著他川裡那塊地的那五畝地的主意。那時申志仁提出說，黑三成年吃在人家，住在人家，種不著那五畝地，不如把地先當給他種著，

到黑三開始給自己過日子時再贖回去。另一塊三畝川地，他先當給韓家河韓老七，到第二年，他沒錢贖地，申志仁說他替黑三先把地贖回來，讓他暫時種著，立了當約算他當黑三的八畝地，叫黑三後頭有了錢再從申志仁那裡把地贖回去。申志仁的當價也是年年生利息，頭一年的利息到第二年又成了本錢。年年本生利，利又變成本錢，就這樣，本生利，利又變成本；本和利合起來再生利，幾年下來，申志仁的當價生的利比本錢還多，他黑三個窮小子無論如何贖不起。當初說的叫黑三給申志仁扛長工，用掙下的工錢抵當價和利息。可是那當價那麼大，一年生的利息都比他黑三掙下的工錢多，就是說黑三掙的工錢連當價的利息都還不清，有一部分利息第二年又成了當價的本金，和原當價一起再生利。所以到第二年，他的工錢連利息的一半都頂不過。申黑三特別強調，他年年給申志仁幹活創造的財富被申志仁完全佔有不說了，他還年年欠申志仁的。他的八畝川地被申志仁巧取了不算，他反過來還欠下申志仁一河灘的債。申黑三最後向眾鄉親揭示說，眾鄉親別信那些說申志仁多麼多麼好，多麼多麼善的話。申志仁是個笑面虎，他表面上對人好，是為了叫你好好給他幹活，讓他剝削得更多。

申志仁拱著腰聽著，不時地咽著唾沫，喉結上下滑動著。聽到這裡，他實在按捺不住了，大聲喊道，黑三，你狗日的是白眼狼！你該把我叫大哩；你大給了你啥？我給你都弄下啥？你當了地的錢，掙下的工錢到底幹了啥，你給眾人從實說清楚！申志仁搶著說到這裡，基幹民兵糾察隊員立刻按下他的頭制止他再往下說。申黑三在無話可說的情況下看見糾察隊員的舉動，突然高喊，打倒地主分子申志仁！完全小學的老師立刻帶領全鄉小學生呼口號：打消地主分子的囂張氣焰！地主分子必須低頭認罪！剝削有罪！跟著共產黨，翻身得解放！打土豪，分田地！耕者有其田！……小學生們呼口號的同時，會場裡的人們議論紛紛，有人就敲明叫響說黑三是十里八鄉數得上的賭博軲轆子，當了地的錢，掙下的工錢都被他輸掉了，要不是人家大掌櫃申志仁給他擔著，他申黑三怕都沒命了。黑三他舅鄭武和他們村的人坐在一起聽黑三「揭發」申志仁。聽著，聽著，村裡的人們就聽不下去

了，紛紛指責鄭武把人虧了，他姐怎麼給他留下這麼個外甥，說那樣沒良心的話都不怕遭報應，有人甚至說得更刻薄，說黑三都不怕斷子絕孫。一說起斷子絕孫，黑三他舅村裡的人們又扯起黑三結了婚都五六年了，他媳婦還是只開花不結果的現象。有人因此總結說那就是老天爺看透黑三是白眼狼，不叫送子娘娘給他孩子。鄭武聽得實在聽不下去了，忽地從地上站起來，冒著被糾察隊員收拾的危險從人群裡往外走。人們都紛紛把目光轉向他。南轅庄有人大聲說，那是黑三他舅！人們聽了就轟轟起來，會場有些亂。基幹民兵糾察隊員立刻過去制止鄭武離場。鄭武氣呼呼地說，你們怎麼叫人不說人話呢？我聽不下去。會場內發生的事使低著頭的地主們都掙扎著抬起頭觀察。申志仁看到騷動是鄭武引起的，大著膽子喊，鄭武，你甭走，你說句不昧良心的話！基幹民兵糾察隊員趕緊對申志仁實行專政，不許他喊，按他的頭。申志仁倔犟地挺著脖子，使著勁又喊，黑三，你昧良心，老天不容你，老天爺會叫你斷子絕孫，死了餵狗！基幹民兵糾察隊員無奈，只好按大會主持人的指示把申志仁推到別處去對他實行進一步的專政。

　　就在申志仁被往下推的同時，申幼平從人群裡站起來一瘸一拐往臺上走。工作組的人見狀挺高興，以為聽了申黑三的揭發，申幼平的覺悟頓時提高了，要即席發言，忙跑到大會主持人身邊對其耳語了一陣，大會主持人立刻宣布：申幼平同志要對地主申志仁作即席補充揭發。申幼平一瘸一拐地來到眾人面前，掃視了眼前的人們一眼，然後說，今日這事鬧的我看不說話不行。本來工作組一再動員我揭發我大掌櫃，我一直不願意揭發，覺得大掌櫃一直對我們很好。可是聽了黑三剛才的揭發，我覺得有話要說了。黑三，我問你，你剛才說的那些是人說的話嗎？革命了，當了黨員了，就不說人話了，是嗎？會場一下子又轟轟開了。大會主持人趕緊過來對申幼平說，本來大會沒有安排你發言，插空說兩句就行了。你現在下去坐在原處聽別人揭發。申幼平犟著脖子還想說什麼，怎奈基幹民兵糾察隊員們已從兩邊似挽似架把他拖離台前。下面坐著的人們就嚷嚷，不叫說人話的人說話，光興不說人話的人說話，這世道成了啥了。主持會的人示意完全小學的

那位老師趕緊帶領學生們呼口號。那一套口號又被多次重複呼喊了一氣。口號聲絕對蓋過人們的議論聲。

主持會的人估計人們的議論完全被壓下去了，或者可能完全被壓下去了，示意停止呼喊口號。他宣布繼續揭發別的地主的剝削罪惡。聽完前頭賴狗牛對古老萬的揭發和申黑三對申志仁的揭發，人們已基本看清了路子：編造一連串的鬼話說地主多麼殘酷地剝削貧雇農，地主的財富全都是用很不仁義的手段從貧農那裡掠奪來的，全是不義之財。有些善良的老農民，如申士俊、申裕仁等就認為這樣的鬥爭會是公開教人們學壞哩，所以招呼自己的家人要離開會場。而且這樣看，這樣想的人遠不止這麼兩個人，因為主持會的和縣長都急命基幹民兵糾察隊趕緊維持會場秩序，不許離開會場。可是要離開的人都聲稱要去撒尿，有的說要去拉屎，男的女的都這麼說。基幹民兵糾察隊員緊急把情況報告大會主持人，要求新的指示。大會主持人指示糾察隊員派幾個人守在圍牆外供大小便的地方，要大小便後的人再回到會場。糾察隊員立刻提出問題說沒有女糾察隊員，他們大老爺兒們管不了女人們的事。大會主持人急命主席團裡的婦女主任去組織幾個女糾察隊員來在供女人方便的地方維持秩序，保證要方便過的女人們回到會場繼續開會。可是，把人擋回來談何容易，矮圍牆外供人們大小便的是一片曠野，人們到了那裡，除非讓糾察隊員組成半圓的人牆才能把人擋住。所以被擋回來的也就是真正需要拉屎，撒尿的些老實農民。真正不願意聽鬼話的人是怎麼也攔不回來的。但是，較晚來趕古會的人們還不知道鬥地主是怎麼個鬥法，其中不少人都趕到會場要見識，見識。所以那鬥爭大會也和廟會差不多，隨時有來的，也隨時有走的，大會的規模基本還能維持得住。所有弄到會場的地主都被鬥過以後，大半天的時間過去了。大會主持人宣布對地主的鬥爭取得了輝煌的勝利，要鄉長作總結發言。鄉長肯定對地主鬥爭的勝利，說貧雇農的階級覺悟得到了空前的提高，報了仇，申了冤，鬥得地主們的威風掃地，從而大大長了貧雇農的革命志氣，但是地主富農是不會甘心他們的失敗的，他們會以各種形式進行反撲，廣大貧雇農要好好團結中農，準備隨時打退地主富農的反撲，保護土地改革的勝利果實。……

鄉長總結完之後，主持人宣布散會，同時命令基幹民兵糾察隊員把地主富農押回鄉政府。

※※※

　　所謂的鬥爭地主大會，說白了就是要在理論上說明貧雇農應該理直氣壯地從地主富農那裡分得土地。因為，據鬥爭大會上諸如賴狗牛和申黑三所說，地主富農們已有的土地都是盤剝貧雇農的。可是當工作組和貧農協會議定要把申志仁的一些土地分給貧雇農時卻遭遇了尷尬。首先，他們議定要分給申幼平五畝地，而且還是好地，申幼平表示不要。工作組說那是勝利果實，他應該享受革命的勝利果實。申幼平說他就沒鬧革命，何來的革命勝利果實。工作組說申幼平為革命犧牲了老婆，別說分得五畝地這點勝利果實，還應該得到更多。申幼平不接受這個說法。他說他當初並沒有委託什麼人替他鬧革命，給他弄什麼好處，他老婆更沒有，至於國民黨軍隊打死他老婆，那是鬧革命的人在這一帶的革命活動惹的，如果說要補償他，應該由共產黨買地給他。那才算共產黨和鬧革命的人對他的補償。現在黨把人家申志仁的地拿來給他，他不能要，因為他老婆不是人家申志仁打死的，再說，這樣分人家的地屬搶劫或霸佔，他不能幹這事。奴子媽也不要分給她的地，工作組再勸都不頂用，她還是定成分時說的話，一個地方有富人好，真正遇上災年，富人不光借糧給人，還放飯呢。民國十八年時，禾豐鎮的趙家就放了三個月的飯，救了這一方的百姓。現在把富人分窮了，以後再要有荒年，大家就得一起餓死。千萬別分申志仁的地。再說，她也不願意背那個分人家的地的罵名。工作組告訴她沒人敢罵，誰要敢罵，誰就是反革命。奴子媽說，人家嘴上不罵，心裡知道分別人地的人是什麼人。她人窮，但是她要顧及自己的名聲，否則，以後給奴子問媳婦會很困難。

　　工作組要把申志仁的地分給申明道六畝，申明道表示他要想想，工作組給他半天時間叫他考慮。申明道從工作組那裡出來就直奔申士俊處來。見了面，申明道就開門見山問申士俊，四哥，工作組說要把申志仁的六畝地分給我，說那是革命的勝利果實，說我窮，應該分得

這勝利果實。四哥，你說我該要還是不該要。申士俊聽了沉吟片刻後說，你要了，因為你現在有的那點地確實不夠你養家糊口。再說，你沒看麼，共產黨是一定要把富人分窮的，那地你不要，人家會分給別人的，與其分給別人，就不如分給你，這叫救急不救窮。至於說分享革命的勝利果實，那咱扯不上。人家說你曾為革命做了些事，那都是被逼無奈，你看在我的情分上替我做事，應該我給你破六畝地作為報償。申明道忙打斷說，四哥，你這話說到哪裡去了。多年來，你要我做的事，哪一件我和你講過價錢。我從沒想過做你吩咐我的事要從你這裡得到什麼。凡是你要我做的，我都一心一意去做。說心裡話，難得你老哥對我的一番信任。我把你吩咐我的事做好了，我都覺得臉上有光。不說了，志仁的這六畝地我要了。不過，四哥，你得機會對志仁說明白，我可不是鬥著要他的地的。人家說我為革命做過什麼事，你叫志仁心裡知道，我當初就不知道革命這回事，更別說鬧革命就是為了得革命的好處。你把你剛才對我說的再給志仁說一遍，人家非分他的田地不可，分給別人還不如分給我救我的急。申士俊答應一定說到。申明道返回工作組駐地回話說他要分給他的六畝地。

申吉茂倒是被劃成了貧農，但是他對此不太在乎，用他的話說，窮也罷，富也罷，他和老婆都一死，一切都是別人的。工作組告訴申吉茂說要把申志仁的四畝地分給他，申吉茂滿不在乎地說給他就給他，反正他把話留下，他和老婆一死，叫申志仁把分給他的地收回去。唯有申黑三，一再活動，爭取把申志仁買他的和他沒錢贖回來的地全分給他。由於申幼平和奴子媽堅決不要，申志仁應該被分掉的地還真分不完，又考慮到申黑三自從解放以來事事積極，為了鼓勵人們擁護黨，支持革命，索性滿足了申黑三的要求。

申志仁的土地和一些浮財被分了，但是他本人似乎無所謂，只是說分了好，再省得他又種又管，到饑荒時給張借的多了，給王借的少了惹是非。他什麼都沒有了，土匪再也不惦記他了。共產黨實在是為他好。往後有饑荒，他就去找黑三借，叫黑三也為難，為難。親眼看了分申志仁的土地和浮財，申士俊有些暗自慶幸他聽了申濟仁的話，臨解放前幾年不再雇長工，一解放就對星

辰原吊莊的佃戶宣布，他們租種的土地歸他們所有了。所以沒被定為地主。

第二十五章　靜靜的山莊

　　黨發動的土地改革運動在南轅庄並不像黨宣傳時說的「轟轟烈烈，急風暴雨」，而是相對地挺平和，分得土地的貧雇農和土地被分的地主都平和地接受了現實。地主分子申志仁似乎看得更開，用他的話說，就是咋樣都能過。而且據他體會，不想把光景過得比人強，人還活得更自在，更舒服。他舉例子說，比方申明道，人家就知道大煙抽了是什麼感覺。人家申明道抽大煙那陣悠哉悠哉的，他申志仁起五更睡半夜的，跟牛一樣，都能把軛頭繩掙斷了。那時的申明道和他申志仁比，誰活得更舒服，當然人家申明道活得舒服。說到這裡，申志仁進一步闡述他對黨的政策的體會：黨就是要大家跟著會過日子的貧雇農過舒服幸福的日子。他的這一番見解，連涼聖人申尚仁聽了都贊成。

　　確實，自從土地和浮財被分以後，申志仁和他三弟申同仁早晨起來得晚多了，而且往地裡走也不像以前那樣走路能帶起風。與此同時，分了地主田地的人也沒什麼改變，還是按多年的習慣悠哉悠哉地過日子。也許，他們根本就不知道要過好日子是要付出艱辛的。所以，雖然經過了貧雇農對地主的「激烈的階級鬥爭」，在南轅庄卻看不到仇恨。尤其在申幼平和申志仁間看不到，申幼平見了申志仁仍恭恭敬敬地喊「大掌櫃」，還對大掌櫃說有什麼活兒忙不過來就吭個聲，他隨叫隨到。大掌櫃寬厚地笑笑說他再也沒有什麼幹不過來的活兒了，剩那麼點地，他和他老三睡著用腳蹬都把它做得過來過去的。至於申黑三，他更是不慌不忙，他現在是檯面上的人，當然不敢再是以前的倒財子相弄賭博，他現在不怕輸掉什麼，分到手的地不會再被

誰弄走。他現在只需緊跟著黨幹黨要他幹的所有的事，一切就都會有的。一切都會有的這個念頭忽然使申黑三有點恐慌，「一切」這個詞使他想起鬥爭申志仁時申志仁掙扎著說的那話，「黑三，你昧良心，老天不容你，老天爺會叫你斷子絕孫，死了餵狗！」黑三清楚地記得，那天說這話的人不止申志仁一個，好多人都說他要斷子絕孫，得不到後代就不能算一切都會有。想到這裡，他才明白，要叫媳婦生孩子這事不能靠黨。他表面很平靜地在心裡盤算著這件事。

申黑三在思考著人家詛咒他的話的同時也注意人們對他這個檯面上的人物的態度。他觀察著，發現整村的人中只有申明理有點要巴結他的意思，別的人，包括申幼平，申吉茂，連奴子媽在內，對他都是不近不遠。只有一個人有些例外，那就是外號叫涼聖人的申尚仁，他見了申黑三還打個招呼，總用那句歇後語，豬吃桃核哩─搞仁（到人）上了，咱得巴結著點。對涼聖人對他的半諷刺半調侃，申黑三也動腦筋分析了分析。他肯定，有涼聖人這麼個人和他打招呼總比所有人都敬而遠之好，說明不管怎樣，涼聖人眼裡還有他。但是為什麼只有涼聖人眼裡還有他呢。申黑三得出的結論是，別看涼聖人識文斷字，實際上他們在一個檔次上，涼聖人的老婆只給他生女子，他實際上也無後。這個分析得出的結論對申黑三的觸動頗深。他自然而然地聯想到他聽人說他媳婦幼年時被人戳塌了娃架這話。現在他堅信媳婦的娃架是被戳塌了。

申黑三說服了媳婦吳彩蘭去省城大醫院治她不生娃的病。夫婦倆從村裡走時只說吳彩蘭的娘家遇事，他們去行門戶，就是慶賀、上禮金。他們走了大半天才到縣城，到汽車站一問，根本沒有往南去的汽車，只能等第二天再看。他們就在汽車站附近的一家小客棧住下，把自己背的饃拿出來吃了吃，弄了些開水喝了喝，睡下去等天亮。還好，第二天他們買到去金川的車票。賣票的人告訴他們，到了金川就有去省城的火車，一天兩趟呢。

黑三領著媳婦到省城一家大醫院。他不懂在大醫院看病的程序，進了醫院就給人說他要找給女人看病的醫生。人家問他的女人怎麼的了，他說他媳婦的娃架可能塌了，他要醫生給他媳婦把娃架扶起來，

放正。人家聽不懂他說的娃架是怎麼回事，就告訴他架子倒了自己都能扶，根本用不著找醫生。申黑三聽出來了，人家不懂娃架這回事。他解釋說娃架在女人的肚子裡，娃沒生出來之前就在娃架上長著。他媳婦的娃架塌了，沒處長娃。幾個人聽著，猜著，總算明白了：他要給媳婦治不育症。於是人家告訴他在醫院看病需先掛號，並指給他掛號處。

掛號處的工作人員幫吳彩蘭寫好病歷，收了她的掛號費，叫她去第三診斷室門口等著。看來娃架塌了的還遠不止她吳彩蘭一個人，因為她在第三診斷室門口等了老半天才被叫進去。戴著大口罩的醫生叫吳彩蘭先坐下，然後就問她的病況。申黑三怕媳婦說不到向上，搶著說他媳婦的娃架可能塌了。醫生不明白，反問什麼娃架。吳彩蘭根據先前掛號之前那麼多的人對娃架的誤會判斷，鄉下人說的「娃架」這裡的人不懂，立刻制止了丈夫說，她做媳婦都六、七年了，一直沒娃。醫生明白了，開了單子叫申黑三先去交費，然後給他媳婦做系統檢查。頭一天還沒檢查完，第二天接著檢查。全部檢查完後，醫生說問題不大，他給開些藥拿回去服服就會見效。

聽了醫生的話，申黑三和媳婦吳彩蘭懸著的心都放下來了，充滿了希望交了錢，拿了藥離開了醫院。回到歇息的旅店，兩口子這才有心思逛逛省城，見見世面。吳彩蘭提出無論如何要先去亮寶樓看看獅子，老虎什麼的。那年頭，祖塋縣一帶人把設在革命公園的動物園叫亮寶摟。申黑三完全贊成。

兩口子在省城滯留了一天，確實去了亮寶樓，不但看見獅子和老虎，還看見了孔雀。吳彩蘭堅持說那就是鳳凰。在去亮寶樓的路上，他們看見一個人騎個摩托車跑得飛快。申黑三脫口就喊，呀！電驢！拉洋車的有些奇怪，問電驢在哪裡。申黑三告訴他說剛從洋車旁跑過去的就是電驢。洋車夫笑著告訴他那不叫電驢，叫摩托車。

申黑三兩口子回來後嚴格按醫生說的叫媳婦按時服藥。可是拿回來的藥都吃完多時了，吳彩蘭依然是只開花不結果。而且這時，村裡的人也都知道了他們去省城給吳彩蘭看病的事。「斷子絕孫」的咒罵聲似乎仍不絕於耳。實際上村裡人誰也沒這麼喊過，只是申黑三兩口

子耳朵裡一直有這話。

省城裡那麼大的醫院的醫生說了，他媳婦的問題不大，吃了他的藥就能見效果，這藥吃完都大半年了，怎麼還是只開花不結果。申黑三一直在想這個事。隱隱約約中，他想起申士俊曾經說過的孔夫子的話，好像是「不孝有三，無後為大」。申黑三每每想到孔夫子這話就很恐慌。他開始懷疑他自己的種子可能不行，申黑三越想越肯定是自己的種子不行。就像那秕秕糧食粒一樣，再怎麼下得多，也是生不出芽子的。他把他的懷疑說給他媳婦，不料他媳婦也是這麼認為的。他媳婦的根據是，四寡婦偷著跟人睡一覺就能懷個娃，整的四寡婦大半年不敢見人，直到偷偷把娃生下扔進炕洞燒了才露面。這說明人家那男人的種子好，真是滴籽成苗。話趕到這裡，黑三抓住機會說，對呀，不管誰的種子，種到咱的地裡出來的苗就是咱們的。吳彩蘭聽了這話，嗔怪黑三不要臉，能對自己媳婦說這樣的話。黑三強辯說理就是這麼個理。他說從小給人放羊，幾家的羊夥在一起，這家的羝羊給那家的母羊配，結果那母羊下的羔就是母羊主人家的，羝羊的主人甚至都不知道那家得的羔子是他家羊的種。咱若能得個苗兒，就不背「不孝」的罵名了。

吳彩蘭完全領會了丈夫的意思。其實她早都和河南逃難來的曹書財勾搭上了，另外據說她和幾個河南來客都程度不同地有染。現在領會了丈夫的意思就免去了諸多顧慮。這個曹書財是幾個河南客中最精明能幹的，能說會道，有一手廚藝，以包包子見長，還能做一手小生意，賣些小百貨，相當於鄉下的貨郎，但是他不搖帶小鑼的撥浪鼓，到一個地方把貨擺開，就憑一張嘴向來看貨的人推薦他的貨，常有和年輕女人接觸的機會。吳彩蘭大概就是通過這樣的機會上手的，或者說就是通過這樣的機會，曹書財上了吳彩蘭的手。

申黑三和媳婦有了默契以後，在外忙農活和辦公事的時間更長了，曹書財背著他的小百貨外出巡遊一去就好些天，吳彩蘭就由留在村裡找著給人幹短工的幾個河南人招呼。總之，能利用的機會都被充分利用了。三四個人輪番耕耘播種的事，申黑三心知肚明，他等待有幼苗破土而出。但是，那麼多時月過去了，種子

好像都撒在石頭上了。

※※※

　　南轅庄的氣氛確實是平靜的，今天的和昨天的好像沒有什麼不
同，些微的溫度變化和太陽升起來的時間比昨天早了幾秒鐘，或者晚
了幾秒種，人們照樣覺察不出來，只是由晴天變成陰天或雨天，大家
的感覺是一致的。在大家感覺相同的天氣條件下，人們做著各自該做
的事情，例如申黑三這陣的頭等大事就是要媳婦懷個孩子，申幼平就
是給兒子祿順問媳婦。祿順確實該結婚了，祖塋師範畢業後都教了三
年多的小學，同時也為其父和爺爺爭足了面子和尊嚴，涼聖人現在就
把申幼平稱老太爺，申明理尤其愛在老校董申士俊面前誇他孫子的那
一手毛筆字。反過來說，這麼優秀的年輕人如果不能在當婚之年娶個
漂亮媳婦，那也是很沒有面子的事。申祿順雖然家貧，但本人的條件
比農村打牛後半截的年輕人優越得多，又有一表人才；農村姑娘能嫁
給個堂堂皇皇的教書先生那也是求之不得的光彩事。所以申幼平把給
兒子找對象的風一放出去，立刻就有幾家人要和他當親。申幼平和他
父親申明理分別和幾家都說了說，把各家待嫁的姑娘見了見，從中挑
中劉家原的劉銀秀。用申明理的話說，他們給祿順問下的這媳婦過門
以後一定是村裡的人稍子。

　　劉銀秀過門以後，申明理成天在人面前誇孫子媳婦不但人漂亮，
也很能幹，可愛好了，過門沒幾天，就把個光棍的家收拾得樣兒是樣
兒，行兒是行兒，連牆上掛了多年的葫蘆瓢都擦洗得紅光紅光的。他
說孫子媳婦做的麵條撈到碗裡要伸長胳膊挑才能看見麵條的頭兒。在
申明理看來，給孫子能娶下這麼個好媳婦，他們父子的臉上更有光，
知道並承認他孫子媳婦漂亮的人越多，他們父子的臉上越有光。

　　申明理在沒完沒了，逢人就誇孫子媳婦多麼堪稱村裡的人稍子，
孫子和他媳婦真是郎才女貌的同時忘了一件事，他的二兒子申金平如
今已是三十五，六的光棍。他把這事忘了，可是被忘了的人可沒忘這
事，相反，隨著他對孫子和孫子媳婦的誇耀，申金平越發覺得被冷
落。終於，申金平向老爹攤牌了。他把要到老槐樹底下等人說話的老

爹堵在屋裡說，別去外頭吹牛了，在家裡說說給他弄媳婦的事。申明理直言相告，他沒法子給金平問媳婦，首先是因為他沒有錢，第二，還更重要，這多年來就沒一個媒人給金平提媒。別看祿順都把媳婦娶下了，人家祿順和咱那可是天上地下的差別，他大給他掙的攢下錢了，人家本人又是教書先生，大姑娘攆著要給他當媳婦哩。聽到這裡，申金平覺得受了莫大的侮辱和奚落，再加上蓄之既久的怨氣，衝著老爹就噴出個「你拌屁！」申明理讓這個「你拌屁」懟得有些不知所措，具體就是不知道該怎麼應對。在他還沒把應對的話想好之前，兒子申金平後頭的話跟著「你拌屁」就出來了。祿順大給他攢下錢能問下媳婦，你是我大哩，你為啥不掙錢攢下給我問媳婦呢？你知道老子欠兒個啥？我告訴你，老子欠兒個媳婦，兒欠老子一副棺材。我給你老歷說明白，你欠我個媳婦，那是你老歷骨頭裡的債，你不還不行。申金平罵得很響亮，可是申明理卻心平氣和地對兒子解釋說，咱家底子薄，沒本事掙錢，不是他不會掙錢，也不是他不想掙錢給金平問媳婦。為了能弄幾個錢，他把別人想不到的奇法子都想到了，總也弄不下幾個，而且弄到手幾個在手裡還沒捂熱哩就都打發了家裡的門面伙夫，哪能攢下錢。申金平的火更大了，罵得更響亮，那罵聲攜著罵辭從敞口院傳向四方，隔壁的，路過的都聽得清清楚楚。你老歷又放狗屁了，我問你，我哥的家底比你的厚還是比你的更薄？我哥咋能弄下錢給他兒子娶媳婦呢？你老歷老早就沒安心給我弄媳婦。我今日給你把話說明白，你欠我個媳婦不能老欠著到你死，給你一個月時間，這一月內你給我說不下個媳婦，我要你老歷的命過手。不料，申明理慢條斯理地說，那太好了，咱父子倆就兩清了。

申金平聽了這話，火氣似乎小了些，哼了一聲說他大倒想得美，想把欠他的媳婦的債背到陰司去，那不行。這時圍在老槐樹底下看熱鬧的人們笑了。大家的笑聲還未完全平靜下來，涼聖人走出人群說，這麼大個事擱在現在好辦得很，沒聽土改工作組的人說嘛，窮人打倒了地主，分得了土地，從此翻身了，是新社會的主人。咱都當了國家的主人了，要什麼沒有？要一個媳婦就更不在話下。沒聽政府宣傳說不準來那封建包辦買賣婚姻。這就更好了，娶媳婦不掏錢，正對咱的

口味。往後，你看上哪裡的姑娘就去戀愛去，戀好了抬過來就是了，有黨和政府給咱做主呢。看熱鬧的人笑著散去了。

※※※

申金平向他老爸大吵大鬧要媳婦的同時，申士俊接到妹妹捎來的口信，叫他去看病重的妹夫。得信後，申士俊立刻意識到問題嚴重，馬上收拾去看望。

到了妹夫家，申士俊只和妹妹招呼了一聲就來到妹夫枕前。妹夫一見內兄來看他，情緒很激動，招呼叫他四哥坐下，接著就告訴他四哥說，他恐怕不行了。申士俊儘量安慰妹夫說好好看病，會好的。再說，年紀還不大，才剛六十歲，從幼年起，身體一直沒受過什麼大虧，能扛得住；一定要相信自己，把心放寬好好將息，會好的。申士俊說到這裡，妹夫把他的話頭攔住了，說，他看往後沒他活的路，他也說不來是天殺他，還是人殺他，反正他是活不成的，因為，首先他心裡受了虧，近一年來經的些事使他對往後的日子完全沒有了信心。人常說，哀莫過於心死。人的心死了，人還能活嗎。既然老哥來了，他就把心裡的話說出來，就是死了也死個明白。

身患重病的妹夫賈克恭這時不知從哪裡來的勁。他說，共產黨叫窮人分了他的地，分了他的房和浮財，他都不在乎，就當荒年救濟了饑民了。土地、房屋和浮財，通統是身外之物，生不帶來，死不帶去。他真的不在乎。以前他曾試圖給佃戶讓幾畝地，可是佃戶說什麼不接受，說什麼沒有白要人的東西的理。解放了，共產黨一聲令下，佃戶們把他的地分了，這其實很好，省得他沒理由要。我唯一想不通的是對我們的侮辱和欺負。尤其被我們保護過的人對我們的侮辱和欺負叫人覺得心裡虧。

申士俊的妹夫說的是十多年前的事。那時申濟仁的一個把兄弟李建功和申濟仁一樣打遊擊。這個李建功比申濟仁年長，去北邊之前，他的兒子都十來歲了，正上學呢。經申濟仁介紹，李建功認下了這個姑姑和姑夫。賈克恭說，過去的十多年間，申濟仁和他的把兄弟李建功常常半夜三更帶著人到他這裡歇腳、躲風，他那後房幾乎就是他們

的營房，遊擊隊吃了住了抹嘴就走。那個李建功來了就姑夫長，姑夫短的叫得可親了，跟親內侄兒一樣一樣的，以至於他不光把他當親內侄兒對待，連他的兒子李崇厚都認作內重侄。

這個李崇厚在他父親李建功來回打遊擊時就加入了中國共產黨，在蔣管區做些地下工作，一解放就成了共產黨的幹部，被委任為鄉長。土地改革時他來賈王莊主持鬥爭會。他們賈王莊被定為地主的四家子的當家的和他們的屋裡人（即妻子）都被弄得站到前頭被佃戶和長工鬥爭。不過那一天只五花大綁捆了男人，並沒有捆屋裡人。叫人無法接受的是，凡是上來鬥地主的說的那些事地主們連想都不曾想過，更別說做過。當初給賈克恭扛長工的富貴從頭到腳穿著掌櫃家給他的衣服鞋襪，在鬥爭會上硬說掌櫃盤剝的他吃不上，穿不上，說他冬天穿不上棉衣和鞋襪，凍得睡不著覺。他說的這些使賈克恭的屋裡人，申新英，申士俊的妹妹很氣憤。

申新英是個虔誠的佛教徒，吃齋念佛是她的必修課，她一心向善，慈悲為懷，總把長工當她的孩子對待，家裡沒人管的長工的穿戴都是她安頓人應時應節給做的，長工和主人一直都是同時換季。在鬥爭會上鬥地主的這個富貴的穿的、戴的、鋪的、蓋的全是她一手給做的。在鬥爭會上，富貴昧良心說他在掌櫃家忍飢受寒，在申新英看來這是對她的污蔑，這不光是說她對長工苛刻，更不能容忍的是，這就是說她的信佛向善全是假的。

申新英是大家閨秀，按規矩，腳是三寸金蓮。這三寸金蓮在那個年代時尚是時尚，但是卻給本人造成諸多不便，首先是走不快，更不能走長。平時最大的不便就是不能獨立站立，需靠牆，靠門框站。被鬥爭的那一天，她沒什麼倚靠，就準備了拐杖，兩手拄著拐杖撐著，和兩只三寸金蓮形成個三角鼎立。聽到富貴說他在掌櫃家吃不好穿不暖，申新英的神經被觸動了。她雙手拄著拐杖，抬起頭，直盯著富貴，說，富貴，你把身上的衣服脫的放到一邊再說你穿不暖。你給眾人說，你這麼多年穿衣服了沒有，穿的是咋來的。她這一問，尤其她盯著富貴的那目光，使富貴頓時蔫了，頭一下耷拉下來。主持鬥爭會的鄉長李崇厚見勢有些急了：被鬥爭的敵人居然占了上風。李崇厚

大聲斷喝，不准地主分子說話。申新英一聽這聲音有些熟，便循聲望過去，才看明白喊叫的原來是重侄李崇厚。解放前幾年，李崇厚來她家和他父親見面的許多場景立刻浮現在她的腦海，尤其李建功給他兒子李崇厚說，你老姑是我的救命恩人，你要一輩子對你老姑好。回憶起這一幕使申新英對自己有了信心，她直視著李崇厚問為什麼不讓她說話。李崇厚一看，他這個鄉長和革命的名義竟然沒能震懾住階級敵人，惱羞成怒，忽地從座位上起來衝過來搧了申新英個耳光。申新英被搧得打了個趔趄，趕緊挪動拐杖換了個支點站穩，衝著李崇厚說她是他老姑。李崇厚不說話，一腳踢飛申新英的拐杖。申新英應聲倒地。賈克恭著急地喝喊叫自己的屋裡人不要說話。李崇厚一個箭步上來用膝蓋壓住倒在地上的申新英，三下五除二將她的雙臂反剪到背後，叫旁邊的人把捆人的繩子遞過來，將申新英五花大綁起來。李崇厚將繩子穿過被捆者脖子後的繩套使勁一拉，申新英的雙手都被拉到兩個肩胛骨中間，申新英同時一聲慘叫，身子底下的地上濕了一片。李崇厚還不依不饒，提著繩子要昔日的老姑站起來。可是申新英在慘叫的同時，就癱軟了，李崇厚像提一件棉袍一樣提了一下又放下，大聲喝喊叫被他制服的人犯站起來。可是昔日的老姑癱在地上人事不省了。

　　賈克恭見狀，一時氣得眼前發黑，頭暈目眩，一個趔趄倒在地上。鬥爭會場頓時亂了起來。有人喊要失人命了。李崇厚叫人們不要慌亂。維持秩序的基幹民兵立刻行動，將秩序維持住了。可是賈克恭夫婦癱在地上仍一動不動。有人湊到李崇厚的耳邊說了些什麼，李崇厚微微點了點頭，隨後就給申新英鬆了綁，接著把捆在賈克恭身上的繩子也給解了，命令將二人抬回家去。到家後，申新英慢慢醒過來了，可是聽不得李崇厚這個名字，一聽見這個名字，立刻就嚇得打顫，小便失禁。賈克恭從此就病了，他對李崇厚五花大綁他屋裡人耿耿於懷，尤其是把申新英嚇得在那麼多人面前小便失禁，使他覺得太失體面。他認為這是李崇厚對他的侮辱。他一直對內兄申士俊說，士可殺，不可辱，他叫人欺負到這份兒上了，簡直沒臉活下去了。

　　申士俊特別針對他的「士可殺，不可辱」多方勸慰。士可殺，不

可辱興於君子當政時期，當政者尊重士們，才有「士可殺，不可辱」的道德操守。如果當政者不是君子，是小人，他壓根就不認為士們有尊嚴，更不認為人有尊嚴，所以他把侮辱人就不當做不道德的事。在這樣的背景下，你和小人談君子之道，那不是和自己過不去嗎。現如今的明智做法應該是，他小人，咱也不君子。這樣可能還能活。賈克恭聽內兄說的確實有道理，但是他說那只是內兄為了勸慰他的話，真正事情要擱在內兄頭上，他未必能像他說的那樣去做。難啊，小人做不了君子，叫君子跳個猛塄下去和小人一樣活著，人先怯住不敢往下跳。

當時的中醫大夫都弄不清賈克恭到底得的什麼病，只是籠統地說那人得的是心病。可是這心病患了一段後，病人竟覺得吃點飯、喝點水都有些噎。再請大夫看，大夫們就把病認准了，說賈克恭患了噎食疾，即食道癌。不久，賈克恭就死於食道癌，申廣仁參加了姑夫的葬禮。

※※※

申黑三當著村長兼治安主任，吆五喝六的，可是內心一直結著「斷子絕孫」這塊心病，到現在，他把能做的都做了，能試的都試了，媳婦那裡還是什麼跡象都沒有。這一天吃過午飯他躺在炕上想關於他要斷子絕孫的事。他忽然回憶起他要斷子絕孫這話是地主分子申志仁最先說出來的。他進一步想，申志仁何以敢這樣詛咒他，而且是在鬥爭會上說的。想著想著，他的注意力集中在申志仁何以敢在稠人廣眾面前說他申黑三要斷子絕孫這話。申黑三實在得不出個確切的答案。他躺在炕上，眼睛瞅著窯頂上被煙熏得焦黃的泥皮，瞅著瞅著，他似乎受到了什麼啟發。申黑三的目光有點發直，也似乎有點放光。對呀，他僅有的這兩孔小石窯在他娶媳婦前是申志仁經管著給他收拾的，連他現在躺著的炕都是申志仁一手為他打的，連和泥的土都是申志仁吆著騾子一馱籠一馱籠從老崖下馱來的。

想到騾子馱土和泥打炕的事，申黑三的腦子好像凝固了，或者突

然一片空白，身上驚出了一身冷汗：哎呀，這申志仁惡毒呀，他打我要娶媳婦時就在我的炕上把鬼搗上了。他用騾子給我馱老崖上挖下的寸草不生的老土打炕，這不明擺著要他媳婦不生孩子麼。他恨自己當初怎麼就沒想到騾子不留後這一條呢。人常說婆娘不生娃，甭怪炕的事，這話不對，婆娘不生娃跟炕的關係大了。要不然，申志仁怎麼偏偏用騾子給他馱土和泥打炕呢。說不定他還背著人找陰陽先生做了別的什麼手腳。是呀，他把媳婦帶到省城大醫院，那裡的醫生全面檢查後明明說他媳婦的問題不大，吃了他的藥就會見效。可是回到家吃了藥，又經那麼多人試過，還是什麼效果都沒有。這一定是炕的事。

申黑三認定媳婦不生娃是炕的事後，把他的想法告訴媳婦吳彩蘭。吳彩蘭聽他分析得有道理，贊成把舊炕拆了另打新炕。黑三和吳彩蘭商定偷偷請個風水先生來家先看看，測算拆舊炕和打新炕的吉日。其實南轅庄就有風水先生，申明理的三弟申智理就是相當紅火的風水先生，遠近十里八鄉的人的婚喪嫁娶，土木修建都請申智理給擇吉日、定時辰、開列注意事項。但是申黑三不能圖方便請申智理給他看風水，擇吉日。因為申黑三現在是中國共產黨的黨員，又是村長兼治安主任，共產黨是不信神的，剛來到村裡就把所有的廟宇裡的神像砸了個稀巴爛，之後的區鄉幹部一再告訴他要向群眾宣傳破除迷信，他也確實要求老百姓不要迷信。他如果請申智理給他看風水擇吉日，村裡人就會知道他這個共產黨員還迷信。此事要是叫黨知道了，那可不得了。再說，如果叫申智理一上手，全村人都會譏笑他為沒孩子發慌。申黑三只好捨近求遠，從三十里以外的沙川縣境內祕密請了位范先生來。

有民諺雲，秀才學陰陽，哈哈笑一場。說的是陰陽風水這些東西都是騙人的，只要你把事主的心事理解透了，就圍繞著他的心事編一些解除其心事的說辭和招數，保證一弄一個準兒。范先生在來南轅庄的路上和申黑三聊了很多，按住了申黑三的脈。三十里路走完過了河上到村裡，立刻就來到申黑三家的門前。陰陽先生抬頭把正對著龍門的那棵皂角樹看了一眼。進到院裡，陰陽先生將院內環視了一番，甚至把灰圈，即堆炕洞和灶膛裡掏出來的灰兼作女人廁所的地方，都看

了一眼。來到屋裡，陰陽先生就被招呼著脫了鞋坐在炕上，接著就喝茶，聊家常。吃過飯後，陰陽先生要申黑三領他去看了看當初打炕取土的老崖。

　　全都看過以後，陰陽先生開始給申黑三夫婦指點迷津。陰陽先生告訴他們說，他們家整個的坐落山向就有問題，從大處說，河對岸山坡上那三孔破敞口土窯正對著他們的兩孔小石窯，那三孔破土窯裡天天都有兇氣出來。再者，龍門前那棵老皂角樹是棵只開花不結皂角的公皂角樹，一年下來，那樹上結不下四，五個皂角，而且又小又歪，根本不能稱其為皂角。就這棵皂角樹的影響就不得了，特別是夏天，早晨太陽一露頭，不結皂角的皂角樹影子就能映到黑三屋子的最掌裡，這就足以影響得使整個宅子都像它一樣，只開花不結果。還有，廚屋裡這炕確實有問題，據你說，掌櫃當初給你用騾子馱打炕和泥的土，這就有深意，而且我看了取土的地方，那裡挖下的老土就不生發，就是把莊稼種子埋在那樣的土裡都不發芽，更別說生長了。另外，你看，這炕洞口開得有些太靠後，不正。這一偏就把你的大事誤了。我不往下說你都能知道誤了什麼事。你可能記不得了，我看當初給你打炕的那一天不是好日子。禳解的辦法很簡單，把河對岸山坡上的那三孔敞口破土窯給堵了；再在龍門內立個照壁；把那棵只開花不結皂角的皂角樹伐了，樹的枝梢都叫別人拉回去當柴燒了；把舊炕砸了，請有兒有女的人來幫忙打新炕，而且要取活土和泥，活土就是地表上長莊稼的土。申黑三和媳婦吳彩蘭聽了這一切，如夢初醒，更好像有了孩子那麼高興。申黑三答應陰陽范先生說，他馬上想辦法先堵河對岸的三孔坡土窯。接著付了范先生的工錢，吩咐吳彩蘭給范先生做飯。

　　陰陽先生走後的第二天，申黑三就召集了一次村民大會，宣布要拓寬河對岸上坡的路，要村民輪流出工，每班五人，直到把路拓寬坡度拉緩。申黑三特別強調說拓寬對岸梁上的坡路是區鄉兩級政府的意思。他說區長曾對他說咱這南轅庄是這一帶湍河上的重要渡口，河兩岸的路不好走，很誤事。鄉長也指示叫咱們把渡口兩岸的路整修好。所以他就下決心先拓寬對岸的坡路，由他親自領工幹。拓寬對岸坡路

的工程從一開始，申黑三就指使叫把那三孔破窯背上的土挖的從窯面子上往下溜，三天之後，那三孔破窯澈底被溜下來的土封死了。隨後，申黑三即宣告完工。

之後，申黑三請了申幼平幫他伐皂角樹，打新炕。吳彩蘭特意去了沒了神像的娘娘廟裡尋找送子娘娘當初肩上爬的、懷裡抱著的泥娃娃的殘缺屍體用布包回來泡在水裡，待泥娃娃的殘缺屍體泡軟了，她特意搗成泥，偷偷和到打炕的泥裡。

陰陽先生指示的都做了，申黑三和能幫忙的就加緊工作，等待出成績。可是半年過去了，還是什麼情況都沒有。

※※※

申黑三心裡的苦悶難以言表，而且絕對不能對任何人述說，反而要做得若無其事，似乎還更理直氣壯，底氣十足。為什麼不呢？咱貧雇農是黨在農村的依靠力量，革命的主力，無產階級專政的柱石。實際上，村裡人把申志仁咒申黑三要斷子絕孫這話早忘了，甚至當初就沒往耳朵裡拾掇，因為申黑三斷不斷子絕孫，跟大家關係不大，似乎這麼多年來大家都習慣了申黑三夫婦沒有孩子的現實，所以當申志仁詛咒申黑三時，大家並沒太以為那是詛咒，而是覺得申志仁只是說了句大家習以為常的事實。可是申志仁這話在申黑三聽來就不那麼無所謂，反倒更加重了他的心事，他總覺得他矮別人半頭。身為共產黨員，又是村長兼治安主任，革命的中堅力量，他越是有這種心事，他越發需要給自己些自信的理由。其實這樣的理由不用他找，黨和政府隨時都給他提供抖威風的機會。這一天他就領到政府的指示，要男女老幼，凡是能走動的，都得跑四十里路到縣城參加對反革命分子的公審宣判大會，最後看對罪大惡極的反革命分子的鎮壓，即處決。在對村民下通知時，申黑三總帶著對已被抓走的申志仁的報復的狠勁。申黑三給每家人通知完都一定重複那句大概是從政府那裡學來的話：一定去看看無產階級專政的威力。

公審宣判大會要舉行的那天大清早，南轅庄全村能走動的人都早早吃了早飯，喝足了水，放下碗就被催著上路往縣城裡趕。這一天，

村裡的小學都停課了，政府要求老師帶著學生去參加公審大會，看無產階級專政的威力。老師把政府的指示打了點折扣，允許女生可以不去看槍斃人，但是男生無一例外都得去。這正對男孩子們的心事：看看熱鬧，再看看汽車。申順榮甚至一直盼著這一天呢。這一次他可是名正言順要去縣城見世面了，誰都沒理由不讓他去，包括爺爺申士俊。說實在的，申順榮視這個機會是對爺爺的挑戰——這一次，你老人家不敢阻止我去縣城。可是要一個十來歲的孩子一口氣走四十里路也是個相當艱苦的旅程。艱苦是艱苦，見大世面的誘惑使這個艱苦旅程變得有些微不足道，申順榮和同學們一道跟著老師按時到了會場。那個會場用人山人海形容一點都不過分，連城牆上站的都是人。縣長李德榮代表無產階級專政宣讀判決書。被判處徒刑的反革命分子們的罪狀都很簡單，諸如殘害共產黨，殺人，搶劫，反革命，然後就是判決，反革命分子被判三年，五年，八年，十年，二十年以至無期徒刑，不等。最後宣布對一批罪大惡極的反革命分子的判決。這些反革命分子的罪行也是反革命，有血案，罪大惡極，不殺不足以平民憤，判處其死刑，驗明正身，綁縛刑場，立即執行。被執行死刑的反革命分子立刻被架著去了刑場。會場頓時鴉雀無聲，幾響槍聲顯得很陰森，恐怖。

槍響過後大概有十多分鐘，縣長宣布說來參加會的群眾可以去看反革命分子的下場。人們聞風而動，向刑場奔去。小孩子提起死人都怕，更怕被槍打死的，但是不能不跟著同村的大人們去看無產階級專政的威力，否則就有丟失的危險。

申順榮懷著恐懼，好奇和緊張的心情跟著老師和村裡的大人們擠到刑場，還未看見被打死的反革命，人們先聞到濃烈的血腥味，有人掏出手巾捂在鼻子上。刑場就設在縣河上僅有的一座叫做善橋的橋西端的石崖下。此橋之所以叫善橋，是因為是由縣上一個一輩子行善積德的善人捐資建的，行人和汽車都走這座橋。反革命分子被斃得很澈底，一共七具被斃的屍體擺在石崖下，幾乎個個反革命分子都被打得腦袋開了花，有的反革命分子的腦漿被打得濺到石崖上，其中一個的頭被剃得淨光，頭皮被揭起一大片，眼睛睜得老大，嘴被打得成了個

大血盆，鼻子的多半截被打飛了，躺在亂石中，看上去甚是嚇人。小孩子們來到這個反革命分子的屍體前都向大人的衣襟下鑽，申順榮也不例外，整個刑場給他的印象就是恐怖。看完被打得沒了人形的反革命分子，人們發現旁邊還爬著幾個人形完好的反革命分子，而且散發著屎臭味。有經驗的大人告訴小孩子說這些爬著的都是陪殺場的，陪完就了事可以回家了，只不過這些人並不知道人家不斃他們，只是最後嚇唬一下從此就釋放了。那屎臭味就是這些陪殺場的被嚇得拉在褲襠裡的屎釋放出來的，只不過這幾個還沒清醒過來，別的膽大些的沒被嚇暈，早爬起來跑回家去了。

從縣城往回走時太陽再有一杆高，走了十里路，也就上了個十里長坡，天就麻糊了，小孩們開始爭先恐後往前頭走，用後來申順榮的話說，就是自從看見被打死的反革命分子們那一刻起，總覺得那些反革命的陰魂在身後跟著，天一黑，那些陰魂似乎更大了，和人的距離好像更近了，只有走在別人前頭才覺得那些陰魂沒在自己身後。而且，這些孩子從此往後的兩三年間，天一黑就不敢出屋門。大人們似乎很體諒孩子們，一路上，他們儘量不談被處決的反革命分子的事，而偏重談被判了有期徒刑和無期徒刑的反革命分子的事。有人說他聽准了，申志仁被判了十年有期徒刑，但是一直沒聽見給申崇仁判了個什麼徒刑。

公審宣判的第二天，南轅庄的人們才知道，申崇仁和韓老七都被拉去陪過殺場。兩個人都被嚇了個半死，韓老七被嚇得拉了一褲襠，申崇仁被嚇得尿了一褲襠。兩個人天擦黑時才恢復知覺，一看自己那狼狽相，兩人不約而同地拖著髒褲子來到縣河拐彎處，趁著夜色脫下褲子把腿和屁股洗淨，再把褲子洗淨，擰乾扛在肩膀上避著人往回走。韓老七在後頭看著前頭的人影叫了聲「六哥」。申崇仁聽出是韓老七叫他，結巴著應了一聲。陪過這次殺場之後，申崇仁說話結巴的毛病更嚴重了。這兩人到了一起先是抱頭痛哭，不約而同地說出同一句話：咱們咋能上這麼大的當呀！哭罷，兩人肩上搭著褲子，光著屁股趁天黑往回趕。還好，一路上幾乎沒遇到什麼人，偶爾發現迎面來人，他們就躲在路邊的莊稼地裡。雞叫

時分，他們都到家門前了。叫門之前也都先湊合著把半濕不乾的
褲子穿上。

第二十六章　糜子黃酒和麥芽醋的結局

　　一年辛苦到頭了，南轅庄的人們把過年的吃食都準備停當了，到臘月二十八這天，村裡竟不像往年的這一天還那麼忙活。往年的這時，有人還急著尋鏊兒攤黃黃，尋豆腐磑磨豆腐，碾子上還有人在粉米麵，有人幫女人劈柴蒸白饃，有人在家焯蘿蔔、豆芽菜，準備拌涼菜。1951年的此時，人們好像就等著過年哩。因為這年的臘月是個小盡，二十九就是除夕。說來也巧，這一年的正月也是小盡，按農諺說，兩頭小，打的糧食三年吃不了；兩頭大，餓死娃。按此說，這一年應該是個很不錯的豐收年。

　　就在一片等待過年的寂靜氣氛中，申濟仁的妻子帶著三個孩子，順隆，秋菊和在邊區生的那個小兒子，申濟仁沒按父親規定的字牌「順」字給小兒起名兒，而將他叫希勝，意思是這孩子是1944年生的，人們看見抗戰勝利的曙光了，回老家過年。那時的通信很不發達，交通更不便，他們要回來過年的事，老家裡一點消息都沒得到，他們乘了汽車換火車，下了火車又乘敞篷汽車回到祖塋縣，然後在縣上雇人趕著兩頭毛驢把他們送回南轅庄。蘇彩萍和三個子女騎著毛驢進村時首先看見他們的人的第一反應是意外，甚至沒認出來這就是幾年前隨夫鬧革命的蘇彩萍。當人們認準了以後的第二反應則是驚詫：這年頭，你們回來這麼一堆人，吃啥呢。但是誰也沒把心裡想的說出來，反倒招呼著，問候著。小孩們知道是申士俊的兒媳婦帶著她的子女回老家過年，立刻跑到申士俊家給報信兒。申士俊和家人聽了小孩子報的信兒覺得很突然。

申士俊和家人聽了小孩子報的信兒感到突然，是因為之前一點信兒都沒有，所以什麼準備都沒有，尤其這年頭，又趕上年關，出門好幾年的兒媳帶著孫子，尤其還有生在外邊的小孫子，叫人一下子真還是不好應付。儘管如此，申士俊和家人還是樂呵呵地向外迎，一出大門就見蘇彩萍和孩子都已從驢背上下到地上，正招呼送他們的人從驢鞍上往下揭行李。順隆一見申士俊就喊著叫爺，秋菊跟著也叫爺。蘇彩萍教躲在身後的小兒子希勝叫爺爺，把廣仁叫大伯，那希勝只是不開口，直向他媽身後躲。蘇彩萍一直給兒子介紹說，這就是她多次介紹的爺爺和大伯，叫希勝快叫爺爺和大伯。那孩子倒是見過大世面，衝著申士俊喊爺爺，衝著申廣仁喊大伯，還問好。申士俊很高興，拉過希勝誇他是爺爺的好孫子。大家熱熱鬧鬧進了門，立刻招呼給送腳的人端洗臉水，沏茶，然後招呼吃飯。飯後打發送腳的人返回。

自從進村的那一刻起，蘇彩萍就覺得現在村裡的臘月二十八完全不像她當年在家時的臘月二十八那樣忙，那樣熱鬧，連大門外的碾子都早早閒下了。到了家裡，她看婆婆王氏和大嫂趙氏也不像當年的臘月二十八那麼忙。兩個沒見過面的侄兒媳婦好像也沒多少事。蘇彩萍有點疑惑。送走送腳的人以後她回來和婆婆及大嫂圍在炕上拉家常。她先試探著問過年的一切好像都辦熨帖了。婆婆王氏有些遲疑，大嫂趙氏立刻回答說，現在過年簡單了，不用準備什麼東西，所以早都熨帖了。她看這好，省得把人像那多年那樣，年前準備這，準備那，幹到年三十，把人都累倒了。蘇彩萍應著說，現在這樣就是好，免得把人忙得都病了。而且以前過年的迷信活動太多，又是燒香，又是掉表，現在黨叫破除迷信哩，不燒香，不掉表，不請灶君，這就省了很多事。婆婆和大嫂只是哼哈著應付。這時蘇彩萍好像想起了什麼事，從馬褡子裡拿出個包說，她只知道大侄兒順達和二侄兒順昌都娶了媳婦，可是一直沒見過兩個媳婦，現在叫她見見兩個媳婦。王氏聽了很高興，立刻把兩個孫子媳婦叫過來，並一一介紹。她先介紹順達的媳婦說，來，容芳，認一認你九媽。蘇彩萍抓住容芳的手說，都過門幾年了，現在才見上，好，好。她因為行李多，只準備了一塊衣料，要容芳別嫌棄。王氏接著叫過來順昌的媳婦高淑賢，來，淑賢，也過來

把你九媽認下。高淑賢過來叫了聲九媽。蘇彩萍同樣抓住高淑賢的手說好，接著問高淑賢的娘家在哪裡。高淑賢聽見九媽的問話似乎有些意外，沒有立刻回答，扭過頭來看了奶奶一眼。王氏好像理解了高淑賢的顧慮，或者根本什麼都沒理會，只是順茬搭話說，高淑賢的娘家是禾豐鎮上高家，是大戶人家的閨女。蘇彩萍聽了只是說，噢，那就是了。她拿出另一塊衣料說那是她的一點見面禮，要高淑賢不要嫌棄收下。高淑賢客氣地說，一家人，九媽就不該破費準備禮物，說完接了衣料。

申士俊問了順隆和秋菊的學業情況，順隆說他已經上中學了，秋菊上四年級了。他特別告訴爺爺說希勝都上學了。申士俊似乎有點吃驚地問希勝上什麼學。秋菊搶著告訴爺爺說希勝上「八一小學」。申士俊不懂「八一小學」是怎樣個小學。順隆告訴他說，「八一小學」是軍人子弟上的學校，解放軍的建軍節是八月一號，所以「八一」就代表解放軍。申士俊有點疑惑地問「八一小學」給孩子們都教些什麼課。順隆告訴他，「八一小學」給學生教的課和普通小學的完全一樣，只是管理更好些，學生們全都住校，有專人照管，連晚上睡覺都有人值班叫孩子們撒尿，給孩子們蓋蹬開的被子。申士俊好像放下了一點心事說那就好，他的意思是甭管什麼學校，學生們一定要學好文化知識，將來靠自己學下的知識吃飯。

※※※

正月初一早晨，人們照例早早就起來，給大門上把燈籠掛上，給家裡把火盆籠上，放炮接福。鑒於黨已經把各個廟裡的迷信都破了，神像全被砸了，香爐被扔得沒了影子，人們就用不著像當年老善人和申幼平那樣搶著燒頭爐香了，也根本就不用去廟裡了，但是自家的灶君和門神還是要敬的，各個住人的地方裡的醋彈還是要打的。忙完這些就趕緊吃餃子，吃完餃子，人們就開始互相拜年。拜年的次序是：先是向自家內的長者依次拜下來，然後去給本家的長者拜年，再次就是給本家族內的長者和德高望重者拜年。初一早晨，各家的最長者都待在家裡，準備好招待的酒菜和糖果、香煙，接待來拜年和祝福

的人們。每年正月初一早晨，申士俊接待的拜年的最多，連和他平輩的人都來給他拜年，平輩中的長者也來，雖然不磕頭，但是都要向他表示祝福，以示尊敬。這個正月初一早晨和往年一樣，一家人剛吃完餃子，拜年的就來了。申士俊忙著招呼來人說來了就是了，向人們致謝，拿出香煙和水果糖招待。可是這些拜年的人根本不打算接受他的這種新式招待，有能和他開玩笑者就乾脆要他的糜子黃酒喝。而且表示，他申士俊這裡只能用糜子黃酒招待，別的什麼都不行。

　　第二撥拜年的人來了，見前頭來的人還沒走，大家先是互致問候，接著第二撥來的人就催前一撥的人趕緊騰地方，他們要給主人拜年。第一撥的人被擠到窯後掌，但是不甘示弱，大聲嚷嚷說，主人家沒拿糜子黃酒招待，不能走。第二撥來的人立刻嚷起來，大家來給你老人家拜年，怎麼可以不拿糜子黃酒招待呢。你老人家的糜子黃酒都成了咱村的幌子了，大年初一怎麼可以沒有你家的糜子黃酒呢。有人說的更邪乎，說統購統銷時他拿不出餘糧賣給國家，工作組逼得他都把上吊的繩子拿起來準備搭在牆背後的槐樹上上吊了事。可是他把繩子往樹股子上一扔，忽然改變主意了，年近了，他想起老人家的糜子黃酒了，他丟不下老人家的那碗糜子黃酒，他不死咧，就衝著老人家的糜子黃酒，他要活著，他把繩子拉下來拿回去掛在牆上。他這話說得滿屋子的人都笑了。可是講故事的人接著說，把繩子搭到槐樹股子上的那一陣多虧不知道過年喝不上四爺家的糜子黃酒。要是那個時候就知道今年過年喝不上四爺的糜子黃酒，這個時候在這裡的這些人可能就在他的靈前給他燒紙錢呢。人們又是一陣哄笑。笑聲稍平息了些，又有人說，別說，他說的可能還真是實情。隔壁的崇仁可能就是因為早知道他四老子沒糜子黃酒了，才真地把上吊繩套上了自己的脖子，要不是人發現得早，就是他四老子以後又有了糜子黃酒都沒有他的份兒了。另一個把吸進的香煙吹出一個長煙柱後說，人家崇仁知道從今年往後再也不會有糜子黃酒了，才毫無留戀地把繩子套到脖子上的。屋裡又是笑聲一陣。年前剛回來的蘇彩萍和大嫂趙氏及婆婆王氏都跟著笑。但是當事人申士俊只是聽著，並沒有笑，而且表情有些難以形容。

兩撥來拜年的人中有不少和廣仁是平輩，年紀小些的就把蘇彩萍叫嫂子，按規矩，小叔子可以和嫂子開玩笑。有個小叔子這時衝著還在笑的蘇彩萍來了，九嫂，聽見了吧，黨說要破除迷信，並沒說要破除家裡的糜子黃酒，可是糜子黃酒沒有了。這事大了，糜子黃酒能叫想死的人不死。你想想，這沒了糜子黃酒，人還有個啥活頭。蘇彩萍收起了笑容，但是不知道該怎麼回敬這位小叔子。趙氏臉上的笑容也褪去了，看看這一方，又看看另一方，流露出一些得意。申士俊強笑了笑，說話了，今年實在對不住村上的父老鄉親，弟兄子侄們，我申士俊不是有東西捨不得讓人吃讓人喝的人，我也相信，咱村一尺高個人都不認為我是捨不得讓人吃我的，喝我的。咱村的父老鄉親，弟兄子侄對我的敬意一直感動著我。我把什麼拿出來招待大家都不能盡表我的感激之情。自從我廣仁的媳婦進了門帶來糜子黃酒這手藝，我看到所有的人都愛喝我家的糜子黃酒，所以這多年來，我總記著給大家準備糜子黃酒。今年不行了，不是我忘了叫做糜子黃酒，更不是我捨不得拿糜子出來做黃酒，事實是我想捨卻沒有東西叫我捨。實不相瞞，年前為做不做黃酒，我們全家商量了幾商量，擺出的情況是，要做糜子黃酒，用來粉米麵攤黃黃的糜子就更少了。最後考慮到不能過了初五連黃黃都沒有了，這才狠下心來不做黃酒了。

　　就在申士俊向給他拜年的人們致歉時，第三撥拜年的人擁到門口聽他說話。他說完之後申明道說話了，弄的啥事，說的叫窮人翻身過好日子哩，現在弄的本來不窮的人連一口糜子黃酒都端不出來了。我看這翻身還不如不翻身。就衝著喝不上一年一碗的糜子黃酒，我就不贊成翻身。四哥，不說了，咱們認倒楣就是了。大家聽完一轟而散，重複著申明道的認倒楣。

※※※

　　申士俊在無奈之下終於說出了一句良心上的話，他承認糜子黃酒是廣仁的續弦趙氏帶來的手藝。趙氏本人絕對沒有說的，只是因為娘家的家道中落，申士俊認為不和他門當戶對，再加上廣仁的先房留有三個兒子，申士俊怕繼母對孫子不好，一直瞧不起趙氏，連趙氏生的

孩子都受鄙視。可是，偏見總敵不過事實，趙氏進申家門不到三個月就該過年了，趙氏不聲不哈做了一斗米子的黃酒。當時黃酒做出來，全家人嘗了，都說從來沒喝過這麼好的黃酒。申士俊自己也是這麼個看法，只是因為偏見，他不做任何評價，但是指示，正月初一早晨一定把黃酒熱了招待來拜年的人。等到正月初一早晨，黃酒和來拜年的人一見面，立刻引起好評一片，有的人喝完主人敬上來的一小碗，竟不放碗還要，都說能喝上這麼一碗黃酒才算真過年哩。有人乾脆就說，年年都記著給申士俊來拜年，特別叮囑申士俊一定要有這麼子黃酒招待。黃酒給申士俊增光不少。申尚仁喝了黃酒後說，四叔就該用這樣的黃酒招待人。從此，申士俊每到年關都關照王氏叫趙氏多做些麼子黃酒。申士俊家的黃酒不光拿來招待村裡來拜年的，所有來給申士俊拜年的親戚都受到黃酒的款待。這些來拜年的親戚拜完年得到的回禮也是一壺黃酒，其影響擴散到十里八鄉之外。

趙氏做的麥芽醋更好，嘗到的人永世都忘不了那麥芽醋的酸、香、醇、甜。村裡人打嘗到她的麥芽醋以後，就以各種藉口來借醋，諸如家裡來了客人，沒一點醋太不像話；最近上火，口內生瘡，得一點麥芽醋祛祛火；家裡誰誰這幾天有些不對路，不大想吃飯，就惦記著你家的麥芽醋調的飯香⋯⋯。就這樣，申士俊家的麥芽醋供全村人食用，尤其申明理那麼毛老婆，每天出來，胳肢窩總要夾個小碗，轉著轉著就來到申士俊家，她幾乎不用編什麼藉口，直衝衝對王氏說，他四嫂，你家的麥芽醋實在香，我們一家人都愛吃得不得了，要不，你就再借給我一小碗。申明理家的「借」和「要」是同義詞。對申士俊家的麥芽醋，「借」和「要」成了全村人的同義詞。甚至可以說，這家的麥芽醋成了全村人的一個追求。

申士俊家的麥芽醋最早是由那年給申士俊打短工的人嘗到並宣傳出去的。這些打短工的人中就有申幼平。申幼平人窮，但是吃過不少大戶人家的飯，對各家的茶飯都有比較的參考。那天中午，趙氏給幾個短工拌了一大盆涼麵，現潑的杏仁油辣子，調了她做的麥芽醋，搗了一些蒜，拌了些焯好的小白菜，燒的晾了一大盆綠豆湯。吃飯時短工們先喝了點綠豆湯，然後就開始吃涼拌面。短工們不論哪一個，

把第一口涼麵送到嘴裡嚼一兩下的反應都是呀，這麵咋這嬈的。大家吃著讚歎著，還是申幼平見識多，他笑著問到底是什麼使這涼麵這麼香，有的說是麵擀得好，有的說是辣子調的美，有的說麵裡調的醋特別。申幼平最後評判說主要是麵裡調的那醋太對人的口味了，那醋香得確實特別，他是第一次嘗到這麼香的醋。大家再吃了一碗涼麵後都贊成申幼平的意見。隨後，申士俊家的麥芽醋的美名在南轅庄就家喻戶曉了，誰家來了客人，主人都要到申士俊家「借」醋招待客人。申士俊家的麥芽醋的名氣和糜子黃酒的影響一樣大。

申士俊的隔壁鄰居申裕仁倒是個萬事不求人的家，為人也厚道，一直和鄰家申士俊有著良好的關係。但是由於申士俊家麥芽醋的優勢，申裕仁家要是來了重要客人要招待，申裕仁就會叮囑叫過去要一碗人家的麥芽醋來，不用大老婆出馬，打發小老婆過去招呼一下，一碗略有點白色的麥芽醋就端過來了。申裕仁家不是沒有醋，而是他的醋和申士俊家的麥芽醋相比，還差很多。用申裕仁的話說，拿鄰家的醋叫客人調飯，咱自己都覺得體面。從申裕仁的話裡，申士俊深深體會到麥芽醋太能滿足他要維繫人際關係的需要了。同時他也覺得，申裕仁打發小老婆過來端醋過去簡直是對他的抬舉。申士俊以此完全可以想像出他這一家人在村裡人心目中的地位。他相信，人們不會輕易毀他這個為人撐體面的人。麥芽醋太重要了，這些年每年收麥一個月後他就關照做麥芽醋。趙氏把麥芽放在碾子上碾時，看見的人都自然地問一聲，好呀，又給咱做麥芽醋哩。聽聽這話說得多體面大方，意思很明白：你家的麥芽醋我們都吃得，而且我們都不能沒有這麥芽醋。

可是，繼正月初一沒了糜子黃酒後，這年的忙罷，村裡人誰也沒看見趙氏壓麥芽。有人不相信申士俊家不再「給咱做麥芽醋」了，還跑去向趙氏詢問還做不做麥芽醋。得到的答覆是，吃都沒麥子，哪來做醋的麥芽。人們滿懷希望去詢問，這個答覆使人掃興而歸。完了，南轅庄的人從此沒了體面。

最初證實申士俊家確實沒有麥芽醋的人是申明理的麥毛老婆。那一天，她像已往那樣胳肢窩夾了個小碗去申士俊家徑直對王氏說，他

四嫂呀，我家來了個重要客人，吃飯時盤子裡實在沒啥向出端，把你家的麥芽醋給我借上一小碗，叫我把客人支應了。王氏很無奈地告訴麥毛老婆說她家沒有麥芽醋了，糧食現在這麼缺，從此可能永遠不做麥芽醋了，她們家現在吃的是杏兒醋。要不然你就端碗杏兒醋去招待客人吧。麥毛老婆相信王氏是真沒有麥芽醋了，要不，她不會不給她這老借戶。而且，糧食統購統銷政策在村里弄的那些攤場麥毛老婆都一一看過了，經過了，她相信連申士俊家現在也缺糧食了。麥毛老婆只好退而求其次，說，他四嫂，連你家的人都吃杏兒醋了，那就把你家的杏兒醋給我一小碗吧。唉，這日子過的，連撐面子的一點東西都尋不下了。王氏有點無可奈何地說，這年頭兒，誰還有體面，聽說那糧食統購統銷到處都跟咱村一樣，鬧得雞飛狗跳牆的。

確實，那糧食統購統銷剛開始，人們聽說要農民把餘糧賣給國家，防止糧食投機商低價買高價賣從中牟利，坑害窮人。政府為農民著想，特別為窮人著想，把農民的餘糧以公價買下，保管著，到春荒時又向缺糧的人以公價賣出，把糧食投機商的路給堵死。農民們覺得這確實挺好。而且，收了莊家以後，有不少人想用錢，就把自己的一點餘糧按黨的政策賣給了國家。挺好，挺方便，只要農民願意賣糧，國家倉庫那兒你什麼時候把糧馱去賣它都收，驗了糧，按等級付價款，不像那些糧食商，賣糧的多了，他挑來挑去，把價壓了再壓。

可是事情並不像農民們起初理解的那麼簡單，並不是你覺得能餘多少就自願賣多少。沒過多久，農民們才明白過來了，這說的「自願」原來是你不自願也得自願，這「餘糧」也是你沒有餘糧也得賣「餘糧」。那是有定額的，鄉政府和統購統銷工作組把村長申黑三叫到鄉政府，然後三對面，把村裡每家應賣餘糧的數定下來，由工作組和村長通知各戶的當家的，下來就催著叫賣餘糧。

申黑三到了鄉政府，鄉長就開宗明義告訴他南轅庄應購糧的數字，聽完，申黑三被嚇了一大跳，他和鄉長及要去村裡搞統購的工作組爭辯說，村裡根本沒那麼多餘糧可賣。鄉長，鄉支書和工作組就使勁給他做工作，開導他說他的思想保守，首先沒看到農民擁護黨的統購統銷政策的積極性，沒有看到農民自覺地把餘糧馱到糧站賣給國

家。鄉支書批評他沒有認識到黨的統購統銷政策的優越性，說是黨為了讓農民不受糧食投機商的盤剝，讓糧食投機商無空子可鑽，就要把農民手中的餘糧全部購進國家的倉庫。這樣，政府手中就有充足的糧食返銷給缺糧戶，到時候，缺糧戶有糧吃還不受糧食投機商的剝削。鄉支書進一步幫申黑三提高執行黨的政策的自覺性，說黨的每個政策和要黨員完成的任務對黨員都是考驗。一個黨員不能勇敢地去完成黨交給他的任務，對黨的政策有懷疑，就不是個合格的黨員。一聽這話，申黑三急了，忙辯解說他不是不想完成黨交給他的任務，更不是對黨的統購統銷政策有懷疑，而是憑他的經驗，政府給南轅庄攤的購糧任務太大，南轅庄人再省吃，兩年也餘不下那麼多糧。

申黑三說了這些後鄉長說話了，鄉長批評他並沒什麼經驗，南轅庄人到底屯下多少糧，他根本心中無數。比如說申崇仁，他在過隊伍時能拿糧食換下那麼多大煙土等著弄韓老七的地。你申黑三知道申崇仁現在手中還有多少糧食。你不知道。既然連申崇仁手裡有多少糧食你都不知道，誰敢相信你的經驗。十里八鄉的人都知道，你們南轅庄近二十多年什麼災禍都沒有，土匪都繞著不敢走近南轅庄，你們南轅庄人是只進不出，這些年屯下多少糧，鬼都不知道。所以，你要解放思想，全力配合工作組去做工作，攤給你們村的購糧任務一定能完成。黨在考驗你呢。

和統購統銷工作組的人在回村的路上走著時，工作組的人進一步對申黑三交底說，統購統銷這事以前沒辦過，咱也真不知道這水有多深，給你們村下的任務我也覺得是大了些，但是據我在縣上訓練時知道的，要千方百計把農民手中的糧食購上來，尤其那些富裕戶，就是中農成分以上的那些農戶的餘糧，一定要全挖出來，因為，按照毛主席說的，這些人最想走資本主義道路。他們也最想剝削窮人，他們手裡要有糧食，一定會在饑荒時高價賣給缺糧戶，或以高息借給缺糧戶。你嘗過借高利貸的滋味。你想想，在新社會，窮人再借上高利貸，那不就全完了。申黑三聽出來了，統購統銷這政策是要對富裕戶下硬手的。

在村民會上把各家應賣的餘糧數分攤到戶後，申滿倉和奴子媽首

先喊起來。申滿倉嚷著說，多年來，他交公糧都是人背一褡褳去一交就完事，哪有什麼餘糧。這真是出奇事哩。奴子媽無奈地笑著說，真稀罕，我打上世以來還沒見過「餘糧」是啥樣兒，現在我倒有了「餘糧」要賣給政府。奴子媽這話一落音，申吉茂立刻就接上話茬，我家裡盡是「餘糧」，連我都是多餘的，政府乾脆把我那囤底子一掃連我都收走。這幾個硬漢貧農說著，別的那些黨稱之為富裕戶的人聽著，看著，心裡盤算著該怎麼過這一關。

　　既然鄉長都指明了，申崇仁、申裕仁、申同仁、申廣仁、申禮仁、申進寶等這些富裕戶是最想剝削窮人的，所以要下硬手把他們的餘糧弄出來。申黑三就積極配合工作組催這些富裕戶快快交統購糧。富裕戶也明白，不賣餘糧是不行的，剛開始倒沒有什麼牴觸，賣了些他們認為的餘糧，至於攤給他們各自的賣糧定額，他們誰都沒太在意，因為政府說的是把「餘糧」賣給國家，他們究竟有多少餘糧，不能由政府說。他自己最知道自己有多少餘糧。所以他們把他們認為的餘糧賣過以後就停止了賣糧。而他們賣給國家的餘糧數連政府攤到他們頭上的定額的一半都不到。這樣，他們停止了賣糧當然不行。申黑三把幾個富裕戶的掌櫃叫到工作組的駐地，給他們開會，要他們一定要完成攤給他們各自的定額。與會者們都面有難色，而且各有各的難言之隱。唯有申招財和申進寶弟兄倆不識相，爭辯說已經賣了那麼多，哪兒還有餘糧再賣。他們這話一出，立刻引出村長申黑三的一席話。啊，要給國家賣糧了，你們就沒糧了。誰不知道你們家是幾輩子的財東家，年年收租子放賬（即給人放高利貸）。你們的老子當初為了給你奶奶上影，哪來那麼多的糧食年年正月初一請全族人吃飯、喝酒，哪來那麼多的錢買洋煙棒棒給人送。你們家放出去的糧食有多少，連你們自己都說不清。我給你們說清，你們家要賣的那點定額恐怕連你們家真正餘糧的零頭都不到。你們就老老實實先完成定額再說。這時工作組的人接話了，你們這些人都聽著，別以為政府不知道你們有多少餘糧；老實告訴你們，給你們各個人下的定額不是憑空想出來的，那是通過調查得來的，知道你們家底的人多的是。你們想壓著糧食賣高價，放糧債，那可不行，必要時我們就叫那些借

過債的人揭發。不說了，就按村長剛說的，你們先把攤給你們各自的定額完成。

　　工作組的這一席話讓與會者不約而同地想起土改時鬥地主的情節，黨依靠的那些積極分子真能給人頭上壘事，硬能把好說成壞，把黑說成白，又把白說成黑。想到這些，他們大概都在心裡打了個寒顫。然後都耷拉著腦袋回去了。申崇仁跟著申廣仁來見申士俊，想聽聽他的意見。他們把工作組在會上說的給申士俊述說了一遍後就問他該咋辦。申士俊唉了一聲說，能咋辦，扛不住呀，看這樣子，他把你手裡那點糧食不弄完他心不甘。咱叫財吃虧，人甬吃虧，弄的給人家賣，到時候沒啥吃，他車倒總要有個臥牛的地方。申廣仁和申崇仁都認為只能如此。

　　可是事情並不那麼簡單，申崇仁要老婆給他張口袋裝糧時遭到媳婦曹氏的激烈反對。曹氏罵他存心要把她和剛滿五歲的兒子餓死。一提這個稀罕兒子，申崇仁就受不了了：這是他都對有兒子近乎絕望的時候乞來的兒子，他怎麼能讓兒子沒飯吃呢。可是另一方面，他領教過人民政府的厲害，他不敢惹人民政府不高興。申崇仁把手裡的撮勺放下了，腦子裡卻翻江倒海。現在家裡就他和老婆，兒子照例從土門（即界牆上挖出的不安門的洞）過去在申士俊家玩。這孩子打會走路的時候起只要不睡覺，肯定在鄰家和幾個孩子玩。鄰居家人多，什麼都是好的，包括鄰家的大鍋飯，他都愛吃。什麼時候過來，只要問他吃飯了沒有，他肯定一口咬定還沒吃飯。還沒吃飯就是跟著吃大鍋飯的充分理由。實際申崇仁很願意他的兒子天天泡在叔父家，人家那邊的人丁旺，對兒子肯定會有保護作用。這時他又從頭想了想他的命運。他進一步肯定，只要還有一口飯吃，他的兒子在叔父家的蔭庇下就能活下去。有兒子就有人頂門立戶，不像申黑三現在這樣子，死了都上不到族影上。申崇仁這麼想著，竟然來了信心，覺得他比現在人五人六的申黑三有希望，更有價值。就憑他死後有人頂門立戶能把他的名字寫在族影的小牌位上，他就可以完全不用擔心身後的事了。此時的申崇仁覺得自己完全可以挺起胸膛站在申黑三面前對他說我沒有餘糧可賣了，你看怎麼樣。可是現在的申黑三叫人一想起就同時想到

他身後的工作組、政府。申崇仁一想到要面對政府，剛才來的那份信心頓時沒有了。申崇仁瞅著曹氏平和地說，你別盯著我了，咱不賣糧了，要殺要剮由他去。你過去看看德幸在那邊玩得可好。申崇仁給他這個稀罕兒子起名叫德幸，意思是祖上和他本人積德才使他幸運必至有了這個兒子。曹氏聽了這話，也覺得該去看看兒子了，同時她也看出，丈夫確實不想賣糧了，轉身去隔壁看兒子去了。

曹氏到隔壁鄰居家見德幸和玉婷、玉珍玩得挺高興，就沒打擾他們。只是看著，同時和這邊的王氏、趙氏打著招呼。趙氏開玩笑說叫她六嫂乾脆一月提過來三斗麥子把德幸的飯包在這邊。曹氏笑著說那麼大個人一月三斗麥子，恐怕你賺得太多了。心輕些，少賺些，省得人家盯著你要購糧。一提起購糧的事，三個女人婆媳兩代人的怨氣都上來了，都說這不是購餘糧呢，而是逼著要人的命呢。接下來，她們就扯起村裡誰誰家裡為了賣購糧的事吵架鬧事的事。她們正發著牢騷呢，北邊院裡傳來長工旺財的慘叫聲，他喊著叫救人。

這邊院子的人聞聲從土門衝過去，實際這個時候，這邊的男人就申士俊在家，別的男勞力都幹活去了。申士俊衝過土門就問旺財怎麼了。旺財被嚇得臉色蒼白，只指著餵牲畜的窯門說，掌櫃上吊啦！這時女人們和小孩也過來了，申士俊喝喊著不讓女人和小孩進餵牲畜的窯門。女人們止了步，還把小孩擋住不讓進去。申崇仁就吊在拴牲畜的橫椽伸出大石板椿的那一截上。申士俊撲過去抱住申崇仁的大腿，命旺財把繩從上頭割斷。旺財撿起剛放下的鐮刀爬上石槽沿，一手抱著石板椿，一隻手拿鐮刀從橫椽上頭把繩砍斷。申士俊抱著上吊者的雙腿將其扛在石板椿上，招呼旺財快下來幫著將他掌櫃放平。兩個人把自縊者放平後，申士俊招呼人去叫村長申黑三。申黑三聞訊，嚇得臉都變了顏色，他立刻跑去叫了工作組的王志剛。王志剛一聽，當下被嚇得塌在地上，半天才醒過神來。

王志剛醒過來後就被拽著來看申崇仁這裡發生的事。村裡人同時也聽到申崇仁要自盡的消息，都趕來看究竟。中醫申智理也被很快叫到現場。申智理一來先按脈，按了一會兒，他說還有脈，興許沒事，接著，他就給申崇仁揉了揉喉嚨，搞人工呼吸。申黑三和王志剛到場

時申智理正在忙活。他們到了，看著眼前的一切，什麼話都沒敢說，只等奇跡出現。申智理一陣忙活後，申崇仁果然有了呼吸。申智理站起來說救下了。大家都舒了一口氣，王志剛和申黑三剛才提到嗓子眼的心也放下了。可是這時大家的目光都集中到兩個官家人的身上了。王志剛似乎感覺到了眾人的目光射在他身上，而不是看到。因為他打來到現場的那一刻起就沒敢抬頭看任何人。他強打精神說，沒闖下大亂子就好。曹氏被嚇得摟著兒子一直在門外抹眼淚。申士俊哼了一聲說，沒闖下大亂子當然好。現在給管事的人報告，剛才情況緊急，我沒向你們報告就把人先弄下來，現在該怎麼處治，你說話。王志剛直說做得對，做得對。多虧救得及時，要不然這禍可就闖大了。申士俊並未就此完事，而是進一步叫工作組和村長把現場看清楚，把第一目擊者問明白，再把申智理問明白，看是怎麼回事。

旺財對工作組的王志剛和村長申黑三說，他斫柴回來摞下柴棍來他休息的餵牲畜窯裡放斫柴鐮，一進門就看見掌櫃吊在栓牲畜的橡頭上，他嚇壞了，就喊人，南院四爺衝過來抱著掌櫃的兩條腿，叫他割斷繩把掌櫃救下了。申智理說他一來先摸崇仁還有沒有脈，他摸了好一會兒才摸出他還有脈，但是脈很細，他趕緊幫崇人呼吸，你們來也看到了，他現在有呼吸了，但是還微弱，可能還得過一陣，人才能緩過來。王志剛只管說好，說沒失人命比啥都好。來圍觀的人這陣也有話了，都說這是把人逼得沒路可走了才到這一步。還有人說，申崇仁想不開，都不想想，兒子那麼小，沒了他怎麼能過下去。

就在大家議論紛紛之際，躺在地上的申崇仁慢慢睜開了眼睛。工作組的王志剛立刻俯下身叫申崇仁的名字，連聲說你沒事了，你沒事了，這就好，這就好。躺在地上的申崇仁卻不買帳，反倒質問王志剛為什麼救他。申黑三立刻解圍說，不管多大的事，救人總沒錯麼。申崇仁結結巴巴地說，這個麼，這個麼，你把我這個麼，這個麼救下，這個麼，這個麼我也是這個麼沒餘糧賣了。我這個麼，這個麼現在這個麼就這條命，想著這個麼，這個麼把命給你這個麼，這個麼就完了。工作組的王志剛招呼人把申崇仁抬的放在長工睡覺的炕上。申崇仁隨即被抬上炕，背後墊了長工的被子。這時申智理叫給申崇仁端碗水喝喝。

申崇仁喝完碗裡的水後哭了，老淚縱橫，說他活下是禍害，會弄的老婆和兒子都叫餓死，他死了，省一口糧食叫兒子吃著活下去，他還有人頂門立戶呢。有人勸申崇仁好好活著過他的光景，說他的光景是村裡最好過的，應該好好過，不敢胡思亂想。申崇仁卻說他就是看這光景沒法過了才不想活了。他有沒有，人家都說他有，沒完沒了地找他要購糧。他前頭都想好了，他一死，就沒人盯著他的光景了，興許老婆和兒子還能有一把活命的糧食。勸慰的人見申崇仁還想不開，繼續勸他說，再怎麼的，好死不如賴活著。申崇仁仍堅持相反的意見，說他活著弄多少都吃不到老婆和兒子的嘴裡，那還不如沒他，他們母子興許還能活下去。他反正看這日子沒法過。這時，圍在申崇仁身邊的人都把目光轉向工作組的王志剛。王志剛卻接著大夥勸慰的話茬說，大家說得對，人活著啥都好說，人在啥都好辦。你不要胡思亂想，先好好休息。我們還有事，等辦完事再來看你。一定不要再胡思亂想了。說完，帶著申黑三撥開圍著的人圈走了。

第二十七章　餘波

　　正月初三吃罷早飯以後，人們按半中醫半陰陽先生申智理的測算和指示，端著酒菜，香表和炮仗聚在村東南，沒有了神像的娘娘廟前敲鑼打鼓出幸。「出幸」這個詞兒普通話裡沒有，意思就是去接喜神。人們去接喜神時都抱有各自的希望，比方愛做生意的，就把自己的算盤放在盤子裡；希望孩子好好讀書的，就把孩子的書本放在盤子裡端到接喜神的地方，希望喜神第一眼就看到，把幸運賜予這些事物上。以往，人們請喜神時都喜氣洋洋，互相祝福，互開玩笑。可是今年出幸的氣氛好像有點冷，也許是因為這一天天陰，也確實冷，年前下的雪好像仍原封沒動，還那麼厚厚一層蓋著廟院的一切，人們給喜神上的香也只能在雪上抓個小坑再用雪擁上。人們各自請到自己要請的喜神後又端著盤子回家安喜神。按慣例，請到喜神後就該鬧熱鬧了，就是鬧秧歌，耍社火，敲鑼打鼓。可是今年大家把喜神請回去後就和喜神一起圍坐在熱炕上不出門了，整個村子從請完喜神後也就偃旗息鼓，鴉雀無聲了。

　　南轅庄這年正月的新現象好像不是孤立的。因為鄉政府正月初四就把鄉里幾個大村的村長召集去開會，傳達縣政府的指示，要各大村村長發動群眾鬧秧歌，耍社火，把過年的氣氛搞得熱熱鬧鬧的，歡歡喜喜的，像過年的樣兒。聽得出來，這兒說的「像過年的樣兒」是說要像以前過年時的熱鬧、歡快的樣兒。與會的大村村長中也有老實巴交的實在人，這樣的村長們聽了鄉長的傳達竟不以為然地說，老百姓鬧不鬧熱鬧政府都要管。老百姓不鬧熱鬧就是老百姓不想鬧麼，咋發動呢。鄉長一聽就急了，說縣上指示說了，正月發動群眾鬧熱鬧這是

政治任務，一定要完成。這些實木頭村長還沒領會政府叫他們發動群眾鬧熱鬧的政治意義，爭辯道，人家老百姓不高興鬧，你咋樣能把他發動高興了。鄉長見他剛才說的「政治任務」還沒提醒這幾個榆木腦袋村長，越發急了，狠狠地說他們在對抗政府。接著說他看明白了，不是群眾不高興鬧熱鬧，而是村長不高興鬧，怕耽誤他弄賭博。他知道，有的人的賭癮大得很，弄起賭博來什麼都不顧了，哪有心思弄熱鬧。這一下真湊效，再沒人敢說什麼了。鄉長見勢，宣布說散會，要大家回去抓鬧熱鬧的積極分子從基層發動群眾把鑼鼓敲起來，把秧歌，社火鬧起來，到初七，八給鄉政府送秧歌。

送秧歌是祖塋縣、沙川縣一帶的民俗，或者稱之為規矩。正月裡，有人給你送秧歌，送社火，那就說明你的人緣好，配奉承。所謂的送，也就是把秧歌隊帶到主人的院子裡或大門外，轉上幾圈，唱幾首祝福的小曲兒。送社火也就是把社火隊敲鑼打鼓領到大門口轉兩圈。無論是送來秧歌還是社火，主人都熱情歡迎，要表示感謝，要犒賞秧歌隊或社火隊的全體演職人員。所以，人民政府很看重老百姓給政府送秧歌這件事。如果正月裡沒有老百姓給人民政府送秧歌，人民政府就很沒有面子，在上級看來，那簡直就是政績很糟糕的有力說明。

村長申黑三從鄉政府往回走的路上就一直盤算鬧秧歌，耍社火的事。他從鄉長的話裡品出些味道來了：老百姓要是不給人民政府送秧歌，那還不單單是政府沒面子的事，可能還說明這人民政府根本就不被人民待見。想到這裡，申黑三的心跳得有點快了，身上似乎打了個寒顫。是呀，老百姓都不待見人民政府，那他這個村長兼治安主任很可能也不被待見。老百姓都不待見，那還算什麼人民政府。對的，縣上和鄉長抓得太對了，秧歌和社火一定得鬧起來。至於南轅庄鬧秧歌的秧歌頭申守仁，申尚仁的弟弟，這人鬧秧歌的熱情那是沒得說，1946年八月，村裡出了那麼大的事，一次就被打死五，六個人，當時全村大放悲聲，可是1947年正月，申守仁還把秧歌鬧得那麼熱鬧，申士俊依舊大力協助，又是召集媳婦姑娘們糊旱船、糊老虎頭、紮走馬，又是出木料叫木匠做高蹺。對，回去就找申守仁。

不料，申黑三找申守仁把鬧秧歌的事一說，申守仁不熱不涼地說今年正月他忙得顧不上弄這閒事，他初五就得去老丈人家行門戶，即行人情，小舅子要娶媳婦。這個門戶完了接著又是一個，至過十五都不能在家連著呆兩天。他叫村長別指望他帶頭鬧秧歌。申黑三就算碰了個軟釘子。他著急。他對申守仁交底說要是秧歌鬧不起來，他怕給鄉長交不了差。申守仁則對申黑三解釋說，他確實是因為忙，顧不上，南轅庄能鬧秧歌的人多著呢。他叫申黑三別著急，秧歌還是能鬧起來的，只是還要找人，給人家下話。申黑三立刻想到比申守仁小四五歲的申祿元。這個申祿元最愛唱秧歌的曲子，當地流行的曲子他都能唱，嗓子又亮，成天曲子不離口，村裡人送他個雅號，叫秧歌母子。

　　這個申祿元和申守仁是完全不同的兩個人。申守仁像他哥哥申尚仁一樣，還念過四，五年書，腦子裡的彎彎還多一些。申祿元壓根連學校門都沒進過，說話就是袖筒裡塞棒槌一端進端出。當申黑三說了想叫他帶頭把村裡的秧歌鬧起來時，申祿元哈哈一笑說，好我的村長叔家哩，你見過我當秧歌頭嗎？我愛唱秧歌的曲子，一點都不假，可是那都是人家把秧歌弄起來了我跟著打夥哄呢。你叫我帶頭鬧，嚇死我了，我不識字，沒記性，尋來人家的衣服、裙子丟上一件兩件，我這命都不值。我不敢。我不相信你沒看出來，打去年冬天鬧統購統銷以來我在村裡都不敢大聲唱曲兒了。有一天早晨吃過飯他要去飲牛，把牛吆出來剛把《五哥牧羊》唱了一句，就被他大臭罵了一頓。他大罵他都十八，九的人了還看不來人家的眉高眼低，說他沒看出來人們熬煎得連多餘一句話都不想說，說他在這樣的當口還那麼唱曲兒只能惹人煩惱。

　　真是怕處有鬼，癢處有虱。人民政府和申黑三就怕人把今年正月不熱鬧的真正原因說破，想極力掩蓋不熱鬧的事實，這一下叫這個申祿元一口氣戳破了。申黑三至此已山窮水盡了，他知道今年給政府送秧歌的事就這麼要黃了。他得趕緊把情況向鄉政府反映，請鄉長想招兒下臺。至於反映此情況要挨鄉長和支書的頭子，他現在顧不了那麼多了，反正現在把情況說了挨頭子總比送不出秧歌讓人民政府下不了

臺時挨的頭子輕些。

申黑三把申祿元對他說的大致複述給鄉長和支書，明確表示今年正月的秧歌怕是弄不起來，要鄉長和支書另想辦法圓這個臉。圓臉就是拾面子的意思。申黑三說完後等著挨訓呢，不料鄉長反倒平和地說，別的村長也反映了同樣的情況，他和支書已經商量了，看樣子，今年這體面裝不成了，老百姓普遍不願意給政府這個面子。人家可以不給面子，可是人民政府不可以不要面子。他和支書商定，今年變個形式，改為政府和老百姓團拜。為了省事，政府的人主動到各村去先向老百姓集體拜年，只要鄉政府的人和大多數老百姓見過面就算互相拜過年了。

鄉政府說到做到，正月初五這一天，鄉長就來到南轅庄要村長把人召集到向陽的祠堂院。這一天的天氣真好，陽光明媚，還真有點早春的意思，山北坡的積雪消融的水匯成細流，進而成為瀑布從山崖上瀉下來，再曲曲折折流入湍河，一去不復返。村民們基本上有一打沒一打地來這裡曬暖暖。鄉長主動和到會的人打招呼，祝賀新春新禧。來的人順勢也向鄉長致問候。要來的人大體都到了，村長申黑三叫大家先安靜下來，然後宣布說鄉長特意來給群眾拜年。請鄉長講話。鄉長立刻糾正說不是講話，他是來給大家拜年的。鄉長接下來說，往年都是群眾組織的秧歌隊給政府拜年，興師動眾，又那麼遠的路，耗費人力，也耗費物力。今年改了，由政府來向群眾拜年，叫做團拜，這樣節省好多。按理，幹部就應該來給群眾拜年，因為幹部是為人民服務的，是人民的勤務員，人民是主人。哪有掌櫃給伙計拜年的，都是伙計去給掌櫃拜年。所以，今年這才對了。我現在就給大家拜年。鄉長說完就向與會者鞠躬拜年。申黑三不失時機地帶頭鼓掌，並要與會者都鼓掌表示感謝和回禮。之後，申黑三宣布團拜結束，說鄉長還要到別的村去拜年。散會。

※※※

南轅庄村南端北山坡上的冰瀑消失了，人們的希望同時被喚起，河灣的苣蕒芽可以掐到手裡了。苣蕒是缺糧戶傳統的賑災物資，但是

那些苜蓿是有主人的，傳統的缺糧戶是沒有地種苜蓿的，以往，有苜蓿的人家並不等著苜蓿芽來頂糧食。好在南轅庄年年缺糧的就那麼兩三戶，而且也缺的不多，大多數人家都有苜蓿，誰也不在乎幾個缺糧戶掐苜蓿芽的事。用申士俊的話說，到割苜蓿時把茬割低些就把他們掐走的補回來了。可是今年不同了，苜蓿的主人們都提著籃子撲到苜蓿地裡掐苜蓿芽了。見此情景，傳統的缺糧戶反倒有話了，說還是新社會好，往年掐苜蓿芽就他們幾個人，一邊掐著苜蓿芽一邊不得不提防狼和苜蓿的主人。新社會了，大家都來掐苜蓿芽，紅火，不怕狼來把誰叼去，更不用擔心苜蓿主人不高興。

確實，像申士俊、申裕仁這些人家，早春掐點苜蓿芽吃吃，那純粹是嘗個新鮮，並不靠苜蓿充饑。可是今年不是這麼回事了，所有的人家天天都離不了苜蓿，這就成問題了：嘗嘗新鮮，確實不錯，但是拿苜蓿頂糧食頓頓都吃就不行，尤其在糊塗蕎麵或綠豆雜麵的米兒麵裡下上苜蓿，綠豆味、蕎麵味混著苜蓿味，叫人聞著都反胃。有一天，順達就把盛著下苜蓿的糊塗蕎麵的碗摔了，罵的說把人當豬的餵呢。奶奶王氏見狀大驚，罵他作孽哩，早就缺糧了，還能這樣把一碗飯摔了。順達不服氣，頂撞說，弄的不吃苜蓿的人都像豬一樣頓頓吃豬食的人都不算作孽，他不吃豬食倒算作孽，這是哪兒的理。

這申順達早於剛解放那一年的八月就跟他叔父申濟仁去當兵了。按當時申濟仁的說法，家裡一定得出個丁去當兵，與其叫徵兵徵去，還不如叫順達早點跟他去。誰都聽得出來，申濟仁的意思是他可以照顧侄兒。不料，申順達在叔父部下幹了幾幾乎乎兩年就被復員了。大家當時都有點迷糊：怎麼順達這麼有文化的人在他叔父部下不僅沒得到提拔反倒這麼快就被復員了。當事人不說，誰也無從得知其原因。但是看舉動，聽言語，申順達對目前的狀況極為不滿。

看到長孫如此地橫，申士俊有點看不下去，試圖規勸，說現在吃不上的不是咱一家，沒看見河灣的苜蓿都叫掐的長不起來。你在自己家裡發這麼大的火能給那麼多人家把糧食弄回來麼？他這話激起了申順達更大的火。他沖著爺爺說，總說窮人吃不上是讓剝削的，現在倒好，把剝削人的人打倒了，連原來有糧吃的人都吃起豬食了。這麼多

年倒鬧的啥事嘛。申士俊聽了這話臉上的容色都有些變了，忙制止說你王八式的不敢胡說，小心人家拔你的舌頭。

※※※

春荒時靠苜蓿充饑畢竟不是長久之計，人們就按統購統銷時政府承諾的到春荒時統一返銷糧食給農民，向政府要返銷糧。政府答應給返銷糧，但要摸摸底，要把糧返銷給真正的缺糧戶。這一來，文章就大了，誰缺糧不是等返銷糧的農民自己說，而是由政府說。政府摸底的結果認為你不缺糧，你拿著錢也買不到返銷糧。南轅庄的情況當然很明白，凡是年前被逼著賣「餘糧」的戶都不缺糧，就是政府認為缺糧的人家也只是缺不多的一點，這些人家於是從政府的手裡購得了象徵性的一些返銷糧，大部分人家還得自己想辦法渡春荒。現成的傳統辦法就是趕著毛驢或騾子去搞販運，掙一點錢後從他鄉購進一點糧食。

當年向北邊販布和藥品的幾個老搭檔收拾好鞍韂要去販煙葉。不過，他們的夥伴有所擴大，後起的也要加入，這後起的弟兄中就有申克仁。這位申克仁可是南轅庄個傳奇人物，比申廣仁能小五，六歲，能吃，能幹，還敢幹，娶的頭一個媳婦愣是被他打死了。結果人家娘家來了一大幫人將申克仁抓住揍了，給其灌了豬屎不說，還要盯著他披麻戴孝為亡妻守喪。人命關天，村裡的頭面人物都被請來作調解，申士俊當然是主將，亡者的娘家人一定不能容忍申克仁的暴力，提出要厚葬亡人，要申克仁披麻戴孝為亡妻送終，之後他們要將申克仁吊起來用棗條抽打，至少要打斷他一條腿。就在申士俊他們和娘家人討價還價之際，申克仁瞅著看守他的人的一點疏忽爬起來跑了。三十六計，走為上策。他這一跑，亡妻娘家的一切都免談了。這事過了沒幾年，申克仁又因幾句口舌把大嫂打得動彈不得，大嫂的娘家人來揍了申克仁，又給灌了豬屎。就憑兩度被灌豬屎這一點，申尚仁送申克仁個外號，叫「強人」。

申克仁要隨幾個老哥去販煙葉，老哥們都有點不願意接納的意思，怎奈申克仁喊著說他實在受不了家裡那苜蓿飯，他要出去找口人

吃的飯。老哥們只好讓他入夥。他們一行五，六個人，各趕一匹馱畜，走了三天，進了甘肅界，在一個叫做何寨的小鎮找到一家驛馬客棧，所幸的是這家客棧對人和牲畜都是管頓頓，就是說吃飯論頓，一頓要多少錢，客人吃飽為是。牲畜則是論頭數，就是說牲畜進客棧一次多少錢，草料管足。申克仁要找的就是這樣的店家。進了客棧以後先把牲畜安頓下，然後就該吃飯了。這一頓飯，店家供的是蕎麵兌麥麵的兩混麵麵條。有一句民諺說，我賣麵還怕你吃八碗。就是說賣麵的向吃麵的要的比八碗的價高得多。但是對吃了相當長一段苜蓿的這一幫煙葉販子來說，二混面就二混，反正是純糧食，這可是個解饞的機會，既然你店家要夠了，我當然要放開肚皮吃個夠。申克仁端起大老碗一連吃了五，六碗乾撈麵。他吃著呢，幾個老哥還不時提醒說不敢吃過站了，出門在外，自己要管自己。申克仁一邊向嘴裡扒著粗硬的撈麵條一邊說沒事，這才吃上了一頓人吃的飯。店家不管客人吃多少，只要客人不放碗和筷子，店家就只管下麵。申克仁最後放碗時動作明顯不協調了，真好像把飯吃到喉嚨眼上了，挺著肚直著腰，連脖子都不能擰，呼吸都成了小口喘氣了。申廣仁見狀關切地問申克仁是不是吃的有點過站了，申克仁還嘴硬說沒有，申廣仁於是順水推舟說，沒過站就好，過一會兒就睡覺。申廣仁的話音剛落，申克仁就喊他肚子疼。同行的幾個老哥都知道他吃得多了，就扶著他在場院裡轉轉，希望吃下去的飯能被消化些。可是扶著走了沒幾步，申克仁說他肚子疼的實在不能走了。幾個人都傻眼了，還是申廣仁有經驗，他當即決定連夜往家趕。後來他對人說他當時怕申克仁死在外頭，才決定連夜往回趕。申克仁被扶上毛驢，大家招呼著往回返。申克仁騎在驢背上只是呻吟。幾個人日夜兼程，兩天后回到南轅庄。申克仁回到媳婦和兒女身邊還沒來得及給他請大夫，他就撒手告別人世了。

申克仁一斷氣，他的媳婦覺得天塌下來了，放聲哭訴：天哪，老天爺為啥要殺我？這糧怎麼能缺得叫人吃飯不顧命呢？申克仁家缺糧只有他自己知道，政府摸底的結果，按給他定的產，他年前該賣的餘糧還沒賣夠，家裡並不缺糧，所以返銷糧沒有他的份兒。申克仁的死只能怪自己吃飯不顧命，死了就死了，本家人幫著草草埋進土裡了

事。但是人是入了土了，死者自己確實是一了百了，人們對此事的議論並沒因為人的入土而停止，就在埋申克仁的當時，人們一邊向墓坑裡填土一邊就議論，涼聖人申尚仁拄著鐵鍁瞅著墓坑說，還不錯，這年頭，我兄弟飽著肚子走了，向閻王爺表明，和政府爭食的結果，他是勝者，背個餘糧戶的名還不冤枉，頂個強人的綽號還配。又有人補充說，對著哩，挺著撐飽的肚皮去見閻王都是體面的。別看現在把窮人捧的，陰間可不管這一套，閻王和小鬼都看不起窮皮爛杆。咱的人挺著肚子去見閻王爺，他閻王爺都要高看一眼呢。

※※※

埋完申克仁後，整個村子似乎很平靜，但死了人的悲涼氣氛並沒有隨著逝者被埋入土裡。申克仁留下的子女頂著孝帽出現在村裡就給人以提示，他們的父親為了吃上人吃的飯而把命搭進去了。好在，中國人是一個善於集體失憶的族群，南轅庄的男男女女，老老少少也莫能例外，一段時間以後，那幾個孩子的孝帽就什麼都不表示，只是個帽子，至於申克仁媳婦的哭，似乎也很正常，她的男人死了，她哭是再正常不過的。關於申克仁的死的前前後後，似乎早都不在人們的聯想與記憶中了。人們依然設法過自己的緊日子，苜蓿已經掐不動了，但是麥地裡的薺菜，麥萍，還有出土不久的苦苦菜和地塄上的馬奶奶都可以填肚子。農民們幹著該幹的農活的同時也留心著腳下可以充饑的野菜和土崖上的馬奶奶。除此之外，對他們來說世界上再也不必有別的什麼事情。

但是這是不可能的，只不過是南轅庄樸實憨厚的農民們把發生過的事遺忘了，或是忽略了，因而更不可能想像眼前那些事之外將要發生和已經發生的事情，就像第二天太陽依然從東邊升起也不用去想一樣。這是當然的事，自然得不能再自然的事，根本用不著去想像和預見。然而就在這平常得不能再平常的日子裡，從鄉政府來了個幹部，給張運升家帶來了一樣異樣的紀念品和令全家震驚的消息：張繼鴻同志在渡海攻打金門的戰鬥中英勇犧牲了。張運升家龍門上首懸掛的「光榮軍屬」小牌匾被一塊黑底紅字的「光榮烈士家屬」的小牌匾替

換下來。帶來「張繼鴻同志在渡海攻打金門的戰鬥中英勇犧牲」的消息的幹部同時宣布，張運升家為革命烈士家屬，還著重說明這是張繼鴻生前所在部隊發來的通知的內容，強調張繼鴻同志為革命的勝利獻出了自己年輕的生命是無上光榮的，黨和人民永遠記著他對革命的貢獻。張繼鴻英勇犧牲的消息一經向其家人傳達，立刻引起一片悲哀。張繼鴻的爺爺張三瘋，母親袁氏和妻葛蘭放聲大哭，張運升自己則掉著眼淚強忍著聽幹部傳達通知，招呼著來人將「光榮軍屬」小牌匾換成「光榮烈士家屬」的小牌匾。送通知的幹部做完這些後試圖安慰情緒非常激動的爺爺、母親和妻子。但是他那一套革命勢必有犧牲，為革命光榮犧牲就死得其所，烈士的犧牲為家屬爭得榮譽，黨和人民永遠記著烈士為革命作出的貢獻，這陣沒人能聽進去，反倒使人情緒更加失控。老不要命的張三瘋就來了一句，誰叫你們鬧革命咧？不革命不是就沒犧牲了。張運升一看老爹竟冒出反革命的言論，自己都被嚇了一跳，連忙招呼送通知的幹部說，老人家急了，胡說哩，要那位幹部別在意，趕緊回去交差，家裡這邊由他慢慢安頓。

　　張三瘋這名字其實是人們老早送他的綽號。顧名思義，就是因為其說出口的都是第一反應的意思，才得此美名，此綽號一經扣在其人頭上，立刻被人們所接受，本人也好像無條件地接受了這個雅號。多年以後，南轅庄的人及鄰村的人只知道這位老頭就叫張三瘋。被喚作張三瘋的本人可能都忘了他自己的真名。張三瘋在實際生活中似乎體會到這個綽號對他很有利，不管他說了多麼不靠譜的話，人家都不和他計較，他自己因此活得很灑脫。得到孫子光榮犧牲的消息，他的悲憤情緒的發洩也就那麼一句不贊成革命的話，隨即就被當家的兒子壓下去，而且之後，兒子再三警告他千萬不敢再說反革命才說的話。張運升提醒老爹說，落個反革命的罪名的下場比在戰場上犧牲更慘，家裡所有的人會抬不起頭來。張三瘋完全懂這個道理，關於孫子光榮犧牲和革命烈士家屬的事他只能悶在心裡天天發酵，他每進一次龍門，門上首懸的那塊黑底紅字的小牌匾都要刺激他一次：你的孫子為革命犧牲了。不久以後的一天上午，張三瘋從地裡回來吃飯時覺得下嚥不怎麼順暢，他還以為是沒喝好，於是放下饅頭，端起米湯碗想用米湯

沖沖食管。米湯進了口以後他發現米湯下嚥得也不順暢。張三瘋立刻宣布說他得了噎食疾。這話嚇了全家一大跳，更讓他本人精神瓦解。張運升立刻請來申智理給父親診脈開處方。但是那時像申智理那樣的中醫面對食道癌是什麼招兒也沒有，只能開一堆中藥交差走人。張三瘋就在「光榮烈士家屬」小牌匾懸在龍門上首半年後去世了。

張運升的妻子袁氏的喪子悲痛也只好埋在心裡，她怕刺激兒媳婦葛蘭和才三歲的孫子，背過兒媳和孫子，她總是暗泣。同樣，懸在龍門上首的那塊小黑匾也在不時地刺激著袁氏。每次進龍門後，她就什麼都不想幹，只想躲在北邊的空院裡哭泣。袁氏晚上睡不著覺，人也一天天地消瘦下去，請申智理來看過幾次，服些棗仁和柏籽為主的中藥，並不見什麼明顯的效果。袁氏嘴上一直吊著那句話，為啥要打仗呢？是啊，對一個偏僻山村的文盲女人來說，推翻國民黨反動派的反動統治，為貧苦老百姓打江山，讓老百姓坐江山當家作主等等這些理想都沒什麼意義，首先她就認定她自己就當不了那麼大江山的家，更做不了主。況且就是在反動派統治時，她也是能吃，能喝，並沒比別人少吃、少喝、少穿、少戴。加之，新社會以來，她的感受也不像鬧革命的人許諾的那麼如意，倒是相反，在舊社會不遭春荒的人現在也鬧起春荒了。袁氏實在想不通她自己天天問自己的那個問題。既然想不通這個問題，她為這麼個自己不能接受的事把兒子搭進去她就覺得太冤枉。

袁氏的病情一天比一天加重，怎麼勸慰也不能解除她心頭的那個結：為什麼要打仗？不但不能解除現有的這個結，在人們對她的勸慰過程中還形成了個新結：打倒國民黨反動派對他們張家又有什麼好處？這個結的形成使袁氏越發覺得心裡太虧。那一天中午，袁氏勉強吃了一碗湯麵條後覺得心裡堵得慌，實在想大哭一場。於是她拄了根棍子掙扎著到村外給兒子張繼鴻做的那座象徵性的墳上大哭起來。哭了一陣後，她覺得有點鬆快，接著繼續哭，哭著訴說著憋在心裡的事兒和情緒，越哭，她越覺得解氣，直哭得暈倒在土堆上。大概由於情緒長期得不到釋放，又長期失眠，疲勞過度，這一次她的情緒充分釋放了，暈倒之後竟順勢睡著了。家人找到她時她還睡得正香。家人將

其搖醒架回家中放在炕上，發現他已經不省人事，她發燒了，是高燒，還伴著腹瀉。中醫開的藥還沒熬好，袁氏就蹬腿了。臨終前竟什麼話都沒留下。

其實說袁氏臨終前什麼話都沒留下這話並不確切，因為她去世後的很長一段時間裡，人們都還在議論她臨終前一段時間一直自言自語的那句話：為什麼要打仗？人們議論這句話的同時帶出她的另一句話：打倒國民黨反動派對我們張家又有什麼好處。有的認為袁氏該問這樣的問題，有的則認為她不應該這麼提出問題，說只有反革命才這樣懷疑革命哩。總之，莫衷一是，大家乾脆總結說人家把那麼好個兒子搭給了革命，悲痛急了胡說哩，都別當真，也別議論了，要不然還能把人家個光榮烈屬弄成反革命。

至於烈士張繼鴻的遺孀葛蘭，聽到丈夫光榮犧牲的消息時她有些懵：怎麼可能呢？怎麼可以叫那麼有文化的人真去打仗呢？但是來通知家屬的幹部說的絕對是事實，葛蘭很快也就清醒過來了，眼裡含著淚水接受了丈夫為革命事業獻出了寶貴生命的事實，也無形中將光環套在自己頭上。所以悲痛之後，葛蘭就按黨的指示化悲痛為力量，要起革命烈士家屬應起的模範帶頭作用。但是在家裡，她總沒有勇氣去勸慰爺爺和婆婆，甚至常常被他們所感染，獨自躲在廂房廈子裡哭自己的悲痛。哭過以後，葛蘭即化悲痛為力量出去該幹什麼還幹什麼，無論是家裡人還是村裡人，沒人在葛蘭面前提張繼鴻為革命光榮犧牲的事，甚至都不敢對她表示點憐憫。誰都掂得出對光榮的革命烈屬表示憐憫意味著什麼。況且，葛蘭在外面根本就沒有喪夫相，說話，做事跟有夫之婦一樣，甚至比別的女人更有底氣，大概是因為她知道頭上有光環使然。成了光榮革命烈士家屬後在南轅庄父老鄉親的眼裡，葛蘭成了女強人，其革命熱情有增無減。

光榮的革命烈士家屬的光環也罷，女強人也罷，都掩蓋不了張運升和葛蘭翁媳無法改變的的尷尬。張運升的母親在娶葛蘭之前就去世了，大兒子張繼財和三兒子張繼海早都另起爐灶過自己的日子去了，現在家裡就他這個光棍公公和年輕的寡婦兒媳婦帶個三，四歲的孫子。自古就有寡婦門前是非多這說法，而且人人皆知是這麼回事，葛

蘭更知道，她就指望著以她的女強人的威名和光榮革命烈士家屬的光環堵住所有可能說是道非的嘴。

葛蘭成為光榮革命烈士家屬的最初階段的事實證明，南轅庄的人們是很厚道的，沒有任何人提說張運升家翁媳之間的任何事。不僅如此，人們更多地是對失去親人的人的憐憫，從感情上說，人們普遍覺得他們翁媳都挺不容易的。

※※※

幾乎就在「光榮烈士家屬」小區額懸在張運升家龍門上的同時，解放前給其乾爹賈團長當副官的申士文帶著個湖北媳婦回來了。申士文回來倒是很合理，當然也是很正常的事，而且也是其父申曉理和其妻于月娥盼望已久的事。但是他帶回這麼個一口湖北口音的年輕漂亮媳婦卻讓所有人大感意外，因為此時正在宣傳貫徹婚姻法，新婚姻法明確規定中國實行一夫一妻制。申士文早在家中娶下于月娥，而且兒子都六，七歲了，又領回來這位湖北媳婦游春芳顯然應該是納的妾，這就違犯了婚姻法。所以，申士文領著年輕漂亮的湖北媳婦一進門就是一場惡吵。于月娥不能接受游春芳，連老實巴交的申曉理都不能接受兒子又帶回一房媳婦這個事實，批評申士文說，你幹的這是什麼事呀？申士文一直給老爹和結髮妻子解釋說娶游春芳是解放前的事，那時沒有婚姻法，況且，游春芳已懷孕，大家只能接受這個事實。

申士文曾是賈團長的副官，用他伯父申明理的話說就是團長的副職，副團長，是個顯赫人物。可是在國民黨反動派被打倒後，之前的軍政要人就成了敵偽軍政人員，屬歷史反革命。村長兼治安主任申黑三和婦女主任葛蘭在申士文到家的第二天就找上門來，要申士文向政府交代他的歷史問題和游春芳的來歷。于月娥聽說要交代游春芳的來歷，一下子來了精神，立刻表示要申士文把游春芳打發回她的來處去。可是游春芳爭辯說她和申士文是正式結婚的，而且他們結婚時還是賈團長給操辦的。說著，游春芳拿出了他們結婚時的照片。從照片上看，當時婚禮的場面不小，游春芳的父母親也確實如她所說是襄樊的一個商人。申黑三注意到，這個游春芳不過二十二，三歲，好像是

出校門不久的洋學生，不光人漂亮，身上還有一種南轅庄的傳統女人沒有的誘人的氣息。

第二天，村長申黑三帶著申士文到鄉政府來彙報。原來，自從胡宗南進攻延安吃敗仗以後，賈團長的軍隊就從東路直向南撤，經陝南進河南，再向南直到湖北的襄樊。到襄樊後賈團長的團部就紮在游春芳她父親的院子裡，過了不到半年，申士文就和游春芳好上了，經賈團長撮合，他們很快就結了婚。游春芳本人初中畢業，當時也沒有做什麼事，結婚以後就跟著丈夫做太太。好景不常，一年以後，賈團長的部隊又遇上了解放軍，一下子被打了個七零五散，連賈團長本人都被打死在個山溝裡。申士文在這裡特別交代，他看到國民黨軍隊當時那麼不堪一擊，他就對整個國民黨失去信心，帶著媳婦游春芳逃走了。幾經輾轉，他們逃回陝西，在周至縣的一個小鎮停了下來做了點小生意。全國鎮壓反革命運動開展起來了，申士文覺得他那樣個身分待在異地不好交代，於是帶著媳婦就回到老家。至於說他有兩個媳婦違犯婚姻法的事，申士文一再說明他和游春芳結婚的時間在解放前，不知道會有個婚姻法，現在既然事實上違犯了婚姻法，他會處理掉一個，不再繼續違法。

申士文匯報完了，鄉長和支書都沒有表示意見，只是說政府還要做些調查，然後才能給出個處理意見。在一旁一直聽申士文匯報的村長申黑三聽到最後只對申士文要處理掉一個媳婦感興趣，但是他沒敢表明。同時，申黑三也不太理解申士文說的「處理」是怎麼個弄法，更不清楚他要「處理」哪一個。回村的路上，申黑三就此幾次想問申士文，但都礙於不好開口而作罷。後頭的事實是，于月娥又生了個姑娘後才被離掉了。而申士文在彙報後不久得到通知說他是敵偽軍人，是壞分子，要受治安管制，每半月要向鄉政府彙報一次半月以來的思想和活動情況。通知同時聲明，村長和治安主任要對申士文實施監督。

第二十八章　踏上金光大道

　　土地登記土地改革以後不久，鄉政府就不斷給村長申黑三的耳朵裡吹風叫他在南轅庄搞農業互助組，進而組織農業生產合作社。鄉長明確地對申黑三說，農業合作化是黨為廣大農民謀劃的一條共同富裕的道路，老解放區的農民早都建立了農業生產合作社，並且增加了產量。申黑三對黨說的話深信不疑，回到村裡就找貧農們商量搞互助組的事。他把鄉長對他吹的那一套全向貧農們端出，不料，申幼平首先不買帳，他說他和村裡的能行戶互助了多年了，用不著組織。申黑三有些不服氣，說申幼平用自己的人工換申志仁和申士俊他們的畜工，那是受人剝削，給他們打短工更是受剝削，黨現在就是要用互助組和農業生產合作社的形式廢除富農對貧雇農的剝削。申幼平據自己多年的實踐經驗說，富農有剝削好麼，他把自己那點農活幹完就去叫他剝削，他們剝削了他，他挣了該挣的工錢，買了牲畜，買了地，還把兒子供的把書念成了。你不讓富人剝削了，窮人想挣一斤鹽的錢都沒門了。所以不讓剝削就是坑窮人呢。那農業生產合作社絕對不是什麼好東西。申幼平進一步舉例說，他雖沒有牲畜，可是他一直用的是村上最擔力的牛。他說，申士俊和申志仁家的一犋牛，一晌鬆鬆犁四畝地，犁的還深，窮人家餵的那牛曳著犁打秋千哩，一晌犁二畝地都費勁，牛尻子都叫打爛了。他算計，他拿人工換人家的牛工就很劃得來。而且不用準備草料，不用餵，多利索。

　　就在村長申黑三和申幼平談組織互助組，走社會主義道路的同時，婦女主任葛蘭也和奴子媽談這事。奴子媽聽了葛蘭說的一大堆入互助組，進一步入農業生產合作社走社會主義道路的好處後，笑著說

她入不起互助組，她沒本事和別人互助，她一沒勞力，二沒畜力，奴子還是個娃，給自己幹活，幹啥樣算啥樣，給別人幹活，人家肯定看不上。再說互助吧，村裡幾家能行的人家一直都互助她呢，用不著搞什麼互助組的名堂。而且那些人幫她都是心甘情願的，她記著人家的好處就是了。在互助組沾了人的光，有人就不願意。至於社會主義，她不懂，她個窮百姓，能吃上能穿上比什麼都好。說社會主義好，還不就是說社會主義能叫人吃飽穿暖，那和不搞社會主義不是一回事麼？葛蘭看這老婆根本沒有要走社會主義道路的意思，只好說叫奴子媽再好好想想，然後就推說她還有事，走了。

葛蘭走後，奴子媽就出來找申幼平說葛蘭找她說入互助組的事。奴子媽這個人是個直腸子，心裡不攔事。但是她可不像已過世的張三瘋那樣，第一反應是什麼就不看向說出來，她有話要找她信得過的人說。嫁到南轅庄這麼多年，她觀察體會，申幼平這人不錯，人誠實肯幹，絕對和他父親申明理不一樣。所以，打申幼平的媳婦被國民黨軍人打死以後，奴子媽就喊著對申幼平說，要有什麼針線活就交給她。她當然有和申幼平換工的意思，但是她不明說換工的事，她相信，她幫申幼平料理些針線活，拆拆洗洗，申幼平一定會找機會還她工。確實，申幼平在農活緊時還她的工抵過她做針線活的工綽綽有餘。事實進一步證明，申幼平是個實在人，值得信任。

奴子媽對申幼平一說起婦女主任葛蘭找她入互助組的事，申幼平就笑笑說，好事，你趕緊響應黨的號召入麼。奴子媽感到詫異，申幼平怎麼能說這是好事，她問申幼平入不入。申幼平說他沒資格入。奴子媽聽了這話也笑了，說你都沒資格我就有資格？我更沒資格入人家說的那互助組呀，農業合作社什麼的。說到這裡，奴子媽又轉了個語氣，她說，說實話，說她不夠資格入互助組，那是為葛蘭和申黑三他們好聽的，真正打心裡，她就不想入那互助組或農業合作社，她打心裡就看不上申黑三這樣的貧農。奴子媽甚至說，她認為她和人都互助了多年了，什麼事說不上做得很好吧，但還過得去。比如她幫申幼平做些針線活，申幼平幫她做些地裡的活，大家幫著扶著都過來了，用不著黨來催人們搞互助組。申幼平表示說他和奴子媽的想法一樣：

莊稼活麼，該怎麼幹，莊稼漢最明白，和誰互助最劃得來，莊稼漢自己心裡都有數，如果硬要他和申黑三那樣些人互助，他也不願意。當初他和申黑三給大掌櫃熬活時就看不上申黑三那奸猾勁。那個時候沒辦法，兩個人都是大掌櫃的長工，咱不能不讓大掌櫃雇他，更不能阻止申黑三給大掌櫃熬活。現在他申幼平就有不和申黑三在一起攪和的自由。他只知道，自己的日子還要靠自己過，別人說的咋樣互助能致富，這主義，那主義，都靠不住。奴子媽聽了申幼平的這一席話，兩手把腿面一拍讚許說，對呀，自己的恓惶還要自己哭呢。之後，奴子媽表示，她決意不入什麼互助組。

其實，南轅庄的人，貧農也罷，中農也罷，對組織互助組的態度跟申幼平的態度一樣，都沒興趣，連申黑三自己都覺得申幼平說的有道理，所以自後，他在鄉政府或鄉長面前就儘量避免談組織互助組或農業生產合作社的事。也許是統購統銷、土地測產、定產的事逼得太緊，各村發生的事太多，也大大出乎人的意料，鄉政府的幹部也顧不得弄互助組、農業生產合作社的什麼事，因而好長一段時間都不提互助組和農業生產合作社的事，只是有時興沖沖地說某某村建起了農業生產合作社，但並不刻意鼓勵別的村效法之。

可是到了1955年，黨和偉大領袖毛主席高喊中國農村的社會主義高潮到來了，農業合作化運動的高潮勢不可擋，廣大農民要走社會主義道路的積極性空前高漲。真的，中國農業合作化高潮把搞農業合作化的工作組推到了南轅庄。工作組進村時，南轅庄的人們覺得不可思議，因為他們都沒有報紙上說的那種積極性，在村裡和鄰村也沒看見什麼高潮。可是工作組的人把人們召集起來說農業合作化高潮在全國範圍內高漲，各地農民要求入農業合作社的積極性很高。至於農民為什麼那麼積極地要求加入農業合作社，工作組說，加入農業生產合作社就是走社會主義道路，這是一條讓農民共同富裕的金光大道。農民加入了農業生產合作社以後就把富農的剝削消滅了。廣大貧雇農不受剝削了，生產積極性就高了，農業生產合作社就增產了，農民的收入自然就多了，大家就共同富裕了。工作組要南轅庄的農民認識走社會主義道路的偉大的，深遠的意義，更要看到社會主義的農業生產合作

社的優越性，積極地自願加入農業生產合作社。

可是連開了兩晚上的會，工作組的人把農業生產合作社的優越性擺了一河灘，還是沒有人積極地自願加入農業生產合作社。工作組一看這情形，覺得不好下臺，於是改口說，走不走社會主義道路是件大事情，大家一時拿不定主意可以理解，天氣太冷，咱們今晚的會就開到這裡，大家回去坐到熱炕上和家裡人商量商量。人們聞風而動，一轟就散了，各回各家。

第二天，工作組組長到鄉政府彙報情況並請示怎麼辦。鄉長和鄉支書聽了情況彙報後大為不滿，指出南轅庄的人這根子深，別看南轅庄有申濟仁那麼個老革命，南轅庄也為革命付出了高昂的代價，但是那都不是南轅庄本土人的本意。連申濟仁的父親申士俊對革命都是不怎麼贊成。南轅庄的人在他的管束下受他的影響很深，宗族觀念很強。明擺著，土地改革時南轅庄有的貧農就反對鬥地主分田地，還說什麼申志仁總在青黃不接時給窮人借糧。連那窮的都穿不上棉褲的申幼平不但拒絕分地主申志仁的地，還公開嚷著說申志仁總幫助他，對他多麼多麼好。那個申士俊實際應該是富農，聽說在土改前，他把吊莊的五十畝地給了佃戶，最後土地登記時，吊莊那邊他只有五十畝，所以才給他定了個富裕中農。南轅庄農業合作化的問題要提到兩個階級，兩條道路鬥爭的高度去認識、去解決。

鄉支書進一步補充說，和全國的形勢一樣，南轅庄的問題就在那幾家富裕中農身上，而富裕中農的頭兒就是申士俊。別看申士俊現在不出面，掌櫃是申廣仁，誰都知道申廣仁的一切都是他父親給定好的，村裡人都看申廣仁的，連那個在土地改革時分得好多土地的貧農申明道都絕對聽申士俊的。你到南轅庄打聽一下，誰都會告訴你申明道和申士俊及申廣仁的關係。多年前他們就告訴我說，申士俊叫申明道向東，他絕對不會向西；申士俊叫申明道挑貓，他絕對不會騙雞。所以南轅庄的癥結就在那些富裕中農那裡，一定要動員他們自願入社。鄉支書最後叮囑工作組長，一定把握住原則：入社自願，退社自由。支書又關照說，在批判富裕中農抵制社會主義道路時不能直衝衝地說富裕中農，而要說新富農。因為黨的政策一直是打擊地主土豪，

限制富農，團結中農，富裕中農雖然有個「富」字，但還屬中農，咱現在說新富農就是說土地改革以後這些富裕中農早已自發地變成了富農，可是咱又沒有明確地把他們定為富農。現在在農村，你說新富農，誰都知道那就是指富裕中農。

建社工作組長得了要領，回到村裡的當天晚上就召集村民大會，他向村民講解入不入農業生產合作社是當前中國農村走社會主義道路還是走資本主義道路的大是大非問題。他話鋒一轉說，南轅庄目前兩條道路的鬥爭就異常激烈，新富農們自發走資本主義道路的勁頭十足，以至於村裡的貧農們都忘記了黨要引導他們走共同富裕的社會主義道路，對農業合作化沒有熱情。這是很危險的，你們貧雇農有什麼資本跟著新富農走資本主義道路呢？貧雇農什麼資本都沒有，只有受人剝削的份兒，只能重新失去土地，最後變得赤貧。工作組組長警告新富農和地主分子說，共產黨是為貧苦大眾謀福利的，永遠不會讓自發走資本主義道路的勢力得逞。所以，從某種意義上講，走資本主義道路還是走社會主義道路是革命與反革命的問題，新富農和地主分子抵制農業合作化就是反對走社會主義道路，那就是反革命。反革命分子的下場，南轅庄的人應該是看到了的，問問申志仁現在在什麼地方，在幹什麼，就知道該不該反革命。

農業合作化工作組的人講話時，參加會的農民們什麼都不睬，只是靠在一起取暖暖，借火抽旱煙，做會場的祠堂大窯裡烏煙瘴氣。工作組組長的講話告一段落了，也算把不走社會主義道路的危險前景擺明了，他叫與會者好好想想，也好好醞釀，醞釀組織和建立農業生產合作社。與會者們還是什麼都不說，各抽各的旱煙，有的把煙鍋一磕站起來，邊往門外走邊做解褲帶狀，那意思是告訴工作組的人他要送水火，可不是躲農業合作化的風頭。有人這麼一走，別的人都受了啟發，紛紛做著解褲帶狀向外走，有的還一邊往外走嘴裡還罵罵咧咧地說，把他的，人說這饑屁冷尿，這一點都不假，再加上喝了小米稀飯，這尿就多的沒法子。是呀，誰也不能不讓人拉屎撒尿。工作組的人眼看著那麼多的人都以要撒尿的名義離開了會場，有點急了，就堵著還沒有離開的一個個問自願入農業生產合作社不。解放後至農業合

作化高潮的這幾年間，農民們差不多都有些經驗，尤其這三，四年裡的統購統銷實踐使農民認識到，凡是黨要你做的，你不能不做，做不到也得做。別聽說自願做，你試來個不自願，黨一定要叫你自願了。申崇仁不自願賣餘糧都上吊了，救下來後他還得「自願」把「餘糧」賣給國家。有些人被捆了、吊了、打了，最後都「自願」按黨的要求把「餘糧」賣了。用當時農民的話說，黨要做的，那就是潮流，擋不住。他們看這農業合作化也是潮流，更何況黨和偉大領袖毛主席說這還是高潮，更擋不住，當工作組問這些人自願入社不，這些人都以無所謂的態度說「自願」。好，你說「自願」，工作組就把你的名字登記在冊子上，放你回家。

南轅庄另有一些人卻很認真，既然黨說入社是自願的，他就按這自願的原則辦，他心裡不願意入，他就堅持說他不自願。這些人把事情看得太簡單了，或者說他們太天真了，相信黨說的入社自願那就是要他自願，他不自願就可以不入社。可是當他們表示不願意入農業生產合作社時，事情就不那麼簡單了，他們並沒能說完不自願就回家，工作組再三動員他們要自願入農業生產合作社，說那農業生產合作社好得就不能再好，簡直就是通往天堂的一條撒滿鮮花的金光大道，要這些暫時還不自願的人再好好想想後表示自願入農業生產合作社。這些人於是留下來聚在祠堂的冷窯裡抽著旱煙在考慮要不要自願入農業生產合作社。臘月的北方，屋外堆著厚厚的雪，還有三級以上的北風刮著，即使在窯裡，也是冷得考慮不了多長時間。下午吃下去的下菜米兒麵到這時已基本被消化完了，饑寒交迫的感覺很明顯，有人的上下牙根開始磕起來了，整個身子也篩起了糠。與此同時，工作組的人和幾個加入農業生產合作社的積極分子在熱炕上圍著火盆打百分。說實在的，工作組的人這個時候打百分並不是為了取樂，而是帶有值夜班的性質，在叫那些天真的不自願者考慮要不要自願時，工作組的人借打百分打發時間，掌握火候。估計那邊考慮的人該到自願的火候了，工作組的人就放下手中的牌過來詢問有誰自願了。那些上牙磕下牙，身上篩著糠的人這陣兒都爭先恐後地表示自己自願了。他們一表示自願了，名字就登上了名冊，人就可以離開冷窯。但是，直到這

時，還有人天真著，就是不自願，其中就有申廣仁。

　　也許正如鄉長對工作組組長說的，申士俊父子對申濟仁從事的革命和黨主張的要為勞苦大眾謀福利的事從來都是不以為然，也許就是申廣仁自己判斷農業生產合作社對他沒有任何益處，所以他一直不自願。他對工作組總說他不能自願入農業生產合作社，因為他土地多，家大，一直都靠雇長工對付那一大堆農活。只是聽兄弟申濟仁的話，解放前幾年沒敢雇長工。黨說建了農業生產合作社以後大家互助就沒有雇工剝削了。他想來想去，他要是入了農業社，那不成了貧雇農都給他幹活了，他怎麼能占貧雇農這麼大的便宜呢。所以，他考慮再三，還是認為他入農業生產合作社不合適，對貧雇農不利。工作組並不駁斥申廣仁的說法，只是說入農業生產合作社是走社會主義道路，是要農民共同富裕的道路，就是要他自願。直到這些人頂不住寒冷紛紛表示自願入農業生產合作社時，申廣仁依然不自願。大概是仗著他身上的二毛皮襖和下午吃的撈麵條，他覺得他還可以頂下去。工作組的人似乎也看透他要繼續頂著不自願，不讓他回家，要他在冷窯裡再好好想想自願不自願走社會主義的金光大道。說完，人家還回隔壁窯裡的熱炕上打著百分等申廣仁自願。申廣仁身上的二毛皮襖只能保暖，卻不能發熱，吃下去的撈麵條，早都消化完了，再也沒有發熱的能源了，撐著頂到天濛濛亮時再也頂不住了。此時的申廣仁什麼都不想了，只想著趕緊回到屋裡的熱炕上討個活命，他急迫地扒著窗子喊著說他自願了。工作組的人聞得喊聲大喜，立刻把他的名字登上名冊說，這就對了，早咋不說呢？回去吧。

　　申廣仁自願了以後立刻得以釋放，這是他求之不得的，可是他已經被凍得兩腿有些僵硬，邁不開步子。到這時，邁不開步子也要往前跨。申廣仁牙根磕得咣咣咣，佝僂著篩著糠的身子，高一腳，低一腳，像個醉漢一樣往回走。其實一家人就小孩子和年輕人還睡著，懂事的都一夜沒敢睡覺等消息，現在人終於回來了，大家當然驚喜。申廣仁二話不說，脫鞋上炕，一頭鑽進鍋頭腦跟前的被窩，人縮成一團，牙根仍在磕著，渾身都在哆嗦。王氏吩咐趕緊燒五穀湯給出風趕寒。所謂的五穀湯就是生薑，大蔥鬍子，花椒，穀子和大棗。申士俊

見掌櫃被凍成這樣，氣得直歎氣，半天說了一句話，是好事根本用不著這麼逼人去幹。趙氏把五穀湯端到炕頭叫掌櫃爬起來喝了，返回灶火添柴禾燒水平備煮她早做好的麵條，不大一會兒，一大碗酸辣湯麵條又被端到炕頭。掌櫃在被窩裡聽說是酸辣湯麵條，立刻坐了起來，端起碗就吃。兩口麵條扒進嘴之後，筷子在碗裡碰到兩個荷包雞蛋。他微微點了下頭繼續吃。吃完酸辣湯麵條後他哆嗦得緩了些，接著納頭就睡。

※※※

　　把村裡幾個頑固抵制農業合作化的釘子戶終於拔下來了，農業合作化工作組的幹部如釋重負之余抱怨說，這些富裕中農走資本主義道路的自發力量足得很，就像那不上套的牛，最後是給人把犁曳了，條把也挨了。牛不上套，還是要條把指教哩。這是普遍真理，對牛對人都適用。工作組一番感慨之後就著手安排建立農業生產合作社的事宜，同時向上級報告工作成果與下一步的進程。上級聽完工作組的彙報後肯定了他們的成績的同時指出，全國農民奔社會主義的熱情很高，農業合作化的高潮來得比預計的迅猛得多，建立初級農業生產合作社已遠遠落後於形勢，全國到處都是一步到位，建立高級農業生產合作社。上級要求在南轅庄的農業合作化工作組趁熱打鐵，再做些工作，一步到位建立高級農業生產合作社。工作組表現了些畏難情緒。上級開導說現在的工作不是太難做的，就像不上套的牛那樣，難就難在你把它套不到犁上，一旦套在犁上了，咋樣著它都得曳著犁往前走，人只需把牛頭瞅準，把犁按穩。富裕中農們不是就沒犁過社會主義高潮麼，現在富裕中農們都上套了，那就只需趕著往前走就是了。上級鼓勵工作組大膽地去做該做的工作，農民走社會主義道路的積極性是沒有問題的。

　　工作組回來召集村民大會傳達說，全國農業合作化的高潮來勢迅猛，農民們奔社會主義的積極性高過人們的想像，咱們要建的初級農業生產合作社已經遠遠落後於形勢了，上級指示咱們要急起直追，一步到位，建立高級農業生產合作社。高級農業生產合作社更先進，更

具社會主義性質，今天開會的目的就是動員大家積極自願地入高級農業生產合作社，大家表示一下願意不願意入高級農業生產合作社。果然如上級指示的那樣，南轅庄的貧農、雇農、中農和富裕中農都異口同聲說「願意」。工作組很受鼓舞，也體會到上級的英明和正確，當即宣布第二天就開始辦入高級農業生產合作社的手續。

所謂的入高級農業生產合作社的手續就是把自己的土地，牲畜和大型農具都入到高級農業生產合作社裡，自己只留一點自留地。牲畜和大型農具都估了價，登記在冊，許諾要給主人逐年付費，土地也分等級評出價錢，按價錢的比例參加分紅。各家的男女勞力評出基本工分，有全勞，半勞之分。在登記過程中，工作組的人站在桌子旁一直在好像自言自語地說，這家底厚的將來還是分得多。誰都聽得出來，工作組的人是怕富裕中農們反悔。其實他們這是多慮了，富裕中農們經過前一段的實踐充分認識到頂不住，現在他們的態度就是瞎子送糞哩——跟驢走。用申裕仁的話說就是，入了社，好就大家好，壞就大家都吃虧，公平著哩，更沒人來尋咱的事。

高級農業生產合作社要把牲畜集中飼養，各家的石槽，水缸都收來安置在大飼養室裡，飼料也按土地，牲畜數量徵集。牲畜由黨最信得過的貧雇農餵養。申明道竟然被選為飼養員之一，申黑三隨著潮流不但成了社主任，同時也當了飼養員。申幼平因為腿腳不好，又被評為半勞，就是說幹一天活兒，全勞記十分工，他只能記八分，人家擔心他不能給牲畜擔水，沒讓他當飼養員。對此，不少人有保留看法，但都沒說出口，只有申崇仁結結巴巴地說，那這個麼，這個麼，那明道這個麼，這個麼連個貓這個麼，這個麼都沒餵過，還這個麼，這個麼能把那些大牲畜這個麼，這個麼餵好。申尚仁半開玩笑地說，你倒是騾子馬的老掌櫃，可是誰信你呢？這話說得夠結實，可是不足以提醒只知道怎樣經營才能把莊稼種好，才能有好收成的申崇仁，他一臉的不以為然犟著說，全是胡鬧哩，那黑三連他一個人的日子都過不好，還能把這麼大一村人的日子過好？申尚仁見這老哥一竅迷到過日子上了，一時難以醒過來，就哈哈一笑說，你那些都是舊皇曆，新社會用不上了。人家新社會就有新弄法，你就乖乖跟著看就是了，說得

多了小心招禍。

※※※

　　往後的事情發展似乎真叫申崇仁不幸言中了。高級農業生產合作社集中餵養的好多牲畜自從過上集體生活後就開始掉膘，到春耕時，許多牲畜不能使喚了。耕畜和馱畜都有些緊張。春耕用的牲畜基本都是中農以上成分的人入到社裡的，因為這些牲畜在入社前在這些人家餵養得好，膘情好，在牲畜掉膘時還有膘可掉，一時三刻還倒不了。但是它們吃不好，只有它們自己知道，人們眼裡看到的情況是不作數的，更不敢說；說了就有人把攻擊貧雇農，想退社，堅持走資本主義的大帽子給你扣上。說也怪，三月的一個早晨，社員聞鑼聲下地幹活，犁地的吆著牛下地犁地，送糞的趕著毛驢或騾子送糞。一晌活幹完了，犁地的把牛從套上卸下來招呼牛順來路往回走，自己整理套繩，擦擦犁。就這麼個工夫，牛逕自往回走。犁地的人把犁杖收拾好就提著鞭子往回走，一直走到飼養場，要把牛拴在樁子上，這才發現少了三頭牛。大家好生奇怪，一路上沒看見哪頭牛往別的地方去了，這三頭牛能到什麼地方呢。沒說的，把其他牛拴好後順原路找回去。可是一路找去，還是看不見那三頭牛的蹤影。但是他們相信牛不是被人從半路截走的，牛沒有丟。找牛的人還真分析對了，牛就是沒有丟，不過在進村時，這三頭牛各奔東西，向著把它們入到社裡的主人家的院子走去，申崇仁家那頭大紅牛甚至徑直進到原來餵養它的大窯裡。申裕仁入到社裡的牛娃子，其實這已經是一頭大牛，只不過它是申裕仁當初的一頭母牛生的，主人從它落地就叫它牛娃子，七，八年過去了，它仍被喚作牛娃子。這牛娃子回到老東家的院裡，見當初餵它的窯門閉著，它就找到裡邊有人的窯門口對著門哞，哞叫。那意思大概是，我幹了一晌活兒，現在回來了，要吃呢。申裕仁的大老婆聞得牛在門口叫，開了門，見牛娃子站在那裡一動不動，直瞅著窯門裡，任氏一下抱住牛頭，對牛娃子說，可憐的牛娃子在社裡吃不好，回來要吃哩，我沒東西餵你，你當初吃草的石槽都叫搬到社裡了。第三頭是申志仁家入到社裡的大黃牛。申志仁已去守法了，就應該說這

南轅庄

頭牛是他兄弟申同仁入到社裡的。由於申志仁家當初的牲畜在另外一個院子餵養，當初的長工們就住在這裡，現在地主的地被分了，也沒長工了，這院子就沒人住，但是牛知道它從前一直在這裡進餐，今天得了機會還來這個空院子等著人給它拌草料。可是自牲畜入社，石槽被搬走後幾乎就沒人來這院子，所以大黃牛回到這院子的事誰也不知道。人可以不知道牛竟然會找回來，牛卻知道它在這裡吃得飽，喝得足，守在空院子就是不走，最後乾脆臥到當初拴它的石椿跟前等著。這些都是從找牛的人看見的情形那裡推斷來的。

三頭牛尋回原主人家這事在村裡引發了不少議論，有的說這是牲畜認舊主，大多數人卻不這麼認為，他們堅持說這是把牲畜餓得受不了了才想起舊主那裡的生活比金光大道上的生活好，牲畜才尋回舊主家的。就在三頭牛尋舊主的議論莫衷一是時，又發生了送糞的驢駄著空駄籠往舊主家跑的事。這一連串牲畜不願意過集體的社會主義生活的事使申黑三等人很尷尬，申尚仁給申黑三鼓勁，叫他來一次對不願意走社會主義道路的牲畜的大批判。申黑三知道這是挖苦他，可是又不好說什麼，只好說申尚仁盡說不沾邊的話，牲畜又不懂什麼社會主義，資本主義。申尚仁非說牲畜懂，要不然它們怎麼能想起往舊主人家跑。這話後來成了南轅庄人們的笑話：牲畜都懂社會主義和資本主義。

※※※

建社初期，誰家需要磨麵、碾米，到飼養室給飼養員招呼一聲說他要推磑子或掀碾子，飼養員就給他指定一頭牲畜叫拉去役使。可是不到半年，人們發現要推磑子或掀碾子時的牲畜不好要了，飼養員總說地裡農活緊，牲畜得保證曳犁、耙地、送糞用，實在沒有牲畜供人推磑子，掀碾子用。可是人們家裡馬上沒麵吃了，沒米下鍋了這是大事，於是就不依不饒，指著拴在飼養場的牲畜說飼養員有牲畜不給他使喚。飼養員解釋說不是那麼回事，拴著的那些牲畜都是乏乏牲畜，使喚不成，要不然它們還能閒在那裡享清福。當地農民說羊乏下了，牲畜乏下了，是說羊或大牲畜由於吃不上而瘦的立不起筒子。飼養

員，尤其申明道，怕人誤解，總進一步解釋說，就那裡拴的那幾頭，你看上哪頭就把那頭拉去用，用完保證給我拉回來。農民們都知道牲畜乏下了是個什麼概念，沒人敢拉那些「閒」牲畜。

高級農業生產合作社建起還不到半年，就開始不能按需要給社員們提供牲畜推碾子、掀碾子，這情況在社員中有不少議論和恐慌。中農和富裕中農們都不敢在稠人廣眾中說什麼，建社的整個過程使他們明白，黨現在就盯著他們的自發的走資本主義道路的傾向，說白了，他們理解了，但凡他們說社會主義的高級農業生產合作社半個「不」字，那就是不得了的大事，黨一定會對他們展開鬥爭的。實踐證明，被黨鬥爭那可不是一般的不好受。所以，遇著這種情況，中農和富裕中農們都裝作若無其事的樣子。可是那些貧雇農中的一些人可沒有這樣的顧慮。這一天，奴子媽來到飼養室找申黑三要一頭驢推碾子，申黑三說所有能幹活的馱畜都得保證給社裡送糞，沒有驢給她推碾子，叫她拉頭牛先磨上一點。奴子媽不幹，嫌牛曳著碾子走得慢，非要一頭驢。申黑三還說沒有驢可以給人推碾子。奴子媽不依不饒，提出要拉她入到社裡的毛驢去給她推碾子。申黑三解釋說她的那頭毛驢乏下了，使喚不成，別說曳不動碾子，臥下去都抬不起來。聽到這話，奴子媽的情緒失控了，她哇的一聲哭起來了，邊哭邊訴說著，說她那頭毛驢入社前在她家裡，馱莊稼，出門騎，推碾子，樣樣靠得住，怎麼入到社裡才這麼幾天就乏下了。可憐的驢呀，你離開了我到了社裡就吃不好，喝不足，才落得個乏下了。社主任，你告訴我，這農業社的好處在哪裡？

和奴子媽同時來要驢推碾子的還有幾個人。這些人見奴子媽和申黑三過上話了，都站在一旁先看熱鬧。當奴子媽問高級農業生產合作社的好處在哪裡時，有人就起鬨說，高級農業生產合作社的好處多，飼養員有糧食餵豬就是第一大好處。又有人說，你們說的那都是小好，人家高級農業社就是社會主義，沒聽說嗎，咱到了社會主義就點燈不用油，揭地不用牛。咱這高級社的許多牛都不揭地了，說明咱快到社會主義了。有人不以為然說，毬，說的那社會主義要像咱現在這樣，我看就不如不搞社會主義。說的揭地不用牛，那是人曳哩，推碾

子不用驢，那是人揭哩。這裡方言的「揭」有「推」的意思。說到這裡，大家哄堂大笑。之後，有人又言歸正傳，問申黑三能不能讓社會主義晚來幾天，先把牲畜叫他們拉去推推碾子，申黑三哭喪著臉告饒說實在沒有牲畜可以叫人拉去推碾子。

※※※

田裡的小麥剛起身，鄉政府的測產工作組就來測產。測產這事對農民來說是個新事物，剛土地登記土地改革以後，農民交公糧的數目是按土地證上當時評的產量計算的。就是解放前國民黨反動派統治時期，農民每年要交多少公糧，那也是有定數的。可是自從實行糧食統購統銷以來不行了，政府不承認自己在土地登記土地改革時給每一塊農民的土地評定的產量，要根據當年各類莊稼的長勢測算可能產的糧食數量，然後根據測算出的總產量決定農民當年該交多少公糧，該賣多少購糧，隨即就把該交公糧和該賣購糧的指標下達到戶，收穫以後按指標一一完成，沒有二話。這幾年來，測產的方式也多了，青苗期按青苗長勢估計產量，定公購糧指標；青苗期沒來得及測產的，收穫後按秸稈量評估產量，定公購糧指標。這幾年以來一料莊稼被測兩次產：青苗期一次，堆放的秸稈還要被測一次。總之，農民能收多少，一定要弄得很準確，政府的政績也很顯著——自實行測產以來，農民應繳的愛國公糧數和應認購的購糧數都大幅提高。與此同時，定購任務在農民那裡惹出的事也不少。幹部闖入農民家裡搜糧食的事也屢有發生。農民們因此怕這些測產工作組，當然更恨。有人送這些測產工作組一個外號叫篦梳。這就是《現代漢語詞典》裡的篦子，即用竹子製成的梳頭用具，中間有梁兒，兩側有密齒。這個注釋的後半部應該是「兩側有細而密的齒」。早年，婦女們用篦梳主要是要把頭髮裡的蝨子和蟣子給篦出來。其搜索的密度比刑警們的拉網式排查密多了。

測產工作組進村好像是件大事，凡是知道此事的都有點恐慌。仔細想一下就能理解人們的這種情緒：根據前幾年搞測產的經驗，這是政府與民爭食。這也是事實。測完產量一算，你該交多少公糧，該賣多少購糧就一錘定音了，少一粒都不行。所以因為購糧的事在農村鬧

出那麼多的事，有上吊的，有喝杏仁水的，有跳河的。但是定購任務還年年下達，不但不少，還不斷加碼。好在那時的測產面對的是一家家的掌櫃的，儘管處於弱勢，各家掌櫃還堅持和測產工作組在每一塊田頭爭一爭，力圖叫把產量壓低點。爭的結果當然不能如掌櫃們主張的那樣，但是也不能如測產工作組所主張的那樣高。總之，有人和工作組爭對和政府爭食的另一方算是小小的一顆定心丸。現在各家自己的掌櫃不當田裡莊稼的家了，而是共產黨員申黑三當大家的家，這幾年的事實證明，那申黑三自從成了共產黨以後更加不像人了，敢說昧良的心話，敢幹喪天良的事，遇事他總是幫著政府坑百姓。

申黑三照例接待了測產工作組，為其安排了住處，派了飯。他做完這些公事就返回飼養室餵牲畜。申黑三剛進自己餵牲畜的飼養室，申明道就跟進來。申明道開門見山就問來的工作組的工作是什麼。申黑三直言相告說是來測社裡的小麥產量的。申明道應道，測評完產量這夏季公購糧的任務就出來了，這事大。現在高級農業生產合作社了，你又是社長，這測評產量工作組就該找你說話了，你吃摸你能拿得住這事不？申黑三哭喪著臉說他正犯難呢，弄不好，全村人沒糧吃了就該吃他了。可是政府那頭又怕頂不住。申明道說能想到這裡就不錯，怕你一個人頂不住，你多找幾個有經驗的幫你頂呀。你給工作組說，測評產量這事大，情況複雜，必須找幾個有經驗的人一起測評，才有可能測評得準確。申黑三得救似的，急忙問申明道心裡有沒有能幫他的人。申明道不慌不忙地說，村裡這些人，誰對生產最有經驗，不用他點，黑三自己也知道。申黑三立刻說出廣仁的名字。申明道說申黑三說得對，就得把申廣仁拉上。申廣仁不光是生產能手，那人也正派，不瞅紅莐黑，說的話能服眾。當下的問題就是他那富裕中農成分你的黨看不上，但是他兄弟申濟仁可是老革命，聽說現在都幹到師級了。這個，你和工作組好好說說，我想沒問題。再一個人嘛，申明道說就是他自己，黨不是一直說要貧下中農扛大旗麼，他這個貧農協會主席給黨扛扛旗是應該的。申黑三倒很高興，說這下就是天塌下來還有人幫他頂。他一定要搞個測產小組來和工作組一起測評產量。

申黑三把搞一個測產評估小組的想法和工作組一談，就得到了同

意。這次的工作組的人比較開明，他說他就有這個想法。他接著說這幾年因為定購糧的事鬧出那麼多的事，不少人跟著栽跟頭，他看得都害怕。搞個測評小組，一是可以把產量評估得準確些，二是即使有個一差兩錯，承擔責任的人頭也多一些。申明道和申廣仁都被接受了。這兩個人當天上午就被召去參加測產，按勞動一天記十二分工。出了村先到川地的麥田，川地的麥苗長勢很好，工作組的人對麥苗的長勢大加讚揚。申明道立刻站出來附和說，川地裡的麥子十有八九都是見面喜，就是剛開春這陣，冬天的雪留下的墒情還好，沙地性焦，天一暖，苗很快就起來了，這就叫見面喜。往後，沙地又費墒，春雨要跟不上，這陣這好苗就只能給你一把秕線麻雀舌頭和一堆麥秸。人常說麥收八，十，三場雨，這川地要的雨更多，三月以後，揚花前再沒雨，也就只能收秕線了。所以，這些川地裡的麥子的產量現在根本無法說。你按現在的長勢評個數再打上六，七折看靠得住不。經地頭討論，測產小組定了個原則：川地評下的產量打六折計。坡地分陽坡和北坡，陽坡的打七折，北坡的打六折五。而且議定，這次測評的數只是個預估，最後的定數需按麥秸積測量的結果定總產量和公購糧指標。

麥子碾完還沒有曬，社員們就催著要分糧，高級社只好按濕折乾的辦法把糧預分了一部分由社員自己去曬。麥秸積還沒有塌實，測產工作組又來了，還是測產小組的幾個人圍著麥秸積爭論。申廣仁和申明道堅持說麥秸積現在的體積是虛的，塌實了，其體積只有現在的八成。他們還一再聲明，春旱了，川地裡的小麥產量連六成都收不到。爭的結果，最後評的總產量能比春上在田頭評的低半成。就這樣，把公購糧任務一完成，能再分給社員的已經不是很多了。

不管怎麼說，這是中國農村社會主義高潮後的第一料莊稼，黨的各級報紙上都說農業合作化以後，大大地解放了生產力，廣大社員的生產積極性空前高漲，在黨的正確領導下，奪取了空前的大豐收。可是在南轅庄，除了訂報的小學老師和時不時翻報紙的幾個識字人，如申士俊、申士文和申尚仁外，別的人都不知道自己的高級農業生產合作社奪取了大豐收，有人甚至嚷嚷說他分下的糧食遠沒有單幹時收的多。

第二十九章　酷暑

　　忙罷的一個下午，天上烏雲密布，在地裡幹活的社員們經受著悶熱，但是心裡卻揣著快樂的希望：這場雨要能下下來，收麥前安頓的秋莊稼的苗就長離地了，同時還可以搶墒再種些晚秋莊稼，例如夯糜。這是一種不用間苗的糜子，種得稠，長不高，產量卻高的糜子，種得晚，收得早。果然，到收工時雨開始下了，而且下了一夜。第二天早晨，田野裡一片生機，樹上的露水從上到下層層跌落最後到地上，玉米苗上的露珠晶瑩發亮，顫顫巍巍，有的最後滾落在地，有的滾向玉米苗的莖葉間的夾縫。雨下到天亮才停，所以社員們一大早不用上地，正好多睡一會兒。已經睡醒的人也不急著起床，而是側過身去裝上一袋旱煙，邊抽旱煙邊想心事。總的印象是，這天老爺不錯，叫你乾淨利落地把麥子收了，碾了，分了，接著給你一場透雨，……有希望。

　　剛吃過早飯，高級農業生產合作社的鑼就被敲響了，伴著鑼聲是社主任申黑三的喊聲，他叫男女社員都先到村當中的場子集合，聽生產委員派活。生產委員說，女社員和壯年社員去鋤穀子，青年男社員下午去揭川裡的幾塊麥茬地種夯糜，上午還去鋤穀子，老頭和老太太們去甜瓜地裡務瓜。聽完吩咐，社員們都回去拿工具。申幼平似乎早就知道要鋤穀子，所以來集合時就扛著鋤頭。聽完派活，他扛著鋤頭就往穀地裡走，有人說他這是笨鳥先飛，他則說他就是不先飛，他也一直和大家同時到地頭。

　　雨過天晴，太陽顯得特別明亮，山川上的一切都輪廓清晰，有人興致來了，一邊往地裡走一邊就唱解放軍宣傳隊教的《東方紅》，第

一段唱完後他不盡興，更提高了嗓門唱第二段：「共產黨像太陽，照到哪裡那裡亮，哪裡有了共產黨，那裡人民得解放。」歌聲到此，聽唱歌的人中就有人議論，這共產黨像太陽，太陽照一天，晚上就落下去叫人睡覺，幹高興的事，共產黨這太陽還落不落，讓人歇一歇不。這太陽老是當頭照著也不是個事兒。不料，他這話一出，還真有人回應說，啊呀，真的，要是太陽一直不落當頭曬著，那可真不是個事，恐怕連陰涼處都沒了，世界就成了烤爐了。這都是些誑話，不能當真。可是實際情況竟是下過這場雨以後就持續晴天，莊稼苗被曬得打蔫，農民們不忍心說莊稼苗打蔫，而說莊稼歇晌哩，那意思是歇完晌就有精神了。但是對那些所謂的大苗莊稼，例如玉米和高粱，則不是歇晌就可以對付得過去的，這些大苗莊稼的葉子都乾成柴禾了，劃著火柴就能點著。

伏天旱成這樣，老人們都說沒甚見過，連不算勞力的老人都著急了，申士俊就站出來呼籲趕緊救救川地裡的甜瓜，因為甜瓜賣了就是錢。再則，甜瓜一直以來就是南轅莊的主要經濟作物。社員們也一樣著急，眼看要變成錢的甜瓜贅在打蔫的瓜蔓上，叫人看著都心疼。社主任和生產委員作出決定：從湍河裡擔水澆瓜。這一決定一宣布，立刻得到社員們的積極響應。青壯年男社員都挑著自家擔水的木桶，年老的和婦女社員提著瓦罐，拿著馬勺齊來參加澆瓜運動。被旱得只死不活的甜瓜多麼需要水，這一點所有的人都理解。所以，澆起瓜來，誰也不惜力，能擔的擔，能提的提，一瓢瓢的水澆在了瓜蔓的根部，澆完一片再澆下一片。從早到晚，社員們就吃了兩頓飯，除此，幾乎就沒停歇過，到天黑，社裡的所有瓜蔓根部都見水了，社員們滿懷希望收工了。

第二天，社員們吃驚地看到，甜瓜蔓的葉子不是精神起來，而是比前一天午後更蔫了，到了下午，連葉柄都沒勁支撐那片已沒多少分量的葉子，所有葉片都東倒西歪。看樣子，甜瓜要死。但是社員們不相信得了水的瓜蔓不活反倒要死。第三天的殘酷事實告訴社員們，他們沒能救下甜瓜，可能還加快了甜瓜死的進程，甜瓜蔓全都死了。社員們不理解這個現象：給瓜蔓澆了水，瓜蔓反倒死了。於是，社員們

有了個共識，湍河的水不能澆莊稼。這一共識禁錮了人們幾十年後才被抽水泵抽水澆地打破。專家告訴社員們說，澆地要把地澆涼才有效果，以前用瓢澆莊稼不但澆不涼地，反倒把莊稼燒死了。

※※※

　　夏糧最後一次分配時，申幼平幾乎再沒分到什麼糧，按他家現在的人口，他家的人均口糧是村裡最少的。高級農業生產合作社是按勞取酬的，就是誰家掙的工分多，誰家就能分得較多的糧食。可是無奈，申幼平家只有他和兒媳婦劉銀秀算勞力，女兒桂蘭已到禾豐鎮上高小了，小兒子德祿也該上四年級了。申幼平一直以來對供子女上學很上心，尤其大兒子祿順念完書就當了小學老師，最後找媳婦幾乎也沒費什麼事，對他鼓舞很大。他首先體會到，別人不把他劃在窮人行列裡就是他有了尊嚴，不僅如此，一提到祿順，人們對他也表現出些敬意。實踐告訴他，「前三十年因父敬子，後三十年因子敬父」這話不虛。受人尊敬那感覺真好。他供子女上學的心勁更足，誇出口說他要供的叫他桂蘭當上縣長。祿順娶了媳婦，申幼平四年得了一個孫女，一個孫子。別看人小，那也是兩張嘴，可是他幹一天只掙八分工，兒媳婦也只掙八分工，還不能保證天天出工。面對分回來的那麼點麥子，他就有些生氣，更想不通。

　　正在申幼平看著分來的那點麥子憋氣的日子，小學放暑假了，兩個學生吆著毛驢把他們的老師申祿順和老師的鋪蓋送回來了。儘管是兩個小學生，可是今天在老師家這身分就有別於在學校的身分，他們是老師的客人，而且是從大老遠的村裡送老師回家過假期的，老師家一定得款待兩個學生，連他們吆來的毛驢也得給飼養員下話，求人家給毛驢餵些草料，喝些水。這樣，師娘劉銀秀至少得誤一晌工，申幼平自己也不能去掙工分了。既然如此，索性這一天就不掙工分了。打發走兩個送老師的學生後，申幼平就把自己憋著的委屈對兒子倒了出來。

　　放假回來在家裡呆了三，四天，祿順就得去縣城參加例行的全縣小學教師座談會。紅色政權建立後這些年來，每個暑假都舉辦小學教

師座談會。首次召集這個座談會時，小學教師們以為就是把大家集合起來，聽些報告，互相交流交流。可是去了以後才知道這個教師座談會基本就是對小學教師的整肅。南轅庄的人對教師座談會的認識始於1951年。這一年暑假，剛從初中畢了業教了一年小學的申士彥去參加教師座談會，人們都以為這是個很體面的事，都紛紛向其父申智理，其伯父申明理表示祝賀。申明理也以此為榮，見人向他表示祝賀，他得意地對人們說，就是的，以前誰聽說過什麼全縣教師座談會，現在新社會了，教書先生和縣長平起平坐了，放了假就去縣上和縣長座談。哎呀，沒料想到，我這門裡一下就去了兩個人參加座談會。偏僻山莊農民眼裡，縣長可是個了不得的人物，他們甚至可以不理皇帝的茬兒，但是一定不敢把縣長不當回事。所以能被縣長請去座談那也確實是件不得了的事，更何況人家申明理家門裡就被請去兩個，一個是他孫子申祿順，第二個就是新科小學教師，他侄兒申士彥。人們當時就有個印象，就在1951年教師座談會的初期，申明理很願意在村裡走動，也很愛串門子，和人說話不到兩句就扯到他門裡出去兩個人和縣長座談去了。可是沒座談多久，就從縣裡傳來消息說申士彥被押起來了，而且是因為作風問題而觸犯了法律。那時，人們就用這個模模糊糊的說法——作風問題指代男女性關係。就是現在，這種指代還流行著。

這位申士彥搞女人這一竅很通，據說，但凡他看上的女人，他都能把她搞到手睡了。他剛當小學老師去教書的那個村裡的婦女主任宋豔確實有些姿色，人又活躍，他到這村裡沒幾天，就和宋豔結識了，關係很密切，村裡人都看出問題了，宋豔的丈夫也看出問題了。搞人家的女人這事一旦被女人的丈夫察覺，除非像武大郎那樣的人，一般是要受到報復的。宋豔的丈夫自有所覺察始就給縣文教科準備材料，到放暑假時準備好告申士彥的材料就送到文教科和縣人民法院。文教科和法院只待教師座談會開了集中處理教師隊伍中的問題。好像那時小學教師中的問題多集中在作風問題上，即姦污女學生或與當地某女人通姦，個別教師被指有反黨，反革命言論而被關押。申士彥因作風問題被關監獄的事對其家人，尤其對其伯父申明理的打擊很大。自申

士彥被關的消息傳來始，申明理就很少在村裡轉悠了。

申士彥三年前已刑滿釋放回來娶了媳婦。幾年的事實證明，申祿順不會栽在作風問題上。由於幾年的事實證明，座談會期間被關進去的多半是作風問題，而申祿順這幾年都沒什麼可說的，申明理於是對這位大孫子的信心大增。確實，申祿順身上真有那麼一股書生氣，對什麼事都挺認真，相信有真理，更相信邪不壓正。別說他爺爺對他有信心，村裡的許多人對他都有信心，申士俊就不止一次對申幼平表示過他對申祿順的讚賞，說這年輕人是個正經的念書人。

1957年這個暑假的座談會有些不同於前幾年，科目有所增加。座談會的前兩三天就把教師們中間的問題擺清楚了，但是那些犯有前頭已經處理過的人曾經犯過的毛病的人並沒有立刻被關起來，而是留著繼續座談。這繼續座談的新科目就是要教師們幫助黨整風，而且要求教師們誠懇地幫助黨整風，要按照毛主席的指示貫徹執行「百花齊放，百家爭鳴」，「長期共存，互相監督」的方針。座談會的主持者首先誠懇地對教師們說，黨領導了建立新政權的偉大事業，建國後又面臨那麼多要做的事，土地改革、三反五反、批判武訓傳、鎮壓反革命、和胡風反革命集團的鬥爭、糧食統購統銷、農業合作化等等。所有這些事都是從來沒做過的，但是又必須做，在做的過程中由於沒有經驗，肯定會有這樣那樣的毛病。為了黨以後領導得更好，請全體老師幫助黨總結經驗，找出過去工作的不足之處是很有必要的。可以這麼說，看一個人對黨的態度誠懇不誠懇，就看他在這次整風運動中的具體表現了。真心熱愛黨，擁護黨的人一定會誠懇地指出黨在領導革命鬥爭中的缺點和不足，幫助黨提高領導藝術，把以後的工作做得更好。所以，幫助黨整風是對黨對人民很有益的事，大家要認真對待，積極行動，接受黨的考驗。

聽完領導的動員講話，申祿順覺得上級領導說得對，黨領導了那麼偉大的革命鬥爭，一定也犯了這樣那樣的錯誤，現在也該整頓整頓了。就他自己看，這幾年黨領導下做的一些事確實有不能令人滿意的地方。他進一步想，現在黨動員人們幫助黨整風，而且說得也很誠懇，看樣子黨是真心意識到自己的缺點了，也真想改掉，把工作做

好。縣委書記說的黨在幫助黨整風這個問題上考驗每一個人是否和黨一條心這話也是真心話。

申祿順就在看一個人是否和黨一條心這一問題上想到了向黨靠攏的話題。幾年來，中心小學的黨支部書記總對申祿順說他出身好，家庭曾為革命付出了犧牲和高昂的代價，希望他積極靠攏黨組織，早日加入共產黨，更好地為黨工作。但是，申祿順一直不知道該怎樣向黨組織靠攏，怎樣才能叫黨相信他是擁護共產黨，願意好好為黨工作。他一直以為，他勤勤懇懇教好書就是聽黨的話為黨做好工作。可是從中心小學黨支部書記對他的談話內容看，黨並不認為你做好教學工作就是聽黨的話，為黨做好工作。這一次申祿順總算聽明白了，要對黨有誠懇的表示才算和黨一條心，那也就是和黨貼心了，當然也是向黨組織靠攏了。所以，幫助黨整風就是對黨說知心話，就應該是誠心向黨組織靠攏。

幫助黨整風的會開起來了，教師們的熱情高漲，好像「百花齊放，百家爭鳴」的方針確實深入人心了，會上說什麼的都有。有的說共產黨毛主席領導中國人民推翻了三座大山，人民得解放，窮人分得了土地，高興極了，安居樂業。也有人說，推翻了三座大山確實很好，窮人從此再不受壓迫，不受剝削，能在自己的土地上生產勞動，農民的生產積極性空前高漲，可是來了個農業合作化，農民分得的土地還沒把新主人認熟呢又歸了農業生產合作社，叫當初分得土地的農民竹籃打水——一場空。還有的對「三反」、「五反」運動有異議，有的說鎮壓反革命運動是必要的，但是好像過了頭，有些被鬥、被分了土地和財產的地主就是個克勤克儉過日子的莊稼人，也被當作反革命分子關起來。還有人扯到批武訓，批判胡風，認為武訓和胡風都是好人，武訓辦義學實在是為國家和人民辦好事，現代人要有武訓的那種精神，我們的教育會辦得更好。至於胡鳳，總地看，他的文藝思想沒有什麼錯誤。如果說他的文藝思想真地是反革命的，那麼一時還沒認識到這一點的許多人就不一定是胡風分子，而應該團結教育他們，幫助他們提高認識，叫他們站在黨的文藝路線一邊來。主持會的黨的領導幾乎對每一個發過言的都表示讚許和鼓勵。大鳴大放的氣氛很快

就形成了。

申祿順深受鼓舞，渾身的血管都有些脹，他要誠懇地幫黨整風，把自己所想的誠懇地告訴黨。上午的會一開，主持會的文教科長大概地回顧了一下前頭大家發言的情況，鼓勵說大家都很誠懇地指出了黨在工作中的缺點和錯誤，說明同志們相信黨，對黨有信心，能知無不言，言無不盡，像大鳴大放，百家爭鳴的樣子。希望同志們仍像上午發言的同志們那樣，踴躍發言，把整風運動推向深入，推向高潮，黨會永遠感激幫助黨整風的每一個人。文教科長的繼續動員講話一停，申祿順即表示要發言。文教科長還特別表揚並鼓勵了他，希望他的發言能更深入。申祿順說他打算談三個方面的問題：第一個就是土地改革的事，他認為土地改革的做法不對，搞土地改革依靠的人也大有問題。首先，說地主的土地都是從貧雇農手裡盤剝得的，這不對，地主買的每一塊地都有契約為證，都是賣家和買家一情兩願成的交，地主按約付了地價才成的約，占的地，都是合法佔有。可是到土改時，黨依靠的那些積極分子硬是昧著良心說瞎話，說當年地主如何算計著用高利貸逼他們把地給了地主。黨依靠這些人把地主鬥倒了，把地主的地分了，可是對黨並不好。廣大老百姓看到黨聽信那些不說人話的人的話，還依靠這些人，老百姓自然就認為黨和那些人是一氣的，從而不相信黨。黨依靠的那些積極分子說地主如何如何刻毒，如何如何不仁不義，實際那都是瞎話。想想，如果一個地主在當地一直那麼為富不仁，當地老百姓咋樣都能把他收拾掉。荒年的時候，大富戶放飯給窮人吃，那是為什麼。富裕戶知道，那麼多的饑民在餓極了的情況下是要對他下手的。他索性把自己的屯糧全放了捨飯，落得個平安。這就是富人多仁義的道理。人常說兔子不吃窩邊草，也是這個道理，兔子需要窩邊草的保護，它當然不敢把窩邊的草吃掉。同樣的道理，地主們生活在當地也要靠當地人保護，他怎麼可能像黨依靠的那些積極分子說的那樣為富不仁呢。申祿順說的第二方面是關於糧食統購統銷的。他說黨的糧食統購統銷政策的出發點是好的，不讓糧食商人囤積居奇，大賺貧苦農民的錢。但是這政策在執行過程中走了樣，政策明明說的要農民把餘糧賣給國家，可是在統購過程中，農民家的糧都成

了餘糧，政府都要購走，農民不能賣那麼多，政府不依，非要農民按政府要的數目賣「餘糧」，對拿不出糧的農民捆、綁、吊、打，逼得農民尋短見的事時有發生。這很不好，這樣的事鬧得讓農民一點感覺不到黨和毛主席為他們謀得的幸福。第三個方面是說農業合作化的。申祿順說他一直在農村小學教書，和農民接觸很多，幾乎天天和農民打交道，譬如頓頓要去學生家吃飯。在和那麼多的農民打交道過程中，他就沒聽到農民有要合作化的願望，但是報上卻說別的地方的農民迫切要求農業合作化。也許那些地方的農民確實願意農業合作化，但是他看到的那些地方的農民沒這個要求，而黨硬說全國農業合作化形成了高潮，硬要把高潮推向不想合作化的農村，還要強迫農民自願入農業合作社，向農民保證說農業合作社多好，多好，能增產，能讓大家集體富裕。結果，農民都「自願」入了高級農業生產合作社，到第二年，高級農業生產合作社連人們推碿子需要的牲畜都給不出來，土地的糧食產量也跌下去了。

申祿順的三個方面都談到以後，文教科長說他談的三個方面都是大問題，而且都談得有深度，聽得出來，所談問題都是為黨好，誠懇希望黨把後頭要做的事做好，領導好。文教科長說著話，從褲兜裡掏出手絹在額頭上擦著汗。是呀，入伏以來一滴雨都沒見，縣城邊的河水都瘦得像個小溪，人過河都不用脫鞋，踩著冒出水面的石頭就過去了。今天似乎更熱，而且空氣裡好像多了些水分，讓人覺得悶熱，額頭上滲出的汗擦不乾。這時參加座談會的教師們好像進了蒸籠，又悶又熱，心裡有些惶惶不安，但是還得繼續誠懇地幫助黨整風。會場裡還有人踴躍發言，甚至言辭有些激烈。這時另一些人只是聽著別人在慷慨激昂，瞅瞅這個，又瞅瞅那個，好像事不關己。

午飯後，教師們都回到各自的臨時宿舍午休。天氣悶熱，一時難以入睡，和申祿順同住一個宿舍的另外三個教師就扯起上午申祿順發言談到的三個方面的問題。他們對強行購糧和逼人「自願」入社尤其反感，說申祿順上午說得太客氣，照他們看，那強購人的糧食的做法連國民黨都不如，國民黨沒有闖入農民家搜糧食，更沒有一年幾次測評產量改變徵糧標準。國民黨也沒強迫農民咋樣種地務莊稼，讓農民

自由耕種。扯著扯著，就有了些睡意，於是進到宿舍躺在床上的教師們都先後進入了夢鄉。一記炸雷將所有的教師從夢鄉拽回現實，天空好像被一口大鐵鍋扣上了。雷聲炸響，狂風驟起，灰塵滿天空。那風刮得飛沙走石。隨即，暴雨像瀑布一樣瀉下來。這場雨在祖塋縣歷史上少見，頓時下得山洪爆發，泥石流滾山而下，碌磕大的石塊稀裡嘩啦從山坡上又滾又蹦砸下來，在山腳下幹活沒來得及躲避的人有被滾下的大石頭砸死的，有被山洪、泥石流沖走的，砸傷的。人們驚呼，老天爺變臉了。

伏天的暴雨，一陣發作過後又是大晴天，且太陽顯得更明亮，更毒辣，剛下到地上的雨水很快被蒸發起來，雖經過一場暴雨的襲擊，現在的人們反倒一點涼爽的感覺都沒有，而是更悶熱，參加教師座談會的教師們這才真切地體會到「煎熬」的實在意義。既然雨停了，太陽都曬紅了，座談會還得繼續進行，教師們又被集中在當作大禮堂的文廟裡。文廟就是孔廟。中國人尊孔，那是文明的代名詞，所以大小城市的文廟都建得很氣魄。祖塋縣也不例外，甚至比別的縣城的文廟更寬大，以突顯有祖宗陵的地方更文明。正因為祖塋縣的文廟占地面積大，廟宇高大，當年閻錫山把他的兵工廠就建在文廟背後，人們把兵工廠的高煙囪戲稱為文廟的旗杆。解放了，共產黨是無神論者，更是反孔子的，所以文廟裡的孔聖人泥像被搬倒，像台被挖，通統弄出去砸的當肥料上了菜園子，改文廟叫縣大禮堂。至1957年，許多人已淡忘了文廟，只知道縣大禮堂。教師們紛紛到縣大禮堂在一排排的長板凳上落座，等待開會後繼續聽大鳴大放。會議主持人到來之前的這段時間是大家自由談的好時機，教師們三三兩兩扯著彼此感興趣的事和人，但同時不時地向門口望望。教師們望著望著，坐在迎門口的教師發現情況異常，文教科長陪著縣委書記向大禮堂走來。

文教科長陪著縣委書記一出現在大禮堂門口，大禮堂裡正議論紛紛的教師們頓時鴉雀無聲了。文教科長和縣委書記跟任何人都沒打招呼徑直來到講臺上，縣委書記坐在講桌旁的一把椅子上，文教科長來到講桌後，面向所有的教師宣布開會，接著就說，幾天以來，大家踴躍發言，鳴放的氣氛很熱烈，現在請中國共產黨祖塋縣委員會書記

高崖同志對之前的鳴放做以總結。高崖書記一點沒有客氣，來到講桌後，客氣地向全體教師問了聲「同志們好」，然後就直奔主題說，他天天都聽座談會上同志們幫助黨整風的發言情況的彙報，同志們的發言很踴躍，談到的問題涉及到黨的工作的方方面面，大到土地改革，糧食統購統銷，鎮壓反革命，三反五反，批判胡風反革命集團，農業合作化等，小到批武訓傳，小學語文課本的內容和編寫的指導思想。總之，黨這幾年領導全國人民做過的事情都說到了，而且都有問題。是這樣的嗎？就是說中國共產黨在偉大領袖毛主席領導下做的一切都是錯的，都是沒必要的，地主富農剝削貧雇農使貧雇農有了活路，胡風反革命集團是對的，黨對他們的批判是對他們的迫害，武訓是好人，他把一生都獻給了貧苦農家子弟的教育事業，黨對武訓的批判就是對熱心教育事業的人的打擊，進而是對中國教育事業的摧殘。等等，等等。真是這樣嗎？不是的，中國共產黨領導中國人民幹了前無古人的偉大事業，推翻了幾千年的剝削制度。可是被推翻了的剝削階級和各種各樣的反動派並不甘心他們的失敗，他們一定會伺機反撲，企圖恢復他們失去的天堂。這次整風運動就成了被打倒的階級和反動勢力向黨發起攻擊想利用的好機會，他們利用這個機會向黨發起了全面的攻擊，企圖一舉推翻共產黨的政權。這是一場你死我活的革命與反革命的鬥爭，中國共產黨下了決心要取得這場對反革命右派分子鬥爭的勝利，要把借幫助黨整風的名義向黨瘋狂進攻的右派分子一個個揪出來，對他們實行人民民主專政。同志們，惡毒的右派就在你們身邊，就在你們的眼皮子底下，他們已經做了充分的表演，你們也都看清楚了，現在你們只需堅定地站在黨的立場上把一切攻擊過黨的右派分子揪出來，將其打翻在地，再踩上一隻腳。同志們，黨考驗每個要求進步的積極分子的時刻到了，讓我們攜起手來取得反擊右派瘋狂進攻的攻堅戰的勝利。

此刻的縣大禮堂裡顯得更加悶熱，縣委書記的這番總結加動員使縣大禮堂裡的氣氛頓時緊張了起來，聽講的教師們幾乎個個頭上冒汗。縣委書記高崖宣布他的講話完了，縣大禮堂裡居然沒有掌聲，而是異乎尋常的安靜，人們都能聽見自己的心臟跳動的聲音，連主持會

的文教科長都有些發愣，好像不知道下邊該怎麼辦，還是高崖書記提醒他該組織大家反擊了。文教科長這才如夢初醒，走到講桌後對台下的教師們說，剛才高書記的總結發言很好，是向大家發出的反擊資產階級右派進攻的動員令。正像高書記所說，中國共產黨領導中國人民取得了新民主主義革命的偉大勝利，推翻了壓在中國人民頭上的三座大山。可是被打倒的階級不甘心他們的失敗，一直在伺機反撲，企圖推翻共產黨，奪回失去的天堂。在整個整風過程中大家都看清楚了，資產階級右派向黨進攻是多麼的喪心病狂。我們不能容忍敵人這樣詆毀偉大，光榮，正確的中國共產黨。一切誠心向黨靠攏的積極分子們，黨考驗你們的時刻到了。

文教科長講完話後，縣大禮堂裡仍是一片寂靜，教師們你看看我，我看看你，誰也不作聲。文教科長見狀，急忙向高崖書記湊過去，兩人竊竊私語了一陣後，文教科長宣布暫時休會，叫大家先自由議論議論，然後再集中起來開會。所有教師這時感覺好像不會游泳的人一下被驅進激流漩渦的深水中。在這種境遇中，人的本能行為就是自救，就是把不管什麼都向自己身下拉，力圖把自己撐出水面不被淹死。

休會期間，教師們都不敢互相說什麼，都在心裡盤算著如何保全自己。與此同時，他們還不時地窺視高崖書記和文教科長，觀察他們的目光和動向。果然，文教科長主動和禾豐鎮中心小學的校長打招呼，要他發動所屬學區積極向黨靠攏的教師站出來和右派分子鬥爭。估計，文教科長利用這個長時間的休會期分別向各學區負責人都布置過了。二十分鐘休會時間一到，縣政府的通信員就吹哨子復會。教師們默默地回到縣大禮堂在板凳上落座後，文教科長即宣布對資產階級右派開始反擊。約半分鐘的冷場後，對資產階級右派的反擊開始了。教師們中的積極分子的反擊發言基本是縣委書記前邊講話定的調子，歌頌黨的偉大、光榮、正確的同時，譴責右派分子不看這一切，全面否定黨領導人民取得的輝煌勝利，否定黨的正確領導，完全是被打倒了的階級對黨的瘋狂進攻，要黨交出領導權。發言的積極分子們針對前頭大鳴大放期間幫助黨整風的人說到的問題，從各個角度論述，肯

定黨在這些問題上都是完全正確的，指出所謂幫助黨整風的人就是被打倒了的階級的代言人，在向黨進攻。

　　從縣委書記的總結講話開始，申祿順就感覺不對勁，當初不是一直鼓勵人們誠懇地幫助黨整風麼，怎麼突然就變了風向，人們為黨以後把工作做得更好而提的意見就成了向黨進攻。當初要不是領導一再鼓勵，一再說幫助黨整風是為了黨好，也為了全國人民好，他申祿順才懶得說那些話。因為從黨早期革命打遊擊那時說，他父親和他本人就認為黨鬧的那革命與他們無關。可是，國民黨軍隊還是以支持共產黨遊擊隊的名義槍殺了他的母親，沒有了母親，又喪失了正吃奶的小弟弟。血的事實告訴他，黨的一舉一動都關乎到每個中國人的命運，這是確確實實的，整風為了黨好，也就是為人民自己好。就因為當初他這麼想了，才誠懇地鳴放了鳴放。他認為，縣委書記的總結講話背離了黨關於整風的精神，簡直是另搞一套。申祿順想明白了，在這關鍵時刻，若不把縣委書記的總結講話給澈底否定掉，自己馬上就面臨滅頂之災。申祿順舉手要求發言。文教科長示意叫他上到講臺上說話。申祿順從容地登上講臺。他先向縣委書記坐的方向微微鞠躬，然後轉向台下的全體教師說，他認為高崖書記前頭的總結講話和黨中央關於幫助黨整風的精神不一致，把給黨誠懇地提的意見說成是向黨進攻尤其不對。整風開始時，黨是多麼誠懇地要大家幫助黨整風，多方啟發大家提意見。他本人正是從過去的許多事實看到，黨的一舉一動都關涉到每個中國人的前途和命運，直截了當地說吧，為了自己的好，才向黨提了幾條希望改進的意見。他的全家和他本人不願意承受更多的痛苦，因為革命，他母親被國民黨槍殺，接著又失去了正吃奶的弟弟。縣委書記聽得有些坐不住了，示意文教科長叫把申祿順轟下臺去。申祿順的發言似乎在台下引起了些共鳴，台下的教師們有些交頭接耳。文教科長站起來大聲維持秩序，之後順便招呼申祿順說，他發言完了就下臺回到原來在板凳的座位上。

　　申祿順從講臺上下來往自己的座位走，不少欽佩的目光注視著他，會場裡的議論聲似乎更響了些。高崖書記有些按捺不住了，走到講桌後高聲說，剛才那位老師的話他聽明白了，他前頭的總結講話和

黨中央毛主席的精神不矛盾，相反是一致的，反擊右派的進攻就是英明的領袖毛主席發出的最新指示，希望老師們看清大是大非，順著偉大領袖指出的方向奮勇前進，奪取對右派鬥爭的勝利。文教科長宣布休會，吃晚飯。

縣委書記在休會前的簡短講話，使教師們頓時有了受騙上當的感覺，申祿順的這一感覺尤為突出。吃晚飯時，教師們之間的邊吃邊聊沒有了，大家相互之間除了抱怨天氣悶熱就是哈哈這天氣哈哈。下午下了暴雨，縣河的水漲了，也渾了，不能像往日那樣供大家免費游泳，洗澡。可是人們總覺得憋悶，都想找個地方散發散發。環顧周圍，大家不約而同地向祖陵山的柏樹林走去。由於有了上當受騙的感覺，現在大家都互相警惕起來，互相之間沒有了話題，一路走著或讚揚柏樹的清香，或者說自己的媳婦快生孩子了。總之是沒話找話的那些廢話。申祿順並沒往祖陵山去，而是躺在暗暗的宿舍裡獨自琢磨這是怎麼一回事，追悔自己當初怎麼就沒去想這整風可能是個騙局的事呢。他一個人想著想著，忽然身上出了一身冷汗，偉大領袖毛主席是個騙子這個想法使他恐懼。對，縣委書記說得很明白，整風和反擊右派的號召都是偉大領袖發出的，前後並不矛盾。想到這裡，他不寒而慄。

真是怕處有鬼，申祿順想到自己中了偉大領袖毛主席的招兒就心驚膽顫，料定自己會被整得粉身碎骨。其實這樣的結果都不需要他去料想，反擊右派的批判會上的氣氛就鑄定了他要粉身碎骨的結果。還好，在最後定案階段，學區的黨支部書記突出介紹了革命使申祿順家遭遇的無謂犧牲和損失以及他的貧農出身，黨才對他網開一面，不戴右派帽子，只內部掌握，降一級工資。這樣的結果是他未敢期望的，他打心裡感激學區黨支部書記。

※※※

座談會完了以後，教師們就各回各家，稍作準備就該開學了。申祿順的鋪蓋卷裡夾著一頂隱形的右派帽子回到家裡，大致向父親說了說座談會的情況和他的遭遇。申幼平很在意被壓掉的八元錢工資，但

對內部掌握的右派倒無所謂，大概可能因為他還不理解右派這頂帽子對人的壓力有多大，而只知道每月少了那八元錢，到分糧時他付不起社裡的口糧錢。申幼平疑疑惑惑又似自言自語地說，今年咋想起給人弄個右派帽子戴，黨怎麼誰都整呢。

申祿順在教師座談會上的情況很快傳到村裡每一個懂大事人的耳朵，而且大家也都知道申祿順很懊悔，甚至有些不想見人。申士俊對此相當重視，特地找到申幼平家詢問更詳細的情況。申祿順向這位可敬的叔叔敘說了座談會上黨如何動員教師們誠懇地幫助黨整風，又如何風雲突變，把幫助黨整風的人打成右派，而且，縣委書記還特別說明，要人們幫助黨整風和把給黨提意見的人打成右派都是毛主席的指示，他很後悔信了前頭的動員，現在落得個內控右派，以後都不好做人、教書了。申士俊聽完後全不以為然地安慰申祿順不必後悔，也沒什麼可抬不起頭來的，大丈夫男子漢不過就說了自己該說的話，那是有骨氣的表現；一個男人，有話不敢說，或者到該說話時不說，那才丟人呢。至於信了人家動員時說的話而說了話最後被整，落個右派名，那也沒必要太在意，因為你自己並沒有做錯什麼。就像一個人沒把小偷當小偷，反倒將其當好人予以信任，結果被小偷偷了個精光，不必因為被偷而責備自己，因為你沒把壞人當壞人不是因為你壞，相反是因為你善良，善良是不應該負罪的，應該負罪的是小偷，因為小偷利用了你的善良做了惡事。申士俊鼓勵申祿順仍然直起腰板做人，做事，教書。年輕人往後的日子長著呢，要能經得起捧打。一個人只要不幹見不得人的事，例如偷呀，搶呀，謀財害命這些事，就是個堂堂正正的人。

申士俊寬慰畢要走，申祿順再三感謝四叔對他的開導。申士俊笑著說，他說的都是些小常識，只不過年輕人還沒學到，聽起來新鮮。說著，他若有所思，又接著說，他應該提醒年輕人，劉邦當了皇帝仍然是流氓。往後要記著一條，凡是被吹得神乎其神的人和事，都是精心包裝了的假貨，一定是拿來誘你上當受騙的。申祿順感激地說，真是聽君一席話，勝讀十年書。四叔這一席話，他受用一生。

第三十章　荒誕

　　農業合作化以後，社員們分到家的口糧普遍沒有合作化前政府許諾和保證的多，離自己當初單幹時的收入更遠，秋季決分以後，幾乎人人都盤算著第二年春季的吃糧問題。可是盤算並不能使現分到手的糧食增加一粒，更沒地方去弄糧食來補虧空，社員們面對的現實只能是越盤算越著急。吃糧的憂慮伴著社員過了年，一個大好消息來了：我們中華人民共和國在偉大、光榮、正確的中國共產黨領導下要跑步進入共產主義，農村要建立大食堂，從此吃飯不要錢，幹活不計工，真正地實行各盡所能，按需分配，具體到吃飯問題上就是，吃飽為止。這個消息一下子把社員們關於吃糧問題的憂慮驅散了。用當時一些人的話說，許多人把牙磨鑱準備放開肚皮去共產主義食堂吃那不掏錢的飯去。

　　黨帶領中國人民奔共產主義那是毫不含糊的，辦食堂的工作組幾乎和要辦食堂的消息同時到了村裡。工作組和社主任兼村長的申黑三選中了申裕仁家的五間大房作食堂的廚房。申裕仁的老婆任氏雖不願意，可是也沒敢說什麼。申黑三馬上安排人盤爐子、找水缸、支大案，準備放米和麵的木面櫃，安排會計，保管和幾個社員挨家挨戶照決算的賬收口糧，辦食堂了，不許社員自己在家裡做飯，因為那玩意兒容易滋生資本主義，分散著本身就是資本主義的，所以堅決不容許社員開小灶。而且，當時把吃大食堂說成是奔共產主義的大問題，不允許不自願。經過「自願」入農業生產合作社的社員已經知道黨說的「自願」是怎麼回事，所以如今辦食堂就沒有人表示不自願。再說，黨已經許諾了，在食堂吃飯是按需分配，就是能吃多少就給多少。打

糧食統購統銷以來，幾乎誰都沒按需用飯，只有申克仁在驛馬客棧有過按需用飯的機會，還把自己給吃得撐死了。現在大家都有機會盡量吃飯，何樂而不為呢。

可是，真正把大食堂辦起來就沒有想的那麼容易，首先煮飯的大鍋就無從解決，把社員家用的最大的鐵鍋拔來用，熬那麼一鍋粥充其量夠全村四分之一的人一人舀一碗。買大鍋吧，一時也不可能，由於全民都辦食堂，縣聯社的幾口大鐵鍋早被捷足先登者買走了，現在斷貨。沒辦法，只好把僅拔來的兩口大鍋並排塌在灶臺上，不停地一鍋一鍋熬的先儲存在大缸裡。蒸饅頭的問題也不小，社員一家一戶蒸饅頭的那套設備根本不能應對全村人的吃饅頭需求，大蒸籠一時也是買不到，只好幾個鍋不停地蒸饅頭堆著備用。灶膛裡燒的柴禾緊缺，買煤燒不可能，高級農業生產合作社沒錢，也沒人力和畜力往回馱，只好把村裡所有的樹木都伐了當柴燒，奔共產主義美好的明天。就這樣，食堂算是開張了。社員們來吃第一頓飯時就深感掃興，根本不是按需供給，而是按人頭給一小份，幾乎沒有菜可給。做飯的給打飯的人向出發飯的同時，打飯的人就連連喊叫說給那點根本不夠吃。頭一頓沒吃好，第二頓的飯還沒做好，不少人就來食堂院等著打飯。等著打飯的人好像是為了暫時不想肚子餓的事有意閒扯，有人說他看黨說辦食堂就是奔共產主義這話有道理，你看咱們天天都得早早就聚在食堂院裡，想著同一樣東西——飯。飯就是大家的共同財產，所以應該叫共產。

公共食堂緊緊巴巴湊合到收麥子，社員們盼著收完麥子好好吃一頓，社主任也許諾打完場讓社員們好好吃一頓油潑辣子寬麵片。到定好讓社員放開肚皮吃油潑辣子寬麵片的那一天，食堂的做飯的從早晨進廚房就和麵，擀麵，直到吃晌午飯時還有人在不停地擀麵。等著吃飯的人聚了一院。擠到前頭撈到第一鍋麵條的人潑了油正攪和著，有人就把筷子伸進他碗裡要嘗嘗新麥麵。得著這樣的機會，一般的人是兩碗三碗打發不了的。社員們吃著議論著，有人邊吃邊讚美油潑麵，並感歎說，毛主席他老人家一天三頓可能頓頓都吃油潑麵呢。又有人說，要是有申士俊家那多年的麥芽醋調著，這油潑麵就好到家了。

第三十章　荒誕
363

撈到麵條的人吃著議論著油潑麵調麥芽醋那個香，廚房裡傳來不好的消息，鍋裡無麵可下了。隨著壞消息的傳出，伙食管理員端出來一大盆稠麵湯，招呼說，要是還沒吃飽，就舀著喝些麵湯。人常說，三碗麵湯頂一碗拌湯。「頂個毬。」發火的是申廣財，把麥子收了，連一頓飽飯都吃不上，這是個啥毬共產主義嘛。申廣財可是地地道道的貧農，加上人又有點半迷兒，他說什麼，誰都料不到，更管不著，連黨都不和他較真。伙食管理員賠著笑臉說，現在鍋裡沒麵下跟共產主義沒關係，是因為做不出來那麼多的麵條。申廣財不依不饒地說，你沒那本事還敢開食堂？幾年了連一頓飽飯都吃不上，拿麵湯打發人呢，還說我翻了身了，日子好得很，好個毬。我給廣仁家熬活時哪裡稀罕一頓油潑麵，哪一晌午都是乾撈麵，油潑辣子，麥芽醋，能吃多少就吃多少。伙食管理員知道不能和申廣財再說什麼，怕逗得這主兒再說出更不中聽的話，忙安慰說，他知道沒有吃上油潑麵的人有氣，咱不能不叫大家吃，可是幾個做飯的實在做不出來了，灶膛裡的柴禾也燒光了，他給沒吃上油潑麵的人挖些乾麵，分些油，拿回去叫家裡人做去。申廣財提出沒吃上的不止他一個，他一家五口人都沒吃上，給的麵和油要夠一家人吃。別的人都支持這個要求，然後都領了夠一家人吃的面和油散去。

　　每頓從食堂打回的飯分到碗裡端到申士俊面前，申士俊總是瞅著碗先歎氣，孫子媳婦高淑賢看著他歎氣的樣子，猜度著他歎氣的原因。

　　就在社員們為那頓油潑麵沒吃盡興而鬧騰著也要弄些麵，分些油拿回去自己擀著好好吃一頓可以盡興的油潑麵的那兩天，又傳來大好消息說黨要帶領全國人民跑步進入共產主義，高級農業生產合作社不能適應共產主義的形態，要讓高級農業生產合作社再進一步，合成大公社，叫人民公社，那才一大二公，是共產主義的。於是各村都敲鑼打鼓，歡快地慶賀人民公社降臨人間，歡呼受苦受難的中國人，尤其是中國農民從此進入了共產主義天堂。這人民公社真叫大，原來整個禾豐鎮管轄的村莊的高級農業生產合作社都被合併在一個禾豐人民公社內，原來的各個高級農業生產合作社分別成了人民公社的生產隊或

生產小隊，收入歸人民公社統一分配。原來十里八鄉的村民現在見了面的頭一句話就是，咱們現在在一口鍋裡攪勺把呢。

人民公社的牌子掛出去沒幾天，就向社員展示其共產主義的優越性，要為全公社的五保戶老人辦幸福院。所謂的五保戶就是農村的鰥寡孤獨，其生老病死葬全由公社保障，大概就是保證其吃飯、穿衣、居住、醫療，最後埋葬。南轅庄的申吉茂要被請進公社的幸福院。來搬的人向申吉茂道喜，說他進了幸福院就衣食住行全都無憂了，幸福院就是他的家，那裡吃的，穿的和用的全都有，什麼都不用帶，只把家裡的存糧要全帶去，免得人長期不在，糧食被老鼠糟蹋或黴壞。申吉茂將信將疑，來人對他說，辦幸福院是黨決定的，公社主任和黨委書記親自抓這事，現在幸福院的一切都妥當了，社主任才派人到各生產隊搬該進幸福院的五保戶。來人還強調說，五保戶進了幸福院就過上共產主義生活了，各取所需，而且不要各盡所能，就是不用幹活，由共產主義的人民公社養活。這些都是黨說的，你再不相信誰，還能不相信黨。申吉茂趕緊表白說他相信黨，他只是怕把家扔了，時間長了，家裡的東西被人五牛分屍了。來人哈哈大笑說，從此五保戶家裡那些東西都沒用了，幸福院裡啥都有，還用得著這些破爛家什。他建議申吉茂，除糧食外，別的能送人的就送人，省得後頭掛記。

申吉茂指了他的存糧，叫來人裝糧，他叫了鄰居來把他的幾件農具拿走，說他用不著了。聽說申吉茂要去幸福院過幸福日子，要把家什送人，村裡有人想要他的案，有人看上他的做飯鍋，有人拿走了他僅有的一條板凳，連他的那張三條腿的桌子和炕上的被子都被人拿走了。他的存糧也全被裝進口袋裡，來搬申吉茂的人為申吉茂居然有那麼多存糧感到驚奇。申吉茂自己則說，別看統購統銷逼得都出人命案，可是沒人在意他有沒有糧食，他甚至還要吃他的返銷糧呢。隊幹部申黑三笑著說，進了幸福院後就再也不用找幹部要返銷糧了。說完，來搬申吉茂的人招呼人把糧袋搭上毛驢的鞍子，招呼申吉茂把門拾掇了準備走。申黑三招呼來送行的敲起鑼鼓，轟轟烈烈歡送申吉茂去幸福院享幸福去。

果然，申吉茂一到幸福院就領到一身藍布新衣服，一床新被褥，

幸福院院長告訴他，四個人住一間房子，一人一張床，有專人為五保戶老人做飯，還有人替五保戶老人收拾房子，洗衣服。轉眼到了吃下午飯的時間，工作人員招呼住進來的五保戶們到廚房給自己打飯。飯菜還真不錯，蒸饃，包穀糝稀飯，辣椒炒青番茄，吃著很開胃口。這一頓飯申吉茂吃得挺滿意，心想這住進幸福院比他一個人在家裡瞎湊合強多了，這人民公社的共產主義就是好。

吃過下午飯，到太陽快落時，公社的黨委書記和社長來看住進幸福院的五保戶，幾個住進幸福院的五保戶孤寡老人被召集到廚房門前的院子裡，聽公社黨委書記的慰問。黨委書記一開頭就說，這大躍進的年頭，他們很忙，只能抽一點時間來看看五保對象。黨委書記接著說，辦幸福院就體現了社會主義的優越性，公社黨委一定要把幸福院辦好，讓五保戶老人們享受社會主義的優越。黨委書記要求住進幸福院的五保戶老人們安心在幸福院裡過日子，不要記掛家裡的那些罈罈罐罐了，那些對他們都沒用了，進了幸福院就什麼都有了，就高高興興過日子。他最後問住進來的五保戶們對剛才吃過的下午飯滿意不滿意。五保戶們都說滿意。黨委書記笑著說，滿意就好，說五保戶們從此天天都能吃到滿意的飯菜。正說話間，外面傳來鑼鼓聲，黨委書記說可能又有生產隊的糧食產量放衛星了，他得馬上去公社接待報喜的生產隊。

公社黨委書記和社長急忙回到公社所在地的院子，準備一本正經地先坐在各自辦公的窯裡，敲鑼打鼓的隊伍幾乎就踢著他們的腳後跟進了公社的大門。來報喜的農民打著的橫幅上寫著「梁家莊的糧食放了衛星」。公社黨委書記和社長在各自辦公的窯洞門口轉過身來，拍著手做歡迎和慶賀狀。就在他們轉過身的同時，報喜的人們已在他們打來的橫幅後圍成個弧形，領隊的生產隊長和生產隊黨支部書記示意叫敲鑼鼓的停手。鑼鼓聲戛然而止，梁家莊生產隊會計手持發言稿從弧形的一端走到橫幅前，開始向黨報喜：梁家莊生產隊向黨報喜。我們梁家莊生產隊的廣大社員在生產隊黨支部的領導下，高舉總路線、大躍進、人民公社三面紅旗，響應黨的號召，貫徹農業八字憲法(即毛主席提出的水、肥、土、種、密、保、工、管的八字憲法。)，解

放思想，大幹快上，戰天鬥地，取得了糧食高產，我們生產隊的小麥產量放了個大衛星，畝產達到五百斤，特向公社黨委報喜。

會計報完喜。梁家莊生產隊的黨支部書記宣布要公社黨委書記講話。公社黨委書記臉上堆著笑容，拍著巴掌來到橫幅和弧形弦的地方，自己先停止拍巴掌，然後示意弧形裡的人也停止拍巴掌。巴掌聲就在他示意的同時停止了。公社黨委書記說他很高興，得知梁家莊小麥畝產上五百斤，他非常高興，這說明黨的總路線、大躍進、人民公社三面紅旗是正確的。梁家莊小麥產量放衛星的事實告訴我們，鼓足幹勁，力爭上游，多快好省地建設社會主義的總路線是多麼的英明正確，我們完全可以做到又多，又快，又好，又省，我們一定可以全面大躍進，一定能在十五年之內趕上美國，超過英國。同志們，我還要說的是，糧食產量放衛星了，一定要保住我們的糧食，要積極響應毛主席的號召，消滅麻雀。別小看那小小的麻雀，那些小東西合起來數目大得嚇人，一年下來，要吃掉我們幾十萬斤糧食呢。我希望你們梁家莊在消滅麻雀，除四害上也能放個大衛星。

其實在梁家莊人報喜前，整個中國的人，城裡人和鄉下人都一樣，全都熱烈響應偉大領袖毛澤東的號召，積極行動著消滅麻雀，中小學停課，讓老師帶著學生打麻雀。那時的麻雀真正陷入了人民戰爭的汪洋大海，到處找不到個藏身之地。孩子們用彈弓打，多高的樹枝，彈弓彈出的石子都能打到。許多孩子玩彈弓打麻雀上了癮，彈弓打得也很有功夫，只要看見麻雀，就一定能一弓將其打落在地。動員起來的全民對麻雀的人民戰爭對麻雀來說絕對是草木皆兵。縣城裡的居民走出房屋，站在院子裡，牆頭上，屋頂上，手裡拿著自製的長鞭子吆，敲著臉盆嚇唬，使麻雀不停地飛著逃命，最後累得掉到地上，一動不動，束手就擒。人們因此戰果輝煌，把抓住的麻雀拴成串，大串大串地抬著向縣委獻禮，報喜。更有單位將一串串的麻雀一串挨一串吊在汽車槽的左右後三面，人站在車上敲鑼打鼓來向縣委獻禮，報喜。縣委書記看著滿車幫的死麻雀，興奮至極，向來報喜的人們高聲說，還是偉大領袖毛主席說得對，黨的政策一旦被群眾所掌握，就能變為無窮無盡的力量，就能創造出任何人間奇跡。偉大領袖毛主席親

手發動的這場對麻雀的人民戰爭剛一打響，就取得了如此輝煌的勝利，縣委向大家表示祝賀。這一戰果的取得說明，毛主席的指示是英明正確的。我們一定按毛主席指引的方向奮勇前進，在各條戰線上全面躍進。同志們，大家要相信，只要我們聽毛主席的話，就沒有辦不成的事情。報喜的和獻禮的人們聽得群情激昂，熱烈鼓掌。

縣委書記的講話好像有根據，只要相信毛主席，一切都是可能的，而且一切都好像簡單了。黨中央毛主席提出鋼鐵產量要達到1070萬噸，超過英國，趕上美國，於是就掀起了全民大煉鋼鐵的高潮。公社的農民要熱烈響應大煉鋼鐵的號召，放下手裡的鋤頭，到有鐵礦石的山上去挖礦石，然後在山坡上挖個小高爐，許多小高爐的集合就叫小土群。給這樣的小高爐安上四個人拉的大風箱，點上火就能煉出鋼來，一點都不難。那鐵礦石也幾乎是滿山遍野，俯拾即是。祖塋縣中學高中二年級的學生停課三星期，開進一個小山溝，由當地農民領上山挖鐵礦石。經農民指認，學生們大開眼界，原來那些小山坡上略帶點紅色的石塊都是鐵礦石，而且據說還是富鐵礦石。學生們把自己撿的鐵礦石一擔擔從十幾里外的小村莊擔回學校。學校黨委指派物理老師和化學老師指導煉鐵。老師們看准廢棄的燒磚窯可以當煉鐵的高爐使用。他們指導學生向廢磚瓦窯裡裝擔回來的鐵礦石：一層鐵礦石下是一層厚厚的煤，煤層下又是劈柴和樹枝，圓木。就這樣一層層裝了滿滿一磚瓦窯。裝滿了後，學校共青團委員會書記報告黨委書記，並請黨委書記和校長到煉鐵土高爐現場指示點火，啟動煉鐵儀式。

土高爐，也就是廢磚瓦窯，點火的那一天，全校學生都被集合到土高爐前，敲鑼打鼓吹洋號，祝賀高爐點火開始煉鐵。黨委書記簡短的幾句講話後宣布高爐點火。物理老師先用火柴點燃了蘸了煤油的布團，然後把燃燒著的布團塞進爐膛。爐膛裡澆過煤油的麥秸隨即就著起大火，不一會兒，磚瓦窯上面冒煙了，點火成功，全校師生為之好一陣歡呼。之後，校長宣布回教室按當天課表上課。老師們和學生一樣，往教室走著還戀戀不捨地回頭望著煉鐵的廢磚瓦窯上空翻騰的濃煙。隨後，那濃煙冒了足有兩星期，教師和學生都習以為常了，也不大有人注意當做煉鐵爐的廢磚瓦窯的什麼動靜。兩星期以後，物理老

師注意到高爐不冒煙了，他去高爐前看了看情況後向黨委報告本校的第一爐鐵練好了。又過了一星期，中學黨委書記指示拿著煉好的鐵向祖塋縣委報喜。校團委指使兩個學生團幹部冒著高溫從爐膛裡用洋鎬摳出一塊灰黑的東西用水澆涼，放在一個盤子裡，蓋上一塊紅布，鄭重其事地抬著，敲鑼打鼓吹洋號，浩浩蕩蕩向中國共產黨祖塋縣委員會去報喜。

縣委書記好像提前知道中學師生要來報喜，站在縣委院子裡等著，見報喜的師生到了，他先拍巴掌表示歡迎。學生會主席宣讀了喜訊。縣委書記也不看煉出來的鐵的成色，就發表講話，祝賀中學師生在大煉鋼鐵運動中做出的成績。縣委書記反過來又向中學的師生們報喜說，大躍進的年代真是一天等於二十年，更是捷報頻傳。剛才他接待了龍首人民公社的報喜隊，這個公社的龍首生產隊的糧食產量又放了個大衛星，畝產小麥一萬斤。真是讓人吃驚。不過和全國別的先進地區比，畝產一萬斤算是個小衛星。《人民日報》上登的報導說，江南有的生產隊的糧食畝產超十萬斤。這才算是個大衛星。同志們，我還是那句話，只要我們相信毛主席，什麼人間奇跡都是可能的。

縣委書記報告的糧食產量大衛星到他報告時已不是新聞了，這是三天前《人民日報》上登的消息，而且《人民日報》在登這條消息之前早已放了一連串的糧食高產衛星，最早說某地糧食產量五百斤，放了個衛星，次日又說另一地又放了個衛星，糧食畝產一千斤，之後，逐天增長，反正第二天肯定有新的衛星放出來，人們也習慣性地等著看第二天的衛星，同時忘掉當天的高產衛星。可是這畝產十萬斤的大衛星畢竟與前面放出來的諸多衛星有些不同，人們對這顆衛星就多留了點意。申順榮就是眾多留意這顆高產衛星的人中的一員。申順榮的爺爺申士俊曾設計要他放羊，不想讓他上學，並發出狠話說申順榮肯定不是念書的料，斷言說申順榮要能把書念成，豬也能念成，狗也能念成。可是申廣仁沒聽老爸的話，賭咒似地送申順榮上了學。這個申士俊一直蔑視的孩子也好像賭咒似地，一到學校就念得非常好，升高小時還跳了一級。然後升初中，升高中，一路過關斬將，到糧食大放衛星時，申順榮已是高中二年級的學生了，不但學業好，還肯思

考。他首先覺得這十萬斤的畝產量非同小可，十萬斤稻子，用我們的
「解放」牌汽車裝，需十三輛「解放」大卡車。若將這十萬斤稻穀裝
麻袋，每袋裝一百五十斤，能裝六百六十七麻袋。一畝地也就六百六
十六平方米。這樣看來，一平方米的地面上就應該產一麻袋還多些的
水稻。他認為這是不可能的。可是在班裡的政治討論會上，他對畝產
十萬斤一提出質疑，立刻遭到團支部書記等人的無情批判，說他這是
對總路線，大躍進，人民公社三面紅旗的懷疑，是對偉大領袖毛主席
的不信任。他們還說申順榮這樣的言論其實就是反黨言論，因為黨報
上登的消息就是黨說的話，對黨和毛主席說的話持懷疑態度，就是反
黨，反毛主席。一連串的大帽子掄得申順榮脊背上都滲出了冷汗。他
聽著，同時暗想著，乖乖，這些帽子要真扣在頭上，一切都完了，為
媽媽爭氣，叫爺爺看他能把書念成就都不可能了。申順榮立刻作了自
我批評和自我批評式的辯白，說他之所以有那樣的糊塗思想，主要是
因為政治學習不夠，尤其沒能深入領會總路線和大躍進的精神實質。
申順榮痛心疾首地說，在一天等於二十年的大躍進年代，類似他這樣
的糊塗思想是有很大的破壞作用的，尤其有渙散人心的破壞作用。認
識到這些以後，他就要從中汲取沉痛的教訓，迎頭補上政治學習所缺
的課。還好，班主任老師肯定了他的自我檢討，勉勵他確實加強政治
學習，急起直追，跟上大躍進的步伐。申順榮得了個大難不死。他從
對他的這場批判中悟出了很多東西。

　　申順榮在中學正受批判的同時，中華大地上的中華兒女大躍進，
大煉鋼鐵的腳步不但沒有放緩，反倒更加快了。大煉鋼鐵的小高爐構
成的小土群到處都是，祖塋縣地面上的中華兒女，老老少少的躍進熱
情一樣身不由己地空前高漲，生產隊的青壯年全出去找鐵礦石了，
地裡的莊稼全撂給婦女和老人們利用煉鋼鐵的間隙去經營。就這些
人，婦女號稱她們能頂半邊天，老人們誇海口說他們「黃忠八十不服
老」，沒有遍地的鐵礦石可撿，也沒有掘地可得的鐵礦石可挖，他們
就地取材，把家裡的鐵鍋、鏵、耙齒、鐵釘等鐵器都搜出來扔進小高
爐裡去煉。深山間的寺廟裡的鐘、鐵香爐和磬當初躲過了人民解放軍
的破除迷信，在大煉鋼鐵的高潮中被革命群眾想到了，被抬出寺廟砸

碎扔進小高爐裡去為1070萬噸做貢獻。南轅庄的申士俊聽說洞兒山上寺廟裡的香爐、磬和鐘被砸的煉了鐵，輕輕歎了口氣說，不祥之兆呀！

　　不知是因為人們對大煉鋼鐵太有興趣而忘了田間還有成熟的大秋莊稼要收穫，還是因為生產隊裡僅剩的婦女和老頭沒力量把那些成熟的糧食收回來，總之，一場大雪將沒有收割的大秋莊稼全毀在地裡。一料的收成就這樣毀在地裡，這是個不小的災難，無論是在小土群裡大煉鋼鐵的人們，還是留守在農業第一線的婦女，老人及孩子，馬上面臨著鍋裡無米可下的尷尬。更尷尬的是，被弄去大煉鋼鐵的人在外面風餐露宿，力沒少出，幹了一個下半年，到頭來竟沒拿到秤砣大一塊鐵，連砸的扔進小高爐的鐵鍋片，鐘、磬等的碎片都被煉得像蒸發了似的，在小高爐裡最後變成人們叫不上名堂的灰黑渣子。被弄出去大煉鋼鐵的人們餓著肚子，拖著疲憊的身子回到家，面對揭不開鍋的窘境，人們只好自嘲般地感歎，弄的毬事，一頭抹擔，一頭挑擔。更有人家連做飯的鍋都沒有了。當初辦共產主義公共食堂時，就不准農家藏對公共食堂有破壞作用的鍋，後頭大煉鋼鐵時又把嚴密搜索出來的鐵鍋拿去煉鋼。可是這怪誰呢？只能怪自己把鍋沒藏好，或者怪自己當初少了個心眼，相信共產主義的公共食堂會像黨說的，一直會把中國人帶入共產主義的天堂。現在可好，共產主義的公共食堂早都因為無米下鍋，無柴禾燒鍋而散夥了，所謂的吃飯不要錢的好事就那麼黃了。看來，就是跑步著，現實和美好的共產主義之間的距離一點也沒見縮短，反倒顯得更長了——眼下就吃不上飯。

　　當初三面紅旗剛打出來時，中國共產黨祖塋縣委員會書記得機會就講，只要我們相信偉大領袖毛主席，什麼人間奇跡都是可能的。人們無條件相信了縣委書記的話，越發堅定了對偉大領袖毛主席的信任，在大躍進，放衛星的同時，各條戰線都跑步進入了共產主義，縣聯社一下就變成了沒有售貨員的共產主義商店，顧客需要什麼就拿什麼，然後自動向收銀箱裡放錢。消息傳出，顧客盈門，而且各個顧客的需要量都大得驚人。一天工夫不到，商店的貨被「買」空了，收銀箱裡卻沒收下幾塊錢。有人據此斷言說我們距共產主義還遙遠得很。

可是另有人說，這個事實證明，縣委書記說得對，任何人間奇跡都是可能的，這個共產主義商店和該商店的遭遇都堪稱人間奇跡。

五保戶申吉茂從幸福院回來了，他比那些從小土群裡回來的那些農民煉鋼工還狼狽得多。其實，申吉茂早在外出大煉鋼鐵的人返回之前，大概快八月十五時，就從幸福院逃出來了。剛逃出來時他沒敢回村上來，他嫌太丟人：當初那麼風光地被請進幸福院，自己的存糧叫人家連囤底都掃的全弄走了，家裡的東西都送人了，打的底就是要叫幸福院給他送終，結果在幸福院呆了勉勉強強三個月，不但沒有幸福可享，簡直連一日兩頓飯都沒有了。他自己看了那麼多的戲，世上的事，前三朝後五帝，他沒有不知道的，世上的事理，他幾乎都明白，他怎麼就沒看到所謂的幸福院是人家造的西洋景，還對其深信不疑，把自己藏的連搞統購統銷的幹部都沒注意到的糧食叫人家拿的一顆沒剩。一向明白的人一旦被人騙了，自己覺得特別丟面子，好像自己當小偷被人抓住了那樣，沒臉見人。

剛把五保戶們請進幸福院的那幾天，幸福院還真讓受了幾十年苦的孤寡老人感到了些幸福，有吃，有穿，有住處，而且什麼都不用幹。就吃的來說，用受苦農民的標準說，還算可以，一天兩頓飯，頓頓有稀，有乾，還有炒菜。可是好景不常，連一個月不到，住在幸福院裡的五保戶們都覺得給的菜少了，調麵條的醋裡加水了，饅頭也小了，晌午飯基本都是下菜連鍋湯麵條。一個月後，情況更加不妙，炒菜沒有了，代之以揉小白菜，鹽調剁青辣椒，晌午飯調麵條的油潑辣子沒有了，代之以醬油和辣子麵兒，連兌水的醋也沒有了。來這裡享幸福的五保戶有些不服氣，問做飯的為什麼伙食變得這麼糟，那大師傅沒好氣地告訴他們，幸福院一沒錢，二沒糧，只能這樣暫時湊合著。大師傅稍停了一下又補充說，當下這幾天還能湊合，要是再要不下糧，他就扒爐子走人。聽了這話，申吉茂就暗自猜度，剛進幸福院那陣吃的糧食就是他們自己帶來的。自己帶來的吃完了，公社又沒糧可給，各個生產隊的公共食堂都垮臺了，幸福院裡不湊合還能有什麼辦法。

據申吉茂自己後來說，幸福院的大師傅說了公社沒糧的話，他就

想到幸福院沒幸福可享了。那時他就想走，可是他環顧四周，沒處落腳，村裡的公共食堂都散夥了，他又被弄了個精光，即使回到村裡，沒處吃，沒處住，就是說晚上睡覺都沒被子蓋。此時，他覺得自己上當了，覺得很沒有面子回到村裡見族裡的老幼，尤其怕聽到涼聖人申尚仁的涼話。但是他又不甘心被騙，他要想辦法彌補自己的損失，挽回點面子。幸福院的敗相完全顯露出來了，原來安排的所謂工作人員不見了蹤影，已經有人餓得受不了不辭而別了。這倒好些，吃飯的人少了，暫時留下的人還能多吃幾天。終於到快過八月十五時，做飯的大師傅也不見了。這時，你不想走也只能屎殼郎搬家——滾蛋。

申吉茂看到幸福院那副倒閉相的同時，決心按自己想好的方案行動。他回到宿舍裡，把他床上的被子和褥子一卷，再把自己的幾件衣服往裡一夾，用早準備好的繩子捆成可以雙肩背的行軍鋪蓋卷，背了起來，對同宿舍的兩個老哥兒們說，該老禿子拍頭——大痂（家）同散吧。說完，申吉茂背起捆好的鋪蓋卷走了。

申吉茂都快走出院子了，那兩個老哥兒們才醒過神來，也照申吉茂的方式把床上的被子和褥子一捆，背了起來，都驢馱乾草——自辦前程了。申吉茂出了幸福院的大門沒往南轅庄去，而是向祖塋縣城奔去。他當時想，自己被弄了個精光，不好見村裡人。另一方面，他怕幸福院的管事的追著來把被子和褥子要回去。第三，他老早都想好了，即使回到村裡，討飯都沒人給得起，乾脆去縣城看縣劇團的戲去。吃飯和睡覺的問題都好解決：到國營食堂蹭蹭就是一頓飯，縣城裡的關帝廟很大，找個角落把鋪蓋一展就能睡一夜。他這方案真實用。照此方案，申吉茂跟著縣劇團看了兩個月的戲。其實，湊合了不到一個月，劇團的演員和樂隊的人都和他熟了，日子更好混了。跟著劇團混吃混喝，他老有經驗了，那些經驗在新社會，剛到來的共產主義時期，仍然管用。只是兩個月後，他冷得頂不住，這才背著鋪蓋卷神不知鬼不覺地回到告別過的南轅庄。

申吉茂溜進自己的院子，一股悲涼之風撲面而來。那院子裡幾個月沒人進出走動，茅草曾瘋長過，現在下過霜，且又下過雪，枯黃的茅草東倒西歪，但也有幾根硬杆的臭蒿不肯低頭，耷拉著枯枝，還扶

著那些被霜打軟了的茅草。臭蒿周圍的茅草依在臭蒿上，形成一個個類似尖頂帳篷的枯草簇。申吉茂看著這些倚在臭蒿周圍的茅草形成的尖頂類似帳篷，覺得挺滑稽，他想像那是小鬼來他院子安營紮寨時搭的帳篷。申吉茂隨即打開他的廚屋窯門，進門一看，灶臺上的鍋被人拔走了。他這才明白，他不光無糧可吃，連把涼水燒成開水的鍋都沒有了。不管怎樣，這還是他的窩兒，他把背回來的被褥卷兒扔在塵土覆蓋的炕頭上，坐在炕塄上想轍。吸了一鍋旱煙的工夫，他想好了，他認為他應該到拔走他的鍋的申滿倉家裡討飯吃。他磕掉煙灰，下了炕，向申滿倉家走去。

　　申滿倉比申吉茂兔一輩，申吉茂進了龍門就直呼其名叫滿倉。申滿倉應聲從屋裡出來，嘴裡說，喲，是三叔呀，你啥時候回來的？申吉茂直言相告說他早都從幸福院出來了，現在混的沒處混了才溜回來，他這個當上的現在連飯都吃不上了。既然當初他的做飯鍋讓滿倉拔去了，他回來就要先在滿倉家吃飯。這時滿倉媳婦上話了，看三叔說的，我們拿了你的做飯鍋，你就來我家裡吃飯。就是我們什麼都沒拿你的，你到這一步了也該來我家吃飯。三叔，當下這情況，咱可把醜話說在前頭。我們拿了你的鍋，屬實，可是我們也沒守住，叫人家搜去煉了鋼鐵了。食堂散了，我們回來做飯用的就是當初藏在炕洞裡那麼個小後鍋，連個饃都蒸不成，也沒啥蒸。你知道，食堂把一點夏糧土平完了，秋糧又沒收回來幾顆，家家都沒啥吃，你要在我們家吃飯，也只能有什麼，吃什麼，吃到鍋裡沒啥下了，咱就各想各的辦法。申吉茂聽著聽著，眼裡滾出幾滴濁淚，哽咽著說，賢侄媳婦，你是個明白人，你說的「醜話」都在理，我聽你那話不醜，你說的都是實情。賢侄你放心，我不忍心把你們吃的鍋裡沒啥下。你兩口不嫌棄我這老瓜子，讓我吃兩天飯我就覺得很有面子了。申滿倉苦笑著說，三叔，不是你瓜，這號年代，誰想不瓜都難。你說，都是好好的人，大睜兩眼就信「人有多大膽，地就有多高產」的鬼話。這一年快完了，產的糧食哪裡去了?!人家黨說給你們辦幸福院哩，你敢相信黨騙你?!申吉茂長呻短歎說他覺得太丟人，叫人騙了個精光，成了眾人的笑料。

其實公社的幸福院裡沒了幸福，散了夥的事盡人皆知，只是南轅庄的人們一直沒見他們送進幸福院的五保戶申吉茂回來，有些不解。於是關於申吉茂的下落就有好幾種說法，有人說公社的幸福院撤了，裡邊的五保戶老人都被轉到更幸福的縣級幸福院了；又有說法否定這種說法，證據就是相鄰的幾個村當初送進去的五保戶都回村了。比較瞭解申吉茂的人則給出一種猜測：申吉茂那人是個爭氣的人，這一回上了幸福院的大當，叫人騙了個精光，覺得丟不起這人，一氣之下到哪個山溝懸崖尋了短見。南轅庄大多數人相信這個猜測，有人甚至提出來要找公社黨委書記要人：活要見人，死要見屍。但是由於手頭沒證據，又加上家家都貓吃糖瓜——在嘴上挖扒（都沒糧糊口），要人的話只是說說而已。如今申吉茂不聲不哈溜回來的消息不脛而走，一下子，南轅庄的人都知道了，說實話，村裡人得知申吉茂回來了，多少還有些欣喜，這也與申吉茂一世的為人有關，用南轅庄人口前的一句話說，就是，那是個好人。

　　申明道就循聲找到申滿倉家，見了申吉茂的頭一句話是，你前半輩子是追著看人家唱戲，老咧老咧，自己登臺了。你這一齣戲唱得叫人哭笑不得。申吉茂自我解嘲說，別提了，把人丟完了。你說得對，我是登臺唱了一齣戲。人說戲是高臺教化，不知你兄弟學到了些什麼。正說話間，申尚仁來了，這位涼聖人還是不熱不涼地和他的「叔家」開玩笑，你叔家放著幸福院的福不享，跑回來跟咱這些吃不上飯的社員混啥呢？申滿倉替申吉茂解嘲說，幸福院都沒影兒了，哪來的福叫他享。申吉茂接著話茬說，還提享福哩，現在弄的連看的一顆糧食都沒了，把嘴都伸到人家的鍋沿上了。申尚仁聽了一本正經地說，那可不行，嘴不能長期擔在人家的鍋沿上。他不信申吉茂當初一點糧食都沒留。申吉茂賭咒似地說一顆都沒留下，申黑三可以作證，就是申黑三和公社來的人掃的他的囤底子。申尚仁啟發道，現在你沒啥吃，就該找生產隊長要糧，反正你是五保戶，幹活不幹活，公社都要保證你有吃的。申吉茂聽了，認為申尚仁說得有理，他的全部存糧就是申黑三夥同公社黨委騙走的。

第三十一章　藤上的瓜

　　「鼓足幹勁，力爭上游，多快好省地建設社會主義」。這就是黨的建設社會主義的總路線。再加上大躍進和人民公社，就構成了偉大的三面紅旗。這三面紅旗的號召力和威力大得無法想像，不光當時無法想像，相當長的歷史時期之後還是不能想像。可能是因為無法想像，因而也無法定義那個年代，於是就籠統地把那個年代頌為火紅的年代。黨的三面紅旗創造了火紅的年代，全國人民在火紅的年代高舉三面紅旗快速建成了社會主義。當時有一首全國唱響，經久不衰的《社會主義好》，歌詞如下：社會主義好，社會主義好！社會主義國家人民地位高。反動派，被打倒，帝國主義夾著尾巴逃跑了。全國人民大團結，掀起了社會主義建設高潮，建設高潮。（二部輪唱）社會主義好，社會主義好！社會主義江山人民保，人民江山坐得牢，反動分子想反也反不了。社會主義社會一定勝利，共產主義社會一定來到，一定來到。共產黨好，共產黨好！共產黨是人民的好領導。說得到，做得到，全心全意為了人民立功勞。堅決跟著共產黨，要把偉大祖國建設好，建設好。（後頭又是二部輪唱那一段。）（此歌詞作者希揚，曲作者李煥之。）這曲《社會主義好》要證明社會主義確實已建成，詞作者從社會主義的現實中觀察到「社會主義國家人民地位高」，肯定「人民江山坐得牢，反動分子想反也反不了。」不僅如此，詞作者還觀察到「共產黨是人民的好領導。說得到，做得到」。可是申吉茂似乎和這首歌沒有任何聯繫，他嘴裡上氣不接下氣地唱著秦腔戲《三回頭》裡鬚生那一句「實可憐，我的女……」他好像不記得後頭的臺詞，總是反覆唱著「實可憐……」邊唱邊往生產隊長申黑

三家去。

　　隊長申黑三剛吃完早飯放下碗準備去飼養室，被迎面進來的申吉茂堵了回來。申黑三早知道申吉茂把幸福院住黃了的事，而且他算計申吉茂要來找他算帳。今天見申吉茂真地來了，他趕緊笑臉相迎，問道，吉茂哥回來了，吃飯了沒有？申吉茂冷冷地回道：吃過西北風了。申黑三趕緊接著說，那就在這裡吃點現成的。申吉茂不熱不涼地問，就讓吃一頓，還是一直就在你這裡吃？申黑三有點為難了，說他可沒那大的後勁讓申吉茂一直在他那裡吃飯。申吉茂認真了說，今年各生產隊的糧食放了那麼多的衛星，生產隊長家沒糧留個五保戶吃飯這事沒人信。申黑三有些無可奈何，有點求饒，問申吉茂是真沒看明白，還是有意來出他的洋相。申吉茂說他看明白了，那麼大的衛星一個個放到天上，他怎麼能看不明白。他沒看明白的是辦幸福院的事：你們放了那麼多的糧食高產衛星，辦個幸福院還要把五保戶的糧食騙去給公社臉上貼金。從他家打掃走的糧食，他一個死老漢一年都吃不完。結果把他弄到幸福院吃了沒三個月，連做飯的都跑了。他被騙得籠兒也沒了，蟲兒也沒了，現在回來要把嘴掛在槐樹稍上。當初申黑三夥著公社黨委書記滿保滿應地說他進了幸福院就什麼都不用愁了，他自己的那點糧食若不叫打掃走，就只等老鼠糟蹋了。當初是申黑三和公社黨委書記做主弄他的糧食的，現在你申黑三得做主還糧食。再者說，他申吉茂是五保戶，公社和生產隊要保他有吃有穿。申黑三尷尬地乾笑著說，吉茂哥說得對，但是他申黑三哪有膽子騙吉茂哥呀。誰都知道，那一套全是上頭下來的，咱不跟著跑行嗎？就拿糧食產量放衛星來說吧，上頭要你放衛星，你不放不行，那蠟先坐不下來，你放個小的還不行，必須放個比別人的衛星更大的衛星，你放不了那麼大的衛星，更大的蠟就等著你坐呢。弄你老哥的糧，送你進幸福院的事我都有份，我不敢賴帳。你先在我這裡把這頓早飯吃了，糧食的事咱後頭設辦法解決。別說咱前頭弄了你的糧，就是一顆都沒拿你的，這時你沒啥吃，咱也得管你麼。吳彩蘭已把飯重新端上炕頭，招呼申吉茂吃飯。

　　申吉茂並不客氣，坐上炕頭，拿起筷子說他趕這點來就是有在隊

長家混頓飯的意思，他被人騙得什麼都沒有了，只有自己的一條老命了，就這條老命還真是自己的，一定要保住，所以他現在什麼都可以不顧要保老命。他想明白了，要是保不住老命，他可就真地虧完了。他想好了，弄到這步田地，他也就成了六月的狐狸——不惜皮也不惜毛了，能活著，興許還多少能撈回來一點。要是把他死了，誰也不會為他去理論。就是他還能活著，他也不會找誰理論去，誰叫咱自己相信人家的。所以就這麼賴活著一點一點地撈才是上策。隊長能讓他吃這頓飯，至少可以保證他今天不死，能多活一天，他就可能撈回一點。申吉茂雖拿起了筷子，可是一口飯菜還沒吃。申黑三乾笑著催他說只有吃上飯才能保住命，光說話不但保不了命，還損命呢。申吉茂也乾笑說，提起他被騙這一轉子事，他就由不得想說。說罷就埋頭吃飯。申黑三吩咐申吉茂吃完飯來大隊保管室。

申黑三要去找保管員的路上，被申祿順截住要交錢領口糧。申黑三見狀，改變了行動路線，拐向飼養室。可是申祿順一直跟著和他說交錢領口糧的事。申黑三拿著架勢說，辦食堂時吃飯不要錢，大家都吃超了，現在隊裡沒糧食了，更不敢收人的錢。就算敢收人的口糧錢，你申祿順家該交多少，這一時三刻還算不清。他叫申祿順先回去，他吩咐會計結合他父親申幼平和他媳婦掙的工分和在食堂超吃的部分算一算，看究竟應該交多少錢，還能給他多少糧。申祿順認為申黑三這話有問題，就說，當初辦食堂時政府和大隊都說那是共產主義的，保證每人都吃飽，吃好，況且每頓飯都是你們的人一勺一勺分給社員的，怎麼現在成了社員超吃了，尤其是他家，還存在個比別人多超吃的問題，這是怎麼說的。申黑三解釋說，後半年，黨中央說那是共產風，太快了，是一平二調，黨中央指示要把平調來的給社員退回去。所以當初多吃了的現在就得往回扣。申祿順聽說這是黨中央的意思，心裡打了個冷顫，只好轉求人家儘快算，說家裡快揭不開鍋了，再說也快過年了。申黑三嘴上答應著，腳下加快了步伐往飼養室裡溜。

申吉茂吃完飯急忙往大隊保管室趕，可是當他到了保管室，才發現那裡連個人影都沒有。申吉茂扭頭就往保管員家尋。他找到保管時

保管員正在給媳婦劈柴，他問保管員知不知道要給他裝糧的事。保管員有些莫名其妙，反倒問申吉茂給他裝的哪個名堂的糧。申吉茂有些急了，他問保管員申黑三對他說沒說要給他裝些糧的事。保管員這才聽明白了，說他連申黑三的面都沒見過，哪能知道要給申吉茂裝糧的事。申吉茂似乎也明白了，說申黑三在涮他。說完，申吉茂扭頭就走了。

申吉茂追到飼養室，申黑三正在給牲畜拌草，一見申吉茂氣呼呼地跨進飼養室，申黑三立刻賠笑招呼說等他拌完草再向申吉茂解釋。申吉茂仍然沒好氣地說，解釋個毬，申黑三在變著法兒涮他。申黑三則賭咒發誓說他沒敢拿五保戶尋開心，只是因為當初的高產衛星放炸了，隊裡產的糧食幾乎全交了公購糧了，隊裡確實沒幾顆糧食，那麼多的人都眼睜睜地盯著保管室的門，他不敢鳴鑼旗鼓叫保管員開保管室的門。申黑三勸申吉茂先回去，下午還來他家吃飯，至於裝糧的事，他瞅機會來叫申吉茂去裝。申吉茂聽了後無可奈何地說申黑三把隊長當成毬了，當初光知道跟著胡吹著放衛星，可沒想到叫人家給算計了，現在把鱉裝下了。

※※※

生產隊裡沒糧食的現實好像被理解並接受了，儘管吃了上頓沒下頓，人們也不指望從生產隊里弄到一粒糧食，更不指望從政府那裡得到一頓飯的所謂返銷糧。人們似乎看明白了，政府也缺糧，從農民手里弄走多少都不夠似的，總在想著法兒從農民手裡弄糧食。用農民們當時的一句話說，別想從猴子手裡奪下桃來。人們就得自己想辦法找糧食度過這肚子餓得發燒的火紅年代。但是黨的政策在那裡擺著的：嚴厲打擊倒賣糧食的投機倒把，搞糧食棉花的投機倒把是犯罪行為。而且，黨和政府對此類犯罪行為盯得很緊，一旦發現有糧食買賣，立刻取締，犯罪者被抓，糧食被沒收沒商量。這是對買家的處罰，賣家不但要被問罪，還要被窮追猛打，直到把他的「囤糧」完全挖出來弄到國庫裡。所以，那時的人們，鄉裡人和城裡人一樣，想到要設法弄糧食就怕得上牙磕下牙。

好在，黨在長期的革命鬥爭中創造的遊擊戰術被廣大的中國農民所理解並且用起來。自從實行糧食統購統銷以來，黨和政府把糧食抓得那麼緊，對糧食的投機倒把者的打擊不可謂不嚴厲，這倒提示了一些人要把手頭的糧食隱蔽好，所以，儘管很多人沒糧吃，還有人有糧可賣就證明，中國農民把遊擊戰術學到家了。

說中國農民把遊擊戰術學到家了，這話似乎有點誇張，因為那個年代農民們沒心思靜下來研究偉大領袖的《抗日遊擊戰爭的戰略問題》，但是毛主席的遊擊戰的戰略戰術的基本原理卻是在人民抗戰的實踐中發現的，創造的，就是說人民群眾早都知道如何利用自己的優勢和對手迂迴作戰。眼下面臨沒糧吃的困境，農民們自身的優勢就是土生土長，很瞭解周圍的情況，什麼地方，什麼人有糧可賣，農民們有個基本的掌握，而且，怎樣跟有糧可賣的人取得聯繫，農民們自有瞞過政府的辦法。這也在道高一尺，魔高一丈的規律內。再加上這一年的大躍進，放衛星，大煉鋼鐵，大辦公共食堂這些事鬧下來的效果都不那麼輝煌，特別弄得社員家家缺糧，公社的幹部這時都有點蔫頭耷腦的，不但不主動來找社員的事，還有點躲著事，特別躲那些不太買黨依靠他們的賬的貧下中農。生產隊的幹部，如申黑三，這一年下來也好像弄得灰頭土臉的，尤其怕人找他要糧吃，也是能不見人最好不見。農民們瞅准這是偷著買糧的好時機。人們都不動聲色，各自按自己的計畫單獨行動。

自從走上農業合作化的社會主義道路後，尤其公社化以後，農民們就沒有了冬閒這一說，黨和政府總有一些很能激勵人們的革命幹勁的口號，如激發農民變冬閒為冬忙，為來年的春耕和大豐收做準備，送糞呀，挖土呀，鍘草呀，等等，無不是大兵團作戰。所有這些變冬閒為冬忙的農活對來年的大豐收到底有多急迫非要幹不可，誰都心裡有數，但是人人都積極參加，社員自己說是為了掙那點工分，實際上他們都明白，那是應卯，應了卯，黨就不抓你投機倒把自發走資本主義道路的問題了。用農民當時的話說，就是「他就不尋你的事了」。可是人民公社的社員的應卯可不能像朝廷的大臣那樣，應過卯沒人上奏就退朝了，公社社員得全天出現在幹部眼前，否則不但沒有工分可

記，還得被追查，背個投機倒把嫌疑分子的壞名。偷著出去弄糧食的事只能晚上去幹。那時社員們把偷著弄糧食就叫「摸黑」。這「摸黑」就是偷著買糧的代名詞。

「摸黑」很辛苦，在生產隊裡「冬忙」一天，晚上天完全黑下來了，就是家家都掌燈了，很少有人出屋時，要「摸黑」的人這才摸出扁擔和毛口袋，輕腳輕手出了大門擦牆走著溜出村，向說好賣糧的人的村子溜去。「摸黑」這樣的行動一般是兩個很要好的人合夥行動，他們說這樣安全，有個照應。他們說，去摸黑，再遠的路，擔再多的糧，都要當晚去，天明之前回到家，要趕上出工時分去應卯。社員們說得很邪乎，說那些年月人們都「摸黑」，鬼也多，常常在「摸黑」的路上遇到迷糊。他們說的這「迷糊」可不是《現代漢語詞典》裡解釋的那個意思，「（神志或眼睛）模糊不清」，而是一種讓人迷糊的鬼魂，念法也和詞典裡的「迷糊」不一樣，這裡的「迷」念四聲，他們說，人要被迷糊纏住了，你就是走不了，睜著眼睛看不見路，或者原地打轉轉，有的甚至睜著眼睛就從懸崖上走下去了。他們說的「照應」大概就是說在碰到「迷糊」時可以互相提醒，以免出類似的危險。關於「迷糊」的事，在那火紅的年代傳聞很多，但是傳說的人被迷住的表現形式都是什麼都不知道，眼前的深溝，懸崖都視而不見，愣是走了下去。為「摸黑」付出了生命的傳聞也不少。幾年後從中印邊界反擊戰回來的革命戰士以親身的經歷解開了「迷糊」的迷。他說他們追擊印度兵，五天五夜沒停步，三天以後，人的腦子全木了，只知道跟著前頭的人走，睜著眼睛就是什麼都看不見，硬拿額顱磕前頭的人扛著的槍頭，一停下就站不住往下倒，一旦倒下去就很難叫醒來。他總結說，所謂的迷糊就是人太瞌睡了，大腦進入了完全的抑制狀態，什麼反應都沒有，但是還不得不機械地往前走，走著走著就從懸崖上走下去了。

對從中印邊界反擊戰前線回來的轉業軍人的說法，一些人不太認可，他們堅持說是世事壞了，妖魔鬼怪的膽子都大了，敢於攔路害人。可是就是這些堅持認為「迷糊」是鬼怪的人中竟有人大白天擔著空糞籠硬往牆上撞，還有人在幫老婆推碾子時抱著碾桄睡著了。而相

信轉業軍人的說法的人則心裡明白，在集體幹活過程中，如擔著糞籠往地裡送糞，見有人不走正路硬往路邊的塄坎上上，或到糞堆前不但不停下放下擔子，反倒蹣跚著上糞堆，他們就知道此公肯定前一天晚上「摸黑」去了，白天還來應卯。

※※※

申廣仁從二兒子順昌娶了媳婦不久就在其父申士俊的主持下把掌櫃交給了順昌，當時申士俊的意思就是叫他把財權交給順昌，以斷他供順榮上學的財路。這一點，申廣仁心裡很明白。可是他就是不理解其父那麼熱心教育的鄉間知識份子為什麼突然變成這樣，堅決反對他看准很能念書的順榮念書，而且還說出當爺爺的人不該說的狠話。說是他是瞧不起順榮母子吧，你老人家連後生可畏這話都忘了，連他自已經常說的過量的飯吃不得，過頭的話說不得這話也忘了。反正申廣仁通過實際瞭解和考察，認准順榮能念書，也愛念書。前頭三個兒子都沒有念書的欲望，使申廣仁覺得很沒面子，好在順榮愛念書，他決心供這個小兒子把書念成，為自己爭點光。所以即使交掌櫃給順昌，申廣仁在心裡還和老爸賭著：不掌財權，我也要供順榮上學，你老人家就等著瞧吧。就在申廣仁交掉掌櫃的第二年，1954年，偉大領袖毛主席發出號召，要小學畢業生學習一個叫徐建春的姑娘，回農村參加生產勞動，說農村是個廣闊的天地，知識青年在那裡會大有作為。這一年的初中就格外地難考，三個縣的小學畢業生考祖塋縣中學，錄取的比例是四個半考生取一個。結果背著草帽去縣立中學考試的申順榮以優異成績被錄取。這給申廣仁以極大的鼓舞，他供小兒子上學的信心更堅定了。三年初中學習結束時，偉大領袖毛主席又號召初中畢業生學習一個叫邢燕子的青年到農村去大有作為。這一年的高中更難考，申順榮又以優異成績考取了。這些，申士俊都啞巴吃餃子——心裡有數，他對他當初的安排更有數：我只是叫你把財權交出，掌櫃該管的別的事你還得管。不光申士俊心裡這麼安排，當下出了門，外邊的人就不接受申順昌這個少掌櫃，所以像農業合作化入社不入社的事，還得由申廣仁說了算。現在家裡沒糧食，還得由申廣仁出頭想辦

法去「摸黑」。

　　申廣仁之所以不得不帶著順昌去摸黑，是因為前不久接到弟弟申濟仁的一封信，他在信裡告訴家人他已轉業，調到省城當教育廳廳長了，待他到省城後，準備就在這幾天回來看看二老。接到這封信，順昌首先著急起來：家裡都是一頓頓湊合，九爸回來總不能叫他也跟著湊合嘛。申廣仁則不動聲色把糧食的賣家打聽好，說准靠穩了，說好他和順昌今天晚上去擔糧。天黑了，家家都掌燈了，廣仁和兒子順昌用扁擔挑著捆成梱的毛口袋溜出了村，不料剛拐了個彎就和申濟仁碰了個滿懷。申濟仁到縣城雇了個送腳的送他回來。由於是下坡，申濟仁並沒騎送腳的騾子，他和老哥碰面的這地方用狹路相逢表述正恰當，路的一側是兩丈高的崖畔，另一側是溝沿。所以，藉著星星的微光，申濟仁一眼就認出了老哥，並且叫了聲「哥」。不要問他都知道老哥要幹什麼去。這半年來他自己看到的，聽到的，特別是父親申士俊寫給他的信裡抱怨的，他深知當下農村的窘況。他只對他哥說先回去，後頭再說。

　　申廣仁、申濟仁及送腳的和申順昌回到家時，申士俊剛躺下。聽說濟仁回來了，申士俊立刻起身穿上衣服。申濟仁見過父親並問候過，然後見過母親王氏。趙氏和順昌媳婦高淑賢正在焦急地交頭接耳。不一會兒，高淑賢來到爺爺耳旁低聲表示給九爸和送腳的這頓飯端不上席面，問爺爺咋辦。申士俊聽了嘿嘿一笑說，哪有端不上席面這一說，你把膽放正往出端，它就能端上席面，大家都吃的東西，有多少人還吃不上的東西怎麼就端不上席面了呢?!申濟仁當然聽出老爺子這話的味道了，自我解嘲地說，有啥就吃啥，哪有那麼多的講究。申士俊有意要沖淡他剛才的話的味道，又轉笑介紹說這是順昌的媳婦，叫他慣得有點什麼都不怕。申濟仁忙說，順昌娶媳婦這麼多年，他還沒見過，今天首次見侄兒媳婦，應該拿點見面禮。說罷掏出來五元錢給了高淑賢。

　　說話間，幾個比較近的村裡人都聞訊來見村裡的大幹部。隔壁的堂兄申崇仁，為革命做過些工作的申明道，因為革命被犧牲了媳婦的申幼平，以及常為遊擊隊和土匪撐船擺渡的申尚仁都來了。剛見面，

當然都是互相問候。可是之後就是說各自最想說的話。申尚仁首先半恭維地說，老弟革命鬧成功了，更忙了，剛解放那年忙罷在沙川縣開完會捎帶著回來了一次，到現在十年半的時間過去了，才第二次見到老弟一面。這十年間，村裡多少老人沒得見你一面都走了。申濟仁很帶歉意地說他倒是很想回來看看，可是公務在身，走不了，知道大家都過得挺不容易，心裡很愧疚。他說到這裡，申明道接上話茬說，你知道愧疚還不錯，我想知道的是你這個大幹部還能為老百姓做些啥事，叫你不再愧疚。申濟仁苦笑說，別以為他是多大的幹部，能改變什麼。省委書記比他的官大得多得多，都跟著胡吹呢，想想他個小廳長能咋的。申士俊有點按捺不住了，說他當初就覺得申濟仁往北跑是被人騙了，或是被人套住了，他根本不瞭解那些大頭目的底細。說話間飯端上來了，盤子裡一碟醃白菜，一碟拔樹辣子壓制的所謂辣子醬，主食有豆渣饃，糜子饃，碗裡盛的是包穀糝糊湯。申濟仁主動招呼送腳的說，吃吧，咱這兒人說「遇年干，吃茶飯」，遇上什麼就吃什麼，這年干，咱只能吃這些，不過你要吃好。送腳的說，不稀罕，到處都這樣，他不會客氣，一定吃好。申濟仁和送腳的開始吃飯。申濟仁拿起個糜子饃咬了一口嚼著，說嫂子這糜子饃發得真好，又香又甜。申幼平跟著說申濟仁說得對，他嫂子的糜子饃發得就是好。就這糜子饃，村裡多少人家還吃不上呢。申幼平說他一直想不明白，為什麼共產黨叫他們翻了身以後總和他們爭食，打統購統銷以來就沒吃過一頓好飯。申明道接著說他也想不明白，共產黨為什麼總和老百姓過不去，叫人沒有一天的舒心日子。申濟仁打著哈哈說，剛建國，得有一個過程。

　　正像信上說的，申濟仁只是抽空回來看看父母，到家後的第二天早晨打發走送腳的，第三天早晨吃過飯，他就往縣城返，然後乘汽車，換火車回到省城接手續。生產隊長申黑三吩咐申順昌去飼養室把隊裡唯一的騾子備好送他九爸去縣城。申濟仁表示沒必要，他沒有什麼行李，走著去縣城挺好的。申士俊卻微笑著說他很沾老弟的光，能讓吆騾子送濟仁去縣城就很夠給面子了，不過要隊長發話給騾子帶一升顆子料，不是人皮薄，實在是拿不出來，又不想虧牲畜，才不得不

替牲畜爭競。申黑三滿口答應著去了。

※※※

申順昌把他九爸送到縣城，九爸款待他在縣裡唯一的國營食堂裡吃了一碗肉絲麵和兩個兩麵饃（就是玉米麵和麥麵二混蒸的饃）。吃罷飯，申濟仁就打發順昌回去，他自己則住進縣招待所，待第二天有車時啟程回省城。

順昌牽著騾子出了城東門來到縣河邊，讓騾子喝了水以後就騎上去，走了二十五里路來到瓦渣嶺峴，看見前頭向同一方向走的那個人的背影挺眼熟，他怎麼看，那都是村裡的啟仁叔。順昌騎在騾子背上瞅著前邊人的背影，觀察著騾子是否會有異常反應，因為幾個月前村裡人就聽說，永寧山水庫工地傳來消息說，申啟仁不見了，而且還正式向公社來函詢問申啟仁回來了沒有，公社來的人詢問申啟仁的下落。村裡人從此確知申啟仁不在人間了，永寧山水庫方面為了逃避死了人的責任，假裝不知道申啟仁的去向才向公社發函詢問。人們一致的看法是，申啟仁死了。因為據有幸在永寧山水庫幹完半年工期還活著回來的人說，為了改變祖國河山面貌，戰天鬥地，根治滍河的水患，那水庫工地上真是像毛主席所說，死人的事是經常發生的，有塌死的，有累死的，有凍死的，有病死的，更有餓死的。順昌瞅著那背影和啟仁叔真人沒有任何差異，不像是活見鬼。而且騾子也沒有任何異常反應。騾子不但沒有任何異常反應，而且馱著順昌追上了前頭的背影。大概是聽到身後有牲畜的蹄聲，背影側過身來向路邊讓。背影成側影的同時叫道，原來是順昌。順昌稍有猶豫即叫道，大叔，你這是怎麼回來的。順昌隨即從騾子背上跳下來。

怎麼回來的?!一步一步挖爬著回來的。申啟仁似乎很平靜地回答了賢侄的問題。申順昌叫啟仁叔把他那點行李捎上騾子，然後叫啟仁叔騎上。申啟仁說他也就是累壞了，真有點不想向前挪的意思，說完就騎上騾子。騾子走著，申啟仁就對順昌講述他去參加地區水利工程的歷險過程。

永寧山水壩是地區的大工程，那裡是滍河和另一條從東邊由北向

南的一條小河的匯合處的峽谷。兩條河匯合後水量增大，河谷相對寬了許多，修壩的工程就大得沒譜，這裡的水壩工程還是省上的重點水利工程之一，不光延安地區各縣、各公社、各生產隊要出民工去修水壩，連漱河流域的關中各縣都出民工。到那裡參加修壩的民工都是按軍事編制管理，以民工所來地區為單位，編為團、營、連、排和班。到上工的時候，永寧山一帶各山岇，各溝岔都是修水壩的農民，挖土的、拉架子車運土的、打夯的、開拖拉機的，都在監工幹部的呵斥下緊張地幹活。水壩工地上到處架著高音喇叭，一天到晚播放著指揮部的指示和豪言壯語，激勵農民戰天鬥地，除此之外就是革命歌曲，《社會主義好》和《社員都是向陽花》以及《唱得幸福落滿坡》都是天天要播放的，因為，據說這些歌讓人聽了感覺幸福。

　　從各地來的農民不可能自己背乾糧在工地上一幹就半年，所以那麼多的修水壩的農民的吃糧問題就得由永寧山水庫所在地當地解決。永寧山地處革命聖地的腹地，當然窮得有些名氣，要不然怎麼能成為革命聖地。尤其在大躍進的火紅年代，那裡的土地上也一樣放糧食高產衛星，政府一樣要按所放「衛星」的比例徵收公糧和購糧，於是永寧山當地的吃糧問題比別的地方更突出，集聚在這裡修水庫的農民們只能入鄉隨俗，定量吃那種一點糧食兌大量的土豆和糠、麩子、爛菜的飯。衛生的問題就談不上。成千上萬的農民工集中在永寧山那麼個山岇昃裡，不光吃的緊張，住處也緊張。那時的革命口號是，「先生產，後生活」。這口號還是對國營企業提的，還把生活提到後頭，對響應黨的號召戰天鬥地的農民工，壓根就沒有生活這一說。早到的農民被安頓在山岇上當年紅軍戰士住過的破土窯裡，後來的就只好在山坡上自己現挖窯洞，挖好後擋把擋把就住進去，又濕、又潮，大小便就在自己挖的窯洞附近就地解決。環境衛生當然無從談起。那麼多的人，見塄坎就挖窯，挖成就住進去，許多新挖的窯的土質和崖勢就不好，很快就成了住進去的農民的墳墓，誰也說不清那裡在窯裡睡著覺被塌死的農民有多少。反正那工地上就有個木匠班子專事給死在這裡的農民釘棺材呢。不說三天兩頭埋人吧，好像隔三四天就埋一個是正常的。當然死了的不都是窯塌死的，那裡死人的路子多了。

大冬天，那裡夜間能冷到零下二十多度，清早更冷，天不明，農民工就被趕起來去戰天鬥地。監工的為了叫農民一上工就猛幹，在農民工到工地時就把他們的棉衣收了，叫他們穿個單衣，甚至光脊樑去幹活發熱，叫你想偷懶都不敢，只能拚命地出力，讓自己身子熱起來不被凍死。可是他們肚子空著，沒有那麼多的力氣一直猛幹，常常有人頂不住就暈倒了，如果幸運倒在別人能看見的地方，這些看見的人趕緊向監工求情，討回他的棉衣給他穿上，再要一缸子熱水叫他喝下去，命可能暫時保住；要是倒在別人不容易看到的地方，十有八九就被凍死了。有的人就患重感冒，燒還沒退下來，甚至連醫生都沒見上，命就歸西了。再說，工地上就那麼三四個醫生，也真顧不上同時病倒的那麼多的人。而且毛主席他老人家早說了，要奮鬥就會有犧牲，死人的事是經常發生的。用毛澤東思想武裝起來的工地總指揮、分指揮和監工，還有那幾個醫生，把死人的事看得很平常。所以，儘管時不時就死一個人，無論是餓死的、塌死的、累死的，還是病死的、凍死的，或是被監工打死的，都不影響工地上的歡快氣氛。啟仁叔說他尤其喜歡聽喇叭裡唱那首《社員都是向陽花》。說著，他就唱起來：公社是棵常青藤，社員都是藤上的瓜；瓜兒連著藤，藤兒牽著瓜，藤兒越肥瓜越甜，藤兒越壯瓜越大。公社青藤連萬家，齊心合力種莊稼；手勤莊稼好，心齊力量大，集體經濟大發展，社員心裡樂開花。公社是顆紅太陽，社員都是向陽花；花兒朝陽開，花朵磨盤大，不管風吹和雨打，我們永遠不離開她。公社的陽光照萬家，千家萬戶志氣大；家家愛公社，人人聽黨的話，幸福的種子發了芽，幸福的種子發了芽。啟仁叔騎在騾子背上唱得很陶醉。歌詞唱完了，他還哼著那輕快的調子。順昌聽得也挺高興，說啟仁叔就是秧歌母子，什麼曲子經啟仁叔唱出來都好聽。秧歌母子這話應該是不通的，但是當地人把秧歌的發音混成了「羊羔」，說誰是羊羔母子，就是暗喻他像能下羊羔的母羊，肚子裡有下不完的羊羔（唱不完的秧歌）和曲兒。啟仁叔得了恭維，更加高興，說那一首陝南民歌更好聽，叫《唱得幸福落滿坡》，說每次他聽喇叭裡唱這歌，他都禁不住要跟上唱，說著，他就唱起來：南山嶺上南山坡，南山嶺上唱山歌；唱得紅花朵朵開，唱

得果樹長滿坡，唱得果樹長滿坡長滿坡。……這首歌有五段。

聽完，順昌說這歌兒聽著真舒服。申啟仁騎在騾子背上嘿嘿一笑說，水壩工地上天天播放這樣的歌兒，就是叫人坐在黃柏樹上彈琴——苦中作樂哩。你想，吃的那飯跟豬食差不多，要說有差別，大概就是沒有豬食那酸臭味，住的地方又濕又髒，幹活幹得累死累活的，又時常看見埋人，再沒有幾首讓人聽了覺得舒服的歌子哄哄人，還能活麼？可是那些嫽歌兒哄人只是聽的那一會兒，聽完馬上就是活受罪，肚子餓得像貓挖哩，監工罵的只打不歇，身上沒一點力氣了，還得掙著幹，幹活時就想著第二天可能就叫人家抬著腳先出門埋到那亂葬墳裡去了。順昌聽著，不由得吭地笑出聲來說，幾個月前就傳說啟仁叔叫人家倒著抬出門了。公社裡的人到村裡就問申啟仁回來了沒有。家裡人從這問話中聽出來，人可能沒了，村裡人也都以為你叫人家倒著抬出去了。申啟仁有點不無得意地說，要不是他機靈偷著跑了，保不住真地把骨殖就送到永寧山了。他看到那裡常死人，就想到自己沒準兒也會死在那裡。他想到自己還有一家子人哩，怎麼能隨便死在外鄉。不能叫他們把他埋在永寧山。他看那裡看管得很嚴，就知道前頭有人跑了。但是他又想活，於是他就觀察地形，想逃的辦法。每天上到工地，他總看那裡的山向，溝溝岔岔。不到一個月的時間，他把幾首愛聽的歌兒全聽的學會了，把逃跑的路子也看好了。

有一天吃過晚飯，申啟仁抽著旱煙鍋向埋了很多人的亂葬墳地走去。他從住的地方走時手裡捏了一沓白廢紙。有人問他要幹什麼，他說他前一天晚上做的夢不好：夢見好幾個人堵著要搶他。他去死在工地上的那些人的墳前給冤鬼們送幾個錢去。他到了冤鬼們的亂葬墳地後找了個最高處面對指揮部方向坐下來抽他的旱煙。他邊抽旱煙邊觀察，一陣工夫之後，他確認沒有什麼人注意這冤鬼聚集的地方。之後，他磕掉煙鍋裡的煙灰，用腳蹬起點土將煙灰蓋上。他從高處的背後溜了下去，背對著工地的方向從一條小溝鑽了進去。這時天還沒黑下來，但是已經麻麻糊糊的。申啟仁停下來向四周看了看。根據晚霞的餘暉，他確定了往北走的路線，立刻快速行動起來。大約摸出十來里了，他在一棵大樹下坐了下來等月亮出來，他知道那一天是七月十

八。申啟仁坐在樹下靜靜地觀察周圍的環境，聽著動靜，他判斷沒有什麼異常，倒是山溝裡的夜遊物叫個不停，甚至有貓頭鷹在叫，按老人們的說法，貓頭鷹叫就是預告要死人了，他想第二天水壩工地那裡可能就得有一個停了伙食。想到這裡，他很慶幸自己敢於做出逃出水壩工地的決定，並且真地逃出來了。貓頭鷹的叫聲更清晰了，那說明貓頭鷹離他更近了，這使他又反過來想，這貓頭鷹是不是就是來叫他去見閻王爺去呢。想到這裡，申啟仁反倒橫下一條心，公社派他到永寧山來修水壩，那就是叫他來送死，而且他在那裡看到的情形也就是九死一生。今天倒是逃出來了，可是這貓頭鷹給他的預兆還是死，不管這些了，反正現在還活著，能逃出水壩這禍事窩，說不定就能白撿一條命。這時月亮已經上來好高了，他瞅準往北方摸著走。轉過一個岇頭，他看見遠處有燈火，這給了他希望。他向著燈火的方向摸過去。一陣摸索之後，突然有狗吠。申啟仁知道他到了一個小山村。

藉著月光，申啟仁觀察了一陣，狗也不吠了。根據這裡的狗的敏感程度，申啟仁預判這個村不大，而且不通大路。他看了看，這個小村至多十來戶人家。所有的人家都入睡了，只有一處還有一點燈火，申啟仁判斷這是人民公社生產隊的飼養室。自打有了農業生產合作社以來，飼養室就有招待所的功能，窮人家來了男性窮親戚，要留宿，就安頓到飼養室和飼養員睡個小炕。申啟仁打定主意到飼養室借宿一夜。他一開步走，那狗又吠起來，他伴著狗吠或者說狗用吠聲伴著他摸到飼養室。果然，飼養員還沒睡，只在場院支了個木板躺在上面抽旱煙哩。申啟仁還沒走近飼養員就打招呼，他叫飼養員老哥，說他想在他這裡借宿一夜。那飼養員聞聲坐了起來，問他是幹什麼的，從哪裡來。申啟仁平靜地回答說，他從甘肅那邊過來，想到瓦窯堡那裡挖煤，到這裡人生地不熟，天黑了就摸到這裡，沒辦法，只好求老哥開恩能讓他住一夜。那飼養員有五十歲左右，人挺厚道，直言說留宿，那能哩，只是他沒啥給來人吃，只有開水喝喝。申啟仁高興地說，有開水喝就好，老哥是個好人。飼養員藉著燈光稍微端詳了申啟仁一眼說他看申啟仁和他年紀差不多，還說不準誰是老哥哩。申啟仁笑了笑說，人常說出門人低三輩，他把飼養員稱老哥連半輩都沒低，佔便宜

著哩，應該，應該。飼養員也認可了，就讓申啟仁喝水，歇息，他還得等著再給牲畜添草哩。

陝北七月的夜晚還是比較涼快，但是飼養室裡有牲畜身上散的熱把溫度提高了些，這正好，申啟仁什麼都沒蓋睡著剛好，甚至還稍嫌熱了點。他一覺睡到第二天早晨社員要拉牲畜上工幹活時才被吵醒。申啟仁從炕上爬起來，有些不好意思地對飼養員老哥表示，他太困了，睡下去就什麼都不知道了，一覺就能睡到這時候。飼養員老哥嘿嘿一笑說，他看出申啟仁就是累壞了，幾乎是躺倒就睡著了，所以一直沒敢打攪他。申啟仁千恩萬謝後摸起熱水瓶倒了大半缸子水喝了，向飼養員老哥問了路，說他要走。飼養員老哥也並不挽留，甚至順水推舟說，出門人有事在身，他不便留，也不敢留。申啟仁聽出來了，他應立刻離開，免得給飼養員老哥惹下麻煩。

離開飼養室，脫離了飼養員的視野，申啟仁轉向太陽升起的方向。他隱約知道，革命聖地延安在永寧山的東面。他打算慢慢打聽著往延安摸，反正不急著回去，他預料，水壩工地會很快通知禾豐人民公社說他們派來的申啟仁跑了，要他們注意看他要是回來，立刻抓住再送來工地。申啟仁打好了主意，現在不回去。太陽升起老高了，申啟仁覺得肚子餓得要緊，可是這裡前夠不著村，後又沒有店，沒處找吃的。他想起兒時老人給他講的故事中那個沒本事人一氣之下離家出走了，肚子餓了時正好碰見他綠桃哥，吃完綠桃哥給的桃子，再走了幾步就遇到他清泉哥，清泉哥的清水茶叫他喝了個夠。申啟仁想，對呀，七月正是山桃成熟期，這山上說不定就有綠桃哥等著他呢。他順路邊一條小溝往裡走了沒多遠，兩面溝坡上果然有掛滿枝頭的山桃。人常說桃飽杏傷人，是說吃桃子吃多少都沒事，而杏子則不可以，吃了容易得病。現代人才弄清楚這說法的道理，說是因為桃有毛毛，細菌附著不到桃體上，人吃桃子時把桃子上的毛毛擦掉就等於把桃洗乾淨了，吃了洗乾淨的桃子當然安全。可是申啟仁那時只知道桃是可以放心吃的，他從山坡上摭起一把軟草，擦著桃毛，盡情地吃了一頓。真不錯，還真不餓了。申啟仁當時想，還是天無絕人之路，眼下不餓了，正好往前趕，說不定這就是轉機，抓住機會往前趕，可能就走上

南轅庄
390

活路了。走了沒多遠，申啟仁真地遇到了清泉哥，一條小溪橫穿小路往下流。申啟仁抓住機會暢飲了一頓。快中午時分，他來到個小鎮。他找到鎮上唯一的國營食堂。真有運氣，這家國營食堂裡賣議價饃和麵條，就是可以不交糧票買飯吃。申啟仁用從家走時帶的盤纏買了兩碗麵條。吃罷飯，申啟仁在鎮上瞎轉悠。他好像對這裡的什麼都感興趣，都想打聽打聽。他發現人家說的那個石工隊可能要人幹活，就是抬石頭，搬石頭。他按人家指的路子找到石工隊，一問，還真要人，就是給的工錢太低，一天才給一元二角，但是管吃，管住。申啟仁想，可以，比在人民公社幹活強多了。他答應了，在那裡幹了四個月，冷的不行了，他才停手不幹了，想著也該回家過年了。

申啟仁和申順昌叔侄倆諞著諞著就到了原畔上，下了坡就到家了。申啟仁下了騾子說沾賢侄的光了，騎騾子回來夠體面的。叔侄倆走著下了坡。申啟仁這一回來，一家老少格外高興，他老婆甚至真地喜極而泣，躲在灶火邊用衣袖擦眼淚。這一節就按下不表了。之後就是張羅著過年。

大躍進後這個年過得涼不拉幾的，可能是因為一年的大躍進、放衛星叫人們把勁使完了，也許是因為家家都受吃糧問題的困擾，反正這個正月連鑼鼓家私都沒人動，更別說鬧秧歌了。但是政社合一的人民公社的黨委書記和社長的革命激情似乎絲毫未減，還沒過正月十五，公社就來幹部催著備耕。剛過正月十五，公社黨委書記楊長福就來到南轅庄，實際上就是來要抓申啟仁重返永寧山水壩工地。在申啟仁逃出工地到最後回來過年那段時間裡，這位楊書記很有壓力，永寧山水壩工地和申啟仁的家人都找他要人。最後事實證明是申啟仁逃跑了。在黨和政府看來這是很惡劣的行為，非把這樣的行為杜絕死不可，否則黨的令不得行，禁不得止。楊長福叫申黑三把全體社員召集來開會。社員們都到齊後，申黑三宣布開會，請公社楊書記給大家講開會的內容。楊長福臉色鐵青，站起來說會議內容很簡單，就是要批判申啟仁從水壩工地逃跑的可恥行為。他指責申啟仁的逃跑是破壞大躍進，破壞水利水土保持工作，開了個惡劣的先例，一定不能讓申啟仁這樣的人得逞，他跑了，現在就要抓著他返回水壩工地再幹半年。

他這話剛落音，申啟仁就站起來說：那永寧山水壩又不是我先人給我留下的基業，我為啥要在那裡幹？我就是跑咧，要不跑，你早都見不到我了，我跑回來就是為活著告訴你，我說什麼都不再去你那水壩工地了。楊長福急了，這麼個穿齊屁子襖的竟敢於這麼當眾頂撞他這個公社黨委書記，大聲吼道：你敢撒野，我崩了你。申啟仁哈哈大笑，實際是乾笑了一聲說：好哇，你對著這裡開一槍，你就把孝行了。申啟仁說著指著自己的前額眉宇間，你來，就對著這裡給我一顆子彈，你就把孝行了，我他媽的看這潮流，活著還真沒有死了好。你來，我連眼都不眨。楊長福哪能吃這個虧，他要撲向申啟仁，被身邊的幾個人擋住了，或者說是被按住了。這時申啟仁的兩個兒子都站起來，湊到申啟仁身邊。楊長福還算識時務，變了口氣，你等著瞧，我把你活著弄不去，把你的屍首最後都要埋在永寧山。這一次申啟仁真地大笑說，好麼，你給我兩個兒子把喪葬費省下了，我願意。來開會的社員聽了哈哈大笑散去了。

第三十二章　裡子

　　這裡的「裡子」是想說說南轅庄各色人等在紅旗下的個人生活和經歷。

　　申黑三解放前就把媳婦娶到家了，可是他媳婦吳彩蘭總是只開花不結果。關於吳彩蘭不能生孩子的事，最早，村裡有人說那是因為吳彩蘭還是幼女時娃架被人戳塌了。解放後，申黑三還領著媳婦到省城大醫院看過，醫生告訴他說他媳婦應該能生，尤其服了醫院給的藥以後就更應該能懷上孩子，只是要申黑三保證要經常耕耘，播種。申黑三雖然沒念過書，沒文化，但是醫生這話的意思他聽明白了，而且他理解，醫生是說以前他沒有抓住機會，可能把該下種的好時機給耽誤了。都怨那幾年自己愛賭博，該和媳婦睡覺的夜晚叫他用在賭博上了。現在好了，自己入了黨，當了村長，黨又不准賭博，可以按醫生的叮囑辦事，抓緊耕耘，及時播種。可是從省城大醫院回來後的一年多的時間裡，申黑三幾乎天天都有實際行動，媳婦那裡還是一如既往，他好像把種子撒在石頭上了。這事很讓村長苦惱。申黑三憑從小給人放羊得的經驗：只要母羊是你的，它懷的羊羔不管是誰家羊公子的種，生的羊羔就是你的。用當地老百姓一句大實話說，只要生在你炕上，那就是你的。所以，新的一年清明前後，申黑三把院子北牆根邊挖了挖，整出一畦可種菜的地，找人要了幾粒豆角種子，幾粒向日葵種子種了下去。待豆角和向日葵的苗子都破土而出，申黑三特意把媳婦叫到菜畦邊指給她看出土的嫩苗，說這是豆角苗，那是向日葵苗。他特別強調說往年他們沒有這些，那是因為他們沒種，今年他找人要了幾粒種子，這麼一種，就出苗了，這苗子長在他們的院子裡，

就是他們的，以後結的豆角和向日葵籽都是他們的。別看就那麼幾粒種子，不尋人家的，他們就沒有，尋來種子下到他們的地裡，長出來的苗就是他們的。申黑三唯恐媳婦不理解他的意思，又變了個表達方式說，其實種子這東西，只要你問人家要，人家都願意給，從把種子給到你手裡那時起，那種子就是你的。

其實，吳彩蘭不止理會了丈夫的意思，她甚至早都想到這一層，因為她清楚地記得醫生說的話，申黑三也從沒惜力，她就疑心是丈夫的種子不行。吳彩蘭曾向從河南逃難來的曹氏兄弟示意，曹氏兄弟分別表示樂意幫忙。可是兩年的時間過去了，還是勞而無功。曹氏兄弟到大地方發展去了，緊接著就是農業合作化，大躍進，人民公社，申黑三幾乎沒有整塊的時間考慮媳婦生孩子的事。再加上這幾年管著黨交給的事，申黑三在村里弄得豬嫌狗不愛的，他自知除河南人曹氏兄弟，村裡再沒人願意或敢於接近他媳婦。可是年齡不饒人，媳婦已三十出頭了。申黑三的尷尬只有他自己知道，村裡人似乎有個印象，申黑三自認為他白條了。「白條了」本來是說心子被蟲蛀了的穀子的。穀子心遭蟲蛀以後，其心子並沒有完全斷，但營養不足，頂端呈白色，其他地方仍跟正常穀子無異，就是最後不結子，人們就用白條了的穀子比喻最後留不下子嗣的人或沒有結果的事。所以，當人們說誰「白條了」，這話的意思很重，有詛咒的味道，懂得「白條了」的意思的人聽了這話都有悲涼之感。申黑三並不甘心認這個結果。他把避免「白條了」的路子都想透了，可是實施起來卻不見成效，對他知根知底的南轅庄人嘴上什麼都不說，心裡對他是蔑視的，這一點，申黑三自己比誰都清楚。別看他成了共產黨員又當了村長，社主任什麼的，村裡人服的，或者說怕的是黨和政府的那一手，並不是像服申士俊那樣服他申黑三。

申黑三把村裡人一個個再三分析，發現戴著敵偽軍人帽子的申士文對他總是服服帖帖。於是，他把申士文著實地審查了一番，雖然現在把他定為敵偽軍人，但是從老根子上說，他還是莊稼人家出身，又是念書人，見多識廣，連游春芳那樣的洋學生都願意嫁他，而且，他媽楊昭豔可是遠近數得著的美人。申黑三進一步想，所謂的敵偽軍

人，那是黨和政府給申士文定的，其實申士文本人並不壞，從娃娃時算起，幾十年了，他就沒看見，也沒有聽說申士文幹過什麼傷天害理的事。申士文的大媳婦于月娥和小媳婦游春芳前後生的娃娃都很健康。在村裡，申士文比申黑三年長三四歲，在族裡，他們是平輩，申黑三應該叫申士文三哥。按他本家叔伯兄弟排下來，他在申幼平和申金平之後，所以排行為三。這些年來，由於階級界限的緣故，申黑三從沒喊過申士文三哥，而且總是申士文怯生生地向他彙報思想和活動情況，他還煞有介事地給申士文一些口頭指示。想來挺好笑的，也不應該，弄得彼此挺生分的，有話都不好說。申黑三想好了，應該從改變他和申士文的關係和地位入手。

第二天早晨在村中場院分配活路時，申黑三大聲叫申士文三哥，分配他三哥到飼養室給馱畜鍘乾草。而申士文壓根就沒以為申黑三喊的那個「三哥」就是他，因為這些年來，該把他叫哥的人從來沒喊過他三哥，免一輩或兩輩的都喊他的綽號——毛貨。他在申黑三喊了「三哥」，分了活路後還傻等著人家吩咐他該幹什麼。有人看出來了，告訴他隊長喊他三哥呢，叫三哥給馱畜鍘乾草呢。幾個年輕人也覺得新鮮，就用一個土歇後語和他開玩笑說他是豬吃桃核——倒仁（到人）上了，成了黨支書的「三哥」了。其實給馱畜鍘乾草這活兒可長可短，可以鍘兩三梱就了事，也可以鍘六，七梱，七，八梱才收工。這一天，申黑三和申士文鍘了三梱乾草後，申黑三就說夠了。沒用半晌，申士文掙了一晌的工分。停了工以後，申黑三主動和三哥拉起了閒話。

申黑三主動問申士文到公社彙報的情況。申士文有點摸不著頭腦，但是他從今天一開始到現在的氣氛判斷，感覺申黑三至少今天不會想設圈套套他的話。申士文輕輕歎了口氣說其實沒有啥，他們去把彙報材料一交，然後就按公社領導吩咐的幹些活兒，活兒幹完了，公社領導再講幾句話就叫他們回去。申黑三好像不太理解公社裡都有些什麼活兒要地富反壞右們幹。申士文苦笑了一下說，那裡半個月積的茅坑就等來彙報的反動分子打掃呢。那些茅坑裡的屎尿不但要掏出來，還要擔的送到地裡去。給公社掃院子，掃禾豐鎮的街道，幫大師

傅打掃灶房，掏爐灰這些活兒都是由表現好的人幹，表現不好的就是掏茅子。申士文還說，那些公社領導認為表現不好的人幹了髒活兒還常常被訓斥，總說他們不好好改造。

申黑三接過話茬說，公社的黨委書記最近在一次會上對各生產隊長和支部書記說，要把被管制的人看緊些，把他們的表現及時向公社黨委彙報。說是臺灣國民黨反動派謀劃要反攻大陸，大陸的被管制人員一定會有所行動。像那些公社認為表現不好的人，在這當口再叫生產隊的幹部給頭底下支幾塊磚，就可能要進監獄。可是話又說回來，公社憑什麼說那些人表現不好，還不是聽隊幹部說的。可是隊幹部也難，總說他管制的管制分子表現好，公社黨委會批評他替階級敵人說話，不站在黨和革命的立場上。當幹部的最怕人家說他階級陣線不清，不和黨一條心。說到這裡，申黑三問申士文理解不理解那些人總被說成表現不好是怎麼回事。申士文笑笑說，隊幹部怎麼能和管制分子站在一起呢。申黑三聽了也笑了。笑罷以後，申黑三接著說，申士文說得對，確實沒有哪個隊幹部敢和被管制的人站在一起，不過那也看被管制的人是什麼樣的人。有些人是共產黨恨透了的人，比如村裡的申立仁，他當土匪，又參加革命，後頭到吃火處又當了逃兵，接著參加專門反共產黨的北反軍，對這樣的人，共產黨都想扒了他的皮，他再表現，隊幹部都不敢說他表現好。兩個人聊著聊著，就到該吃早飯的時候了。申黑三發話，各自回家吃飯，並且吩咐申士文吃過飯還來飼養室，幫飼養員拉墊圈的土。

往後的日子裡，申士文明顯感覺申黑三對他客氣多了，在背過人時總時不時喊他「三哥」。在那樣的強調階級鬥爭的年代，申士文不能不對黨支部書記對他態度上的微小變化認真分析分析。結合申黑三前頭和他說的話，申士文的初步判斷是，申黑三可能要他做什麼事，又怕他不做，才把優惠條件提出來：他可以在公社黨委書記那裡為他這個管制分子說好話，甚至可以請求解除對他的管制。申士文有點暗喜，在受難時刻有人相助，這就很有運氣。事情還真叫申士文猜中了，有一天，申黑三又安排他來飼養室鍘乾草，鍘了兩梱乾草就停下閒聊，喝茶。兩杯苦茶之後，申黑三叫了聲「三哥」，接著長歎了

一口氣說他覺得活得很沒意思，真有點不想活了，可是又想他一死跟他十幾年的媳婦沒個著落。申士文聽了忙勸說申黑三胡說呢，正活人呢，怎麼就覺得不想活了，他申士文要能活的像申黑三現在這勢頭，他就活不夠。申黑三苦笑說他三哥在挖苦他。申士文忙辯解說他絕對不是挖苦老弟，他說的是實情，申黑三深得黨的信任，什麼事沒有老弟搭手，斷然弄不成，誰都得看老弟的眼色辦事。申黑三唉了一聲說他三哥有兒有女，不知道他的苦處。黨的信任要能叫他媳婦給他生個娃，他也活不夠。申黑三著重說他知道，人們都戳他的脊樑說他白條了。想到人在背後這麼說他，他就想死。申士文還想勸，申黑三制止說不要拿空話給他寬心，當初帶媳婦去省城醫院看病時那醫生就說他媳婦服了帶回來的藥一定能有娃。現在看來是他有毛病，他看明白了，他是個廢人，什麼用處都沒有了，不如死了，省得人家得意。申士文有點無處措手足，索性說申黑三那話不對，咋能說什麼用處都沒有了，還有多少事要幹呢。

申黑三搖著頭說，他當初上當了，叫申志仁把他咒絕了。申士文裝出輕鬆的樣子說，沒有的事，要是咒罵人的話能應驗，那還了得，世界上不用打仗，人死的比打仗死的還多，還快。申士文特別說，所謂的申志仁的咒語應驗，全是申黑三自己心裡想出來的。人常說怕處有鬼，就是說怕鬼的人心裡就有鬼，所以越想那地方，越覺得那地方有鬼。申黑三完全贊成申士文這個說法，說他就是心裡有病了，他悔不該在土地改革鬥地主時聽工作組的話對申志仁說那些昧良心的話，激起申志仁的憤怒，狠狠地咒了他。他後頭直弄的把申志仁關起來，直到現在還沒釋放。申黑三一再說他幹了虧心事，老天爺不容他，就要叫申志仁咒他的話應驗。申志仁咒他的話一應驗，誰都能想到他申黑三是個忘恩負義的人，是個沒人氣的人。要是申志仁咒他的話沒應驗，他申黑三能有個一兒半女，人們至少可以認為他還沒虧過人，他還有資格稱自己是個人。申士文有點半信半疑地說，如果真是男人有毛病，完全可以看一看，興許就行了。申黑三說他問過好多人，人家說要是男人的問題，那就是說這男人的精子在還沒有排出前就是死的，或者根本就沒有精子，沒法治，得想別的辦法。申士文喝了口茶

問申黑三把辦法想下了沒有。申黑三絲毫不拐彎說想下了，現在就想和三哥商量這事。

申士文有點受寵若驚，他有點不敢相信村黨支部書記要和他這敵偽軍人商量事，可是剛才村黨支部書記確切地說要「和三哥商量這事」呢。申士文探虛實似地說他能有什麼好商量的。申黑三聽出來了，申士文想說共產黨員和敵偽軍人無論如何都沒有什麼好商量的。於是他趕緊說，他和申士文一個「申」字沒掰破，再說都是同宗兄弟，至於說敵偽軍人什麼的，那是黨和政府硬劃的，三哥從小到現在，一直都是個正派人，這誰都知道，只是人家要管制你，誰都不敢說三哥好就是了。他申黑三一直就沒把三哥當敵人，而是同宗的老哥。申黑三說到這裡強調說，正是因為申士文在他心裡一直是好老哥，他才和三哥要商量大事，同時要求申士文要以老哥的身分幫他圓要孩子的夢。多年一直聽訓斥的申士文聽到這些，真有些感動，隨口說，老弟如此看得起他，為幫老弟，赴湯蹈火他都幹。申黑三心中暗喜，接著話茬說，他要三哥做的，既不要赴湯，也不需要蹈火，而是悄悄和他媳婦睡幾晚上的覺。這話說出來之後，申黑三好像怕三哥不願意，索性不讓三哥表示態度，緊接著說，只要三哥願意和他媳婦睡覺，事成不成，他都不會虧待三哥。申士文面有難色。申黑三立刻開導說，一切由他安排，三嫂那裡由他做工作，不會有什麼事的。

申黑三敢於對申士文說「三嫂那裡由他做工作」，是因為幾年來他一直給這位洋學生嫂子打主意呢，多次利用游春芳來飼養室要牲畜推碾子的機會摸過她的屁股，親過嘴，一直鬼混到把游春芳壓到身底下。不能說游春芳就多麼喜歡申黑三，但是申黑三給她牲畜套著推碾子，總比人推好受。這便宜不占也不由她。所以游春芳那裡的工作好做得很，申士文去和吳彩蘭睡覺，申黑三就來和游春芳睡覺就是了。可是，申士文和吳彩蘭睡覺的熱情並不高，這一點申黑三和吳彩蘭似乎早料到了，所以申士文一到，吳彩蘭即拿出準備好的招數，一下撲上去，抱著這位有些文氣的三哥猛親嘴，把三哥拉到炕邊，抵著讓三哥坐上炕，接著她也上到炕上，坐在三哥的懷裡，一隻手摟著三哥，另一隻手就把自己的褲帶的活結拉開，屁股一擰，那大腰褲子就溜了

下去。吳彩蘭把自己扒光後就扒三哥的褲子，待三哥的傢伙暴露出來以後，吳彩蘭立刻雙手捧著，臉蹭上去，手還揉搓著。她把三哥的傢伙含在嘴裡，親個不夠，像嘬棒棒糖似的嘬著三哥的傢伙。三哥從最初玩女人到先後娶兩房媳婦于月娥、游春芳，性家具還從來沒被這麼玩過，他覺得有些新鮮，也有些詩意，就放開任吳彩蘭玩，同時還輔以往前拱的動作。吳彩蘭玩到一定程度時，好像玩不下去了，往下一躺，兩手勾在三哥的脖子上，雙腿劈開，膝部微曲，翹起，三哥也不由分說，一下就插入，吳彩蘭呻吟著，一直鼓勵三哥用勁。一陣密切配合的動作之後，三哥交貨了。吳彩蘭摟著三哥不讓他下來，而且，每到這時，吳彩蘭都要甜甜地對三哥說，不要忘記他是孩子的親大，他要教孩子認字。申黑三到游春芳這裡已是輕車熟路，但是游春芳畢竟不怎麼熱情。申黑三不由分說，摟著游春芳就是狂吻。游春芳就任其擺佈。申黑三從游春芳的臉上，嘴上直吻到兩個乳房。他揉著，吻著，然後就吻到游春芳的陰部。這個動作是游春芳未曾領略過的，她覺得很新鮮，更覺得刺激，因為申黑三的舌頭已經探入，並且有動作衝撞著敏感部位。游春芳禁不住輕聲呻吟著，而且不時地輕聲喊著「太好了」。太好了一會兒後，申黑三就動真格的了，游春芳只嫌他不用勁。待交貨以後，申黑三摟著游春芳還不下來，貼著游春芳的耳朵說，放心，我這種子不發芽。

就這樣互相鬼混了幾個月，吳彩蘭那裡還是什麼跡象都沒有，申士文對申黑三表白說，他把本事使盡了，看來他還是不行。申黑三知道，人家確實盡力了，也只好就此作罷。不過申黑三沒食言，他在公社黨委書記那裡替申士文說了好些好話，公社宣布解除對申士文的管制。

※※※

申黑三和申士文的交易在神不知鬼不覺中進行了幾個月，村裡人當然沒有什麼反應，也許有人覺察到了些什麼，但是鑒於那是申家戶內的事，即使有所覺察，也沒人向外張揚。申黑三是有些流氓無賴，但是他是申家戶內一員，除了在土地改革鬥申志仁時幹了些不像人的

事，說了些鬼話外，在村裡倒還一直沒幹過什麼傷天害理的事，所以，本戶人對他還是同情憐憫的，畢竟，戶內有個人絕了後，全族人的心理都會有影響。可是與此同時，據說張運升那裡卻把生下的娃一個個扔進炕洞裡火葬了。

事情其實很簡單，寡婦生的娃，在偏僻的農村沒有存活的合理合法的根據。自那塊光榮烈屬的黑底紅字小匾額掛在張運升家龍門上首，烈士張繼鴻的母親悲憤欲絕，最後真地就絕命了。繼兒媳婦葛蘭成了寡婦之後，公公張運升也成了光棍。大兒子張繼財在張繼鴻參軍後不久即和老爹分家了。成了革命烈屬後不久，小兒子張繼海的媳婦一定扭著丈夫和老公公及二嫂分了家。張繼海要分家的當時，張運升很不願意，多方勸小兒子不要分家，可是小兒媳婦堅決要分，放出話說，張繼海要是不分家，她就不活了。張運升看明白了，妯娌之間有矛盾，也不敢強留小兒子和他一起過，咬了咬牙把小兒子放了。張繼海分出來以後，人們才從張繼海媳婦的話音裡聽出來些意思。張繼海的媳婦看二嫂葛蘭是人前裡的人，多少男人看她的那眼神都有些異樣，張繼海也不例外，自從張家成了革命烈屬後，張繼海對二嫂更殷勤了，那聲「二嫂」叫得都叫人心裡打顫。聽出這個意思後，大家都在心裡理解了。

小兒子張繼海分出去以後，張運升這裡就他和小孫子及孫子他媽葛蘭。黨和政府給了他這個家和葛蘭太多的榮譽，這使葛蘭很不好意思起改嫁的念頭，而且她很看重黨對她的那份信任，也很在意革命烈屬這個名分，在外面依舊是人前裡的人。這裡的人說誰是人前裡的人這話，有多重含義，一般是說此人懂世故，通大理，能說會道，有威信。要是說那個女人是人前裡的人，那意思就更多，除了說一般人的那些意思外，則多指其人漂亮，愛在眾人面前顯擺她的姿色和能耐。葛蘭自有了「革命烈屬」這個名分後，在村裡說話，做事的底氣更足了，好多人都有點怕她三分，因為她開口就是黨要人們怎麼辦，誰要稍有不同意見，即以反對黨的什麼論處。她葛蘭又是黨的革命烈屬，那說明她為了黨的革命事業獻出的最多，她和黨幾乎是不可分的，甚至她的一言一行就代表黨。上世紀五十年代的黨，那是多麼神聖的稱

謂。那時的黨在人們心目中，那是偉大、光榮、正確的，而且是絕對的，沒人敢說黨半個「不」字，當然也沒人敢說葛蘭半個「不」字。葛蘭頭上的光環把別的一切都掩蓋了，人們從她那裡看不到絲毫喪夫的悲痛，知道的就是葛蘭的丈夫光榮犧牲了。這樣的基本形勢，葛蘭自己很清楚，所以她出了家門就要極力維護自己的形象，也一定要為光榮犧牲了的丈夫而驕傲，而自豪。每次從外面回來到龍門口，門上首的「革命烈屬」小黑匾提示她的喪夫之苦只能關上門在屋子裡流露。完全可以想見，葛蘭的喪夫之痛和公公張運升的喪子之痛同時被勾起，翁媳又互相安慰，以至有了密切的感情交流。

之後發生的事和張繼海媳婦放出的信息使人想到，有一天張運升和寡婦兒媳婦的感情交流到了互相抱在了一起，長時間地抱在一起，葛蘭都感覺到公公襠間那硬硬的東西，她順勢把公公抱得更緊了，下半身也貼得更緊了些，頭臉偎在公公下巴下。張運升吻著兒媳婦將其連抱再推抵到炕塄上。此時的葛蘭全身都軟了，任公公擺置。公公將葛蘭壓倒在炕上，三下五除二，將其扒光，然後解開自己的褲帶，大腰褲子一下就塌拉到腳背上，他連鞋帶褲子踢出老遠，接著就撲上葛蘭的肚子，葛蘭立刻就小聲呻吟。

張運升家成了革命烈屬的第三年，村裡人都有個印象，葛蘭怎麼不露面了。後來人們一打聽，才得知葛蘭病了，下不了炕，更出不了門。用文人的話說，就是杜門謝客。葛蘭把四，五歲的兒子送到她娘家由孩子的外婆給代管著，她專心養病。公公張運升外出或下地幹活，都把龍門要鎖上，給人的印象好像是怕葛蘭趁他不在脫逃，或是跟什麼人遠走高飛，實際意思是不讓任何人來看望葛蘭。南轅庄的大多數人都知趣，看見或聽說張運升在家時龍門緊關，離家時龍門緊鎖，也就不起要看望葛蘭的心意。可是還有不知趣的，趁張運升下地回來在家之機，硬是敲門，喊話要看葛蘭。少有的這麼幾個人看到，葛蘭睡在北邊空院子最北邊那孔土窯的炕上，蓋著被子。探望的人問葛蘭得的什麼病，葛蘭有氣無力地說她也說不清她怎麼了，就是吃不下飯，渾身沒一點力氣，吃藥好像總不對症。可是探望者看葛蘭的氣色又不太像她說的久病的樣子，但也不能再說什麼，順水推舟勸葛蘭

好好將息，會好起來的。

　　幾個月後，葛蘭的病好了，能下炕，能出門，當然也能見人。葛蘭對自己能久病不死感到高興和欣慰，村裡人當然也表示高興，有的人還特意表白說，葛蘭患病那個時候，看過她的人對人們說，他看葛蘭的氣色還不錯，他當時就說，葛蘭一定會好起來，他們的話應驗了吧。就在人們對葛蘭一片恭維和祝福的聲音中，夾雜著一點雜音，說葛蘭根本就沒病過，只是懷上娃了，不敢見人，現在把娃生了，扔到炕洞燒了，月子坐完了，當然就說病好了。經核實，這話是張繼海的媳婦最先說出的。這媳婦甚至就揭明說，葛蘭生下的是她的小叔子。

　　南轅庄的人們都很厚道，對張繼海媳婦說的她公公和葛蘭的所有東長西短的話，都是聽聽為止，既不議論，也不譴責，更沒人當面對張運升翁媳說三道四，似乎什麼事都不曾發生過。前頭說的張運升和兒媳婦的關係的發展過程，就是有人根據張繼海媳婦的說法演繹出來的。因為之後，葛蘭還「病」過兩次，而且每次都能自己「將息」好。

※※※

　　南轅庄的申幼平的身世確實不是太好，遭遇的不幸比人們能想像得到的多得多，一生至今，他最幸運的一件事就是他父親申明理給他劫來一個黃花大閨女做媳婦，而且這個被劫來的黃花大閨女並不嫌棄他，甘心情願，一心一意給他當媳婦，生兒，育女，過窮日子。申幼平有生以來，一直都是貧窮的標準註腳。但是，申幼平的表現和嚮往並不像偉大領袖所說的，「他們是農民中極艱苦者，極易接受革命的宣傳。」就其革命性，申幼平不「優於自耕農」，也不「優於半自耕農」。申幼平窮，苦，但他從沒想過以革命的手段改變他的景遇，而是以自己的艱苦奮鬥，燒香敬神，希冀他的奮鬥和虔誠能感動神靈，給他一個轉機，從而過上有尊嚴的日子。至於說國民黨軍隊以南轅庄的人都被赤化鬧革命的名義打死他的媳婦朱月蘭，繼而又失掉了幼子毛毛，那是他極不情願的，又不得不接受的殘酷現實。申幼平從來不承認他為「革命」做出過犧牲或貢獻，他認為，所謂的犧牲或貢獻，

那是「革命」加給他的苦難，像老天爺殺他一樣，自己忍受了就是了。他從不想從「革命」那裡得到什麼，所以一直認為，革命和他無關。他甚至認為「革命」，例如打土豪分田地，就是發不義之財。

失去愛妻和幼子的殘酷事實使申幼平對神靈澈底失去了信心，但是他仍然堅信只有自己的艱苦奮鬥才可能改變他的運勢。所以，南轅庄被解放的當年秋末，他就給申士俊家打短工，拉石頭、打石頭、挖土方、打地基箍窯。對申幼平給申士俊打短工這事，村裡人很有一些議論，有的說是申幼平的運氣好，兩孔窯的工從頭年秋末備料到第二年清明，一幹就是半年；有的說是申士俊有意照顧申幼平，把工期拉長，叫申幼平多幹一些日子。而實際情況是，申士俊箍窯的莊基地是沙土地，他就地起土打牆，牆打起來就垮塌，垮塌了再打起來，那窯幫牆前後就打了四次，到第四次，申士俊狠了心說，反正那片地都是他的，令把地基加寬，每打高三尺向裡收一個臺階，直折騰到第二年的清明前後才把兩邊的幫牆打起來。這兩孔窯的工程讓申士俊費了不少事，多花了好多錢，而申幼平整個一個冬天和春天的大半都在掙袁大頭。後來聽說申幼平從這工程掙了給兒子問媳婦的全部禮金，連娶劉銀秀時花的都是從申士俊那裡掙來的。

難怪申幼平這個響噹噹的貧農不擁護土地改革，不分地主的土地，也不擁護農業合作化，對農業合作社把他定為八成勞力尤其有意見。八成勞力的意思是，全勞力幹一天掙十個工分，他申幼平幹一天只記八分。申幼平打一開始給人扛長工，打短工，直到給申士俊打石頭，提錘子打牆，箍窯，誰都按壯勞力給他付工錢。合作化了，說是為了不讓新富農雇工剝削，申幼平覺得，不讓人雇工了，這首先是和他過不去，使他失去了掙工錢的機會。不僅如此，在農業合作社裡一樣地幹活，他掙得比別人少，尤其看到那幾個奸鬼掙十分工，他就老大不服氣。可是他沒處評理。

申幼平一向幹活實在，給人扛長工幹活都像給自己幹一樣認真，實在，用他當年的東家申志仁的話說，申幼平從起根發苗時就練下了好起手，就是好習慣，幹什麼都要幹得叫人沒說的。所以儘管在農業生產合作社裡他幹一天只能掙八分工，幹活時他也從不惜力，幹的活

絕對比得過掙十分工的人幹的活路。按工分分糧時就是申幼平忿忿不平的時候，他分得的少一大截。兒子祿順被弄成內控右派，工資少了八元，這對他又是一大打擊。工分掙的少，兒子的工資又被減掉一大截，連買口糧都成了問題，申幼平突出的感覺是，他的日子過得不如人，很掉份兒。人常說，福不雙至，禍不單行。這話也不幸在申幼平這裡應驗了，特別是「禍不單行」應得再准不過了。得知兒子被弄成內控右派，又被減了工資後不久，申幼平突然半身不遂了，原來瘸的那條腿現在很不聽使喚。申幼平當然沒有錢治病，而且他認為這半身不遂也就不是什麼病，這半身不遂，還有那半身呢，只要他還活著，他總能靠還聽使喚的那半拉身子幹些什麼，他不願意叫別人認為他已經是個廢人。但是申幼平從此不再參加農業生產合作社的集體勞動了，他不願意因為自己的行動跌跌撞撞而讓人取笑，他給自己買了兩隻小豬，要以養豬掙錢買口糧。他不可能有糧食把小豬養成大肥豬去賣大錢，只能靠打豬草把小豬養成半大瘦條子，當地人稱吊殼郎子，把野草、野菜變成幾個錢。

申幼平拄著棍子，拖著不聽使喚的半拉身子，背著荊條籠打豬草，這種奮鬥精神使很多人感動，都稱讚申幼平有骨氣，從來不在災難面前低頭。這些讚譽使申幼平感到很欣慰，他從這些讚譽中領略出人們對他些許的尊敬。他很在意人們對他的這份敬意，非要在原來的基礎上做得更好。

申幼平這樣的硬漢，在農業合作化後，由於左腿的瘸，被評為八成勞力，比七成多一成，這裡的人說誰是個七成，是說此人不夠斤兩，也就是短弦的意思，所以他覺得這是對他公開的貶斥，是過去地主、富農根本不為的行為，是對他的侮辱，遭人下眼看待。緊接著，他引以為驕傲的小學教師兒子祿順從教師座談會領回一頂內控右派的帽子，工資都被減去八元，又據說，右派就是階級敵人，是要被無產階級專政的，村裡的幹部，如申黑三、葛蘭，和一些積極分子對申幼平說話的音調和看申幼平的眼神都變了。人常說，知子莫過於父，申幼平當然最瞭解他的兒子：誠實、耿直、肯幹。黨把他兒子劃為右派，列入敵人之列，並且還要專政，連他本人都遭蔑視，他想不通。

申祿順對他父親如實陳述過他在教師座談會上發言的內容，申幼平認為兒子說的那些話都是像他這樣的窮人的心裡話，都是為了黨替窮人把事辦得更好而去的，和黨一心一意的人說了幾句為黨把事情辦好的實話就成了黨的敵人，這事太不可思議了。申幼平那水平，再也不能往更深處想，於是他從村幹部和積極分子對他的態度上和農業合作社的問題上得出個結論：黨並不代表貧農的利益，而只有黨自己的利益，黨照樣欺負窮人。面對侮辱和欺負，申幼平無力反抗，他對付的辦法只有一個，表現得更有骨氣，以示對侮辱和欺負的蔑視。

可是，再硬的漢子也經不住長期吃不飽飯的摧殘。從糧食統購統銷以來，農村沒有家底的人鬧饑荒的時月長了，吃野菜多了，農業合作化以後，申幼平家的吃飯形勢更每下愈況。尤其人民公社化和大躍進以後，情況空前地糟糕，分回像滴眼藥似的那點糧食，光拌著喝糊糊都不夠他一家五口人喝三個月，況且，兒媳婦劉銀秀帶著兩個孩子，二兒子德祿在完小上學要背饃去上水灶，水灶這個詞兒可能是那個特殊年代在那時的鄉村學校形成的，即學生從家裡背饃來，給學校交點錢獲得喝開水的權利，吃飯時啃自己的乾饃，喝學校提供的開水。二女兒桂蘭在延安師範上學，吃著商品糧，不用他供糧，也添不了什麼。家裡這四口人的吃飯問題都不可湊合。面對這樣的形勢，兒媳婦劉銀秀也清楚她的責任。劉銀秀自然而然地當起了家，她出面向隊幹部乞哀告憐要糧食，要牲畜磨麵，碾米。隊裡也確實沒有機動的糧食救她的急，更沒有牲畜供她役使。好在家裡並沒有什麼糧食要磨成面，碾成米，主要能吃飯的人基本靠申幼平和豬草一起打回的野菜。尤其申幼平，他儘量少吃糧食，多吃野菜。他甚至偷著吃給豬新煮的豬草，到地裡找豬草時抒著吃苜蓿葉。他指望從自己的牙縫裡多摳出點糧食讓孩子們吃，讓兒媳婦吃。申幼平很不願意讓兒媳婦去找申黑三們求爺爺，告奶奶地要糧食，但是他又沒有足夠的底氣阻止，他知道，要是不從生產隊裡買口糧，至少孩子們就要被餓死，有一次，兒媳婦劉銀秀就明確地說出這樣的現實，她甚至說，要是孩子被餓死，她也不敢活著，她怕給丈夫祿順沒法交代，她一定跟著孩子死。

隊幹部申黑三和會計都說隊裡沒糧，說該分給劉銀秀家的早都分回去了。劉銀秀提出，按勞動工分分的部分，把她和公公都按全勞力計算，把他們掙的工分和全勞力的差額折個價，她把差價給隊裡，隊裡按全勞力工分部分應分得的標準給她補分些差額糧。會計說她這是想以便宜價買隊裡的糧，這個先例開不得。劉銀秀急了，當下就哭訴說，她家自從合作化以來，分得的糧食一年比一年少，公公又半身不遂了，沒本事摸黑去弄糧食，隊裡若不給她補些工分糧，她家要餓死人的，若餓死一個孩子，她就不活了。申黑三見狀，有些害怕，忙說他們要研究，研究，要劉銀秀先回去。劉銀秀說她不敢回去，她一看到孩子們要吃的那種眼神，她心裡就發毛，就想著這日子沒法過了，就想死。申黑三要她不要胡思亂想，先回去，他們幾個人盡快研究。

　　劉銀秀抹了抹眼淚回來了，申幼平一眼就看出來兒媳婦哭過，忙問是不是誰欺負她了，劉銀秀說沒有，是她覺得這日子沒法過。申幼平聽了咽了口唾沫，喉結上下滑動了一下，說不怕，有他呢。可是據事後申幼平自己說，當時他說了有他呢後，自己都有些害怕，他在想他能幹什麼，他上了黨的當了，入了社，想給人打短工都不能了，年年缺糧，現在自己又不得前去了，真是泥菩薩過河——吾身保不了吾身，還誇口說有他呢。他能幹什麼，什麼也幹不了了，真正到了要緊處，兒媳婦要他解決困難，他一定是束手無策，那還不招兒媳婦瞧不起。好在，兒媳婦好像知道他那「有他呢」是安慰她的空話，或者是兒子祿順給媳婦講清楚了，任何事都別指望那半身不遂的老爸了，她現在就是一家之主。

　　劉銀秀吃罷飯，收拾完家就來找申黑三要糧，申黑三總給她打官腔說還沒研究好，隊裡也實在沒糧，而且，隊幹部們的意見也很不一致，他費多大勁說服人家同意照顧家庭確實有困難的幼平哥，但總也說不服。劉銀秀急得直哭，申黑三則趁機摩著她的背部安慰她，叫她不要著急，他再和隊幹部們研究。劉銀秀哭著說她頓頓都是憑野菜栽椿呢，孩子吃不下，都快餓死了。申黑三進一步安慰她，將其摟在胸前撫摩著，繼而將臉貼到劉銀秀的臉上，手就去摸她的乳房。劉銀秀忽然警覺起來，推開申黑三說二叔要占她的便宜。申黑三則嬉著臉說

便宜不能白占麼。說著，又把劉銀秀攬到懷裡。劉銀秀還在哽咽，只是說，人都到了這步田地了，當幹部的還要佔便宜。申黑三嬉著臉皮說，他不是想佔便宜，而是想從此多想著劉銀秀這個美人。劉銀秀聽出味道了，以後她求申黑三要方便許多，身子隨即就有些軟了。申黑三立刻將其擁向他在飼養室睡覺的小炕上，三錘兩梆子就給劉銀秀擱上了。劉銀秀承受著，似乎沒有快感，閉著雙眼，兩邊眼角還有淚水流著，她任二叔閃晃著。二叔的動作停了，劉銀秀推二叔下去，叫二叔趕緊幫她收拾乾淨，坐了起來，邊穿褲子邊問申黑三給糧的事。申黑三卻說不急，他還得叫會計算算。劉銀秀又急得哭了，她罵二叔說話不算話，占她的便宜。說到這一層，劉銀秀似乎覺得更委屈，眼淚嘩嘩直往外瀉。申黑三勸慰她先回去，說他說話算數，會計一算好，他就叫劉銀秀來裝糧。

申幼平見兒媳婦又像是哭過，但不便多問，心裡似乎明白發生了什麼。他咬了咬下嘴唇，拄著棍子，背起荊條籠，拿了鐮刀去打豬草。申幼平拖著半邊不太聽使喚的身子走到生產隊的打穀場邊，場裡擺著三把鍘子在給牲畜鍘草，好多人在忙活，申黑三也在那裡，手裡拿一把杈站著。看見申黑三，申幼平的暗火就燒起來了，可是又不好說什麼，他直勉勵自己走得剛強些，以示對申黑三的蔑視。場裡鍘草的眾人都看出申幼平在竭力做剛強狀，但不明就裡，有能和申幼平開玩笑的孫子輩就說，瞧，還是我狼家爺，真是這家子，說著豎起大拇指，看這走勢，是條硬漢，真是人跌倒了，毬還奓著——精神還在。大家聽得哈哈大笑。申幼平聽這話並無惡意，倒是對他有些讚許，覺得有些得意，索性走得更好些。怎奈，不聽使喚的瘸腿的動作跟不上，在他強行拖那條腿向前換時，那條腿不但不向前，反而將他絆倒。一場的人都大笑起來，誰也沒想到像他這樣的高血壓，跌一跤可能就完了，因為這兩年來，人們常能看到申幼平跌跤，而且跌倒了，掙扎掙扎就又起來了，該幹什麼，照幹什麼，誰也不把申幼平跌跤當回事。可是在申幼平的概念裡，這一跤跌得太丟人，他有些惱怒，從地上坐起來，掄起棍子在那條不太有知覺的腿上猛抽，還邊抽邊罵，我把你個死婊子驢毬，你長在人身上，幹不了人活，你吃著人的飯，

不幹人的事。人們見他用棍子直抽那條腿，知道他並不覺得疼，但怕他把骨頭給打斷了，急忙上去奪下他手裡那根棍子，制止說，你把腿打斷了，連站都站不起來了。申幼平於是嚎啕大哭著訴說，他的腿不爭氣，給他爭不了光不說，還叫他在眾人面前丟人，他沒本事，光景過得不如人，貓和狗都敢欺負他。這世道叫人活成這樣，這倒是個啥世道嘛。

第三十三章　金光大道上的落伍者

　　申啟仁從永寧山水庫工地逃回來的一段時間內，躲著不願見人，尤其不願見公社領導和工作組的人。這倒不是他認為從偉大的水利工程工地逃回來是什麼丟人的事而不願見人，而是怕被抓住再被送到永寧山去。用他的話說，若被二番送到永寧山，他的骨殖就一定被埋在那裡了。可是，在冷不防時和公社黨委書記楊長福遭遇了。據事後申啟仁自己說，和楊長福遭遇的那天，他忽然來了個主意：反正在生產隊裡也是餓得只死不活的，不如借這茬把楊書記逗起來，叫他一槍把他結束了，倒還零幹，他楊書記還得抬埋他。結果，他把招兒使出來了，真把那楊書記給拍住了，他狗日的沒敢給我那一下。他想，那楊書記不會善罷甘休的。不料，在村裡再過了一次招兒後不久，楊書記自己的事發了，禾豐人民公社黨委書記的職被撤，他自己則被調到林業局當了個伐木隊的副隊長。再接下來，他打聽到，就在他逃出永寧山水庫工地不久，公社就從魏家河村派出人去頂他的缺。可是，從偉大的水利建設工地逃跑畢竟是件大事，申啟仁想，那事恐怕不能這麼算完。他接著那天和楊書記遭遇時的那個主意往下想，能躲過初一，恐怕難躲過十五，反正在哪裡都躲不過一死，與其那樣，死在水庫工地上，還能給家裡省一筆喪葬費。想好了以後，申啟仁就探頭探腦在新任公社黨委書記面前閃個面兒。與此同時，申啟仁放出話說，如果公社要重派他去永寧山水庫工地，他就要和公社黨委書記把話說開：他去永寧山水庫工地前，要公社給他買一副柏木棺材，把壽衣置下，如果他死在工地上，要搬屍回來葬在他家的祖墳地。

　　申啟仁在閃面之前老早，就把這話放出去，故意叫這話往公社領導的耳朵裡鑽。公社黨委書記和社長們都聽到這話了。領導們合計了

一下，形成個共識，那就是不提申啟仁從永寧山水庫工地逃跑的事，免得他大聲嚷嚷那裡經常死人的事。申啟仁把話放出去以後就找機會聽公社領導的反應，他居然什麼反響都沒聽到，他並不懷疑他的話不被傳到公社領導的耳朵裡，哪一個積極分子都會把他的話向黨報告。這種情況倒使申啟仁心裡有點慌，就像看見面前臥著一隻狗，但狗臥著就是不動，這時看見狗的人心裡就有幾分怕，人常說，咬人的狗不出聲，出聲的狗不咬人。在這種人和狗對峙的情況下，人是要主動把狗惹起來，叫狗出了聲，人就好對付了。申啟仁橫下心要到公社黨委書記面前晃蕩一下，甚至找話茬和公社黨委書記說話。有一天，公社黨委書記來南轅庄搞糧食徵購動員，申啟仁碰上了，主動和公社黨委書記打招呼，還說差不多一年沒見書記還挺想的。不料公社黨委書記不但沒提他從水庫工地逃跑的事，反倒哈哈著說有人想念他太讓他高興了，還說申啟仁回來了，見面的機會就多了，回來和在水庫工地一樣，都是掙工分嘛。公社黨委書記這些話有些出乎申啟仁的所料，他立刻為自己選擇了從水庫工地逃跑而慶幸。

申啟仁為自己從永寧山水庫工地能討個活命逃回來而沒事慶幸之餘，也有幾分發愁，在家裡活著的前景就很不妙，首先，老父親經常為屙不下屎而痛苦不已，這讓他一點辦法都沒有，而且據他體會和觀察，所有的家庭成員都程度不同地有這問題，連他自己都得叫老婆幫忙用鐵鎖子的鑰匙往出摳那乾硬的糞塊。所有家庭成員的大便問題幾乎都是這麼解決的。申啟仁明白，這是黨教給的瓜菜代弄出來的問題，冬天了，一沒有瓜，二沒了野菜，只有紅薯杆子，紅薯根和包穀芯，還有糠可以代替糧食塞肚子。這些東西被強塞到肚子裡就是難出來，老父親因屙不下，摳不出來而痛苦萬分，非要去跳河，申啟仁甚至在心裡理解老父親不想活的想法。是啊，這麼痛苦地活著有什麼樂趣，更沒有什麼光明的前途，只能受更多的罪以後死去，與其那樣，就遲不如早，早不如快，乾脆一下解決了就永遠脫離苦海了。要不是顧及一家老小，申啟仁曾說他都想一死算了。

※※※

經過大躍進的人民公社辦得更紅火了，人民公社的優越性除了一大二公，政社合一外，現在被說成是通向共產主義的金光大道，公社給家家戶戶拉上的有線廣播喇叭天天在唱《社會主義好》、《社員都是向陽花》、《唱得幸福落滿坡》等歌頌人民公社好的革命歌曲。尤其到晚上，有線廣播在播完中央人民廣播電臺的新聞聯播以後，就是本縣新聞，本公社新聞，說的差不多全是人民公社社員在黨和政府的正確領導下，發揚大無畏的無產階級革命精神，戰天鬥地，又取得了好收成，顯示了人民公社強大的生命力和無比的優越性，證明偉大領袖毛主席關於全國形勢大好，而不是小好的論斷是無比英明正確的，證明右傾機會主義的惡毒攻擊是全然無根據的。這些天天都在變著樣報導的新聞和批判之後就是一連串的歌唱社會主義，歌唱人民公社的革命歌曲。掃興的是，申啟仁的老爸每每在這些革命歌曲播放的時候因為屙不下屎而痛苦地呻吟。老頭兒的痛苦呻吟使革命歌曲的調兒和詞都變了味兒。伴著老頭兒的痛苦呻吟，申啟仁聽著那《社員都是向陽花》的歌詞，句句都有諷刺味兒，尤其第一段後半段說的「瓜兒連著藤，藤兒牽著瓜，藤兒越肥瓜越甜，藤兒越壯瓜越大」簡直是拿向陽花兒們尋開心。他不由得想，像他父親那樣的瓜，可能肚子會瞥得鼓脹，但那不是大，更不是甜，難受著呢。他和家人，以及所有社員，幾乎個個肚皮都貼著脊樑了，咋能談得上大呀。有的人臉上明亮有光，也大，那是浮腫，他們不光臉大，渾身都粗，可是那不是公社的「壯」「藤」養的，那是公社給他們的症狀。這時申啟仁才意識到，在永寧山水庫工地上他欣賞那些革命歌曲，竟是人家授意他手淫。老頭兒的呻吟中斷了他的聯想，他得動手給老頭掏大便去。

　　伴著老爸的痛苦呻吟，申啟仁一點一點掏著比羊糞蛋還乾硬的糠和玉米芯結成的乾屎，直掏到老頭停止呻吟。可是，呻吟停止了，接著來的是老爸的哀求。申啟仁的父親的本名叫寶嘉，但是，南轅庄的人，以及鄰村的人幾乎沒人知道他這個真名，而只知道他是老百姓。「老百姓」是幾十年前人們送他的外號。別以為這「老百姓」就是咱現在人口頭說的老百姓要過平安日子的老百姓，申寶嘉這個老百姓的外號可是概括了他這人的全部處世態度和特點的：首先，他從不想欺

負誰，更不想占任何人的便宜，對任何事，從不發表意見和看法，任何時候都是按部就班地勤勤懇懇勞動，老老實實做事，尤其和官方的人打交道，多麼小個辦事員，他都讓著人家的注，官員們的話對他就是聖旨，無論官員說他什麼，罵他什麼，他從不頂嘴，總是聽著，按官員的要求做，當初給他送外號的人曾概括說，老百姓那人，官家人唾到他臉上，他不聲不響擦了，人家要是不讓他擦，他就讓唾上去的唾沫自己乾著；官家人不叫他站起來，他就蹲著。總之，他這外號「老百姓」的基本意思是，與世無爭，特別能忍受，是個老好人。老百姓就這樣，居然沒有什麼人找他的事，更沒人欺負他。農業合作化之前的十幾年，二十年，他像個編好程序的機器人，不論天陰，天晴，颱風下雨，天冷天熱，老百姓總是一起床，穿上衣服，拿起那把幾乎都沒刃子的斫柴鐮，鞭稍都沒二尺長的鞭子，去打開羊圈門，把羊放出來，按習慣的路線把羊吆到山上或溝裡，總是跟在羊後似吆非吆，用他的話說，人老跟在羊後頭，羊就往前走著，搶著吃面前的草，羊能吃飽。農業合作化了，老百姓放的羊被入到農業合作社，老百姓從此放下了放羊鞭子和那把幾乎沒刃子的鐮刀。農業生產合作社裡和之後的人民公社的生產隊裡，都沒有他這七十多歲老頭能幹的活兒，有人就對老百姓說，現在就該享人民公社的福了，看開些，要捨得吃，捨得喝，捨得穿，捨得戴，再別像以前那樣，還沒搭鐮收麥哩，就把身上僅有的衫子脫下來掛在門後，光膀子四個月。老百姓也應著說，他早想開了，不過他也沒有什麼要捨得的。真是說得太準確了，即使老百姓現在捨得吃，卻沒有什麼可吃。何況人們叫他捨得吃的意思是要他捨得花錢吃好的。老百姓現在哀求兒子再不要管他，也不要顧他，讓他自己快快結束自己的生命。老百姓進一步向兒子告白說，他這兩年活得夠夠的，還是一死就脫災了。申啟仁忽然跪在老爸面前說，那千萬不能。他求老爸再忍忍，他馬上想辦法弄糧食。老百姓同意兒子想辦法弄糧食的意見，而且強調說，還有一家子人呢，不能叫年輕人跟著都餓死，他想早點死，就是想著能給孩子們省出一口吃的。申啟仁立刻勸慰說，能有孩子們吃的，就一定有他老爸吃的，千萬不能想著走那條人不走的路。人們常說，好死不如賴活著。再

說，老人家要是走了那條路，會叫後人永世抬不起頭來。

聽了兒子這話，老百姓的思想似乎動了一下，他停了一會兒即說，就是他死了，後人也不必抬不起頭，他這當老子的一輩子老實本分，沒偷過，更沒搶過，沒嫖過，沒賭過，別看人叫他老百姓，那個外號實際是對他的人品的概括和肯定。他一輩子沒幹過一件給後人丟臉的事，後人為什麼抬不起頭。有人說，人們送他老百姓這麼個外號，是說他這人太老好人，太好欺負，可是事實是，他自得了這個外號後得了很多好處。首先，那些人前裡的人根本就不打算欺負他，偶爾有個不識相的在他面前耍威風，要點子，別人就會笑話他在老百姓面前逞兇不算能耐，所以他幾乎一直沒被厲害人欺負過，一般的人，他老百姓從不想占任何人的便宜，別的人根本就不必防範他，也就沒有要占他的便宜的意思了。也有人把他當傻瓜，占了點小便宜，他心裡明白，嘿嘿一笑，叫他知道咱並不傻，告訴他下回咱和他不攪了。所有這些，都是他想怎麼辦就能辦到的，雖說不是常勝者，但也不是失敗者，至少咱能管得了自己。可是眼下這沒啥吃，他老百姓就無法叫自己不餓，他更無法讓吃進去的糠和玉米芯順順當當屁出來，再硬的漢子也經不起飢餓的折磨。老百姓說到這裡歎了口氣，頓了頓，又說，據他看，照現在的弄法，這罪難有個頭。申啟仁何嘗不是同一看法，但是他不能順著老爸的話頭往下說，他要把老爸從自絕的路上攔回來。可是他沒有自己的詞兒勸慰，索性拉起有線廣播裡說的那一套，什麼人民公社是金光大道，社員的生活會越來越好，活著是有希望的。老百姓聽了兒子似背書說的這段話後苦笑了一下，說這話他聽了幾年了，他一直在捉摸，直到餓得吃豬食才明白，那些話都是鬼話，走在幸福大道上的人叫餓得死去活來的，這叫什麼事是呀?!老百姓最後說，他現在想好了，他不必自己尋死，他看催命鬼快到他門口了，到那時不想死也得死，他要兒子放心去弄糧食救全家。

※※※

那年頭摸黑找糧食絕非易事。不容易是因為當地已經家家都油盡燈快要熄了，沒有人有糧可賣，而且幾乎人人都在找糧食，但是誰

都不敢承認自己在摸黑找糧食，因為那是政策不允許的，是犯法的。所以，人們有點像舊戲裡的那出著名折子戲《三岔口》裡的住店的和店小二表演的那樣，在黑暗中摸索，憑感覺決定行動和動作。跟《三岔口》裡店小二的境況差不多，基本情況熟悉，感覺和判斷都基本準確。沒糧食吃的農民憑自己對生存環境的理解，判斷出東山裡和南山裡肯定有糧可買，經打聽，情況真如所料，深山裡，地多人少，很多地雖有人種，但並未登記在冊，官方並不知道，這樣的地被稱為黑地，同樣的道理，黑地裡產的糧食也被稱作黑糧。正因為是黑糧，才能躲過公購糧那隻大手，正好在這時候賣高價。

在黨的糧食統購統銷政策照耀下，糧食的私下交易是政策不允許的，買家和賣家都是犯法的，這一點誰都知道。還是偉大領袖說得對，革命群眾有無窮無盡的創造力，尤其在黨的領導下，人民群眾為了生存，什麼奇法子都可能想出來。東山和南山的山民居住得很分散，兩三戶人家就可能是個小山莊，且村與村之間相距很遠，還山山溝溝的，生人到那裡連路都尋不著，更別說找有糧的人家賣糧了。這一點，山民們最清楚不過了。他們就想出辦法找買糧的。到人們聚集的鄉鎮集市上去找。山外來找糧食的人當然都肩膀上搭著毛口袋，或線口袋，腋下夾著扁擔。他們就這樣的裝束在山區集市上似乎無目的地東張西望，轉悠著，有糧可賣的山民觀察著，瞅準某一個這樣轉悠的趕集者，從後頭尾隨上去。不說話，蹭到其後側拉拉肩膀上搭口袋的人的衣角，被拉衣角的人回頭一看，兩人目光一交叉，彼此心裡都明白了。於是肩搭口袋者就不聲不響跟在拉衣角者的身後來到集市以外一個沒有人的背地方交換意見。兩人將要賣的糧食的品種，單價議好後就來到賣糧戶家裡裝糧，付錢，賣家供買家一頓飯，到天色晚了，買家擔著糧往回返。賣家領買家往家裡走的路上，不時要告訴買家記下路上特殊的標記，免得返回時走錯路。

申啟仁約了妹夫趙喜財一同到南山大石板鎮去趕集。他之所以去南山而不去東山，是因為去大石板鎮必經妹夫的村許莊，在妹夫家可以中途歇腳。兩人早早來到大石板鎮的集市上分頭瞎轉悠。不一會兒，有人拉了拉申啟仁的後襟下角，申啟仁會意，兩人來到鎮外的空

場上，議好了糧食的品種和單價，申啟仁提出還有一個買家，賣家慷慨地說，只要不把他賣了，有三個五個都行。申啟仁要賣家放心，同來的是他妹夫，保證沒事。他要賣家按規矩辦就行了。當時的背景下，賣家完全理解買家要他按規矩辦的意思，不就是要管買家一頓飽飯麼。那沒什麼問題，你們山外人叫餓得瞎抓呢，咱山裡人管你們吃頓飯還是不在乎的。賣家把人一領進門，即吩咐老婆給客人準備飯。那老婆應聲說，沒什麼好的，就有包穀麵饃和包穀糝糊湯。申啟仁聽了打心裡高興，想，不錯，能吃一頓純糧食的飯，因而朗聲對女主人說，這年月，出門找糧的人還敢指望吃啥好的，就包穀麵饃和包穀糝糊湯管夠就行。

賣家賣的還是玉米。三下五除二把糧食裝好綁紮起來就已到太陽落山的時分，女主人的包穀麵饃還沒蒸好。申啟仁和妹夫抽著旱煙，喝著水等了等。天麻糊黑時他們開始吃飯了。女主人蒸了一鍋，兩層籠，三十多個包穀麵饃，兩個客人就吃了她二十幾個，尤其申啟仁，就著鹹菜和女主人自製的辣子醬，只吃饃，很少喝糊湯，吃到最後，他也說不清他吃了人家多少包穀麵饃，總之，他覺得吃飽了。冬天，說黑就黑了。再加上深山裡，冬天的天一黑，小山村的人們都不太出門，這正是摸黑偷著買糧的人出村趕路的好時機。賣家先出了大門望了望，什麼都沒望見，深山裡，天黑下來後僅憑星光也就看不了多遠，返回來示意客人可以走了。申啟仁和趙喜財擔起糧食就出了門。賣家夫婦送他們到大門口。

出了門，兩個買家沿著來的路往回返。他們還沒走出多遠，就聽見女主人在身後罵他們是吃死鬼，像八輩沒見過飯似的。男的立刻推她回家，女的腳下往回走著，嘴裡的嘮叨還繼續著，嫌男的賣糧不看向，把糧賣給這樣的餓死鬼，一頓都能把人吃倒灶了。男的反倒責罵女的見識短，說那賣糧的價早把他們的飯錢算進去了，而且還不止是一頓的飯錢。從那些人的吃相看，山外人見了糧食都不要命了，只要有糧食賣給他們，幾乎是咱要多少他就出多少，咱賺大了，叫老婆別不知足。

話說申啟仁和趙喜財擔著糧摸黑走了約摸十里路，申啟仁就直

喊口渴，又歇了一會兒，趙喜財無奈地說，這山裡，人煙稀少，現在前夠不著村，後夠不著店，再渴也得向前挪。說著，他想起來時好像就在這前後過了個小溪，他把這情況一說，申啟仁立刻表示他也記得這麼個事，兩人擔起擔子就往前趕。果然，拐了兩個彎進了個小溝，溝渠裡就有溪流，申啟仁大喜，扔下擔子，抽出扁擔，順著溪流砸著冰面找能夠著水的地方，砸著砸著，在一個小落差的地方居然能看見水，他立刻把扁擔橫在冰面上爬下去就喝。趙喜財緊招呼叫他悠著點，人走熱了，水太涼，先抿上兩口，緩緩勁兒再喝。可是渴急了的人見了水哪能抻得住呢。他爬下去一口氣就喝到他覺得差不多了才住了口。住口以後，他長歎了一聲，可是爬在冰上起不來。趙喜財以為他還在喝，直喊著叫他不敢再喝了，他回答說不喝了，但是他怎麼就起不來，而且肚子裡一下怎麼那麼沉，他都帶不起來。趙喜財過來扶著他翻過身來，艱難地站起來。申啟仁覺得肚子裡的東西在膨脹，還在下墜，撐得他難受，更動彈不得。趙喜財使盡力氣把申啟仁拖回小道邊，扶著叫他斜躺在山坡上。申啟仁的胃被撐得直小口喘氣。可是他妹夫趙喜財還指望他緩一緩能起來擔著糧食和他一同回家。北方山區的冬夜，氣溫一般都在零下十七八度，甚至二十多度。從停下來到現在這麼一會兒，兩人剛才身上的熱氣已經散完了，身上的棉襖，棉褲裡面冰涼。趙喜財輕聲問大舅子咋樣了，能搞了就起來慢慢往回走，老待在這裡冷得受不住。可是申啟仁說他動不了，肚子實在撐得起不來。趙喜財急得直搓手說，大舅子走不了，他也不能走，兩個人就得叫凍死在那裡。申啟仁說那使不得，家裡老小還等著這點糧食救命呢，他們誰都不能叫凍死在這裡，最後一定要把糧食弄回去救命。兩人當下議定，先把買下的糧食藏起來，然後設辦法再挪動人找醫生治療。可是在這前夠不著村，後夠不著店的地方，這點糧食沒法藏，荒山上藏糧有被放羊的或放牛的發現的危險，即使不被人發現，那些松鼠一旦發現糧食，半天就能將其偷完。再說，這年月，就是附近有人家，也不敢貿然把糧食擔到人家請求代管，那被求代管的人要是是個積極分子，一下報告政府說有人投機倒把弄糧食，那就犯政策了，糧食被沒收了不說，人還要坐牢。思來想去，覺得把糧食擔回去寄存

到賣糧的那人家裡比較妥當，因為他們一致的印象，賣糧的那人挺厚道的，不至於賴帳，更不可能舉報他們。

這事現在只能由趙喜財來辦了，而趙喜財只能一次送一個人的糧去賣家求人家代管，好在，申啟仁雖動不了，還能看著另一個人的那一份糧。趙喜財叮囑申啟仁在原地看著糧食等著，再冷都不敢籠火，林區的煙火管制很嚴，晚上的火光最容易被人發現，一旦叫抓住，非坐牢不可，再說，冬天的柴禾都是乾的，一著起來就管不住，咱人自己還行動不便，引起山火，更不得了。所以，再冷，都不敢籠火，連吸煙都一定要把煙灰研滅，點了煙的火柴梗也一定戳到土裡確實弄滅。申啟人喘著氣叫妹夫放心去，快去快回，他才有救，家裡人也會有救。趙喜財把糧擔到賣家的大門口敲門，隔門給賣家說他們走不成了，請把門開開，他到屋裡詳細說情況。賣家的男主人來開了門，趙喜財把情況說明，特別肯定了主人的厚道，要求把他們買好的糧食暫存在他這裡，等把人治療好了再來把糧運走。賣家很爽快地答應了。趙喜財千恩萬謝後就返身回去擔另一份糧食。咱說這些倒容易，真正在趙喜財當時做，那費勁著呢，從早晨雞啼時起來到現在一直沒停步，而且後頭還是擔著百十斤的擔子，到這時已累得有點挪不動了，就他送糧食去賣家這一遭來回，整整用了個前半夜。他返回到申啟仁跟前時先喊大哥。還好，大哥應了一聲，但是顯然被凍得上牙磕下牙。趙喜財有點喜出望外，大舅子沒大事，他鼓勵大舅子再堅持一下，他把糧送過去就來弄大舅子去治療。神志還清醒的申啟仁還要妹夫快去快回。可是趙喜財擔著糧食怎麼也快不了，腿沉得拖不動，只想停下來歇歇再走。人到這份兒上，一坐下來，就想睡覺，趙喜財和瞌睡抗爭著，他知道，這麼冷的天氣，在野外一旦睡著了，定被凍死無疑。所以他一再叮嚀大舅子不敢睡著了。

趙喜財再返回到申啟仁躺著的地方，東方天邊已現魚肚白，他還沒看見人就喊大哥，使他吃驚的是，大哥居然不應聲。趙喜財立刻有個不好的感覺，他拖著沉重的雙腿衝向申啟仁躺著的地方，他看到申啟仁還在那地方躺著，但是一動不動，他趕緊俯下身去用手在申啟仁的鼻子底下試了試，一點氣息都沒有了，他嚇壞了，一邊喊大哥，一

邊摸了摸大哥的嘴巴，那嘴巴也已經冰涼了，他接著按著申啟仁的肩膀搖著叫大哥，大哥的全身都僵硬了。趙喜財確認大哥叫凍死了，他放聲大哭，抱怨著世道的不公，怎麼不給老百姓一點活路，把好好的個人逼上了絕路。他抱怨這幾年的冬天怎麼這麼冷，能把好好的個人半夜間就凍死。哭訴了一會兒後，趙喜財自己就止住哭訴，他知道，必須設法了結此事。天亮起來了，他把申啟仁的屍體拖到離小道更遠的一個小溝裡，弄了些樹枝和柴草蓋了蓋，再到小道上向這裡看了看，確定一般的過路人不會看見屍體。這裡安排妥帖後他想，遇著這事必須找黨和政府解決。趙喜財直接向大石板人民公社所在地趕去。一路上他在想著怎麼向人民政府說這事兒。

　　見到大石板公社的領導，趙喜財就驚慌著報告說，他和娃他舅聽說煤礦上挖煤的口糧定量標準高，還掙得多，就想去銅川煤礦幹，結果轉了幾天，沒人要他們挖煤，只好返回，為了省車費，他們就走小道，走了一天，找了個人家給他們弄頓飯吃，這家人給他們管頓頓飯，就是按人頭說那頓飯多少錢，這樣，人就放開吃了，娃他舅就多吃乾的，少喝稀的，吃完飯他們就趕路，誰料走了十來里路，娃他舅渴了，一下子喝了很多涼水，肚子立刻鼓脹，走不了路了，他就把人扶的斜躺在路邊，他自己則返回去想到吃飯的那村找人給治療，可是沒人能治。等他再返回來，天都快亮了，娃他舅已經被凍死了。他來報告情況，請政府幫忙把這事給了了。

　　大石板人民公社黨委書記聽完趙喜財的報告後，立刻指示治安幹事去死了人的現場看看情況，請縣公安局來人勘驗。公社的治安幹事帶了兩個人和趙喜財一起來到凍死申啟仁的現場，趙喜財解釋了他掩藏屍體的想法，帶治安幹事來把掩蓋的樹枝，柴禾移走。治安幹事看了一眼屍體就說確實是凍死的，俯下身去掀了掀死者凍得變硬的棉襖看了看，肚子確實脹得像鼓。治安幹事叫趙喜財先在這裡守著死了的人，他和兩個小幹部分頭請縣公安局來人，找暫時停放屍體的地方。趙喜財則提出說他不宜守著死人，因為他太困了，太想睡覺了，他實在控制不了自己，一停下來肯定睡著，一睡著就會被凍死，他現在最需要找個地方睡一會兒。治安員留了個小幹部看屍首，他帶趙喜財到

附近一個小村的一戶人家，給主人招呼要其留趙喜財在他那裡睡半天。山裡人好客，主人痛快地答應了，把趙喜財領進土窰，還問趙喜財要吃些什麼，趙喜財說什麼都不吃，就想睡覺。主人笑了笑說，出門就是受罪哩，看把人累成啥了，要睡就上炕睡，炕熱著呢。

半天以後縣公安局的行家來把屍體和現場勘驗了一遍，確認不是他殺，確實是吃得撐得動不了被凍死的，然後把屍體移到山坡上一個廢棄了的敞口土窰裡，來叫醒趙喜財，叫他吃了飯趕緊回去報喪，儘快把喪事辦完，死者的家裡人有什麼疑問，叫他來縣公安局問就是了。趙喜財聽公安局的人說這事的口氣挺輕鬆的，看來這不是什麼大事。可是在他看來，大舅子這一死是天大的事，娃他舅家的頂樑柱倒了，那一塊天要塌了。他不能直衝衝地去報喪。他到家後打發大兒子去走親戚，偷偷把實情先說給他二舅申誠仁，要他安排著不讓老爺子知道，神不知鬼不覺先把屍搬回去，由村裡的頭面人物出面張羅喪事和老爺子的安全。

趙金海按其父的指示來到舅家，先問了姥爺好。申寶嘉苦笑了一下說了個「好」，然後就說，這年月，跑啥呢。外孫解釋說他媽聽說舅家吃的緊張，就打發他來看看情況。老百姓說，看了又能怎麼樣，你們那裡不是也揭不開鍋麼。趙金海附和著說，聽說，全國都鬧饑荒，所以他媽才不放心，要他來看看，叫他告訴姥爺，一定要想辦法活下去。老百姓冷冷地說，看樣子難活。他叫外孫回去對他大，他媽說，一定要想辦法活下去。趙金海應著從姥爺那裡脫了身，來拽了拽二舅的後襟，把二舅叫到大門外，把實情和他大的意思全告訴了二舅。

申誠仁立刻把本家幾個人叫到一起，通報了情況，安排了喪事的各項事宜，吃過飯帶著大侄兒和本家兩個人去搬屍，叫外甥留一晌再回去，給老爺子個印象，他和大侄兒鴻發的出門和外甥的來沒有關係。儘管如此，老百姓對誠仁和大孫子鴻發一起出門還是有些不解，外孫趙金海騙他姥爺說，聽說是公社有個什麼會要他們去參加。老百姓聽了淡淡地說，不會是什麼好事。趙金海還和姥爺抬槓說那也不一定就不是好事。老百姓仍淡淡地說，他有經驗，政府騙著坑社員呢，

哪一回說的好事是好事，都是先說的天花亂墜，最後把農民坑了個苦。當初說的農業生產合作社千好萬好，能增產，能讓社員都富起來，說人民公社是金光大道，幸福大道，把社員都拉上金光大道了才把人往死的餓哩。趙金海聽了姥爺這些話，在心裡暗暗吃驚：這個老百姓原來並不是木頭人，對什麼事都是啞巴吃餃子呢──心裡有數兒。但是他還是對姥爺說，原來姥爺並不像人們說的那麼老百姓。老百姓聽了苦笑了一聲說，老百姓不是傻子的意思。百姓，百姓，百人百性，一個人一個頭腦，誰都會想事兒。

申誠仁和大侄兒鴻發，還有三個本家人先找到姐夫趙喜財，然後一行去大石板公社地界搬申啟仁的屍，到了停屍的破窯洞看了看屍體和周圍的環境，二話沒說，即收拾把屍體放在備好的簡易擔架上，向縣公安局派的看守屍體的人道了謝，送了一包寶成牌香煙，抬起屍體就往回返。按照習俗，死在外面的人的屍體是不准進村的，所以本家人把村口廢棄了的藥王洞收拾了收拾，申啟仁的屍首搬回來就放在那裡。儘管按偉大領袖的說法，那個年代死人的事是經常發生的，確實幾乎天天都有某某村的某某人因吃不上飯餓死了。但是對一個家庭來說，死個家庭成員還是天大的事，尤其像申啟仁這樣的家庭支柱，突然死了，更是大事，那是不能瞞的。所以，在把屍停放好後，村上請好的執事人申尚仁和申啟仁的幾個本家人就來向老百姓報告了實情，勸老百姓要節哀。老百姓剛一聽到兒子的死訊有些愣，片刻之後他竟然顯得平靜，說，他早料到他們遲早得死，既然人已經死了，再怎麼的，他也是活不了啦，叫他去見兒子一面。大家見老百姓這樣的表現，都在心裡佩服這老百姓的脊樑杆子硬，有人甚至說，大家一直喊他老百姓，他就以為老百姓是軟蛋的代名詞，經這一事，他不得不承認，這老百姓是紅蘿蔔蘸辣子──吃出看不出。老百姓幾乎是平靜地要求最後看一眼他的長子，沒有理由不讓他看。申尚仁和幾個本家人陪著老百姓來到廢棄的藥王洞。老百姓扶起蓋臉的紙，悲戚地看了看，又把整屍看了看，悲聲大嚎著訴說，這是什麼世道呀！人沒病沒災就死了。大家覺得老百姓此刻的表現和言語都是可以理解的，同時讚賞老爺子骨頭硬。本家人上前勸慰，不料老百姓還真聽勸，止住了

嚎哭。大家都覺得寬慰，勸老百姓節哀，回去休息。老百姓擦著眼淚應著，對，對，知道。老百姓轉過身來，向廢棄的藥王洞外看了看，大家以為他要往出走回家去，就向兩邊靠了靠，讓出一條道讓老人先走。這廢棄的藥王洞前就是申志仁家的打麥場。閒著的碌碡都擺在靠崖的一邊，正好在廢棄的藥王洞門前。老百姓出了廢棄的藥王洞，一頭撲過去撞在一個最大的碾場碌碡上，人們大驚失色，急忙衝上去，但為時已晚，老百姓的頭已撞開了花，氣絕身亡了。申誠仁和大佷兒鴻發撲過來大哭大喊，你老人家這是怎麼了，為啥要死一個再搭一個?!

執事的申尚仁震驚之餘，很快恢復了正常，他明白地知道，此時他不能慌了手腳，該做什麼，他得拿出主意來。他立刻指使人收拾地方停放屍體，叫人去拿早給老百姓準備的壽衣，趁死者還未收屍給穿上，指示請來的風水先生趕緊給老百姓看地，派人打墓。申尚仁的意思是先埋老的。他告訴申誠仁說，死了的父子倆都算暴死，不能埋在祖墳地裡，叫他領著風水先生在祖墳地以外的地裡看穴位。可是申誠仁並沒有立刻帶風水先生去看地。而是告訴申尚仁說，他實在沒有什麼叫來參加葬禮的客人吃，他哥搭進命買的百來斤包穀還沒弄回來，就是弄回來也不夠兩場事，那麼多的客人吃。申尚仁面有難色，說他還從沒經過這樣的事，從隊裡要糧跟登天一樣難。這時本家的幾個人表示，他們找公社和隊裡要糧。

老百姓碰死在碌碡上的事震驚了南轅庄全村，申士俊當然也被震驚了，他嘴裡反復說，作孽，作孽。申士俊和老百姓同輩，但是申士俊比老百姓年長三歲，老百姓一輩子話少，但是每見到申士俊，他總喊「四哥」，然後和四哥還要說幾句話。稍微平靜了些，申士俊表示要去靈前弔唁，申廣仁告訴他，靈在村外設著，要上坡，不讓老爸去弔唁，怕出危險。可是申士俊堅持說，他怎麼一直覺得很虧心，老百姓的暴死，使他更覺得虧心。最後扭不過，申廣仁陪著老爸來到老百姓靈前。申士俊上了香，燒了紙，並沒有像一般人那麼嚎哭，而是在老百姓的頭邊拄著香案說，兄弟你是個有主意人，這麼走了也好，脫災了。兄弟你聽明白，我不是在為自己開脫，我心裡一直覺得愧對大

家，更對不起你。說完，申士俊才掩面而泣。

※※※

村裡人剛把老百姓父子埋了沒幾天，申樹仁不哼不哈從前山的高崖上跳了下去，跌在一塊大石頭上，當下就完了。事後人們傳說，那申樹仁也是叫餓瘋了，在家裡，老婆總罵他沒本事，連自己的老婆孩子都養不活。申樹仁挨不住飢餓，又不願受老婆的氣，就那麼走著，爬著到了高砭路上，揀最立的崖跳下去的。據幫忙收拾申樹仁屍首的人說，申樹仁至死，嘴裡還嚼著蔓菁。

第三十四章　尷尬的喜訊

　　北方的隆冬，早晨，都快八點了，太陽還遲遲不想露頭，前不久下的雪經過幾天的陽光照射，雖然沒融成水流走，但也變了模樣，不是軟綿綿的雪了，而成了結成一片的冰渣子，表面很平，晚上下的厚厚的霜結在凝成的冰面上，毛茸茸的，遍地都是，特別有寒意。這時，正在服刑的犯人們已吃完早飯，正在整隊出工幹活去，申志仁也在其中，而且他還到得相當早。當初判了他十年有期徒刑，宣判以後，他就天天在獄警帶領下幹活兒。剛開始，申志仁不太瞭解規矩，遭獄警訓斥，至於幹活兒，那對他沒問題，他有勞動的習慣，而且有幹苦活兒，累活兒的習慣。到他熟悉了規矩以後，獄警印象裡的申志仁勞動很自覺，幹活也仔細，獄警們給管教人員總反映說申志仁改造很自覺。獄警把隊整好，叫了向右轉，喊了齊步走，從牆上的側門傳來另一個管教的喊聲，申志仁出列，來管教辦公室。帶隊的獄警重複了管教的命令。申志仁從隊列裡出來，向著管教走去。

　　到了管教辦公室，監獄長向申志仁宣布，由於他入獄以來改造自覺，吃苦耐勞，經研究決定減刑兩年，提前釋放，第二天就可出獄。出乎監獄方所有人意料的是，這一宣布非但沒有換來「感謝黨，感謝政府」之類的感恩戴德的激動話，反而遭到申志仁的反對與抵制，他說政府不應該減他的刑期，當初判了十年就十年麼，中途變卦這是怎麼回事，他不認這個減刑決定，他要繼續服刑。監獄長以不解的眼光看著申志仁，鼻子哼了一下說，他還沒見過這號事，前頭被減刑的聽到減刑的決定，激動得恨不得給黨和政府磕響頭；申志仁倒好，還不願意減刑，對抗政府的決定。申志仁辯解說他不對抗政府，他就是願意服至少十年的徒刑。管教插嘴說，政府看申志仁改造得好，進步

快，才決定給他減刑，這是對他的獎勵。申志仁卻說，他打入了獄到現在，就沒想咋樣改造自己，更沒想咋樣把自己改造好，監獄裡一天叫犯人們幹的那些活兒，他沒入獄前天天都幹，他就沒認為幹活就是改造，那是習慣。這幾年，家裡來看他的人告訴他農村的情況後，他就把監獄當自己的家，想在監獄裡好好過下去。監獄長有點不耐煩了，說決定了的東西不能更改，申志仁現在就自由了，第二天一定出獄。說完，監獄長要走，申志仁堵著他的去路說，既然他幹活幹得好，監獄就該留下他一直幹活兒麼。監獄長說那不行，對改造好的人就是要獎勵，要減刑，這也是對別的犯人的鼓勵。沒說的，明天拿著釋放證回去。申志仁立刻跟進說，那就先別開釋放證，看在他這些年幹活兒幹得好的份兒上，再讓他守幾年法，服刑到死他都願意。監獄長狠狠地瞪著申志仁不說話。申志仁急了，說現在監獄比農村好得多，簡直是天上，地下，監獄裡一天還有八兩糧的定量，到農村，一人一天連二兩糧都沒有。監獄長再也聽不下去了，吼了一聲「胡說八道」，推開申志仁，大步流星地走了。管教叫申志仁快去收拾行李，辦手續去。

※※※

　　就在獄方宣布提前釋放申志仁前的一星期，申同仁和過繼給他的兒子申順發一起來看過他，他們把家裡和村裡發生的事都告訴了他：家裡人和別人一樣，也沒糧吃，人們把能吃的都吃到了，紅薯蔓子，紅薯葉子，紅薯根全讓人曬乾磨成粉，摻上糠和菜蒸著吃了，包穀芯也被砸碎磨著吃了，幾乎所有的人一天為拉不下屎而痛苦不堪；申啟仁摸黑弄糧食去，臨走吃了賣糧人家一頓飯，撐死了，還是叫凍死了，反正是死在大石板的山裡；老百姓知道兒子的事後去把死了的兒子看了一眼，出來就碰死在他們家的碾場碌碡上。家裡一下死了兩個重要的人，要來很多客人，沒啥給客人吃，向生產隊要糧費了大事了，最後還是勉強借了點糧，總算湊合著把人埋了，可是客人中總有人罵罵咧咧嫌吃的不好，說不像遇事待客，申尚仁給執事也太難為他了，他不知對客人說了多少好話。他們還把申樹仁不堪忍受飢餓和老

南轅庄
424

婆的責罵，從懸崖上滾下去結束生命的事告訴了申志仁，並且告誡申志仁在監獄裡好好呆著，現在監獄裡的生活比外邊的生活好得多。當時申志仁聽著這些，暗自在心裡為自己能在監獄裡一天吃八兩糧而慶幸，他更慶幸自己在土地改革鬥地主時敢於罵申黑三之流，才得了十年的刑期。自從得知申崇仁因統購糧交不上而上吊的事和申克仁販煙葉吃的撐死的信息後，申志仁就抱定主意要在監獄裡長期待下去。他對在監獄裡遭訓斥之類是這樣看的：管教訓斥，甚至打罵，懲罰，那都不是越外的事，並不要人拿出什麼，他罵，你聽著，應著就是了，並沒有什麼損失。申志仁還認識到，在犯人面前耍威風，那是人家管教人員的工作，他們就是吃那一碗飯的，他們要不對犯人厲害些，領導會說他們對敵態度不夠堅決，階級界限不分明。可是在外面的人，受了幹部的訓斥還得交這，交那。把這一切都想明白了，申志仁就不覺得自己在受罪，他確實就把監獄當自己的家，幹什麼都像給自己幹活那樣主動，認真，精打細算。幹農活，他當然是行家裡手，什麼都幹得叫你沒得挑剔，幹完一晌活兒，他都要把農具擦得乾乾淨淨，收拾得整整齊齊；要是收莊稼，他總仔仔細細收割，不讓拋撒。農忙之餘，差不多都是搞基建，申志仁就跟著泥水匠幹小工，搬磚，提泥包，和水泥，篩沙子，洗石子。在幹小工的過程中，申志仁對拿瓦刀的泥水匠把一整塊磚隨便打成半截用很看不慣，認為太浪費。為了讓泥水匠少打磚頭，把已打下來的半截磚儘量用上，申志仁遞完磚頭，送完水泥，手裡就端著打下來的半截磚，準備在泥水匠需要時馬上遞上去。可是泥水匠根本不管那些，拿起一塊整磚咣的一聲，半截磚落地，另一半被砌在牆上，申志仁急得直喊，我端著半截磚等著給你呢，你不吭氣，又把好好的一塊磚打成兩半，這日子怎麼能這麼過。泥水匠鄙夷地頂他說，打的又不是你的磚，看把你心疼的。申志仁並不示弱，強調說，不是我的，那也是拿錢買的。這些都被看守們看在眼裡，時間一久，領導上就認定申志仁的服刑態度端正，改造認真，表現好，實在是個過日子的人，也並不反動，應該減刑。

現實和申志仁的初衷南轅北轍了，他好好幹活固然是他的習慣，但很大成分是想得到好感，獄方願意多留他在監獄裡多待幾年，至少

把十年刑期住夠。可是，他的好表現反倒成了監獄不留他的有力理由，申志仁的心裡有些委屈。此時，申志仁居然老虎吃天——沒處下手。人家叫他去收拾行李，第二天出獄，他也沒聽進去，出了管教的辦公室，他索性還往幹活的工地走去。工地上的看守見申志仁來了，呵斥著不讓他幹活，說工地上沒有他的活兒了，上級指示說他該釋放了，不准他來幹活。申志仁只好悻悻地返回監房。不一會兒，一個看守把釋放證拿來交給申志仁，說那是釋放證，拿回去交公社驗看，要他第二天一定出獄，特別強調說，監獄裡沒有他的口糧了，必須走。

第二天一早，申志仁把鋪蓋捆好，隨大家吃了點早飯，看守盯著他說那是他在監獄裡的最後一頓飯，沒有下頓了。申志仁聽著這話，心裡老大不服氣，想，這監獄也太絕情了，說他這好，那好，到頭來說趕你走就趕你走，同時也怪自己當初想錯了。原來，要想在監獄裡待得長，就應該搗蛋，越獄什麼的。現在明白了也晚了。吃過早飯，申志仁回到監房，背起鋪蓋卷，和獄友們告別，他對獄友們說，他待不成了，叫獄友們高高興興留下來長期改造。他的話，有人聽著覺得是好話，有人聽了很不樂意。出監獄時，申志仁手裡一直持著釋放證，每道門都得先讓看守驗證釋放證。出了最後一道大鐵門，申志仁先向遠方望了一眼，遠去的路是冰和殘雪，而且向前伸了一段後好像斷頭了，給他的印象是不幾步後就無路可走了。但是他的意識很清楚，不可能無路可走，他的家和監獄間肯定有條路。這個信念支持他背著監獄方向向前走了一段後停下來，若有所思地回頭望了望監禁他八年之久的監獄。望了望後，申志仁搖了搖頭，大踏步向前走去。這條路上很少有人，時不時路旁有個持槍的看守主動吆喝著要盤查，釋放證一展，就什麼絆打都沒有了。走了一大晌，沒見人家，申志仁覺得肚子餓了，摸了摸衣兜裡的幾塊錢，可是沒吃的可買。申志仁把路邊的殘雪扒了扒，抓起一把他認為淨一點的雪按進嘴裡，腳下還在往前走。剛拐了個彎，迎面來了個三十來歲的年輕人。年輕人看見申志仁，挺高興，主動和他打招呼，問這條路是不是去勞改農場的路。申志仁知道小伙是首次去看望親人，告訴他就這一條路，順路走，勞改農場就把他擋住了。申志仁順便問小伙可曾看見路邊有人家麼。小伙

告訴他向前不遠處確有兩三戶人家。申志仁懷著得救的感激之情向一戶人家走去，他主動向主人說明，他是被釋放的，而且把釋放證展給人家看，進一步解釋說從勞改場到這裡，他已經餓的不行了，想買點東西吃吃。不料，主人說他們不是開飯館的，沒吃的可賣，他們自己都沒啥吃呢。申志仁一再哀告說，他走在這人跡罕至的路上，現在得個人家不吃點東西，後頭就走不動了，就要死在路上了。他都受了八年刑，好不容易得了個減刑，他覺得被釋放以後餓死在回家的路上很冤枉，求掌櫃的救他一命。主人說他那裡沒什麼像樣的吃的，只有玉米麵饃，要是願意吃，一個饃五毛錢。申志仁很高興，說願意，而且要求吃過以後准他買的帶幾個，掏錢不是問題。申志仁就著鹹菜，喝著開水，一口氣吃了人家四個大玉米麵饃，臨走又買的帶了四個。他估計，這四個饃能把他送到家。

申志仁揣著四個玉米麵饃趕了一天路，於第二天吃罷早飯的時間到了自己村。申志仁回到村口就碰見要去斫柴的奴子。八年不見了，奴子現在已是二十二，三的大小伙子。奴子一眼就認出申志仁，張口就叫大叔，接著說，你回來了。申志仁一時鬧不清這是誰家的小伙子，奴子就自我介紹，然後接過申志仁背的鋪蓋卷，陪他進了龍門，送到家。一進龍門，奴子就喊著順發的名字，大聲宣布大叔回來了。全家人得這消息，喜出望外，真是太好了，大掌櫃能在家過年了。可是大老婆劉氏急得在灶火前打轉轉，大掌櫃守法八年了，現在回來了，她給掌櫃連碗麵條都端不出來。劉氏手足無措間好像本能地坐在灶火前的木墩上往灶膛裡添了把柴說，我先給你燒些水。大掌櫃早看出來了，似自我解嘲地說，我知道回來是給你們為難哩，我就不想回來，在勞改場裡再待兩年，可是公家不行，非要放我走，連飯都不讓吃了。現在過的這日子終究總是不能由你。你想給我做頓好飯，由不了你，你沒東西，甭為難，有啥就吃啥，這一頓吃了再想辦法。劉氏得了這話，就熬玉米糝糊湯。

申志仁的糊湯還沒喝完呢，村裡人已經聞訊來看大掌櫃，先到的竟是住過幸福院的五保戶申吉茂。他一進院子就喊，大掌櫃，你可回來了。喊著，申吉茂就進了廚屋老窯的門，看見大掌櫃，他一步向前

抓住大掌櫃的手說，人能好好的回來比啥都好，他打心裡高興，可是現在大家過的個個毬拉地，他也只能空手來先把大掌櫃見一見。大掌櫃抓著申吉茂的手搖著說，能有心來看他，這就很讓他高興，能見上就是好事。他這話一出，似乎觸動了申吉茂的聯想，於是他說，真是的，這幾年，病死，老死的就不說了，克仁，啟仁，還有老百姓，都應該是大掌櫃能見到的人，竟然見不到了，他本人，要不是自作主張從幸福院逃出來，大掌櫃這會兒可能也見不到他了。申志仁有些聽不懂，看看這個，又看看那個。申吉茂看出他的意思，笑了笑說，虧苔哩，他叫政府騙的住進公社辦的幸福院，家裡的糧食叫幸福院連囤底都掃了，到幸福院住了兩個多月，連幸福院的做飯的都餓跑了，他看形勢不妙，拿定主意溜了，才保住條命，你說，這是不是虧苔哩，幸福院能把人餓的逃命。一夥人聽到這裡哈哈大笑。

笑聲之後，又有幾個人來看大掌櫃，其中就有申廣仁。申廣仁頭一句話就是，回來了就好，四叔聽說大掌櫃回來了，很高興，說你的罪可算到頭了，叫我先來看看。申志仁立刻問四叔的身體可還好。申廣仁說，四叔的身體還可以，不過比前些年差多了，年紀大了，生活不好，他老人家的心情一直很不好。申志仁朗聲說，他估摸四叔的心情好不了，他和四叔交往多年，他知道四叔那人的脾性，打國民黨軍隊打死咱村五六個人，直到八路軍隊伍從村裡過時砸了各廟的神像，四叔就認為濟仁參加的這個革命不好，總不幹好事。四叔這人太要強，他總認為咱的人參與幹的事都應該是為老百姓好，所以當革命坑了老百姓，他老人家就認為那是他對不起人。其實這是因為四叔還沒完全懂革命的道理。申志仁說他在監獄裡常聽管教和看守講革命的道理，人家說革命就是一些人壓迫另一些人，他們那些犯人就該被壓迫著。申志仁接著說，他想那些犯人叫關在監獄裡被壓迫著，別的人雖不在監獄裡，也該被壓迫著，受些罪。這就是革命的道理，等稍微消停了，他去看四叔，叫他老人家明白明白革命是幹什麼的，他老人家的心情也許就能好一些。

※※※

申志仁被提前釋放一事在南轅庄的震動確實不小，在鄰方村裡也有震動，稍微能到人前裡的人都來看望剛釋放回來的申志仁。連申幼平這當年的老長工聽得大掌櫃回來的消息，拄著棍，拖著不太聽使喚的瘸腿都來看。整個南轅庄的人，就申黑三因為大掌櫃被提前釋放，回來又受到幾乎全村人的歡迎而顯得尷尬。人常說，各人做事各人曉，關於申志仁的被鎮壓，申黑三給加了幾把火，申黑三自己最明白，就在聽說申志仁被判了十年徒刑時，申黑三就在心裡唧咕了一下：我又幹了一件虧心事。所以，從此，申志仁服刑這事幾乎成了申黑三夫婦回避的話題。現在申志仁回來了，在村裡形成那麼高的聲浪，竟至於讓人覺得，誰不去看大掌櫃，人數裡就沒他。看來，對這麼大個事不能視而不見。大家看過申志仁，申志仁也回訪了幾個老人，例如申士俊，申裕仁之後，吳彩蘭有些裝不住了，因為人們都注意到，大掌櫃回來的這幾天，不但沒看見申黑三去看大掌櫃，連在村裡都很少露頭。中國人，特別是中國農民的從眾思維定勢，使得南轅庄的人們覺得這不可思議，尤其婦女們，竟以不解的口吻問吳彩蘭，咋不見你家掌櫃去看大掌櫃呢？吳彩蘭常常被問得嘴裡晻支吾，要麼說申黑三不知道大掌櫃回來了，要麼就說她掌櫃到公社開會去了。但是，當事人自己心裡明白，自然能感知人們問話的用意。吳彩蘭有些頂不住了，終於和她掌櫃正面說起這事：大掌櫃回來幾天了，村裡人是人的人都去看呢，你總躲著不敢見，這不是個事兒，村裡人老問我，你為啥不去看大掌櫃。申黑三辯解說，大掌櫃雖然釋放了，還是歷史反革命，他這共產黨員要和階級敵人劃清界限。可是吳彩蘭卻說，全村人都沒人和大掌櫃劃界限，就你劃界限，人家看你是個怪物，那些人總問我你為啥不去看大掌櫃，問話的唾沫星子都能把人淹死。你再劃界限，你就越不是人了，我都不敢見人了。

　　其實申黑三幾天來也一直在想這事：大掌櫃一直都是個說起放下的人，連他自己都曾對大掌櫃懷有幾分敬意，也難怪土地改革時許多人罵他不說人話，他就是說了昧良心的話，做了虧良心的事，從此，別看黨器重他，可在眾人眼裡，他確實不是人。申志仁一回來，人們都斜視著他，他明顯地感覺到，南轅庄的人數兒裡頭沒他。經吳彩蘭

這一說，申黑三覺得壓力更大了，真的，再繼續和申志仁「劃清界限」，他就完全不是人了。不行，這不是人的滋味太難受了，他得拉下臉硬著頭皮去看一下大掌櫃。申黑三估計，釋放回來的大掌櫃見著他不至於罵他，也不敢說多重的話，現在的問題是，自己覺得見了大掌櫃，有些話是棒槌剔牙哩——夯口的要緊。儘管如此，那也比眾人老斜視著好受。申黑三進一步想，既然他沒在眾人都去看大掌櫃時去看，那就得做的與眾不同，叫大掌櫃覺得他申黑三很重視這次探望。申黑三破費買了一瓶「店頭酒」，一斤麻餅。

　　申黑三備的這份禮物在那個年代真不算薄，那一瓶「店頭酒」要一塊七、八毛呢，而當時的人民公社社員一個勞動日才八分錢，光那瓶酒，就得拿出二十多天的勞動所得，再加上那一斤麻餅，價值八毛錢，就是說，申黑三把一個月多的勞動所得拿來備了禮物了。可見，申黑三很重視他對大掌櫃的探望，想藉機表達些什麼。備好禮物的第二天吃過早飯後，太陽照得大地都有點暖意了，申黑三提著酒和麻餅進了申志仁家的龍門。此時大掌櫃的老婆端著剛涮了抹布的髒水出了廚屋窯門，準備潑在院子的乾土上，看見申黑三從龍門進來，她要潑水的動作中斷了，對著申黑三癡癡地說，啊，你來了?!大掌櫃吃過早飯，枕在炕根的被子上正閉目養神呢，聽見老婆在院裡這麼問，隔著窗子問誰來了，老婆遲疑了一下，說，書記，噢，他黑三爺來了。屋內並沒再搭這話茬。這時申黑三已經蹭到廚屋窯門口了，低聲問大掌櫃的老婆，人在不？大掌櫃老婆回答說，在。回答完後，她把端的髒水潑出去，跟在申黑三身後返回廚屋窯內。老婆進了門就向大掌櫃正式通稟說，他黑三爺來看你了。大掌櫃腳朝外，頭朝炕掌躺著，既沒吭聲，也沒動，只是微微睜眼看了一眼，這一眼，只有他知道他看見申黑三了，而申黑三並沒看出大掌櫃還看了他一眼。大掌櫃老婆緊招呼叫申黑三坐。申黑三似乎沒聽見女主人的招呼，癡癡地站著。大老婆見狀，等大掌櫃坐起來開口說話，可是大掌櫃就是不動，申黑三也不知道該說什麼，就這樣冷場了。冷了約摸一分鐘，大掌櫃閉著眼開口了，老婆招呼你坐下，你不坐，站在那裡，你到底是來看我哩，還是來要鬥爭我。申黑三這才擠出一句話，我來看看你，怎麼能說鬥爭

呢。說完，把提來的酒和麻餅放在桌子上，又說，沒啥好拿，現在鬧的，什麼都沒有。大掌櫃笑了笑說，其實我希望你把我再鬥爭一火，再把我送回監獄裡去勞改。不料，申黑三說，大掌櫃，你來搧我兩個耳光子，比說這話叫人好受。大掌櫃說，那我不。你去給政府告，說我搧了你兩個耳光，我承認，有了這一條，大概就夠我勞改兩年了。我真願意留在勞改場裡。你當初給我脖子底下支磚時沒支美，你那時要是能找的多墊兩塊，我就可能被判十五年，二十年，那我現在還穩穩當當地在勞改場裡吃那八兩糧呢。你看，這現在回來，有喝的沒吃的。當自由人真不如當犯人。

申黑三總算得著機會說話：唉，還是回來好。現時已經回來了，就先好好歇歇，我就不再打擾了，我還有事，我這就走了。申志仁似乎連頭都沒抬，順勢說，那你就走。申黑三幾乎是奪門而出，一溜煙到了龍門外，又停住腳步，下意識地扭過頭，看了看身後的龍門。椿木黑油漆門，紅邊子，還是多年前他給大掌櫃當長工時的樣兒，但是申黑三覺得這龍門好像高了一些，也更厚了些。

※※※

快過年了，村裡並沒有什麼年味，就是不像舊社會時那樣，家家都忙著椿米、磨面、粉米麵、攤黃黃、蒸軟饃、蒸白饃、做豆腐、泡豆芽，當然申順榮他媽趙氏也不用做她的三天釀子黃酒了，人們只是象徵性地拿摸黑弄來的一點糧食做一點表示意思的年食，而且椿了米的糠，磨了面僅留的一點麩子都得當吃的保存著，過了年就該吃到糠、麩子和那點豆腐渣。與此同時，公社的幹部還喋喋不休地鼓動社員們過個節儉的革命化的春節，移風易俗，反對大吃大喝，變冬閒為冬忙，為來年大豐收打好基礎。對此，社員們不無諷刺地說，那大吃大喝還用得著你反嗎。言下之意，社員們都沒什麼可吃，哪來的「大吃大喝」。不過，年根的老天爺還真為來年的大豐收做了些準備。就在人們幾乎無所事事的時候，天變了，陰得很重，雲黑沉沉的，很低，不大的一陣西北風刮起不一會兒，雪花就飄落下來。那雪片似乎分量不輕，密集落下時竟有沙沙的響聲。大雪密集地下了兩個半天一

個整夜，老槐樹的橫樹股被雪壓折的不在少數，當時人們說那雪足有一尺半厚，整個山川大地一片白茫茫，似乎都失去了原來的形狀。社員們掃著門前和院子裡的雪，有心無心地感歎說，雪兆豐年啊！

這麼一場大雪給天天要找東西吃的鳥類製造了大災難，白茫茫的雪面上無食可覓，鳥類見露出的地面就蜂擁而至，企圖在地面上撿到一粒半片的食物。正好，這是繼續響應偉大領袖毛主席除四害，消滅麻雀的號召的好時機，幾乎所有的人家都在掃了雪的院子裡支起篩子，拉上繩子羅雀。可憐的麻雀，甚至鴿子，都不知道支起篩子的人們當時有多饞，它們只知道找食吃，那支起的篩子下撒著的穀糠和穅子殼對它們的吸引力大得使它們不顧一切湧來在下面聚精會神地找顆粒。不能說麻雀和鴿子在篩子下歡快地覓食，它們是很憂心地在扒拉著，半天也難得發現一粒秕穀。越是如此，就越要集中注意力扒拉著找。就在麻雀和鴿子聚精會神地在篩子下爭食時，天塌了，篩子扣下來了，沒有擠到篩子下的麻雀落荒而逃。驚魂未定的麻雀飛上牆頭，落下來，回頭往扣下來的篩子看去，還沒明白發生了什麼事。篩子下被扣住的麻雀淒厲地叫著，似乎在告訴同類，找食跟餓死的結果一樣。實際情況比麻雀們預計的更糟，被扣住的麻雀被人用泥裹了放在火裡燜熟撕著吃了，它們留在世間的只有幾根細小的骨頭。據吃過燒麻雀的人說，那樣燒出來的麻雀肉香極了，就是麻雀的個頭太小，肉太少。

同樣飢餓的人民公社社員們當然不滿足於能吃到幾隻麻雀，他們利用這場大雪提供的契機要設陷阱抓大些的鳥類，如鴿子，山雞。人們在田地裡掃出一片地面，挖個小坑，支起塌山雞的他們稱之為山雞架的機關，在小坑裡撒上穀糠或穅子殼。冰天雪地裡的一片陸地對山雞和鴿子們的吸引力是不言而喻的。一旦有一個倒楣蛋撞著別著的細枝，山雞架支著的石板立刻塌下來，將倒楣蛋，甚至還有同夥，一併扣在小坑裡，甚至砸死。年輕人對塌山雞，套鴿子的興致很高，山雞架塌下來了，把塌住的山雞或鴿子抓走，再把山雞架支起來。飢餓使山雞們不顧一切往沒有雪的地方撲著找吃的，前頭有同類被塌住，後來的並不知道，所以，只要支起山雞架，總有收穫。年輕人把塌住的

山雞宰了，煺毛，開膛，煮了，不忘記給長者些孝敬，大家都跟著開了點渾。據說，山雞肉比家雞肉更香，更有味兒。在下了大雪的好幾天內，麻雀，山雞和鴿子的命運很典型地體現了鳥為食亡的道理。

據申志仁後來說，他出獄後成了自由人不久就遇上那麼大一場雪，寒冷，那是不待說的，看到覓食的麻雀，鴿子，山雞被一批一批地抓住，烤著，燉著被人吃了，當然他也吃了，吃罷之後，不由得心裡想了很多事。鳥為食亡這句古話在他腦子裡反復響著，之前不久，申啟仁之死和老百姓撞碌碡而亡的事使他不敢去想卻由不得和鳥為食亡聯繫起來。晚上躺在炕上，他想了很多與鳥為食亡有關和類似的事。想到後來，他有了個主意，而且經反復推敲，他認為那是那個時候他能想出的最好的主意。他對自己能有這麼個主意很滿意。之後，他滿意地睡著了。

申志仁一覺醒來，天已經大亮了。他從炕上起來，穿上衣服，在炕塄上盤著腿抽了一鍋旱煙。臘月的清早，戶外冷得滴水成冰，申志仁跟所有人一樣，這個時分也不願出門。他就等著吃那不像飯的早飯。吃罷早飯，申志仁又抽了一鍋旱煙。磕掉煙灰後，他果斷地下了炕，穿上鞋，拉開門出去了，徑直向申黑三家走去。申志仁幾乎是破門而入進了申黑三的家，申黑三見勢，賠笑說，大掌櫃來了，炕上坐。申志仁沒好氣地說，你叫我大掌櫃，我現在有啥可掌的，連吃的那一口飯都不如豬食，這就是你們的黨為老百姓謀下的幸福。老百姓幸福個毬。你說，現在人人都餓得瘋抓哩，這是什麼幸福。你們共產黨盡用假話，瞎話騙老百姓，把人餓的往下死哩，還說老百姓在過幸福生活哩。我看你們共產黨就是大騙子，之前給老百姓許的金山，銀山的，現在弄得人餓的死去活來的。你們把國民黨罵的什麼都不好，我看你們共產黨還不如人家國民黨，我在國民黨手下過了幾十年，還沒見過所有人挨餓，連民國十八年那麼大的年饉也沒把人餓成如今這樣子。

申黑三被大掌櫃這一席惡語弄得有點丈二和尚——摸不著頭腦，但是還賠笑說，大掌櫃，你先坐，到底啥事，坐下慢慢說。大掌櫃一點沒好氣地說，有毬說的，我就說共產黨是騙子，是土匪。申黑三似

乎緩過神了，嘿嘿一笑說，大掌櫃，我明白了，我才不中你的計。你想叫我弄的讓你再守法去，好吃勞改場那一天八兩糧。那八兩糧倒確實是個好事，但是我不能辦這好事，我挨不起眾人的惡口。你剛說的那番話已經叫風吹走了，我也什麼都沒聽見。你有什麼事就去辦你的事，再甭想那些瞎點子了。我再給你說一遍，剛才的那番話再不要對任何人講，公社的領導都知道你想繼續待在勞改場裡，現在這時光，誰不願意去有糧吃的勞改場呆著。我去給公社頭頭一說你千方百計想重回勞改場吃那八兩糧去，你再鬧騰都沒人信你是真反動。你從此就把你想吃那一天八兩糧的旗卷了。

聽完申黑三的這段話，申志仁在心裡罵申黑三狗日的打解放以後處處和他過不去，他也明白，既然他的計被人識破，再弄都沒意思了。申志仁悻悻從申黑三家返出來，回去躺在炕上抽他的旱煙。

第三十五章　黃柏林裡的琴聲

　　民間有句歇後語說，坐在黃柏樹上彈琴哩——苦中作樂呢，是說人明明在受苦受難，自己不但不愁眉苦臉，反倒樂呵呵的，甚至好像強顏歡笑。二十世紀六十年代初，南轅庄的人們跟全國其他地方一樣，從五十年代初就鬧饑荒，因為糧食問題，這個村前前後後就死了三，四個人，申崇仁幸運，自殺未遂。但是從糧食統購統銷開始鬧起饑荒，到了人民公社階段已經積重難返，申啟仁父子的喪事後，濃厚的悲哀氣氛嚴嚴實實地籠罩著每個人。人們隨時的飢餓感受提示說，總有一天自己會因為吃不上而走上不歸路。所以，南轅庄顯得死氣沉沉，整個村子儼然一片黃柏樹林，每一棵樹的枝枝椏椏都是苦的。

　　人們懷著難以言狀的心事又過了一個沒有什麼歡樂的春節。新社會了，時代變了，新潮流了，大年初一早晨拜年時的問候也變味了。過去，人們在拜年的同時互相祝願新年新禧，恭喜發財，祝老人健康長壽。就解放後這幾年的工夫，不知從哪年開始，人們把新年祝辭換成了五穀豐登，有吃有穿。這些新年祝辭也還算些良好的祝願，但是，仔細體味一下，則顯然感知到，人們對生活的祈求更現實了，至少是不指望有什麼喜，更不異想天開有什麼財可發。就這，很多人還都不買帳，聽見有人祝願五穀豐登，有吃有穿，就來氣，大聲開玩笑似地頂撞說，哪能來的五穀豐登，拿啥有吃有穿呢。毛主席要大家共同富裕，沒看見嗎，申志仁和申幼平一樣富；那吃的穿的能空裡來嗎？人在混工分，地裡不產糧，拿啥有吃有穿呢。聽見這樣頂楞的話，連當初發出祝願的人也自我解嘲地說，那不就是些妄想麼，誰指望有吃有穿了。正月初五之後，人們的問候就成了，能搞過十五不。

說實在的，好多人家的吃的根本湊合不到在正月十五，從一過年的正月初四，五就夾著口袋尋糧食。好不容易湊合到正月底，二月初，女人們就挎著荊條籠到陽坡的二荒地裡找白蒿芽，也就是中醫藥稱的茵陳，拾得的白蒿芽拌點面蒸成麥飯，可以當飯吃。

早春二月的一天，一行四個安徽男女和孩子來到南轅庄，男的約摸四十二，三歲，他說他姓任，女的也就四十歲，她說她姓陳，兩個女孩是她的女兒，她的丈夫被餓死了，她乾哥老任和她約好分頭先逃出村，再逃出本公社地界，在阜陽匯合，奔著1955年因淮河水災逃來南轅庄的高醫生來到南轅庄，想討個活命。

五五年一家三口來到南轅庄的這位高醫生是位中醫，據說曾在安徽阜陽開個中藥房，兼診病，其妻會中醫兒科，帶來的兒子剛上完小學。夫婦都能治病救人，一下子就在南轅庄落住了腳，同時，這在其老家阜陽地區也有相當的影響，當地的饑民在走投無路時當然想到了在陝西祖塋縣落住腳的高醫生。至少，奔他而來先有個照應。果然，在高醫生的安排下，這一行四人在南轅庄住下了，而且那老任和女的老陳分居著，因為老任不是老陳的丈夫，是她乾哥，兩個女孩的舅舅。

在全國農民意氣風發，闊步走在人民公社的金光大道上的大背景下，只有人民公社的社員才有地種，有飯吃，儘管到此時吃飯已成為一種奢望，但畢竟要靠地裡長出的禾苗打糧食，畢竟土地是人要活命的指望，即使產的糧不多，而且所產糧食的大部分叫做愛國公糧被以公糧和統購糧的名義入了國庫，分給社員的那點還是人們活命的指望。所以，連高醫生在他落住腳後的不久，就上下活動的加入到高級農業生產合作社，他給高級農業生產合作社每月交錢，社裡給他記一個全勞力的工分，到時能分得相應的口糧。否則，他會因無處弄糧食而餓死。從安徽新到的這一家子也必須入社，以保證有點口糧。他們住下不幾天，高醫生就替老陳放出風來說她想嫁人，條件是准她帶兩個女兒和她乾哥老任一起入社。

老陳要嫁人的風一放出來，南轅庄的人為之興奮，尤其當年申明理的侄兒申士彥對此最有興趣，他認為這是解決他堂兄申金平的婚姻

問題的大好時機。儘管申金平多年前一直和其父申明理鬧著要婆娘，可是申明理至死都沒給他弄下個婆娘，為此，申明理死後申金平拒絕戴孝，拒絕參與辦他父親的喪事，揚言說，人常說，老子欠兒一個媳婦，兒欠老子一副棺材，他老不要臉的沒給我弄下婆娘，我也什麼都不欠他的。這話成了村裡人長久的笑料，也成了申明理這門人的一大心病。因為人們一提起申金平至四十六，七歲還打光棍的事，就必然扯到申明理的為人，總說世事變了，他終於無法勾結土匪給小兒子再搶個媳婦，門風壞了，沒人願意和他當親。總之，申明理生前的所作所為，讓人一提起來，別說他的本家人，連整個南轅庄的人都覺得臉上無光，大家都希望盡可能快點把申金平打光棍這一頁翻過去。

這位申士彥可不是個簡單的農民，人家是1950年的初中畢業生，曾經的小學教師，因為在所教小學的村裡搞女人被告，下過獄，1954年刑滿釋放，回到家裡，把當初訂下的媳婦娶回來，似乎要安心做農民了。可是他搞女人的毛病不但沒改，搞女人的技巧反倒更嫻熟了。村裡申進財的媳婦有幾分姿色，就理所當然地成了他獵奇的目標。倒也沒費什麼事就捕獵到手，且鬧得如漆似膠，甚至唆使申進財去新疆探望服兵役的哥哥申嘉財。那時的交通，這往返新疆一趟竟用去兩個月。這兩個月期間，申士彥就代替了申進財，每天晚上半夜就來睡在申進財媳婦的炕上，第二天早晨出門，被不少人看見。結果，從新疆回來的申進財很快就聽到了風聲，發覺自己上當了，很生氣，決心要捉姦。事已到了這地步，捉申士彥的奸簡直易如反掌。申士彥被告了，又因花案二進宮了。申士彥被關了兩年，於人民公社運動那年刑滿釋放。南轅庄的人們有個好傳統，對自己申家戶內的人，都很包容，像申士彥這樣因犯花案而二進宮的人，無論他的家人，還是他本人，誰都不對其有歧視的表示，始終跟什麼事都不曾發生似的。但是有小媳婦，大姑娘的人家對申士彥則不約而同地保持著警惕。所以申士彥這樣個文化人雖有前科，在村裡還是該幹啥就幹啥，能幹啥則幹啥，比如替人寫個神牌子什麼的，人們還請他來幹，而且幹完還被千恩萬謝，至少孝子要鄭重其事地叩三個頭表示感謝。但是，申士彥對自己的估價遠不止於幹這些小事，他能幹出讓祖先臉上有光的事，甚

至可以讓人不再提及他伯父勾結土匪，堂姐跟土匪私奔這些事。給二哥申金平能弄個媳婦就是成就這一切的入手點。

其實，南轅庄申姓人家都希望給申金平弄個做飯的，用他們的話說，一個男人，汗腳汗手，挖鍋灶不容易。尤其哥哥申幼平的遭遇讓人始終同情這家兄弟倆。還好，申幼平總算熬出個名堂，自己可以不做飯了，有兒，有女，有孫子，這申金平都四十六，七的人了，還打光棍，所有申姓人都有對不起祖先的愧疚。現在有這麼個不用花什麼錢就能給申金平把老婆弄到炕上的好事，何樂而不為，申士彥一出頭張羅，所有人都極力促成。

可是，有智者，如申尚仁，卻有異議，他提出，那老任和老陳到底是什麼關係，咱可別鬧的犯了法。人到事中迷，就怕沒人提。經申尚仁這一提，大家覺得很有必要鬧清這一同來的這對男女的關係。申士彥對老陳就單刀直入提出問題，要老陳從實交代她和老任的真正關係。這一問可不得了，勾起了老陳一系列的傷心事。老陳肯定地說，老任是她認的乾哥。事情是這樣的：從1958年開始，安徽人就缺糧吃，到了1959年，情況一點沒有好轉，反倒說反對1958年糧食產量放衛星的人右傾，說社員地裡產的糧食遠不止放衛星放出來的那產量。農民們從收莊稼時就缺糧食。人民公社和生產隊看得很緊，誰也別想出去逃荒討飯，說那對黨和人民公社影響不好，到1959年下半年，安徽各地已有不少人被餓死，但是黨和政府不讓說有餓死人的事，反倒對老百姓說，全國的形勢一片大好，是形勢大好，而不是小好，說有人說有人被餓死，說那是階級敵人的惡毒污蔑和攻擊，要老百姓認清形勢，堅定不移地跟黨走社會主義的金光大道。結果，到1960年，在黨說的大好，而不是小好的形勢下，安徽全省大面積地餓死人，許多人家死得一個都沒留下，有不少村子有七成人家死得泥了門，泥了門是說死得絕了跡。老陳說她的丈夫也就是1960年被餓死的。她的人死了，村裡連個打墓的都尋不下，沒死的人也餓得爬不起來，誰有力氣替人打墓，而且，前頭就有多起打墓人就死在正打著的墓坑裡，先把墓地給占了。老陳說，她一是找不到人給死去的丈夫打墓，即使有人願意給她丈夫打墓，她還管不起人家兩頓飯。第二，當時有一口氣的

人都已被餓得死去活來的，她怕打墓的人墓還沒打成，自己先死在墓坑裡把墓占了，她給打墓的白管飯不說，還得賠人家些啥。她算計的結果，就是她和大女兒自己動手打墓，埋人。好在，死了的人只剩下皮包骨頭，不重，她和女兒把死人用草苫子包了，捆好抬到架子車上，拉到地裡就埋了。

老陳說，老任和她是一個村的，其遭遇比她還慘。老任從1959年年底開始，先後埋了五個餓死鬼，他父親，他母親，他老婆和一個兒子、一個女兒。老陳說，她把丈夫埋到土裡後不幾天，老任偷偷來找她說，要想辦法逃荒，不然斷然死在故土都沒人收屍。她聽老任說得對，就同意想辦法逃出公社，再逃出縣境。老任有些文化，看地圖就能判斷出往陝西省祖塋縣來該怎麼走。老陳說，她和老任約好，分別以奔喪的名義先逃出村，再以到更遠的村裡奔喪的名義靠近縣城，在縣城汽車站南的驛馬客棧相會，不見不散。老任到驛馬客棧的第二天下午，她帶著兩個女兒就到了。第三天，他們就到了阜陽，然後搭火車到鄭州，再到西安。到西安一打聽，祖塋縣很有名，人家一口氣就告訴他們怎麼走。所以，找來倒沒費什麼事。老陳進一步坦誠相告說，從老任找她商量一起逃荒，她就明白老任的心思，直到西安，她才告訴老任，不能按他的想法辦，因為他們要成了一家，到哪裡都入不了社；有她個寡婦可以嫁人，就可以帶著老任和孩子入社。她一定把帶老任和兩個女兒入社作為嫁人的先決條件。

申士彥又單獨找老任談，問他和老陳到底是怎樣個關係，老任幾乎是哭訴著說，慘得很，一個村的人幾乎被餓死完了，所以他們分別逃出村時就沒看見人，出了村走在路上，也很少見到人，偶爾見路上躺個人，那也是餓死的。至於他和老陳的關係，老任說的和老陳說的幾乎完全一致。申士彥去向高醫生打聽，高醫生說他根本不認識他們，只是因為他曾在阜陽開中藥房，有些名氣，又早早逃到陝西，不少阜陽地面上的人都知道有他這麼個人，在走投無路時就沖著他來了，圖個先期照應，之後高醫生提示申士彥，叫他就按老陳和老任說的辦，先把老陳弄的進了申金平的門，這是讓申金平結束光棍生活最便捷的路。只要把老陳娶進門，老陳她敢怎麼的，老任又敢怎麼的。

離開人民公社，他們就難活。至於說財產，就他看，申金平根本沒有什麼讓人能卷走的，一切都是現進現吃。不要顧慮，這是潮流給申金平送來的老婆，趕緊收下。

他們說的這一切，經村裡幾個高人議論後認為，高醫生說得對，大家得出的結論是，全當老陳和老任說的是真的，咱就有理由給老陳出介紹信叫她和申金平登記結婚。有了結婚證，咱就把牛拴到咱的窯掌了。於是接下來就緊鑼密鼓為老陳一行四人辦入社手續。南轅庄人為革命作出的犧牲和南轅庄的村風，那在禾豐公社是掛了號的，所以南轅庄的隊幹部在公社辦公室說一句話，至少半句要算數的。這四個人的入社手續幾乎辦了個沒費事。下來就是給申金平和老陳辦結婚證了。

有人提議，雖說申金平四十六，七歲才結婚，但這畢竟是他的初婚，不能像娶寡婦那樣悄悄把人弄到家了事，應該搞個儀式。申士彥覺得確實應該辦個儀式，於是就擬定，在窯面牆供天地爺的地方貼上偉大領袖毛主席的畫像，兩邊貼上對聯：翻身不忘毛主席，幸福全靠共產黨，橫批是，黨恩常在。儀式就近定在農曆六月初八。申士彥知道，黨領導一切，這樣隆重的結婚儀式必須請黨的人出席並講話。申士彥和申黑三說好，請申黑三以南轅庄村黨支部書記和生產隊長的身分出席並講話，要葛蘭也以婦女主任的名義講兩句話。一切都說好後，生產隊給公社開了介紹信，公社很順利地把結婚證給辦下來了。

六月初八吃過早飯那時候，申金平家院子裡放了一陣鞭炮，人們知道是申金平和老陳的婚禮要隆重舉行了。別看人們因為沒糧吃而個個愁眉苦臉，但是能找樂的機會還是普遍不想放過，這可能就叫苦中作樂。鞭炮響過不一會兒，申金平家院裡的老槐樹底下就聚了不少人。現在大家看到的就是，在貼天地爺的地方端端正正貼著偉大領袖毛主席像，對聯和橫批。1961年的南轅庄，不識字的也就申廣財、申吉茂、申明道及申志仁等這些從舊社會過來的人，再就是大部分婦女，年輕人托黨和毛主席的福，都念過一陣書，對聯和橫批那幾個字差不多都能認得對付下來。有的人看了，習以為常，別說結婚這麼大的事，就是過年，咱尋常人家也貼同樣內容的對聯和橫批，多年來，

黨和政府一再告訴人們，一切都是在黨和毛主席領導下取得的，一切都是黨和毛主席給的，沒有共產黨，就沒有新中國，這是普遍真理。另一些人此時看著這對聯、橫批和毛主席像，似乎另有一些感受，於是鄭重其事地將對聯和橫批念出來。

既然申金平的父母都已不在世了，申金平的婚禮上就必須由兄長申幼平代表金平的家人。申幼平身上穿的那件白土布衫子顯然是臨時借的，不但平時誰都沒見過他有這麼一件白土布衫子，而且這衫子穿在他身上顯然不合身，特大，大家猜那可能是申廣仁的。有人又放了幾響雷子炮，申士彥來到毛主席像前宣布他二哥的婚禮開始，要大家先鼓掌表示祝賀。還別說，來看熱鬧的人的祝賀都很真誠，鼓掌鼓得響，而且較長。掌聲停息後，申士彥宣布要村黨支部書記，隊長申黑三和婦女主任為申金平證婚。葛蘭端著申金平和老陳的結婚證，和申黑三一同來到毛主席像前，葛蘭宣讀結婚證，大家此時才知道，老陳的名字是陳菊芬。之後就叫一對新人向偉大領袖毛主席三鞠躬，再向來賓鞠躬。人們接受了新人的敬意，自然又是一陣掌聲。掌聲過後，申士彥宣布，請村黨支部書記，禾豐人民公社南轅庄生產隊長申黑三同志講話。人群中傳來幾響掌聲。

申黑三從偉大領袖毛主席的畫像右前側走上來，環視了一下看熱鬧的人們，清了清嗓子，說，他很高興，金平哥今天能完婚，他確實很高興。說實話，為金平哥能有個家室，南轅庄的人沒有不著急的。可是就因為窮，當然還有別的原因，一直把個小伙子扛成個大中年人才有了今天，這都要托毛主席的福，托人民公社的福。是人民公社把老陳送到咱村來的，又是禾豐人民公社吸收老陳一家在咱村入社，才把老陳給金平哥留下。從去年以來，黨中央和毛主席就一再指出，全國形勢一片大好，而不是小好，人民公社的前途大得很。大家要滿懷信心在人民公社的幸福大道上走下去。金平哥和老陳也一樣，你們現在是一家人了，要一心一意過日子，一心一意跟黨走社會主義的金光大道，越走越光明。就在申黑三振振有詞講人民公社把老陳送到南轅庄時，看熱鬧的人群中有人議論說，這倒是大實話，要不是人民公社弄的餓死那麼多人，老陳說什麼也來不到咱這兒，我看，這人民公社

還會給咱村那幾個光棍小伙子送媳婦來。

※※※

也許正應了那句話，說者無心，聽者卻有意。在場看熱鬧的就有奴子和他媽。解放時，奴子就已經是十二，三歲的半大小子，現在就成了二十三，四歲的小伙子，一直問不下個媳婦。首先他那家境就不會提起女方的興趣：孤兒寡母，不用細打聽都知道光景不贏人。可是由於奴子媽的為人好，人品端正，奴子本人的人緣好，村裡人一直都在為奴子物色對象。可是人們的熱心終究不能代替女方自己的判斷，所以介紹之後不久，女方就給話說免談。奴子媽很著急，總在托人給奴子說媳婦。奴子自己也著急，但只能急在心裡，表面上裝出一副無所謂的樣子，總說不著急，他相信世上有他個媳婦，只是還沒到時候，還沒遇見就是了。與此同時，奴子自己更留意關於找媳婦方面的各種信息。隨著老陳一家的到來，全國各地餓死人的傳說和全國形勢一片大好，而不是小好的宣傳同時流行，奴子和他媽都聽說四川的大姑娘逃到陝西找著嫁人，甘肅的姑娘只要聽說要她嫁給陝西小伙，二話不說跟著小伙就走了。老陳從安徽逃來嫁給申金平，使人們相信四川，甘肅和河南的姑娘們被餓得到了只有離開故土遠嫁他鄉才能活命的地步。今天在申金平的婚禮上聽了人們的議論，奴子和他媽同時都有了到甘肅領個媳婦的想法。

回到家後，奴子媽就把她的想法告訴奴子，並且鼓勵奴子說這是老天爺給他安排的好機會。奴子當然表示完全贊同他媽的想法，並說他想和申張順一同搭伴去甘肅。

申張順是申廣財的兒子，和奴子年紀相仿，也是個找對象的困難戶。申張順他媽，張妞為張順問不下媳婦急得瘋了似的。奴子媽聽了奴子這話，雙手一拍說，對，你倆搭伴去也互相有個照應。我去和張順媽說這事去。奴子媽到張妞那裡一說，張妞很高興，直誇這是個好主意，隨即她又補充說，兩個娃都沒出過遠門，怕到了外地人生地不熟，有什麼閃失，最好找一個年紀大的領著倆娃去辦。奴子媽當即表示，這事不難，她去找申廣仁，求他領倆娃去辦這事。

南轅庄

奴子媽輕腳輕手來到廣仁家的龍門口，先把門拉的留了個縫兒，這時申廣仁家的大黃狗已經發作，主人家當然知道是來人了，廣仁從屋裡出來喝喊著不讓狗再吠，招呼著叫來人推門進來。奴子媽聞聲即把兩扇大厚椿木龍門推開進到院裡，迎著廣仁說，你家的人善，狗惡，人想來你們家，就是怯你這狗。還好，我來就是想找你說個事。廣仁笑著說，有事到屋裡說。

到了屋裡，奴子媽就袖筒裡塞棒槌——端進端出，說奴子娃離他大早，她孤兒寡母總算熬過來了，現在奴子已經二十三，四的人了，一直問不下個媳婦，說哪家的姑娘，人家不明說，心裡總嫌咱家境不好；這也是實情，要是她有個姑娘，人給說一個像她這樣家境的人家，她也不太願意當這樣的親。所以，這麼些年下來，她也看明白了，在本地給奴子問不下媳婦。可是天不滅她，黨領導咱鬧下這饑荒把機會送上門了，人都說，安徽、河南、四川和甘肅餓死了很多人，沒聽老陳說嘛，他們老家安徽餓得死的都沒人給死了的人打墓。聽說這幾省的姑娘只要能得一塊饃，就願意嫁給饃的人。他和廣財老婆商量了，她們都想打發奴子和張順背著饃去甘肅給他們一人領個媳婦回來。可是她們又怕兩個娃都沒出過遠門，到外地打不開陣勢。他廣仁叔趕腳多年，走南闖北，有經驗，年紀也有一把了，能擔住事。所以想請他廣仁叔帶兩個娃去甘肅給倆娃一人找個媳婦，希望他廣仁叔看在死了的人的份上，幫她替娃做一回主。廣仁聽到這裡就把奴子媽的話打斷了，說，不用說了，他願意帶兩個娃去甘肅辦這事，娃沒大了，他設辦法給娃弄媳婦，這是當叔叔的份內的事。這事就這麼定了，啥都不用再說了，趕緊分頭都準備乾糧和路費，現在到處吃飯要糧票，咱農民哪來的糧票，而且還聽說，常常拿著糧票還找不到賣飯的，所以乾糧要備足，準備好了就啟程。廣仁叫奴子媽就在家裡等著兒媳婦進門吧。

奴子媽高興得雙手一拍大腿說，太好了，還是人家工作組說的對，毛主席說，壞事裡有好事，真真的，你看這沒啥吃吧，這是壞事，這壞事可給咱造了個給娃找媳婦的好機會。廣仁糾正說，人家毛主席說，壞事能變成好事。奴子媽笑著說，不管他怎麼說，咱的好運

來了。說定之後，奴子媽返出來先去給張順媽報告好消息，叫她想辦法給張順準備乾糧，而且要準備多，預備著返回來是兩個人吃。張順媽很高興，直誇老東家人好，幫窮人從來都很熱心。說著，張妞就把她的玉米麵全部倒在和麵盆裡，她說她準備兌點麥麵放上酵子發了，烙成玉米麵餅。奴子媽說她只能烙些糜子麵餅。

　　三天以後，廣仁領著奴子和張順要登程了。三個人各背一個褡褳。褡褳的兩頭全是乾糧。奴子媽直叮嚀叫奴子出門後聽他八叔的，遇事不敢自作主張，申廣仁按伯叔排行為八，所以村裡人就按排行稱呼他。張順媽要張順少說話，多聽他八哥的。申廣財站在張妞身後一直沒說話，而且也輪不到他說話，因為他的家一直都是老婆當家。可是兒子要去相媳婦，這是大事，他要揀重要的搶著說兩句。張妞的話音剛落，申廣財就搶著說，八掌櫃，你給看好，娃要嬈嬈的，尻子要大些。張妞一回頭頂道，去去去，有你說的啥呢。真是會說話的想的說，不會說話的搶的說。說完就招呼該出門的起步。申廣財進一步爭辯道，尻子大的女人肯生娃。他這一爭辯，使得啟程的場面頓時熱鬧了許多，個個人都笑出聲來。

　　申廣仁領著兩個光棍小伙子先乘槽子汽車，換火車，直奔甘肅天水地區來。他當年趕腳接觸過天水人，據他看，天水地區的許多縣的人相當的窮，但是那裡的女人普遍耐看，甚至有很大比例的女人可以算漂亮。他判斷，經過大躍進，人民公社後，那裡的人肯定餓死了不少，現在還活著的肯定也被餓得瘋抓呢，到那裡，准能不費事給兩個娃一人領個漂亮媳婦。一路上，他管著兩個小伙子儘量少動乾糧，能找到食堂，就去食堂吃些麵條，兩麵饃之類的。到了西安，他們開眼界了，到一家食堂買了八個兩麵饃，一個大和菜，自己到窗口去端饃和菜。人說，三人出門，小的下苦，就是說，搭伴出門在外，跑腿幹活都是年輕人的事，買好牌牌，奴子拿著菜牌，張順拿著饃牌在窗口等著人家叫號領東西，申廣仁則坐在一張桌子邊抽旱煙。不大個食堂，裡邊的人可不少，但是真坐在桌子邊吃飯的人卻不多。申廣仁抽著旱煙看著這情形，有點納悶。突然，他聽到張順喊了一聲「哎」，緊接著又是一聲，「搶饃了」。申廣仁向聲音來的方向看去，只見張

順手裡拿個空饃盤，一個人手裡抓著三個饃，邊吃邊往外跑，還有人爭著撿地上掉下去的幾個饃。奴子被搶饃的場面嚇呆了，拿著菜牌也不敢要菜了，緩過神後拿著菜牌過來說，八叔，這大城市的人咋是這樣呢?!咱這菜還敢要不？申廣仁說，買了咋能不要呢。咱改一下，一人要一碗麵條，一個兩麵饃，端飯時各人端各人的，把饃拿到手就攥緊，麵條燙手，不會有人搶。可是他們攥著饃，端著麵條往桌邊走時，奴子身後猛地伸過來一隻手，從碗裡把麵條全抓走了，奴子「哎」了一聲，張順和申廣仁都愣了一下神，他們的麵條也被以同樣的方式抓走了，三個人一人端半碗麵湯，各攥一個兩麵饃。再說那抓了人麵條的人，一抓到手就往嘴裡塞，腳下快步往外奔。申廣仁搖了搖頭說，人都餓瘋了，咱們還是找個沒人的地方啃咱的乾糧吧。

看起來還真是，長安雖好，卻不是久留之地。申廣仁和兩個年輕人在個背巷的拐彎處啃了幾口乾糧，立刻就奔火車站，打聽著買了當天晚上去天水的票。夜間行車，三個人擠在一起，把自己的乾糧褡褳放在身邊，而且互相照應著。到天水站時天剛亮。三個人背著各自的褡褳下了火車出站。出站口有不少人，許多人的眼裡透著凶光。奴子緊走兩步來到申廣仁身邊，拉了拉申廣仁的後襟壓低聲音說，八叔，我看見幾個人盯著咱的褡褳，咋辦？申廣仁鎮靜地要兩個年輕人的手一定不能離開褡褳，安慰年輕人說他看不會有大事，不過不能在這樣人多的地方久待，找個地方啃幾口乾糧，尋些水喝一喝，趕緊打聽著去徽縣，他估計那裡會更好辦事。

到了徽縣，他們發現那裡的人好像根本就沒跟著共產黨鬧翻身，比宣傳說的舊社會還悲慘，十二，三歲的姑娘還光屁股，而且不是個別的，普遍那樣。那些光屁股的半大姑娘，個個臉上有菜色，但仔細看，徽縣的姑娘還真上眼。那些光屁股的半大姑娘見人也不躲，反倒盯著他們的褡褳，似乎想看穿裡面裝的是什麼。而張順和奴子兩個年輕人，每每見到這麼大的光屁股姑娘，眼睛就發直，腳下就忘了移動。申廣仁則和兩個年輕人開玩笑說，別饞，馬上給你們一人找一個大的，領會去關住門好好看去。奴子還辯解說他沒饞，他只是覺得那麼大的女子娃還不穿褲子，有點太野了。申廣仁笑著說這些娃倒是年

輕，不懂世事，那是因為窮的穿不起，而不是姑娘故意撒野。要不然咱們咋跑到這兒給你倆找媳婦呢。說不定真能一個糜子饃就能換個嫽媳婦。

經打問，這個村叫仙姑峪村，只聽這村名，申廣仁就覺得這裡有戲。他們找到村裡的生產隊長兼黨支部書記的人，這人姓劉，叫勝達，姓名一起叫，就是劉勝達。劉勝達見來的這三個人都背著重重的褡褳，有些不解地問客人是哪裡來的，這年月找他有什麼事。申廣仁放下肩上的褡褳，掏出準備好的「羊群牌」香煙先獻上，說他們是陝西來的，想在當地給兩個小伙一人找個媳婦帶回去。劉勝達接住「羊群牌」香煙的同時，奴子從褡褳裡掏出兩個乾黃的糜子面飥飥捧給劉隊長。劉勝達見此情景，心裡有底了，痛快地答應說，陝西來的，沒說的，他立刻帶小伙去相親。不過他又提出，這兩個小伙得分頭去相，要不然咱想給這個相，姑娘可看上那個了，弄得你們不好辦。但是放心，保證讓兩個小伙都滿意。說著，劉隊長叫奴子先在他這裡歇歇，他和申廣仁帶張順先去見個姑娘。就在這時，劉隊長的兩個孩子，大概有七，八歲，八，九歲的樣子，不聲不哈來到桌子前把劉隊長剛接到手放在桌子上的兩個糜麵飥飥一人搶了一個就吃起來。劉隊長苦笑了一下對客人說，請不要見笑，打前年起這裡餓死的人就不計其數，能活到今天的都是命大的，人餓急了什麼都不顧，並不是他沒教養。申廣仁無奈地表示，完全理解。說罷，劉隊長就帶申廣仁和申張順去給申張順看對象。

去的這家人也姓劉，據劉隊長說，要見的這姑娘叫劉彩豔，說劉彩豔的父親前一年被餓死了，後頭還有兩個弟弟也被餓死了，現在家裡就剩她媽、她哥和嫂子，哥嫂的一個三歲的孩子今年年初又餓死了。到了劉彩豔家，劉隊長開門見山對彩豔媽和哥哥說，他給彩豔把救命的帶來了，看，這小伙是陝西來的，他老哥跟著來救彩豔，要願意就跟小伙走，當人家的媳婦。還沒等申廣仁和申張順說話，劉彩豔立刻表示願意。劉彩豔她媽坐在炕塄上連聲說願意，願意，叫彩豔趕緊去討個活命。這時劉隊長好像才想起問申張順願意不願意。劉彩豔正高興呢，聽隊長這麼一問，嚇了一跳，緊接著就搶先說，他願意，

從陝西找到甘肅，就是為願意的。就在劉彩豔搶先替他說「願意」時，申張順又一次仔細看了看這姑娘，他認為雖然面帶菜色，人有些瘦，但模樣挺俊，不比現在村裡娶下的媳婦，人稱人稍子的差，只在人稍子之上。申張順幾乎是接著劉彩豔的話說，他願意。聽罷此言，劉隊長即宣布說，那就說定了，劉彩豔給小伙，說到這裡，劉隊長才問申廣仁小伙叫什麼名字，申廣仁鄭重其事地宣布，申張順，劉隊長接著說，對了，劉彩豔給申張順當媳婦，彩豔趕緊收拾，停當了，就跟著走。

　　從劉彩豔家返回後，劉隊長又叫申張順在他那裡歇著，他帶奴子和申廣仁去一個他說姓張的人家，他說這家的姑娘叫張雅琴，說這張雅琴比劉彩豔漂亮些，但是命比劉彩豔還苦，前一年父母和哥哥都被餓死了，現在家裡就張雅琴和嫂子帶著個四，五歲的侄兒，一個妹妹前不久才死了，也是餓死在荒郊野外，都沒人尋屍首。到張雅琴家，劉隊長更直接，開口就對張雅琴說，他給雅琴領來個陝西來的女婿，叫張雅琴趕緊跟著給奴子當媳婦，討個活命。張雅琴問是不是現在就走。劉隊長說當然現在就走。張雅琴應了聲「對」，然後對嫂子說，一定想辦法活下去，把孩子拉扯大。嫂子掩面而泣道，拿啥想辦法呢，什麼都指望不上，空話不能當飯吃，沒看見嗎，那麼多人都餓死了，她和孩子也只能等死。申廣仁從他的褡褳裡掏出兩個糜子饃交到張雅琴嫂子的手裡，說先搞著過，雅琴這一走，少一個人吃飯，也許好搞些。張雅琴催促著要走，嫂子在身後叫雅琴一定記著她娘兒倆，說這裡還有張家一根細毛根。這時奴子說話了，等好過了，我給你寄錢和糧票來。雅琴捂著臉往外走。這時申廣仁對雅琴嫂子說，我這侄兒叫申奴子，娃剛說的都是實誠話。你好好帶著孩子過日子，稍微有點辦法，奴子一定會幫你的。不料雅琴嫂子突然說，叔叔，我願意嫁人，只要能有點飯吃的人家就行，你把我和孩子也領走。申廣仁很意外，只能轉個彎兒說他記下這事了，回去打聽著找個合適的人，一說好就給她來信，那時一切都順當些。雅琴嫂子一下跪下去叩頭說：叔叔，求你一定記著這事，越快越好，遲了，恐怕我和孩子都沒命了。申廣仁和奴子同聲答應說他們一定記著這事。劉隊長領著奴子他們返

回途中說他去叫劉彩豔趕緊走，因為他招呼不起這麼些人吃飯。張雅琴領著奔劉隊長家來。其實劉隊長去叫劉彩豔並沒繞路，也沒費工夫，劉彩豔一聽劉隊長在院外叫她，立刻就出來招呼劉隊長「走」。

申張順早在窯裡和衣睡著了，頭底下枕著他的褡褳。劉隊長領著人回到屋裡，發現劉家另一個姑娘在他家等著他們，這姑娘有十六，七歲的樣子，人氣也不錯，見他們回來了，起身向前抓住申廣仁的手哭著說，叔叔，我聽說了；我願意嫁人，叔叔，我把命交給你了，帶我走，給我找個人家。我家裡人什麼都不要，只要我能討個活命。申廣仁感到很為難，他看這姑娘雖小，但模樣還不在劉彩豔之下，帶回去給找個對象不會太難，但是他考慮他帶的盤纏餘不出一個人的路費。劉隊長好想看透了申廣仁的心事，因而說，把姑娘領走，就當從火坑裡救人哩，姑娘家很慘，死的就留下她和她媽。至於路費什麼的，我想有你老哥跟著，只要進了陝西境，你老哥一定有辦法對付著到家，這姑娘在村裡把他叫叔哩，名叫小芹，由於她還小一點，他就沒給小伙介紹。現在姑娘找來要跟你走，我做主，叫姑娘認你為乾爹，你把姑娘救了。沒等申廣仁回話，劉隊長立刻叫劉小芹給乾爹磕頭。聽了隊長的話，劉小芹咚的一下跪下去說，乾爹，我給你磕頭了。按規矩，孩子這頭一磕，申廣仁就是劉小芹的乾爹了。申廣仁不願意也得願意。這時申廣仁半開玩笑半正經地說，你這個劉隊長，箍住的行哩。啥都不說了，我收這個乾女兒。劉隊長又叫劉小芹磕頭謝乾爹救命之恩。劉小芹跪著並沒起來，聞聲又是三個頭磕下去，嘴裡還說，謝乾爹。申廣仁抓住劉小芹的肩膀說，算數，算數，快起來咱們趕緊開路回陝西。

劉小芹站起來，望著申廣仁又叫了一聲「乾爹」。申廣仁忙從褡褳裡摸出個麋子饃說，按規矩，乾爹應該給你個禮物，可是這年代，又沒有準備，你就接了乾爹這個麋子饃吧，甭嫌不成禮。劉小芹立刻接住麋子饃說，不嫌，不嫌，有乾爹比啥都好。申廣仁很高興，說，不嫌就好。說著，他對兩個年輕人說，咋還不給你媳婦點禮品。張順和奴子都從褡褳裡掏饃。他們分別把饃捧到劉彩豔和張雅琴面前，兩個姑娘一點沒扭捏，馬上接住准丈夫手裡的饃。劉隊長招呼說，現在

禮數都到了，趕緊啟程吧。要走的人應聲轉身往外走，三個姑娘跟在後面掰著一塊一塊地吃饃。

申廣仁領著五個年輕人對付著到了西安，這時已是山窮水盡了，乾糧吃完了，錢花的只夠六個人吃兩頓飯了。申廣仁搔著頭對奴子說，看來，不舍這老臉怕咱們回不了家，說不了，你和我去找你九叔，也就是申濟仁，省上的廳局級大幹部，借二十塊錢，咱一到家就給他匯錢來。借要以你的名義借。以你的名義借，你九嬸相信你會還，可能願意借。要是我開口向她借錢，你九嬸會認為是我要她的，就會推說沒錢，不借給咱。你九叔那裡是女人當家，你九嬸把錢管的可嚴了。所以，我從不向你九叔開口。至於咱們三個人之間的賬，那好算，小芹的路費，飯錢都算我的。去了，你要說話。

申廣仁和奴子摸到省教育廳，直接到申濟仁的辦公室，直言相告，他們從甘肅給村裡的奴子和張順各領了一個媳婦，還叫人箍著收了個乾女兒，也是不收不行，要是不把這姑娘領到咱這兒嫁人，姑娘定要被餓死。這時奴子接著他八叔的話說，他走時帶的錢不多，領了個媳婦，可是帶媳婦回來的路費都是幾個人勻的，到了西安，大家的錢都快花完了，回家的路費差一大截，請九叔幫忙借二十元錢，他一到家就把錢匯來。申濟仁說，辦公室說這些事不方便，叫來人和他一起到家裡說。

到了家裡，奴子把情況又對他九嬸，蘇彩萍說了一遍，要九嬸看在他和張順問媳婦不容易的份兒上，借給他二十元錢，他一到家就把錢匯來。他一定不忘九嬸的大恩，給九嬸留著喜酒，待九嬸回老家時，他和媳婦要給九嬸敬酒，磕頭謝恩。蘇彩萍笑著說，看這娃說的，你能順順當當領個媳婦回去，我應該高高興興支持，我也替你媽高興。就是這快到月底了，手頭緊得很，我還要想辦法轉挪。申廣仁搭話了，說工作人員在本單位好對挪，可是他們這些出門的就不同了，在西安兩眼一抹黑不說了，幾個人在這裡多呆一會兒都得有花銷，一行的另外四個人還在車站等著呢。這時蘇彩萍說她要去鄰家借些錢來。不一會兒，蘇彩萍回來，掏出二十元錢說，借了兩家才湊夠這數兒。奴子接過錢，謝了九叔和九嬸後就要走。蘇彩萍叫他們別

忙，吃了飯再走。申廣仁一字一板地說，那幾個人在車站等著呢，再說，這年月，他們吃了飯還沒糧票留；早走早完事。申濟仁見哥哥如此洞察世事，臉上現出一絲尷尬和無奈，但是他立刻繞過彎兒說，對，早點到家，所有人就都放心了。申廣仁應了聲「對」，轉身就出門了。申濟仁把他哥送到大門口，似乎有點難以開口地問了問父母的近況。申廣仁則豁達地告訴他，好著的，什麼都能吃下去，只是父親的身體好像差了些，可能跟吃不好有些關係。申濟仁隨著說，可能哩。隨即又說，還是告訴父母多保重。奴子插進來說，他知道，他四爺和四嬸都保重著的，糠呀，菜呀什麼的，都要洗淨，煮爛。申濟仁的腳下慢下來了，然後就停住，叫他哥和侄兒奴子在路上小心行李。奴子笑著回頭告訴他九叔說，乾糧吃完了，不怕人搶吃了，然後招呼他九叔回去，他們走了。

　　奴子和他八叔返回火車站候車室，找到張順和三個姑娘，張順背著褡褳靠在長椅上，兩手抱著褡褳的前一半，三個姑娘一如既往，手裡什麼也沒拿，四個人以不同的姿勢都睡著了。奴子叫了一聲張順，三個姑娘幾乎同時醒來，劉小芹一睜眼就叫了聲「乾爹」。申廣仁說都起來先把火車票買了，離開車還有幾個鐘頭哩，咱找個地方好好吃一頓飯。三個姑娘很高興。找飯館的路上，劉小芹要替乾爹背褡褳，申廣仁則笑著說，瓜女子，你都沒看看，你個女娃背褡褳相稱不相稱，這褡褳他背著最合適。劉小芹笑了，也不再爭，反倒抓著褡褳角上的線繩纓子緊跟著乾爹。

　　他們來到西六路一家工農兵食堂，根據經驗，申廣仁叮嚀年輕人，為了防止買的飯叫人搶去，一人一次買一份，從窗口端了飯就看緊，吃完再端。但是，吃飯的過程中，他們的飯雖沒被搶，可是被搶的還不在少數。三個姑娘看到有人搶飯吃，一點不覺得驚奇，反倒同情地說，看把人餓成啥了。劉小芹進一步說，人被餓急了真地想抓個人撕著吃了。張雅琴證實說真的，有的人被餓死了，剛埋了，屍首晚上就被人偷著挖出來分著煮的吃了，她聽說發生過好多起吃屍首的事，她甚至想，她死了就可能被人吃了。奴子開玩笑說，這下不用怕你被人吃了，你有人保護了。說歸說，工農兵食堂裡搶飯的事接連發

生著，幾個人放下飯碗就往火車站趕。

※※※

申廣仁和五個年輕人回到村裡時，首先見到三個姑娘的人都無不以欣賞的目光打量她們，然後就奔走相告說，八掌櫃給奴子和張順領回來的媳婦賽天仙。奴子和張順領著各自的媳婦回家，劉小芹則跟著申廣仁，人們問八掌櫃這個姑娘是給誰領的，八掌櫃則說，誰看上就是給誰領的。八掌櫃進一步解釋說是半路撿的，這姑娘認他為乾爹。人們則說，這姑娘就配給八掌櫃當乾女兒，她幾乎跟八掌櫃的大女兒玉婷一樣漂亮。人們奔走相告以後，就是到領回來人的人家看天仙。奴子媽高興得合不上嘴，直給人說她奴子命好，不是沒人跟，而是時候沒到。有人說，這麼個天仙從遠路來給奴子當媳婦，你這婆婆可要對人家好。奴子媽拉著張雅琴的手愛戀地說，錯不了，你是我的兒媳婦，也是我的女兒。我就缺個女兒。申張順家去的人更多，把個張妞高興的不知說什麼好，只是招呼來人坐下，喝水。有人和申廣財開玩笑問，你看這媳婦尻子大不，申廣財只是憨憨地笑著，猛地來一句，這話還能問嘛。隨著這話的落音，劉彩豔的右手在自己屁股的後上方摸了一下。又有人不依不饒說，別管人家娃尻子大小，你老瓷屄就等著抱孫子吧。

給奴子和張順領回來漂亮媳婦是人們意料之中的事，人們爭相去看新媳婦的丰采也是正常的，但是申廣仁撿了個乾女兒可是誰都沒料想到的，所以來看劉小芹的人更多。申廣仁領著劉小芹到家的頭一件事就是向全家人講劉小芹一定要認他為乾爹，要他一定救她一命的經過，趙氏尤其理解，過來抓起劉小芹的手說，這女子就是她的女子，接著問了劉小芹的年齡，小芹說她十七歲了，屬猴。趙氏高興地說，跟她的二女兒玉珍同歲，又問了小芹的生月，小芹說她的生日在十月。趙氏高興地說，小芹是她的小女兒，玉珍的生日在二月，論說應該是小芹的二姐，大姐玉婷已出嫁，待有機會叫二姐帶小芹去看大姐。申士俊見帶回這麼個如花似玉的乾孫女，也很高興，對小芹說，能設辦法逃活命就好，這麼好個姑娘要叫餓死了不是太可惜了，來

第三十五章　黃柏林裡的琴聲

好，他們家就喜歡姑娘。正說著，來看劉小芹的人越來越多，人們見到劉小芹的第一句話幾乎都是，這姑娘認這門乾親真是找對門了，姑娘就像這門裡出的姑娘。有的甚至說，劉小芹不知哪裡還有點像玉婷。這話立刻引出來看新鮮的申尚仁的反駁，乾女兒就是乾女兒，咋能跟人家親生女兒像呢，你這不是給八掌櫃攪事哩麼。可以說這姑娘跟玉婷，玉珍一樣漂亮，跟八掌櫃一點事都沒有。涼聖人的話使到場的人哈哈大笑之餘，有人反過來說，涼聖人倒是涼聖人，說的話都在理，咱可不敢給大賢人八掌櫃找事。

三個姑娘初到引起的轟動過後，奴子媽和張順媽就忙著給兒子結婚的事。生產隊裡給開了介紹信，兩對男女就都把結婚證辦下來了。至於婚禮，奴子媽堅持按傳統規矩辦，拒絕有人提議的貼毛主席像，給毛主席鞠躬的儀式，她甚至說，給兒子娶媳婦，這是為父母的應辦的事，跟毛主席沒關係，倆娃就應該給她磕頭，給媒人八掌櫃磕頭，現在過的這日子，人看見毛主席像心裡怎麼就有怪不拉幾個味兒。聽雅琴說她家的遭遇，她估計，兒媳婦張雅琴看到毛主席像心裡會更不好受。咱就不提這個茬，辦咱的喜事。張妞也堅持按傳統形式給兒子辦婚禮，而且找陰陽先生和了日子。

奴子的婚禮，說是按傳統形式辦，其實就是拜了天地，給他媽磕過頭，又給八掌櫃磕了頭，媳婦一入洞房，村裡的年輕人就一齊動手，給奴子媽抹了一臉鍋底黑，然後將其抬著在大門外，院子裡轉著喊著。奴子媽似乎在掙扎，但又不真使勁掙扎，只是罵著說，這夥二杆子娃，這准啥呢?!年輕人回答她說，准高興呢，今天是你的大喜日子，咱就拿你樂和，樂和。這就叫坐在黃柏樹上彈琴哩——苦中作樂呢！

第三十六章　啟示

　　奴子和張順的婚禮在貧窮而歡樂的氣氛中舉行過了。說是貧窮，是因為兩家的婚禮過程不但沒見上葷，連一塊正經的麥麵饅都沒吃上，來的主要客人雖覺得不夠意思，可是也沒敢有怨言，因為他們自己幾乎是吊著空手來的。說歡樂，是說人們借機著實向奴子和他媽，向張順和她媽及他父親申廣財祝賀了一番，也拿奴子媽，張順媽和申廣財好好地鬧了鬧開心，更拿新郎和新娘鬧了個扎實，好像是借此暫時忘記缺吃，少穿的苦惱。這似乎是貧窮農村的習慣，人們總要趁村裡人家的紅，白喜事娛樂，娛樂，以緩解，緩解單調無聊的生活。千百年來，就形成一種習慣。鬧新人的房，那更不待說了。尤其奴子的洞房鬧得甚是熱鬧，村裡的年輕人把奴子和他媳婦面對面捆綁在一起放倒在炕上，大家站在炕前叫好起鬨……可是畢竟人人肚子都不充實，鬧房鬧得雖熱鬧，還是沒能持續多久，並沒能像以前人們衣食不愁時那麼狂鬧到後半夜，才略有遺憾地離去。這年月鬧奴子的房，大家鬧著鬧著，就饑腸轆轆了，不到半夜，即宣布讓新郎新娘早點高興，然後散去。

　　奴子和張順的婚禮給人們提供的娛樂機會畢竟是短暫的，幾乎就在他們婚禮的第二天，整個南轅庄就回到之前的沉悶氣氛中，生產隊飼養室裡又傳出飼養員申明道高聲罵牛的咒罵聲：你狗日的王八蛋，把草刷過來，推過去不吃，等著餓死，是不是；你們放著草不吃，想吃啥，想一點料，沒有，人吃的糧食都沒有，還能有你們的份兒；想吃人肉？人都餓得皮包骨頭了，沒吃頭。罵完牛之後，申明道把攪草棍一甩，扭過頭來倒在飼養員休息的小炕上，長歎一聲，唉，咋遇上

這樣的景。

晌午，申明道的老婆任氏提了個小罐，罐口上蓋著碗，給申明道送飯到飼養室。任氏提著罐兒到飼養室時，申明道還在小炕上斜躺著。申明道看見老婆手裡提的小罐，臉色變得更陰沉了，想起不想起地坐起來。老婆把罐罐放在炕塄上，小心翼翼地將罐口上蓋的碗拿下，用筷子在罐裡攪了攪，端起罐往碗裡倒她做的連鍋麵。看見老婆往碗裡倒的又是瓜菜連鍋面，申明道就嘟囔著說，還是連鍋面，收了一料麥子咧，連一碗乾麵都吃不上。老婆還嘴說，收了一料麥子，咱到底分回多少你知道，那點麥子夠吃幾頓乾麵。這年景，誰家不吃連鍋面；就這連鍋面還是好的，不到收秋，你連這連鍋面都吃不上了。申明道有心無心地端起盛著連鍋面的碗，拿筷子在碗裡攪著尋了兩根泡得發脹的麵片吃了，又攪了攪，一下把碗裡的連鍋面倒回罐裡，嘴裡罵著說，這號飯有啥吃頭呢！然後就掂起罐將一罐連鍋麵倒進牛吃草的槽裡。他老婆急得什麼似的，嚷道，死鬼呀，糧食缺得跟人油一樣，連鍋麵還打發不下你，你還能把飯倒給牛吃?!申明道並不服氣，道，他看這號飯就沒吃頭，還不如餓著，嘴裡還少了些難受的感覺。老婆還爭辯說，她就不相信餓著還比吃連鍋麵好受。她看她老頭是造孽哩，最後非得餓死不可。申明道的氣更大了，說這是啥日子嘛，他當年抽大煙弄得那麼窮，還有乾撈麵吃。老婆也不示弱，頂道，你當年抽大煙時有乾撈麵吃，那不是你有本事，那時有申士俊周濟，現在連申士俊自己都吃不上，哪有你吃乾撈麵的份兒。申明道似乎悟到點什麼，一屁股坐在炕塄上，兩手一抱頭唉了一聲，罵道，羞先人呢，把日子過成這樣了。老婆收拾了罐罐和碗筷要走，臨出門前補了一句，叫老頭兒好好享受餓肚子的滋味。

申明道這人就在申廣仁他們往北邊販布，販藥，倒大煙時抽上了大煙，本來就不厚的家底，兩年工夫就被他的煙槍放了個精光，幸虧申士俊及時發現，下硬手叫申明道戒了大煙，還開下三畝荒地，所以他更感念申士俊的好。臨解放前，他倒是不抽大煙了，但是已經鬧到赤貧，解放後順理成章得了個貧農成分，黨又吸收他為中國共產黨黨員，還把貧農協會主席的頭銜給了他。由於幾十年間一直追隨申士

俊，當然也深受其影響，有話就說，雖然是共產黨員，又是貧農協會主席，卻不知道培養自己的黨性，甚至壓根就不理黨性這茬兒，更不懂維護黨的利益。他有個樸素的概念：既然黨說他為窮人謀福利，那麼窮人，甚至所有人就應該在黨的陽光雨露下過滋潤的日子；解放後不久，農民就叫統購統銷鬧得糧食緊張，直到這兩年，人們被餓得死去活來，許多地方餓死很多人。他認為黨對不起人民，他自己頂個黨員頭銜都覺得臉上無光，自己總有幹了虧心事的感覺，同時也深感冤枉。這些情緒時不時就有所流露，而且他認為他流露的這些，都在提醒黨要做好事，更是為人民好。就因為他總是有話直說，沒維護黨的利益，黨組織曾多次幫助過他。可是他總說，黨不是說他代表人民麼，黨還有什麼別的利益？為人民說話，就是在維護黨的利益。聽他多次表白的那意思，有話說了，他好像就有些精神上的解脫。

前一年冬天的一個上午，村裡的許多人都捆緊腰帶有氣無力地，懶洋洋地擠在申智理的南院牆外曬太陽，申明道也在其中，大家似乎也沒有什麼中心話題聊天，零零散散有人抱怨說早飯時喝的南瓜玉米糊湯，這陣光想尿，有人抱怨說人吃不飽，這太陽也不暖和了。申明道的眼睛怕光，蹲在牆根下低著頭抽旱煙，聽別人說喝了南瓜玉米糊湯肯尿尿，他好像就有了要撒尿的意思，磕掉煙灰站了起來，正好縣委許書記路過，來到曬太陽的人群前，一些人禮貌性地和縣委書記互致問候。申明道待大家的客套問候停下來，許書記臉上的笑容還未褪完時，站到許書記面前說：許書記，人常說，大口小口，一月三斗。現在在黨的領導下，你不給三斗，該給二斗吧。你們說咱那人民公社年年大豐收呢，你們把收的糧食都弄了啥了，這硬瞪著眼把人往死的餓哩，這算怎麼一檔子事嘛？這一年到頭連一碗乾撈麵都吃不上，你們這是咋弄的？他這麼問縣委書記，和他一起曬太陽的人個個被嚇得目瞪口呆，替他捏一把汗。可是許書記臉上殘餘的那點笑容從他開始問話時就凝固在臉上，直到他說完，許書記給剛凝固著的那點笑容又添了點笑容說，你這貧協主席，在這樣的時期，要加強學習，等你的覺悟提高了，怨言就少了。申明道並不買帳，臉上甚至有了怒容，說，我把毛選拉上一架子車，頂毬哩，我肚子更餓。許書記見這主兒

成心不讓他下臺，馬上轉了話題說他有急事找隊幹部，說完頭也沒回走了。一起曬太陽的人這時才鬆了一口氣說，你老傢伙不怕人家批鬥你，敢在縣委書記面前說那樣的話。申明道故意提高嗓門說，誰給我兩個饃，我把這共產黨員和貧協主席都給他。我為啥不敢說，我說的就是為他知道的。估計，他這話縣委書記是聽見了，但是縣委書記並沒回頭，更沒理他的茬，走了。

就在申明道把一罐罐連鍋面倒到牛槽裡的當天下午，他老婆把罐罐提到家洗了。接著從盆裡摸出兩個糜子饃，切成片，在灶膛裡點上火。小心翼翼地在鍋裡焙黃，拿出來用袄子包好，又弄了一小碗青辣椒，端著送到飼養室，只撂下一句話，叫老頭趁熱吃上一點，別再造孽了。說完這話，任氏就返出飼養室，向申士俊家走來。她想好了，這年月，糧食值人命呢，還敢讓老頭子那麼耍性子糟蹋糧食，可是她又管不下自己的人，這村裡只有四哥申士俊能管得下這人，她要求四哥替她管管這人。她一見申士俊叫了聲「四哥」，然後就泣不成聲。申士俊坐在炕上慢悠悠地說，有啥事慢慢說，不要哭。任氏還抽搭了一會兒才止住了哭泣，抬頭看了一眼申士俊，她心裡暗吃了一驚：老哥的氣色大不如前。但是她沒流露出吃驚，反而平靜地對申士俊敘說了申明道把一罐連鍋面倒給牛吃的全過程和原因。任氏進一步說，這年月，她說什麼都管不起申明道一頓乾撈麵。別說乾撈麵，就這連鍋面都管不到接下一料，哪裡還有給牛吃的，求四哥勸勸她的人，要看清形勢，收著性子過苦日子。申士俊聽了，淡淡一笑，說都怪他當初把申明道沒帶好，不會過窮日子，他一定勸申明道要能過苦日子。說完，申士俊長歎了一聲又補充說，這弄啥呢，當初的窮人都受不了現在的窮。任氏向申士俊告別，走了。

晚上，申明道回到家裡，任氏對他說，她下午見四哥了，他看四哥的氣色很不好，建議老頭子去把四哥看一下。申明道答應老婆說吃點啥後就去，最近他還就是憋著些話想和四哥說說。任氏隨即告訴老頭子說，現在家裡只有蒸的老南瓜。申明道沒說啥，從盆裡拿出蒸熟的涼南瓜塊吃了，起身就要走，任氏趕緊叮嚀說，見了四哥千萬別說他氣色不好，只說你想找他諞諞。申明道邊往外走，邊頂老婆說她就

是愛嘮叨，那麼個事他能不懂，用得著老婆叮嚀。任氏在後面還說，你這人，直筒子，我怕你去說我說他氣色不好。申明道的背影已經不在任氏的視野裡了。

申士俊和兒子申廣仁及孫子申順昌在燈下閒聊，申明道來了。在座的三個主人對申明道的來訪有點意外，申士俊尤其覺得突然，於是隨口就問申明道咋有工夫來他這兒。申明道顯得很輕鬆說，這些天來，一直憋著，總想來和老哥諞諞。申士俊笑了笑說，他早都聽說申明道當眾把縣委書記說的狼狽逃離現場的事，他認為，有話，得了機會就向縣委書記這樣的大幹部說。一提這話茬，申明道似乎又來了些氣，說，這到底是什麼人民政府，年年弄的人缺糧吃，硬把人往死的餓哩。他見吃那號沒法吃的吃的就來氣，他在舊社會也沒吃過那號吃貨，這不是嘛，剛才到家裡搜了半天，只有幾塊蒸熟的南瓜。這一夥狗日的說的好聽，什麼為窮人打江山，為人民謀幸福，這把人餓的死去活來的，這叫幸福？申士俊淡淡地說，人常說，遇年干，吃茶飯，現在遇上了，就得吃那些過去看都看不上的東西。不是說人家革命了，猛地來到老百姓面前，老百姓裡黑不知道外白，只能聽人家說，他當初要不說得那麼好，恐怕老百姓當下就把他困死了。可是到他站穩了，能治住老百姓時，才露出了真面目，歷朝歷代帶頭起事的，都是土匪流氓，所以你就別信他們說的那些好聽的，而要像防賊，防土匪那樣防著那些當官的。要看明白，人民政府不會給你好日子過，還是要靠自己對付著活下去。他還告訴申明道說，家裡的日子難過，並不是他媳婦不會過，他看申明道的媳婦就會過得很，所以，不要衝著媳婦使性子，給媳婦使性子，丟了的，扔了的都是自己的。人常說，巧媳婦難為無米之炊，就是說，鍋裡沒米下，再巧的媳婦也給你做不出飯來。還是那話，有話找當官的說去，至於說過苦日子，申士俊承認說他看不到頭兒，據他這些年看下來，政府年年在加碼。所以日子還得捏細過。申明道來勁了，說，正因為他看這苦日子沒有頭，他才不想過了，想弄的和這共產黨了斷了，叫人家押到監獄裡，或是一槍崩了，還零幹，再省得受這洋罪。這當共產黨的百姓，確實是受罪哩。這時申廣仁笑了，說，看來這向陽花們受的罪確實比犯人受的罪

要重，志仁哥就千方百計想留在勞改場裡，聽說回來後還創造條件想叫黑三把他告一下，重新進監獄，還好，黑三看破了，並沒告他，現在你這共產黨員，貧協主席也想進監獄。申明道辯解說，他不是看上監獄的生活，他是覺得餓肚子比死了還難受。他是想早點結束這受罪的日子。說完，申明道說要走，該給牛添草了。申廣仁和申順昌送他出來，臨到龍門口，申明道很鄭重地壓低聲音對申廣仁說，他看老爺子的氣色差多了，是不是出毛病了。申廣仁告訴他早都著手看了，可是一付付中藥吃下去總不見什麼效果。

打服藥以來，申士俊自己就沒抱什麼希望，用他的話說，他知道他的大限到了，像他這樣的人，能活到八十歲，一定是閻王爺恩賜了長頭咧，不然，七十三上就該去了。農村的傳統中醫只是按脈，開藥，什麼虛咧，火旺，又是濕咧，陽氣不足，等等，連病人明確告訴說他小腹內有一碩大腫塊，中醫們也對此不給個名堂，只是說開的藥就是化瘀的。換了幾個當地相當有名的中醫，開的藥方大同小異，各自的說詞也稍有不同，除有淤積外，有的說是傷氣了，有的說是心血虧，還有的說實火太旺，需行氣補水，如此等等。但是，病情總不見好轉。申士俊本人甚至提出停止醫治，說那都是白花錢。至此，申廣仁背著父親請人給申濟仁寫了封信，通報了父親的病情，希望濟仁能回來看看。

申濟仁接到哥哥的信，知道父親的病情已經相當危重，馬上安排了工作，請了一星期的假回來探視。申濟仁來到父親的枕邊時，申士俊很意外，因為他一直不想讓小兒子知道他患病的事。他顧慮，申濟仁見他病得如此厲害，一定會提出搬他到省城的大醫院去治療。他知道，神仙都治不了他這病；黨現在弄的到處都沒吃的，沒錢花，人人都緊緊巴巴的，進大醫院明明是白花錢，何必給後人增加負擔呢。退一萬步說，就算大醫院能治好他的病，讓他再多活幾年，他覺得一點意義都沒有：自己老邁病弱，又天天吃沒吃的，喝沒喝的，還要看著那麼些人為吃飯而著慌，他設想，他會心煩得搭繩子去上吊。申士俊睡在炕上，以心比心在推想，人們對黨鬧的這場革命很無奈，對黨現在的領導更無奈，他家的革命者和他本人這個革命軍屬在人們心裡一

定不受待見。既然如此，萬一他死在醫院裡，不是落個客死他鄉，屍首都進不了村，這不是讓人幸災樂禍麼。

果然，申濟仁到家的當天晚上就提出要搬父親去西安進省醫院治療。哥哥廣仁及全家成員都贊成，病人本人堅決不去，理由很簡單：他已經病得吾身顧不了吾身了，長途折騰，他不死在半路上才怪呢。他無論如何不願意死在家門以外。申濟仁再三勸說，都無效，他不能保證父親不死在家門以外。申士俊拖著有氣無力的語調告訴申濟仁，他明知道他的大限到了，明擺著，這病就是要命的病。再說，他自己也確實不想活了，眼一閉了事，眼不見心不煩。聽了老爸這話，申濟仁好像被霜打了，低下頭去，不再說什麼。

奇跡居然在申濟仁到家的第二天出現了。這天早晨，申士俊說他覺得好了些，並且還喝了一個雞蛋沖的雞蛋米米湯，就著炒瓜片吃了小半個饃。大家當然很高興，申濟仁也就按他請的假的期限住下來，陪老爸兩天。

申士俊的病情有所好轉的消息不脛而走，村裡人借機來慰問病人兼看望省城回來的大幹部。到晚上，來的人更多，申濟仁就在廂窯接待來看他的人，有年長的，更有初中畢業回鄉當社員的知識青年。自從三十年代末申濟仁投奔革命至此時，幾乎就沒回過老家，解放前打遊擊倒是不時路過，但那時他誰都不敢見，只能偷偷摸摸溜回來跟他父親申士俊和他哥申廣仁揀要緊的交代一下就走了。所以五七，五八年初中畢業的人只聽說本村有個革命老幹部申濟仁，都沒見過其人，這次要抓住這機會瞻仰一下大幹部的風采，聽聽大幹部的高見。申明道和申尚仁因為和申濟仁老早就有交情，來了不用招呼自動上炕就座，隔壁堂兄申崇仁早有一肚子話想對這位大幹部兄弟嘮叨嘮叨，也坐在炕沿上，結結巴巴地說著他的委屈。由於結巴，說話很費時，話頭常被別人打斷。申明道搶過申崇仁關於糧食統購統銷的話題接著說，當初教人的口歌說，共產黨好，共產黨好，不收糧，不要草。人們把這口歌剛剛練熟，共產黨就翻臉了，要徵糧，接著又來了個新名詞，叫糧食統購統銷，年年加碼，季季加碼，到人家裡搜糧，逼著要糧，你六哥就被逼得上吊了，多虧伙計發現了，大家才把人救下，要

不然，你早都沒這個老哥了。你吉茂叔的糧讓人家騙得拿的一顆沒留，說叫他住幸福院呢，結果，沒幸福幾天就餓跑了，去年，吉茂硬是叫餓死在討飯的路上。申濟仁坐在炕沿的另一端，低著頭聽著，不加任何辯駁，他大概知道，故鄉村裡的這些舊交，不會對他說假話。還有另一種可能，就是，申明道說的和他能看到的「內部參考」說的事一樣。

申尚仁見申濟仁不說話，膽子似乎大了些，說，老九兄弟，你也是共產黨的高級幹部呢，就是說對決定政策都是能說上話的人，你們把農民整的這麼扎實，全國農民餓肚子，你們就不怕饑民造反嗎？對，就算饑民不敢造反，把農民都餓死了，你們和毛主席都從辦公室出來種地呀，是不是？聽到這裡，大幹部申濟仁平靜地說，他不相信做飯的大師傅能吃不飽飯。這話一出，在場的人都有點愣了。申濟仁接著解釋說，飯是大師傅親手做的，他能餓著肚子把飯拿給別人先吃？糧食是農民種的，又親手收回來打的，農民可能不可能自己不吃糧，硬是餓著肚子把糧食交給國家？所以說農民沒糧吃餓肚子，人就無法相信。申崇仁有點按不住了，結結巴巴地說，那這個麼，……這個麼……安徽，這個麼……甘肅餓死那麼多人，……這個麼，你也不信？申濟仁仍面不改色地說，餓死人那是政策失誤造成的，他是說，正常情況下，農民是不會餓著肚子把糧食全交出去的。申崇仁紅著脖子還想說什麼，被在場的知識青年把話茬搶過去，他建議不要再爭了，並且肯定九叔說的在理。申尚仁立刻回應說，不要爭咱管不了的事，咱說些別的。於是有人就拿申崇仁尋開心，敘說剛解放那陣，他用存糧換了八路軍的大煙，然後儘量地供韓老七的大煙，一心想用債務逼著韓老七把和他連畔的川地抵給他，結果，人家黨宣布禁大煙，申崇仁竟不相信，理由是，他供韓老七抽的大煙就是從黨那裡換來的。最後，供大煙的和抽大煙的雙雙被抓，一起陪了一回殺場。申崇仁放的債隨著韓老七口裡吐出的青煙散掉了。大家哈哈一笑，宣布散夥，讓大幹部和病人早點休息。

來訪的人們散夥後出來到大門外，生產隊的會計，知識青年申順平把幾個年輕人叫到他家，說是再玩一會兒。這位申順平是個很有

心機的青年，在學校學習很好，無奈他父親申樹仁一直聲稱他無力供他上學，所以湊湊合合上完初中就響應偉大領袖的號召，回到廣闊的天地裡，「大有作為」來了。頭一年回村，第二年就當了生產隊的會計。申順平把幾個年輕人夥伴領到他家的北窯裡，點上燈，招呼大家坐下後就問，剛才從大幹部的話裡聽出些什麼了。愣娃子說，聽啥呢，共產黨的大幹部，還不跟共產黨一個鼻孔出氣，你沒聽，他硬不相信農民沒啥吃。有的卻說，好像不是那麼回事，黨的大幹部只能那麼說。大家一時莫衷一是，就問申順平到底聽出些什麼。申順平首先要求大家絕對不能把他說的傳給他們幾個以外的任何人。大家保證絕對不外傳。申順平說，他聽九叔說的大師傅不會自己餓著肚子把做的飯先讓別人吃，農民不可能把親手打的糧食餓著肚子交給國家，他聽出九叔暗示咱們個門道。眾人聽了，似乎都悟到了些什麼，不約而同地說，對，有門道。

申士俊的病情在二兒子到家的第二天有所好轉，大家為此都感到高興，但是好轉的勢頭並沒有持續幾天，就在申濟仁請假期限將到，濟仁要返省城的前一天，病人前兩天那種好的感覺沒有了，他什麼也沒有說，讓申濟仁如期返回工作崗位。

申濟仁走後，會計申順平單獨和涼聖人申尚仁有一次會晤。涼聖人聽了申順平對申濟仁那天晚上說的話的看法後，大加讚賞。他進一步指出，濟仁作為共產黨的一名高級幹部，他說的話要叫人抓不住把柄，但他又要給父老鄉親指個活路，他只能那樣說。現在就要動手安排按濟仁指的門道走，要解決實際問題。申順平說，他已經把方案想好了，但是實施這個方案一定要祕密，參與的人要少而精幹，尤其不能讓黨的積極分子知道。申尚仁很有把握地說，這不難，隊幹部裡有你，生產委員八掌櫃，保管你繼仁叔就夠了。至於都要用誰，你們三個定幾個人，把規則定好，得機會就幹。申順平撲哧一聲笑出來，為了爭點糧食，人們不得不用當年遊擊隊對付日本鬼子的辦法對付共產黨。申尚仁補充說，這事只能做，不能說。

申順平先找八叔申廣仁計議種糧食的應該有糧吃的事，申廣仁認為，要早動手藏糧於民的事是好事，但不應該瞞申黑三，而要抓著他

和大家同心幹。按申廣仁的意見，隊委會開了個擴大會議，把申明道這貧農協會主席擴大進來，會一開起來，大家認定申濟仁那天晚上的話可以理解成大師傅做好飯自己先吃飽，農民收了糧自己先給自己拿些是完全正常的；只是，前些年誰都沒敢先給自己拿，餓肚子，只怪自己沒開竅。現在總算開竅了，那就要動手。這可是全體社員性命攸關的大事，誰要把此事敗露出去，恐怕全村老幼都不能容忍，恐怕也是性命攸關的事。申明道特別補充說，有些黨員一直在給黨爭利益，可是他可沒看黨看不看群眾的死活，明明把人餓得往下死哩，黨還拿假話吹呢，說什麼形勢大好，還不是小好；至把人餓死了，黨還輕鬆地說那是非正常死亡。所以大家看清了，維護黨的利益就是損陰德呢。申明道強調說，他要把話說明白，誰要不打算在南轅庄做人，他就去維護黨的利益去。生產隊長，村黨支部書記申黑三總結說，再糊塗的人都能掂出這事的分量，大家說得對，以前咱沒開竅，所以就沒敢做好飯自己先吃了。這是好事，大家就要齊心辦成，一切我頂著。大家這幾年的餓肚子也受夠了，共產黨員也是人，也要吃飯，咱們每個人都要嚴守祕密，而且給社員要叮嚀好，什麼時候都不議論咱村的事。申黑三最後說他看這事就由申順平安排著辦，他看這年輕人有文化，點子稠。

秋收時，南轅庄「自然」興起了田頭分配方式，就是隊裡成熟的莊稼收下來在田頭就由社員自行連杆帶顆搬回自己院裡，會計有兩套賬，田頭被人拿走的入暗賬，內部掌握平衡。另一套辦法就是組織精幹而可靠的人，瞞著社員搞堅壁清野，把糧食藏在某些社員家，入暗賬，到時候立個名堂分給社員。這年秋收過後，社員明顯多得了不少，都在心裡樂。而申黑三那邊一直和公社幹部爭執著說，交了公糧，他都沒糧分給社員了，爭取把購糧任務壓下來。

真像偉大領袖英明地指出的那樣，黨的政策，也就是好主意，一旦被群眾所掌握，群眾就會有無窮無盡的創造力。在當時的南轅庄，與田頭分配的同時，社員們還創造出一種場頭分配方式：男男女女上場打莊稼時，都穿超長褲管的寬褲子，上衣內襟都有跟前襟幾乎一樣大的上端開口的內襟。上場前，社員們把自己的寬長褲腿翻上去，把

褲管口腿內側的暗扣子系上，兩條翻起來的褲管就成了兩條布口袋。到了場裡，一旦接觸到糧食，翻起來的褲管裡很快就裝進糧食，上衣的內襟也裝進足夠的糧食，該裝糧的機關內都有了糧食，這就該休息一下了，社員要快去快回到家裡「喝水」，「吃點東西」，快快返回打穀場接著幹活。所以，到碾打時全體社員都在場裡忙活，很熱鬧。

秋末，申士俊的病情急轉直下，中醫把脈後給申廣仁吩咐叫準備後事，最多有十天的陽壽。申廣仁立刻命順昌到縣郵局給申濟仁發電報，告訴他老爸病危，希望他回來能見一面，最好能給老爸送終。同時，村裡人都知道申士俊即將離開大家，貧協主席申明道向隊幹部建議，給申廣仁補貼些糧食，讓其把他父親的喪事辦得有些樣兒。這個提議立刻得到隊委會的一致支持，有人說，論申士俊老先生本人，一輩子為村裡人做了多少好事，最後應該光光堂堂送他走。在土匪猖獗的年代，土匪不敢來南轅庄，那就是因為南轅庄的民團組織得好，武練得好，防禦布置得好。申明道補充說，他四哥當年指使申立仁下硬手把他的大煙癮給戒了，他全家記著這份救命之恩。又有人說，其實死了的人什麼都不知道了，喪事是後人的事，是後人為自己爭光的事，論人家的長子，申廣仁，那人品，做事，為人都沒說的。次子申濟仁，人品當然沒說的，至於說人們沒從他鬧的革命那裡得到什麼好處，反倒受了不少苦難，那不是他的事，那是整個革命的事，就憑濟仁以一個大幹部的身分給咱點了做飯的自己先吃飽這個竅，咱就要感念他對咱的好。人常說，人到事中迷，就怕沒人提，咱們餓著肚子瘋抓呢，沒一個人想到咱種糧呢，咱先得些，更沒人敢這麼幹，濟仁不光點了竅，還給咱壯了膽。咱們得了這個竅，有了這個膽，多少人從此得救了。所以，隊裡應該盡力支持申廣仁後頭把他父親的喪事辦風光些，以表示咱們對他兄弟倆的感激之情。

申濟仁接到父親病危的電報，立刻安排了工作，請了假，和夫人蘇彩萍一起回來了。到家後得知，老父親足有三天水米沒進，真是氣息奄奄。申濟仁和妻子蘇彩萍來到老父枕前叫了聲「大」，申士俊慢慢睜開了眼睛，看了看，似乎明白過來了，說，是濟仁回來了，啊，回來了好，好，還能見一面，好，好。申士俊停了停，好像是要緩緩

氣，之後，接著說，我還真等著你回來哩，有話對你說。申濟仁抓著老爸一隻手，鼓勵老爸把想說的話全說出來，他聽著呢。申士俊的精神似乎好了許多，接著說，這幾年，我想了很多，也看了很多，咱村的人吃了不少革命的虧，死了那麼多人，可是革命並沒給人帶來什麼好處，反倒把老百姓給的更扎實，弄得人人餓肚子，因吃不上飯死了的人就有幾個。他歇了歇，又說，可是我看，人們沒有因為那陣你的遊擊太多，招致國民黨向村裡人開槍而記恨你的意思，他們知道，那革命怎麼個鬧法不是你的事。近一段時間，你明道叔他們總對我說，你給他們點了個竅，大家很感激。這就對，整個革命怎麼弄，咱管不了，可是在老百姓受難時咱能盡力幫老百姓自救是咱該做的，也能做。一定不要忘了這個本分。申士俊停了下來，閉眼休息了。

當天晚上，申士俊對兩個兒子說，他知道他將不久于人世，他死後不要大辦喪事，現在自己吃飯都成問題，大辦喪事以後，全家人餓肚子的罪更長，現在要先顧活人。況且，大辦喪事不能咋的，他本人反正是什麼都不知道了。說完這些，他的頭稍微扭了一下，閉眼休息了。申濟仁見老爸累了，問老爸要不要喝點水，申士俊幾乎是用肺裡餘存的一點氣吹出個微弱的「要」。濟仁即提起保溫瓶向搪瓷缸子裡倒水。過了一會兒，廣仁把老爸扶起，端著缸子餵老爸喝了幾小口水。隨後，他輕輕把老爸扶的躺下去。申士俊歇了好大一陣子，眼角滾出一滴眼淚，然後微微睜開眼睛，輕輕叫了聲廣仁的名字，說，你聽著：多年前，我把一件事沒想明白，認為人念了書，就容易接受革命的宣傳，就要去鬧革命，就要給鄉親們製造災難。所以，我鐵心不讓順榮去念書。這些年看下來，順榮這娃念得好，一心學知識。我慢慢明白過來了，人念了書不一定就要去革命。當初為了阻止順榮去念書，我說了過頭話，那都是急出來的。你想，咱家後頭再要有人去鬧革命，那我的孽不造大了。我肯定見不上順榮就走了。你後頭給娃說說我的意思，叫娃甭再記恨我……廣仁只管說，他和娃都不記恨。申士俊似乎說了個「那就好」，之後就閉上眼睛休息了。申濟仁在一旁，臉上是一副很難堪的表情，但是什麼都沒說。第二天早晨天濛濛亮時，申士俊進入彌留階段，到日頭一竿高時咽氣了。

申士俊歿了的消息立刻傳遍全村，人們紛紛前來弔唁，而且有人在靈前哭得很動感情，如申志仁，申立仁兄弟。申明道，其悲痛之情絕不亞於守靈的孝子。尤其申明道的老婆，她哭著，訴說著申士俊對她一家的好處，她說，她的人不學好，抽上了大煙，是四哥勒著幫她的人把大煙戒了，救了她全家；解放前，四哥一直周濟她家，雖然窮，還沒有揭不開鍋，也沒吃的比人差。任氏哭得沒完沒了，有人勸她止泣，說申士俊老了，有黨呢。任氏拉著哭腔說，她知道，黨靠不住……。

　　陰陽先生掐算的結果，宣布有三天的喪期，第四天卯時下葬。申尚仁是請來的執事的，他立刻把向各親戚報喪的人打發出去，令其給親戚說清楚下葬的日期和時辰，並且要當天去，當天回來報告情況。就在各路報喪的要出發之際，申廣仁對申尚仁說，他和濟仁合計過，鑒於農民都很困苦，他們決定，只待客，不收禮，請各路報喪的務必給親戚們交代清楚，人到的爭光哩。申尚仁又把這個意思向報喪的重述了一遍，並指示說，要把不收禮這一點向各親戚交代清楚。對村裡人，更是只待客，不收禮，該出來幫忙的，就來幹活、吃飯，「寶成牌」香煙隨便抽。

　　就在申士俊歿之前幾天，申廣仁準備老父親的後事時，生產隊裡說明補助他二百斤麥子，六十斤蕎麥，要他供大家一頓失傳多年的捲墓餄餎。因為按照南轅庄的規俗，下葬時，全村人都要去幫忙抬轎，到墳地填土，很有給事主面子的成分，人到得越多，越齊，說明逝者生前有威望，事主的人緣好。有的人生前為人刻薄，孝子又不會做人，到下葬時就是沒人理會，事主很失面子，可是那怪不得別人，只怪自己此前沒好好做人。

　　埋人的那天早晨，南轅庄全村人都早早起來，每家至少有一個人扛著鐵鍬先向申廣仁家大門前、院子裡集合，等待執事的吩咐。村裡其他的老老幼幼，男男女女都冒著寒風或擠在事主家大門外，或等在靈柩要經過的路旁，要最後送逝者一程。申幼平扛著鐵鍬，拖著半身不遂的瘸腿，腰裡的破布辮子腰帶把身子捆得很緊，腰像馬蜂，也早早到了。他眼畔上掛著淚珠，嘴裡一直念叨著他四哥一輩子都對他

好，他再窮，再不能到人前裡，他四哥都把他當人看，處處周濟他，幫他。

　　執事人申尚仁一聲令下，等在院子裡的人有序地幫忙入殮，抬棺材，起靈。吹鼓手前頭吹吹打打，人們在兩旁目送靈柩經過，有人甚至失聲痛哭，如申明道的老婆，任氏。她不光哭，還念叨說，世上少了一個好人。靈柩到了地裡，大家立刻下手，於日出時分，也就是卯時，把棺材下到墓坑。眾人動手從四面往下填土。沒用多大工夫，墳塚堆起來了，執事人喝令孝子拜謝眾人，申濟仁和哥哥申廣仁跪在最前排，恭恭敬敬向所有參加埋葬儀式的人磕頭。拜謝完畢，孝子們並沒有立刻起來，申濟仁和哥哥又一頭磕下去，面朝地高聲請到場的所有人回去喝湯，也就是吃蕎麵飴餎。

　　人常說，設席容易，請客難，說的是有些受邀者就是不賞光，不赴宴。所以，從這個角度說，受邀請就到，就是給主人面子，不能單純理解為去白吃人家一頓。況且，這是打糧食統購統銷以來例外的一頓捲墓飴餎，又是大幹部申濟仁請的，大家也早知道有這一頓飴餎，所以得了邀請，所有的人都跟著孝子來赴飴餎宴。

　　七，八年沒見過的這頓飴餎真不錯，羊肉胡蘿蔔臊子、油潑辣子、醋都是盡情享用。所謂的羊肉，只是個名，羊肉湯倒是真的，那也挺對味，人們當然吃得開心。申幼平放下碗，從板凳上起來，一隻手還按著桌子角，另一隻手去夠立在牆邊的鐵鍬，但是夠不著。他按著桌子角的那隻手離開桌子角，試圖接近鐵鍬。撲通一響，申幼平跌倒在地，雙手抱著肚子直呻吟，說他肚子疼，起不來。幫忙端飯的年輕人對執事的申尚仁耳語說，狼家，村裡人後來不再把申幼平叫癟狼了，而改叫狼家，吃得多了，他記著數呢，狼家先後吃了十三碗飴餎。申尚仁無可奈何地說，為了這一頓，狼家可能兩天前就準備著呢。說完，他吩咐兩個年輕人把狼家無論如何扶回去。待狼家被扶出門，申尚仁半開玩笑半認真地說，狼家這次要是吃死了，他的後人可管不起這麼一頓飴餎。端飯的年輕人滿有把握地笑著說，狼家吃了這一頓，前後能省出四，五天的口糧呢。眾人點頭。

第三十七章 豔陽天下

　　西北風吼了一夜，到東方發亮時天空確實乾乾淨淨，天色湛藍，田野裡，村莊裡，什麼動靜都沒有，只偶然聽到河面上的冰被凍得爆裂的脆響，大概還有野兔趁此時機出來尋吃的，據說此時是獵野兔的最佳時機。但是，這樣的天氣，連最熱衷打獵的申黑三都縮在被窩裡不露頭。天畢竟是亮了，早都焦急等待天明的雞顧不得地面的冰冷和寒風的凜冽，紛紛從架上跳下來，一個個瞅著地面找吃的。情況很令饑腸轆轆的公雞和母雞失望，地上竟然什麼可吃的都找不到，好像所有可吃的東西都讓西北風卷走了。雞們只好自己騙自己，在地上撿拾疑似可以吃的顆粒狀的東西，給人以假相，它們還有東西可吃，可以活下去。

　　人倒是萬物之靈，太陽都老高了，還是沒人出屋，連生產隊長都不堅持變冬閒為冬忙了，也躲在屋內抽著煙，看著從天窗射進來的陽光在窯壁上形成閃亮的菱形。按氣象學家和環境保護專家的觀點，這一天絕對是好天氣，萬里晴空，陽光明媚。可是，人們憑經驗判斷，這是豔陽高照，但毫無暖意的冬日。所以，儘管陽光很亮，卻沒有人被吸引出去享受太陽的溫暖，誰都知道，刮了一夜西北風之後，太陽給的那點光亮還不夠消解大氣中的寒冷。任太陽怎麼明媚，人們的感覺還是冷的。這可以算是豔陽的一點悲哀。

　　既然新的一天的太陽已經升起，生活在陽光下的人們就得有新的一天的生存活動，氣溫低，那只是對暫時還沒有生存危機的人有些威脅，他們也藉口冷得出不了手，而賴在暖窯裡。可是面臨生存危機的人就顧不了冷暖了，他們被迫認為，這樣冷的天氣，還不至於把人凍

死，可是不幹可以維持生命的活兒，生命就結束了。於是，天再冷，豔陽再不頂用，這些活兒還是要幹的，比如人推碾子磨麵。自從廣大農民走上社會主義的農業合作化的金光大道後不久，人推碾子磨面就成了所有家庭的必修課，而且為了修這門課，許多家的人在碾道，即磨坊裡，吵吵鬧鬧，打成一團。許多人共同的說法是，推碾子那活兒就不是人幹的活兒。由於人們認為這就不是該人幹的活兒，所以人們也不把推碾子說成推碾子，而是給了個好聽點的說法，叫上盤山。意思好像是要把人和牲畜區分開，儘管幹的是牲畜幹的活兒，但聽起來卻不是幹活兒，而是悠閒地上盤山呢。勞動人民這種自我安慰，或自我解嘲的幽默勁兒還是令人感佩的。

　　申士彥今天就不得不抱碾橡上盤山了。用村裡人的話說，申士彥的書沒教成，也沒練下吃苦的勁兒。每次因為推碾子，申士彥總在碾道裡打媳婦，打女兒，甚至打他媽。打過之後，大家就不歡而散，女人們將磨坊裡收拾了，把已磨好的一點麵小心翼翼地拿回家，立刻動手做吃的，申士彥則聲稱頭暈，躺在炕上睡了。申士彥說的頭暈，可能並不是瞎話，所有有上盤山經歷的人都說，那活兒就不是人幹的，幾圈轉下來，人就覺得天旋地轉，直犯噁心。有更多的人，推完一晌碾子，跟死了一樣，躺在炕上一動不動，只有兩隻眼睛示意人還活著。所以人們說推一晌碾子，人就從閻王爺那裡走一回。還好，只是走了一回，可是要因為怕走這一回而不走，恐怕就得一去不復返了。正因為如此，今天早飯後，申士彥又不得不頂著豔陽下的寒冷，扛著糧食，低著頭往磨坊裡去。還好，天冷得讓人不想出戶門，申士彥往磨坊去的路上並沒碰到什麼人。要不然，准有人取笑問，怎麼啦，又要唱線猴戲了。村裡人把申士彥一家在碾道吵架，打架早就戲稱為唱線猴戲。那確實有看頭，不光是真打，真哭，惡罵，就那打得抹一臉麵粉的大花臉就很值得看。

　　其實，線猴戲並不因為沒人看而不演，這裡，申士彥的媳婦李月玫罵罵咧咧驅趕著十來歲的女兒春花往磨房裡去。小姑娘春花也不是省油的燈，早都煩透了推碾子這活兒，聽說要推碾子，就哭著鬧著不願意幹。那怎麼行，春花要不去幫著推幾圈讓主要勞力緩緩氣，恐怕

連兩碗麵都磨不下就得打著散夥，中途停工，家裡還是沒有吃的，春花再不願意，也得被趕著進磑道。

　　還好，磨麵工程總算開工了，申士彥抱著磑橛圍著磑盤轉著，李月玫抱著另一根杠子幫著推，春花則在麵渠邊羅麵。一斗麥子的頭遍還沒磨完，申士彥就抱怨媳婦推磨不用勁，媳婦忍氣吞聲，叫春花把她大換下來，她和春花推一推，叫當家的歇一會兒。申士彥聞言，立刻松開懷裡抱著的磑橛，離開磨盤坐在一旁，嘴裡嚷著說，他覺得天旋地轉，心裡泛潮。李月玫並沒理會他的話，和女兒吃力地推著磨子轉。申士彥坐在一旁，什麼話也不說，看樣子好像真的累了。李月玫和春花轉了沒幾圈，就覺得腿發軟，有些眩暈，招呼丈夫起來搭手推，說她推不動了。申士彥還沒說話，春花搶先說她也累了，要歇歇。磑子不轉了，磨麵工程停下來了。李月玫有些不滿，嘟嘟嚷嚷說，吃的時候盡是嘴，一見幹活就死了半截子。她這話激惱了滿腹怨氣的申士彥。他忽地站起來衝到李月玫的面前，搧了李月玫一個嘴巴子，嘴裡還問誰死了半截子。李月玫挨了這麼個嘴巴子，火也大了，直接回答說，就說你一見幹活就死了半截子。申士彥不肯示弱，還要撲著去打媳婦，被身邊的春花擋住了。春花順勢撲下去抱住她大的腿，嚷著叫她大住手。申士彥見女兒摟著他的腿，也不往前沖了，只是嘴上在使勁罵媳婦看不見他的死活，逼著他幹這人不幹的活兒。李月玫見丈夫動彈不得了，膽子更大了，問申士彥，他不幹這人不幹的活兒，他還吃不吃。又問他，村裡誰不幹這人不幹的活兒。李月玫進一步開導說，人家革命就革到這一步了，毛主席就把咱領到這一段，你不推磑子能行？連八掌櫃申廣仁那樣的革命功臣家都抱著磑橛一晌一晌地轉呢，你申士彥憑啥不幹這人不幹的活兒。申士彥被問得無話可說，於是也就不再和媳婦過話，改為似乎沒有目標的大罵：他媽的，弄得叫人推磑子，這人推磑子比受刑還難受；他媽的，咱犯啥罪了，要三天兩頭受這號罪。聽了這話，李月玫立刻制止申士彥，叫他住嘴，別惹得叫人批判他。李月玫以警告的口氣反問申士彥是不是嫌罪輕。申士彥像含羞草被人摸了那樣，腦袋耷拉下來了。春花見勢，放開了他的雙腿。沾天的光，申士彥剛才罵的話沒被外人聽到。

※※※

豔陽高照卻寒冷異常的日子，不願意出門的差不多都是沒什麼事逼著的人，被事逼著的人還是要準備出門的。申幼平從一早起來，就收拾著準備二兒子德祿來接他去他家。農民們有句流行語說，一個老子能養活十個兒，可是十個兒卻養不起一個老子。這話幾乎是貧苦農民的生活經驗總結。尤其在農業合作化的金光大道上走著的向陽花們，一個老子未必能養活十個兒子，但是卻盡力養，十個兒子沒有一個願意養活老子倒是常見的。倒不是說兒子不孝，而是窮得連自己都餓肚子，哪有養老子的糧食。申幼平自半身不遂以來，人民公社的什麼活都幹不了，真像他自己說的，能吃不能幹，成了兒子的累贅。申幼平這話可以認為是他意識到的，也可以認為是對客觀現實的描述。

三年前，申幼平使出吃奶的勁給德祿把媳婦娶到家，一年後，德祿媳婦生了個兒子，申幼平喜出望外。可是，孫子還不到半歲，德祿鬧著要和他哥分家。申幼平當時認為很正常，弟兄們分家這事太正常了。可是分的過程中，他才得知，祿順和德祿都不想要他，但是又不能讓半身不遂的光棍老爸單獨過，最後議定，弟兄倆輪流管，一人一個月，老大管完一個月後，下一月的頭一天早晨，老二就得來把老爸接到他家吃早飯，絕不含糊。所以，儘管這一天賊冷，申幼平也得做好被轉移的準備。其實，申幼平也沒有什麼要收拾的，換洗的衣服幾乎沒有，真是當地人說的，老虎下山——一張皮。申幼平的衣著確實比老虎那一張皮不多什麼，頭上纏一條油抹布似的毛巾，上身一件棉襖，腰裡捆一根布絡子編的辮子，棉襖底下好像從來沒有襯衣，據說，近幾年棉襖下多了個裹肚，腿上穿一條叫做白布的白布單褲，腳上沒有襪子，就一雙似驢龍頭的布鞋。就這，申幼平總自豪地對人說，他的腳已經夠體面的了。所以，可以說，申幼平從醒來那個時候起，就等著二兒子德祿來接他去吃早飯。可是，明明該到吃飯的時候了，德祿還沒來接他，申幼平的心裡有點打鼓。他想了不少事，但是無論怎麼想，他都不能相信二兒子會不要他，他反倒相信，二兒子再窮，輪到他養活老子了，他都不會不閃面，哪怕吃糠咽菜呢，他都會

接自己的老子去跟他一起吃糠咽菜。

　　申幼平正想著前前後後的許多事，二兒子德祿來了。德祿進了門問候了一句，「起來了」。然後就說他要背老爸去他家。申幼平拒絕讓背，他叫德祿找個架子車來，讓他坐著架子車去。德祿則提出說，他還得找人借架子車，再說，上上下下的，麻煩，不如他一背零幹。可是申幼平堅持要坐架子車，並且說他自己可以挖爬著上架子車，下架子車，不用抱，也不用背。德祿拗不過他，只好去借了輛架子車來。申幼平拄著棍，艱難地挪到架子車上，將手中的棍子順車廂放下，雙手抓著車幫，說坐架子車好，比讓人背著好，省力，看上去又體面，他最不願意讓人看著他動彈不得還要人背哩。這都是德祿拉著他往家走時在路上說的。申幼平盡可以這麼說，兒子德祿聽著這些話總覺得有些假。但是到底假在哪裡，他也一時想不明白，反正他覺得老爸堅持要坐架子車這舉動有些怪。

　　沾那天寒冷的光，申幼平被轉移的路上並沒遇到什麼人，省去了不少的尷尬。到了德祿家，申幼平掙著從架子車廂溜到車尾，一隻手扶著車幫，一隻手拄著棍子站起來，拖著不聽使喚的半拉身子，挖爬到給他安排的窯裡，爬上炕。還不錯，炕已經燒得熱乎乎的。申幼平開始了在二兒子家一月的生活。其實，關於祿順和德祿分家，輪流著管老爸，村裡的人和申幼平自己都有看法。最基本的說法是，兩個兒子都認為，老爸在世的日子不多了，都怕最後死在自家的炕上，埋葬下來，花費就大了。這樣輪流管，老子始終處於二管，二不管狀態，到他死了，喪葬費就得分攤，輕多了。申幼平何嘗沒想到這些。他甚至早就想到自己的後事：兩個兒子都窮得拉不開栓，大兒子雖然是小學教師，可是從1957年起，工資比別的小學教師低一級，甚至兩級，確實不比一天掙八分錢的人民公社社員強多少，一年掙的，幾乎不夠向生產隊付人口的口糧錢。二兒子就更不用說了，只有一個勞動日八分錢的收入，這是一清二楚的，別的什麼都沒有，黨成天盯著不讓社員長資本主義尾巴。社員養兩隻雞，賣幾個雞蛋都被視為是長了資本主義尾巴，必須割掉。這些都是申幼平直觀看在眼裡的，他自己的身體狀況，他更是心裡有數。像他這樣從小吃苦至今，真是人們說的，

苦到底的人，到這份兒上，說完蛋就完蛋。完蛋就完蛋，這沒說的。可是申幼平這麼爭氣的人，對死後葬的是否體面還是很在乎的，這些都是人還活著時一定要想到的。而且，事後的事實證明，申幼平活著時不但想到了，甚至想到的比旁人能預料到的還多。

事實是，祿順和德祿把老爸互相交接了三輪，即他們分家半年後，申幼平就走完了他悲苦的人生歷程。事後人們敘說申幼平的人生歷程的最後階段，似乎很簡單：他的人生歷程在兩個兒子分家後的第六個月到頭了。可是實際並沒那麼簡單，自從農業合作化以後，申幼平不光沒有了被人剝削的機會，也就是給人打短工掙錢的機會，不久之後他就半身不遂了，一天連八分錢都掙不來了，用他自己的話說，他簡直成了個廢人了，能吃不能幹。就這，申幼平挖老底，硬是把二女兒桂蘭供的念完師範，在本公社的完全小學當了教師。很快，桂蘭就被人追求。申幼平為女兒感到驕傲和高興的同時，想到自己該做的都做了，該考慮自己的身後之事了。申幼平把他的想法原原本本告訴桂蘭。聽完老爸的一席話，桂蘭說她明白了，不能便宜了男方家。但是，男方家到底給了申幼平多少，誰也無從得知，只知道人家桂蘭是絕對的自由戀愛，結婚也是新式的，只在學校裡給他們收拾了一間房子，買了一條「寶成牌」香煙和一斤水果糖，請校長講了幾句好好鬧革命，積極參加階級鬥爭，向黨組織積極靠攏等語的話。不過，好景不常，1959年時，桂蘭因為公開支持彭德懷，批評1958年的大躍進，放衛星，而被定為三反分子，即反對總路線，大躍進和人民公社，接著挨批判。可是桂蘭始終不認錯，一直堅持說彭德懷是對的，她自己說的都是事實。最後，桂蘭被開除公職。桂蘭從此受了刺激，神志恍惚，東顛西跑。據說，申幼平的病情惡化就是始于桂蘭的被開除公職。

申幼平咽氣的那一天的天氣晴朗，陽光很亮，可以說是個豔陽高照的好日子，只是氣溫還是很低，河面上的冰被凍得裂口子，冒圪墶。民間的流行語說，老子欠兒個媳婦，兒欠老子一副棺材。一般地，老子不會把欠兒的債背到陰司去，可是兒子卻有可能把死了的老子沒處裝，就是說，老子都死了，兒子還沒給他準備下一口棺材。反

過來說，要死的老子不能因為兒子沒準備下棺材而不死。有沒有棺材，到該死的時候他二話不說就死了。而且，後人還得承認老子已經死了。既然死了，就得趕緊給死者穿壽衣，換襪子，穿新鞋，抬的停放在乾草上。遺憾的是，申幼平的兩個兒子給他什麼都沒準備，可能他們總以為，像他們的爸那麼剛強的人一定會長命百歲的，也許應了人們那句流行語，官家老子沒人哭，弟兄倆一個靠一個。沒辦法，沒壽衣換也得把死者抬的放在乾草上，設起靈堂。

　　祿順和德祿抬老爸的屍體時，發現了個大祕密。祿順和德祿將老爸的屍體抬的擺在鋪好的乾草上，祿順接著整端老爸身上的棉襖。他把那棉襖抻了抻，可能覺得老爸腰上捆著的那條布絡辮子腰帶既影響著讓人抻不平棉襖，人也已經不需要那布絡辮子腰帶捆著保暖了，就把那特別的腰帶給解了。這一解，申幼平身上缺扣子的棉襖敞開了懷，祿順和德祿同時看到他老爸貼身有個裹肚，裹肚裡明明裝著個像蒸饃大個東西。而且，就在他兄弟倆抬他老爸之前，本家的叔叔申金平，申士文和申士彥都到場了，這些人也都同時看到被撐得鼓鼓的裹肚了。申士文不緊不慢地說，他大哥要交代的可能都在這裹肚裡。他叫祿順把裹肚裡的東西掏出來。祿順遵命。他把手往裹肚裡一摸，臉上立刻露出吃驚的表情。在場看著的人從祿順這短暫的表情判斷，裹肚裡裝的是一件奇物。祿順不慌不忙，從裹肚裡掏出一個大銀子錁，個頭不比財東家的大蒸饃小。申士文看了，長出了一口氣說，這就是了，他的穿戴和棺材都有了，吩咐兩個侄兒把他大風風光光地埋了，這可能是他老哥沒來得及交代的。申士文這個推斷應該是有根據的，老哥一輩子都要體面，在別人看來很不夠體面的事，放在老哥身上，他就理直氣壯地說那很體面。例如冬天，他只穿一條發灰的白布單褲，腳上沒有襪子，只蹬一雙前後露肉的破布鞋，誰要憐憫他的腳可能冷，他則說就這樣，看把他死婊子驢毬體面不死。現在老哥不能親口為自己爭體面了，他的後人應該做得叫人看著很體面。

　　按申士文的意見，請了隔壁鄰居申順平當執事的。申順平並沒推辭，一叫就到。人常說，家有千斤石，鄰家一桿秤。申幼平家的狀況，申順平心裡一清二楚。他過來大概問了眼下的情況，立刻吩咐祿

順拿著剛從死者身上搜出的銀子錁到縣銀行兌銀，順便把壽衣買下。申順平特別交代，無論是買還是賣，都要把正式發票拿回來，以備事後算帳。陰陽先生測算的結果是，臘月十六卯時下葬，就是說，從死到葬，有七天時間。人們背著事主和陰陽先生調侃說，這麼長的喪期，是事主和陰陽先生默契的，陰陽先生知道孝子給他老爸什麼都沒準備，一切都得從零做起，絕對需要七天。

祿順揣著銀子錁走後，申順平即指派各路去報喪的人去給應動的親戚報喪，他要求報喪的人一定向各親戚交代準確，是臘月十六卯時下葬。因為這個時間交代清楚了，親戚們就知道什麼時間必須到。交代完這些以後，申順平叫德祿趕緊湊布票，派人去禾豐鎮供銷合作社買紗布當孝戴。那時，棉布，糧食都憑票買，一尺布票可買三尺紗布。吩咐這些的同時，申順平自言自語地低聲嘟囔，人死了大半天了，連孝子頭上都還沒戴孝，這真應了那句話，說眾人老子沒人哭，這家可好，連孝都沒人戴。德祿得令後當然要向媳婦要布票，可是遇到了阻力。德祿的媳婦聲明，老公公的布票發到大伯子家了，就是說在嫂子劉銀秀手裡，她這裡已經沒有布票了，她家只有三口人，發的那點布票，換一個季都不夠，現在到年底了，哪裡還能有布票扯紗布供眾人當孝戴。嫂子劉銀秀也說話了。她說，公公的布票確實發到她家了，公公這一年也確實沒添什麼衣服，她把給公公發的八尺布票交出來，至於說她和孩子們的布票，現在只剩六尺了，她也拿出來。申順平聽了，哭笑不得，調侃說，這老傢伙就不該死。明擺著的，管他後事的人什麼都沒準備，他忽然這麼一死，這不是給人出難題哩麼。毛主席叫人移風易俗哩，咋不下令把人死了要活人戴孝守喪這規矩給變掉。這現在鬧的，死個人都死不起。他認為，弄到這份兒上了，最好的辦法就是把死不起的社員打發到永寧山水庫工地上去，死到那裡，公家胡裡八涂地一埋，家裡的人什麼事都沒有，最後只得到個通知說，你家那個人死了。多利索。可是調侃畢竟是調侃，改變不了現實。申順平板起臉對德祿說，只能借布票，除了他大的那八尺布票，剩下的，他們兄弟倆均攤。於是指派了申士彥立刻湊布票，扯紗布。

祿順拿著銀子錁到縣銀行順利地兌到錢，買了壽衣。德祿遵照兄

長的意見，立刻請申順平說合的在本村買了桐木料子，請本村的木匠趕制棺材。到了第五天親戚們陸續來了，從死到葬，有七天的時間，親戚們當然有充足的時間做準備，該蒸多少白饃和老饃，那是一定要按規矩準備夠的。兩個女婿更是不落人後，額外馱來一隻宰好的羯羊，說是獻給老岳父的祭品。客人們到了後的第一頓飯是玉米麵饃，鹹菜和玉米糝糊湯。客人們什麼話都沒有，吃了，喝了。大家都理解，人民公社就是不打糧食，到處的社員都缺糧，有的一年竟缺八個月的糧，就連他們這次來背的白饃和老饃，都是硬擠出來的，甚至是借麥子現磨麵準備的。

執事的申順平見兩個女婿馱來一隻大羯羊，著實地把兩個女婿誇了一番，說兩個女婿對老泰山的這一番誠意真令人感動，同時也是對大舅子和小舅子的大力支持。誇過以後，話鋒急轉說，給老丈人的祭品這是心意的表示，實際這是向活著的人的一種表白，這個，客人百眾都看見了。既然這是誠意的表示，他認為，大家看到了，目的也就達到了，現在就把羊頭卸下來擺在靈前代表這番敬意，讓廚師把羊做了，客人們都能親口嘗到兩個女婿祭的羊，這不是更明明白白地向大家交代這羊是兩個女婿獻的，讓大家現吃了，印象更深。兩個女婿聽得很高興，立刻答應就這麼辦。

入事的當天下午飯應該是一頓湯，也就是一頓蕎麵餄餎，附帶幾個饃。當地人把紅白喜事期間吃的飯分為湯和飯，湯的分量比飯輕，上的菜也很簡單。飯就應該很正式，菜要七碟子八碗，饃當然應該是白蒸饃。可是，申幼平死的這年景不好，是豔陽普照的臘月，又是人民公社時期，事主申祿順和申德祿和所有的向陽花一樣，這一頓湯連蕎麵餄餎都端不出來，因為蕎麥產量低，大辦糧食的人民公社是不許種的，只鼓勵種高產的高粱，所以這頓湯就是高粱面壓的人稱鋼絲餄餎，再擺了幾個高粱麵和玉米麵的兩混麵饃。喝湯期間，有客人就大聲嚷著笑說，這高粱引進到咱這裡時間不長，咱對這傢伙的習性還不摸，這傢伙真能吸油，大家瞧，這碗裡的臊子湯連一個油花花都沒有。誰都聽得出來，這是給事主說話哩，嫌招待不好，伙食太差。可是誰也不願意一下子把這張紙捅破，執事的申順平甚至隨著大聲笑著

說，真是的，確實沒經過，這鋼絲餄餎吸油就這麼厲害，事主家的一片好意叫它吸的全看不見了。不過一樣，人常說肉爛都在鍋裡，咱這油雖沒飄在碗裡，卻正在餄餎裡，吃了餄餎，自然也就把油吃到肚子裡了。客人們幾乎什麼都沒再說，如同嚼泥一樣將碗裡的鋼絲餄餎嚼的咽下去。

　　臘月十五早晨的那席飯，上的菜是水煮蘿蔔四碗，水煮白菜兩碟，白豆腐兩碗，水和辣子一碟，主食還是高粱和玉米的混合麵饃。有的客人就有些不滿，但是還是調侃說，黨給咱引進的這高粱的產量就是高，產的高粱多得吃不完，上頓下頓都吃高粱，還是吃不完。又有人接著話茬說，就是的，別說你上頓下頓吃都吃不完，再把驢搭上吃也吃不完。這高粱，給驢吃驢都不吃，搭上驢當然也吃不完。又有人添火說，這驢都不吃的東西，叫人上頓下頓都吃，這是怎麼檔子事嘛。那年頭，只要話題扯到高粱上，誰都有話說。這時有人說，牲畜比人靈，那驢一聞就知道吃了高粱乾的屙不下。你想，那驢糞本來就是乾蛋蛋，吃了高粱會更乾，那不把驢蹩死了，驢知道它不能像人一樣用手去摳屙不出來的乾屎，所以它就乾脆不吃。執事的申順平打哈哈說，人常說遇年干，吃茶飯，咱們現在就遇上這高產年了，大家還得認命。吃高粱是享福也罷，受刑也罷，反正現在到處是高粱，誰不認都不行。客人們和執事的就這樣說說笑笑，罵罵咧咧把這一餐飯咽下去了。

　　客人們能被申順平打著哈哈糊弄著把一頓頓雜糧宴打發掉，是因為他們對「正席」抱有希望。終於到了正席的時間，重要的客人都被正正規規地由吹鼓手陪著孝子請來入席。客人們按照執事人的安排紛紛入席，可是桌子上擺的菜全然沒有宴席的意思，申幼平的表侄，就是申幼平他舅的孫子，先拿起酒壺往盅子裡倒了一盅酒喝了，咂巴了許久。之後，他什麼都沒說等著開宴，別的客人看著桌上絲毫沒有宴席意味的菜，也都紛紛皺眉頭，但是誰也不說話。開宴後，孝子向來賓敬酒，首位當接受敬酒的就是申幼平舅家的人，也就是先行嘗酒的那位。執事的申順平領著祿順來給這位表哥敬酒，這位坐在首席上的表哥悠悠地站起來說，換個杯子吧。申順平還想打哈哈，說，哈哈，

你的酒量大，等敬完酒後拿碗喝。這位表哥認真了，說，是要拿碗喝，水就應該拿碗喝，正因為那壺裡裝的是水，他才叫換杯子。執事人申順平趕緊打圓場說，現在大家只有散酒可買，而且還不能多買。政府說了，做一斤酒就要五斤糧食，國家沒有那麼多糧食用來做酒，而且，大家都看見了，做酒的高粱都叫人吃了，做酒的原料更少了。政府還說了，喝酒是資產階級生活作風，無產階級要消滅資產階級，當然也要消滅酒。供銷合作社沒那麼多酒可賣，那就必然給散酒裡摻水。其實事主家也很冤枉，掏的酒價錢，買回來的是略帶酒味的水，拿出來叫客人喝了還要挨罵。所以，酒味不夠不能怪事主家。申順平說到這裡，祿順他表哥搶過話荏說，他表弟找下這個執事的真行，真是巧舌如簧。他服了，他不敢反對政府。客頭這一關一過，後頭就很順利，很快就該吃主食了，幫忙跑堂的端出來的還是玉米和高粱兩混面的饃。所有的客人都有些失望。就在這時，大家只聽嘩啦一聲。原來是祿順他表哥把桌子給掀翻了。

　　在座的眾客人對此似吃驚，又好像不那麼吃驚，都不約而同地站起來向出事處觀望。聞得碟子碗落地的嘩啦聲，執事人申順平立刻領著孝子祿順和德祿趕過來。其實不用過來看，憑碟子碗落地響聲的來處，申順平都知道還是祿順他表哥的事，所以往這邊走的過程中，他就賠著笑臉，嘴裡一直賠著不是說，真對不住，有話好好說。祿順他表哥吊著臉說，有啥好說的？他問申順平，事主家把他當什麼的。申順平賠著笑說，肯定有招待不周之處，可以說，咋能扯到把客人頭當啥的這上去。祿順他表哥說，你還知道我是客人頭，那為什麼把客人頭當豬的餵呢？眾客人背著白蒸饃來換的吃你這驢都不吃的高粱麵饃。你是待客哩，還是餵豬哩？祿順和德祿低著頭，什麼都不敢說，全仰仗執事人替他們圓辯。申順平也確實不含糊，他賠著笑臉說，他還以為是為多大的事呢，原來是叫雜糧吃厭了，能理解，他自己也吃厭了。說真的，沒有人願意上頓下頓都吃這驢都不吃的高粱，可是沒辦法，黨就叫人大種高粱，而且種不種高粱是響應不響應黨的號召的大問題，誰敢不種高粱。遇這麼大的事，把大家請來吃雜糧，實在是對不住，也沒面子了。可是有什麼辦法呢，人都窮得連飯都吃不上

了，哪還顧得上面子。真是沒辦法，黨把大家領上共同富裕的社會主義道路，大概非經過一段共同貧困的階段不可。毛主席說過，窮則思變。我猜，黨的意思是要大家先知道啥是窮，然後就想著要變富。咱們現在大概就處在認識窮的階段。要不然怎麼能窮得用高粱待客呢。說實話，從我記事起到現在，至少在我們這南轅庄還沒有人窮成這樣子，就說你表叔吧，以前大家都認為他是村裡最窮的人，可是人家遇事不但是白麵蒸饃，還殺豬呢，另外還供娃念書哩。可是，那不是社會主義時期，咱還沒人民公社呢。現在咱是人民公社社員，就得好好過社會主義生活，糧食不許買賣，偷買和偷賣糧食都是犯法的。我不相信你沒看到為弄糧食叫判刑的事。明擺著的，社員一年缺四個月的糧還是好的，大部分一年缺六個月或八個月的糧，哪兒來那麼多麥子讓人招待客人。總之，麥子比人油還缺，不用問都知道，客人們來背的那些饃都不是隨便拿得出來的，難為大家了。咱不說了。現在不能和以前比，一比，人家就說咱想復辟資本主義。

聽到這裡，祿順他表哥冷笑說，申順平在給他灌洋米湯哩，他認為他表弟還不至於窮到要借抬埋他大的機會用高粱麵饃換他們的白饃吃的程度。客人們不吃他的，把客人們掏下的蒸饃拿出來叫客人吃，這總該行了吧。申順平仍賠著笑臉解釋說，不能說事主家用高粱麵饃換客人的白饃吃。他不得不把醜話揭明說，因為，鑼鼓不敲不響，話不說不明。說用高粱麵饃換客人的白麵饃，這倒是事實，那不就是把這家的換給那家，事主家確實沒麥麵饃給客人回禮，他認為，那樣的背景下，幾乎所有社員都沒這能力。祿順他表哥頂道，就算是這麼回事，可是每個客人掏多少，事主家回多少，那也是有規矩的，不是客人掏多少，事主家照還多少，客人掏十個，事主家連五個都回不到。不說了，把要回禮的留下，把剩下的拿出來叫客人吃，這不能算過分要求吧。說老實話，前頭兩頓飯，他就沒怎麼吃，這頓正席再吃不好，他都回不去了。眾客人聽了都附和說，就是的，打來了以後就一直餓著肚子，害怕高粱麵吃多了拉不下受罪。申順平順水推舟說，那就只好自己吃自己拿來的。祿順他表哥大聲說，自古以來都是，客人吃的都是自己拿來的。今天這場事就是因為事主不想讓客人吃自己的

才鬧起來的。

　　申順平立刻招呼孝子們向客人磕頭謝恩。這頓正席就算對付過去了。晚上，是下葬的前夜，按規矩，亡人的渭家要對逝者的喪事提要求，對孝子的贍養情況發評論。要是逝者是女的，她的娘家就當仁不讓地要對喪事提批評和要求，對其子女的贍養情況做評論，並指教。申幼平的表侄當然是這天晚上的主角。執事人申順平按規矩領著孝子和吹鼓手把祿順他表哥請來安頓在上座，將真正的水酒和菜端上來，說了幾句客套話，就請渭家人指教。祿順他表哥說，他看沒說的，一切都挺好，尤其他表叔，一輩子至剛強不過的人，一切都不指望別人，連他死後要坐的棺材，穿的壽衣都是他自己攢的東西置辦的，不要兒子給他添一根線頭子，而且連兒子頭上戴的孝都是用他的錢置的。他估計，他表叔的那個銀子鐷換的錢對付這場事絕對用不完，兩個兒子還能得些。哪兒有這麼好的老子。好得很，沒說的。他說到這裡，在場的人都面面相覷，隨即就把目光轉向執事人。申順平自己也知道該他說話了，嘿嘿一笑說，表叔誇他表叔的話，句句都是實情，要說他狼家爺的人品，那沒說的，表叔你剛說的只是狼家爺人品的一個方面。但是，咱今天不是要評論過世的人，表叔心裡比我還明白，剛才表叔說的話大家都聽見了，那實際就是對孝子的批評和指教。既然如此，就請說明，反正狼家爺這一輩子確實挺不容易。祿順他表哥接過話茬說，再不容易，現在一切都到頭了，只是他不理解，為什麼沒有一個兒願意養活苦了一輩子的老子，而要一人管一個月飯那麼輪著。老子當初養兒時少過哪個一頓飯？到兒管老子時就算計得那麼精，生怕老子多吃了他的。這都是奇事。孝子們跪在地上什麼都不敢說。還是執事人申順平站出來回話。表叔說這是奇事，誰也不敢抬杠，確實，在此之前，他在南轅庄從來沒見過有人這麼幹。可是那是什麼時候的事，那是舊社會的事。那時，弟兄們分家，爭著要養老人。因為分家時給老人留的有養老地，養老房，誰養老到送終，誰就能得那份養老地和房。現在是新社會了，都人民公社化多年了，黨叫所有人都變成了無產階級，弟兄們分家也沒什麼可分的，老人更沒什麼當養老，兒子們嘴上不敢說明，心裡都盤算著最好少一張吃飯的

嘴。因為人民公社裡，自己幹的都不夠自己吃。到處都一樣。但是話說回來，兩個叔家對老人還都不錯，輪到了，就盡其所能，讓狼家爺吃好，住好。這大家都看到了，而且狼家爺生前總給人說，兩個兒子對他都不錯。至於說輪著一人管一月這奇事，說實在的，還有點怪狼家爺自己。他要是老早讓後人猜出他有硬貨，我敢肯定，我兩個叔家也爭著要他呢。在場的人聽得哄堂大笑。

　　大家的笑聲稍平，人們都不約而同地把目光轉向祿順他表哥。這位客人頭此時一臉嚴肅，不緊不慢說，他表叔之所以沒讓後人發覺他有硬貨，就是害怕他過世後連卷他的席片都沒有。這倒好，硬貨一直保到他蹬腿，可是他現在穿幾件，棺材還是桐木的，請問，死者留下的都幹啥了？祿順跪在地上不敢抬頭交代說，都花在老人的喪事上了，他很感激老人，老人一輩子無時無刻不為兒女著想，總是為兒女省吃儉用。說實話，他大一輩子穿的襪子都有數，還是前兩年，他給他大買過一雙襪子，他大就是不穿，說他走不了幾步路，基本都在炕上坐著，不需要穿襪子。也就是那一次，他大告訴他說他一輩子基本沒穿過襪子，那還不就過來了。說完這些，他就叮囑說，看樣子，農民的苦日子難有個頭，過日子要能省就省，一定得儉省著活下去。他還叮囑說，他死了，穿的，戴的，能看過眼就行了，能給活著的人省幾個就省幾個，要先顧活著的人。一直到他老人家去世，他們發現銀子錁，他才理解，他大那一次交代的就是處理他的後事的原則。他無論如何都不願意子孫們在他身後忍饑受餓。他們現在給他大穿的三身衣服就是他大交代的看得過去的水平，沒敢違背老人家的意志。申順平趕緊接著說，他叔家剛說的確實是實情，他狼家爺那過日子的狠勁是遠近出了名的。狼家爺關於他的後事的辦理原則，他也早聽說了，現在明白了，狼家爺的意思是，就他裹肚裡那塊硬貨，不要全花在他的喪事上，能給後人省就儘量省，要子孫活下去。好表叔哩，現在農民過的什麼日子，你和你表叔，我狼家爺一樣明白，要時刻想著明天怎麼過。我看，爭競的給狼家爺多穿一件兩件，並不符合我狼家爺的心願，甚至還會讓他不高興。渭家人冷笑了一聲說，他是多此一舉了。申順平立刻圓辯說，沒人敢認為渭家這是多此一舉，請渭家來就

是要渭家人給過世的人爭理，說話的。表叔你今天的話也說了，理也爭了，爭得有理，給了事主家莫大的面子。現在給渭家人磕頭謝恩。鼓樂聲響起，孝子連連磕頭。渭家人此時表示諒解，叫孝子們免禮。

　　臘月十六早晨，南轅庄的人們按鄉俗都早早起來，扛著鐵鍬去熱熱鬧鬧地把狼家抬到墓地，在太陽露頭的卯時，準時將棺材塞進墓窯，擋上窯口，熱熱鬧鬧向墓坑填土。在此過程中，有人冷得把手擋在嘴前哈氣取暖，同時抱怨天太冷。有孫子輩的人不時拿狼家生前口頭一句話調侃說，臘月的天氣是冷了些，但是有這麼亮的太陽起來照著，看這把你死婊子驢毬體面不死。

第三十八章　殘陽如血

　　申幼平謝世了，人們再也看不到他拖著瘸腿，一步一聲刺啦的身影了，但是關於他的故事仍在南轅庄流傳著。有人說，共產黨把申幼平坑害了個苦，平白無故賠了自己的老婆，所謂的為革命獻出了生命，解放後，申幼平沒得到共產黨的任何好處。可是有人並不贊成這個說法，認為申幼平沒從共產黨那裡得到好處，是因為他不會來事。本來，人家共產黨要分給他五畝地，他不但不要，還說共產黨就不該鬧土改，人家地主的土地都是合理合法買的，並不是強佔的，說要是得了地主家的地，那才是不義之財。這不是明擺著不領共產黨的情。還有人補充說，不僅如此，他還不承認他老婆是為革命犧牲的，還說他當初就沒想要誰革命給他弄些好處，他自己更沒想革命，至於因為有人鬧革命他老婆被國民黨打死，他認為那是他命裡註定要遭的災難。他說，只要鬧革命，老百姓肯定要遭殃，這就是老百姓的命，誰也別想躲過去。到後來，他還說，那些誇革命的人，分了人家地主地的人，到大家都沒啥吃時，也沒從革命那裡得到一顆糧食的好處，跟大家一樣，也餓得肚皮貼著脊梁骨了。所以，他從來都主張，各人的恓惶還是要各人哭的。說到這一點，大家都承認，申幼平確實是條硬漢子，包括他死後的事，他都沒想要後人為他準備，真是驢馱乾草——自辦前程。

　　申幼平生前說的許多話在他去世後依然流傳，譬如他說的老百姓肯定要遭革命的殃，各種各樣的苦難，誰都躲不過。1959到1960年時期，曾經打過日本的國民黨老兵在勞累饑渴難忍時就引述過他這些話。這位老兵在申幼平的理論基礎上進一步發揮說，當亡國奴可能比

當新中國的百姓還好受些。申達仁晚年的境況常能使人想到申幼平的遭殃論。人們在對照申達仁的境況時總提及革命給百姓帶來的或者製造的災難，結論是，要不是新中國搞合作化那一套，申達仁的晚年會很舒服，很體面。

※※※

申達仁幼年時父母雙亡，他的叔叔申士明收留了他。幼年的申達仁在叔叔家幹活沒工錢，吃飯也不付飯錢，有吃、有住、有穿、有戴，他就視申士明這個叔叔為自己的父親，也就把申士明叫大，把申士明的老婆叫媽。誰也沒把這當回事，就由他去。或許有人那時覺察到什麼了，但是可能另有打算，也什麼都沒有說。直到申士明給申達仁娶媳婦，本家人都什麼話沒有說，似乎大家都默認申達仁過繼給申士明這個既成事實。直到申達仁的媳婦生下兩兒一女，本家的人還是什麼都沒有說，都樂呵呵地前去給孩子做滿月，向申士明表示祝賀。所有這些，讓所有的人都認為，申達仁是申士明無可爭議的兒子。直到多年前申士明去世後，臨下葬前，事情出來了。本家的幾個叔伯兄弟都站出來說，他們各自都有充分的理由是申士明的繼承人，都爭著要頂申士明的紙火盆。因為按規矩，如果死者有幾個兒子，最後頂紙火盆的一定是長子，最後養老的兒子按當初分家時的約定得那份養老地和房。像申士明這樣，只有三個女兒而沒有兒子的人，只能從他的兄弟的兒子中要一個過來做他的繼承人，這個繼承人到送終時名正言順地頂申士明的紙火盆，向眾人表示，他是申士明的繼承人。

可是，這位申士明並不是個無所謂的人，他的家業厚得很，其田產幾乎不次於申士俊，加上他的三個女兒都嫁給了後來被定為地主和富農的人家，得了不少銀子。這些都是誰都能看到，猜到的事。所以，當初申士明收留申達仁，直到給申達仁娶媳婦，得孫女，得孫子，本家人什麼異議都沒有，但那並不說明大家都承認申達仁為申士明的合法繼承人，申士明去世後的事實證明，那些人早都各自另有打算：你達仁就這麼養著，到時候，咱和你論論遠近，看誰該繼承老爺子這份基業。用當地人的調皮話說，這些叔伯兄弟都想摘個利

核甜桃吃。

申士明死後，老喪在地上停了三天，侄兒們一個個都披麻戴孝，輪流陪申達仁守靈，該吃時就吃，該喝時就喝，到睡覺時就回去睡覺，只有申達仁按親生兒子的規矩，晝夜守靈，隨時接待來客和弔唁的人，向所有來客和弔唁的人磕頭，表示感謝。而且，自從申士明咽了氣，來執事的就和申達仁說事，由他召集本家人商量該請哪些客人，然後派人立刻前去報喪。顯然，申達仁是孝子，是事主，無可爭議。確實，在和本家幾個堂兄弟商量申士明的後事的辦理程序時，任何一個堂兄弟都沒提出異議，得到喪訊的各路親戚很快都奔申達仁家來了，一切都順利推進著，很快，到了第三天該下葬的時分。裝殮，出殯，都順利做完了，申士明的棺材已被放進紙糊的轎裡，拉喪的孝布也已綁停當，所有弟男子侄都集結在拉喪孝布兩側，馬上就要起靈了。

全村人那陣都集聚在申達仁家的大門前，觀看出殯的盛況，然後跟到墳地填土，卷墓。執事者鄭重其事地端著紙火盆來到轎前，要把紙火盆授予申士明的繼承人申達仁。就在執事者要將紙火盆放在申達仁的頭頂上的那一剎那間，三隻大手忽地伸過來，從不同角度抓住了紙火盆的盆沿，三張嘴不約而同，異口同聲說「該我頂」！申達仁的頭還在紙火盆的盆底下，頭上不光罩著個紙糊的瓦盆，還有五條胳膊繞著紙火盆搭成的塔架。他一時不知道發生了什麼事，當他聽到「該我頂」的喝喊，他反應過來了，立刻舉起右手抓著紙火盆的盆沿，也喊著說，「該我頂！」執事者松了手，驚呆了。申樹仁、申克仁、申學仁和申達仁四個人爭奪一個紙火盆，誰都不肯相讓。當然的，頂紙火盆既是義務，又是權利，更是象徵——頂紙火盆者是亡人無可爭議的繼承人。可是，長子頂盆不具這個意思。四個人都說著「該我頂」，手在奪紙火盆。「嘩喳」一聲，紙火盆被掰成四瓣，四個人手裡各持一瓣，八隻眼睛互相對視著，誰也再說不出什麼。執事人瞅著這四個人喊，這東西就不能那麼你爭我奪嘛！然後就喊著叫四叔，申士俊出來說話，看該怎麼辦。申士俊脫口就吩咐，叫趕緊另糊一個。執事人將第二個紙火盆一端出大門，剛才爭奪的四個人一擁而上，幾

乎是同時抓著盆沿，還是那句「該我頂」！剛糊好的紙火盆應聲又成
了四瓣。這時申士俊大聲喝道，這些都野了，這盆盆該誰頂，不是幾
十年前都明確了，有什麼好爭的呢?!聞聽此言，申樹仁、申克仁和申
學仁都一愣，申達仁倒是有些得意。申士俊進一步解釋說，你二大收
達仁為兒並不是一天兩天前的事，都幾十年了，誰都知道。而且，達
仁也確實盡了贍養的義務。你們三個說說，你二大至死，喝過你們三
個誰家一口涼水，別說開水了。別爭了，另糊一個盆盆，叫達仁頂。
申樹仁、申克仁和申學仁一時無話，但鼻子裡都不約而同地哼了一
聲。全村人都瞪大眼睛等著看第三個紙火盆的下場。吹鼓手的嗩吶
也不響了，吹的，打的都停下手等著看他們從來沒看過的這出鬧劇
的續集。

　　執事人端著剛糊好的紙火盆出來了，那四個爭奪者幾乎是同時衝
上去，幾乎同時抓住盆沿，又同聲說，該我頂！第三個紙火盆應聲成
了五瓣，四個人手裡各拿一瓣盆幫，盆底的一瓣掉在地上了。執事的
無可奈何地喊道，這事不是這麼個鬧法麼！接著轉向申士俊大聲說，
四叔呀，你得把這事從根子上給說個道道呀。就在這時，有個七八歲
的男孩從人群的腿林裡鑽出來，撿起掉在地上的盆底頂在頭上喊著
說：「該我頂！」圍觀的人們哄堂大笑，有人笑著說，他媽的，你還
嫌不熱鬧，再來湊一份！孩子娘趕緊衝出人群，邊奪孩子頭上的瓦盆
底邊說，這東西不能胡頂。你看，人笑話哩！那孩子有點不服氣地頂
道，咋不能胡頂，你沒看我四個叔叔都把三個爭破了。人們又是一陣
大笑。申士俊招呼四個爭奪者到窯裡說話。四個人什麼都不說，跟著
申士俊進了大門。看熱鬧的和等著抬轎埋人的都目送他們進了大門，
有好事者乾脆跟了進去，擠在窯門外，要看這社火最後能從哪條巷子
打出來。留在大門外的人也並沒想離開，蠻有興趣地翹首以待，要看
這事怎麼個收場法。

　　村裡幾個能說起話的人都被招進窯裡來解和這場前所未有的奇
事，可是，解和事的和當事人都不說話，瞅著申士俊，那意思是要他
拿主意。申士俊當然理解大家的意思，說，我還沒經過這號事。這誰
頂誰的紙火盆的事，從頂盆的落地就明確了，這還能爭麼?申樹仁聽

了這話首先不幹了，頂撞說，四叔，你那話對著哩，可是在我二大這裡就不對。誰是我二大的兒子？我二大要是有親生兒子，就不會有今天這號事。達仁就沒資格頂我二大的紙火盆。按規矩，我二大可以在侄兒中要一個過繼給他，但是應該按次序從長門家問起。我是我爺的長孫，我爺是他們那一輩的長子，所以我二大先應該要我過繼。他當初沒問，他要是問，我大是願意讓我過繼過來的，根本就挨不到達仁那裡。他剛說到這裡，申克仁立刻打斷他的話，說，不對，按規矩，二大當初確實應該從咱的門問起，可是你說咱大願意把你過繼給二大，這理就不對，哪裡有長門家把長子過繼給人的道理？大確實願意給二大過繼一個，那就該把我過繼過去。所以二大這紙火盆該我頂。申達仁有些不服氣地頂道：說的比唱的還好聽。幾十年了，咋沒見你過來給二大端一碗水。為兒時你不閃面，到二大要入土了，你就閃出來當兒子，搶家業來了。申克仁更不服氣，說，再怎麼說，二大那紙火盆都不該攤到你頭上。申學仁說話了，那紙火盆不該攤到他頭上，也不能叫你頂。論遠近，二大和你們從爺那一輩就分根了。你們是大爺的孫子。二大和我大是二爺的兒子，我離二大最近。達仁是三爺的孫子，離二大就更遠。怎麼說，應該過繼給二大的就是我。那紙火盆無論咋說，都該我頂。叫來說事的申志仁、申尚仁、申立仁，還有申明道，這時好像都沒話說，全都瞅著申士俊。申士俊似乎也感覺到眾人的目光射到他身上了，不慌不忙，磕掉煙鍋的煙灰，說，你們都說那紙火盆該你頂，可是只有一個紙火盆，只能一個人頂。像你們剛才那樣，把盆盆掰成四片，一人頂一片，沒那個理，也不算數。把話說透了，你們是想爭一份家業，而且都各有各的理由。我能理解，來的這幾個人恐怕都能理解。士明哥這麼大的一份家業全落在達仁一個人手裡，你們肯定都不甘心。可是話又得說回來，當初你二大就想把他的全部家業留給達仁，這你們都看見了。而且，達仁自小進了你二大的門就把你二大叫大哩，把你二媽叫媽哩，這些你們都聽見了，也看見了。更重要的是，達仁確實做了兒子應該做的一切，贍養老人盡心盡力，你二大生前多次對我說過，他收留下達仁是他的福分。你們昨天晚上也看見了，連你二大的渭家都沒能挑下達仁多少刺兒。你

們也都看見了，昨天晚上，渭家就指教達仁，並沒說你們三個什麼。所以，這紙火盆還得叫達仁頂。但是，這並不是說你二大的家業全由他繼承，要承認，你二大當初的事做的就不圓全。這個，我也和他說過，他說他就做不圓全。你二大歷來忌諱人說他沒兒這事，所以早早收留了達仁，就為了不讓人提他沒兒這話茬。另外他說，想拾掇他的家業的人太多，他不想惹事，因為他說他惹不起。既然如此，剛才你們說的就都有道理。我主張給你們三個都分幾畝地，叫達仁頂著紙火盆給你二大送終。申志仁他們立刻附和說就這麼辦，也只能這麼辦。申樹仁等三人並沒表示異議。最後把申士明的田產的一半作為他和老婆的養老地，把另一半再一分兩半，申達仁占一半，申樹仁、申克仁和申學仁分另一半，當下寫了分單，立了約，誰都不再搶紙火盆了。申士俊吩咐執事的招呼起靈，送申士明上路。事情處理的情況立刻就傳出去了，大家都說，幾個爭紙火盆的都把想得到的得到了。但是還有人說，留家業就是惹禍事呢。

※※※

　　十幾年前給申士明送終時的那場爭紙火盆的鬧劇，給南轅庄的老老幼幼都留下了深刻的印象，對申達仁來說印象更深。因為，儘管那三個堂兄弟爭財產，可是他據有贍養了二老的優勢，除了全部房產歸他外，他得到了全部地產的四分之三，且大多是好地。十幾年過去了，也到了新中國，還走上了農業合作化的金光大道，幸福之道，申達仁也步入喪失勞動能力的晚年階段。當然，他早已把生的兩個女兒都一一嫁出去了，給四個兒子都娶了媳婦。可是四個兒子先後娶過媳婦一兩年就要分家，真像人們笑談的，每娶一個媳婦，接著就有個兒起義，連他老兩口守著的小兒也沒能擺脫這個娶媳婦兒起義的規律。小兒乾脆就說要和父母分開過，他和媳婦在生產隊裡幹的養活不了那麼多人。申達仁沒有辦法，只能允許最後一個兒子和自己分家，因為前邊已有他親手製造的三個先例。可是現實問題明擺著，他和老伴都掙不了工分了，生產隊裡給的那點口糧要掏錢買，他卻拿不出錢來。無奈，申達仁請了本家幾個人來幫他解決往後的生存難題。四個兒子

都被召集來，討論父母的贍養問題。迫于本家幾個叔叔的壓力，四個兒子都答應各付父母口糧錢的四分之一。申達仁於是答應和老伴住進院北的石板房房裡，讓兒子們都住在正經的窯裡。

實際，事情並不像當初說的那麼簡單，人民公社的生產隊收穫以後，並不順順當當分給申達仁老兩口的口糧，因為沒人付這份口糧的糧價。四個兒子都說無力付這筆錢。明明收完麥子了，社員們都多少分了些麥子回去，可是此時的申達仁竟一粒麥子都見不到。收麥前幾個月，他就鬧饑荒，到了收倒麥子，他真是升合無糧了，眼巴巴看著別人分了麥子往家裡搬弄，他心裡那種感覺他自己也說不清。申達仁硬著頭皮找生產隊長要他和老伴的口糧。生產隊長很平靜地告訴他，隊裡當然有他老兩口的口糧，不是不給他，而是要交錢買。申達仁告訴隊長說，他老兩口的口糧錢由四個兒子均攤著出，叫隊長把糧先給他，再找四個兒子要他們各自應付的那份錢。隊長不熱不涼地說，他才不幹那丟了篙子撐船的事，再說，他也沒義務參與別人的家事，還是由申達仁自己找他的兒子們把錢湊齊拿來，一手交錢，一手領糧。

申達仁碰了個軟釘子回來，找大兒子順理，要他召集三個弟弟給他湊口糧錢。可是這個申順理卻說，他自己都拿不出錢來，他沒膽量叫三個弟弟拿錢。申達仁在兒子這裡又碰了個軟釘子。其實這樣的軟釘子，他已碰了多次，申達仁無計可施，就仰天自嘲說，人說舊社會的窮人是借的吃，打的還，跟著碌碡過個年。他現在弄的連舊社會的窮人都不如，碾麥子的碌碡都把枷卸了多時了，他連新麥的味道都沒嘗到，跟著碌碡過個年成了妄想。不料，申順理竟順著他的話說，沒辦法，現在都是靠工分吃飯，沒掙下工分，就是分不上糧。申達仁氣得什麼話都沒說出來，瞪了大兒子一眼，哼了一聲，憤憤然回到他的石板小屋。老伴見他氣色不對，什麼話都沒問，躲在灶火前，戳著火燒水，煮野菜。

申達仁一屁股坐在炕塄上，裝了一鍋旱煙猛抽起來，煙一口一口從嘴裡放出來，在石板小屋的空氣裡慢慢散開，上升，最後從天窗出去。兩鍋旱煙抽完後，申達仁好像有了主意，他下了炕，什麼都沒說就往外走。出了門，他直奔生產隊長申黑三家去。見了申黑三，他直

衝衝對申黑三說，他想好了，他之所以沒飯吃，就是招了入農業生產合作社的禍，他要退社，要人民公社把他入到合作社裡的土地，牲畜和農具都退給他。申黑三似笑非笑地說，申達仁在說稀罕話哩，全國農民都要走社會主義的合作化道路呢，怎麼可能讓他退社。申達仁堅持說，黨的政策說的，入社自願，退社自由嘛，怎麼現在就說話不算話了。申黑三還是似笑非笑，或者是冷笑著說，政策是那麼說的，自打建社以來，誰退過社？申達仁堅持說，沒人退社，那是因為事情還沒把人逼到那份兒上，他現在就是被逼得無路可走了，才想到應該退社。申黑三再三解釋說，農業合作化是黨和毛主席為全國農民找到的一條共同富裕的道路，全國農民應該堅定不移地走下去，鬧退社就是反對黨和毛主席，這事很危險。申達仁梗著脖子說，共同富裕個毬，都幾年了，他就沒看見誰富了，反倒是家家沒糧吃，他自己被逼到連舊社會的窮人都不如的地步。舊社會的窮人還能跟著碌磕過個年，他現在連新麥是什麼顏色都不知道。人人沒啥吃，這能算富裕麼？他再也不信農業合作社能讓大家共同富裕這一套了，他決計要退社。申黑三還勸阻說，社員要退社這事情大，他做不了主，必須報告公社，由公社決定。但是，此事一旦報告上去，肯定要挨頭子，他這生產隊長和申達仁都得挨批判。因為，鬧退社就是反對農業合作化，反對人民公社，而人民公社是三面紅旗中的一面。反對三面紅旗這罪名誰敢頂。申達仁並不服氣，說事情並沒有申黑三說的那麼邪乎，黨明明說入社自願，退社自由嘛。申黑三反問道，入社那陣，有幾個是自願的，你申達仁又不是沒看到。這麼多年了，申達仁還沒看明白，啥時候黨說的話當真了？說是說，做是做，那是兩回事。申達仁說，他已向領導說知了，他堅決退社，從此，他入到社裡的的土地歸他耕種，收穫。

真地，申達仁的四個兒子不參加集體勞動了，也不聽隊長指派，只在他們家的土地上勞作，說他大做主，他家的人退社了。此事立刻引起禾豐公社黨委的警惕。公社黨委楊書記很快趕到南轅庄解決問題。楊書記一到村裡，就叫生產隊長把申達仁找來，指教申達仁說，鬧退社是反革命行為，農業合作化，人民公社是黨為農民們指出的共

同富裕的金光大道，只有在這條金光大道上堅持走下去，農民們才能個個富裕，幸福。又說，申達仁這一鬧，會把人心攪散。人心散了，社就保不住。社一散，農民們就無從致富。真把社攪散了，申達仁就成了人人痛恨的罪人。所以，鬧退社就是犯罪。申達仁反問說，黨說退社自由，又沒說退社是犯法的。楊書記有點火兒了，問申達仁退社自由是啥時候說的。申達仁毫不猶豫地說建社那一陣天天說入社自願，退社自由。楊書記以居高臨下的口氣教訓說，毛主席說，過去的政策適合過去，現在的政策適合現在，建社那個時候就要那麼說，現在形勢變了，就不准退社。因為這多年的經驗證明，農業合作社確實能使農民共同富裕，黨不能讓任何一個農民離開這條致富路陷入貧困。申達仁平靜地說，哪裡的農民富了，他沒看到，也不知道，反正他這幾年是越來來越窮，現在連鍋都揭不開了。他認為，他當初就不該被逼著自願入社，弄得現在沒人養活。至於說致富，他做了一輩子莊稼漢，他知道咋樣才能致富。他退了社，保證窮不了，而且兒子們都會爭著要養活他和他老伴。楊書記被激怒了，忽地站起來，衝到申達仁面前，左右開弓，搧了申達仁兩記耳光，嘴裡還罵著，老頑固，還反了。像你這樣的反革命言行，一定要鎮壓的。

　　不久，楊書記帶著公安局的人來，開了個社員大會，把申達仁反對人民公社，破壞社會主義的農業合作化的罪行一宣布，叫公安局的人把申達仁銬上帶走了。全體社員被嚇得目瞪口呆。楊書記趁熱打鐵，向社員們喊話說，看見了吧，這就是反對人民公社，破壞社會主義農業集體化的人的下場。好端端的社會主義道路，那個申達仁他不願意走，非要領著他的四個兒子鬧退社，還說他退了社，日子會過得比所有社員好。這明明是挑唆社員們散社。這是嚴重的反革命言論。接下來，由堅決走社會主義道路的積極分子把申達仁的四個兒子，申順理、申順同、申順義和申順潮嚴厲地批判了一通。最後，楊書記警告說，誰在走社會主義道路的問題上再犯糊塗，就必然落個和申達仁一樣的下場。

　　申達仁被公安局銬走了，他的四個兒子的八隻眼睛瞪得一樣大，挨了批判，現在什麼都不敢說了，也什麼都不能做了，他們的媽媽李

氏在石板小屋裡哭得死去活來。李氏哭著，嘴裡喃喃地訴說她苦命，往後沒法活下去。兒子們勸慰老太太不要哭，不怕，有人民公社呢，什麼都不用怕。李氏似乎要停止哭泣，說兒子們要是管他們，他大就不會要退社。三兒子順義立刻把話頭攔住說，千萬再不敢提退社的事，要犯法的，他大已經被抓走了，千萬不能再搭一個進去。四個兒子都使出智慧勸慰老娘。無外乎就是哄和嚇唬。老太太還真怕因她的哭鬧再招來什麼禍事，不哭了，也不鬧了，只是說她命苦，她盡心盡力把公公和婆婆都侍候的入了土，到如今，自己卻落了個沒人管。兒子們都說他們管老娘。

黨和政府為了有效地剎住動搖人民公社的歪風，對申達仁來了個從快處罰，以反對三面紅旗的罪名，判處申達仁有期徒刑兩年。申達仁根本沒敢為自己辯護，接受了判決，在監獄裡服刑。起初，他覺得挺委屈，自己從小失去父母，被二大收留，過繼給二大，為了二大的那份家業，他做了親生兒子該做的一切，雖然沒能把二大的家業全部繼承下來，但是由於他盡了贍養義務，他得到了二大產業的絕大部分；二大沒有兒，到老了過的比有兒的人還體面，舒服。他自己和人爭了個紅耳白眼，守下的產業就這麼叫風吹走了，自己老了，落得個親生兒子都不管，幾乎成年餓飯，最後還弄得坐了監獄。申達仁這麼想著，想著，聽見看守喊叫說開飯了。申達仁立刻拿了碗去打飯，拿到手的是一個大玉米麵饃，盛到碗裡的是小米稀飯，另一個碗裡是水煮蘿蔔。申達仁吃著監獄的飯，想著自己的事：這飯確實不是什麼好飯，但這還是飯，是正經的糧食做的飯，不錯，實在不錯，比在家裡吃野菜強多了，比沒啥吃更強得沒法比。他暗自想，反社會主義還是有些反頭的。

這頓飯吃的使申達仁覺得有些許的欣慰：還不錯，不用自己急著找糧食，也不用為吃飯求爺爺，告奶奶，到吃飯時飯就來了。很快刑滿了，回到家裡，申達仁的老伴的二周年祭日也快到了。事後，申達仁說，當初他進監獄後不久，就後悔沒把老婆拉著一起鬧退社。他說，如果老婆和他一起鬧，也能進監獄，也就不愁沒飯吃，更不會因為吃飯而尋短見。

事情發生在申達仁因反對三面紅旗而入獄六個月後的一個冬日。那一天，申達仁的老伴李氏一早起來就為早飯發愁，麵缸，米缸，前一天已經掃過了，再掃恐怕也掃不出什麼了。而且，在掃面缸和米缸之前，李氏已先後向四個兒子要過糧食，四個兒媳婦好像統一過口徑，全都一口回絕，還說他們有兒有女，人口多，社裡分的一點糧食早都吃光了。不僅如此，兒媳的話裡還夾著咒罵。父母張口向子女要東西本來就是難以啟齒的事，不到萬不得已，為父母的是不會開口向兒女要什麼的。可以想見，李氏被兒子和兒媳婦拒絕，並被咒罵後的感受。她的感受是什麼，她沒給任何人說過，反正那天早晨她就在她的石板小屋裡打轉轉。據事後四個兒子和兒媳婦說，那天早晨一直沒見李氏出她的石板小屋的門。又根據她灶臺上沒吃完的煮乾白菜判斷，李氏那天早晨吃了些煮乾白菜。

　　根據石板小屋裡的情況和之後發生的事，人們判斷，李氏早飯就吃了些煮乾白菜，但是沒吃多少就把碗放下了，她想吃點糧食，於是去了二兒子家。李氏到二兒子家時，人家一家剛吃過早飯，盛飯菜的碗碟都從炕上撤下去，堆在鍋臺上，二兒子順同見她進來，順便問她吃飯了沒有，李氏不知怎麼的，順口說她吃了。李氏這個回答顯然是違心的。她嘴裡說著她吃了，腳下徑直來到鍋前，拿起舀飯的鋁勺，在鍋幫、鍋底上刮，刮一點，送到嘴邊舔著一吃。二兒子順同看著他媽這舉動，打心裡有些厭惡，但是並沒說啥，只是抽著煙冷眼看著。兒媳婦和三個孫子也都愣愣地看著。李氏不管這些，把鍋裡刮到實在沒什麼可刮的，她就把舀飯勺子沾飯部分舔了一遍。放下再也沒什麼好舔的舀飯勺子，她就逐個拿起人家吃過飯的碗舔。順同再也看不下去了，呵斥他媽不值錢，「問你吃了沒有，你說你吃了，可你接著又是刮鍋吃，又是舔碗，像個什麼樣子。」李氏似乎沒發覺兒子此時已經生氣了，說，她看鍋裡沾的那些飯洗的倒了怪可惜的。她這麼說著，舔碗的行為並沒停止。順同過去奪下他媽正舔的碗摔在地上，接著左右開弓搧了他媽兩個嘴巴，罵他媽給他難堪，罵他媽當不得人。

　　老太太挨了嘴巴子，又被罵，竟一時什麼話都沒有，看著兒媳婦和孫子們都呆呆地看著這一切什麼都不說，她捂著臉，踮著小腳跌跌

撞撞回到自己的石板小屋。李氏就這麼狼狽地逃出了二兒子的家，而二兒子順同的氣並未就此消下去，仍氣呼呼地再抽了一支煙。順同的媳婦和兒女們也什麼話都沒敢說，各自幹各人該幹的事。李氏躲進石板小屋後嗚嗚咽咽哭了一陣子，之後就再沒聽見什麼動靜，院子裡住著的兩個兒子兩家人也沒見老太太再出來。順同一家人以為早晨發生的事就這麼平息了，也懶得到石板小屋再看個究竟。

李氏挨了嘴巴三天以後，順同的媳婦忽然覺得氣氛有些不對，她好像一連三天沒看見婆婆的身影，也好像沒聽見石板小屋裡有什麼動靜。順同媳婦向石板小屋靠近，在窗臺前聽了聽，什麼也沒聽到。她移向石板小屋的單扇門。在門口，她又聽了聽，還是什麼都沒聽到，她輕輕推門進去。她往炕上一看，婆婆在炕上斜躺著。一時的僥倖心理使順同媳婦稍有些安慰：不錯，人還在呢。但是再仔細看了看，才發現，她進來，婆婆躺在炕上竟然什麼反應都沒有。順同媳婦的僥倖心忽然煙消雲散了，代之而來的是疑惑。她挪步到炕塄前，斜躺著的婆婆依然什麼反應都沒有。順同媳婦再一看，婆婆兩眼睜著，卻沒有任何反應。她叫了聲「媽」，婆婆好像根本什麼都沒聽見，也沒看見。順同媳婦失聲大叫，快來呀，這是怎麼啦?!

順理、順同和順理媳婦及幾個孫子聞聲趕來。順同媳婦已沖出了石板小屋的門到了院當中。她對來人說，你們快進去看呀，這到底怎麼了。

順理和順同一夥人進了石板小屋，順理走近炕塄，見他媽一動不動，就叫了一聲媽，仍不見有反應，隨即伸手摸了摸他媽的左手。他的手觸到他媽的手的同時就驚恐地壓低聲音說，呀，不好，人歿了。驚恐的氣氛一下子籠罩了在場的所有人，年幼的孩子嚇得直向媽媽身後躲。順同好像心裡有數，叫大家不要驚慌，一切都先別動，先退出去。女人帶著各自的孩子鑽回各自的窯裡。順理叫兒子去把順義和順潮叫來。弟兄四個合計，趕緊把本家人中管事的人和隊幹部請來看看現場，然後再著手處理後事。本家人和隊幹部來就等於勘驗現場和驗屍。人已經死了，別的什麼都不重要了，來的人見狀只問了問是怎麼回事，四個兒子都說不知道是怎麼回事，誰也沒注意這裡的動靜，今

天老二媳婦不知來取啥，還是問啥事時才發現這情況。隊長兼村黨支部書記的申黑三發話了，一切都看見了，人已經歿了，就按歿了人辦，你們本家人商量著辦後事吧。

得了這話，大家七手八腳先把屍體停好。申順平是侄兒，不能執事，請了申德祿這個近鄰來執事。申德祿首先和四個孝子確定了給各路客人報喪的說法。經商議，確定為老太太得了猛病，誰也不知道，獨自死在她的屋裡。而後來透露出來的情況是，老太太喝了杏仁子水。因為鍋裡有殘留的杏仁子水，灶間有杏核殼。而且屍體確實發黑。但是，當時所有的人都不願意提這些，畢竟，多一事不如少一事。至於要不要把老伴去世的事告訴申達仁，四個兒子和本家人都不主張馬上告訴他，一則，不可能想見就能見著他，監獄有探視規定，不該探視的時間，去了也沒用。二則，他自己正在服刑，夠痛苦的，老伴去世的消息會使他更痛苦。再則，即便告訴他，他也不能回來。所以就先暫時瞞著，以後慢慢給他吹風。

陰陽先生測算的結果是，只能停屍三天，第四天早晨卯時下葬，就是農曆十一月十六。可是申順理他們根本就沒做他媽要去世的準備，當然還沒有棺材，更別說壽衣什麼的。老人生前，四個兒子都不養，儘管要不下，老人還不死心，總試圖能要到點什麼。現在人死了，不能張口要了，可是棺材，壽衣這些卻不能不給。執事的和本家人要長子申順理說話。這是當然的，父母的喪事就該長子出頭操辦。申順理也明白，所以並沒猶豫，立刻發話了。他說，著頭辦父母的喪事，這是長子的事，但是，他並不能從父母那裡得到點什麼，比如他大得了他爺的養老地。所以，一切都以他的名義張羅，最後弟兄四人均攤付份子。他要求三個弟弟把現有的錢都先拿出來，記帳，事後結算時沖帳。此說確有道理，三個弟弟都湊了錢先辦事。執事人出面借了錢，申順理打了借條，買了棺材和壽衣，記了賬。

各路報喪的人已打發出去，執事的把四個孝子和他們的本家人召集起來討論對付娘家人的策略。討論的結果是，不知道死者得了什麼猛病，在誰都不知情的情況下，不聲不響地去世了。第二個原則是，渭家人發多大的火，說多難聽的話，都要硬著頭皮頂著，受著，湊合

著把人埋到土裡，什麼事都了了。

　　果然，渭家人質疑逝者的死亡原因。四個孝子都跪著，由長子稟報說，他媽可能得了落心病，於哪天晚上往下一睡就走了，他們什麼都不知道。農民們說的落心病，多半就是醫學上說的心肌梗塞，即突然死亡。長期以來，人們只知道有人什麼徵兆都沒有突然死了，人們就說這人的心突然掉了，所以死了，落心病因此而得名。申順理對他舅說，順同媳婦發現情況時，他媽都去世不知多少天了，足見他媽就是落心病歿的。他媽這麼突然去世，他們為兒女的都很難過。執事人申德祿一再對他舅李啟祥解釋說，老太太幾天前還精神得很，還串門子呢，還在場邊拾掇柴禾呢。他們突然說老太太歿了，他一時都不能相信。所以，要相信；老太太就是得了什麼猛病，在神不知，鬼不覺間就走了。這是確確實實的事實。本家的幾個老者也都說，這事來得實在太突然，但是細想想，也在情理之中。現在農民的日子過得都不順心，順理媽過得更不順心，這情況大家都知道，可是誰都沒辦法，因為是大潮流弄得所有農民都沒有了自己的土地，老人沒有了養老地，才有了不養老子的兒。人老了沒人養活，隨時都可能生氣，再加上老漢叫人家判了刑關進監獄，順理媽就天天生活在不痛快中，愁都能把人愁死。這個，你找誰理論去。弄得不好，一兩句話說走了板，還能戴個什麼帽子被關起來。順理大不就是想按退社自由的政策要退社，想有自己的養老地，想有人養活他而得了個反對社會主義農業合作化的罪名被關起來的。作為渭家，應當問問人的死因。可是情況就是，誰也不知道她老人家得了什麼病，什麼時候歿的。再問還是這情況。所以關於她老人家的死，咱們還活著的人完全可以想像得來她死的原因，就像前頭說的，這樣的潮流下，因為沒法活而死人都是意料之中的事。

　　經眾人這麼一解釋和開脫，李啟祥長歎了一聲說，這是天殺的，不說了。下葬的前一天晚上，渭家人，孝子們的娘舅李啟祥照例指教了四個外甥如何不孝，叫他們的娘晚年缺吃少穿。四個孝子跪著只是磕頭，賠不是，經執事人一番開釋，李啟祥氣呼呼的樣子開了恩，接了申順理敬的水酒。第二天早晨卯時準時把人埋了。不提。

申達仁在老伴入土後一年零三個月，刑滿釋放回家。到他的石板小屋前，獨扇門由鐵將軍把著。他問大兒媳婦才知道，他入獄半年多，他老伴就去世了。申達仁聽了，大聲嚎哭說老天殺人不眨眼。大兒媳婦招呼他先在她家歇腳。申達仁沒有選擇，甚至還有點竊喜：這下就可以順勢生活在大兒子家。大兒媳婦給公公倒了一碗開水，然後就著手做飯。不一會兒，申順理從地裡回來了。父子相見之後都有感慨。申順理向他大報告了他媽去世前後的情況，特別說明，他弟兄四個還有本家人一致決定在他刑滿前先瞞著他。申達仁感慨地說，人老了，遲早都躲不過一死，早死了也好，早早脫災了。說實在的，過著這缺吃，少穿，還要受氣的日子，真不如一死了事。他們說話間，飯好了。吃完飯，申順理拿著鑰匙去開了石板小屋的門，把屋內掃了掃，弄了些柴禾把炕燒了，告訴他大說晚上就可以睡了。申達仁以為，這是當然的，現在沒有老伴了，他一個人，睡在他的石板小屋，吃在大兒子家，這太自然不過了。

　　過了兩天，申順理告訴他大說，孩子他舅家遇事，要給小舅子娶媳婦，他們要去行禮。申達仁並沒多想，以為，大兒子臨時有事不在家，他就去二兒子家吃幾頓飯。申順理和媳婦及孩子走時把他們的屋門都鎖了。吃飯時，申達仁來到二兒子家，這一次，兒子和媳婦都沒說什麼，但是父子間並沒什麼話，一頓飯在沉悶的氣氛中吃完了。吃完飯，申達仁就離開了二兒子順同的家，回到自己的石板小屋。剛才吃飯的氣氛提示申達仁，二兒子申順同夫婦不收留他。申達仁坐在石板小屋內的炕塄上抽著旱煙，思考著往後的活法。

　　三天后，申順理一家回來了。就在申順理一家開門進屋的同時，申順同向他大宣布，他哥一家回來了。申達仁完全明白，二兒子轟他下頓就到他大哥家吃飯。申達仁覺得有必要和四個兒子商量他的養老問題。於是，他喊大兒子申順理到他的石板小屋來。申順理一進門，申達仁就單刀直入說，他們一家出門這三天，他去順同家混飯吃，明顯感覺人家不願意，到今天，順理家的人剛進門，順同就對他說他大哥家人回來了，那明明是攆他去順理家吃飯。他想了想，他這麼當營混子不是個事兒，應當由大兒子召集三個弟弟到一起，把關於如何養

活他，由誰養的事，當面鑼，對面鼓說個清楚。他要順理召集他的三個弟弟來。順理答應把他們叫來。

　　四個兒子和申達仁圍坐在石板小屋的炕上，幾乎個個人都在抽煙。申達仁催促順理說話。申順理看了看三個弟弟，面有難色，說，大現在服刑期滿回來了，人更老了，幹不了什麼活兒，掙不了工分了，自己養活不了自己，得有個落腳點。看，關於大的養老問題，該怎麼辦，應該由誰辦。申順理說完這些話，大家都面面相覷。冷場了一會兒後，老二、老三和老四幾乎異口同聲說，老子養老的事應該由長子負責。申順理說他確實應該承擔老子養老的責任，但是現在情況不是過去的那樣，現在都是靠工分吃飯，他自己現在就六、七口子人吃飯，掙的工分連自己的兒女都養不活，他實在無力再負擔老人。他的意見是，三個兄弟中誰的負擔輕點，誰就把老子叫到他家，其餘的三兄弟每年給養老子的兄弟撥三十個勞動日的工分。他這話一出，老四申順潮馬上提出不同意見說，他沒力量負擔一個活人，就算三個哥哥一年撥給他九十個勞動日，他也負擔不起。想想，生產隊一個勞動日才八分錢，九十個勞動日撐死也就七塊二毛錢，能開一百斤不到的口糧錢。一百斤原糧不夠兩個月吃，剩下的那十個月叫他頂，他頂不起。別看他當下人口少點，他媳婦過了年又得給他生一個，到那時，他的家笸籃不比三個哥哥輕多少。申順潮這些話一說完，場子冷下來了，誰也不說話，只是悶著頭抽煙。申達仁自己倒是停止了抽煙，眼神輪番掃著四個兒子。申達仁這時的心裡翻江倒海。四個兒子中，就老四還能念書，他於是將全部心思都投到四兒子順潮身上，直供的他念完高中。到如今，連他最愛，最看好的順潮都推著不要他，他的心涼透了，他也把世事看透了：別說人，就是狗，你手裡沒有一塊吸引狗的黑饃，那狗也不願意跟著你。可是他現在手裡確實沒有那麼一塊吸引狗的黑饃，沒人理他太正常了。聯想到當初他們幾個為爭家產掰破三個紙火盆的事，他越發覺得這是潮流壞了。申達仁似乎想說什麼，但是最終還是什麼都沒有說出來。他把四個兒子一個個掃了一眼，下了炕，蹬上鞋，拉開獨扇門，出去了。石板小屋裡留下的四個兄弟交換了一下眼色，又好像什麼意思都沒有交流，一個個都起身走

了。至於他們的老爸出來去了哪裡，去幹什麼，弟兄四個誰都懶得問問，更別說關照。

　　事實上，申達仁出了院子，悶著頭去了申士俊的墳地。到了申士俊的墳前，申達仁雙膝跪地哭訴道，四叔呀，你一輩子都熱心保護咱申家先人的子孫，做了那麼多好事，連土匪都不敢來咱們村拿一苗針。四叔呀，土匪沒敢搶的浮財，你給咱保住了。現在，土匪搶不了，也根本不能搶的底財，咋就這麼不明不白地被弄走了。你當年主持留給我的地不能養活我，我現在只有死路一條了。四叔呀，我至到臨死都想不明白，這世事怎麼變成這樣了。訴說到這裡，申達仁再也說不下去了，嗚嗚地哭著，過了一會兒，他好像又想到了什麼，接著說，四叔啊，就因為你老人家人好，大家才相信濟仁幹的事也一定不會錯的，大家才咬著牙讓國民黨當共產黨的整，結果，共產黨倒是勝利了，咱被整的更慘。四叔啊，我現在就覺得心裡虧得很，這話我只敢給你說。說完，申達仁又嗚嗚了一陣，之後突然停止了哭訴，從地上站起來，扭頭往回走。但是到村邊了，申達仁並不向自家的龍門方向去，而是去了他家的土窯背上。那土窯背足有五，六丈高，窯背沿上長著一簇簇呈灌木狀的榆樹。申達仁從榆樹簇之間的一個大空隙跳了下去。申達仁落地的響聲驚動了他的兒子和兒媳婦及孫子，他們衝到院內，只見他們的老子躺在血泊中，已經沒有了氣息。

　　申順理兄弟都明白，老爸這是給他們尋事呢。但是他們又都不敢把這事當個事，連老渭家都沒敢叫，匆匆忙忙把人埋了。人埋了之後，四個兒子的嘴倒硬了，都表示，不是他們不讓他大活，是他自己不想活了。

第三十九章　復活的烈士

南轅庄村前的湍河上封凍的厚冰有點酥了，河水不像嚴冬時那麼清冷，那麼平靜了，而是有些渾，水量也大了，這就是早春給人們的信號。東山太陽升起的位置向北移了一段，但是天天見太陽升起的人們似乎沒有覺察出這點。人們一個心思盤算著怎樣能弄到吃的，穿的，真正過上黨宣揚的幸福的社會主義生活，能吃飽穿暖。其他的什麼事，儘管政府強調說那是當前的頭等大事，似乎都和過不上吃飽穿暖的幸福的社會主義生活的人們沒有什麼關係。人們在埋掉死者以後的不久，就恢復到這種平淡無奇，有一點微不足道的平靜的生活狀態，沒有人奢望會有什麼令人興奮的事發生。

日子就這麼平淡無奇地過去好多年，所有人都沒希望有什麼新鮮事發生的時候，村裡來了個輾轉從美國繞回來一個大陸籍的臺灣人。此人摸摸揣揣來到南轅庄，打聽張運升和葛蘭翁媳，說他是張繼鴻的戰友，好朋友，他是陝西合陽縣人，他是繞著道從美國回來的，張繼鴻托他回到大陸老家後一定幫他打聽他家的狀況，說要是妻兒都在，他很想回來看看。村裡人聞聽此言，都很興奮，忙介紹說，張運升還在，葛蘭也在，張繼鴻的兒子張力都有了孩子，張繼鴻幾年前都有孫子了。說著，人們就把來客領到張運升家。村裡人向來人介紹張繼鴻的家人：父親，張運升，妻子，葛蘭，兒子張力和媳婦在縣上工作呢，張繼鴻的孫子都上學了，另外一個孫子和孫女都上幼稚園。

張運升聽說兒子並沒有光榮犧牲，很意外，但很高興。葛蘭聽了這話除了感到意外，反應還很激烈。她堅持說張繼鴻早都成了烈士，來人是騙子。來人解釋說，他不想從張繼鴻家人處得到一分，一文，

他只是受張繼鴻之托，借道替他打聽一下他家的情況。其實張繼鴻自己對自己老家的地址清楚得很，只是，他擔心戰爭把家毀完了，加上大陸六十年代那麼大的饑荒，餓死了那麼多的人，想回來看看吧，待回來時早已沒有了自己的家，豈不很難受。他叫我幫他打聽他家的狀況，就是希望能高高興興回來和家人團聚。來人進一步解釋說，當年他們奉命攻打金門，遭遇了幾乎全軍覆沒的下場，他和張繼鴻都是國軍從海裡撈起來的，當了俘虜。他三十年後回到大陸，才知道，大陸的人們根本不瞭解當年攻打金門的真相，而政府把犧牲的，失蹤的和被俘的一律都按烈士報告給家人。他回到老家的時候就看到他家大門上首掛著「光榮烈士家屬」的小黑匾。來人特意對葛蘭說，她不相信張繼鴻還健在不要緊，只要他看見張繼鴻的妻室還在，張繼鴻就有希望，就會想辦法和家人聯繫。來人說到這裡特別盯了葛蘭一眼說，他該做的已經做到了，他要告辭。

張運升誠懇挽留，說叫來人吃了飯再走，可是來人笑著說，你沒看你家能做飯的人聽了他的話，一臉的不高興，懷疑他是騙子，人家能願意留他吃飯麼。來人讓張運升放心，他不會在意張繼鴻妻子的反應，他會把瞭解到的情況如實告訴張繼鴻，讓他直接和家人聯繫，安排後頭要做的事。張運升很帶歉意地向來人解釋說，兒媳婦這麼多年來受黨的教育太多，一時轉不過彎來承認自己的丈夫在臺灣。他強調說，這幾十年來，黨和政府對有海外關係，尤其和臺灣有關係的人監視得很緊，有這些關係的人都抬不起頭來。來人表示，他知道這些，很能理解大陸人的處境。但是他又說，再難，親人還是至親的。張運升直搖頭，說，中國人現在都不這麼說，而是說天大地大，不如黨的恩情大，爹親娘親，不如毛主席親。說，他那兒媳婦就信這個。來人說能理解，就告辭了。

※※※

半年以後，葛蘭收到一封從香港寄來的信，是張繼鴻的親筆信，字跡更秀麗了，是托一位朋友從香港發出的。葛蘭看著那一筆秀麗的親筆信，確信張繼鴻確實沒有光榮犧牲，她原本不該是革命烈士家

屬。而且，張繼鴻在信裡說，幾十年來，他一直惦記著葛蘭，想著葛蘭給他生的孩子長得怎麼樣，總惦記著父母，祖父和兄弟。等了三十年，總算有可能繞道回到大陸看看。

葛蘭看完信以後，整個人好像變了個樣兒，傻傻地站著，眼睛發直，公公張運升瞅著她，心裡都有些害怕。但是此時他不敢說什麼。葛蘭發了一會兒呆，把信收拾起來，癡癡地走到灶前，坐在風箱前的木墩上，往灶膛裡添了兩塊劈柴。張運升這才怯生生地問信裡都說了些什麼。葛蘭勉強把信的大概內容重述了一遍。聽說兒子打算繞道回來，張運升表示很期待，但是接著卻說，這事肯定會很麻煩。葛蘭有意無意地說，都啥時候了，還回來幹啥。

三個月後，葛蘭又收到丈夫張繼鴻的信，說他已到美國，正在辦回大陸的相關手續，等手續辦好，他會來信告訴家人他回國的大概時間。後來據張運升說，收到這封信後，葛蘭試圖寫信勸阻張繼鴻回來，但是最終沒寫這封信，因為，一，張繼鴻在美國的地址不固定；二，葛蘭還怕真往美國寄信就暴露她有海外敵特關係，失去黨的信任。大概三星期之後，張繼鴻來信說，他回大陸探親的手續已辦好，估計九月十九，也就是農曆八月十五前能到家。

九月十三日，張運升家傳出悲聲，葛蘭喝了鬧老鼠藥死了。張繼鴻和葛蘭唯一的兒子張力被叫回來辦理他媽的喪事。由於葛蘭的死屬於凶死，也就是非正常死亡，喪事宜快辦。張力頂著紙火盆哭著訴說著他的疑惑：你為什麼不願意見爸爸。爸爸幾十年音信全無，哪兒得罪你了，在他快回來時你竟走了。想不通呀，我怎麼都想不通。葛蘭於九月十六，也就是農曆八月十四入了土。張繼鴻於九月十七，也就是農曆八月十五到家，張力和媳婦及子女留在家裡和爺爺一起等他父親回來。張繼鴻一到家就注意到氣氛不對，問明緣由後，他大哭了一場。張運升老淚縱橫，勸慰兒子說，葛蘭嫌他家給革命的貢獻不夠，只能由她了。村裡好多人都來看復活的烈士，幫著勸慰。村裡人中六十多歲，七十歲的人在張繼鴻的記憶中還有印象，還都能喊出名字，連輩分都沒亂。他仍管申尚仁叫涼聖人。申尚仁很高興，應著剛才張運升說的，似開玩笑說，你媳婦要你體驗一下當革命烈屬的味道。張

繼鴻苦笑了一下，隨口說，說什麼都不能掩蓋戰爭給人民帶來的深重災難。人民永遠是戰爭的受害者。

　　晚上，村裡人來了好多，都想聽聽張繼鴻當年光榮入伍後發生的事。張繼鴻告訴鄉親們說，他入伍不久，就被編入南下部隊，簡單訓練了一陣，就奉命攻打金門。當時的口號是，奪取金門，媽祖，進一步解放臺灣，澈底消滅蔣匪幫。士兵們情緒很高，都想立功。但是他們多半是北方的旱鴨子，再加上當時解放軍的水上裝備太落後，開過去一交手，就被打了個落花流水，船隻多被擊沉。當時，確實有不少解放軍戰士被打死，被淹死。他自己乘的船被擊沉時，多虧他還會浮水，加上海水浮力大，他扔掉一切，遊的離開了下沉的破船。他在離開沉船的同時看到，落水的旱鴨子們像瘋了一樣，見什麼抓什麼，尤其抓住別人，他就死死不放，還要把人家往下按，最後兩個都沒了。當時他只有一個念頭，他那點水性還沒本事救人，要想活著，就千萬不敢被人抓著。那時人在大海裡，找不著方向，只知道盡力使自己飄在水上。他也不知道遊了多久，忽然看見遠處有艘小艇衝過來，他立刻向小艇招手，果然小艇向他駛來。近了一看，是國民黨軍人。可是人家倒不管他是誰家的人，立刻拉他上了小艇，給吃，給喝，問情況，最後告訴他說他被俘虜了。就這樣，他又成了國民黨的軍人。一段時間以後，他明白過來了，要想回到大陸是完全不可能的，索性老老實實給國民黨幹，至少還有飯吃，加上他看國民黨也並不像大陸方面說的那麼壞，一開始就把俘虜當人看，一點歧視都沒有，甚至很歡迎。幹了一年不到的時間，連長發現他的字寫得漂亮，提他當文書。此後慢慢幹著，升著，升到連級參謀，實際上就是幹些謄謄寫寫的事，直幹到四十五歲，退伍了。不過，國民政府對待老兵不錯，給的薪金，一個人無論如何花不完。加上他在朋友的企業裡找了個力所能及的活兒，也就是文書之類的活兒，日子過得還不錯，但就是沒有家。

　　說到這裡，張繼海就問他哥臺灣農民的生活狀況。張繼鴻說，他早就聽說大陸這邊搞農業合作化、人民公社、大躍進、大煉鋼鐵，餓死了很多人。和大陸這邊的農民比較，臺灣農民過得就好得多，至少

沒餓過肚子。當然，臺灣農民中也有窮人，但是那些窮人多半都不是什麼好人，就是些懶漢、二流子、賭徒、吸毒的。老實幹農活兒的，很少有人吃不上，穿不上。同時，農民種地都有補貼。張繼海好像這才明白，原來餓死人的事最具中國特色，最具共產黨特色。他接著告訴張繼鴻說，村裡人因吃不上飯前前後後死了六，七個人，戲迷申吉茂被政府請去住幸福院，家裡的存糧被連回底都掃了弄到幸福院，結果，在幸福院裡住了不到三個月就餓張了，跟著縣劇團看了一陣戲後回到家，家裡聯想看的一粒糧食都沒有了，最後跑出去討飯，可是到處的人都餓肚子，沒人給他飯吃，不知道餓死在什麼地方了。反正是沒那個人了。有人補充說，申吉茂從幸福院回來後總給人說，他覺得比被小偷偷了還難受，覺得沒臉見人。張繼鴻聽著，頷首點頭說，是的，人被人騙了後都有自己幹了蠢事，丟人的感覺。但是張繼鴻不能理解，政府怎麼可以騙著把一個孤老頭的糧食全弄走。村裡人笑著說，張繼鴻不能理解的事多了，都是因為他這幾十年沒在大陸生活；凡是在大陸生活的人都能理解，在場的人都說，政府騙人是家常便飯，沒什麼大驚小怪的。

餓死人的話題一經提起，人們就不由得要說村裡人被餓死的經歷：最早吃得撐死的申克仁實際還是餓死的。他被統購得沒飯吃，跑去販煙葉，得著個管頓頓飯的客棧，吃得太多，在客棧裡就不行了。申啟仁是偷著買糧時吃了賣家一頓飽飯，在路上喝了些涼水，撐得走不了，凍死在山間小路上。申啟仁他大得知兒子因弄糧食而沒了性命，一頭碰死在碌碡上死了。申樹仁餓的受不了，跳崖死了。申達仁是因為四個兒子都不給他飯吃，一氣之下，跳窯背死了。申尚仁坐在炕角，不熱不涼地補充說，只有張繼鴻家的人全是為革命犧牲的。這話在人群中引起一陣無奈的憨笑。大家憨笑後有點冷場，連張繼鴻都不想說什麼。還是六十年代的青年知識份子申順平反應快，他拿偉大領袖毛主席的話說，要奮鬥，也就是要革命，就會有犧牲，死人的事是經常發生的。把這話再歸納一下，革命就是要經常死人。光看咱們村，多少人叫革命拿去犧牲了。革命，死人，天經地義。

第二天，張繼鴻拿了香、紙，到爺爺，奶奶和母親的墳前祭拜

了，最後到妻子葛蘭的墳前，葛蘭墳頭上的土還未乾，他哭訴著直問葛蘭為什麼不見他。陪著他來祭拜的兒子張力似乎在回答他，又似乎在自言自語地埋怨說，鬼迷心竅了。

張繼鴻在老家呆了一星期後，向全村人一一道別說，他還要返回臺灣去。臨走的那天，張繼鴻到老墳地抓了一把土包起來，說他要把祖墳的土帶走，將來他死了，讓人把他的骨灰拌上祖墳的土，撒在臺灣海峽，就等於他回到祖墳了。

後記

　　我是順著自信和貶斥的夾縫擠過來的。這話有些怪怪的。是這樣的，我啟蒙前就和母親及妹妹們受除了父母以外的家庭成員的歧視，我都十歲了，還在學校門外溜著聽人家念書，家裡的最高當家的斷言，我要能把書念成，豬也能念成，狗也能念成。可是我父親有信心，他相信我能念好書，而且這是從實踐中得到的認識：五六歲的我雖不是學生，卻總愛往村裡的學校溜，躲在牆外聽學生們念書，我聽著聽著，就把他們念的課文記下能背出來。父母見我雖不會寫，但能把大娃娃們念的書聽得當口歌背下來，甚是欣喜，相信我能念書，決心送我去上學，最高當家的就是為打消我父親要我上學的念頭而說了那樣的狠話。奇怪的是，我們這位最高當家的是當時鄉間最熱心教育的知名人士，他鼓勵所有人送孩子上學，說要教後人學為好人。可見，那時的我在人家眼裡是個什麼東西。多虧我父親是個有主見的人，在我上學的問題上，他全然沒有傀儡掌櫃的相，幾乎是和最高當家人擊了掌，要送我去學校。

　　還好，我真像父親看的那樣，在學校裡，什麼課一學就會，會讀、會背、會寫、會用。學了三年，我就跳級上五年級了，一路順風至1954年小學畢業。偉大領袖毛主席當時號召小學畢業生學一個叫徐建春的姑娘，到農村去，說那裡最需要有知識的青年，所以，1954年的初中招生很少，我們當地三個縣的小學畢業生擠著去報考黃陵縣一所中學，錄取比例是四個半取一個。我考上了。三年初中學完，1957年，偉大領袖毛主席又號召初中畢業生學一個叫邢燕子的青年，到農村去，說農村是一個廣闊的天地，知識青年在那裡是可以大有作為

的。毛主席的這一號召被當時的宣傳機器直說成是判斷一個青年革不革命，聽不聽毛主席的話的試金石，似乎想要上高中的就是壞青年，就是反革命。1957年的高中是歷史上最難考的一年，全延安地區只有兩所中學錄取180個學生。我又順利地被錄取了，背著鋪蓋卷，揣著錄取通知書，一副反革命分子的神色，灰溜溜地低著頭從村裡溜出去上高中，直至考上大學，都沒敢揚眉吐氣。大學畢業留校任教，正是毛主席批判資產階級知識份子最烈的時期，大學教師，絕對夠得上被稱為上層建築領域的資產階級知識份子，被貶得什麼都不是，知識越多越反動的定論壓得連個大氣都不敢喘。但是，我自己知道，我確實學了些東西，可是我不反動，我只想用我的所學為國家好好做事，有口我媽說的「輕省飯」吃。

上世紀七十年代的事實表明，我仍在自信與貶斥的夾縫中：我教過的兩屆學生中，留校任教的最多，西外能考取赴法國留學三年的唯一一個學生是我教出來的。可是就是在我的學生留校和赴法留學後的當下，系領導那裡放出風說我的教學效果不好，隨即，一夥人都這麼說，直接剝奪了我教授法語專業課的資格，去教公共法語課，即其他專業的學生的第二外語課，一年後又讓我教他們根本不重視的高年級的泛讀課。不少學生從我的泛讀課上發現了好東西，認為我的講授提高了他們對文學作品的理解能力，同時提高了他們的表達能力。但是系領導對此是充耳不聞的，對我的評價仍是教學效果不好，不是他的骨幹教師，於是出國進修什麼的就沒我的份兒。而我自己則覺得，不出國進修也罷，就我已有的水平，絕對不比系領導的任何一個骨幹教師弱，我可以把他們和前人沒弄懂的東西講個清清楚楚。可是沒人讓我做這樣的示範。我無法證明自己。戈培爾說，謊言重複一百遍就成了真理，我在中國特色的環境下體會出的是，一百個人都在講同一個謊言，這謊言也就成了事實。所以我一直被邊緣化著，人家的骨幹教師，甚至我教過的留校任教的學生都兩次赴法進修回來了，我也沒得到個出國進修的機會。

說我教學效果不好，業務水平差的系領導另有高就了，離開學校去當大官了的幾年後，學校領導大概聽到了些關於我得不到出國進修

的什麼議論了，決定給我個末班車坐坐，以平民怨。我終於得了個去法國進修的機會，我決計利用這個機會讀個博士學位，倒不是要證明什麼，僅僅是為了自我完善。事情的結果如我所願，我的博士論文答辯以優秀成績通過，獲得文學與人文科學博士學位。我的論文被法國博士論文管理中心評為當年的優秀論文出版。

我把博士學位證書呈給校領導過目，看到的反應是不以為然，學校自己制定的關於給取得博士學位的教師的一系列優厚待遇都對我掛口不提。我知道，校領導長期以來根據聽到的關於我的評價形成的印象一時改變不過來。我們常說一些什麼事是名不副實，校領導們現在可能認為我拿到的博士學位是實不副名：不是一直說你業務水平差，你還能以優秀成績獲得個文學與人文科學博士學位，難以想像。我的文學文論《〈項鍊〉的再評論》被人民教育出版社編入普通高中語文教學參考第四冊，被中國教師站編入粵教版教案高中一年級教案中心；我譯的莫泊桑的著名文學文論《小說》，被文學藝術界認為是最可信的，糾正了前人的誤譯和錯譯，被編入《中國精品文藝作品期刊文庫》。所有這些都不能使領導們相信我確實能搞文學。是呀，人家說了，寫文學評論的就像食客，說廚師的這個菜鹹了，那個菜又太辣，叫他自己去做，他連菜怎麼炒也未必清楚。

我潛意識裡冒出一個念頭：我應該寫部小說，全面反映我的文學理念，使實名相符。而且，從青少年時代起，我就有寫小說的夢想，所以留意了很多事實和人物。陳忠實老師在他的《白鹿原》正文前一頁摘了巴爾扎克的一句名言，「小說被認為是一個民族的秘史」。莫言說他就善於講故事，他的小說都是各種各樣的故事。依我看，巴爾扎克，陳忠實和莫言都是相通的。法語裡，歷史和故事就是同一個詞，l'histoire；英語裡稍有區別，一般地講故事用story，歷史則用history，可是在有些情況下說發生在男人身上的故事時則說his history，而說發生在女人身上的故事時仍說her story。此種用法曾招致女權運動者的不滿，認為此表達習慣是對婦女的歧視。可見，在英國人看來，男人的故事社會影響可能大，有社會意義，可以登大雅之堂，是民族歷史的某個片段。小說就是講一個民族的故事，只不過，

這些故事不入正史，所以巴爾扎克說那是一個民族的秘史。

對，我就寫我熟悉的南轅庄人遭遇偉大的無產階級革命的故事。印象中，好像還沒有誰寫這方面的文字，但是這是應該寫寫的。一個民族遭遇了如此大的一場革命，一定發生過許多還不為人知的可歌可泣的故事。可是真正拿起筆要寫了，我倒有所忌憚：不能寫真名實姓，避免不必要的麻煩，連地名都得杜撰。好在，書中的涼聖人申尚仁根據他們村那些年發生的事情的結果和初衷常常南轅北轍，調侃說他們村應該叫南轅庄。申尚仁的調侃得到大多數村民的熱烈回應，大家一致贊成把自己村就叫南轅庄，好讓自己和後人知道，很多時候，聽到的說法和許諾與真實的結果往往是南轅北轍的。這也是現代的中國特色。

我是學法語出身的，教了三十九年法語，文學在我職業生涯中算是副業，所以要說寫小說，那也是野路子的幹法，就是說很難像正規作家那樣寫。例如我寫的故事雖然也分章，每一章都有各自的題目，但又不像章回小說，篇名不是章回小說那種以詩開篇，倒像歷史著作。這確實是受了巴爾扎克和許多法國作家的影響。我給每章都擬個題目，像史書那樣，使每章的內容盡可能地集中，明晰。而且，在我心裡，我把我要寫的事情就當歷史故事寫的，這就更應該給每章都命題。

前邊說了，我不敢寫人物的真實姓名，並不等於我不敢講故事，人物的姓名都是我給取的，但是故事卻是實實在在發生過的事兒，我相信，稍有閱歷的人都可能承認我講的故事是真實發生過的，只是一般人不去講就是了。有的地名和人名就不能隱，例如革命聖地延安，大生產運動搞得出了名的南泥灣就不能隱，進攻延安的胡宗南及其部下劉戡、嚴明也沒必要隱，因為這些在正史裡白紙黑字寫著的，隱了反倒可能鬧出混亂。再說，有什麼理由隱去延安呢，那是關涉到對革命的態度問題的大事。

由於寫的，記的，都是發生在穿齊尻子襖的農民中的故事，我就盡可能地保留故事發生時的原生態形式，連敘述的語言都盡可能地用當事人在當時背景下的說法和用詞。我自己覺得，南轅庄的人

很厚道，即使面對苦難，也是樂呵呵地說事兒，話語間不無些許的
幽默。

2014年3月4日於西外大陋室

┌─────────────────────────────────┐
│ 國家圖書館出版品預行編目 │
│ │
│ 南轅庄 / 田保榮著. -- 臺北市：獵海人， │
│ 2018.10 │
│ 面； 公分 │
│ ISBN 978-986-96985-2-8(平裝) │
│ │
│ 1.農村 2.現實主義 3.中國大陸研究 │
│ │
│ 545.5 107017598 │
└─────────────────────────────────┘

南轅庄

作　　者／田保榮

出版策劃／獵海人

製作銷售／秀威資訊科技股份有限公司

　　　　　114 台北市內湖區瑞光路76巷69號2樓

　　　　　電話：+886-2-2796-3638

　　　　　傳真：+886-2-2796-1377

網路訂購／秀威書店：https://store.showwe.tw

　　　　　博客來網路書店：http://www.books.com.tw

　　　　　三民網路書店：http://www.m.sanmin.com.tw

　　　　　金石堂網路書店：http://www.kingstone.com.tw

　　　　　讀冊生活：http://www.taaze.tw

出版日期／2018年10月

定　　價／620元